Karl Schweizer (Hrsg.)

Leistung und Leistungsdiagnostik

Karl Schweizer

Leistung und Leistungsdiagnostik

Mit 41 Abbildungen und 18 Tabellen

 Springer

Prof. Dr. Karl Schweizer
J.-W.-Goethe-Universität
Senckenberganlage 31
60054 Frankfurt a. M.
Email: Schweizer@pvw.uni-frankfurt.de

ISBN-10: 3-540-25459-5
ISBN-13: 978-3-540-25459-1
Springer Medizin Verlag Heidelberg
Bibliografische Information der Deutschen Bibliothek
Die Deutsche Bibliothek verzeichnet diese Publikation in der Deutschen Nationalbibliografie;
detaillierte bibliografische Daten sind im Internet über http://dnb.ddb.de abrufbar.

Springer Medizin Verlag.
Ein Unternehmen von Springer Science+Business Media
springer.de

© Springer Medizin Verlag Heidelberg 2006
Printed in Germany

Planung: Dr. Svenja Wahl
Projektmanagement: Michael Barton
Copy Editing: Friederike Moldenhauer, Hamburg
Satz: Fotosatz-Service Köhler GmbH, Würzburg

SPIN 11012344
Gedruckt auf säurefreiem Papier   2126 – 5 4 3 2 1 0

Vorwort

Leistung hat sich zu einem Kernthema des ausgehenden 20. und beginnenden 21. Jahrhunderts entwickelt. Diese Entwicklung wird besonders deutlich an dem beträchtlichen öffentlichen Interesse an den großen internationalen Schulvergleichsstudien. Während die Diskussion der Ergebnisse von TIMSS (*Third International Mathematics and Science Study*) noch auf eine enge Fachöffentlichkeit beschränkt blieb, hat PISA (*Programme for International Student Assessment*) die breite Öffentlichkeit erregt und zu schulpolitischen Konsequenzen geführt. Weiter kann auf die Publizität der Vergleiche zwischen den Universitäten auf nationaler und internationaler Ebene verwiesen werden. Diese Vergleiche im Sinne von Rankings haben es nicht nur auf die Titelseiten der Magazine geschafft; sie finden tatsächlich großes öffentliches Interesse, nehmen Einfluss auf das Wahlverhalten von Studienbewerbern und wirken sich auf das Selbstbewusstsein der betroffenen Universitäten aus. Zwar hat Leistung auch in der Vergangenheit in manchen Bereichen des öffentlichen Lebens eine Rolle gespielt, insbesondere in dem Bereich der sportlichen Wettbewerbe; neu ist jedoch das große Interesse an intellektuellen bzw. akademischen Leistungen. Diese gesellschaftliche Entwicklung kann und sollte in den einschlägigen Fachwissenschaften als Aufforderung verstanden werden, sich dieser Thematik anzunehmen, die eigene Kompetenz einzubringen und durch die Bereitstellung von fundiertem Sachwissen auf den Fortgang der öffentlichen Diskussion Einfluss zu nehmen.

In diesem Sinne ist eine zentrale Zielsetzung von *Leistung und Leistungsdiagnostik* die Zusammenführung des Wissensbestandes, der über die Teilfächer der Psychologie (Differenzielle Psychologie, Entwicklungspsychologie, Kognitive Psychologie, Pädagogische Psychologie und Sozialpsychologie), Pädagogik und Empirischen Bildungsforschung verstreut ist, und die Informierung der Fachöffentlichkeit wie auch des Personenkreises, der in Ausbildungsberufen tätig ist, über den derzeitigen wissenschaftlichen Erkenntnisstand. Um dieser Zielsetzung gerecht zu werden, sind für die einzelnen Themenbereiche Experten mit langjähriger Erfahrung als Autoren angeworben worden, die eine hohe Qualität und Aktualität der Beiträge garantieren. Weiterhin wurden die Beiträge zu diesem Buch mit der Zielsetzung verfasst, eine Arbeitsgrundlage für die Ausbildung von Studierenden in der Psychologie, Erziehungswissenschaften etc. in Bezug auf die Themen »Leistung« und »Leistungsdiagnostik« zu schaffen. Im Sinne dieser Zielsetzung ist *Leistung und Leistungsdiagnostik* so angelegt worden, dass sich neben den klassischen Leistungskonzepten auch die modernen, in den letzten Jahrzehnten in der Schulforschung entwickelten Konzepte für auf Kulturtechniken bezogene Leistung finden. Darüber hinaus ist auf die Berücksichtigung der kognitiven/biologischen und motivationalen Grundlagen wie auch der leistungsrelevanten Rahmenbedingungen im sozialen und kulturellen Umfeld geachtet worden. Hinzu kommen noch die wichtigen Themenbereiche »Lern-/Lehrmethoden« und »Hochbegabung«. Schließlich soll dieses Buch auch der eigennützigen Zielsetzung dienen, dem Thema »Leistung in der Psychologie« zukünftig zu einem größeren Stellenwert zu verhelfen, als es in der Vergangenheit der Fall war. Die Psychologie sollte sich stärker als bisher diesem derzeit gesellschaftlich hoch relevanten Thema öffnen.

Zum Gelingen von *Leistung und Leistungsdiagnostik* haben eine Reihe von Personen beigetragen, die ich nicht unerwähnt lassen möchte. Bedanken möchte ich mich bei dem Verlag - vertreten durch Frau Dr. Svenja Wahl - für die Förderung dieses Buchprojekts und für die gute Zusammenarbeit, die auch in schwierigen Phasen sehr hilfreich war. Bedanken möchte ich mich ebenso bei den Kollegen, die ich dafür gewinnen konnte, ihre knappe Zeit und spezifische Kompetenz für dieses Buchprojekt einzusetzen. Die Gespräche mit ihnen waren für die Entwicklung der Konzeption des Projekts ein großer Gewinn. Sie sind namentlich im Autorenverzeichnis aufgeführt. Bedanken möchte ich mich auch bei der Dr. Gernot Schuhfried GmbH für den freien Zugang zu den Leistungstests, der den Autoren gewährt wurde. Eine große Hilfe war die redaktionelle Unterstützung durch Frau cand.-psych. Dorothea Mildner. Nicht zuletzt möchte ich meiner Familie danken, die von der Konzeption begeistert war, mir die Möglichkeit zur Arbeit an diesem Projekt eingeräumt und mich ideell in allen Phasen unterstützt hat.

Frankfurt am Main, im Mai 2005
Karl Schweizer

Inhaltsverzeichnis

Mitarbeiterverzeichnis

Gold, A. Prof. Dr.
Institut für Pädagogik,
Johann-Wolfgang-Goethe-Universität,
Senckenberganlage 15 , 60054 Frankfurt am Main

Goldhammer, F. Dipl. Psych.
Institut für Psychologie,
Johann-Wolfgang-Goethe-Universität,
Mertonstr. 17, 60054 Frankfurt am Main

Jonas, K. Prof. Dr.
Psychologisches Institut Universität Zürich,
Rämistr. 62, 8001 Zürich, Schweiz

Hartig, J., Dr.
Deutsches Institut für Internationale Pädagogische
Forschung,
Schlossstr. 29, 60486 Frankfurt am Main

Hesse, H.-G., Dr.
Deutsches Institut für Internationale Pädagogische
Forschung,
Schlossstr. 29, 60486 Frankfurt am Main

Klieme, E., Prof. Dr.
Deutsches Institut für Internationale Pädagogische
Forschung,
Schlossstr. 29, 60486 Frankfurt am Main

Moosbrugger, H. Prof. Dr.
Institut für Psychologie,
Johann-Wolfgang-Goethe-Universität,
Mertonstr. 17, 60054 Frankfurt am Main

Opwis, K., Prof. Dr.
Institut für Psychologie, Universität Basel,
Missionstr. 60/62, CH-4055 Basel

Penner, I.-K., PhD
Institut für Psychologie, Universität Basel,
Missionstr. 60/62, 4055 Basel, Schweiz

Preiser, S., Prof. Dr.
Institut für Pädagogische Psychologie,
Johann-Wolfgang-Goethe-Universität,
Senckenberganlage 15, 60325 Frankfurt am Main

Reijnen, E. Dr.
Instut für Psychologie, Universität Basel,
Missionstr. 60/62, 4055 Basel, Schweiz

Rost, D.H., Prof. Dr.
Fachbereich Psychologie, Philipps-Universität,
Gutenbergstr. 18, 35032 Marburg

Schilling, S. Dr.
Fachbereich Psychologie, Philipps-Universität,
Gutenbergstr. 18, 35032 Marburg

Schmidt-Atzert, L., Prof. Dr.
Fachbereich Psychologie, Philipps-Universität,
Gutenbergstr. 18, 35032 Marburg

Schweizer, K., Prof. Dr.
Institut für Psychologie,
Johann-Wolfgang-Goethe-Universität,
Mertonstr. 17 60054 Frankfurt am Main

Souvignier, E., Dr.
Institut für Pädagogische Psychologie,
Johann-Wolfgang-Goethe-Universität,
Senckenberganlage 15, 60054 Frankfurt am Main

Sparfeldt, J., Dipl.-Psych.
Fachbereich Psychologie, Philipps-Universität,
Gutenbergstr. 18, 35032 Marburg

Tanner, C,. Prof. Dr.
Psychologische Insitute der Universität Zürich,
Rämistr.62 8001 Zürich, Schweiz

1 Klassische Leistungskonzepte

1

1.1   Intelligenz

Karl Schweizer

1.1.1   Konzept der Intelligenz

▶ Intelligenz ist eines der erfolgreichsten Konzepte der Psychologie. Sie hat Verbreitung weit über den wissenschaftlichen Bereich hinaus gefunden. In Anbetracht der in die Anfänge der akademischen Psychologie zurückreichenden, kontinuierlichen wissenschaftlichen Bearbeitung handelt es sich um einen der wenigen »Dauerbrenner« dieser Disziplin. Bemerkenswert ist weiterhin, dass sie sich nach wie vor höchster gesellschaftlicher Wertschätzung erfreut und gerne in Anspruch genommen wird. Darüber hinaus ist sie in der modernen Gesellschaft einer der besten Prädiktoren für beruflichen Erfolg.

Was ist unter diesem Konzept mit den vielen positiven Attributen zu verstehen? Ganz allgemein steht Intelligenz für die Befähigung zu intellektuellen Leistungen. Aufgrund der vielen Facetten intellektueller Leistungen gilt diese Befähigung als Ergebnis des Zusammenwirkens einer Vielzahl einzelner (Teil-)Fähigkeiten. Ein solches Zusammenwirken von (jeweils zwei) Fähigkeiten hat bereits Spearmans (1927) erweitertes Intelligenzmodell charakterisiert. Bei den vielen Versuchen Intelligenz begrifflich zu fassen, wurden verschiedenste Beschreibungen für diese Befähigung vorgelegt, die in hohem Maße durch den jeweiligen Zeitgeist geprägt waren. Solche Beschreibungen sind gewöhnlich sehr allgemein (z. B. »zweckvoll handeln«, »logisch denken«, »allgemeine geistige Anpassungsfähigkeit«) und ignorieren notwendige Voraussetzungen, insbesondere die verschiedenen Kompetenzen wie etwa die Lese- oder die Rechenkompetenz. Für die Bewältigung vieler intellektueller Anforderungen sind jedoch spezifische Kompetenzen, die auf Lernerfahrungen basieren, unverzichtbar (Weinert 1999). Mit solchen Kompetenzen werden auch die für viele intellektuelle Leistungen notwendigen kulturellen Voraussetzungen thematisiert.

> **Definition**
>
> In diesem Sinne bietet sich die Charakterisierung der Intelligenz als Menge von für die Erbringung intellektueller Leistungen notwendiger Fähigkeiten (und Kompetenzen) an.

Die Klammerung der Kompetenzen ist notwendig, weil vielen Kompetenzen erst ab dem mittleren Kindesalter Relevanz zukommt. Beispielsweise spielt die Lesekompetenz vor dem fünften Lebensjahr bei den alterstypischen Leistungen, wie sie auch bei der Leistungsmessung erfasst werden, keine Rolle.

Bei dieser eher formalen Charakterisierung ist die inhaltliche Bestimmung in dem Zusatz »für die Erbringung intellektueller Leistungen« enthalten, der auf charakteristische Anforderungen verweist, die gewöhnlich in einer Kombination aus Problemstellung und eindeutiger Lösung zum Ausdruck kommen (Wagner u. Sternberg 1985). Bei vielen im engeren Sinne akademischen Aufgabenstellungen gibt es eine solche Lösung. Nur in Ausnahmefällen wie beim konvergenten Denken sind nicht alle Lösungen eindeutig festgelegt. Es gibt eine große Zahl solcher Problemstellungen, die das Aufgabenuniversum für Intelligenz konstituieren (French et al. 1963) Die Attraktivität des Konzepts besteht allerdings gerade in der Erwartung, dass auch andere Problemstellungen, die außerhalb des Aufgabenuniversums liegen, erfolgreich bewältigt werden.

Was geschieht jedoch bei der Erweiterung der Anforderungen auf den sozialen oder emotionalen Bereich? Die Erweiterung auf diese und andere Bereiche hat zur Unterscheidung von Intelligenzkonzepten geführt (▶ Kasten »Bereichsspezifische Intelligenzkonzepte«), deren Berechtigung allerdings nicht unbestritten ist. Daher wird Intelligenz, wenn die Notwendigkeit der Abgrenzung zu den bereichsspezifischen Intelligenzkonzepten besteht, häufig mit dem Zusatz akademisch, psychometrisch oder traditionell versehen.

Die Charakterisierung von Intelligenz als Menge von (Teil-)Fähigkeiten und Kompetenzen wird dem wissenschaftlichen Verständnis von Intelligenz nur teilweise gerecht. Nach dem derzeitigen wissenschaftlichen Verständnis ist Intelligenz ein Konstrukt (Cronbach u. Meehl 1955), also eine Anzahl aufeinander bezogener Aussagen, die wesentlich durch

Bereichsspezifische Intelligenzkonzepte

- Erfolgsintelligenz (Sternberg 1998): Diese Intelligenz soll über das persönliche Fortkommen in der Gesellschaft entscheiden. Hohe Erfolgsintelligenz ist gleichbedeutend damit, dass die betreffende Person in jeder Situation (intuitiv) erkennt, wie sie sich verhalten muss, um zum Erfolg zu kommen.
- Emotionale Intelligenz (Salovey u. Mayer 1990): Sie steht für die Fähigkeit zur Wahrnehmung der Gefühle und Befindlichkeit der eigenen Person und fremder Personen sowie für die Fähigkeit, in einer angemessenen Weise darauf zu reagieren.
- Operative Intelligenz (Dörner 1986): Diese Art von Intelligenz bezeichnet die Fähigkeit zur Koordination von Einzelfähigkeiten im Sinne der Erfordernisse von komplexem Problemlösen.
- Praktische Intelligenz (Neisser 1976; Sternberg u. Wagner 1986): Das Lösen von Problemen des Alltagslebens charakterisiert diese Art von Intelligenz. Als wesentlicher Bestandteil gilt »tacit knowledge«, das zur Anwendung gebracht wird. »Tacit knowledge« steht für latent vorhandenes Alltagswissen.
- Soziale Intelligenz (Thorndike 1920, S. 228): Sie gilt als die Fähigkeit zur Empathie und zum situationsangemessenen, sozial kompetenten Verhalten. Eine sozial intelligente Person kann sich in jeder sozialen Situation angemessen verhalten.

empirische Erfahrungen geformt wurde – oder in anderen Worten – eine Anzahl aufeinander bezogener Erkenntnisse. Intelligenz als Konstrukt steht für den durch die Intelligenzforschung erreichten Erkenntnis- bzw. Wissenstand. Da nun aus ganz unterschiedlichen Perspektiven, geleitet von unterschiedlichen Fragestellungen, Intelligenzforschung betrieben worden ist, hat der Wissensstand viele unterschiedliche Facetten. Deshalb gilt:

Definition

Intelligenz ist der Überbegriff oder die Klammer für vernetztes Wissen, das im Rahmen der wissenschaftlichen Bearbeitung von Fragestellungen zu intellektuellen Leistungen erzielt wurde.

Die Forschungsfragen zu diesen Facetten werden die Darstellung des Konstrukts Intelligenz leiten. Abgehandelt wird der Forschungsstand zu den Fragen nach der Messbarkeit, nach der Struktur, nach den Basisprozessen, nach der Vererblichkeit, nach der Stabilität bei sich verändernden Rahmenbedingungen und gezieltem Training sowie nach der Beziehung zur Bildung. Auf weitere Fragestellungen bzw. Facetten wird in diesem Kapitel nicht eingegangen.

1.1.2 Intelligenzmessung

Messbarkeit ist ein fundamentales Merkmal der Konzepte der empirischen Sozialwissenschaften. Die wissenschaftliche Auseinandersetzung mit der Messbarkeit von Intelligenz hat in einem langen Prozess zu spezifischen Messkonzepten geführt. Mit einem Messkonzept verbindet sich zum Einen die Festlegung eines Rahmens für die inhaltliche Bestimmung der Anforderungen durch Intelligenztestaufgaben. Zum Anderen gehen charakteristische Annahmen über das Zustandekommen, die Verteilung und die Bedeutung von Messwerten ein.

Am Anfang stand der erfolgreiche Versuch von Binet (1903; Binet u. Simon 1905), ein Messinstrument für die Unterscheidung von unbegabten und unausgebildeten Kindern zu konstruieren, weil das Pariser Unterrichtsministerium die Überprüfung der Schulfähigkeit von Kindern angeordnet hatte. Um dieser Anforderung gerecht zu werden, wurden von Binet und Simon Aufgaben zusammengestellt, für deren Bewältigung intellektuelle Leistungsfähigkeit erforderlich, dagegen schulisches Wissen entbehrlich war. Diese Aufgaben besaßen Merkmale, die auch noch die Aufgaben heutiger Intelligenztests charakterisieren (vgl. Wagner u. Sternberg 1985):

1. Sie weisen eine gute Strukturierung auf.
2. Es gibt (meist) nur eine richtige Lösung.
3. Es gibt (meist) nur einen angemessenen Lösungsweg.

Mit Hilfe eines Messinstruments, das aus einer solchen Menge von Aufgaben und einer Vorschrift für die Gewinnung eines Gesamtscores besteht, kann bestimmt werden, wo die Leistungsfähigkeit eines Kindes in Bezug auf die Vergleichsgruppe der Gleichaltrigen einzuordnen ist. Wegen der Altersabhängigkeit der intellektuellen Leistungsfähigkeit, d. h. eine bestimmte Menge von Aufgaben wird von älteren Kindern mit einer größeren Wahrscheinlichkeit gelöst als von jüngeren Kindern, ergab sich die Notwendigkeit, das Alter in Rechnung zu stellen. Binet und Simon haben das Problem der Altersabhängigkeit dadurch gelöst, dass sie für jede Altersstufe eine Menge von mindestens fünf alterstypischen Aufgaben zusammenstellten. Aus den Ergebnissen, die mit dieser und anderen Aufgabenzusammenstellungen erzielt wurden, ist das Konzept des Intelligenzalters entstanden. Das Intelligenzalter steht für die alterstypische Leistung. Es wird anhand der von einem Kind gelösten Aufgaben bestimmt. Dazu werden die für unterschiedliche Altersstufen konstruierten, gelösten Aufgaben systematisch miteinander verrechnet. Das Intelligenzalter zeigt an, ob die Leistung eines Kindes mit der alterstypischen Leistung übereinstimmt, darüber oder darunter liegt. Dabei bildet das Lebensalter den Vergleichsmaßstab.

Auf der Basis von Intelligenz- und Lebensalter wurde schließlich von Stern (1912) der Intelligenzquotient (IQ) definiert, dessen Kürzel noch heute für ein bestimmtes Messkonzept steht. Die ursprüngliche Definition des Intelligenzquotienten erfordert die Bildung eines Quotienten aus Intelligenz- (IA) und Lebensalter (LA):

$$\text{Intelligenzquotient (IQ)} = \frac{\text{Intelligenzalter (IA)}}{\text{Lebensalter (LA)}}$$

Dieser Quotient wurde standardmäßig mit 100 multipliziert, wodurch die Übereinstimmung von Intelligenzalter und Lebensalter auf den Wert 100 festgelegt wurde. Mit Hilfe dieser Quotientenbildung wurde Vergleichbarkeit der Ergebnisse über verschiedene Altersstufen hinweg erreicht. Vor der Quotientenbildung war Vergleichbarkeit nicht gegeben, weil die Bedeutung der gleichen Abweichung zwischen dem Intelligenzalter und dem Lebensalter in Abhängigkeit von Lebensalter beträchtlich variierte.

Der Intelligenzquotient nach Stern hat allerdings nur bei jungen Menschen zu befriedigenden Ergebnissen geführt. Probleme gab es dagegen bei Erwachsenen, da das Lebensalter zwar kontinuierlich zunimmt, das Intelligenzalter jedoch stagniert.

Schließlich wurde von Wechsler (1939) der IQ als Abweichungskoeffizient neu definiert. Dieser Abweichungskoeffizient gibt Auskunft über die Position der einzelnen Person in der Populationsverteilung, welcher diese Person zugeordnet ist. Dabei bestimmen sich die einzelnen Populationen durch Altergrenzen. Beispielsweise gibt es die Population der 18- bis 25-Jährigen, welche alle Personen im Alter zwischen 18 und 25 Jahren umfasst. In Bezug auf die entsprechende Population ist der IQ einer Person folgendermaßen bestimmt:

$$IQ = 100 + 15 \frac{X-M}{SD},$$

wobei X für den Testscore steht, M für den Mittelwert der Normstichprobe (anstelle der Population) und SD für die Standardabweichung der Normstichprobe (anstelle der Population). Damit ist der IQ populationsabhängig definiert und kann deshalb im Rahmen der Population interpretiert werden. Außerdem besteht Ähnlichkeit zwischen den IQ-Verteilungen zu den Koeffizienten nach Wechsler und Stern.

Die Praxis, dem Testanwender die Berechnung des IQs durch die Bereitstellung von Tabellen zu ersparen, bietet schließlich noch die Möglichkeit, kleine Abweichungen der empirischen Verteilung der Intelligenz von der idealen Normalverteilung (vgl. Jensen 1972) durch eine geeignete Transformation zu eliminieren, so dass der Interpretation des IQ im Rahmen der Normalverteilung mit dem Mittelwert 100 und der Standardabweichung 15 nichts im Wege steht.

1.1.3 Struktur der Intelligenz

Die Struktur der Intelligenz stand lange Zeit im Mittelpunkt des allgemeinen Forschungsinteresses. Dabei waren zwei Fragen forschungsleitend: Ist Intelligenz eine homogene Einheit oder lassen sich strukturelle Komponenten unterscheiden? Diese Frage wandelte sich im Lauf der Zeit in die Frage nach der genauen Anzahl und inhaltlichen Bestimmung der Komponenten um. Die zweite Frage war die nach dem Vorliegen oder Fehlen einer hierarchischen Struktur. Diese Fragestellungen führten zu vielen empirischen Untersuchungen und Ergebnissen, die zum Anlass für die Entwicklung ganz unterschiedlicher Strukturmodelle genommen wurden. Inzwischen ist deutlich, dass die Vielfalt der Ergebnisse durch die Anwendung unterschiedlicher statistischer Analyseverfahren, die Erhebung von Stichproben aus unterschiedlichen Populationen und die Besonderheiten der jeweiligen Aufgabenmengen zustande gekommen ist (Amelang 1996).

Am Anfang dieser Entwicklung stand Spearmans (1904, 1927) Zwei-Faktoren-Modell der Intelligenz. Nach diesem Modell ist die Intelligenzleistung jeweils durch zwei Faktoren bestimmt, einen gemeinsamen Faktor und einen spezifischen Faktor, der in Abhängigkeit von der Aufgabenstellung variiert. Der gemeinsame Faktor hat sich in der Literatur als *g*-Faktor etabliert. Die weitere Entwicklung wurde durch die Unterscheidung zwischen hierarchischen und nicht-hierarchischen Modellen geprägt. Das sehr einflussreiche, nicht-hierarchische Modell von Thurstone (1938) sah die Unterscheidung von neun – später sieben – Primärfaktoren vor. Diese voneinander abhängigen Faktoren wurden als Teilfähigkeiten der Intelligenz aufgefasst. Später wurde von Guilford (1966) eine wesentlich vielfältigere Menge nicht-hierarchischer Faktoren vorgeschlagen, die nach Inhalten, Operationen und Produkten gegliedert waren. Nach Guilford lassen sich insgesamt 120 Intelligenzfaktoren voneinander unterscheiden. Diese Vielfalt kommt unter anderem durch die Integration der Kreativität zustande. Die Unterscheidung von Operationen und Inhalten sowie die Integration der Kreativität finden sich auch beim Berliner Intelligenzmodell (Jäger 1984), das seiner Grundstruktur nach ein nicht-hierarchisches Modell ist. Durch eine zusätzliche, übergeordnete Ebene, welche nur die allgemeine Intelligenz beinhaltet, wurde dieses Modell schließlich noch zu einem hierarchischen Modell erweitert.

Von den vielen hierarchischen Intelligenzmodellen, die vorgeschlagen wurden, ist Cattells (1963) duales Modell besonders bekannt geworden und noch heute Gegenstand von Forschungsaktivitäten. Den Kern dieses Modells bilden die Konzepte der fluiden und kristallisierten (bzw. kristallinen) Intelligenz. Die fluide Intelligenz steht für die Fähigkeit, neue Probleme und Situationen ohne Vorwissen erfolgreich bewältigen zu können. Sie bewirkt, dass die Lösung bzw. das Ziel unter Anwendung ganz allgemeiner Algorithmen oder Heuristiken erreicht wird. Die fluide Intelligenz wird mit der biologischen Basis in Verbindung gebracht. Im Vergleich dazu steht die kristallisierte Intelligenz für die Verfügbarkeit und Nutzung von Wissen. Die kristallisierte Intelligenz wird gewöhnlich über den Wissensbestand erfasst bzw. steht für den Wissensbestand (Hunt 2000). Darüber hinaus werden auch Kompetenzen im Sinne einfacher aber wichtiger Kulturleistungen dieser Intelligenzart zugerechnet. Insgesamt weisen sowohl die fluide als auch die kristallisierte Intelligenz einen hohen Allgemeinheitsgrad auf, und es lassen sich weitere, spezifische Fähigkeiten vergleichbar den Primärfaktoren finden. Durch eine übergeordnete Einheit, welche die allgemeine Intelligenz repräsentiert, ergibt sich schließlich ein hierarchisches Modell mit drei Ebenen. Es hat nachträglich noch eine Erweiterung durch Horn und Noll (1997) erfahren, indem sie das Kurzzeitgedächtnis, das Langzeitgedächtnis, das visuell-räumliche Denken, die Betrachtungsschnelligkeit, die Entscheidungsfähigkeit und quantitative Fähigkeiten integriert haben.

Besonders hervorzuheben ist das Drei-Schichten-Modell von Carroll (1993), welches das Ergebnis der Suche nach einem Modell ist, das mit allen in der Vergangenheit generierten Datensätzen vereinbar ist. Es wurden 461 Datensätze gesammelt und mit faktorenanalytischen Methoden untersucht. Dieses Modell erfährt derzeit weltweit die größte Akzeptanz. Es besteht aus einer Hierarchie mit 3 Schichten bzw. Ebenen.

An der Spitze dieser Hierarchie auf der obersten Ebene findet sich die allgemeine Intelligenz. Diese strukturelle Einheit steht für diejenige Komponente der Intelligenz, die am allgemeinsten ist, zu allen kognitiven Leistungen beiträgt und mit dem sog. g-Faktor (Jensen 1998) identifiziert wird. Diese allgemeine Intelligenz wird anhand von Tests gemessen, welche den Anspruch auf Gesamterfassung der Intelligenz erheben (z. B. HAWIE). Mit Abstrichen können für diesen Zweck auch Tests mit einer sehr hohen g-Ladung eingesetzt werden (z. B. APM). Auf

1

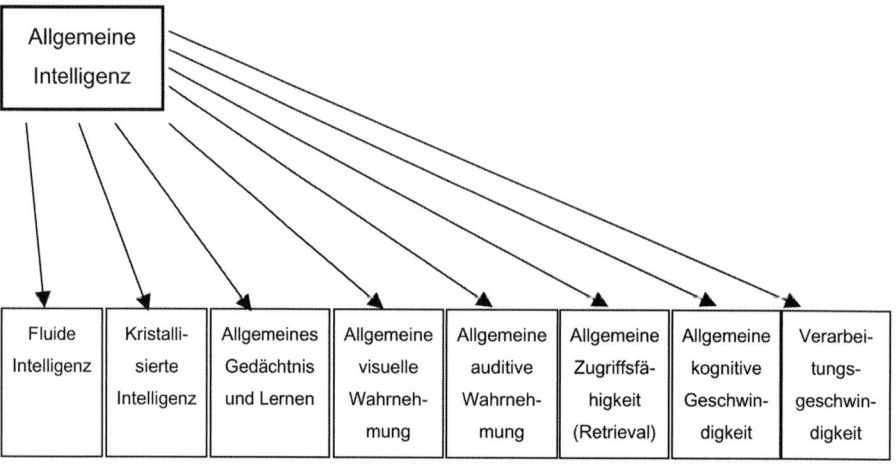

◻ Abb. 1.1. Schematische Darstellung der oberen und mittleren Ebenen von Carrolls 3-Schichten-Modell (nach Carroll 1993)

der mittleren Ebene dieses Modells finden sich acht strukturelle Einheiten als Komponenten der Intelligenz mit einem immer noch beträchtlichen Allgemeinheitsgrad. Dazu zählen die fluide und die kristallisierte Intelligenz, welche dem dualen Kernmodell von Cattell (1963) entnommen sind. Hinzu kommen allgemeine Gedächtnis- und Lernfähigkeiten, Wahrnehmungsfähigkeiten und geschwindigkeitsbasierte Fähigkeiten. Die asymmetrische Anordnung der allgemeinen Intelligenz über der mittleren Ebene zeigt an, dass besonders enge Beziehungen der allgemeinen Intelligenz mit einzelnen Fähigkeiten der mittleren Ebene bestehen und eher weite mit anderen Fähigkeiten. Die besonders enge Beziehung zwischen der allgemeinen Intelligenz und der fluiden Intelligenz findet sich auch in dem Modell von Gustafsson (1984). Die Basis der Hierarchie des Drei-Schichten-Modells umfasst eine große Zahl spezifischer Intelligenzkomponenten, die für eher spezifische Anforderungen an die intellektuelle Leistungsfähigkeit stehen. Die vielfältigen Bezüge machen deutlich, dass das Drei-Schichten-Modell nicht nur auf einer breiten empirischen Basis beruht, sondern auch den Rahmen für die Integration bestehender Modelle bietet. In diesem Sinne sei noch angemerkt, dass McGrew (1997) eine explizite Verknüpfung von Carrolls Drei-Schichten-Modell mit Cattells Modell ausgearbeitet hat.

Eine neue von den herkömmlichen Pfaden abweichende Entwicklung im Bereich der Intelligenz-

struktur hat sich mit dem aktuellen Strukturmodell von Wechsler (1997) ergeben, das einen Bezug zu den Ergebnissen der Forschung zur Fundierung der Intelligenz herstellt. Dieses hierarchische Strukturmodell umfasst auf der obersten Ebene die allgemeine Intelligenz und auf der darunter angeordneten Ebene folgende Einheiten: verbales Verständnis, perzeptuelle Organisation, Arbeitsgedächtnis und Verarbeitungsgeschwindigkeit. Insbesondere beim Arbeitsgedächtnis und der Verarbeitungsgeschwindigkeit ist der Bezug zu kognitiven Determinanten der intellektuellen Leistungsfähigkeit offensichtlich. Damit werden bei der Strukturierung von Intelligenz konstituierende, auf die mentale Informationsverarbeitung verweisende Merkmale in den Vordergrund gerückt, während deskriptive Merkmale zurückgenommen werden. Diese Entwicklung entspricht der Erwartung vieler Forscher, dass Intelligenz ganz oder zumindest in großen Teilen in Begriffen der kognitiven Basis beschrieben werden kann (Lohman 2000).

1.1.4 Fundierung der Intelligenz

Die Rückführung der (Teil-)Fähigkeiten und Kompetenzen für die Erbringung intellektueller Leistungen auf fundamentale kognitive oder physiologische Einheiten bzw. deren Eigenschaften ist eine Zielsetzung, die ab dem Ende der 1970er Jahre die Arbeit einer zunehmenden Zahl von Forschern bestimmt hat (vgl. Neubauer 1995; Schweizer 1995, 2005). Eine weitere Zielsetzung dieser Forschung war die Ersetzung der Intelligenzmessung anhand von Intelligenztests durch Messungen mit Hilfe einfacher Tests, deren Bearbeitung von kulturellen Voraussetzungen weitgehend unabhängig ist (▶ Kap. 1.1.7).

Kognitive Basis: Unter dem Einfluss der kognitiven Psychologie wurden eine Reihe kognitiver Erklärungsansätze für individuelle Unterschiede bei der Erbringung intellektueller Leistungen entwickelt, die zur Anwendung kognitiver Tests in der differentiellen Leistungsforschung geführt haben. Ein Erklärungsansatz, der sich von Anfang an besonderer Beliebtheit erfreute, war der »*Mental-speed*«-Ansatz (Jensen 1982). Die zentrale Aussage dieses Ansatzes ist, dass das Niveau der intellektuellen Leistungsfähigkeit wesentlich durch die Geschwindigkeit der mentalen Verarbeitung bestimmt wird. »Mental speed« soll nicht nur bestimmen, wieviel Verarbeitungszeit notwendig ist, um einer Anforderung gerecht zu werden; sie soll sich auch auf die Qualität der Bearbeitung einer komplexen Aufgabe auswirken (s. auch Schweizer 2000a).

Als Beleg für die Richtigkeit dieses Ansatzes wurden v. a. Korrelationen zwischen Wahlreaktionszeiten und Intelligenztestscores vorgelegt. Jensen (1987) berichtet auf der Basis der Daten von 1195 Personen, die im Rahmen verschiedener Studien untersucht wurden, eine mittlere Korrelation von -0,20 (korrigiert: -0,31). Bei der Inspektionszeitaufgabe, die eine visuelle oder auditive Reizdiskrimination erfordert, führen die Daten von 4100 Personen zu einer Korrelation von -0,30 (korrigiert -0,51) zwischen Intelligenz und der sog. Inspektionszeit (Grudnik u. Kranzler 2001). Anhand der Daten von 899 Personen findet sich eine Korrelation von 0,21 zwischen Intelligenz und Tondiskrimination und von 0,31 zwischen Intelligenz und Farbdiskrimination (Acton u. Schroeder 2001). Für das visuelle Suchen (Listensuchen) besteht bei 501 Personen eine Korrelation von -0,25 zwischen Intelligenz und Reaktionszeit (Schweizer 2000b). Obwohl all diese Korrelationen auf einen zwar geringen aber substanziellen Zusammenhang hinweisen, wird immer wieder Kritik an diesem Ansatz geübt (▶ Kasten »Das ›Speedspeed‹-Argument«).

Im Mittelpunkt eines weiteren kognitiven Erklärungsansatzes steht die Aufmerksamkeit, wobei mit Hilfe einer Reihe von Metaphern (Fernandez-Duque u. Johnson 2002) Bezüge zur Intelligenz hergestellt werden. Gemäß der Kapazitätsmetapher ist die Aufmerksamkeitskapazität eine wichtige Komponente von Intelligenz und bestimmt das Intelligenzniveau wesentlich mit. Die Aufmerksamkeitskapazität wurde aus der Perspektive einer speziellen Art von Aufmerksamkeit, der geteilten Aufmerksamkeit, thematisiert und untersucht. Die Forschungsergebnisse zu dieser Aufmerksamkeitsart haben allerdings die Erwartungen eher nicht gestützt (Stankov 1989).

Das »Speed-speed«-Argument

Die Kernaussage der Kritik am »*Mental-speed*«-Ansatz ist, dass Korrelationen zwischen Reaktionszeiten und Intelligenztestscores dadurch zustande kommen, weil Intelligenztests zeitlich limitiert vorgegeben werden. Die zeitliche Limitierung soll bewirken, dass die Leistung beim Intelligenztest wesentlich durch »mental speed« bestimmt wird. Das heißt schnelle Versuchspersonen bearbeiten nicht nur die Reaktionszeitaufgaben schneller, sondern auch mehr einzelne Intelligenztestaufgaben als langsame Versuchspersonen. Implizit wird zusätzlich die Annahme gemacht, dass schnelle und langsame Versuchspersonen sich bezüglich der Lösungswahrscheinlichkeit der Aufgaben nicht unterscheiden. Sollte diese Kritik richtig sein, dann müsste die Korrelation zwischen Reaktionszeiten und Intelligenztestscores bei einer zeitlich unbegrenzten Vorgabe der Intelligenztests verschwinden.

Um diese Kritik auf eine empirische Basis zu stellen, wurden in mehreren Untersuchungen Intelligenztests sowohl unter der »Speed«-Bedingung (zeitbegrenzt) als auch unter der »Power«-Bedingung (zeitunbegrenzt) vorgegeben, und es wurden Korrelationen mit Reaktionszeiten bei elementare Anforderungen berechnet. In zwei Untersuchungen (Vernon u. Kantor 1986; Vernon et al. 1985) wurden keine nennenswerten Korrelationsunterschiede gefunden. In einer weiteren Untersuchung (Bucik 1993) führte die zeitlich unbegrenzte Vorgabe sogar zu einer höheren Korrelation als die zeitlich begrenzte Vorgabe.

Die Ressourcenmetapher bietet einen weiteren, vielversprechenden Erklärungsansatz. Gemäß dieser Metapher bewirkt die Aufmerksamkeit, dass Ressourcen für die Verarbeitung von Information zur Verfügung gestellt werden (Coull 1998). Die große Bedeutung der Verwaltung von Ressourcen wird deutlich, wenn die Konsequenzen des *nichtaufmerksamen* Normalzustands der mentalen Informationsverarbeitung bedacht werden. In diesem *nichtaufmerksamen* Normalzustand stehen die begrenzten Ressourcen dem Input aus allen Informationskanälen beliebig zur Verfügung. Das heißt Input kann Verarbeitungsressourcen nicht längerfristig binden. Die Fähigkeit, die Ressourcen verwalten und insbesondere langfristig auf eine bestimmte Aufgabenstellung zentrieren zu können, kommt in der Daueraufmerksamkeit zum Ausdruck. Untersuchungen zum Zusammenhang zwischen Daueraufmerksamkeit und Intelligenz mit kognitiven Aufgaben bestätigen den Nutzen dieser Metapher (Schweizer u. Moosbrugger 2004). Darüber hinaus führen konventionelle Aufmerksamkeitstests zu substanziellen Korrelationen mit der Intelligenz (Schmidt-Atzert u. Bühner 2000).

Die Kombination aus Gedächtnis und Lernen bietet den Ausgangspunkt für einen weiteren kognitiven Erklärungsansatz um Intelligenz zu fundieren. Besonders intensiv erforscht wurde die Rolle des Arbeitsgedächtnisses bei der Erbringung intellektueller Leistungen. In einer umfangreichen Arbeit zeigten Kyllonen und Christal (1990), dass die Arbeitsgedächtnisleistung mit der Leistung beim Intelligenztest zusammenhängt. Im Rahmen einer sehr interessanten Untersuchung zu den Determinanten der Leistung bei der Bearbeitung komplexer Intelligenztestaufgaben, erwies sich die Arbeitsgedächtniskapazität im Vergleich zur Verfügbarkeit von Lösungsregeln als wesentlich bedeutsamer (Carpenter et al. 1999). Darüber hinaus liegen einige Arbeiten zur Struktur des Zusammenhangs mit der Intelligenz vor (z. B. Engle et al. 1999). Bei solchen Arbeiten wurden allerdings häufig sehr komplexe Testaufgaben eingesetzt, deren Nähe zu Intelligenztestaufgaben mitunter sehr problematisch ist (▶ Kasten »Ähnlichkeitsargument«).

Neben dem Arbeitsgedächtnis sind auch andere Gedächtniseinheiten als Ausgangspunkt für Erklärungsansätze zur Fundierung der Intelligenz gewählt worden. Thematisiert wurde insbesondere der Zugriff auf die Inhalte von Kurzzeit- und Langzeitgedächtnis sowie die Speicherkapazität des Kurzzeitgedächtnisses. Tatsächlich findet sich bei insgesamt 926 Personen eine Korrelation von –0,31 zwischen Intelligenz und der Reaktionszeit für den Langzeitgedächtniszugriff (Renkl u. Schweizer 2000). Auch für das Kurzzeitgedächtnis konte ein substanzieller Zusammenhang ermittelt werden. Anhand der Daten von insgesamt 972 Personen fand sich eine Korrelation zwischen Intelligenz und Kurzzeitgedächtniszugriff von –0,27 (Neubauer 1997). Nicht nur die Verfügbarkeit von Information, sondern auch das Lernen im Sinne der Aufnahme und Fixierung von Information im Langzeitgedächtnis ist wichtig. Als Teil der aktuellen Informationsverarbeitung bringt ein solcher Transfer von Information eine Entlastung der Kurzzeitspeicher. Darüber hinaus ist er für die Schaffung der Wissensbasis wichtig. In Querschnittsstudien konnte gezeigt werden, dass Lernen mit fluider Intelligenz, »mental speed« und der Arbeitsgedächtniskapazität in Beziehung steht und natürlich mit kristallisierter Intelligenz (Schweizer u. Koch 2001).

Am Ende der Darstellung der Forschung zur kognitiven Fundierung der Intelligenz stellt sich die Frage, inwieweit nun durch kognitive Tests Intelligenztests ersetzt werden können. Wenn kognitive Tests zu nur einem der Erklärungsansätze für die Prognose von Intelligenz eingesetzt werden, übersteigt die multiple Korrelation meist die 0,5-Grenze nicht. Werden dagegen kognitive Tests zu mehreren Erklärungsansätzen für die Prognose eingesetzt, so kann sogar die 0,7-Grenze überschritten werden (z. B. Larson u. Saccuzzo 1989). Diese multiplen Korrelationen deuten an, dass etwa 50% der Varianz von Intelligenz mit einfachen kognitiven Leistungen erklärt werden kann. Wenn diese Berechnungen nicht auf der manifesten sondern auf der latenten Ebene im Rahmen der Anwendung von Strukturgleichungsmodellen vorgenommen werden, dann steigt die Erklärungskraft auf bis zu 70% der Varianz an (z. B. Schweizer et al. 2001).

Physiologische Basis: Die Suche nach der physiologischen Basis erfordert die Herstellung einer Beziehung zwischen Intelligenz einerseits und physiologischen Einheiten bzw. deren Eigenschaften andererseits. Die Forschung ist in diesem Bereich in hohem Maße durch die verfügbaren Meßmethoden bestimmt, die über die Eigenschaften von Zellen,

Das Ähnlichkeitsargument

Obwohl das Arbeitsgedächtnis sich als besonders fruchtbarer Ausgangspunkt für die kognitive Fundierung der Intelligenz erwiesen hat, ist die empirische Überprüfung mit einem erheblichen Problem, bedingt durch die Komplexität der Testanforderungen, behaftet. So wurden etwa von Kyllonen und Christal (1990) für die Repräsentation des Arbeitsgedächtnisses Aufgaben aus einer Intelligenztestbatterie eingesetzt. Durch solche Tests werden Anforderungen an die Versuchspersonen gestellt, die eine Abgrenzung von Intelligentestaufgaben eigentlich nicht zulassen; es besteht ein hohes Maß an Bildungsabhängigkeit und für die Bearbeitung solcher Aufgaben müssen elaborierte Kulturtechniken eingesetzt werden. Eine überzeugende kognitive Fundierung der Intelligenz kann auf diese Weise nicht gelingen. Die Anforderungen von Testaufgaben für das Arbeitsgedächtnis sollten sich deutlich von den Anforderungen durch Intelligenzaufgaben unterscheiden.

Die Rückführung auf Eigenschaften des Arbeitsgedächtnisses muss anhand von Anforderungen geleistet werden, die mit einfachsten kognitiven Operationen bewältigt werden können. Dieser Anforderung genügt etwa der Exchange-Test (Schweizer 1996). Bei der Anwendung dieses Tests werden einer Versuchsperson jeweils zwei Listen mit einfachen Figuren präsentiert. Ein Beispiel:

Die Aufgabe der Versuchsperson besteht darin, benachbarte Figuren der unteren Liste sukzessiv so umzuordnen, bis die Listen übereinstimmen. Das heißt, es findet nur eine ganz einfache kognitive Operation, das Umordnen, Anwendung. Die Anforderung für das Arbeitsgedächtnis besteht v. a. darin, dass die Zwischenergebnisse mental gespeichert und manipuliert werden müssen. Diese Kombination von Anforderungen sollte jeder vollgültige Arbeitsgedächtnistest erfüllen (Bayliss et al. 2003). Weitere vollgültige Arbeitsgedächtnistests finden sich in den Arbeiten von Stankov (z. B. 2000). Außerdem kann darauf hingewiesen werden, dass die Fehler bei der Bearbeitung des Exchangetests eine breite Streuung aufweisen und substanziell mit Intelligenz korrelieren. Da die Versuchsperson die Anzahl der Umordnungen zählen muss, können Fehlleistungen im Sinne von Abweichungen von der richtigen Anzahl an Umordnungen bestimmt werden.

Zellverbänden oder Bereichen des Gehirns Auskunft geben. Diese Meßmethoden sind sehr aufwändig und dominieren gewöhnlich die Theoriebildung. Es sind drei Arten von Meßmethoden, die im Rahmen der Forschung zur physiologischen Basis von Intelligenz in größerem Umfang Anwendung gefunden haben und bei Neubauer (2000) dargestellt sind.

Die erste Art dient der Erfassung der hirnelektrischen Aktivität (EEG). Die hohe Komplexität dieser Aktivität und die lokale Differenziertheit bieten für die Forschung viele Ansatzmöglichkeiten. In einer größeren Zahl von Studien wurde die hirnelektrische Aktivität anhand des evozierten Potenzials (EP) erfasst; diese Studien haben allerdings zu keinem eindeutigen Ergebnis geführt. Außerdem wurden Power-Analysen der hirnelektrischen Aktivitäten im Alpha-Bereich (IAF) vorgenommen. Mit Hilfe dieser Analyse können charakteristische Merkmale der Frequenzverteilung bestimmt werden, für die substanzielle Korrelationen mit Intelligenz berichtet werden. Im Rahmen dieser Forschung wurde auch die Kohärenz des EEG analysiert. Dabei werden EEG-Messungen verschiedener Gehirnregionen miteinander in Beziehung gesetzt, um den Abhängigkeitsgrad zu ermitteln (Konnektivität).

Es zeigt sich, dass ein geringer Abhängigkeitsgrad mit hoher Intelligenz einhergeht und ein hoher Abhängigkeitsgrad mit geringer Intelligenz. Das Mapping der ereigniskorrelierten Desynchronisation (ERD) verbindet die Analyse der elektrophysiologischen Hintergrundaktivität des Alpha-Bandes mit einer topographischen Analyse. Seine Anwendung macht deutlich, dass bei hoher Intelligenz eine stärkere Differenzierung der Desynchronisation besteht als bei niedriger Intelligenz. Außerdem zeigen Versuchspersonen mit einer hohen Intelligenz eine insgesamt geringere Aktivierung als Versuchspersonen mit einer niedrigen Intelligenz. Zu den meisten dieser aufwändigen Analysemethoden liegen allerdings noch zu wenig Ergebnisse vor, um zu einer wirklich verlässlich Einschätzung ihres Beitrags zur Prognose von Intelligenz zu gelangen.

Die zweite Art von Meßmethoden erfasst die periphere Nervenleitgeschwindigkeit (»peripheral nerve conduction velocity«, PNCV). Sie verspricht den (relativ) direkten Zugang zur charakteristischen Geschwindigkeit neuronaler Prozesse, welche anhand der Impulsfortleitung – in den meisten Studien am Unterarm – bestimmt wird. Diese Meßmethode wurde in mehreren Untersuchungen eingesetzt. Obwohl die ersten Ergebnisse sehr positiv waren, wird der Nutzen dieser Methode zunehmend bezweifelt.

Die dritte Art von Meßmethode dient der Erfassung des Glukosemetabolismus und trägt die Bezeichnung Positronemissionstomographie (PET). Der Glukosemetabolismus wird mit Hilfe eines schwach radioaktiven Markers gemessen, der in den Blutkreislauf eingebracht und auf seinem Weg ins Gehirn mit dem PET-Scanner registriert wird. Untersuchungen zum Zusammenhang zwischen Glukosemetabolismus und Gehirn zeigen, dass hohe Intelligenz mit einem geringeren Glukoseverbrauch einhergeht als geringe Intelligenz (Haier 1993). Auch für die Ergebnisse zu dieser Methode gilt, dass ihr Umfang noch keine abschließende Einschätzung des Beitrags dieser Methode zur Prognose von Intelligenz zulässt.

Am Beginn der 21. Jahrhunderts bestimmen drei Theorien zur physiologischen Basis der Intelligenz wesentlich die wissenschaftliche Diskussion:

1. Nach der Theorie der neuronalen Effizienz, die wohl auf Schafers (1982) Theorie der neuronalen Anpassungsfähigkeit zurückgeführt werden kann, geht eine hohe Intelligenz mit einer besseren Nutzung des Gehirns einher als niedrige Intelligenz. Diese Theorie wird durch Befunde zur hirnelektrischen Aktivität und zum Glukosemetabolismus gestützt. Unklar ist allerdings, ob für den Unterschied eine biologische Ursache oder unterschiedliches Verhalten verantwortlich ist (Sternberg u. Kaufman 1998).
2. Im Gegensatz dazu stellt die Theorie der synaptischen Entwicklung (Haier 1993) einen eindeutigen Bezug zum biologischen Substrat her. Gemäß dieser Theorie gelingt die Modifikation der synaptischen Dichte während der frühen kindlichen Entwicklung unterschiedlich gut. Eine ungenügende Reduktion der verfügbaren Synapsen führt zu einer geringen Intelligenz.
3. Außerdem gilt der Grad der Myelinisierung als Ursache für unterschiedliche intellektuelle Niveaus (Miller 1994). Die Theorie der Myelinisierung lässt sich auf phylogenetischer Ebene gut belegen. Vom einfachen zum hochentwickelten Lebewesen kann eine Zunahme der Myelinisierung, der damit verbundenen Erhöhung der Nervenleitgeschwindigkeit und der Leistungsfähigkeit des Nervensystems festgestellt werden.

1.1.5   Komplexe Bedingtheit

Unabhängig von der Feststellung, dass Intelligenz eine kognitiv-biologische Fundierung aufweist, deren Auswirkungen bei aktuellen Anforderungen beobachtet werden können, stellt sich die Frage nach den Faktoren, welche darüber hinaus langfristig die Ausprägung von Intelligenz modifizierend bedingen. Auf diese Frage liegen Antworten aus den Perspektiven von zwei Forschungsansätzen vor, die gewöhnlich unter dem Stichwort Anlage-Umwelt-Problematik zusammengefasst werden. Aus diesen beiden Perspektiven wurden bevorzugt entweder Umwelt- oder Anlagefaktoren als Ursachen für die jeweils aktuelle Intelligenzausprägung angeführt.

Die Sammlung von Umweltfaktoren, zusammengestellt von Bouchard und Segal (1985, S. 452), umfasst eine Liste mit 21 Eintragungen, welche in Übersicht 1 eingegangen sind.

Mit Intelligenz in Zusammenhang stehende Umweltfaktoren (nach Bouchard u. Segal 1985, S. 452):

- Säuglingsernährung
- Geburtsgewicht
- Stellung in der Geschwisterreihe
- Körpergröße
- Anzahl der Geschwister
- Anzahl der Schuljahre
- Sozialer Status der Herkunftsfamilie
- Beruf des Vaters
- Sozioökonomischer Status des Vaters
- Grad der elterlichen Rigität
- Elterlicher Ehrgeiz
- Bildung der Mutter
- Durchschnittlicher Fernsehkonsum
- Durchschnittliche Zeit Bücher zu lesen
- Selbstvertrauen
- Alter (nur während der Kindheit relevant)

- Autoritäre Einstellung im Elternhaus
- Kriminalität
- Alkoholismus
- Psychiatrische Erkrankung
- Emotionale Anpassung

Es handelt sich um Umweltfaktoren, die in den meisten Fällen nur gering oder moderat mit der Intelligenz zusammenhängen und deren Bedeutung in ihrer großen Anzahl liegt. Obwohl also die Belege vornehmlich korrelativer Art sind, wird ein ursächlicher Einfluss dieser Umweltfaktoren vermutet, da in eigentlich allen Fällen eine Beeinflussung ausgehend von der Intelligenz der betroffenen Personen bzw. eine Interaktion oder gar eine zufällige Kovariation sehr unwahrscheinlich sind.

Die Perspektive der Anlagefaktoren hat in den vergangenen Jahrzehnten zu vielfältigen Vergleichsstudien geführt. Die Intelligenzausprägungen von Personen, die entweder der gleichen oder verschiedenen Umwelten ausgesetzt waren, untereinander verwandt oder fremd waren, wurden miteinander verglichen. Weiterhin wurden große Anstrengungen unternommen, um die Daten von eineiigen und zweieiigen Zwillingen unter Berücksichtigung des Umfangs an gemeinsamer Vergangenheit zu sammeln und einer differenzierten Datenanalyse zu unterziehen. D. h. die Vergleiche wurden unter Berücksichtigung des Ähnlichkeitsgrades bezüglich der Umwelt und der genetischen Ausstattung vorgenommen. Der Grad der Vererbbarkeit von Intelligenz wurde anhand der beobachteten Ähnlichkeitsgrade geschätzt. Die Ergebnisse geben Anlass zu der Annahme, dass Intelligenz in einem beträchtlichen Ausmaß vererbt wird. Dieses Ausmaß liegt wohl zwischen 30 % und 75 % (Bouchard 1999). Damit liegt der Grad der Vererbbarkeit von Intelligenz deutlich über dem Grad an Vererblichkeit für Persönlichkeitsmerkmale. Trotz dieses hohen Grades ist allerdings der Mechanismus, der den Einfluss der Gene auf die Intelligenzausprägung vermittelt, nicht bekannt. Es wird sogar vermutet, dass der Einfluss partiell durch Umweltfaktoren vermittelt wird.

1.1.6 Das Stabilitätsproblem

Die Stabilität von Intelligenz war Gegenstand vieler Forschungsarbeiten. Sie wird als Problem thematisiert, weil ihre Erforschung zu allerhand Überraschungen geführt hat. Den Ausgangspunkt der Forschung bildete die Beobachtung, dass die Leistungsfähigkeit von der Geburt bis zum frühen Erwachsenenalter ansteigt und danach wieder abfällt, was vornehmlich anhand der Wechsler-Tests demonstriert wurde (z. B. Wechsler 1964) – ein für Personen im späten Erwachsenenalter wenig erfreuliches Ergebnis, das vor allem dann gefunden wurde, wenn der Datenerhebung ein Querschnittsdesign zugrunde lag. Leistungskonstanz: Die Beobachtung des Intelligenzabfalls im Erwachsenenalter kann durch Bezugnahme auf Untersuchungen mit Messwiederholungen relativiert werden. Als erstes muss die Untersuchung von Owens (1966) angeführt werden. Owens bekam in den 1950er Jahren Zugang zu den Daten von Rekruten aus der Zeit des ersten Weltkriegs und war auch in der Lage, einen Teil der früheren Rekruten ausfindig zu machen sowie ihn für eine neuerliche Testung zu gewinnen. Der Vergleich der neuen mit den früher erhobenen Daten zeigte, dass die verbale Fähigkeit über 40 Jahre hinweg konstant geblieben war. Im Gegensatz dazu fand sich eine leichte Abnahme der numerischen Fähigkeit.

Ein zweiter Beleg für den weit gehenden Erhalt der intellektuellen Fähigkeiten wurde durch das Auffinden von Daten aus dem Scottish Mental Survey von 1932 möglich. Damals wurden an genau dem gleichen Tag alle 10½- bis 11½-Jährigen in Schottland dem Moray-House-Test, einem Leistungstest, unterzogen. Nach 66 Jahren wurde dieser Test erneut auf eine Gruppe von ca. 100 Personen aus der ursprünglichen Stichprobe angewendet (Deary et al. 2000). Der Vergleich der Ergebnisse zeigte weitgehende Konstanz an. Die Retestreliabilität betrug über die Spanne von 66 Jahren 0,6. Trotz der großen Bedeutung dieser beiden Studien, muss angemerkt werden, dass sie nicht auf Zufallsstichproben sondern auf hochgradig vorselektierten Stichproben beruhen.

Auf methodisch wesentlich günstigeren Voraussetzungen basiert eine Studie von Schaie (1994) mit einem »cross-sequential« Design, das sich dadurch

1

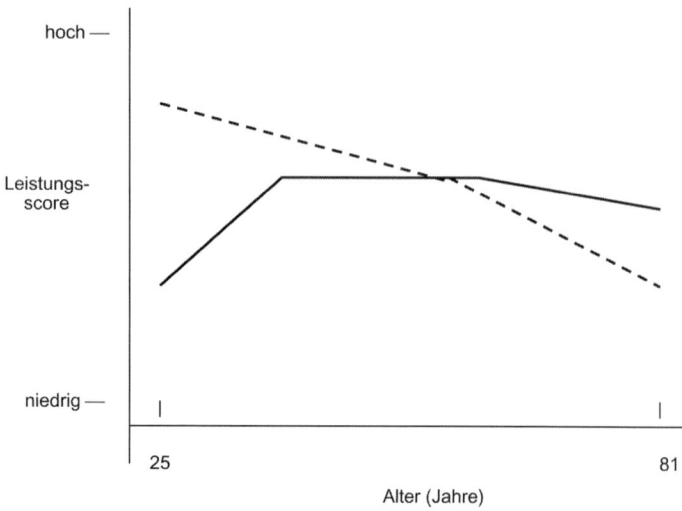

☒ **Abb. 1.2.** Schematische Darstellung der altersbedingten Veränderung von verbaler Fähigkeit (durchgezogene Linie) und induktivem Denken (gestrichelte Linie)

auszeichnete, dass zwischen 1956 und 1991 alle sieben Jahre erneut systematisch Daten erhoben wurden. Bei der ersten Erhebung wurden 500 Personen untersucht, bei der zweiten Erhebung alle Personen der ersten Erhebung, soweit sie noch verfügbar waren, und zusätzlich eine neue Stichprobe. Nach diesem Schema wurde bis 1991 verfahren, so dass es eine Teilstichprobe gab, die insgesamt sechs Mal über einen Zeitraum von 35 Jahren untersucht wurde, neben fünf weiteren Teilstichproben, die 5, 4, 3, 2 oder nur 1 Mal untersucht wurden. Die Untersuchung der Stabilität ergab für die verbale Fähigkeit Konstanz und für das induktive Denken eine leichte Abnahme. ☒ Abb. 1.2 stellt die Verläufe für die beiden Fähigkeiten schematisch dar.

Damit hat diese Studie zu Ergebnissen geführt, die weitgehend mit den Ergebnissen der Post-hoc-Studien übereinstimmen. Die wissensbasierten Anteile an der Leistungsfähigkeit bleiben konstant, während die wissensunabhängigen Anteile abnehmen.

Flynn-Effekt

Die Bezeichnung Flynn-Effekt steht für den zeitabhängigen Anstieg des mittleren IQs einer Population, so wie er in den westlichen Industrienationen während des vergangenen Jahrhunderts (pro Jahr durchschnittlich um 0,3 IQ-Punkte) beobachtet wurde (Flynn 1987, 1999). Dieser Effekt ist folgendermaßen ermittelt worden: Flynn hat die Daten von Studien zusammengestellt, in denen mindestens

zwei Intelligenztests, die mit zeitlichem Abstand normiert worden waren, zur Anwendung kamen. Für jede dieser Studien konnten daher zwei IQ-Werte bestimmt und miteinander verglichen werden. Dabei wurde festgestellt, dass tendenziell jeweils der ältere Test (d. h. der Test mit der älteren Normierung) zu positiveren Ergebnissen führte als der jüngere Test.

Durch Verrechnung der Ergebnisse von 73 Studien mit insgesamt über 7000 Personen fand Flynn, dass in den USA zwischen 1932 und 1978 der durchschnittliche IQ um 14 Punkte angestiegen ist. Vergleichbare Anstiege wurden für Großbritannien, die Niederlande etc. gefunden. Der Grund für dieses Anwachsen des durchschnittlichen IQs ist noch nicht mit Sicherheit ermittelt. Beim Flynn-Effekt handelt es sich allerdings um eine isolierte Entwicklung. Andere Leistungsmerkmale zeigen keine vergleichbaren Veränderungen in die positive Richtung. Stattdessen findet sich etwa eine geringfügige langfristige Abnahme des durchschnittlichen verbalen Scores im *Scholastic Aptitude Test*, der jährlich auf viele Tausend Hochschulbewerber in den USA angewendet wird. Weiterhin kann festgehalten werden, dass auch für die durchschnittliche Schulleistung keine vergleichbare Entwicklung beobachtet wird.

Trainierbarkeit

Wohl bedingt durch die große gesellschaftliche Wertschätzung der Intelligenz wurden eine Reihe von Studien mit dem Ziel durchgeführt, durch besondere Förderung bzw. Training eine Verbesserung der Intelligenz zu bewirken. Nach der Zusammenfassung von Caruso et al. (1982) konnte in ungefähr 50 % der früheren Studien keine Verbesserung des IQ erreicht werden. In den übrigen Studien wurden eher geringe und zeitlich limitierte Verbesserungen festgestellt. Ein besonders interessantes Beispiel ist die Kvashchev-Studie (Stankov 1986), da mit »normalen« Versuchspersonen ein langfristiges und testunabhängiges Training durchgeführt wurde. Gymnasiasten erhielten über mehrere Jahre pro Woche für mehrere Stunden ein kognitives Training. Am Ende wurde für die Experimentalgruppe ein gegenüber der Kontrollgruppe um 5,6 Punkte höherer IQ gefunden; bei der Nachuntersuchung nach einem Jahr betrug die Differenz 8 IQ-Punkte.

Da sich diese Studie durch eine besonders lange Trainingsphase auszeichnet, kann das Ergebnis dahingehend interpretiert werden, dass bei einem intensiven und langfristigen Training durchaus eine – wenn auch geringe – Verbesserung des IQ erzielt werden kann. Weiterhin müssen Vorschulprogramme für die kognitive Entwicklung sozial benachteiligter Kinder erwähnt werden, die eine Kompensation für ungünstige soziale Rahmenbedingungen beabsichtigen. Von diesen Programmen kann eine Auswirkung auf den IQ erwartet werden. In den Vereinigten Staaten gab es die sog. »Headstart«-Programme. Die Untersuchung der Auswirkungen dieser Programme offenbarte eine Verbesserung des IQ und auch der schulischen Leistung (Consortium for Longitudinal Studies 1983). Nachuntersuchungen zeigten jedoch, dass die Verbesserung nach drei bis vier Jahren verschwindet. Abweichend davon, konnten beim »Abecedarian«-Projekt positive Auswirkungen des Vorschulprogramms noch im Alter von 12 und 15 Jahren festgestellt werden (Campbell u. Ramey 1994).

1.1.7 Bildungsbezug

Der Bildungsbezug von Intelligenz ist wichtiges Merkmal und zugleich Problem. Ausgehend von der Aufgabenstellung, die zum ersten Intelligenztest (Binet 1903; Binet u. Simon 1905) geführt hat: ein Instrument für die Prüfung von Schulfähigkeit zu konstruieren, ist der Bezug zur Bildung selbstver-

ständlich. Es darf deshalb nicht verwundern, dass positive Korrelationen zwischen Intelligenz und Schulleistung gefunden werden. Nach Stern (2001) liegt die Korrelation typischerweise bei 0,5. Von Jensen (1980) werden unterschiedliche Korrelationen für die verschiedenen Schulformen berichtet: die Korrelationen für Grundschüler (Elementary School) variieren zwischen 0,6 und 0,7, für die Gymnasiasten (High School) zwischen 0,5 und 0,6 und Studierende (College und Graduate School) zwischen 0,3 und 0,5.

Bei dem deutlichen Zusammenhang zwischen Intelligenz und Bildung stellt sich die Frage nach der Eigenständigkeit und nach der Richtung einer möglichen Abhängigkeit. Nach Ceci (1996) führt die Bildung zur Kristallisierung eines Potenzials, das zunächst nur latent vorhanden ist. Dieses Potenzial gehört zwar zur kognitiven Ausstattung des Individuums, kann sich aber ohne entsprechende Stimulation nicht entfalten. Aus der Perspektive dieser Theorie ist Intelligenz ein Epiphänomen von Bildung. Dieser Theorie steht die Cattell-Entwicklungstheorie entgegen, die als Investmenttheorie (Cattell 1957, 1963) bekannt geworden ist. Im Rahmen dieser Theorie wird behauptet, dass die Entwicklung der Schulleistung durch die Intelligenzentwicklung beeinflusst wird. Im Sinne dieser Theorie konnte gezeigt werden, dass zwischen der Ausprägung der fluiden Intelligenz und der späteren Schulleistung eine Korrelation besteht, während die Schulleistung und die spätere Ausprägung der Intelligenz nicht zusammenhängen (McArdle et al. 2000).

Die Bildungsabhängigkeit der Intelligenz hat allerdings auch einen Nachteil, der darin besteht, dass Intelligenzmessungen gewöhnlich mit Auswirkungen von Bildung konfundiert sind. Dieser Sachverhalt hat zu dem Vorwurf geführt, dass Intelligenzmessungen Personen benachteiligen würden, die unter ungünstigen sozialen Bedingungen aufgewachsen sind und über wenig Bildung verfügen. Um die Auswirkungen dieser Konfundierung zu minimieren, wurden sog. kulturfreie oder zumindest kulturfaire Tests entwickelt (Bartussek 1982), die in besonderem Maße durch Anforderungen an das Problemlösen und die visuelle Wahrnehmungsfähigkeit gekennzeichnet sind.

Literatur

Acton, G. S. & Schroeder, D. H. (2001). Sensory discrimination as related to general intelligence. *Intelligence, 29*, 263-271.

Amelang, M. (1996). Intelligenz. In M. Amelang (Hrsg.) *Enzyklopädie der Psychologie. Differentielle Psychologie und Persönlichkeitsforschung: Bd. 2. Verhaltens- und Leistungsunterschiede*, 245-328. Göttingen: Hogrefe.

Baddeley, A. D. (1986). Working memory. Oxford: Clarendon Press.

Bartussek, D. (1982). Modelle der Testfairness und Selektionsfairness. Trierer Psychologische Berichte, 9 (Heft 2).

Bayliss, D. M., Jarrold, C., Gunn, D. & Baddeley, A. (2003). The complexities of complex span: Explaining individual differences in working memory in children and adults. *Journal of Experimental Psychology: General, 132*, 71-92.

Binet, A. (1903). L'etude experimentale de l´intelligence. Paris: Schleicher Freres.

Binet, A. & Simon, T. (1905). Methodes nouvelles pour la diagnostic du niveau intellectuel des anormeaux. *Année Psychologique, 11*, 191-244.

Bouchard, T. J. Jr. (1999). The Search for Intelligence. *Science, 284*, 922-923.

Bouchard, T. J. & Segal, N. L. (1985). Environment and IQ. In: B.B. Wolman (ed) *Handbook of Intelligence: Theories, Measurements, and Applications*, 391-464. New York, NY: John Wiley.

Bucik, V. (1993). »Speed«, »Power«, or Both? Speed of Information Processing and Spearman's g. Poster presented at the 3rd European Conference on Psychology, Tampere, Finland.

Campbell, F. A. & Ramey, C. T. (1994). Effects of early intervention on intellectual and academic achievement: A follow-up study of children from low income families. *Child Development, 65*, 684-698.

Carroll, J. B. (1993). *Human cognitive abilities*. New York, NY: Cambridge University Press.

Caruso, D. R., Taylor, J. J. & Detterman, D. K. (1982). Intelligence research and intelligence policy. In: D. K. Detterman & R. J. Sternberg (eds) *How and How Much Can Intelligence Be Increased*. Norwood, NJ: Ablex.

Carpenter, P. A., Just, M. A. & Shell, P. (1990). What one intelligence test measures: A theoretical account of the processing in the Raven Progressive Matrices Test. *Psychological Review, 97*, 404-431.

Cattell, R. B. (1957). *Personality and motivation: structure and measurement*. New York, NY: World Book.

Cattell, R. B. (1963). Theory of fluid and crystallized intelligence: A critical experiment. *Journal of Educational Psychology, 54*, 1-22.

Ceci, S. (1996). *On intelligence*. Cambridge, MA: Harvard University Press.

Consortium for Longitudinal Studies (1983). *As the twig Is bent ... Lasting effects of preschool programs*. Hillsdale, NJ: Erlbaum.

Coull, J. T. (1998). Neural correlates of attention and arousal: Insights from electrophysiology, functional neuroimaging and psychopharmacology. *Progress in Neurobiology, 55*, 343-361.

Cronbach, L. J. & Meehl, P. E. (1955). Construct validity in psychological tests. *Psychological Bulletin, 52*, 281-302.

Deary, I., Whalley, L. J., Lemmon, H., Crawford, J. R. & Starr, J. M. (2000). The stability of individual differences in mental ability from childhood to old age: follow-up of the 1932 Scottish Menatl Survey. *Intelligence, 28*, 49-55.

Dörner, D. (1986). Diagnostik der operativen Intelligenz. *Diagnostica, 32*, 290-308.

Engle, R. W., Tuholski, S. W., Laughlin, J. E. & Conway, A. R. A. (1999). Working memory, short-term memory, and general fluid intelligence: A latent-variable approach. *Journal of Experimental Psychology: General, 128*, 309-331.

Fernandez-Duque, D. & Johnson, M. L. (2002). Cause and effect theories of attention: the role of conceptual metaphors. *Review of General Psychology, 6*, 153-165.

Flynn, J. R. (1987). Massive IQ gains in 14 nations: What IQ tests really measure. *Psychological Bulletin, 101*, 171-191.

Flynn, J. R. (1999). Searching for justice: the discovery of IQ gains over time. *American Psychologist, 54*, 5-20.

French, J. W., Ekstrom, R. B. & Price, L. A. (1963). A manual for kit of reference tests for cognitive factors. (revised 1963). Princeton, NJ: Educational Testing Service.

Grudnik, J. L., & Kranzler, J. H. (2001). Meta-analysis of the relationship between intelligence and inspection time. *Intelligence, 29*, 523-535.

Guilford, J. P. (1966). Intelligence: 1965 model. *American Psychologist, 21*, 20-26.

Gustafsson, J. E. (1984). A unifying model for the structure of intellectual abilities. *Intelligence, 8*, 179-203.

Haier, R. J. (1993). Cerebral glucose metabolism and intelligence. In P. A. Vernon (ed) *Biological approaches to the study of human intelligence*, 317-332. Norwood, NJ: Ablex.

Horn, J. L. & Noll, J. (1997). Human cognitive capabilities: Gf-Gc theory. In D. P. Flanagan, J. L. Genshaft & P. L. Harrison (eds) *Contemporary Intellectual Assessment: Theories, Tests, and Issues*, 53-91. New York, NY: Guilford Press.

Hunt, E. (2000). Let's hear it for crystallized intelligence. *Learning and Individual Differences, 12*, 123-129.

Jäger, A. O. (1984). Intelligenzstrukturforschung: Konkurrierende Modelle, neue Entwicklungen, Perspektiven. *Psychologische Rundschau, 35*, 21-35.

Jencks, C., Smith, M., Acland, H. et al. (1972). *Inequality: A reassessment of the effects of family and schooling in America*. New York, NY: Basic Books.

Jensen, A. R. (1972). *Genetics and education*. New York, NY: Harper & Row.

Jensen, A. R. (1980). *Bias in mental testing*. New York, NY: The Free Press.

Jensen, A. R. (1982). The chronometry of intelligence. I: R. J. Sternberg (ed) *Advances in Research on Intelligence* (Vol.1). Hillsdale, NJ: Erlbaum.

Jensen, A. R. (1987). Individual differences in the Hick paradigm. In: P. A. Vernon (ed) *Speed of Information Processing and Intelligence*, 101-175. Norwood, NJ: Ablex.

Jensen, A. R. (1998). *The g Factor. The Science of Mental Ability*. Westport: Praeger.

Kyllonen, P. C. & Christal, R. E. (1990). Reasoning ability is (little more than) working-memory capacity?! *Intelligence, 14,* 389-433.

Larson, G. E. & Saccuzzo, D. P. (1989). Cognitive correlates of general intelligence: Toward a process theory of g. *Intelligence, 13,* 5-13.

Lohman, D. F. (2000). Complex information processing and intelligence. In: R. J. Sternberg (ed) *Handbook of Intelligence* (285-340). Cambridge, MA: Cambridge University Press.

McArdle, J. J., Hamagami, F., Meredith, W. & Bradway, K. P. (2000). Modeling the dynamic hypotheses of Gf-Gc theory using longitudinal life-span data. *Learning and Individual Differences, 12,* 53-79.

McGrew, K. S. (1997). Analysis of major intelligence batteries according to a proposed comprehensive *Gf-Gc* framework. In: D. P. Flanagan, J. L. Genshaft & P. L. Harrison (eds) *Contemporary Intellectual Assessment: Theories, Tests, and Issues,* 131-150. New York, NY: Guilford.

Neisser, U. (1976). General, academic and artificial intelligence. In: L. Resnick (ed) *The Nature of Intelligence,* 135-144. Hillsdale, NJ: Erlbaum.

Neubauer, A. C. (1995). *Geschwindigkeit der Informationsverarbeitung.* Heidelberg: Springer.

Neubauer, A. C. (1997). The mental speed approach to the assessment of intelligence. *Advances in Cognition and Educational Practice, 4,* 149-173.

Neubauer, A. C. (2000). Physiological approaches to human intelligence. *Psychologische Beiträge, 42,* 161-173.

Owens, W. A. (1966). Age and mental abilities: a scored adult follow up. *Journal of Educational Psychology, 57,* 311-325.

Renkl, A. & Schweizer, K. (2000). Intelligenz in Interaktion mit Lernen und Gedächtnis. In: K. Schweizer (Hrsg.) *Intelligenz und Kognition,* 86-104. Landau: Verlag Empirische Pädagogik.

Salovey, P., & Mayer J. D. (1990). Emotional intelligence. *Imagination, Cognition & Personality, 9,* 185-211.

Schafer, E. W. P. (1982). Neural adaptability: A biological determinant of behavioral intelligence. International Journal of Neuroscience, 17, 183-191.

Schaie, K. W. (1994). The course of adult intellectual development. *American Psychologist, 49,* 304-313.

Schmidt-Atzert, L. & Bühner, M. (2000). Aufmerksamkeit und Intelligenz Attention and intelligence]. In: K. Schweizer (ed) *Intelligenz und Kognition,* 125-151. Landau: Verlag Empirische Pädagogik.

Schweizer, K. (1995). *Kognitive Korrelate der Intelligenz.* Göttingen: Hogrefe.

Schweizer, K. (1996). The speed-accuracy transition due to task complexity. *Intelligence, 22,* 115-128.

Schweizer, K. (2000a). Cognitive mechanisms as sources of success and failure in intelligence testing. *Psychologische Beiträge, 42,* 190-200.

Schweizer, K. (2000b). Was Wahrnehmungsprozesse zur Intelligenz beitragen. In: K. Schweizer (Hrsg.) *Intelligenz und Kognition,* 65-75. Landau: Verlag Empirische Pädagogik.

Schweizer, K. (2005). An overview of research into the cognitive basis of intelligence. *Journal of Differential Psychology, 26,* 43-51.

Schweizer, K. & Koch, W. (2001). A revision of Cattell's Investment Theory: Cognitive properties influencing learning. *Learning and Individual Differences, 13,* 57-82.

Schweizer, K. & Moosbrugger, H. (2004). Attention and working memory as predictors of intelligence. *Intelligence, 32,* 329-347.

Schweizer, K., Zimmermann, P. & Koch, W. (2000). Sustained attention, intelligence and the crucial role of perceptual processes. *Learning and Individual Differences, 12,* 271-286.

Spearman, C. (1904). »General intelligence«, objectively determined and measured. American Journal of Psychology, 9, 209-293.

Spearman, C. (1927). *The abilities of man: Their nature and measurement.* New York, NY: Macmillan.

Stankov, L. (1986). Kvashchev's experiment: Can we boost intelligence. *Intelligence, 10,* 209-230.

Stankov, L. (1989). Attentional resources and intelligence: A disappearing link. *Personality and Individual Differences, 10,* 957-968.

Stankov, L. (2000). Complexity, metacognition and fluid intelligence. *Intelligence, 28,* 121-143.

Stern, E. (2001). Intelligenz, Wissen, Transfer und der Umgang mit Zeichensystemen. In: E. Stern & J. Guthke (Hrsg.) *Perspektiven der Intelligenzforschung,* 163-203. Lengerich: Pabst.

Stern, W. (1912). Die psychologischen Methoden der Intelligenzprüfung. In: F. Schumann (Hrsg.) *Bericht über den 5. Kongreß für Experimentelle Psychologie in Berlin 1912.* Leipzig: Barth.

Sternberg, R. J. (1998). *Erfolgsintelligenz.* München: Lichtenberg.

Sternberg, R. J. & Kaufman, J. C. (1998). Human abilities. *Annual Review of Psychology, 49,* 479-502.

Sternberg, R. J. & Wagner, R. K. (1986). *Practical intelligence: Nature and origins of competence in the everyday world.* New York, NY: Cambridge University Press.

Thorndike, E. L. (1920). Intelligence and its uses. *Harper's Magazine, 140,* 227-235.

Thurstone, L. L. (1938). *Primary and mental abilities.* Chicago, IL: The University of Chicago Press.

Vernon, P. A. (1983). Speed of information processing and general intelligence. *Intelligence, 7,* 53-70.

Vernon, P. A. & Kantor, L. (1986). Reaction time correlations with intelligence test scores obtained under either timed or untimed conditions. *Intelligence, 10,* 315-330.

Vernon, P. A., Nador, S. & Kantor, L. (1985). Reactions times and speed of information processing: Their relationship to timed and untimed measures of intelligence. *Intelligence, 9,* 357-374.

Wagner, R. K. & Sternberg, R. J. (1985). Practical intelligence in real-world pursuits: the role of tacit knowledge. *Journal of Personality and Social Psychology, 48,* 436-458.

Wechsler, D. (1939). *The measurement of adult intelligence.* Baltimore, MD: Williams & Wilkins.

Wechsler, D. (1964). *Die Messung der Intelligenz Erwachsener (3. Aufl).* Bern: Huber.

Wechsler, D. (1997). *Wechsler Adult Intelligence Scale-Third Edition: Technical manual.* San Antonio, TX: The Psychological Corporation.

Weinert, F. E. (1999). *Konzepte der Kompetenz.* Paris: OECD.

1.2   Aufmerksamkeit

Frank Goldhammer,
Helfried Moosbrugger

1.2.1   Einleitung

Mit der Feststellung, dass »Everyone knows what attention is« (S. 403) beginnt im Jahr 1890 William James seine Begriffsbestimmung von Aufmerksamkeit. Tatsächlich ist die heutige Aufmerksamkeitspsychologie weit davon entfernt, eine Definition von Aufmerksamkeit mit diesem Gültigkeitsanspruch anbieten zu können.

Wissenschaftsgeschichtlich betrachtet entwickelte die Psychologie der Aufmerksamkeit eine Vielzahl von Modellvorstellungen und Theorien, welche aus den unterschiedlichen Paradigmen der introspektiven Psychologie, der experimentellen allgemeinen Psychologie, der (klinischen) Neuropsychologie sowie der differentiellen Psychologie resultieren. Überdauernd sind die zentralen Fragen, etwa nach der frühen oder späten Selektion oder nach der begrenzten Kapazität; eine sich kontinuierlich entwickelnde Forschungstradition, in der die moderne Aufmerksamkeitsforschung Bezug auf frühere Forschungsansätze nimmt, kann nach Neumann (1996) jedoch nicht konstatiert werden. Van der Heijden (2004) spricht von zwei Psychologien der Aufmerksamkeit, der introspektiven Aufmerksamkeitspsychologie um 1900 und der »modernen« Aufmerksamkeitspsychologie ab den 1950er Jahren, die auf dem Informationsverarbeitungsansatz basiert.

Die introspektive Psychologie der Aufmerksamkeit und die moderne Aufmerksamkeitspsychologie unterscheiden sich grundsätzlich bezüglich der Annahmen darüber, welche Methoden und Daten zur Beantwortung jeweils relevanter Fragen zu verwenden sind. Die frühe Aufmerksamkeitspsychologie hatte die Charakterisierung der Zustände und Inhalte des Geistes mittels Introspektion zum Ziel und griff dabei häufig auf alltagspsychologische Begriffe (z. B. Selbst, Wille, Bewusstsein) zurück. Innerhalb der introspektiven Psychologie schloss sich James (1890) nicht dem dominierenden Sensualismus an, welcher Sinnesempfindungen als psychologischen Forschungsgegenstand implizierte; er war statt dessen der Auffassung, dass es sich bei den Inhalten des Bewusstseins um Objekte handelt. Entsprechend definierte James (1890) Aufmerksamkeit unter Verwendung des Objektbegriffs als aktiven und kapazitätsbegrenzten Prozess, der der Informationsselektion dient: »It is the taking possession by the mind, in clear and vivid form, of one out of what seem several simultaneously possible objects or trains of thought« (S. 403 f.). Die seit Beginn der 1950er Jahre entwickelten modernen Aufmerksamkeitsmodelle stehen in der Tradition des Informationsverarbeitungsansatzes, einem kognitiven Konzept, das von England ausgehend nach dem 2. Weltkrieg zunehmend an Bedeutung gewann und den Behaviorismus als leitendes Forschungsparadigma ablöste. Im Informationsverarbeitungsansatz werden mentale Phänomene in Begriffen verschiedener Subsysteme beschrieben, welche der Bildung von Repräsentationen, deren Speicherung und Übertragung dienen. Die Beschreibung dieser angenommenen mentalen Strukturen und Prozesse stellt das vorrangige Forschungsziel dar und wird auf der Basis intersubjektiv registrierbarer und quantifizierbarer Verhaltensdaten (z. B. Reaktionszeit, Genauigkeit) vorgenommen.

Gemäß Neumann (1996) lässt sich die moderne Aufmerksamkeitsforschung in vier sich teilweise überlappende Phasen gliedern, welche in spezifischer Weise die Begriffe Selektion und Kapazität aufeinander beziehen. Broadbents (1958) Filtermodell dominierte die 1. Phase. Kapazität bezieht sich auf die Kapazität eines Übertragungskanals und Selektion dient als Schutzmechanismus zur Verringerung des Informationsflusses. Die 2. Phase ist durch das Konzept der unspezifischen Kapazität gekennzeichnet (Kahneman 1973), wobei Kapazität als begrenzte Ressource (»Vorrat«) verstanden wurde, die durch Selektionsprozesse verteilt wird. In der 3. Phase tritt an die Stelle eines unspezifischen Energievorrats die Idee multipler, spezifischer Ressourcen (Wickens 1980; Navon u. Gopher 1979). Von Interesse waren die Differenzierbarkeit von Ressourcen und ihre Erfassung; die selektive Zuweisung dieser Ressourcen wurde weniger stark thematisiert. Die 4. Phase rückt wieder – wie bereits z. B. Broadbents Modell in der ersten Phase – die Selektions- sowie die Integrationsfunktion von Aufmerksamkeit in den Mittelpunkt des Forschungsinteresses (Treisman 1988; Allport 1989; Neumann 1992).

Lund (2001) systematisiert die theoretischen Entwicklungen in der Aufmerksamkeitspsychologie anhand der Unterscheidung von fokussierter Aufmerksamkeit und geteilter Aufmerksamkeit. Die frühen Modelle von Broadbent (1958), Treisman (1964) und Deutsch und Deutsch (1963) thematisieren den Bereich fokussierter (selektiver) Aufmerksamkeit, d. h. die Fähigkeit, eine bestimmte Information einem großen Informationsangebot zu entnehmen und unter Nichtbeachtung von Distraktoren mit Priorität zu verarbeiten. Die späteren Modelle von Kahneman (1973), Norman und Bobrow (1975), Wickens (1980), Allport (1980, 1993), Navon und Gopher (1979) beziehen sich dagegen auf geteilte Aufmerksamkeit, d. h. die Fähigkeit, Aufmerksamkeitsressourcen auf mehrere zeitgleiche Aufgabenanforderungen zu verteilen. Im Folgenden werden einflussreiche Aufmerksamkeitsmodelle zum Selektions- und Kapazitätsaspekt von Aufmerksamkeit vorgestellt, die in der Tradition des Informationsverarbeitungsansatzes entwickelt wurden (▶ Kap. 1.2.2). Danach wird exemplarisch auf mehrere Metaphern, welche den verschiedenen Aufmerksamkeitskonzepten zugrunde liegen, und die damit verbundenen epistemologischen und forschungsprogrammatischen Konsequenzen eingegangen (▶ Kap. 1.2.3). Der anschließende Abschnitt 1.2.4 ist der Mehrdimensionalität des Konzeptes Aufmerksamkeit gewidmet. Dazu werden differenzierte Aufmerksamkeitskomponenten präsentiert, die in verschiedenen Aufmerksamkeitsmodellen postuliert werden. Der Konzentrationsbegriff wird dabei in den Erklärungsrahmen der vorgestellten Modelle integriert (▶ Kap. 1.2.5).

1.2.2 Aufmerksamkeitsmodelle zum Selektions- und Kapazitätsaspekt

In diesem Abschnitt werden zunächst Modellvorstellungen zur Aufmerksamkeit beschrieben, die im Wesentlichen den Selektionsaspekt (Modelle der frühen/späten Selektion) oder den Kapazitätsaspekt von Aufmerksamkeit (Modelle unspezifischer/spezifischer Kapazität) fokussieren. In ▶ Kap. 1.2.4 folgen aktuelle Ansätze, in denen die Mehrdimensionalität von Aufmerksamkeit betont wird, indem neben dem Selektions- (vgl. selektive bzw. fokussierte Aufmerksamkeit) und Kapazitätsaspekt (vgl. geteilte

Aufmerksamkeit) noch weitere Aufmerksamkeitskomponenten unterschieden werden.

Modelle der frühen Selektion. Zu den Modellen früher Selektion zählen das sehr einflussreiche Filtermodell von Broadbent (1958) sowie das Attenuator-Modell von Treisman (1964). Wegbereiter dieser Modellvorstellungen und damit Ausgangspunkt der modernen Phase der Aufmerksamkeitsforschung war die experimentelle Untersuchung des Cocktail-Party-Phänomens.

Cocktail-Party-Phänomen

Das Cocktail-Party-Phänomen umfasst zwei aufmerksamkeitspsychologisch relevante Aspekte. Zum einen bezieht es sich als alltagsnahes Beispiel selektiver Aufmerksamkeit darauf, dass eine Person auch bei hohem Geräuschpegel in der Lage ist, sich mit einer anderen zu unterhalten. Bis auf die Stimme des Gesprächspartners werden alle anderen Schallquellen (z. B. Stimmen, Musik, Geräusche) von der sich unterhaltenden Person ausgeblendet (»cocktail party problem«, Cherry 1953). Zum anderen bezieht sich das Cocktail-Party-Phänomen auf die Beobachtung, dass die sich unterhaltende Person bei Nennung ihres Namens in akustischer Reichweite (z. B. in einem anderen Gespräch) mit hoher Wahrscheinlichkeit die Aufmerksamkeit weg von der eigenen Unterhaltung auf das benachbarte Gespräch lenken wird. Dieser Aspekt des Cocktail-Party-Phänomens, der von Moray (1959) experimentell bestätigt wurde, wird als »cocktail party effect« bezeichnet.

Zur experimentellen Untersuchung des »cocktail party problem« wurde von Cherry (1953) das Paradigma des dichotischen Hörens angewandt. Über Kopfhörer werden einer Person an beiden Ohren gleichzeitig unterschiedliche Nachrichten präsentiert. In der Regel soll eine der beiden Nachrichten während der Präsentation »beschattet«, d. h. beachtet und laut nachgesprochen werden (»shadowing«). Den Teilnehmern fällt es in der Regel leicht, diese Nachricht zu verstehen und Fragen über den Inhalt zu beantworten, dagegen haben sie kein Wissen über den Bedeutungsgehalt der anderen Nachricht. Lediglich die Veränderung bestimmter physikalischer Eigenschaften im unbeachteten Kanal, wie z. B. Höhe, Wechsel zwischen Stimme und Ton, werden registriert. Diese Ergebnisse führten zu der Schlussfolgerung, dass Informationen auf verschiedenen Stufen verarbeitet werden und dass auf einer frühen Stufe, wenn die physikalischen Eigenschaften analysiert werden, mehrere Nachrichten auf einmal verarbeitet werden können. Auf einer späteren Stufe, wenn die Bedeutung der Nachricht, d. h. ihr semantischer Gehalt, analysiert wird, kann dagegen nur eine Nachricht zu einem Zeitpunkt verarbeitet werden (Lund 2001).

Ausgehend von Cherrys und eigenen Befunden schlug Broadbent (1958) das Filtermodell vor, das Ideen der Informationstheorie enthält und in Experimenten der angewandten Psychologie empirisch verankert ist. In der Untersuchung der Arbeitsbedingungen von Fluglotsen wurden Versuchspersonen gleichzeitig unterschiedliche Fragen gestellt, die anhand visueller Informationen zu beantworten waren. Es zeigte sich, dass die zeitliche Überlappung der Fragen die Leistung beeinträchtigt und dass dieser Störeffekt abnimmt, wenn die Versuchsperson weiß, dass eine der Fragen unwichtig ist. Broadbent leitete aus diesen Befunden ab, dass die Interferenz durch einen kapazitätsbegrenzten zentralen Übertragungskanal bedingt ist, der nur eine begrenzte Informationsmenge aufnehmen kann. Der Filter stellt einen Engpass dar, der nur die relevante, semantisch weiterzuverarbeitende Information passieren lässt und so den kapazitätsbegrenzten Kanal vor Überlastung schützt. Die Selektion relevanter Information erfolgt dabei auf der Basis einfacher sensorischer Merkmale, wie »Tonhöhe, Ort und andere vergleichbare Merkmale« (Broadbent 1958, S. 42). Informationen werden also bereits auf einer frühen Verarbeitungsstufe aufgrund physikalischer Merkmale selektiert, weshalb Broadbents Modell als Modell der frühen Selektion bezeichnet wird. Die Identifikation und Kategorisierung von Reizen erfolgt erst später, jenseits des Filters. Zwar konnten mit Broadbents Filtermodell Befunde zum dichotischen Hören erklärt werden, wie z. B. dass zu einem Zeitpunkt nur eine von mehreren dargebotenen Nachrichten beachtet und semantisch verarbeitet werden kann. Der Cocktail-Party-Effekt, der die semantische Verarbeitung auch

unbeachteter Information impliziert, entzieht sich jedoch einer Erklärung durch das Filtermodell.

Auch andere experimentelle Befunde waren nicht mit dem Filtermodell vereinbar (z. B. Gray u. Wedderburn 1960). Treismans (1964) Abschwächungsmodell (»attentuator model«) teilt wesentliche Grundannahmen des Filtermodells von Broadbent. Der wesentliche Unterschied ihres Ansatzes besteht in der Funktion des Filters, der unbeachtete Informationen nicht gänzlich blockiert, sondern lediglich dämpft. Die für die semantische Analyse bestimmte Information passiert den Filter in voller Stärke, wohingegen die übrige Information nur in abgeschwächter Form erhalten bleibt. Eine semantische Analyse der gedämpften Information ist dann möglich, wenn sie wichtig oder sehr bedeutsam ist. Zur Analyse und dem Erkennen von Wörtern werden nach Treisman lexikalische Einheiten (»word units«) aktiviert, welche je nach Relevanz unterschiedliche Aktivierungsschwellen aufweisen. Wichtige Wörter, die nur gedämpft den Filter passieren, können also unter der Voraussetzung niedriger Schwellenwerte der zugehörigen lexikalischen Einheiten einer semantischen Analyse zugeführt werden. Treismans Modell stellt ein weiteres Modell der frühen Selektion dar, da bereits auf einer frühen Verarbeitungsstufe eine Informationsauswahl vorgenommen wird. Lund (2001) macht auf theoretische Schwierigkeiten des Modells aufmerksam.

In Experimenten zum dichotischen Hören zeigte sich, dass die gedämpfte Information offenbar stärker semantisch analysiert wurde als es das Modell erwarten ließ. Bilinguale Versuchsteilnehmer überwachten eine Nachricht in Englisch an einem Ohr, bemerkten jedoch auch oft, wenn die gleiche Nachricht am anderen Ohr in Französisch dargeboten wurde. Das Erkennen der Identität zweier Nachrichten, die in verschiedenen Sprachen dargeboten wurden, lässt darauf schließen, dass beide Nachrichten semantisch analysiert wurden. Unklar ist außerdem, wie am Filter, d. h. in der frühen Verarbeitungsphase, darüber entschieden werden kann, welche Informationen gedämpft werden und welche nicht.

Modelle der späten Selektion. Das Modell von Deutsch und Deutsch (1963) geht von einer späten Selektion aus, d. h. der Engpass, der den Informationsfluss begrenzt, ist auf einer späteren Stufe der

Informationsverabeitung lokalisiert als im Abschwächungsmodell. Alle eingehenden Informationen werden in gleicher Weise analysiert, also unselektiv und ohne Kapazitätsbegrenzung erkannt und kategorisiert. Im Gegensatz zum Filtermodell von Broadbent erfolgt die Selektion nicht auf der Basis physikalischer Merkmale, sondern bezüglich semantischer Eigenschaften. Kapazitätsbegrenzte selektive Verarbeitung erfolgt erst beim Eingang von Informationen ins Bewusstsein, ins Gedächtnis oder in Output-Prozesse (vgl. Pashler 1998). Die Fähigkeit, nur auf eine Nachricht effizient reagieren zu können, ist also nicht durch perzeptive Begrenzung bedingt (vgl. z. B. Filtermodell), sondern durch die Einschränkung, nur auf eine von mehreren Nachrichten eine Reaktion initiieren zu können. Für Output-Prozesse wird diejenige Information selektiert, welche am wichtigsten oder bedeutsamsten ist, wobei die Bedeutsamkeit der Information von Erwartungen und dem aktuellen Handlungskontext abhängt. Ein Erklärungsproblem des Modells besteht darin, dass in Aufgaben zum dichotischen Hören die unbeachtete Information meist nicht erinnert werden kann, obwohl dies eine semantische Analyse nahelegen würden (Lund 2001). Ein Erklärungsansatz geht davon aus, dass Informationen lediglich im Kurzzeitspeicher abgelegt sind und daher wieder schnell vergessen werden. Darüber hinaus kritisiert Solso (1979), dass das Modell unökonomisch ist insofern alle Informationen einer Bedeutungsanalyse unterzogen werden, obwohl nur ein kleiner Teil davon erlebens- und verhaltensrelevant ist.

Frühe vs. späte Selektion

Die Debatte um die Lokalisierung des Filters konnte nicht eindeutig beendet werden. Befunde von Johnston und Heinz (1978) deuten darauf hin, dass abhängig von der sensorischen Diskriminierbarkeit der zu beachtenden und nicht zu beachtenden Nachricht eine frühe (bei guter Diskriminierbarkeit) oder eine späte (bei schlechter Diskriminierbarkeit) Selektion erfolgt. Die Ergebnisse können nicht mit einem einzigen Filter erklärt werden, sondern lassen auf ein flexibles Verarbeitungssystem mit Filtern auf verschiedenen Stufen schließen.

Modelle unspezifischer Kapazität. Zu den Modellen unspezifischer Kapazität zählen die Modelle von Kahneman (1973) und Norman und Bobrow (1975). Das Modell der zentralen Kapazität von Kahneman (1973) nimmt an, dass eine begrenzte, unspezifische Verarbeitungskapazität zur Verfügung steht, die durch einen zentralen Prozessor auf die jeweils Aufmerksamkeit erfordernden Aktivitäten verteilt werden kann. Im Gegensatz zu den bisherigen Ein-Kanal-Modellen der Aufmerksamkeit ist in diesem Modell das Konzept der parallelen Verarbeitung verankert. Die verfügbare Kapazität des Informationsverarbeitungssystems variiert mit dem Grad aktueller physiologischer Aktivierung (»arousal«).

Die mentale Anstrengung (»effort«), die für eine Aufgabe aufgebracht werden muss, hängt von deren Schwierigkeit und dem individuellen Geübtheitsgrad ab. Die Zuteilung der Kapazität auf die verschiedenen Tätigkeiten wird von den aktuellen Intentionen der Person, ihren biologisch oder durch Lernerfahrung bedingten Dispositionen und den Aufgabenanforderungen gesteuert. Kahneman nahm an, dass die bei Doppelaufgaben im Falle des Überschreitens der Kapazitätsgrenze auftretende Interferenz lediglich von den Aufgabenanforderungen abhängt (unspezifische Interferenz). Zahlreiche empirische Befunde haben jedoch gezeigt, dass die Beeinträchtigung der Aufgabenleistung nicht nur von der Schwierigkeit, sondern auch von der strukturellen Ähnlichkeit der Aufgaben determiniert ist (spezifische Interferenz).

Ähnlich wie Kahneman postulieren auch Norman u. Bobrow (1975), dass Aufmerksamkeit kapazitätsbegrenzt ist und zentral kontrolliert wird. Sie schlagen ein Modell über die Bedingungen der Aufmerksamkeitsleistung vor, in dem sie zwischen kapazitätsbegrenzten (»resource-limited«) und datenbegrenzten (»data-limited«) Prozessen unterscheiden. Wenn die Aufgabenleistung durch die Zuweisung weiterer Ressourcen gesteigert werden kann, wird sie als »resource-limited« bezeichnet. Wenn eine Aufgabe dagegen durch Ressourcenzuweisung nicht besser gelöst wird, da nur eine unzureichende Informationsqualität vorliegt, ist die Aufgabenleistung »data-limited«. Formalisiert werden diese beiden Aspekte in der Leistungs-Ressourcen-Funktion, die zunächst einen positiven Zusammenhang zwischen Ressourceneinsatz und Leistung angibt (»resource-limited performance«) und dann zu einer Waagrechten hin abflacht (»data-limited performance«), was bedeutet, dass eine weitere Ressourcenzuweisung keinen Effekt mehr hat. Leistungen in Aufgaben zum dichotischen Hören können auf diese Weise im Nachhinein erklärt werden.

Ein Ergebnis von Cherry (1953) bestand darin, dass die unbeachtete verbale Nachricht nicht erinnert, das Einspielen eines Tones am gleichen Ohr aber bemerkt wurde. Nach Norman und Bobrows Modell ist das Bemerken eines Tones »data-limited«, d. h. es beansprucht kaum Ressourcen, dagegen erfordert die Nachrichtenanalyse Ressourcen, die aber aufgrund der zu beachtenden Nachricht am anderen Ohr nicht zur Verfügung stehen. Lund (2001) kritisiert, dass der theoretische Ansatz von Norman und Bobrow keine klaren Vorhersagen erlaubt und sich somit einer Falsifikation entzieht.

Modelle spezifischer Kapazität. Allports (1980) Modell der Aufmerksamkeitsmodule sowie die Modelle multipler Ressourcen von Navon und Gopher (1979) und Wickens (1980, 1984) stellen wichtige Modelle spezifischer Kapazität dar.Im Gegensatz zu den Modellen unspezifischer Kapazität geht Allport (1980, 1993) davon aus, dass Aufmerksamkeit durch eine Reihe spezialisierter Verarbeitungsmodule geleistet wird. Jedes dieser Module dient der Realisierung einer bestimmten Fertigkeit oder Fähigkeit, d. h. dass z. B. mit der Verarbeitung auditorischer Information ein anderes Modul befasst ist als mit der Verarbeitung visueller Information. Jedes der Module ist kapazitätsbegrenzt, so dass es bei der gleichzeitigen Bearbeitung von ähnlichen Aufgaben, die dieselben Ressourcen beanspruchen, zu einem Wettbewerb um diese Ressourcen und folglich zu wechselseitiger Interferenz kommt. Das Modell von Allport eignet sich zur Erklärung von Ähnlichkeitseffekten in Doppelaufgaben. Personen, die an einem Ohr eine Nachricht beachten sollten, waren nicht in der Lage, eine am anderen Ohr dargebotene Wörterliste zu lernen. Sie konnten jedoch eine entsprechende anhand von Bildern präsentierte Liste erlernen, da nach Allports Modell in diesem Fall nicht das auditorische, sondern das visuelle Modul beansprucht wird.

Navon und Gopher (1979) schlagen ein Modell multipler Ressourcen vor, das ähnlich Allports modularem Ansatz verschiedene mentale Ressourcen unterscheidet. Sie definieren dazu das Ressourcenkonzept unter Verwendung ökonomischer Begriffe und nehmen an, dass analog der Begrenzung des wirtschaftlichen Outputs eines Landes durch die verfügbaren Ressourcen (Arbeitskräfte, Energie, Rohstoffe etc.) die Leistung der Informationsverarbeitung von spezifischen kognitiven Ressourcen abhängt. Ist eine solche Ressource, etwa bei der Bearbeitung zweier ähnlicher Aufgaben, nicht ausreichend verfügbar, kommt es zu spezifischer Interferenz. Navon und Gophers Modell unterscheidet sich von Allports Konzeption dadurch, dass bei Mangel einer spezifischen Ressource die Ausführung der Aufgabe durch die Beanspruchung einer anderen Ressource unterstützt werden kann, was im Vergleich zur spezifischen Ressource jedoch eine weitaus geringere Verarbeitungseffizienz bedeutet.

Ein wesentliches Problem sowohl des Modells von Allport als auch desjenigen von Navon und Gopher besteht darin, dass die Anzahl und die Art der verschiedenen Module unspezifiziert bleiben. Eine Falsifikation des Modells ist kaum möglich, da je nach Befundlage in Doppelaufgaben die Existenz gleichzeitig beanspruchter Module (bei Interferenzeffekten) oder die Verarbeitung durch unterschiedliche Module (beim Ausbleiben von Interferenzeffekten) angenommen werden kann. Zur Bewältigung einer Anforderungssituation bedarf es meist verschiedener Module bzw. Ressourcen zur gleichen Zeit. Die Modelle bieten keine Erklärung für derart komplexe Verarbeitungsprozesse, d. h. wie die verschiedenen Module bzw. Ressourcen koordiniert werden. Da Modelle unspezifischer Kapazität (z. B. Kahneman 1973) die bei Doppelaufgaben auftretende Interferenz, die nicht von der Schwierigkeit, sondern von der Struktur der beiden Aufgaben abhängt, nicht erklären konnten, unterscheidet.

Wickens (1980, 1984) differenzierte diesbezüglich zwei Arten von Effekten, vor deren Hintergrund sein einflussreiches Modell strukturspezifischer Ressourcen entstand. »Strukturwechseleffekte« beziehen sich darauf, dass das Ausmaß der Doppelaufgaben-Interferenz unabhängig von der Aufgabenschwierigkeit lediglich infolge eines Strukturwechsels verändert werden kann (d. h. bspw., dass die Interferenz bei unterschiedlichen Aufgabenmodalitäten geringer ist, als wenn die Modalitäten gleich oder ähnlich sind). »Schwierigkeitsunempfindlichkeit« liegt dann vor, wenn die Änderung der Schwierigkeit einer Aufgabe die Leistung in der anderen Aufgabe nicht beeinflusst.

Wickens Modell unterscheidet zur Charakterisierung eines Verarbeitungsprozesses drei Aspekte mit jeweils unterschiedlichen Ausprägungen: Verarbeitungsphase (Enkodierung, zentrale Verarbeitung, Reaktion), Modalität (visuell, akustisch) und Eingabe-/Ausgabecode (räumlich, verbal). Es wird angenommen, dass gleichzeitig durchgeführte Aufgaben umso mehr interferieren, je mehr gleiche Ausprägungen in den drei Verarbeitungsaspekten sie aufweisen, d. h. je stärker eine spezifische Ressource mehrfach beansprucht wird.

Wickens Modell ist nicht in der Lage, der Vielzahl empirischer Interferenzmustern gerecht zu werden (vgl. Neumann 1996). Für Aufgaben mit jeweils unterschiedlichen Ausprägungen in den drei Verarbeitungsaspekten wird nämlich keine Interferenz vorhergesagt, was empirisch jedoch nicht haltbar ist. Der Versuch, mit verschiedenen Modellvarianten (hierarchisches Modell, Modell gemeinsamer Merkmale) die differenzierte Ergebnislage erschöpfend zu erklären, gelang ebenfalls nur unzureichend (vgl. Neumann 1996).

Unspezifische vs. spezifische Kapazität

Lund (2001) resümiert, dass weder die Modelle unspezifischer Kapazität noch die Modelle multipler bzw. spezifischer Kapazität geteilte Aufmerksamkeit vollständig erklären können. Unspezifische Kapazitätsmodelle sind nicht in der Lage, Ähnlichkeitseffekte (bzw. Strukturwechseleffekte) bei Doppeltätigkeiten zu erklären. Ein zentrales Problem der Modelle spezifischer Kapazität besteht darin, dass ungeklärt bleibt, wie die einzelnen Aufmerksamkeitsressourcen zusammenwirken. Neumann (1992) weist auf die Probleme bei der Operationalisierung von Ressourcen hin, da die Verwendung von Leistungsmaßen in ein zirkuläres Verfahren mündet. Die unabhängige Variable Ressource, mittels derer die Leistung vorhergesagt werden soll, wäre in der abhängigen Variablen Leistung

▼

---

selbst begründet. Wollte man die Vielfalt empirischer Interferenzmuster umfassend Rechnung tragen, so würde dies die Annahme immer weiterer Ressourcen erfordern. Die Gefahr besteht, dass die Differenziertheit der angenommenen Ressourcen sich von einer bloßen Wiedergabe des empirischen Sachverhalts nicht mehr unterscheiden würde (vgl. Neumann 1992). Lund beschreibt Baddeleys (1986) Arbeitsgedächtnismodell als Synthese aus den Modellen spezifischer und unspezifischer Kapazität, wobei die jeweiligen Besonderheiten integriert werden. Das Arbeitsgedächtnismodell beinhaltet einen zentralen, kapazitätsbegrenzten Prozessor (zentrale Exekutive) mit zwei modalitätsspezifischen Verarbeitungssystemen (phonologische Schleife, visuell-räumlicher Notizblock), die ebenfalls kapazitätsbegrenzt sind.

1.2.3 Metaphern der Aufmerksamkeit

Den vorgestellten Aufmerksamkeitsmodellen liegen unterschiedliche Metaphern zur Konzeptualisierung von Aufmerksamkeit zugrunde. Wie Fernandez-Duque und Johnson (1999) zeigen, hat die Wahl der Metapher einen grundlegenden Einfluss auf die Bildung von Forschungsparadigmen und die Entwicklung des jeweiligen Forschungsprogramms.

Die »*Filter*«-Metapher wurde im Rahmen des Informationsverarbeitungsansatzes von Broadbent (1958) vertreten. Aufmerksamkeit wird nicht als Ressource, sondern als Struktur (Filter) aufgefasst, die auf den Informationsfluss einwirkt. Aus der Verwendung der »Filter«-Metapher folgte nach Fernandez-Duque und Johnson, dass geteilte Aufmerksamkeit wegen der Annahme eines einzigen zentralen Übertragungskanals nicht konzeptualisiert wurde. Kontroversen entstanden um die Lokalisierung des Filters (früh vs. spät), das Ausmaß der Filterung (vollständig vs. teilweise) sowie der Wirkungsweise des Filters (Hemmung vs. Verstärkung).

Die »*Spotlight*«-Metapher eignete sich im Gegensatz zur »Filter«-Metapher, die sich für die auditorische Aufmerksamkeitsforschung als sehr ergiebig erwies, vor allem für die Konzeptbildung im Bereich

Metapher

Unter einer Metapher versteht man die konzeptuelle Zuordnung von Entitäten, Eigenschaften, Relationen, Inferenzmustern und Strukturen einer Quell-Domäne zu einer anderen Domäne. Eine Metapher definiert (bzw. konstituiert) ein bestimmtes theoretisches Konzept, insoweit sie festlegt, welche Phänomene als relevant angesehen werden und welche Fragen von Bedeutung sind. Metaphern beeinflussen zudem, welche Hypothesen formuliert, wie Untersuchungen und Experimente konzipiert und in welcher Form die gesammelten Daten am Ende analysiert und interpretiert werden (Fernandez-Duque u. Johnson 1999). Liegt einer Metapher als Quell-Domäne zum Beispiel der Scheinwerfer bzw. Lichtkegel (»spotlight«) zugrunde, der das Sehen von Objekten innerhalb eines angestrahlten Bereichs erleichtert, wohingegen Objekte außerhalb des Lichtkegels nicht erkannt werden, so bedeutet dies, dass die Eigenschaften des Scheinwerfers auf die Domäne der Aufmerksamkeit abgebildet werden.

visueller Aufmerksamkeit. Nach Fernandez-Duque und Johnson liegt der Grund darin, dass mit der »Spotlight«-Metapher Aspekte der visuellen Wahrnehmung zur Konzeptualisierung mentaler Operationen eingesetzt werden, d. h. dass Aufmerksamkeit als Scheinwerfer begriffen wird, von dem ein be-

stimmter Bereich angestrahlt wird, welcher somit im Fokus der Aufmerksamkeit steht (◘ Abb. 1.3). Die wissenschaftliche Debatte beinhaltet die Frage nach der Anzahl der »spotlights« bzw. der Aufmerksamkeitsteilung, sowie der Kontrolle, Bewegung, Größe und Homogenität des Aufmerksamkeitsfokus.

Die »*Spotlight-in-the-brain*«-Metapher stellt eine Uminterpretation der »Spotlight«-Metapher dar. Diese Neuformulierung ging einher mit der Erfassung des neuronalen Substrats mentaler Prozesse durch die Anwendung bildgebender Verfahren, wie PET (»Positron Emission Tomography«) und fMRI (»functional Magnetic Resonance Imaging«). Während vor allem die Aufmerksamkeitskonzepte des Informationsverarbeitungsansatzes der funktionalen Beschreibung mentaler Aktivitäten dienten und der Aufmerksamkeitsscheinwerfer auf Objekte im visuellen oder auditorischen Feld gerichtet war, wurde nun unter Beachtung der neuronalen Korrelate von Aufmerksamkeit ein innerer neuronaler Scheinwerfer angenommen, der auf Hirnregionen und neuronale Verbindungen gerichtet ist.

Im Rahmen der »*Attention-as-vison*«-Metapher wird Aufmerksamkeit als emergente Eigenschaft des visuellen Systems aufgefasst. Dem Aufmerksamkeitsfokus ist die Fovea (Stelle des schärfsten Sehens auf der Netzhaut) zugeordnet, dem Aufmerksamkeitswechsel die Sakkaden (Blickzielbewegungen). Aufgrund dieser Metapher ist die Annahme der Teilung von Aufmerksamkeit nicht möglich, da Menschen nur eine Fovea besitzen. Die »Attention-as-vison«- Metapher ist die Basis für das prä-motori-

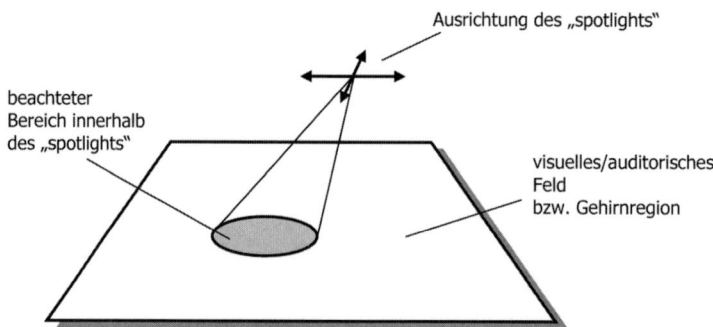

◘ **Abb. 1.3.** Veranschaulichung der »Spotlight«-Metapher bzw. der »Spotlight-in-the-brain«-Metapher. Der Scheinwerfer der Aufmerksamkeit wird über das visuelle/auditorische Feld (»Spotlight«-Metapher) bzw. über Gehirnregionen (»Spotlight-in-the-brain«-Metapher) gelenkt. Repräsentationen innerhalb des Scheinwerfers können Zugang ins Bewusstsein erlangen und werden beachtet.

sche Aufmerksamkeitsmodell, das annimmt, dass die der räumlichen Aufmerksamkeit zugrundeliegenden Mechanismen und die Mechanismen der Steuerung der Sakkaden im Grunde die gleichen sind. Dagegen postulieren supramodale Aufmerksamkeitsmodelle (z. B. basierend auf der »Spotlight«-Metapher) ein separates Steuersystem, das Aufmerksamkeit auf unterschiedliche sensorische Modalitäten richten kann.

Fernandez-Duque und Johnson (1999, 2002) machen deutlich, dass Modelle der Aufmerksamkeit durch die zu Grunde liegenden Metaphern konzeptuell strukturiert werden. Dies gilt in spezifischer Weise auch für den Selektivitätsaspekt von Aufmerksamkeit, welcher in vielen Modellen als zentrales Charakteristikum von Aufmerksamkeit enthalten ist und sich auf die priorisierte Verarbeitung von bestimmten Stimuli gegenüber anderen bezieht. Die zentrale Frage, die sich in diesem Zusammenhang stellt, ist die nach der Instanz, die den selektiven Prozess realisiert. Fernandez-Duque und Johnson postulieren, dass die Antwort von der Wahl der Metapher abhängt und zur Unterscheidung von unterschiedlichen Modellen der Aufmerksamkeit führt.

- In den »top-down« orientierten »*Cause*«-Modellen wird dem Konzept Aufmerksamkeit eine ursächliche Wirkung bei der Modulation des Informationsverarbeitungsprozesses im perzeptiven und kognitiven Bereich zugeschrieben. Beispiel hierfür sind Modelle, die durch die »Filter«-, »Spotlight«- und die »Limited-resource«-Metapher konstituiert werden. Bei zahlreichen »Cause«-Modellen ist die zentrale Steuerung, die etwa für die Ausrichtung des Spotlights oder die Ressourcenzuweisung sorgt, nicht ausreichend geklärt, so dass sich das Problem eines »homunkulusähnlichen Kontrollmechanismus« ergibt (Fernandez-Duque u. Johnson 2002).
- In den »bottom-up« orientierten »*Effect*«-Modellen wird dieses Problem vermieden, indem sie nicht von kausalen Aufmerksamkeitsmechanismen ausgehen, sondern Aufmerksamkeit als eine Begleiterscheinung (Epiphänomen) von Operationen verschiedener sensorischer und kognitiver Systeme konzeptualisieren. Die zugehörige »*Competition*«-Metapher beinhaltet, dass Aufmerksamkeit als Epiphänomen auftritt, wenn verschiedene Stimulusrepräsentationen (neuro-nale Einheiten) um Verarbeitungsressourcen (Aktivation) konkurrieren. Wenn eine Einheit gewinnt, indem die Aktivierungsschwelle durch wechselseitige Inhibition überschritten wird, dann drückt sich das phänomenal als Aufmerksamkeit aus.

Ein grundlegendes Problem der »Effect«-Modelle ergibt sich aus der mangelnden Thematisierung von kausalen top-down Steuerungsmechanismen. Dies hat zur Folge, dass nicht erklärt werden kann, wie weniger hervorstechende Stimuli durchaus mit Priorität verarbeitet werden können. *Hybrid-Modelle* (»biased competition model«, Desimone u. Duncan 1995) integrieren daher Aspekte der »Cause«- und »Effect«-Modelle, indem sowohl top-down Einflüssen als auch dem bottom-up Wettbewerb Rechnung getragen wird.

1.2.4 Mehrdimensionale Modelle der Aufmerksamkeit

Viele Autoren vertreten die Auffassung, dass Aufmerksamkeit kein eindimensionales Konzept darstellt, sondern auf eine Vielzahl empirischer Sachverhalte bezogen werden muss (z. B. Neumann 1992; Cohen 1993; van Zomeren u. Brouwer 1994; Coull 1998; Mirsky et al. 1999; Sturm u. Zimmermann 2000). In Ergänzung zur selektiven bzw. fokussierten (vgl. Modelle früher und später Selektion) sowie geteilten Aufmerksamkeit (vgl. Kapazitätsmodelle) werden deshalb mehrdimensionale Aufmerksamkeitsmodelle dargestellt, in denen aus unterschiedlichen psychologischen Perspektiven weitere Aufmerksamkeitskomponenten definiert werden.

Neben Aufmerksamkeitskomponenten aus der neuropsychologischen Perspektive, die im Mehrkomponentenmodell von Posner und Boies (1971) ihren Ausgangspunkt hatten, werden in diesem Abschnitt auch Aufmerksamkeitskomponenten aus der handlungsorientierten Sicht nach Neumann (1996) sowie aus Sicht der Funktionen des Arbeitsgedächtnisses, insbesondere der zentralen Exekutive vorgestellt.

1

Aufmerksamkeitskomponenten aus neuropsychologischer Perspektive

Posner und Boies (1971) haben in ihrem frühen Mehrkomponentenmodell der Aufmerksamkeit zwischen den Komponenten Alertness und Selektivität unterschieden, darüber hinaus beschreiben Posner und Rafal (1987) Vigilanz und räumliche Aufmerksamkeit (Aufmerksamkeitsorientierung) als weitere »senses of attention«. Dieses Mehrkomponentenmodell der Aufmerksamkeit bildete die Grundlage für ein erweitertes Modell von van Zomeren und Brouwer (1994), das auf einer übergeordneten konzeptuellen Ebene zwischen dem Intensitäts- und dem Selektivitätsaspekt von Aufmerksamkeit unterscheidet.

Das mehrdimensionale Aufmerksamkeitsmodell von Sturm und Zimmermann (2000), das eine Erweiterung der Taxonomie von van Zomeren und Brouwer (1994) darstellt, systematisiert wichtige neuropsychologische Aufmerksamkeitskonzepte und ordnet ihnen funktionale neuronale Netzwerke zu. In ihrem Modell umfasst der Intensitätsaspekt von Aufmerksamkeit die Aufmerksamkeitsaktivierung (»alertness«) und die Daueraufmerksamkeit. Der Selektivitätsaspekt setzt sich aus selektiver oder fokussierter Aufmerksamkeit, der räumlichen Aufmerksamkeit, dem Wechsel des Aufmerksamkeitsfokus und der geteilten Aufmerksamkeit zusammen. Zunächst wird auf die funktionelle Beschreibung dieser Aufmerksamkeitskomponenten und anschließend auch auf deren Neuroanatomie und -physiologie eingegangen.

- »Alertness« bezieht sich auf die Regulation der physischen und psychischen Reaktionsbereitschaft bzw. Wachheit. Zwei Typen von Alertness werden unterschieden (vgl. Posner u. Rafal 1987): tonisches Arousal spiegelt den allgemeinen Zustand der Wachheit wieder, der z. B. circadianen Schwankungen unterliegt; unter phasischem Arousal versteht man dagegen die Fähigkeit, die Reaktionsbereitschaft in Erwartung eines Reizes kurzfristig steigern zu können.
- *Daueraufmerksamkeit* und *Vigilanz* ermöglichen die Aufrechterhaltung von Aufmerksamkeit unter Einsatz mentaler Anstrengung (»mental effort«). Posner und Rafal nehmen an, dass diese Aufmerksamkeitskomponente einer bewussten, willentlichen Kontrolle unterliegt. Nach Sturm

und Zimmermann (2000) bezieht sich Vigilanz auf die Aufrechterhaltung selektiver Aufmerksamkeit unter monotonen Bedingungen und einer niedrigen Frequenz kritischer Reize. Das Konzept der Daueraufmerksamkeit wird dagegen allgemeiner gefasst, da es auch kognitiv anspruchsvollere Belastungen über eine längere Dauer einschließt. Coull (1998) differenziert Daueraufmerksamkeit und Vigilanz dagegen nach der Dauer der Anforderung. Daueraufmerksamkeit betrifft die Aufrechterhaltung in einem Zeitrahmen von Sekunden bis zu Minuten, Vigilanz von Minuten bis zu Stunden.

- Die *räumliche Aufmerksamkeit* ermöglicht die verdeckte Verschiebung der Aufmerksamkeit. Im Gegensatz zur offenen Aufmerksamkeitsverschiebung, die von Augenbewegungen begleitet ist, erfolgt diese Art der Ausrichtung der Aufmerksamkeit ausschließlich mental. Taucht ein Stimulus im Fokus der verschobenen Aufmerksamkeit auf, ist die Reaktionszeit im Vergleich zu anderen räumlichen Positionen reduziert (Posner u. Rafal 1987).
- *Selektive* bzw. *fokussierte Aufmerksamkeit* bezieht sich auf die bevorzugte Verarbeitung eines bestimmten Stimulus, während weitere Stimuli (Distraktoren) ignoriert werden.
- Der *Aufmerksamkeitswechsel* erlaubt den schnellen Wechsel zwischen verschiedenen Aufgabenanforderungen (Schemata, »task-sets«), der z. B. dann gefragt ist, wenn sich in einer Selektionsaufgabe die Zielreizklasse ändert. »Task switching« erfordert als kognitiven Kontrollprozess die Rekonfiguration des »task-sets« im Hinblick auf die kommende, neue Aufgabe und beansprucht daher im Vergleich zur Bedingung ohne wechselnde Anforderungen einen höheren Zeitaufwand für die Bearbeitung einer Aufgabe (»switching costs«, z. B. Rogers u. Monsell 1995).
- *Geteilte Aufmerksamkeit* bezieht sich auf die Aufteilung von Aufmerksamkeitsressourcen zwischen mehreren konkurrierenden Stimuli bzw. verschiedenen Aufgabenanforderungen zur gleichen Zeit.

Das neuropsychologische Aufmerksamkeitsmodell von Posner und Petersen (1990) unterscheidet zwei Aufmerksamkeitssysteme des menschlichen Gehirns

Abb. 1.4. Lokalisierung des anterioren und des posterioren Aufmerksamkeitssystems nach Posner u. Petersen (1990). Das posteriore Aufmerksamkeitssystem ist mit der Ausrichtung der Aufmerksamkeit assoziiert, das anteriore Aufmerksamkeitssystem mit der Targetdetektion

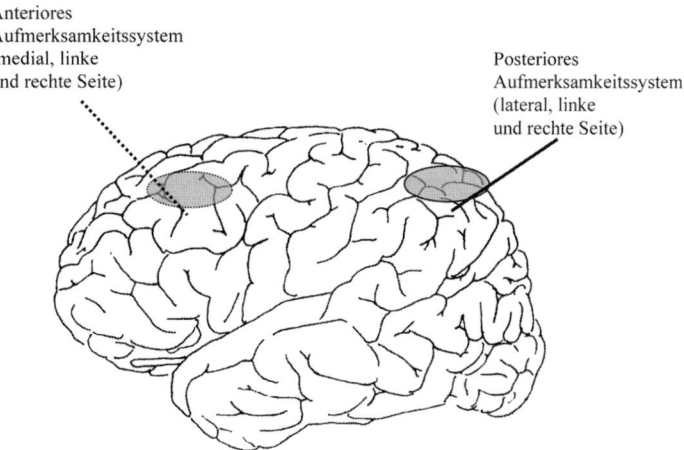

Anteriores Aufmerksamkeitssystem (medial, linke und rechte Seite)

Posteriores Aufmerksamkeitssystem (lateral, linke und rechte Seite)

und drei Aufmerksamkeitsfunktionen. Das *posteriore Aufmerksamkeitssystem* dient der Realisierung der Aufmerksamkeitsfunktion zur Ausrichtung der Aufmerksamkeit (»orienting«; vgl. räumliche Aufmerksamkeit) und ist mit dem posterioren Parietallappen, dem superioren Colliculus und dem thalamischen Pulvinarkern assoziiert (■ Abb. 1.4). Das andere, *anteriore Aufmerksamkeitssystem* steht in Zusammenhang mit der Aufmerksamkeitsfunktion Targetdetektion (vgl. fokussierte Aufmerksamkeit) und basiert auf Aktivitäten im anterioren Gyrus cinguli. Von der Aufmerksamkeitsfunktion Alertness wird angenommen, dass sie das posteriore und das anteriore Aufmerksamkeitssystem beeinflusst. Physiologische Grundlage dafür bilden norepinephrine Bahnen, die vom Locus coeruleus ausgehen und vor allem in die rechte Hemisphäre ziehen. Die mit den Aufmerksamkeitssystemen assoziierten Gehirnareale werden als Quelle (»source«) der Aufmerksamkeitsmodulation bzw. der Aufmerksamkeitsfunktionen angesehen und sind von solchen zu unterscheiden, in denen die durch Aufmerksamkeit modulierte Informationsverarbeitung (»sites«) erfolgt.

Bezugnehmend auf Posner und Petersen (1990) unterscheiden Fan et al. (2002) die Funktionen »alertness«, Aufmerksamkeitsausrichtung und exekutive Kontrolle. Die Funktion exekutive Kontrolle dient der Lösung von Konflikten zwischen Reaktionen, wie z. B. im *Stroop-Test*, und ist mit der Aktivierung des anterioren Cingulum und des lateralen präfrontalen Kortex verbunden. Fan et al. (2003) konnten für die exekutive Kontrolle der Aufmerk-

samkeit zeigen, dass Differenzen in dopaminergen Genen mit interindividuellen Differenzen in der Gehirnaktivität des Aufmerksamkeitsnetzwerkes »exekutive Kontrolle« sowie mit der Leistungsfähigkeit dieses Aufmerksamkeitsnetzwerkes auf der Verhaltensebene in Zusammenhang stehen.

Coull (1998) trägt eine Reihe von Befunden aus den Bereichen Elektrophysiologie, funktionelle Bildgebung und Psychopharmakologie zusammen, die Aufschluss über neurale Korrelate von Aufmerksamkeit und »arousal« geben. *Ereigniskorrelierte Potenziale* (insbesondere die positiven/negativen elektrokortikalen Potenziale N100/P100, P300, P400) werden durch Aufmerksamkeit moduliert. Bei dichotischen Höraufgaben zur auditorischen selektiven Aufmerksamkeit zeigt sich beispielsweise, dass die selektive Überwachung von Tönen auf nur einer Seite zu einer größeren Amplitude der N100 auf der beachteten gegenüber der unbeachteten Seite führt. Die Modulation der frühen Potenziale (N100/P100) durch selektive Aufmerksamkeit wertet Coull als Beleg für Modelle früher Selektion.

Mit Hinweis auf *PET*- und *fMRI-Studien* lokalisiert Coull (1998) primäre Quellen der Aufmerksamkeitsmodulation. Die verdeckte Aufmerksamkeitsorientierung (räumliche Aufmerksamkeit) ist mit Aktivierung des rechten superior-posterioren Parietalkortex assoziiert. Diese Aktivierung tritt auch bei seriellen Suchprozessen zur Integration der Merkmale eines Objektes zu einer Einheit (»Binding«-Problem) auf, was darauf schließen lässt, dass räumliche Aufmerksamkeit dazu wesentlich beiträgt. Wie zahlreiche Studien unter Verwendung des Stroop-Tests zeigen, ist selektive Aufmerksamkeit von einer Aktivierung des anterioren Cingulums begleitet. Allerdings ist die Befundlage inkonsistent, was nach Coull durch die Konfundiertheit der Testaufgaben mit weiteren Anforderungen bedingt ist. Als weitere Primärquellen räumlicher selektiver Aufmerksamkeit nennt Coull den rechten superioren Frontalkortex, den lateralen orbito-frontalen Kortex wie auch den Thalamus und das Striatum.

Bei Präsentation von Ziel- und Nichtzielreizen nicht in räumlicher, sondern in serieller Form, ist nach Coull eine Aktivierung des rechten dorsolateral-präfrontalen Kortex und des anterioren Cingulums im Vergleich zu einer nicht-selektiven Vergleichsaufgabe zu beobachten. Für Aufgaben, die geteilte Aufmerksamkeit erfordern, wird von erhöhten Aktivitäten im anterioren Cingulum und im rechten präfrontalen Kortex berichtet. Soll die Aufmerksamkeit auf zwei im linken und rechten Gesichtsfeld plazierte Objekte verteilt werden, so zeigt sich in einer von Coull berichteten Studie, dass sich die richtungsspezifische Aktivierung im frontalen und okzipitalen Kortex im Vergleich zur Ausrichtung nur auf ein Objekt verringert, was als Kosten geteilter gegenüber ungeteilter Aufmerksamkeit interpretiert wird. Bezüglich Daueraufmerksamkeit wird ein amodales System im Frontal- und Parietallappen der rechten Hemisphäre angenommen, das bei andauernder Aufmerksamkeit aktiviert ist. Der Thalamus wird mit dem Einfluss des Arousallevels auf Daueraufmerksamkeit in Verbindung gebracht. Sowohl die kortikale wie auch die thalamische Aktivität nehmen mit zunehmender Dauer der Aufgabe ab.

Das Arousalsystem lokalisiert Coull im retikulären Aktivierungssystem. Die von Coull berichteten *psychopharmakologischen Studien* belegen den Effekt verschiedener Neurotransmitter auf Aufmerksamkeit und Arousal. Das noradrenerge und cholinerge System beeinflussen »low level«-Aspekte von Aufmerksamkeit, wie z. B. die räumliche Aufmerksamkeit, wohingegen das dopaminerge System mit komplexeren exekutiven Funktionen von Aufmerksamkeit in Zusammenhang gesehen wird, wie z. B. Wechsel des Aufmerksamkeitsfokus.

Aufmerksamkeitskomponenten aus handlungsorientierter Perspektive

Früheren Aufmerksamkeitsmodellen lag die Annahme zugrunde, dass Selektion eine funktionelle Konsequenz zentraler Kapazitätsbegrenzung darstellt (vgl. Broadbent 1958: Kahneman 1973; Wickens 1980). Neumann (1992, 1996) postuliert dagegen, dass durch Selektion nicht determiniert wird, welche Stimuli perzeptiv analysiert werden, sondern welche Stimuli Einfluss in weiteren Prozessen, wie z. B. in der Verhaltenskontrolle, haben. Die Standardauffassung über den Zusammenhang begrenzter Kapazität und Selektion ist somit in Neumanns (1996) Modell umgekehrt, d. h. Selektion ist das Basisphänomen und eine begrenzte Kapazität ist die funktionelle Konsequenz.

Nach Neumann rufen Mechanismen zur Bewältigung von grundlegenden Koordinations- und Steuerungsproblemen Selektion hervor. Auch ein Organismus, der über eine unbegrenzte Verarbeitungskapazität verfügen würde, müsste zu einem Zeitpunkt zwischen Handlungsalternativen und entsprechenden Reizen zur Handlungssteuerung auswählen (Neumann 1996). Galt Interferenz in Filter- und Kapazitätsmodellen als unmittelbare Folge knapper Ressourcen, so wird in Neumanns Modell Interferenz als ein wichtiger Mechanismus angesehen, der bei der Handlungssteuerung die Unterdrückung von alternativen Handlungen leistet sowie von Reizen, welche keinen Zugang zum Effektorsystem erhalten sollen.

Das Aufmerksamkeitsmodell von Neumann (1992) hat seinen Ausgang in der Analyse von zwei handlungsbezogenen Koordinierungs- und Steuerungsproblemen: Das Problem der Effektorrekrutierung besteht darin, dass ein bestimmter Effektor grundsätzlich für unterschiedliche Handlungen eingesetzt werden kann, allerdings zu einem bestimmten Zeitpunkt nur für genau eine Handlung verwendet werden darf, da es ansonsten zu einem Verhaltenschaos käme. Das Problem der Parameterspezifikation bezieht sich darauf, dass eine Handlung auf unterschiedliche Weisen ausführbar ist, jedoch nur eine Art der Ausführung zu einem bestimmten Zeitpunkt realisiert werden kann.

Zur Bewältigung dieser Koordinierungs- und Steuerungsprobleme postuliert Neumann (1992, 1996) fünf Aufmerksamkeitskomponenten, die allerdings nicht als vollständig voneinander abgrenzbar anzusehen sind:

- Die Komponente *Verhaltenshemmung* dient der Lösung des Problems der Effektorrekrutierung, d. h. welche Handlung ausgeführt werden soll. Von mehreren konkurrierenden Handlungstendenzen hemmt eine der Handlungstendenzen die anderen derart, dass sie sich durchsetzen kann und Zugriff auf das Effektorsystem erhält. Daraus folgt auch, dass die eine Handlung wieder gehemmt wird, sobald sich eine andere Handlungstendenz durchsetzt. Auf diese Weise wird ein Organismus davon abgehalten, mehrere unterschiedliche Handlungen auszuführen, die physikalisch inkompatibel sind. Neumann (1992) interpretiert die verlängerte Reaktionszeit auf den Sondierreiz im Sondierreiz-Paradigma (Posner u. Boies 1971) als das Ergebnis aktiver Hemmungsprozesse, die die laufende Handlung schützen. Neuere experimentelle Befunde (Mattes 2001) scheinen diese Erklärungsmöglichkeit zu stützen.
- Die Komponente *Regulation des psychophysiologischen Erregungsniveaus* dient dazu, ein Gleichgewicht herzustellen zwischen dem Schutz laufender Handlungen gegen Unterbrechung durch neue Reize und der Notwendigkeit, auf neue Reize zu reagieren. Dieser Intensitätskomponente von Aufmerksamkeit liegt die Theorie von Pribram und McGuiness (1975) zur Orientierungsreaktion zugrunde, wonach »arousal« mit der phasischen physiologischen Reaktion auf Input (Orientierungsreaktion) zusammenhängt, Aktivation (»activation«) mit der tonischen physiologischen Reaktionsbereitschaft und Anstrengung (»effort«) mit der zentralen Verarbeitung und der Regulation von »arousal« und Aktivation. Das kognitiv-energetische Modell von Sanders (1983) ordnet die energetischen Mechanismen »arousal«, Aktivation und Anstrengung den Stufen der Informationsverarbeitung zu.
- Die Komponente *Informationsselektion* dient nach Neumann zur Handlungssteuerung. Im visuellen Bereich stellt z. B. die räumliche Aufmerksamkeit einen wichtigen Mechanismus dar, um Handlungskontrolle zu erreichen. Die Informationsselektion dient der Bewältigung des Problems der Parameterspezifikation, d. h. offene

Parameter eines Effektorsystems werden durch selektierte Information spezifiziert, die zur Handlungsausführung erforderlich ist. Neumann (1992) gibt das »Cueing«-Paradigma (Posner u. Rafal 1987) als empirischen Sachverhalt an, in dem sich die Informationsselektion manifestiert.

- Die Komponente *Handlungsplanung* ermöglicht die Erstellung eines Handlungsplanes, der gleichzeitig ablaufende Handlungen koordiniert. Verfügbare Fertigkeiten können auf diese Weise zu einer (neuen) Sequenz kombiniert werden (Neumann 1992). Empirische Evidenzen für gemeinsam auftretende Planungsmechanismen bei Doppeltätigkeiten werden in den »Gleichzeitigkeitskosten« gesehen. Das »Concurrence-cost«-Paradigma nach Noble et al. (1981) zeigt, dass alleine das Hinzufügen einer zweiten Aufgabe, die ohne Zeitdruck nach Abschluss der ersten Aufgabe zu bearbeiten ist, eine verlängerte Reaktionszeit in der ersten Aufgabe bewirkt. Die Vorbereitung auf die Ausführung der zweiten Aufgabe verbraucht offenbar gemeinsame Ressourcen.
- Die Komponente *fertigkeitsbedingte Interferenz* dient wie die Informationsselektion der Parameterspezifikation. Diese spezifische Art der Hemmung verhindert, dass Parameter einer Fertigkeit zur gleichen Zeit unterschiedlich spezifiziert werden. Das bedeutet, dass dieselbe Fertigkeit zur gleichen Zeit nicht für verschiedene Handlungen eingesetzt werden kann (Neumann 1996), wodurch ein Verhaltenschaos vermieden wird. Nach dieser Interpretation tritt Interferenz in Doppelaufgaben auf, wenn beide Aufgaben die Spezifikation der Parameter derselben Fertigkeit erfordern. Diese Begrenzung kann durch Übung reduziert werden, da infolge der Übung separate Fertigkeiten für die Bearbeitung solcher Aufgaben ausgebildet werden. Das »Outcome-conflict«-Paradigma von Navon u. Miller (1987) stellt nach Neumann ein Beispiel für fertigkeitsbedingte Interferenz dar.

Aufmerksamkeitskomponenten aus der Perspektive des Arbeitsgedächtnisses

In den Modellvorstellungen zum Arbeitsgedächtnis wird zur Beschreibung exekutiver Kontrollfunktionen häufig auf das Aufmerksamkeitskonzept zurückgegriffen (vgl. Miyake u. Shah 1999). Das bedeutet, dass in verschiedenen Arbeitsgedächtnismodellen basale kognitive Operationen angenommen werden, welche z. T. konzeptuelle Überschneidungen mit bereits vorgestellten Aufmerksamkeitskomponenten aufweisen.

Ausgangspunkt dieser theoretischen Entwicklung war die Arbeit von Baddeley und Hitch (1974; Baddeley 1986), welche die Einheit des Kurzzeitgedächtnisses in Frage stellte. Das resultierende 3-Komponentenmodell (◘ Abb. 1.5) stellt einen einflussreichen Ansatz dar, das Arbeitsgedächtnis in drei Teilsysteme zu gliedern. Demnach besteht das Arbeitsgedächtnis aus zwei »Slave«-Systemen (Kurzzeitspeichern), nämlich der phonologischen Schleife (»articulatory loop«) und dem visuell-räumlichen Notizblock (»visual-spatial scratch-pad«), sowie der zentralen Exekutive (»central executive«), die mit kontrollierter Verarbeitung und Aufmerksamkeitsfunktionen assoziiert ist. Baddeley sieht in der zent-

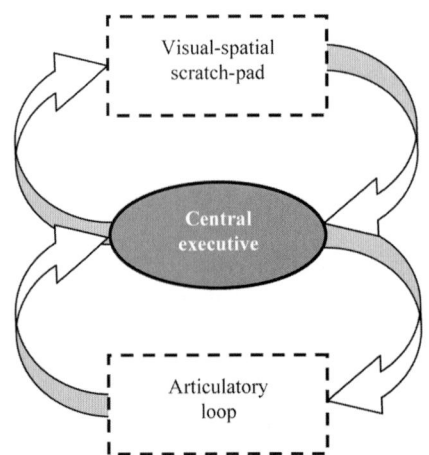

◘ **Abb. 1.5.** Schematische Darstellung des Arbeitsgedächtnismodells von Baddeley (1986, in Anlehnung an Baddeley u. Logie 1999). Der visuell-räumliche Notizblock und die phonologische Schleife repräsentieren spezialisierte, domänenspezifische Kurzzeitspeicher und ermöglichen durch »Rehearsal«-Prozesse die temporäre Aufrechterhaltung von Informationen im Arbeitsgedächtnis. Die zentrale Exekutive dient der Regulation und Kontrolle des Arbeitsgedächtnissystems und erfüllt verschiedene exekutive Funktionen, wie z. B. die Koordination der beiden Kurzzeitspeicher. Die zentrale Exekutive ist involviert in kontrollierte Informationsverarbeitung und erfüllt verschiedene Aufmerksamkeitsfunktionen (z. B. Aufmerksamkeitswechsel).

ralen Exekutive das funktionale Analogon zum supervisorischen Aufmerksamkeitssystem (»supervisory attentional system«) im schemabasierten Modellansatz von Shallice (1982), welcher postuliert, dass die meisten Handlungen durch Schemata kontrolliert werden. Konflikte zwischen inkompatiblen Schemata werden automatisch durch Hemmungsbzw. Aktivierungsprozesse vermieden oder durch das supervisorische Aufmerksamkeitssystem geregelt. Das supervisorische Aufmerksamkeitssystem ermöglicht die gezielte Beeinflussung der Aktivierung von Schemata und wird vor allem in Situationen aktiv, die nicht auf der Basis von Routinehandlungen bewältigt werden können bzw. ein hohes Maß an kognitiver Kontrolle erfordern. Von den Aufmerksamkeitskomponenten aus neuropsychologischer Perspektive stehen besonders der Aufmerksamkeitswechsel und die geteilte Aufmerksamkeit in deutlichem Zusammenhang mit den Kontrollfunktionen des supervisorischen Aufmerksamkeitssystems.

Auch Cowan (1988, 1995) stellt ein Informationsverarbeitungsmodell vor, in dem Aufmerksamkeit einen zentralen Aspekt des Arbeitsgedächtnisses darstellt. Er postuliert ein singuläres Speichersystem, das Elemente mit unterschiedlichen Aktivierungsniveaus enthält. Das Langzeitgedächtnis besteht aus Elementen in einem relativ inaktiven Zustand. Elemente mit höherer Aktivierung, die außerhalb des Aufmerksamkeitsfokus liegen, aber in der Lage sind, laufende Prozesse zu beeinflussen, werden als Kurzzeitgedächtnis konzeptualisiert. Das Arbeitsgedächtnis besteht aus einer Reihe von Elementen des Kurzzeitspeichers, die durch die zentrale Exekutive in einem hyperaktivierten Zustand gehalten werden und sich somit im Fokus der Aufmerksamkeit befinden. Die Auffassung Cowans (1995), dass sich das Arbeitsgedächtnis aus einer Speicher- und einer Aufmerksamkeitskomponente (zentrale Exekutive) zusammensetzt, wurde von Engle et al. (1999) empirisch untermauert. Mittels Strukturgleichungsmodellen konnten sie zwei korrelierte latente Konstrukte spezifizieren, die das Arbeitsgedächtnis und das Kurzzeitgedächtnis repräsentieren. Engle et al. nehmen an, dass der spezifische Varianzanteil der Variablen Arbeitsgedächtnis, der nicht durch Gemeinsamkeiten mit der Variablen Kurzzeitgedächtnis erklärbar ist (Residualvarianz), durch die zentrale Exekutive (bzw. »controlled attention«) determiniert ist. Gestützt wird diese Argumentation durch eine signifikante Korrelation zwischen dem Arbeitsgedächtnis-Residuum (aufgefasst als »controlled attention«) und fluider Intelligenz. Schweizer et al. (2005) konnten in ergänzender Weise zeigen, dass Aufmerksamkeitskomponenten, welche die Verarbeitungsstufen »higher mental processing, executive/control processing« repräsentieren im Gegensatz zu solchen, welche die Stufe »perceptive processing« abbilden, einen signifikanten Beitrag zur Erklärung von Intelligenz leisten.

Miyake et al. (2000) unterscheiden drei wesentliche Funktionen der zentralen Exekutive, die klar voneinander abgrenzbar sind und nur mäßig untereinander korrelieren.

- Die Funktion »*shifting*« bezieht sich auf den Wechsel zwischen verschiedenen Aufgaben, Operationen oder mentalen Erwartungszuständen.
- Die Funktion »*updating*« umfasst das Überwachen und Kodieren eintreffender Information hinsichtlich Aufgabenrelevanz und die Überarbeitung der im Arbeitsgedächtnis gespeicherten Inhalte in Form des Ersetzens von alter, nicht mehr relevanter durch neue, relevante Information.
- Die Funktion »*inhibition*« bezieht sich auf die gegebenenfalls erforderliche Hemmung dominanter, automatischer oder vorherrschender Reaktionsweisen (z. B. im *Stroop-Test*).

Oberauer et al. (2003) analysieren die Kapazität des Arbeitsgedächtnisses sowohl unter inhalts- wie auch unter funktionsbezogenen Aspekten. Bezüglich der inhaltsbezogenen Aspekte wird analog zu Baddeleys domänenspezifischen »Slave«-Systemen ein Arbeitsgedächtnis für visuell-räumliches Material sowie für sprachliches und numerisches Material angenommen. Bezüglich der funktionalen Aspekte werden drei kognitive Funktionen des Arbeitsgedächtnisses unterschieden.

- Die Funktion »*storage and processing*« bezieht sich im Speicheraspekt auf das Behalten eben präsentierter neuer Information und im Verarbeitungsaspekt auf die Transformation von Information oder die Ableitung neuer Information.
- Die Funktion »*supervision*« dient der Überwachung laufender kognitiver Prozesse und Handlungen, der selektiven Aktivierung relevanter Repräsentationen und Prozeduren und der

Hemmung von solchen, die irrelevant oder störend sind.

- Die Funktion »*coordination*« dient dem Aufbau neuer Relationen zwischen Elementen und der Integration dieser Relationen in Strukturen.

Während »supervison« und »coordination« als Aufmerksamkeitsfunktionen des Arbeitsgedächtnisses anzusehen sind, kommt »storage and processing« auch eine Speicherfunktion zu. Empirisch konnten Oberauer et al. zeigen, dass das Arbeitsgedächtnis als das Zusammenwirken der drei zusammenhängenden kognitiven Funktionen aufgefasst werden kann, für eine Unterscheidung zwischen verbal-numerischem und räumlichem Arbeitsgedächtnis gibt es dagegen kaum Evidenzen.

Bei einem Vergleich der drei kognitiven Funktionen des Arbeitsgedächtnisses von Oberauer et al. mit der funktionalen Struktur der zentralen Exekutive von Miyake et al. lassen sich Übereinstimmungen wie auch Unterschiede feststellen. »Supervision« und »shifting« weisen starke konzeptuelle Überschneidungen auf, was sich auch an den übereinstimmenden Operationalisierungen (jeweils »Task-set-switching«-Aufgaben) zeigt. Im Hinblick auf die vorgestellten Aufmerksamkeitskomponenten aus neuropsychologischer Perspektive kann ebenfalls eine weitgehende Entsprechung mit der Komponente Aufmerksamkeitswechsel festgestellt werden. Sowohl die »updating«- als auch die »Storage and processing«-Funktion gehen über die bloße Aufrechterhaltung von Information im Arbeitsgedächtnis hinaus, insofern »updating« die aktive Manipulation von Arbeitsgedächtnisinhalten beinhaltet und »storage and processing« durch gleichzeitige Transformationsprozesse gekennzeichnet sind. Die Funktionen »coordination« und »inhibition« stellen vergleichsweise spezifische Konzepte dar. Zu beachten ist, dass die jeweiligen Funktionen sowohl bei Oberauer et al. als auch bei Miyake et al. teilweise miteinander korreliert sind.

1.2.5 Beziehung von Konzentration zu Aufmerksamkeit

Der Begriff »Konzentration« stellt insofern eine Besonderheit der deutschsprachigen Psychologie dar, als in der angloamerikanischen Literatur neben »attention« ein Begriff »concentration« nicht gebräuchlich ist. Entscheidender als Differenzen im begrifflichen Gebrauch ist die Frage, ob Konzentration konzeptuell von Aufmerksamkeit abgegrenzt werden muss, oder ob Konzentration in den Erklärungsrahmen der Aufmerksamkeitskomponenten eingegliedert werden kann.

Zunächst ist festzustellen, dass z. T. sehr unterschiedliche Definitionen von Konzentration existieren, wobei die Verschiedenheit insbesondere durch die Art der angenommenen Beziehung zwischen Konzentration und Aufmerksamkeit zustande kommt.

— Auf der einen Seite finden sich Definitionen, die Konzentration von vornherein als eine besondere Form der Aufmerksamkeit auffassen; so wird Konzentration beispielsweise als »… zuchtvolle Organisation und Ausrichtung der Aufmerksamkeit durch das … Ich auf das Erfassen oder Gestalten von Sinn- und Wertgehalten« (Mierke 1957, S. 22) verstanden, »… als besondere Intensitätsform der Aufmerksamkeit …« (Rapp 1982, S. 24) oder auch als »… eine spezifische Art von Aufmerksamkeit, eine Steigerungsform, die sich im wesentlichen durch Willkürlichkeit und stärkere Fokussierung … auszeichnet« (Brickenkamp u. Karl 1986, S. 195).

— Auf der anderen Seite finden sich Definitionen, die Konzentration als ein von Aufmerksamkeit verschiedenes Konzept ansehen. Schmidt-Atzert et al. (2004) beispielsweise beziehen Aufmerksamkeit nur auf das Wahrnehmen, mit Konzentration kennzeichnen sie hingegen eine bestimmte Art des Arbeitens, die sie als kognitive Anstrengung, d. h. als einen energetischen Aspekt der Informationsverarbeitung beschreiben. Dieser »cognitive effort« (Schmidt-Atzert et al. 2004) ermöglicht schnelles und genaues Arbeiten auch unter solchen Bedingungen, die das Erbringen kognitiver Leistungen normalerweise erschweren. In gleicher Weise beziehen auch Westhoff und Hagemeister (2005) die Konzentration auf das Arbeiten, Aufmerksamkeit hingegen auf das Wahrnehmen. Die Kennzeichen einer konzentrierten Tätigkeit bestehen nach Auffassung der Autoren in der Selektion von relevanter Information unter Ausblendung von Irrelevantem sowie in der Auswahl, Energetisierung, Koordination und Kontrolle von Aktionsmustern. Ähnlich der Ladungskapazität und dem Ladungszustand bei Akkus treten auch im konzentrierten Handeln inter- und intraindividuelle Unterschiede auf.

Bei genauerer Hinsicht lässt sich nicht nur die erste, sondern auch die zweite Gruppe von Konzentrationsbegriffen in den konzeptuellen Rahmen von Aufmerksamkeit integrieren. Die von Westhoff und Hagemeister (2005) der Konzentration zugeschriebene Kontroll- und Koordinierungsfunktion konvergiert nämlich mit dem Konzept des supervisorischen Aufmerksamkeitssystems von Shallice (1982; ► Kap. 1.2.4) und der mittels Akkumetapher beschriebene energetische Aspekt von Konzentration findet sich im Konzept der Daueraufmerksamkeit (s. Sturm u. Zimmermann 2000) wieder, das die Aufrechterhaltung von Aufmerksamkeit über längere Zeitspannen beschreibt. In gleicher Weise lässt sich auch der Konzentrationsbegriff von Schmidt-Atzert et al. (2004), der die Aufrechterhaltung schnellen und genauen Arbeitens durch »cognitive effort« beinhaltet, substanziell auf das Konzept der Daueraufmerksamkeit zurückführen. Im Sinne dieser Auffassung wird bereits bei Posner und Rafal (1987) die Aufmerksamkeitskomponente Vigilanz mit »mental effort« charakterisiert. Gestützt auf eine große empirische Studie verzichten Goldhammer et al. (2004, submitted; s. auch Moosbrugger et al. 2005) auf ein eigenständiges Konzentrationskonzept und integrieren den Konzentrationsbegriff in das nomologische Netzwerk der mehrdimensionalen Komponentenauffassung von Aufmerksamkeit.

Insgesamt erweisen sich jene Aufmerksamkeitskomponenten für Konzentration als besonders konstitutiv, bei denen nicht die Perzeption im Vordergrund steht, sondern solche Informationsverarbeitungsaspekte, die durch vergleichsweise hohe Kontrollanforderungen gekennzeichnet sind. Unter Verwendung einschlägiger psychodiagnostischer Operationalisierungen (s. auch Moosbrugger u. Goldhammer 2005, ► auch Kap. 2.2.4) konnte im Speziellen gezeigt werden, dass bezüglich der Aufmerksamkeitskomponenten aus neuropsychologischer Perspektive hohe Konzentration mit hohen Ausprägungen in »geteilter Aufmerksamkeit« und

»Aufmerksamkeitswechsel« (► oben, ► Kap. 1.2.4) einhergeht. Hinsichtlich der handlungsorientierten Aufmerksamkeitskomponenten nach Neumann lässt sich Konzentrationsfähigkeit substanziell auf »Fertigkeitsbedingte Interferenz« und »Verhaltenshemmung« zurückführen. Zudem konnte für die arbeitsgedächtnisbasierte Aufmerksamkeitskomponente »Supervisorisches Aufmerksamkeitssystem« ein bedeutsamer Effekt auf die Konzentrationsfähigkeit nachgewiesen werden. Somit weisen die Testaufgaben zur Erfassung von »Konzentration« im Wesentlichen Anforderungen an kontrollierende Aufmerksamkeitskomponenten auf.

Konzentration

Im Rahmen mehrdimensionaler Aufmerksamkeitsmodelle ist Konzentration hinsichtlich des Informationsverarbeitungsaspektes auf die Kontroll- und Koordinierungsfunktion des supervisorischen Aufmerksamkeitssystems (»supervisory attentional system«, Shallice 1982) rückführbar und hinsichtlich des energetischen Aspektes ihrer Aufrechterhaltung auf das Konzept der Daueraufmerksamkeit (»sustained attention«). Hohe Konzentration besteht demnach im erfolgreichen Zusammenwirken jener Aufmerksamkeitskomponenten, die unter Einsatz willentlicher Anstrengung eine andauernde Selektion, Koordination und Kontrolle von Handlungsschemata leisten. Die individuelle Ausprägung der Konzentration wird erfasst in Kennwerten für die Quantität (Leistung), die Qualität (Genauigkeit) und die Homogenität (Gleichmäßigkeit, ► Kap. 2.1.3).

Literatur

Allport, D. A. (1980). Attention and performance. In: G. Claxton (ed) Cognitive psychology: New directions, 112-153. London: Routledge & Kegan Paul.

Allport, D. A. (1989). Visual attention. In: M. I. Posner (ed) Foundations of cognitive science, 631-682. Cambridge, MA: MIT Press.

Allport, D. A. (1993). Attention and control. Have we been asking the wrong questions? A critical review of twenty-five years. In: D. E. Meyer & S. M. Kornblum (eds) Attention and performance XIV (183-218). London: MIT Press.

Baddeley, A. D. (1986). Working memory. Oxford: Claredon Press.

Baddeley, A. D. & Hitch, G. (1974). Working memory. In: G. H. Bower (ed.) The psychology of learning and motivation, Vol. 8, 47-90. New York, NY: Academic Press.

Baddeley, A. D. & Logie, R. H. (1999). Working memory: The Multiple-Component Model. In: A. Miyake & P. Shah (eds) Models of working memory: Mechanisms of active maintenance and executive control, 28-61. Cambridge: Cambridge University Press.

Brickenkamp, R. & Karl, G. (1986). Geräte zur Messung von Aufmerksamkeit, Konzentration und Vigilanz. In: R. Brickenkamp (Hrsg.), Handbuch apparativer Verfahren in der Psychologie, 195-211. Göttingen: Hogrefe.

Broadbent, D. E. (1958). Perception and communication. New York, NY: Pergamon Press.

Cherry, E. C. (1953). Some experiments on the recognition of speech, with one and with two ears. Journal of the Acoustical Society of America, 25, 975-979.

Cohen, R. A. (1993). The neuropsychology of attention. New York, NY: Plenum Press.

Coull, J. T. (1998). Neural correlates of attention and arousal: Insights from electrophysiology, functional neuroimaging and psychopharmacology. Progress in Neurobiology, 55, 343-361.

Cowan, N. (1988). Evolving conceptions of memory storage, selective attention, and their mutual constraints within the human information-processing system. Psychological Bulletin, 104, 163-191.

Cowan, N. (1995). Attention and memory: An integrated framework. Oxford: Oxford University Press.

Deutsch, J. A. & Deutsch, D. (1963). Attention: some theoretical considerations. Psychological Review, 70, 80-90.

Desimone, R. & Duncan, J. (1995). Neural mechanisms of selective visual attention. Annual Review of Neuroscience, 18, 193-222.

Engle, R. W., Tuholski, S. W., Laughlin, J. E. & Conway, A. R. A. (1999). Working memory, short-term memory, and general fluid intelligence: A latent-variable approach. Journal of Experimental Psychology: General, 128, 309-311.

Fan, J., Fossella, J. A., Sommer, T., Wu, Y. & Posner, M. I. (2003). Mapping the genetic variation of executive attention onto brain activity. Proceedings of the National Academy of Sciences USA, 100, 7406-7411.

Fan, J., McCandliss, B. D., Sommer, T., Raz, A. & Posner, M. I. (2002). Testing the efficiency and independence of attentional networks. Journal of Cognitive Neuroscience, 14, 340-347.

Fernandez-Duque, D. & Johnson, M. L. (1999). Attention metaphors: How metaphors guide the cognitive psychology of attention. Cognitive Science, 23, 83-116.

Fernandez-Duque, D. & Johnson, M. L. (2002). Cause and effect theories of attention: The role of conceptual metaphors. Review of General Psychology, 6, 153-165.

Goldhammer, F., Moosbrugger, H. & Schweizer, K. (2004). Konzentration aus der Perspektive mehrdimensionaler Aufmerksamkeit. Vortrag auf dem 44. Kongress der Deutschen

Gesellschaft für Psychologie, Göttingen. In: T. Rammsayer, S. Grabianovski & S. Troche (Hrsg.) *44. Kongress der Deutschen Gesellschaft für Psychologie. Abstracts* [Abstract, 253-254]. Lengerich: Pabst Science Publishers.

Goldhammer, F., Moosbrugger, H. & Schweizer, K. (2005). *Communalities and differences between components of attention and individual differences approaches* (submitted).

Gray, J. A. & Wedderburn, A. A. I. (1960). Grouping strategies with simultaneous stimuli. *Quarterly Journal of Experimental Psychology, 12*, 180-184.

Van der Heijden, A. H. C. (2004). *Attention in vision: Perception, communication and action.* Hove: Psychology Press. James, W. (1890). *Principles of psychology.* New York, NY: Holt.

Johnston, W. A. & Heinz, S. P. (1978). Flexibility and capacity demands of attention. *Journal of Experimental Psychology: General, 107*, 420-435.

Kahneman, D. (1973). *Attention and effort.* Engle Wood Cliffs, NJ: Prentice Hall.

Lund, N. (2001). *Attention and pattern recognition.* Hove: Routledge.

Mattes, S. (2001). Reaktionskraft in Sondierreiz-Aufgaben: Kapazitätseinschränkung, Hemmung oder Flaschenhals?. *Zeitschrift für Experimentelle Psychologie, 8*, 201-206.

Mierke, K. (1957). *Konzentrationsfähigkeit und Konzentrationsschwäche.* Bern: Huber.

Mirsky, A. F., Pascualvaca, D. M., Duncan, C. C. & French, L. M. (1999). A model of attention and its relation to ADHD. *Mental Retardation and Developmental Disabilities, 5*, 169-176.

Miyake, A., Friedman, N. P., Emerson, M. J., Witzki, A. H., Howerter, A. & Wager, T. (2000). The unity and diversity of executive functions and their contributions to complex «frontal lobe" tasks: A latent variable analysis. *Cognitive Psychology, 41*, 49-100.

Miyake, A. & Shah, P. (eds) (1999). *Models of working memory: Mechanisms of active maintenance and executive control.* New York, NY: Cambridge University Press.

Moosbrugger, H. & Goldhammer, F. (2005). Aufmerksamkeits- und Konzentrationsdiagnostik. In: K. Schweizer (Hrsg.) *Leistung und Leistungsdiagnostik.* Heidelberg: Springer.

Moosbrugger, H., Goldhammer, G. & Schweizer, K. (2005). Latent factors underlying individual differences on attention measures: Perceptive attention and executive control. *European Journal of Psychological Assessment* (in press)

Moray, N. (1959). Attention in dichotic listening: Affective cues and the influence of instructions. *Quarterly Journal of Experimental Psychology, XII*, 242-248.

Navon, D. & Gopher, D. (1979). On the economy of the human processing system. *Psychological Review, 86*, 214-255.

Navon, D. & Miller, J. (1987). Role of outcome conflict in dual-task interference. *Journal of Experimental Psychology: Human Perception and Performance, 13*, 435-448.

Neumann, O. (1992). Theorien der Aufmerksamkeit: Von Metaphern zu Mechanismen. *Psychologische Rundschau, 43*, 83-101.

Neumann, O. (1996). Theories of attention. In: O. Neumann & A. F. Sanders (eds) *Handbook of perception and action*, 389-446. San Diego, CA: Academic Press.

Noble, M. E., Sanders, A. F. & Trumbo, D. A. (1981). Concurrence costs in double stimulation tasks. *Acta Psychologica, 49*, 141-158.

Norman, D. A. & Bobrow, D. G. (1975). On data-limited and resource-limited processes. *Cognitive Psychology, 7*, 44-64.

Oberauer, K., Süß, H.-M., Wilhelm, O. & Wittmann, W. W. (2003). The multiple faces of working memory: storage, processing, supervision, and coordination. *Intelligence, 31*, 167-193.

Pashler, H. E. (1998). *The psychology of attention.* Cambridge, MA: MIT Press.

Posner, M. I. & Boies, S. J. (1971). Components of attention. *Psychological Review, 78*, 391-408.

Posner, M. I. & Petersen, S. E. (1990). The attention system of the human brain. *Annual Review of Neuroscience, 13*, 25-41.

Posner, M. I. & Rafal, R. D. (1987). Cognitive theories of attention and the rehabilitation of attentional deficits. In: R. J. Meier, A. C. Benton & L. Diller (eds) *Neuropsychological rehabilitation*, 182-201. Edinburgh: Churchill Livingstone.

Pribram, K. H. & McGuiness, D. (1975). Arousal, activation, and effort in the control of attention. *Psychological Review, 82*, 116-149.

Rapp, G. (1982). *Aufmerksamkeit und Konzentration.* Bad Heilbrunn/Obb.: Klinkhardt.

Rogers, R. D. & Monsell, S. (1995). Costs of a predictable switch between simple cognitive tasks. *Journal of Experimental Psychology: General, 124*, 207-231.

Sanders, A. F. (1983). Towards a model of stress and human performance. *Acta Psychologica, 53*, 61-97.

Schmidt-Atzert, L., Büttner, G., & Bühner, M. (2004). Theoretische Aspekte von Aufmerksamkeits-/Konzentrationsdiagnostik. In: L. Schmidt-Atzert & G. Büttner (Hrsg.) *Diagnostik von Konzentration und Aufmerksamkeit, Tests und Trends Bd. 3*, 3-22. Göttingen: Hogrefe.

Schweizer, K., Moosbrugger, H. & Goldhammer, F. The structure of the relationship between attention and intelligence. *Intelligence* (in press).

Shallice, T. (1982). Specific impairments of planning. In: D. E. Broadbent & L. Weiskrantz (eds) *The neuropsychology of cognitive function*, 199-209. London: The Royal Society.

Solso, R. L. (1979). *Cognitive psychology.* New York, NY: Harcourt Brace Jovanovich.

Sturm, W. & Zimmermann, P. (2000). Aufmerksamkeitsstörungen. In: W. Sturm, M. Herrmann & C.-W. Wallesch (Hrsg. *Lehrbuch der klinischen Neuropsychologie*, 345-365. Lisse: Swets & Zeitlinger.

Treisman, A. M. (1964). Verbal cues, language and meaning in selective attention. *American Journal of Psychology, 77*, 206-19.

Treisman, A. M. (1988). Features and objects: The fourteenth Bartlett memorial lecture. *Quarterly Journal of Experimental Psychology, 40A*, 201-237.

Westhoff, K. & Hagemeister, C. (2005). *Konzentrationsdiagnostik.* Lengerich: Pabst.

Wickens, C. D. (1980). The structure of attentional resources. In: R. S. Nickerson (ed) *Attention and performance VIII*, 239-257. Hillsdale, NJ: Erlbaum.

Wickens, C. D. (1984). Processing resources in attention. In: R. Parasuraman & D. R. Davies (eds) *Varieties of attention*, 63-102. New York, NY: Academic Press.

Van Zomeren, A. H. & Brouwer, W. H. (1994). *Clinical neuropsychology of attention*. New York, NY: Oxford University Press.

1.3   Gedächtnis

Iris-Katharina Penner, Ester Reijnen, Klaus Opwis

1.3.1   Einführung

Was wäre der Mensch ohne sein Gedächtnis? Ein Leben ohne Gedächtnis ist praktisch unvorstellbar. Die Fähigkeit des Menschen, Informationen und Wissen über sich und seine Umwelt zu erwerben, zu behalten und wieder abzurufen ist grundlegend für unser gesamtes Verhalten und Erleben. Das Gedächtnis leistet die Bereitstellung täglich benötigter Kenntnisse. Es holt die Vergangenheit in die Gegenwart und verleiht dieser so Bedeutung. Erst dadurch wird die sinnvolle Gestaltung unseres Lebensalltags möglich, ebenso wie auch eine Ausrichtung auf die Zukunft. Ohne diese zentrale kognitive Fähigkeit fehlte der Bezug zur eigenen Geschichte und zur Welt. Das Gedächtnis bildet die Grundlage der persönlichen Identität eines Menschen und seiner Fähigkeit, seine Umwelt zu verstehen und angemessen in ihr zu handeln. Die fundamentale Bedeutung der Fähigkeit zum bewussten Erinnern wird in dramatischer Weise deutlich bei Personen, die eben diese Fähigkeit verloren haben, sei es als Folge von Hirnverletzungen oder von Krankheiten und an einer Amnesie leiden.

Schon vor mehr als 100 Jahren wurde der Stellenwert des Gedächtnisses in einem Vortrag vor der Wiener Akademie der Wissenschaft 1870 eindrücklich vom Sinnesphysiologen Ewald Hering (1834-1918) umschrieben (zit. nach Markowitsch 1996):

Wir besitzen ein Gedächtnis solange wir leben. Unsere Ideen und Vorstellungen sind das Ergebnis der Tätigkeit unseres Gedächtnisses. Das Gedächtnis ist die Grundlage unserer alltäglichen Wahrnehmungen, unserer Gedanken und Handlungen. Das Gedächtnis verbindet die zahllosen Einzelphänomene zu einem Ganzen, und wie unser Leib in unzählige Atome zerstieben müsste, wenn nicht die Attraktion der Materie ihn zusammenhielte, so zerfiele ohne die bindende Macht des Gedächtnisses unser Bewusstsein in so viele Splitter, wie es Augenblicke zählt.

Der alltagssprachliche Begriff Gedächtnis bezieht sich auf eine große Spannbreite unterschiedlicher Leistungen, die drei zeitlich aufeinanderfolgende Phasen beinhalten: Das *Einprägen*, das *Behalten* und das *Erinnern* von Information. Man kann sagen, dass die grundlegende Funktion des Gedächtnisses darin besteht, aus Wahrnehmungs-, Denk- und Lernvorgängen resultierende Information aufzunehmen, zu speichern und für eine spätere Nutzung zur Verfügung zu halten. *Einprägen*, gelegentlich wird auch der Begriff der *Enkodierung* verwendet, bezeichnet die Phase und die damit einhergehenden Prozesse der Aufnahme von Information in das Gedächtnis. *Behalten* bezeichnet einen hypothetischen Zustand, nämlich die Speicherung und die Verfügbarkeit von Information über einen längeren Zeitraum hinweg, mit der Möglichkeit der Wiedergabe und Nutzung für bestimmte Ziele. *Erinnern* oder *Abruf* betrifft die Wiedergabe von gespeicherten Inhalten, die zu einem früheren Zeitpunkt erfahren, eingeprägt oder gelernt wurden. Der verwandte Begriff des Wiedererkennens bezeichnet die Identifikation eines konkret vorgegebenen Sachverhalts als bekannt bzw. unbekannt.

Gedächtnisinhalte werden nicht ausschließlich *intentional*, also durch willentlich beabsichtigte Prozesse erworben, sondern auch *inzidentiell*, also unbeabsichtigt im Verlauf der aktiven Auseinandersetzung eines Menschen mit seiner Umgebung. Der größte Teil alltäglicher Äußerungen, Leistungen, Gewohnheiten und sensomotorischer Aktivitäten wird ohne bewussten und beabsichtigten Zugriff auf im Gedächtnis gespeicherte Informationen erbracht, aber er setzt nichtsdestotrotz einen umfangreichen, durch vielfältige Erfahrungen und Lernprozesse ausgebildeten Gedächtnisbesitz voraus.

Eine zweite grundlegende Bedeutung, die mit dem Begriff Gedächtnis alltagssprachlich assoziiert wird, bezieht sich im engeren Sinne auf die zeitliche Dauer des Behaltens von Information. Manche Informationen behalten wir nur für wenige Sekunden oder sogar nur für Bruchteile einer Sekunde, andere Informationen behalten wir unser gesamtes Leben. Begriffe wie *Arbeits-*, *Kurzzeit-* und *Langzeitgedächtnis* beziehen sich auf diesen Aspekt.

Wissenschaftlich zunehmend aktuell ist die Frage nach den neuronal-kortikalen und biologischen Grundlagen unserer Gedächtnisleistungen: Was wird wo wie gespeichert? Welche Strukturen und Systeme des menschlichen Gehirns sind beteiligt beim Einprägen, Behalten und Abrufen von Gedächtnisinhalten? Was wissen wir über die zellulären, neurochemischen Grundlagen unseres Gedächtnisses?

Eine einheitliche Rahmentheorie des Gedächtnisses gibt es derzeit nicht. Stattdessen stellt sich die aktuelle Gedächtnisforschung als ein äußerst vielfältiges Forschungsgebiet dar, das zunehmend durch Tendenzen gekennzeichnet ist, experimentelle Ergebnisse mit neurowissenschaftlichen Annahmen über zu Grunde liegende Hirnstrukturen in Verbindung zu bringen. Zusammenfassend wollen wir in Anlehnung an Goschke (1996 S. 359) immer dann von Gedächtnis oder *gedächtnisbasierten Leistungen* sprechen,

> wenn Erfahrungen zu relativ dauerhaften Veränderungen im Nervensystem eines Organismus führen, die sich in Veränderungen seiner Wahrnehmungs- oder Verhaltensdispositionen sowie – bei höheren Lebewesen - des Erlebens äussern und die im weitesten Sinn als Erwerb oder Modifikation von Information oder Wissen betrachtet werden können.

Die weiteren Ausführungen beginnen mit kurzen Einführungen in die historischen Anfänge der psychologischen Gedächtnisforschung und in die neurowissenschaftliche Gedächtnisforschung. In den weiteren Abschnitten wird eingegangen auf theoretische Konzepte, beobachtbare Phänomene und neurowissenschaftliche Grundlagen zu Mehrspeichermodellen des menschlichen Gedächtnisses, zu Modellen des Arbeitsgedächtnisses sowie zu verschiedenen Gedächtnissystemen des Langzeitgedächtnisses (deklarative und nicht- deklarative Gedächtnissysteme). In Kap. 2.3 (Gedächtnisdiagnostik) werden diagnostische Verfahren und experimentelle Paradigmen vorgestellt, mit deren Hilfe Gedächtnisleistungen erfasst und gemessen werden können.

1.3.2 Psychologische Gedächtnisforschung: Anfänge

Historisch ist die psychologische Gedächtnisforschung insbesondere mit zwei Namen assoziiert: Hermann Ebbinghaus (1859-1909; *Über das Gedächtnis*, erschienen 1885) und Frederic Charles Bartlett (1886-1969; *Remembering*, erschienen 1932).

Ebbinghaus demonstrierte in wegweisenden Experimenten, dass Gedächtnisleistungen wie andere Naturphänomene mittels experimenteller Bedingungsvariation und der Messung quantifizierbarer Verhaltensdaten untersucht werden können. Als Untersuchungsmaterial verwendete er sinnlose Silben, um den Einfluss individuellen Vorwissens auszuschalten, ein Einfluss, der für Ebbinghaus in erster Linie eine unerwünschte, d. h. experimentell zu kontrollierende Störvariable darstellte. Als spezielle Untersuchungsmethode entwickelte Ebbinghaus u. a. die Technik des sog. *seriellen Lernens,* eine Technik, die bis heute zu den experimentellen Standardparadigmen der Gedächtnisforschung gehören.

Die serielle Lernaufgabe ist vermutlich das am häufigsten verwendete Lernparadigma in der Gedächtnispsychologie. Die Aufgabe lässt sich wie folgt charakterisieren: Einer Versuchsperson (Vp) wird in einer festen Reihenfolge Lernmaterial dargeboten, das sie sich einprägen soll. In der Regel handelt es sich um einfaches verbales Lernmaterial, etwa in Form sinnloser Silben (bei Ebbinghaus) oder Zahlen oder Wörter. Die Reihenfolge, in der die Lerneinheiten oder *Items* dargeboten werden, wird vor dem eigentlichen Versuch zufällig festgelegt. Die Gesamtheit aller Items heißt *Liste*, und die einmalige Darbietung dieser Liste nennt man *Lerndurchgang*. Ein Experiment besteht in der Regel aus mehreren Lerndurchgängen, wobei die Reihenfolge der Items in der Liste konstant bleibt. Die Aufgabe der Vp besteht darin, die Items in der Reihenfolge ihrer Darbietung korrekt zu reproduzieren. Dabei wird zunächst die gesamte Liste dargeboten. In einem anschließenden *Reproduktionsdurchgang* wird die Vp gebeten, möglichst viele der dargebotenen Items entsprechend der Darbietungsreihenfolge zu nennen (*serielle Reproduktion*).

Eine sehr ähnliche Methode ist das sog. *freie Reproduzieren*. Das typische Verfahren besteht darin, der Vp eine Liste von Items darzubieten. Nach der

Darbietung des letzten Items folgt die Reproduktion, in der die Vp möglichst alle zuvor dargebotenen Items in einer beliebigen Reihenfolge wiedergeben soll.

Von Ebbinghaus untersuchte Fragestellungen betreffen insbesondere Fragen nach dem *Einfluss von* Übung auf das Lernen: Wie hängt die Schnelligkeit des Lernens einer Liste von Silben vom Umfang der zu lernenden Liste ab? Wie hängt die Schnelligkeit und das Ausmaß des Vergessens von der Zeitdauer zwischen dem Lernen und dem Abruf von Information ab? Ist es effektiver, massiv oder über mehrere Zeitpunkte verteilt zu lernen?

Zwei der mit dem Namen Ebbinghaus auch heute noch verbundenen Ergebnisse betreffen (1) die Schnelligkeit des Lernens von Silbenreihen als positiv beschleunigte Funktion ihrer Länge und (2) die sog. Vergessenskurve, die Behalten und Vergessen als eine negativ beschleunigte Funktion der Zeit beschreibt.

Dass um so länger gelernt werden muss, je umfangreicher der Lernstoff ist, wissen wir aus eigener Erfahrung. Zwischen Lerndauer und Stoffmenge besteht jedoch keine lineare Beziehung. Die Anzahl von erforderlichen Wiederholungen nimmt in einer positiv beschleunigten Weise mit der Anzahl der zu lernenden Einheiten zu. Wenn eine Liste mit acht Items zwei Wiederholungen erfordert, dann wird eine Liste mit 10 Items vier Wiederholungen, eine Liste mit 12 Items bereits acht Wiederholungen, eine Liste mit 15 Items bereits 15 Wiederholungen erfordern und so fort.

In einem seiner zahlreichen Selbstversuche lernte Ebbinghaus Listen aus 13 Silben auswendig, bis er sie zweimal fehlerfrei wiederholen konnte. Nach unterschiedlichen Zeitspannen überprüfte er dann, wie gut er diese Listen behalten hatte. Er maß die Zeit, die er brauchte, um die Listen erneut wieder so gut zu lernen, dass er sie zweimal fehlerlos wiedergeben konnte. Ebbinghaus wollte wissen, wieviel schneller das zweite Lernen im Vergleich zum ersten war. Angenommen, für das erste Lernen einer Liste waren 1156 s (knapp 20 min) erforderlich, aber für das erneute Lernen nur 467 s (knapp 8 min), dann hatte er beim erneuten Lernen 1156-467 = 689 s Sekunden gespart. Diese Ersparnis lässt sich auch als Prozentsatz der ursprünglichen Lernzeit ausdrücken: 689/1156 = 64,3%. Solche prozentualen Ersparniswerte verwendete Ebbinghaus als Standardmaß für seine Behaltensleistung. Die mit dem Namen Ebbinghaus assoziierte *Vergessenskurve* bringt zum Ausdruck, dass die Behaltensleistung mit zunehmendem Behaltensintervall abfällt, wobei sich die Geschwindigkeit des Vergessens mit der Zeit jedoch allmählich immer mehr verlangsamt. Der deutlichste Verlust tritt zu Beginn auf.

Die von Ebbinghaus initiierte methodologische Tradition wurde auch kritisiert. Insbesondere Bartlett (1932) bezog in seinem Buch *Remembering* eine entschiedene Gegenposition. Er beschrieb das Erinnern als einen *(re)konstruktiven* und durchaus *kreativen* Prozess, der entscheidend durch Vorwissen und Schlussfolgerungen beeinflusst wird, also von Wissensbeständen, die Ebbinghaus so sorgfältig aus seinen Experimenten zu eliminieren versucht hatte. Bekannt sind die Untersuchungen Bartletts, in denen er seine Versuchspersonen für sie fremdartige Geschichten lernen ließ (etwa: »Krieg der Geister«). Dabei zeigte sich, dass die Versuchspersonen den Inhalt der Geschichten beim Reproduzieren in systematischer Weise an individuelles Vorwissen und kulturelles Weltwissen anpassten. Bartlett formulierte als erster die Vorstellung, dass das Erinnern komplexer Inhalte durch *Schemata* geleitet wird, worunter er organisierte Wissensstrukturen verstand, auf deren Hintergrund neue Informationen interpretiert werden.

1.3.3 Neuropsychologische Gedächtnisforschung

Die neurowissenschaftliche Gedächtnisforschung interessiert sich in erster Linie für die neuronal-kortikalen Grundlagen von Gedächtnisleistungen. Dahinter steht die Annahme, dass Gedächtnis letztlich auf erfahrungsabhängigen dauerhaften Veränderungen neuronaler Strukturen, etwa in Form sog. *Gedächtnisspuren* oder *Engramme*, beruht.

In der Neuropsychologie und Neuroanatomie versucht man, aus dem Studium von Patienten mit umgrenzten Hirnverletzungen sowie neuerdings auch mittels sog. funktioneller bildgebender Verfahren Hinweise auf die am Gedächtnis beteiligten Hirnstrukturen zu gewinnen. In der Neurophysiologie und Neurobiologie fragt man nach den zellulären Mechanismen, die der Bildung von Gedächtnisspuren zugrunde liegen. Dabei wird vorwiegend in tierexperimentellen Studien versucht, die Funktionsweise gedächtnisrelevanter neuronaler Schaltkreise bis hin zur Aktivität einzelner Neurone und den neurochemischen Prozessen der Erregungsübertragung zu ergründen (vgl. Squire u. Kandel 1999).

In der neurowissenschaftlichen Gedächtnisforschung geht es insbesondere um zwei miteinander zusammenhängende Fragen: (1) Welches ist der anatomische Ort resp. sind die anatomischen Orte, an dem Gedächtnisinhalte im Gehirn gespeichert sind? (2) Wie sind Gedächtnisinhalte neuronal repräsentiert und kodiert? Welches ist gleichsam die Sprache der Engramme? Diese Fragen wurden bereits von Lashley (1929) und von Hebb (1949) intensiv diskutiert. Nach der *Lokalisationsthese* erfolgt die Speicherung von Gedächtnisinhalten an bestimmten, voneinander abgrenzbaren und unabhängigen Orten im Gehirn. Nach der *Äquipotenzialitätsthese* sind verschiedene kortikale Areale gleichermaßen für die Speicherung von Gedächtnisinhalten geeignet und können sich wechselseitig kompensieren. Danach sind Gedächtnisspuren nicht in bestimmten Neuronenverbänden lokalisiert, sondern zeigen eher feldähnliche Eigenschaften und sind über den gesamten Kortex verteilt repräsentiert.

Lashley führte über viele Jahre Untersuchungen an Ratten durch, um den anatomischen Ort von Gedächtnisspuren zu finden. Er trainierte die Tiere, bestimmte Aufgaben auszuführen (Orientierung in einem Labyrinth) und zerstörte zuvor bzw. anschließend spezifisches kortikales Gewebes der Tiere. Dabei zeigte sich, dass die Beeinträchtigung des Lernens im wesentlichen vom Ausmaß des zerstörten kortikalen Gewebes und weniger vom Ort der Läsion abhing. Dies spricht nach Lashley eindeutig gegen die *Lokalisations-* und für die *Äquipotenzialitätsthese* eine Auffassung, die auch von Hebb geteilt wurde.

Zusammenfassend kann aus heutiger Sicht festgehalten werden, dass die Frage nach der Lokalisierbarkeit von Gedächtnisspuren am angemessensten mit einem »ja, aber« beantwortet werden kann. Einerseits gibt es überzeugende Befunde dafür, dass bestimmte Hirnstrukturen notwendig für bestimmte Gedächtnisleistungen sind (etwa mediotemporale Strukturen wie der Hippocampus). Andererseits sind auch an einfachen Gedächtnisleistungen ver-

schiedene, in vielfältiger und größtenteils noch unbekannter Weise miteinander interagierende Strukturen beteiligt. Hinzu kommt weiterhin die bisher noch wenig verstandene *Plastizität* des Gehirns. Viele (wenn nicht alle) Strukturen des Gehirns sind doppelt angelegt und plastisch, d. h. sie können sich als Folge von spezifischen Erfahrungen verändern und – in begrenztem Umfang – gegenseitig kompensieren. Dies unterstützt die Annahme, dass bestimmte Gedächtnisinhalte nicht lokal, sondern assoziativ verteilt repräsentiert sind über Verbindungen zwischen einer großen Anzahl von Neuronen, wobei ein und derselbe Verband von Neuronen an der Speicherung unterschiedlicher Inhalte beteiligt sein dürfte.

1.3.4 Mehrspeichermodelle des menschlichen Gedächtnisses

Ausgangspunkt der Diskussion der letzten Jahre ist häufig das Modell des menschlichen Gedächtnisses von Atkinson und Shiffrin (1968). Es wird in der kognitionspsychologischen Literatur als das Mehrspeichermodell des menschlichen Gedächtnisses oder auch als das modale Modell des menschlichen Gedächtnisses diskutiert. Als Strukturkomponenten werden drei separate Speichersysteme angenommen: (1) *Sensorische Speicher* (»sensory buffers«; »perceptual memories«); (2) *Kurzzeitgedächtnis* (KZG; »short term memory«); (3) *Langzeitgedächtnis* (LZG; »long term memory«). Diese Unterscheidung fokussiert insbesondere auf die zeitliche Dauer des Behaltens von Informationen.

Experimentelle Befunde belegen, dass Informationen, die wir in unserer Umgebung wahrnehmen, auf sensorischer Ebene eine Repräsentation der physikalischen Merkmale erzeugen, die für sehr kurze Zeit nachweisbar ist. Ein externer Stimulus wirkt in praktisch unbearbeiteter Weise nach, weshalb von einer sensorischen oder analogen Enkodierung gesprochen wird. Man nimmt an, dass es modalitätsspezifische *sensorische Speicher* gibt. Für die visuelle Modalität wird von einem *ikonischen Gedächtnis* gesprochen, für die akustische Modalität von einem *echoischen Gedächtnis*. Schätzungen für das Andauern der durch visuelle Stimuli erzeugten Aktivierung im sensorischen System liegen bei ca. 200–500 ms;

danach ist die Wahrscheinlichkeit für die Wiedergabe eines Stimulus geringer als 50%. Information im sensorischen Speicher, der Aufmerksamkeit zuteil wird, wird in das Kurzzeitgedächtnis überführt.

Bekannt sind die Experimente von Sperling (1960) zum Zusammenhang von ikonischem Gedächtnis und visuellen Wahrnehmungsprozessen. Seinen Versuchsteilnehmern wurden zufällig angeordnete Buchstaben in einer 3×3-Matrix für 50 ms dargeboten. Jeder der drei Matrixzeilen wurde zuvor ein bestimmter, unterschiedlicher Ton zugeordnet. Beim Ausblenden der Matrix ertönte mit einer gewissen zeitlichen Verzögerung einer der drei Töne und die Versuchsperson hatte die Aufgabe die Buchstaben der entsprechenden Zeile zu wiederzugeben (*Teilberichtsverfahren*). Es zeigte sich, dass bei unmittelbarer Darbietung des Hinweistones (keine Verzögerung) die Leistung der Versuchspersonen nahezu 100% war, unabhängig davon, welche Buchstabenzeile wiedergegeben werden sollte. Bei einer Verzögerung des Hinweisreizes von 1 s sank die Leistung auf weniger als 50%. Sperling konnte mit diesem Experiment zeigen, dass das sensorische Gedächtnis weitaus mehr Informationen zwischenspeichern und verfügbar halten kann, als zunächst verarbeitet wird und der bewussten Wahrnehmung zugänglich ist – allerdings nur für eine kurze Zeit. Das Vergessen tritt durch Überschreiben der Information oder aber durch raschen zeitlichen Verfall ein. Zusammenfassend kann festgehalten werden, dass sich das sensorische Gedächtnis durch drei Hauptmerkmale auszeichnet: (1) eine hohe Speicherkapazität, (2) eine analoge Speicherung ausschließlich sensorischer Informationen, und (3) ein rascher zeitlicher Zerfall der gespeicherten Informationen.

Insbesondere die Unterscheidung zwischen einem Kurzzeit- und einem Langzeitgedächtnis erwies sich bis heute als einflußreich. Das KZG wurde als ein System postuliert, das eine begrenzte Menge von Information kurzzeitig speichert und für aktuelle Verarbeitungsziele rasch abrufbar zur Verfügung stellt. Die Kapazität des KZG wurde dabei mit der sog. *Gedächtnisspanne* gleichgesetzt. Die Gedächtnisspanne bezeichnet die Zahl der Elemente, die man unmittelbar nach der Darbietung wiedergeben kann (z. B. Umfang einer Liste von Zahlen). In der Regel kann eine erwachsene Person etwa sieben

oder acht Zahlen fehlerfrei wiedergeben, was bereits Miller (1956) dazu veranlasste, von der »magischen Zahl 7« (plus oder minus 2) zu sprechen. Information, die sich im KZG befindet, kann nach den Vorstellungen von Atkinson und Shiffrin in das dauerhafte LZG überführt werden. Je länger diese Information dabei im KZG verweilt, desto größer ist die Wahrscheinlichkeit, dass die Information überführt wird. Information im KZG kann jedoch nicht allzu lange behalten werden, da ständig neu eintreffende Information die alte aus dem begrenzten KZG verdrängt. Einige Autoren gehen davon aus, dass die begrenzten Ressourcen des Kurzzeitgedächtnisses in direktem Zusammenhang zu den Grenzen der allgemeinen kognitiven Leistungen eines Individuums steht. Somit könnte das Ausmaß der Verarbeitungskapazität im Kurzgedächtnis in enger Beziehung zur Intelligenz stehen. Dies wird etwa im Berliner Intelligenzstrukturmodell angenommen (Jäger 1982).

Das LZG gilt im Unterschied dazu als permanenter Speicher mit praktisch unbegrenzter Kapazität, in dem Informationen aus zurückliegenden Erfahrungen, Denk- und Lernprozessen dauerhaft gespeichert sind. Man könnte sagen, dass das LZG die gesamten Kenntnisse eines Menschen über Fakten, Sachverhalte, Personen, Ereignisse und persönliche Erfahrungen umfasst.

Die gedächtnispsychologischen Forschungen bis in die 1970er Jahre bestanden im Wesentlichen darin, die Konzeption dreier separater Speicher experimentell zu belegen und zur Unterscheidung der drei angenommenen Speicher Parameter für Kapazität, Verlust, Aktivationsdauer und Kodierungsformate zu bestimmen. Darüber hinaus wurde analysiert, wie der Informationsfluss zwischen den Speichern geartet ist, z. B. die Frage nach dem Transfer von Information aus dem Kurzzeitgedächtnis in das Langzeitgedächtnis.

Als empirischer Beleg für die Annahme zweier unterschiedlicher Gedächtnissysteme wird häufig auf die *serielle Positionskurve beim freien Reproduzieren* verwiesen. In der Lernphase wird einer Person eine Liste von Items dargeboten, bspw. eine Liste von 20 Wörtern. In der anschließenden Reproduktionsphase versucht die Person möglichst viele der zuvor dargebotenen Wörter wiederzugeben. Dabei muss die Reproduktion der Wörter nicht in der Reihenfolge ihrer ursprünglichen Darbietung erfolgen (im

Unterschied etwa zum sog. seriellen Lernen), sondern sie kann beliebig sein.

Die serielle Positionskurve ergibt sich, indem auf der Abszisse die serielle Position der Items in der zu lernenden Liste abgetragen wird und auf der Ordinate die Wahrscheinlichkeit für die korrekte Wiedergabe eines Items. Typischerweise zeigt sich bei einer unmittelbaren Wiedergabe unabhängig von der Länge der zu lernenden Liste (10, 20 oder auch 30 Items) sowohl ein »Primacy«- als auch ein »Recency«-Effekt: Diejenigen Items, die am Anfang und am Ende der zu lernenden Liste positioniert sind, werden mit größerer Wahrscheinlichkeit korrekt wiedergegeben als solche Items, die eine mittlere Position aufweisen (etwa Murdock 1961). Dieser Befund erwies sich als robust gegenüber vielfältigen Variationen. So werden vertraute Worte zwar insgesamt besser erinnert als weniger vertraute Worte, aber »Primacy«- und »Recency«-Effekt bleiben erhalten. Auch eine Verlangsamung der zeitlichen Abfolge der Darbietung führt insgesamt zu besseren Erinnerungsleistungen, aber auch hier bleiben »Primacy«- und »Recency«-Effekt erhalten

Wird allerdings der Beginn der Reproduktionsphase verzögert und eine Phase dazwischengeschaltet, in der die Personen eine Distraktoraufgabe ausführen müssen (etwa in Dreierschritten rückwärts zählen, beginnend bei 971), zeigt sich eine dramatische Veränderung der Befunde. Bereits eine kurzzeitige Verzögerung des Abrufs um 30 s führt zu einem vollständigem Verschwinden des »Recency«-Effekts, während der »Primacy«-Effekt unverändert erhalten bleibt.

Eine naheliegende Interpretation für dieses Befundmuster spricht für die Beteiligung zweier unterschiedlicher Gedächtnissysteme: Der »Recency«-Effekt, also die größere Wahrscheinlichkeit für das bessere Erinnern der zuletzt gelernten Items, wird als Hinweis auf deren Verfügbarkeit im Kurzzeitgedächtnis angesehen. Die zeitliche Dauer der Verfügbarkeit ist begrenzt. Wenn Information durch eine verzögerte Wiedergabe nicht memoriert werden kann, geht sie sehr rasch verloren. Dies erklärt das Verschwinden des »Recency«-Effekts bei Verzögerung des Beginns der Wiedergabephase. Der »Primacy«-Effekt, also die größere Wahrscheinlichkeit für das Erinnern zuerst gelernter Items, wird dagegen auf die Möglichkeit eines häufigeren Wiederholens dieser Items zu Beginn der Lernphase zurückgeführt, wodurch ihre Übertragung in ein Langzeitgedächtnis möglich wird. Auf die dort gespeicherte Information kann dann zu einem späteren Zeitpunkt wieder zugegriffen werden.

Für eine Unterscheidung zwischen Kurz- und Langzeitgedächtnis spricht auch der Befund, dass verbale Informationen im Kurzzeitgedächtnis akustisch kodiert werden, während im Langzeitgedächtnis die Information semantisch kodiert wird. Bereits Conrad (1964) berichtete, dass seine Versuchspersonen beim freien Reproduzieren visuell präsentierter Konsonanten oftmals fälschlicherweise Buchstaben wiedergaben, welche mit dem Zielobjekt akustisch ähnlich waren. Anstelle des Buchstabens B wurde häufig ein V erinnert und nicht etwa der mit dem Zielbuchstaben visuell ähnliche Buchstabe R. Beim längerfristigen Behalten wurde hingegen das umgekehrte Muster beobachtet.

Hinweise für eine Dissoziation von KZG und LZG liefern zudem auch Untersuchungen an Personen mit Gedächtnisstörungen als Folge von Hirnverletzungen. So zeigten Untersuchungen an amnestischen Patienten, dass diese oftmals noch in der Lage waren, eine Abfolge von Zahlen, wie z. B. eine Telefonnummer, normal wiederzugeben, obwohl sie sich keine neuen Informationen mehr merken und sich schlecht an Ereignisse aus ihrer Vergangenheit erinnern konnten (etwa Milner 1966). Dies spricht für ein beeinträchtigtes Langzeit-, aber ein intaktes Kurzzeitgedächtnis. Es wurden auch Fälle beobachtet, in welchen das umgekehrte Beeinträchtigungsmuster vorlag. So beschrieben Shallice und Warrrington (1970) einen Patienten, der trotz einer Gedächtnisspanne von nur zwei Elementen ein weitgehend intaktes Langzeitgedächtnis hatte. Diese doppelte Dissoziation liefert ein starkes Argument für zwei voneinander unabhängige Speichersysteme.

Das *modale Gedächtnismodell* von Atkinson und Shiffrin (1968) markiert einen Höhepunkt allgemeinpsychologischer Gedächtnisforschung. Die Unterscheidung zwischen unterschiedlichen Gedächtnissystemen und insbesondere das Konzept des Kurzzeitgedächtnisses hat lange Zeit die Forschung dominiert.

Im Laufe der Zeit traten indessen immer mehr Befunde auf, die sich in das Mehrspeichermodell in seiner gegenwärtigen Form nicht mehr integrieren ließen. So erwies sich die Annahme, dass die Erinnerungsleistung durch längeres Verweilen der Information im KZG verbessert wird, als zu einfach. Craik und Lockart (1972) argumentierten in ihrem einflussreichen Artikel, dass das Entscheidende nicht die reine Verweildauer im KZG sei, sondern die Art und Weise, in der die Information verarbeitet wird. Informationen die tiefer verarbeitet werden sind besser abrufbar als nur oberflächlich verarbeitete Informationen. Dabei werden mit einer tiefen Verarbeitung Prozesse angesprochen, die sich auf die Bedeutung von Information beziehen, während sich eine oberflächliche Verarbeitung an perzeptuellen Aspekten des Ereignisses orientiert. So ist durch den auf Craik u. Lockhart zurückgehenden Ansatz der Ebenen der Informationsverarbeitung (»levels of processing«) das Behalten und Erinnern von Inhalten weniger eine Frage struktureller Komponenten des Gedächtnisses als vielmehr das Ergebnis der Art und Weise der Verarbeitung dargebotener Information. Damit tritt an die Stelle der Annahme diskreter Speicher die Vorstellung eines Kontinuums der Verarbeitung, das von automatischen und oberflächlichen Ebenen der Verarbeitung bis hin zu elaborierten, mit hohem kognitiven Aufwand einhergehenden, Ebenen der Verarbeitung reicht.

Darüber kamen Zweifel an der Annahme auf, dass das KZG für das langfristige Behalten von zentraler Bedeutung ist. So zeigten Untersuchungen an amnestischen Patienten, dass diese trotz eines beeinträchtigten KZG oftmals ein weitgehend intaktes LZG aufwiesen. Weitere Untersuchungen verdeutlichten, dass die Beeinträchtigungen auch sehr selektiv sein können. Beispielsweise berichteten Baddeley und Hitch (1974) über Untersuchungen an einem amnestischen Patienten, K. F., dessen KZG äußerst defizitär war. Seine Gedächtnisspanne betrug lediglich ein bis zwei Elemente – allerdings betrafen die Defizite in erster Linie akustisch dargebotenes Lernmaterial wie Buchstaben oder Zahlen. Sein KZG für visuell präsentierte Information war deutlich besser, wenn auch keineswegs normal. Dies legt die Vermutung nahe, dass unterschiedliche, modalitätsspezifische Kurzzeitspeicher für das Behalten von Information aus verschiedenen Sinnesmodalitäten existieren.

1.3.5 Modelle zum Arbeitsgedächtnis

Anstelle des Begriffs des Kurzzeitgedächtnisses wird heute in der gedächtnispsychologischen Literatur fast durchgängig der Begriff des *Arbeitsgedächtnisses* (»working memory«) verwendet. Dabei sind die mit dem Begriff verbundenen Vorstellungen vielfältig. Sie betreffen zum einen strukturelle Annahmen über die kurzfristige Speicherung von Information, zum anderen prozessuale Annahmen über die Verarbeitung dieser Information durch kognitive Operationen, was meistens mit der Vorstellung eines bewussten, kontrollierten und strategischen Denkens einhergeht. Überdies sind mit dem Konzept noch Annahmen über eine begrenzte Speicher- oder auch Verarbeitungskapazität verbunden. Diese können einen fiktiven Raum betreffen, der für Speicherung verfügbar ist, oder auch fiktive Ressourcen, die für Verarbeitung bereitstehen müssen. In beiden Fällen bedarf es der Verteilung dieser begrenzten Quantitäten. Das wiederum wirft die *Frage nach der verteilenden und steuernden Instanz* auf (*Kontrollproblem*).

Den Ausgangspunkt der Arbeiten bildete folgende Annahme: Wenn es tatsächlich – wie im Mehrspeichermodell angenommen – nur einen Kurzzeitspeicher mit begrenzter Kapazität gibt, dann sollte in einer Situation, in der dieser Speicher überlastet wird, die Leistung kollabieren. Baddeley entwickelte dazu eine spezielle experimentelle Technik, die sog. *Mehrfachtätigkeits-Methode*. Die Grundidee ist einfach: Man verlangt von einer Person, dass sie eine begrenzte Menge von Information, z. B. eine Liste von Zahlen, kurzzeitig für eine spätere Wiedergabe speichert. Dann fordert man die Personen auf, während der temporären Speicherung zusätzlich eine weitere spezifische kognitive Leistung zu erbringen. Die Belastung des Arbeitsgedächtnisses wird dabei durch zwei gleichzeitig zu erbringende Leistungen beansprucht. Ist das Arbeitsgedächtnis ressourcenbegrenzt, so müsste als Folge dieser doppelten Belastung die beobachtbare kognitive Leistung, etwa beim Denken, Sprach- und Textverstehen, sowie beim Lernen beeinträchtigt werden. Dazu führte Baddeley Experimente durch, in denen die Versuchspersonen bis zu acht Zahlen im Kopf behalten und kontinuierlich laut wiederholen mussten. Parallel zu dieser Aufgabe sollten sie einfache logische Denkaufgaben lösen (Person A ist größer als Person B und Person B ist kleiner als Person C. Wer ist die kleinste Person?).

Erstaunlicherweise führte eine zunehmende Belastung des Kurzzeitspeichers zwar zu einer zunehmenden Erhöhung der Lösungszeiten, aber nicht zum Anstieg von fehlerhaften Lösungen (unverändert weniger als 5%). Die Personen brauchen mehr Zeit, aber ihre Leistungen bleiben stabil. Dieses Ergebnismuster fand Baddeley in seinen Experimenten immer wieder. Die erwarteten Beeinträchtigungen der kognitiven Leistungen durch zusätzliche, das Gedächtnis belastende Aufgaben sind nicht zu beobachten. Zwar gibt es Verringerungen kognitiver Leistungen, aber diese Leistungsabnahmen sind moderat und betreffen ausschließlich die Schnelligkeit, mit der die Leistungen erbracht werden können. Dies ist mit den Vorstellungen eines Kurzzeitgedächtnisses nach Atkinson und Shiffrin (1968) nicht vereinbar. Die zusätzliche Belastung müsste die Kapazität des Kurzzeitgedächtnisses zunehmend aufbrauchen, d. h. es verbliebe immer wenig Kapazität für andere kognitive Leistungen. Deutliche, auch qualitative Leistungseinbussen müssten die Folge sein.

Das Modell des Arbeitsgedächtnisses nach Baddeley (etwa Baddeley u. Hitch 1974; Baddeley, 1995, 2000, 2003). Insbesondere durch die Arbeiten von Baddeley ist heute eine Sichtweise des Arbeitsgedächtnisses verbreitet, die von verschiedenen Teilsystemen mit jeweils unterschiedlichen Funktionen ausgeht (❑ Abb. 1.6).

Unterschieden werden insbesondere zwei modalitätsspezifische Hilfssysteme (»slave systems«): eine sog. *artikulatorische oder phonologische Schleife* im Sinne eines Subsystems, das eine temporäre Speicherung von phonologisch-verbal kodierter Information leistet (»phonological loop«) sowie ein *visuell-räumliches Subsystem* (»visuospatial sketch pad«) zur temporären Speicherung visuell-räumlich kodierter Information. Für die Kontrolle und Steuerung der Aktivitäten dieser Systeme bei der Bewältigung kognitiver Anforderungen ist eine übergeordnete Systemkomponente mit begrenzter Verarbeitungskapazität vorgesehen, die als *zentrale Exekutive* (»central executive«) bezeichnet wird.

Entscheidend dabei ist, dass die Vorstellungen von Baddeley eher den Status eines vagen und metaphorischen theoretischen Rahmens haben. Besonders deutlich wird dies bei der postulierten zentralen Exekutive. Struktur und Funktionsweise dieser Systemkomponente sind seit Jahren Gegenstand intensiver Forschungen und immer noch unklar.

Evidenzen zugunsten der Annahme, dass es zur kurzfristigen Aufrechterhaltung von Information aus unterschiedlichen Sinnesmodalitäten separate Systeme gibt, stammt aus Experimenten, die zeigen, dass verbale Arbeitsgedächtnisleistungen durch verbale Zusatzaufgaben stärker gestört werden als durch visuelle Zusatzaufgaben (z. B. Meiser u. Klauer 1999). Insbesondere können eine Reihe von Beobachtungen mit der Annahme einer phonologischen Schlaufe gut erklärt werden. Der *phonemische Ähnlichkeitseffekt* bezeichnet z. B. den Befund, dass ähnlich klingende Wörter (Haube, Taube, Laute) schlechter behalten werden als unähnlich klingende Wörter (Haube, Tisch, Pferd). Eine weitere Beobachtung, die durch das Modell von Baddeley gut erklärt werden kann, ist der *Wortlängeneffekt*. Dieser umschreibt das Phänomen, dass die Anzahl der Wörter, die kurzzeitig behalten werden können, von der Länge der Wörter abhängt. So können Personen fünf einsilbige Wörter (Laub, Spuk, Beil, Duft, Wahn) besser behalten als fünf fünfsilbige Wörter (etwa: Lokomotive, Vegetation, Marionette, Chemikalie, Abiturient). Entscheidend dabei ist, wie lange man für die phonetische Aussprache eines Wortes braucht. Personen können etwa 1,5–2,0 s mit Material füllen, um es in der artikulatorischen Schlaufe zu halten. Der *Effekt unbeachteter Sprache* umschreibt die Beobachtung, dass die Behaltensleitung für gelesene Wörter vermindert wird, wenn man den Versuchspersonen gleichzeitig Sprachlaute vorspielt, die sie ignorieren sollen.

Wenn man das »innere Sprechen« der zu behaltenden Wörter unterbindet – beispielsweise, indem

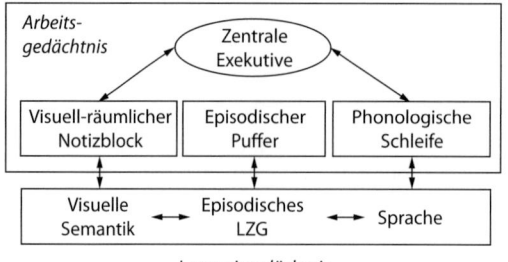

❑ **Abb. 1.6.** Modell des Arbeitsgedächtnisses nach Baddeley (2000)

die Versuchspersonen gleichzeitig ein anderes Wort aussprechen müssen – verschwinden sowohl der phonemische Ähnlichkeitseffekt als auch der Wortlängeneffekt (*Effekt der artikulatorischen Suppression*). Dies legt die Interpretation nahe, dass es ein spezielles System für die Aufrechterhaltung akustisch dargebotener sprachlicher Information gibt, wofür Baddeley die Bezeichnung artikulatorische oder phonologische Schleife eingeführt hat.

In den letzten Jahren traten jedoch immer mehr Befunde auf, die mit dem ursprünglichen Modell des Arbeitsgedächtnisses nicht in Einklang zu bringen waren. So ist der Befund, dass Personen eine längere Folge von beispielsweise zehn oder mehr Ziffern oftmals problemlos behalten können, wenn sie diese aufgrund früherer vertrauter Erfahrungen zu Informationseinheiten zusammenfassen – was Miller (1956) als »chunking« bezeichnet – problematisch. Denn dies zeigt, dass das Arbeitsgedächtnis nicht unabhängig vom LZG ist. Dies wiederum wirft die Frage auf, wie Informationen aus verschiedenen Systemen integriert werden können. Als Folge erweiterte Baddeley (2000) sein Modell um eine zusätzliche Komponente, den *episodischen Puffer* (»episodic buffer«). Der episodische Puffer ist ebenfalls ein System von begrenzter Kapazität. Durch seine Fähigkeit, Informationen mehrdimensional zu kodieren, vermag er eine Verbindung zwischen den Subsystemen artikulatorische Schleife und visuell-räumlichem Notizblock sowie dem Langzeitgedächtnis herzustellen.

Eine grundlegende Unterscheidung im Modell des Arbeitsgedächtnisses von Baddeley ist eine Trennung zwischen verbaler und visuell-räumlicher Information. Diese Trennung findet auch neuroanatomisch eine Entsprechung. Während die Aufrechterhaltung verbaler Information durch Regionen der linken Hemisphäre unterstützt wird, sind Regionen der rechten Hemisphäre verantwortlich für das Aufrechterhalten visuell-räumlicher Information. Diese links-rechts Lateralisierung konnte v. a. durch neuropsychologische Untersuchungen an Patienten mit rechts- resp. linkshemisphärischen Läsionen bestätigt werden (De Renzi u. Nichelli 1975). Bildgebende Verfahren bestätigen, dass unterschiedliche neuronale Netzwerke bei der Aufrechterhaltung verbaler und visuell-räumlicher Information aktiviert werden.

Bei verbalen Aufgaben zeigen sich in der Regel signifikant stärkere linkshemisphärische Aktivierungen im inferioren und superioren parietalen Kortex (Brodmann-Areale 7 und 40; abgekürzt BA 7/40), im inferioren frontalen Kortex (Broca-Areal, BA 44, 45) und im prämotorischen Kortex (BA 6). Dennoch bleibt zu erwähnen, dass meist eine bilaterale Aktivierung zu finden ist, bei der das Gehirn homologe Regionen der gegenüberliegenden Seite mit heranzieht, obschon die Aufgabe linkshemisphärisch ausgeführt wird. Im Hinblick auf die Aufrechterhaltung visuell-räumlicher Informationen werden oftmals ähnliche Areale in der rechten Hemisphäre gefunden. Jonides et al. (1993) berichteten von einer Aktivierung im rechten inferioren parietalen Kortex (BA 40), rechten prämotorischen Kortex (BA 6) und rechten inferioren frontalen Kortex (BA 47) wenn sie ein räumliches Sternberg-Paradigma mit einer perzeptuell-motorischen Aufgabe verglichen. Strukturell und funktionell findet somit eine Segregierung zwischen der Aufrechterhaltung verbaler und visuell-räumlicher Information ihre Entsprechung.

Der Prozess, Informationen im Arbeitsgedächtnis aufrechtzuerhalten, umfasst zwei grundlegende Teilprozesse: das passive Abspeichern und das aktive »rehearsal«. Diese Unterscheidung zwischen Speichern und »rehearsal« legt eine anatomische Segregierung zwischen anterioren und posterioren Regionen nahe (vgl. Awh et al. 1996). Der Prozess des Speicherns setzt posteriore Anteile des parietalen, temporalen und okzipitalen Kortex voraus, während der Prozess des »rehearsal« eher auf Regionen des frontalen Kortex zugreift. Für verbales Material konnte gezeigt werden, dass Patienten mit Läsionen des inferioren parietalen Kortex dramatische Einbußen im Bereich des verbalen Arbeitsgedächtnisses zeigen, während bei Patienten mit Läsionen des inferioren frontalen Kortex die Einbußen deutlich reduziert ausfallen (Vallar u. Shallice 1990).

Es scheint demnach so zu sein, dass Patienten mit parietalen Läsionen die Information nicht mehr abspeichern können, während Patienten mit frontalen Läsionen den Zugriff auf den kurzfristigen Speicher noch besitzen. Die Verarbeitung visuell-räumlichen Materials wird im Modell von Baddeley in einer Art Notizblock angenommen. Dort wiederum wird differenziert zwischen einem visuellen

Speicher und einem »Rehearsal«-Prozess, der als intern ablaufender Schreibprozess (»inner scribe«) verstanden wird. Neuropsychologische Untersuchungen legen die Vermutung nahe, dass der visuell-räumliche Speicher durch links temporo-okzipitale Areale unterstützt wird, während eine anatomische Zuordnung des inneren »Rehearsal«-Prozesses sehr viel schwieriger ist. Eine experimentelle Implementierung dieses Prozesses würde eine klare Vorstellung davon voraussetzen, welcher Gestalt ein visuell-räumlicher »Rehearsal«-Prozess überhaupt ist. Entsprechend unterschiedlich sind die Annahmen, die zu der anatomischen Lokalisation dieses Prozesses aufgestellt wurden.

Die Hypothese, dass visuell- räumliches »rehearsal« eine Entsprechung in willentlich geplanten Augenbewegungen findet, konnte keine empirische Evidenz finden (Baddeley 1986). Hirnareale, die mit Augenbewegungen assoziiert werden, wie z. B. das frontale Augenfeld (BA 8), der Nucleus pulvinaris oder die Colliculi superiores, werden in bildgebenden Studien im Rahmen des visuell-räumlichen Arbeitsgedächtnisses berichtet. Ein Zusammenhang zu Augenbewegungen scheint somit zu bestehen, allerdings beweisen diese Studien nicht, dass diese Areale selektiv den visuellen »Rehearsal«-Prozess unterstützen. Eine alternative Hypothese besagt, dass der visuell-räumliche »Rehearsal«-Prozess eine Art internen Aufmerksamkeitsmechanismus voraussetzt. Hierzu findet sich in der Literatur dadurch Bestätigung, dass bildgebende Studien zur räumlichen Aufmerksamkeit Aktivierungen in Regionen des rechten superioren parietalen Kortex (BA 7) gefunden haben, von dem angenommen wird, dass er eine entscheidende Rolle bei räumlichem »rehearsal« spielt und der unabhängig von Arealen der Augenbewegungen eine Aktivierung zeigte (Corbetta et al. 1993; Coull u. Nobre 1998).

Ob damit allerdings bewiesen ist, dass der visuell-räumliche »Rehearsal«-Prozess in Teilen des parietalen Kortex situiert ist und ohne Augenbewegungen vollzogen wird, bleibt weiter fraglich. Eine neuere, noch vorläufige Annahme geht davon aus, dass visuell-räumliche Information über abstrakte oder objektbasierte visuelle Repräsentationen sowohl im okzipitalen als auch im inferioren temporalen Kortex gespeichert wird. Diese Informationen sollen räumlich via Assoziationsverbindungen zum rechten parietalen Kortex räumlich organisiert sein. Diese Repräsentationen werden durch einen sequenziellen selektiven Aufmerksamkeitsprozess immer wieder über die visuell-räumlichen Assoziationen erneuert. Bei diesem ganzheitlicheren Ansatz wird angenommen, dass neben dem rechten superioren parietalen Kortex (BA 7), der rechte prämotorische Kortex (BA 6) sowie der rechte inferiore frontale Kortex (BA 47) involviert sind. Zusammenfassend lässt sich sagen, das die phonologische Schlaufe des Arbeitsgedächtnisses neuroanatomisch durchaus sehr gut verstanden ist, während dies auf den visuell-räumlichen Notizblock nicht in gleicher Weise zutrifft. Als gesichert gilt, dass der rechte superiore parietale Kortex eine wesentliche Rolle bei Aufgaben zur visuell-räumlichen Aufmerksamkeit spielt. Ob dies sich letztlich lediglich auf das Abspeichern solcher Information oder aber auch auf das innere Verfügbarhalten im Arbeitsgedächtnis bezieht oder ob hierzu frontale Areale mit hinzugezogen werden müssen, bleibt Gegenstand weiterer Forschung. Bildgebende Verfahren geben uns einen ersten Einblick in das Gesamtkonzept eines kognitiven Prozesses. Sie sind aber bis heute noch nicht in der Lage, sequenziell ablaufende Prozesse in hoher zeitlicher Auflösung zu erfassen.

Das Modell des Arbeitsgedächtnisses nach Honig (1978). Etwa zeitgleich zu dem Modell von Baddeley und Hitch (1974) formulierte Honig (1978) auf der Grundlage tierexperimenteller Studien ein Modell zum Arbeitsgedächtnis (vgl. auch Becker u. Morris 1999). Beiden Modellen die grundlegende Annahme gemeinsam, dass Informationen für eine kurze Zeitspanne aufrecht erhalten werden, dass diese Informationen in einem spezifischen zeitlichen Kontext zueinander stehen und dass der Prozess des »Rehearsal« entscheidend für die Aufrechterhaltung der Information ist. Ein wesentlicher Unterschied besteht allerdings in der Entwicklungsgrundlage beider Modelle. Während das Modell von Baddeley und Hitch (1974) auf den Ergebnissen von Humanexperimenten basiert, entstand Honigs Modell aufgrund von Untersuchungen des Kurzzeitgedächtnisses von Tauben, also auf der Grundlage tierexperimenteller Studien. In seinem Modell nimmt Honig eine grundsätzliche Unterscheidung zwischen dem Arbeitsgedächtnis und einem sog. Referenzgedächtnis an. Im Arbeitsgedächtnis musste das Versuchstier jene Informationen verfügbar halten, die für das erfolgreiche Bestehen eines einzelnen Versuchsdurchgangs notwendig waren. Nach jedem Versuchsdurchgang musste diese Information aktiv vergessen werden, um die kritischen Zielobjekte des neuen Versuchsdurchgangs verfügbar halten zu können und eine Interferenz im Arbeitsgedächtnis zu vermeiden.

Im Gegensatz dazu hält das Referenzgedächtnis jene Informationen über den gesamten Versuchsablauf zur Verfügung, die zusätzlich zur erfolgreichen Bewältigung der Aufgabe herangezogen werden müssen und die sich über die einzelnen Versuchsdurchgänge hinweg nicht verändern. Diese Differenzierung konnte in einer Studie zur Funktionalität des Hippocampus durch Olten et al. (1979) neurowissenschaftlich belegt werden. Es zeigte sich, dass Ratten mit einer Läsion im Bereich der Fimbria-Fornix zwar die Inhalte des Referenzgedächtnisses aufrechterhalten konnten, nicht aber jene des Arbeitsgedächtnisses. Die Defizite im Bereich des Arbeitsgedächtnisses zeigten sich unabhängig davon, ob räumliche oder visuell/taktile Hinweisreize im Labyrinthsetting benutzt wurden. Somit scheinen diesen beiden Gedächtniskomponenten unterschiedliche neuronale Schaltkreise zu unterliegen, die unabhängig voneinander ablaufen. Auf den Humanbereich bezogen, können auch hier verschiedene Gedächtnistests im Sinne der Nomenklatur von Honig verstanden werden. Die klassische n-back-Aufgabe (Braver et al. 1997) bspw., bei der die Information für eine gewisse Anzahl von Items präsent gehalten werden muss, bevor sie wieder aktiv aus dem Speicher vergessen werden muss, um eine Interferenz mit nachkommenden Zahlenfolgen zu vermeiden, ist eine mögliche Operationalisierung der Definition des Arbeitsgedächtnisses von Honig. Somit ist dieses Modell des Arbeitsgedächtnisses auch auf den humanen Bereich anwendbar, ebenso wie das Modell von Baddeley.

Aus neurowissenschaftlicher und evolutionärer Perspektive gibt es einen wichtigen Unterschied zwischen beiden Modellen. Während Honig (1978) und Olten et al. (1979) zeigen konnten, dass ihr Modell valide und reliabel bei unterschiedlichen Tierspezies ist, wurde das Modell von Baddeley und Hitch (1974) ausschließlich im Humanbereich getestet, was sich vor allem durch die starke sprachliche Komponente des Modells erklären lässt. Für eine Anwendung beider Modelle in humanwissenschaftlichen Untersuchungen ist zu bedenken, dass ihnen unterschiedliche Anforderungen der Informationsverarbeitung sowie unterschiedliche neuroanatomische Korrelate zu Grunde liegen. Bei Honigs Modell scheint ein neuronales Netz involviert zu sein, das den dorsolateralen präfrontalen Kortex (DLPFC), den Gyrus cinguli und Teile der Hippocampusformation einschließt. Das Arbeitsgedächtnis in diesem Modell unterscheidet praktisch nicht zwischen räumlichen und sprachgebunden Aspekten. Auch das Modell von Baddeley und Hitch (1974) geht davon aus, dass Informationen für einen gewissen Zeitraum präsent gehalten werden, seien sie neu oder zu früheren Zeitpunkten erworben. Um diese Information verfügbar zu halten muss sie kontinuierlich wiederholt werden, was eine starke Betonung von Sprache nach sich zieht. Daher liegt diesem Modell ein anderer neuronaler Schaltkreis zu Grunde, der das Broca-Areal und für die visuell- räumliche Information den Gyrus supramarginalis des parietalen Kortex einschließt.

Eine bildgebende Studie von Landrø et al. (2001) konnte darüber hinaus zeigen, dass auch Arbeitsgedächtnis nach Honig eine Differenzierung innerhalb des frontalen Kortex aufweist. Hierbei scheint der mid-ventrolaterale Teil des frontalen Kortex hauptsächlich linkshemisphärisch von Bedeutung zu sein, während der mid-dorsolaterale Kortex vor allem rechtshemisphärisch beteiligt ist. Dieses Resultat entspricht den Befunden vorangegangener bildgebender Studien zum humanen Arbeitsgedächtnis (z. B. Smith u. Jonides, 1997, 1999a, 1999b).

Das Modell des Arbeitsgedächtnisses nach Engle (2002). Neben den beiden Modellen von Baddeley und Hitch (1974) sowie Honig (1978) gibt es ein weiteres Modell des Arbeitsgedächtnisses, das von Engle (2002) vorgeschlagen wurde. Engle geht in einer ersten Annahme davon aus, dass die Kapazität des Arbeitsgedächtnisses und das Kurzzeitgedächtnis grundsätzlich voneinander zu trennen sind. Seiner Ansicht nach ist die Kapazität des KZG nicht gleichzusetzen mit dem, was die Kapazität des Arbeitsgedächtnisses beschreibt. Bei letzterer kommt es nicht so sehr darauf an, wie viele Items per se ein Individuum in diesem Speicher verfügbar halten kann, sondern vielmehr wie ausgeprägt die Fähigkeit des Individuums ist, seine Aufmerksamkeit zu kontrollieren und dadurch Informationen in einem aktiven, schnell abrufbaren Zustand zu halten. Dadurch hat das Arbeitsgedächtnis nach Auffassung von Engle weniger mit Gedächtnis- als mit exekutiven Aufmerksamkeitsprozessen zu tun, die es erlauben, relevante Informationen verfügbar zu halten und irrelevante Informationen zu unterdrücken und somit eine Interferenz zu vermeiden.

Weiterhin nimmt Engle an, dass die Kapazität des Arbeitsgedächtnisses eine relevante Komponente der generellen fluiden Intelligenz ist (sog. g-Faktor). Engle er al. (1999) konnten mittels statistischer Analyse zeigen, dass das KZG und Arbeitsgedächtnis zwar hoch miteinander korrelieren, dass aber ein zu Grunde gelegtes Modell, das beide Konstrukte als unabhängig voneinander annimmt, die erhobenen Daten besser erklären konnte, als wenn von einer Kombination beider Konstrukte ausgegangen wurde. Weiterhin zeigte sich für das Arbeitsgedächtnis eine Korrelation zum g-Faktor der Intelligenz, wenn die gemeinsame Varianz des Arbeits- und Kurzzeitgedächtnisses statistisch eliminiert wurde. Das Kurzzeitgedächtnis zeigte keinerlei Korrelation zur Intelligenz. Hieraus schloss Engle (2002), dass das Kurzzeitgedächtnis zwar Teil des Arbeitsgedächtnisses ist, dass das Arbeitsgedächtnis seinerseits aber noch einen anderen Anteil hat, der hoch mit dem g-Faktor der Intelligenz korreliert. Gemäß seiner ersten Modellannahme, wonach das KZG und das Arbeitsgedächtnis grundsätzlich voneinander zu trennen sind, argumentiert Engle, dass es sich bei dem Faktor, der hoch mit Intelligenz korreliert, um exekutive Aufmerksamkeit handelt. Eine empirische Evidenz hierfür liefert er mit Experimenten, in denen prosakkadische und antisakkadische Bedingungen variiert werden.

Um die Beziehung zwischen Arbeitsgedächtniskapazität und exekutiver Aufmerksamkeit zu messen, untersuchte Engle Personen mit hoher und niedriger Arbeitsgedächtniskapazität mit Hilfe eines Antisakkadentests (Kane et al. 2001). Bei dieser Aufgabe wird ein Hinweisreiz immer kurz vor dem Zielobjekt auf der gegenüberliegenden Seite präsentiert. Eine optimale Leistung wird bei dieser Aufgabe genau dann erzielt, wenn die Versuchsperson dem Drang widerstehen kann, ihre Aufmerksamkeit auf den Hinweisreiz zu verschieben. Während sich bei einer prosakkadischen Kontrollbedingung (die Seite, auf der Hinweisreiz und Zielobjekt erscheinen, ist identisch) Personen mit hohem resp. niedriger Arbeitsgedächtnisspanne nicht unterschieden, zeigten Personen mit niedriger Arbeitsgedächtnisspanne bei der antisakkadischen Aufgabe mehr Leistungseinbußen. Dieses Ergebnis ist laut Engle nicht auf eine Limitierung in der Gedächtnisspanne zurückzuführen, sondern vielmehr auf die Funktionsfähigkeit eines exekutiven Aufmerksamkeitssystems, mit dessen Hilfe es gelingt, irrelevante Prozesse auszublenden (hier das Verschieben der Aufmerksamkeit auf den Hinweisreiz). Zusammenfassend lässt sich festhalten, dass den Untersuchungen von Engle (2002) zufolge die Arbeitsgedächtniskapazität nicht ein Teil des Kurzzeitgedächtnisses ist, sondern vielmehr eine kognitive Leistung, die hohe Korrelationen zum g-Faktor der Intelligenz sowie zur exekutiven Aufmerksamkeit aufzeigt.

Auch das von Cowen (1988) vorgeschlagene Modell des Arbeitsgedächtnisses unterstützt die Vorstellung von Engle, dass Aufmerksamkeitsprozesse eine zentrale Rolle beim Arbeitsgedächtnis spielen. In seinem »embedded-processes model of working memory« umfasst das Kurzzeitgedächtnis all jene Informationen, die sich in einem erhöhten Aktivierungszustand (etwa aufgrund der Situationsangemessenheit) befinden. Das Arbeitsgedächtnis umfasst als Teil des Kurzzeitgedächtnisses Informationen, die im Fokus der Aufmerksamkeit und des Bewusstseins stehen. Das Arbeitsgedächtnis ist also der Ort, in dem Informationen mit fokussierter Aufmerksamkeit bedacht werden. Nach dieser funktionsspezifischen Definition umfasst das Arbeitsgedächtnis auch kognitive Prozesse, die Informationen für weitere mentale Operationen verfügbar halten. Der Unterschied zu Engle besteht vor allem in der Funktionalität des Aufmerksamkeitsprozesses. Während Engle hier eine Funktion vorsieht, deren Hauptaufgabe im Fokussieren relevanter und der Inhibition irrelevanter Information gesehen wird, sieht Cowen die primäre Aufgabe der Aufmerksamkeit darin, aus einer Menge bereits aktivierter Informationen jene Information herauszufiltern, die augenblicklich von besonderer Relevanz sind.

1.3.6 Systeme des Langzeit-gedächtnisses

Der Begriff des Langzeitgedächtnisses umfasst das dauerhafte Behalten von Information. Allerdings ist es kein einheitliches System, sondern ein Netzwerk unterschiedlicher, hoch spezialisierter Gedächtnissysteme. Es wird hierbei grundlegend unterschieden zwischen solchen Episoden und Wissensbeständen, die verbal kommuniziert werden können, sog. *deklarativen Gedächtnisleistungen*, und Situationen, in denen sich Erfahrungsnachwirkungen zeigen, auch wenn diese von den Personen nicht explizit berichtet werden können, sog. *nicht-deklarativen Gedächtnisleistungen*.

Deklarative Gedächtnissysteme. Das deklarative Gedächtnis umfasst das autobiografische Wissen einer Person und sein Weltwissen. Tulving (1972) hat hierfür die Begriffe des episodischen und des semantischen Wissens einer Person geprägt. Es ist allgemein dadurch charakterisiert, dass der Abruf von Inhalten mit einem subjektiven Gefühl des Erinnerns oder der Bekanntheit verbunden ist und dass die Inhalte in der Regel verbalisierbar, also in Sprache umsetzbar sind. Episodische Erinnerungen (z. B. an den eigenen Hochzeitstag, an die universitäre Abschlussfeier oder die erste Reise nach Rom) sind kontextuelle Erinnerungen, d. h., die Umstände räumlicher, zeitlicher und/oder persönlich-emotionaler Art sind mit den Erinnerungen assoziiert. Bei semantischen Erinnerungen (z. B. Schulwissen der Art: »Rom ist die Hauptstadt Italiens.«) fehlt diese kontextuelle Anbindung.

Bedingungen des Einprägens. Wovon hängt es ab, ob eine wahrgenommene Information später wieder erinnert werden kann? Zunächst spielen sicherlich die Bedingungen in der Phase der Informationsaufnahme und damit die Vorgänge des Einprägens eine besondere Rolle. Information, die man sich nicht einprägt, kann man später auch nicht aus dem Gedächtnis abrufen. Besonders bekannt geworden ist in diesem Zusammenhang die bereits zuvor erwähnte These von Craik u. Lockhart (1972). Sie postulierten, dass eine spätere Erinnerung entscheidend davon abhängt, in welcher Weise Informationen beim Einprägen verarbeitet werden. Entscheidend ist die

Verarbeitungstiefe (»levels of processing«). Informationen können auf verschiedenen aufeinanderfolgenden Ebenen analysiert werden, wobei eine tiefere Verarbeitung zu besserem Behalten führt als eine oberflächliche.

Um diese Vorstellung experimentell zu prüfen, ließen Craik u. Lockhart (1972) Versuchspersonen Wörter (z. B. Tasche) unter verschiedenen Instruktionen oder Orientierungsaufgaben bearbeiten, durch die die Aufmerksamkeit auf jeweils andere Aspekte der Wörter gelenkt werden sollte. Beispielsweise sollten die Probanden entscheiden, ob die dargebotenen Wörter groß oder klein geschrieben waren (Form einer oberflächlichen, graphemischen Verarbeitung), ob sie sich mit einem anderen Wort reimten oder nicht (z. B. Flasche vs. Taube; Form der phonemischen Verarbeitung) oder ob sie in einem Satz passten (z. B. Der Mann trug die schwere …; semantische Verarbeitung). Dabei zeigte sich, dass semantisch verarbeitete Wörter später besser erinnert wurden als phonemisch verarbeitete, die ihrerseits besser erinnert wurden als graphemisch verarbeitete Wörter. Dieses Ergebnis war unabhängig davon, ob die Personen einen Gedächtnistest erwarteten oder nicht.

Craik u. Lockhart (1972) interpretierten diese Ergebnisse dahingehend, dass weder die explizite Absicht zu lernen noch die Dauer, mit der die Information im Bewusstsein bleibt, sondern vielmehr die Art der Verarbeitung entscheidend für die Behaltensleistung ist. Allerdings hat sich die Metapher der Verarbeitungstiefe in der Folge nicht durchsetzen können. Es erwies sich für viele Informationen als nicht möglich, autonome, hierarchisch aufeinander aufbauende Verarbeitungsstufen zu formulieren. Auch zeigte sich, dass selbst bei vermeintlich einfachem Lernmaterial (wie etwa Wörter) in vielen Fällen oberflächliche und semantische Aspekte teilweise parallel verarbeitet werden. Schließlich wurde gezeigt, dass die Effekte unterschiedlicher Orientierungsaufgaben entscheidend davon abhängen, welche Anforderungen der spätere Gedächtnistest stellt. Die Erinnerungsleistung hängt nicht einseitig von der Art der Verarbeitung beim Einprägen, sondern vielmehr davon ab, in welchem Maße in einer Gedächtnisaufgabe beim Einprägen und Abrufen ähnliche Verarbeitungsprozesse gefordert sind (Prinzip der transfer-adäquaten Verarbeitung). Sollten Personen beispielsweise in einem Gedächtnistest entscheiden, ob sich Testwörter mit zuvor dargebotenen Wörtern reimten, so wurden Wörter, die zuvor phonologisch (also vermeintlich »oberflächlich«) verarbeitet worden waren, besser erinnert als zuvor semantisch (also vermeintlich »tief«) verarbeitete Wörter.

Der Prozess des Erinnerns. Der Prozess des Erinnerns von Inhalten hat eine Reihe von theoretischen und empirischen Eigenschaften, die weitergehende Rückschlüsse auf die Funktionsweise des deklarativen Gedächtnisses erlauben. (1) Ein hervorstechendes Merkmal des menschlichen Gedächtnisses besteht darin, dass nahezu jeder beliebige Aspekt eines vergangenen Ereignisses zur Erinnerung an das Ereignis führen kann (Inhaltsadressierung). Die sukzessive Aufzählung von Rom – Villa Borghese – Caravaggio mag bei manchem Leser die Assoziation an einen früheren Besuch in der Villa Borghese auslösen und an die dortigen Gemälde von Caravaggio. Ein anderes Beispiel ist die Nennung von Ebbinghaus und sinnlose Silben, was bereits ausreichen mag, um die Begriffe Vergessen resp. die Vergessenskurve nach Ebbinghaus zu assoziieren. (2) Der Abruf von Inhalten aus dem deklarativen Langzeitgedächtnis geht häufig einher mit der spontanen Ergänzung resp. Vervollständigung von unvollständigen Erinnerungen oder Mustern (Musterergänzung). So kann der Anblick der Augen und des Mundes ausreichen, um die Erinnerung an ein Gesicht sowie eine Fülle damit assoziierter Informationen wachzurufen. (3) Der Zugriff auf und der Abruf von Informationen ist außerordentlich schnell (Schnelligkeit).

Obwohl wir die Bedeutungen von zehntausenden Wörtern gespeichert haben, können wir die korrekte Antwort auf Fragen wie »Ist Bill Clinton der aktuelle amerikanische Präsident?« oder »Ist der t-Test ein inferenzstatistisches Verfahren?« normalerweise in weniger als eine Sekunde abrufen. Inhaltsadressierung und Musterergänzung bilden zusammen mit der Schnelligkeit des Zugriffs und der Nutzung von Gedächtnisinhalten die Grundlage für die faszinierende Assoziativität unserer Erinnerungen und unseres Gedächtnisses. Weitere grundlegende Eigenschaft sind (4) die Fehlertoleranz und (5) die Abstraktionstendenz. Unser Gedächtnis ist relativ robust gegenüber verrauschten, unvollständi-

gen, fehlerhaften Informationen und es tendiert dazu, aus einzelnen Erfahrungen zu abstrahieren und etwa prototypische Kategorien zu extrahieren. Hinzu kommt das Merkmal der Kontextsensitivität. Der Abruf aus dem deklarativen Gedächtnis ist hochgradig kontextsensitiv, d. h. je nach Abrufkontext werden unterschiedliche Informationen zu einer aktuellen Repräsentation integriert. Diese Kontextsensitivität steht in Einklang mit der bereits thematisierten Auffassung von Bartlett, dass Gedächtnisinhalte keine starren, über die Zeit unveränderbaren Spuren sind. Beim Erinnern handelt es sich um einen höchst dynamischen, (re-) konstruktiven Prozess.

Zur Neuropsychologie des deklarativen Gedächtnisses. Gibt es spezifische Hirnstrukturen, die dem deklarativen Gedächtnis zugrundeliegen? Neuropsychologische Studien zum Langzeitgedächtnis wurden vorrangig an Patienten mit Hirnverletzungen durchgeführt. Hierbei stellte sich heraus, dass der mediale temporale Kortex und dienzephale Strukturen entscheidend für die Funktionstüchtigkeit des deklarativen Langzeitgedächtnisses sind (Squire u. Cohen 1984). Läsionen in diesen Bereichen äußerten sich als Amnesien. Allerdings weisen bildgebende Untersuchungen an gesunden Personen zum Langzeitgedächtnis darauf hin, dass auch Strukturen des frontalen Kortex maßgeblich mitbeteiligt sind. Läsionen in frontalen Regionen führen zwar nicht zu einer in ihrem Umfang vergleichbaren Amnesie, die aus der Zerstörung medial temporaler und dienzephaler Strukturen resultiert, aber Frontalhirnläsionen scheinen zu Beeinträchtigungen in komplexeren Gedächtnisprozessen zu führen, wie z. B. dem Gedächtnis für zeitliche Abfolgen (Janowsky et al. 1989) und bei Gedächtnisaufgaben mit hohem Grad an Interferenz beteiligt zu sein (Incisa Della Rocchetta u. Milner 1993).

Die Beteiligung des frontalen Kortex an Langzeitgedächtnisaufgaben scheint somit eine Art Kontrollprozess zu repräsentieren, der das Enkodieren und den Abruf hilft zu unterstützten und zu optimieren. Der Ort der Speicherung langfristiger Information scheint demgegenüber in temporalen und dienzephalen Strukturen zu erfolgen. Dies wird v. a. durch Untersuchungen an amnestischen Patienten untermauert. Bei der anterograden Amnesie handelt es

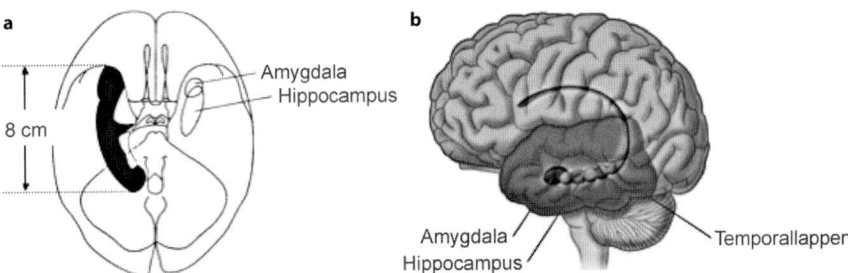

○ **Abb. 1.7. (a)** Die linke Seite der Abb. zeigt die Ausdehnung von H.M.s Läsion; die rechte Seite wurde intakt gezeichnet, um die Lage von Mygdala und Hippocampus anzudeuten. **(b)** In dieser Abb. ist zusätzlich noch die Position des Temporallappens erkennbar, in dessen Bereich H.M.s Läsion lag

sich um eine Störung des deklarativen Langzeitgedächtnisses, bei der Patient unfähig ist, Informationen nach einem traumatischen Ereignis neu zu lernen, zu speichern und abzurufen. Verantwortlich für diese Form der Gedächtnisstörungen sind Läsionen in mediotemporalen, dienzepahlen und orbitofrontalen Strukturen (Schnider 2004). Die retrograde Amnesie hingegen beschreibt die Unfähigkeit, Informationen, die vor einem Trauma erlernt und abgespeichert wurden, wieder abzurufen. Meist sind episodische Informationen wie z. B. autobiografische Erinnerungen betroffen. Die Läsionsgebiete liegen hier im temporalen Kortex. Eines der bekanntesten und der am besten dokumentierten Fallbeispiele ist der Fall des Patienten H.M. (vgl. auch Markowitsch 1997).

Beispiel

Der Fall H.M.
H.M. wurde 1926 Jahren geboren. Mit 10 Jahren hatte er seinen ersten (kleineren) epileptischen Anfall, mit 16 Jahren den ersten großen. Nach seinem 20. Lebensjahr hatte er dann im Schnitt täglich etwa 10 kleinere Anfälle und wöchentlich einen großen Anfall. Da seine Epilepsie medikamentös nicht unter Kontrolle gebracht werden konnte, entschlossen er und seine Familie sich schließlich, von dem Neurochirurgen Scoville eine beidseitige Resektion des medialen Temporallappens vornehmen zu lassen, die am 1.09 1953 durchgeführt wurde. H.M. war zum Zeitpunkt der Operation 27 Jahre alt. Entfernt wurden große Teile der hippocampalen Formation und der benachbarten Amygdala (○ Abb. 1.7).

Beispiel

Die Operation war nicht so erfolgreich wie erhofft. Auch nach der Operation traten epileptische Attacken auf, so dass H.M. weiterhin medikamentös behandelt werden musste. Allerdings waren die Anfälle in Zahl und Intensität deutlich reduziert. Darüber hinaus führte die Operation zu einem unerwarteten Ergebnis, einer schweren anterograden Amnesie, also zu einem Verlust der Fähigkeit, neue Information aufzunehmen und zu erinnern. Seine Fähigkeit, etwas im Kurzzeitgedächtnis zu behalten, blieb völlig im normalen Rahmen. H.M. konnte im Zahlennachsprechtest sechs Zahlen nachsprechen, aber er konnte kein Langzeitgedächtnis für neue Erfahrungen mehr aufbauen. Sobald er aufhörte, über eine neue Erfahrung nachzudenken, ging sie ihm für immer verloren. Am Tage seiner Operation im Jahre 1953 wurde H.M. zwar von seiner Epilepsie weitgehend geheilt, aber für ihn blieb die Zeit für immer stehen, und seine Zukunft ging verloren. Dies veranschaulicht eindrucksvoll die nachfolgende Beschreibung:

H.M. gilt als der klassische Patient mit einem amnestischen Syndrom, das heißt mit einer hochgradig anteroraden Amnesie bei ansonsten erhalten gebliebener Intelligenz und Persönlichkeit. Intelligenztests ergaben beispielsweise Werte von 112 vor und 117 nach der Operation. Beispielhaft für das Ausmaß seiner Amnesie ist, dass H.M. auch sechs Jahre nach seiner Hirnoperation seine zwischenzeitlich neu eingezogenen Hausnachbarn nicht erkannte, dass er ständig dieselben Zeitschriften las und dass

Beispiel

Soweit wir sagen können, kann sich dieser Mann an wenig oder gar nichts mehr erinnern, was nach der Operation vorgefallen ist … Zehn Monate, bevor ich ihn zum ersten Mal untersuchte, war seine Familie aus ihrem alten Haus in ein neues umgezogen, das ein paar Blocks weiter in derselben Strasse gelegen war. Er hatte die neue Adresse immer noch nicht gelernt (konnte sich aber an die alte genau erinnern) und konnte auch nicht allein nach Hause geschickt werden. Er wusste nicht, wo Gegenstände des täglichen Gebrauchs aufbewahrt wurden, und seine Mutter sagte, dass er immer wieder die gleichen Zeitschriften las, ohne dass ihm der Inhalt bekannt vorkam. … Er vergaß alles im gleichen Moment, in dem seine Aufmerksamkeit auf etwas anderes gelenkt wurde.

Während der ersten drei Nächte im klinischen Forschungszentrum läutete der Patient der Nachtschwester und fragte sie, sich mehrfach entschuldigend, ob sie ihm sagen könne, wo er sei und wie er hierher gekommen war. Er wusste sehr genau, dass er in einem Krankenhaus war, schien aber unfähig, sich an irgendwelche Ereignisse des vorangegangenen Tages zu erinnern. Bei einer anderen Gelegenheit bemerkte er: »Jeder Tag ist ein Tag für sich selbst, ganz gleich, welche Freude oder welche Trauer ich empfunden habe.« Unser Eindruck ist, dass die meisten Ereignisse schon lange, bevor der Tag zu Ende geht, vor ihm verblassen. Er bietet häufig stereotype Beschreibungen seines Zustands an, indem er sagt, es sei »wie das Erwachen aus einem Traum«. Seine Erlebniswelt scheint die einer Person zu sein, die sich gerade ihrer Umgebung bewusst wird, ohne die Situation ganz zu verstehen, da er sich nicht an das erinnert, was davor war.

Er kann Leute, wie seine nächsten Nachbarn oder Freunde der Familie, die er erst nach der Operation kennengelernt hat, nicht erkennen. In Befragungen versucht er, den Akzent als Erkennungszeichen für die Herkunft einer Person zu benutzen, und das Wetter sagt ihm, welche Jahreszeit gerade ist. Er kann zwar sein Geburtsdatum auf Anhieb und korrekt angeben, aber er unterschätzt ständig sein Alter und kann das Datum bestenfalls erraten.

Kurz nach seiner Operation erkannte H.M. weder das Krankenhauspersonal noch den Weg ins Bad und er schien auch nicht imstande, sich in seiner Krankenhausumgebung zurechtzufinden. Darüber hinaus war auch sein Altgedächtnis teilweise beeinträchtigt. Er erinnerte sich nicht mehr, dass sein Lieblingsonkel drei Jahre zuvor verstorben war und er wusste auch nicht, dass er selbst ins Krankenhaus eingeliefert worden war. Seine Erinnerungen an Jahre zurückliegende Ereignisse waren dagegen lebendig und offensichtlich ohne Lücken.

(Milner et al. 1968, zit. nach Kolb 1996, S. 303)

er sich schon eine halbe Stunde nach Beendigung der Mittagsmahlzeit nicht mehr erinnerte, was er zu Mittag gegessen hatte. Auf der anderen Seite waren seine Erinnerungen für Jahre vor der Operation liegende Ereignisse praktisch ohne Beeinträchtigung.

Untersuchungen mit amnestischen Patienten, aber auch die Befunde aus Tierexperimenten, in denen gezielt bestimmte Hirnstrukturen zerstört wurden, sprechen dafür, dass Verletzungen im Bereich des medialen Temporallappens (insbesondere des *Hippocampus*) sowie des *Thalamus*, einer Struktur im Zwischenhirn, des Dienzephalons, praktisch notwendigerweise zu *Beeinträchtigungen des deklarativen, episodischen Gedächtnisses* führen. Dagegen bleibt das *semantische Gedächtnis* nach entsprechenden Verletzungen oft weitgehend intakt. Die Patienten haben durchschnittliches Wissen über die Bedeutung von Wörtern und können allgemeine Wissensfragen normal beantworten. Auch verschiedene nicht-deklarative Formen des Gedächtnisses bleiben weitgehend erhalten.

Zusammenfassend lassen sich die neuropsychologischen Befunde als überzeugende Evidenz dafür betrachten, dass insbesondere der Hippocampus und der Thalamus notwendig für die Einprägung neuer Informationen ins deklarative Gedächtnis sind (Squire 1992). Allerdings sind diese Strukturen nicht auch der anatomische Ort, an dem Gedächtnisspuren langfristig gespeichert werden. Dies belegt etwa die Beobachtung, dass Amnestiker wie H M.

sich oft besser an weiter zurückliegende Erlebnisse erinnern als an solche, die kurz vor der Verletzung passiert sind. Auch die nur selten zu beobachtende Beeinträchtigung des semantischen Wissens spricht dafür. Es scheint vielmehr so zu sein, dass Hippocampus und Thalamus insbesondere für eine gewisse zeitliche Phase der Konsolidierung neuer Informationen notwendige Strukturen sind (*Konsolidierungshypothese*). Sie haben – so die aktuelle Vorstellung – die Funktion, die einzelnen Aspekte neu angelegter neokortikaler Repräsentationen (Gedächtnisspuren) schnell und flexibel zu einer Gesamtrepräsentation »zusammenzubinden«. Dieser Hypothese zufolge werden im Hippocampus so etwas wie Indizes oder Zeiger angelegt, die auf die entsprechenden neokortikalen Repräsentationen verweisen. Werden diese Indizes durch Abrufhinweise aktiviert, führt dies zu einer Aktivierung der entsprechenden Merkmalskonfigurationen. Im Laufe der Zeit werden zunehmend direkte Verbindungen zwischen den Einzelaspekten einer komplexen Repräsentation in den neokortikalen Arealen des Temporallappens selbst erzeugt, so dass zu ihrer Aktivierung der Hippocampus nicht länger erforderlich ist. Die Gedächtnisinhalte sind inhaltsadressierbar und autonom vom Hippocampus geworden.

Lassen sich Vermutungen darüber anstellen, wo im Gehirn die verschiedenen Inhalte des deklarativen Langzeitgedächtnisses lokalisiert sind? Nach einer verbreiteten Annahme entspricht der anatomische Ort, an dem dauerhafte Gedächtnisspuren lokalisiert sind, den neokorticalen Arealen, die auch an der ursprünglichen Verarbeitung der jeweils gespeicherten Informationen beteiligt waren. Dieser Hypothese zufolge werden etwa räumliche Informationen in jenen kortikalen Arealen gespeichert, die auch während der Wahrnehmung an der Verarbeitung derartiger Informationen beteiligt sind. Information über die Farbe oder die Identität von Objekten wird hingegen in jeweils anderen, für die Verarbeitung von Farb- und Objektinformation zuständigen kortikalen Arealen gespeichert. Sprachbezogene Information wird in den auf die Verarbeitung von Sprache spezialisierten Strukturen gespeichert.

Nicht-deklarative Gedächtnissysteme. Im Unterschied zu deklarativen Gedächtnisinhalten sind die verschiedenen Formen des nicht-deklarativen Gedächtnisses dadurch charakterisiert, dass sie in der Regel nicht mit bewussten und nicht mit verbalisierbaren Erinnerungen verbunden sind und unabhängig vom mediotemporalen und dienzephalen Gedächtnissystem funktionieren. Wichtige *Formen nicht-deklarativer Gedächtnisleistungen* liegen dem Erwerb prozeduraler Fertigkeiten und Phänomenen des sog. impliziten Gedächtnisses zugrunde.

Die Forschung zum Erwerb prozeduraler Fertigkeiten, dem *impliziten Lernen*, beschäftigt sich mit der Frage, ob bzw. wie Personen Wissen über komplexe Regelsysteme oder über die abstrakte Struktur von Reizen erwerben. Beim Lernen *künstlicher Grammatiken*, eines der bekanntesten experimentellen Paradigmen (erstmals angewandt von Reber in den 1960er Jahren) müssen die Versuchspersonen in einer Lernphase zunächst für sie sinnlose Buchstabenfolgen lernen. Ohne dass dies den Personen bekannt ist, sind diese Buchstabenfolgen nicht zufällig, sondern mit Hilfe einer Grammatik erzeugt worden, das heisst ihre Konstruktion folgt einem speziellen System von Regeln. Nach der Lernphase werden die Personen darüber aufgeklärt, dass die Buchstabenfolgen gewissen Regeln folgen, ohne dass die Regeln allerdings explizit gemacht werden. Anschließend werden weitere Zeichenketten dargeboten, von denen einige nach den Regeln der zugrundeliegenden Grammatik »grammatikalisch«, andere »ungrammatikalisch« sind. Die Aufgabe der Personen besteht darin, die ihnen dargebotenen Buchstabenfolgen zu klassifizieren.

In diesen Experimenten zeigt sich typischerweise, dass die Personen dies deutlich besser können als nach einem Zufallsprinzip zu erwarten wäre, obwohl sie das Regelsystem nicht beschreiben können und häufig angeben, sich rein intuitiv entschieden zu haben. Dies wird als Beleg dafür interpretiert, dass die Versuchspersonen, ohne dass es ihnen bewusst ist, *implizites Wissen* über die Grammatik erworben haben. Interessant sind in diesem Zusammenhang entsprechende Untersuchungen bei amnestischen Patienten (etwa Knowlton et al. 1992). Hierin zeigte sich, dass amnestische Patienten Buchstabenfolgen deutlich schlechter korrekt wiedererkennen als Kontrollpersonen, praktisch aber ebenso gute Klassifikationsurteile abgeben wie die Kontrollpersonen. Dieser Befund spricht dafür, dass (1) der Erwerb deklarativen Wissens *keine* notwendige Bedingung für das Lernen künstlicher Grammatiken ist; (2) das Lernen künstlicher Grammatiken unabhängig geschieht von den bei amnestischen Patienten gestörten mediotemporalen/dienzephalen Strukturen; (3) das implizite Lernen auf Wissensbestände verweist, die von deklarativen Gedächtnisinhalten qualitativ verschieden sind und auch auf anderen anatomisch-kortikalen Grundlagen basieren.

Funktionale Dissoziationen zwischen expliziten (direkten/bewussten) und impliziten (indirekten/unbewussten) Gedächtnisleistungen nach Hirnverletzungen werden oft als Beleg dafür betrachtet, dass deklarativen und nicht-deklarativen Formen des Gedächtnisses qualitativ unterschiedliche, voneinander weitgehend autonome Gedächtnissysteme zugrunde liegen. Eine ausführliche Darstellung dieser Forschungen findet sich etwa bei Goschke (1996).

1.3.7 Fazit

Die Forschung der letzten zwei Jahrzehnte hat ein sehr komplexes und differenziertes Bild von der funktionalen und neuronalen Architektur des menschlichen Gedächtnisses gezeichnet. Einfache Speichermetaphern oder Computeranalogien sind als überholt anzusehen. Das Gedächtnis ist ein dynamisches System, an dem zahlreiche spezialisierte Teilsysteme beteiligt sind und das vielfältige Gedächtnisformen und -inhalte umfasst, die jeweils anderen Funktionsprinzipien genügen und denen jeweils andere Konfigurationen von kortikalen Strukturen zu Grunde liegen.

Literatur

Atkinson, R. C. & Shiffrin, R. M. (1968). Human memory: A proposed system and its control processes. In: K. Spence & J. Spence (eds), *The psychology of learning and motivation. Volume 2*, 89-195. New York, NY: Academic Press.

Awh, E., Jonides, J, Smith, E. E., Schumacher, E. H., Koeppe, R. A. & Katz, S. (1996). Dissociation of storage and rehearsal in verbal working memory. *Psychological Science, 7*, 25-31.

Baddeley, A. (1986). *Working memory*. Oxford: Oxford University Press.

Baddeley, A. (1995). Working memory. In: M. S. Gazzaniga (ed) *The cognitive neurosciences*, 755-764. Cambridge, MA: MIT Press.

Baddeley, A. (2000). The episodic buffer: A new component of working memory? *Trends in Cognitive Sciences, 4*, 417-423.

Baddeley, A. (2003). Working memory: Looking back and looking forward. *Nature Reviews: Neuroscience, 4*, 829-839.

Baddeley, A. & Hitch, G. J. (1974). Working memory. In: G. A. Bower (ed) *The psychology of learning and motivation*, Vol. 8, 47-89. New York, NY: Academic Press.

Bartlett, F. C. (1932). *Remembering: A study on Experimental and Social Psychology*. Cambridge: Cambridge University Press.

Becker, J. T. & Morris, R. G. (1999). Working memory(s). *Brain and Cognition, 41*, 1-8.

Braver, T. S., Cohen, J. D., Jonides, J., Smith, E. E. & Noll, D. C. (1997). A parametric study of prefrontal cortex involvement in human working memory. *Neuroimage, 5*, 49- 62.

Conrad, R. (1964). Acoustic confusions in immediate memory. *British Journal of Psychology, 55*, 75-84.

Corbetta, M., Miezin, F. M., Shulman, G. L., & Petersen, S. (1993). A PET study of visuo-spatial attention. *Journal of Neuroscience, 13*, 1202-1226.

Coull, J. T. & Nobre, A. C. (1998). Where and when to pay attention: The neural systems for directing attention to spatial locations and to time intervals as revealed by both PET and fMRI. *Journal of Neuroscience, 18*, 7426-7435.

Cowen, N. (1988). Evolving conceptions of memory storage, selective attention, and their mutual constraints within the human information-processing system. *Psychological Bulletin, 104*, 163-191.

Craik, F. I. M. & Lockhart, R. S. (1972). Levels of processing: A framework for memory research. *Journal of Verbal Learning and Verbal Behavior, 11*, 671-684.

De Renzi, E. & Nichelli, P. (1975). Verbal and non-verbal short term memory impairment following hemispheric damage. *Cortex, 11*, 341-353.

Ebbinghaus, H. (1885). *Über das Gedächtnis*. Leipzig: Dunker.

Engle, R. W. (2002). Working memory capacity as executive attention. *Current Directions In Psychological Science, 11*, 19-23.

Engle, R. W., Tuholski, S. W., Laughlin, J. E., & Conway, A. R. A. (1999). Working memory, short-term memory and general fluid intelligence: A latent variable approach. *Journal of Experimental Psychology: General, 128*, 309-331.

Goschke, T. (1996). Lernen und Gedächtnis: Mentale Prozesse und Gehirnstrukturen. In: G. Roth & W. Prinz (Hrsg.) *Kopf-Arbeit: Gehirnfunktionen und kognitive Leistungen* (359-410). Heidelberg: Spektrum Akademischer Verlag.

Hebb, D. O. (1949). *The organization of behavior: A neuropsychological theory*. New York, NY: Wiley.

Honig, W. K. (1978). Studies of working memory in the pigeon. In: S. H. Hulse & W. K. Honig (eds) *Cognitive processes in animal behavior*, 211-248. New York, NY: Hilldale.

Incisa Della Rocchetta, A. & Milner, B. (1993). Strategic search and retrieval inhibition: The role of the frontal lobes. *Neuropsychologia, 31*, 503-524.

Janowsky, J. S., Shimamura, A. P. & Squire, L. R. (1989). Source memory impairment in patients with frontal lobe lesions, *Neuropsychologia, 27*, 1043-1056.

Jäger, A. O. (1982). Mehrmodale Klassifikation von Intelligenzleistungen. Experimentell kontrollierte Weiterentwicklung eines deskriptiven Intelligenzstukturmodells. *Diagnostica, 28*, 195-226.

Jonides, J., Smith, E. E., Koeppe, R.A., Awh, E. Minoshima, S. & Mintun, M. A. Spatial working memory in humans as revealed by PET. *Nature, 363*, 623-625.

Kane, M. J., Bleckley, M. K., Conway, A. R. A. & Engle, R. W. (2001). A controlled-attention view of WM capacity. *Journal of Experimental Psychology: General, 130*, 169-183.

Knowlton, B. J., Ramus, S. J. & Squire, L. (1992). Intact artificial grammar learning in amnesia: Dissociation of classification learning and explicit memory for specific instances. *Psychological Science, 3*, 172-179.

Kolb, B. & Whishaw, I. Q. (1996) *Neuropsychologie*. München: Spektrum Akademischer Verlag.

Landrø, N. I., Rund, B. R., Lund, A., Sundet, K., Mjellem, N., Asbjørnsen, A., Thomsen, T., Ersland, L., Lundervold, A., Smievoll, A. I., Egeland, J., Stordal, K., Roness, A., Sundberg, H. & Hugdahl, K. (2001). Honig's model of working memory and brain activation: An fMRI study. *Neuro Report, 12*, 4047-4054.

Lashley, K. S. (1929). *Brain mechanisms and intelligence: A quantitative study of injuries to the brain*. Chicago, IL: University of Chicago Press.

Markowitsch, H. J. (1996). Neuropsychologie des menschlichen Gedächtnisses. *Spektrum der Wissenschaft*, September 1996, 52-61.

Markowitsch, H. J. (1997). Gedächtnisstörungen. In H. J. Markowitsch (Hrsg.) *Enzyklopädie der Psychologie. Themenbereich C: Theorie und Forschung. Serie I: Biologische Psychologie. Band 2: Klinische Neuropsychologie*, 495-739. Göttingen: Hogrefe.

Meiser, T. & Klauer, K. C. (1999). Working memory and changing-state hypothesis. *Journal of Experimental Psychology: Learning, Memory, and Cognition, 25*, 1272-1299.

Miller, G. A. (1956). The magical number seven, plus or minus two: Some limits on our capacity for information processing. *Psychological Review, 63*, 81-97.

Milner, B. (1966). Amnesia following operation on the temporal lobes. In: C. W. M. Whitty & O. L. Zangwill (eds) *Amnesia*, 109-133. London: Butterworth.

Milner, B., Corkin, S. & Teuber, H. L. (1968). Further analysis of the hippocampla amnesic syndrome: 14-year follow up study of H.M. *Neurospychologia,6*, 215-134.

Murdock, B. B. (1961). The retention of individual items. *Journal of Experimental Psychology, 62*, 618-625.

Olten, D. S., Becker, J. T. & Handelman, G. E. (1979). Hippocampus, space, and memory. *Behavioral and Brain Sciences, 2*, 313-365.

Schnider, A. (2004). *Verhaltensneurologie*. Thieme: Stuttgart.

Scoville, W. B. & Milner, B. (1957). Loss of recent memory after bilateral hippocampal lesions. *Journal of Neurology, Neurosurgery & Psychiatry, 20*, 11-21.

Shallice, T. & Warrington, E. K. (1970). Independent functioning of verbal memory stores: A neuropsychological study. *Quarterly Journal of Experimental Psychology, 22*, 261-273.

Smith, E. E. & Jonides, J. (1997). Working memory: A view from neuroimaging. *Cognitive Psychology, 33*, 5-42.

Smith, E. E., & Jonides, J. (1999a). Storage and executive processes in the frontal lobes. *Science, 283*, 1657-1661.

Smith, E. E., & Jonides, J. (1999b). Neuroimaging analyses of human working memory. *Proceedings of the National Academy of Science of the USA, 95*, 12061-12068.

Sperling, G. (1960). The information available in brief visual presentations. *Psychological Monographs, 74*, 498.

Squire, L. R. (1992). Memory and the hippocampus: A synthesis from findings with rats, monkeys and humans. *Psychological Review, 99*, 195-231.

Squire, L. R., & Cohen, N. J. (1984). Human memory and amnesia. In: G. Lynch, J. L. McGaugh, N. M. Weinberger (eds) *Neurobiology of learning and memory*, 3-64. New York, NY: Guilford Press.

Squire, L. R. & Kandel, E. R. (1999). *Gedächtnis: Die Natur des Erinnerns*. Heidelberg: Spektrum Akademischer Verlag.

Tulving, E. (1972). Episodic and semantic memory. In: E. Tulving & W. Donaldson (eds) *Organization of memory*, 381-403. New York, NY: Academic Press.

Vallar, G. & Shallice, T. (1990). *Neuropsychological impairments of short-term memory*. Cambridge: Cambridge University Press.

1.4 Kreativität

Siegfried Preiser

1.4.1 Kreativität als umstrittener Modebegriff

Kreativität ist als Ideal im öffentlichen Bewusstsein fest verankert. Allein in Deutschland findet sich das Stichwort »Kreativität« laut Google im September 2005 auf fast 300.000 Internet-Seiten. Das englische Wort »creative« wird sogar 400.000 mal angezeigt, weltweit auf fast 43 mio Seiten. Vor 100 Jahren war der Begriff noch völlig unbekannt. Heute ist Kreativität ein Modewort, das in banalisierter Form als »creativity light« auf Kleidung und Frisuren, Basteln, aktive Freizeitgestaltung und Unterhaltungsmusik angewandt wird.

Jeder will kreativ sein und jeder hat Erfahrungen mit Kreativität. Deshalb glauben die meisten Menschen mitreden zu können, wenn es um Kreativitätsförderung geht. In einer solchen Situation bilden sich leicht Irrtümer heraus (vgl. Preiser u. Buchholz 2004). Deshalb ist Kreativität ein umstrittenes Konzept. Die Position der Wissenschaftler geht von unkritischer Euphorie über Skepsis bis hin zu Desinteresse; die Haltung der Praktiker reicht von Unkenntnis über Misstrauen bis Begeisterung. Handelt es sich überhaupt um ein wissenschaftlich fassbares Konstrukt – oder eher um einen gesellschaftlichen Mythos?

Schon die Frage, worauf sich eine Definition der Kreativität beziehen soll, ist schwer zu beantworten. Wer oder was ist kreativ? – Ist es eine Person mit genialen Einfällen, ein Erfinder, Wissenschaftler oder Künstler? Ist es eine bestimmte Art des Denk- und Arbeitsprozesses, gekennzeichnet durch Imagination, Inspiration, Intuition oder aber durch systematisches Problemlösen? Ist es die Arbeitsatmosphäre, in der Probleme bearbeitet werden? Ist es schon die Problemstellung selbst, die zu kreativen Problemlösungen herausfordert? Oder ist es erst das Produkt als Ergebnis des Problemlöseprozesses? Das Attribut »kreativ« wurde allen genannten Ansatzpunkten zugeschrieben. Problem, Prozess, Person, Problemumfeld und Produkt wurden in Grundmodelle der Kreativität integriert (vgl. z. B. Mooney 1958; Preiser u. Buchholz 2004; Urban 1993).

1.4.2 Abgrenzung des Gegenstandes

Im Zentrum von Kreativitätsmodellen stehen kreative Prozesse, die von einem selbst entdeckten oder einem vorgegebenen Problem initiiert werden und schließlich zu einem kreativen Produkt führen sollen. Diese Prozesse werden von Merkmalen der Person beeinflusst. Hinzu kommen kreativitätsfördernde oder -hemmende Umweltbedingungen. Am Ergebnis zeigt sich, ob ein Denk- oder Gestaltungsprozess als kreativ und erfolgreich angesehen werden kann. Am Produkt orientieren sich deshalb die meisten Definitionen mit drei zentralen Kriterien: Neuartigkeit, Angemessenheit und gesellschaftliche Akzeptanz. Was als sinnvoll und was als originell akzeptiert wird, hängt vom historischen und gesellschaftlichen Kontext ab. Dies gilt nicht nur für künstlerische Produkte, sondern auch für politische Projekte und wissenschaftliche Theorien. Kreativität wird also als ein gesellschaftliches Konstrukt aufgefasst (vgl. z. B. Westmeyer 1998). Diese Annahmen gehen in folgende Definition ein:

> Eine Idee wird in einem sozialen System als kreativ akzeptiert, wenn sie in einer bestimmten Situation neu ist oder neuartige Elemente enthält und wenn ein sinnvoller Beitrag zu einer Problemlösung gesehen wird.
> (Preiser 1986, S. 5)

Auch die folgende operationale Definition verweist auf die Akzeptanz durch eine oder mehrere beurteilende Personen:

> A product or response is creative to the extent that appropriate observers independently agree it as creative. Appropriate observers are those familiar with the domain in which the product was created or the response articulated. Thus creativity can be regarded as the quality of products or responses judged to be creative by appropriate observers, and it can also be regarded as the process by which something so judged is produced. (Amabile 1983, S. 31)

1.4.3 Problem als Ausgangspunkt

Gibt es Probleme, die per se zu kreativen Problemlösungen herausfordern? Künstlerische Projekte beispielsweise oder knifflige Denksportaufgaben? Man unterscheidet »algorithmische« Aufgaben, die nach einem eindeutigen Lösungsalgorithmus zu bearbeiten sind, und »heuristische« Probleme, bei denen mögliche Lösungsansätze erst zu entdecken sind und die – im geglückten Falle – zu kreativen Lösungen führen. Jedoch kann man auch bei einem vorgegebenen Lösungsweg zu elegant-originellen und somit kreativen Lösungen finden.

Beispiel

Der Mathematiker Carl Friedrich Gauss verblüffte als junger Volksschüler seinen Lehrer, indem er die Summe der Zahlen von 1 bis 100 innerhalb kürzester Zeit berechnete. Sein origineller Lösungsansatz bestand in der Erkenntnis, dass die Summe der beiden gegenüber liegenden Zahlenpaare der Reihe von 1 bis 100 (1+100, 2+99 usw. bis 50+51) jeweils 101 ergibt, dass also die Gesamtsumme $50 \times 101 = 5050$ ist.

Es ist also nicht allein die formale Struktur eines Problems, die zu kreativen Lösungen führt. Vielmehr lassen sich drei Kennzeichen einer Problemsituation nennen, die kreative Lösungen anregen und ermöglichen (Preiser u. Buchholz 2004):

1. Problemdruck: Der Ausgangszustand wird als unbefriedigend erlebt; die Notwendigkeit und Wichtigkeit einer Lösung wird erkannt (vgl. z. B. Gebert 2002). Ohne Problemdruck fehlt der Antrieb, etwas in Bewegung zu setzen. Auch Neugier oder ein emotionales Ausdrucksbedürfnis erzeugen einen inneren Problemdruck. Deshalb können auch in spielerischer und entspannter Atmosphäre phantasievolle Prozesse in Gang gesetzt werden.
2. Fehlende Eindeutigkeit: Der Weg zum Ziel ist unklar; zumindest müssen mehrere Wege denkbar sein.
3. Offenheit für Neues: Neuartige Problemlösungen müssen grundsätzlich akzeptabel sein. Ohne diese Offenheit werden nur konventionelle Lösungen gesucht.

1.4.4 Kreativer Prozess

Phasenmodelle
Konventionelle und kreative Problemlösungen werden in einem Denk- oder Gestaltungsprozess entwickelt, der Zeit beansprucht und sich in abgrenzbare Schritte unterteilen lässt. Das bekannteste Phasenmodell geht auf Selbstbeobachtungen des Mathematikers Poincaré (1913, 1973) zurück und wurde von Wallas (1926) und vielen anderen Autoren aufgegriffen:
1. Präparation: Probleme werden erkannt und relevante Informationen gesammelt.
2. Inkubation: In Analogie zu einer noch nicht ausgebrochenen Infektionskrankheit werden die verfügbaren Informationen unbewusst verarbeitet und mit dem Problem in Beziehung gesetzt.
3. Illumination: Vielfach in Form eines plötzlichen Einfalls »aus heiterem Himmel« fügen sich die Informationen zu einer neuen Struktur zusammen und erzeugen so neue Einsichten.
4. Verifikation: Der Einfall wird auf seine Brauchbarkeit hin überprüft und in die Realität umgesetzt.

Weitere Modelle für kreative und andere Problemlöseprozesse weisen viele Gemeinsamkeiten auf und beinhaltet in der Regel eine differenzierte Unterteilung (Übersichten bei Brauchlin 1990; Fisch u. Wolf 1990; Preiser 1986). Ein resümierendes Prozessmodell mit sieben Stufen wird im Folgenden vorgestellt (Preiser u. Buchholz 2004; vgl. ◻ Abb. 1.8):
1. Offen auf die Welt zugehen: sich öffnen und sensibilisieren für Neues und für Veränderungsbedarf
2. Probleme analysieren und Ziele klären: Probleme identifizieren, Ausgangs- und Rahmenbedingungen analysieren, Ziele konkretisieren
3. Informationen bereitstellen: relevantes Wissen aus dem Gedächtnis aktivieren, Informationen sammeln, ordnen und gewichten
4. auf Distanz gehen: das Problem vorübergehend loslassen, sich entspannen, durch Abstand das Blickfeld erweitern
5. Einfälle entwickeln: Ideen systematisch erarbeiten bzw. sich öffnen für spontane Einfälle
6. Ideen bewerten und auswählen: Einfälle auf Realisierbarkeit und Effektivität überprüfen, Prioritäten setzen
7. Ideen verwirklichen: Ideen überzeugend kommunizieren, die Umsetzung in die Praxis planen und durchführen, den tatsächlichen Erfolg überprüfen

Führt der Problemlöseprozess in eine Sackgasse, so werden vorangegangene Schritte wieder aufgegriffen, bspw. das Problem neu definiert oder weitere Informationen gesammelt. Dass sich nicht nur Wissenschaftler, sondern auch Künstler mit Phasenmodellen der Kreativität auseinandersetzen, zeigen die Satzbezeichnungen für ein Streichquartett.

Beispiel

Alois Hába (1893-1973): Streichquartett Nr. 14, op. 94 (1963 uraufgeführt)
1. Satz – Blitzartiger Einfall (Anregung) und bewusste Erfassung
2. Satz – Freude am Einfall, Steigerung des schöpferischen Bewusstseins
3. Satz – Prüfen des Einfalls und das Verlangen nach seiner Entfaltung
4. Satz – Streben nach Verwirklichung, Überwindung von Hindernissen
5. Satz – Gefühl der Liebe zur schöpferischen Arbeit. Befriedigung
6. Satz – Freude über die erfolgreiche Verwirklichung

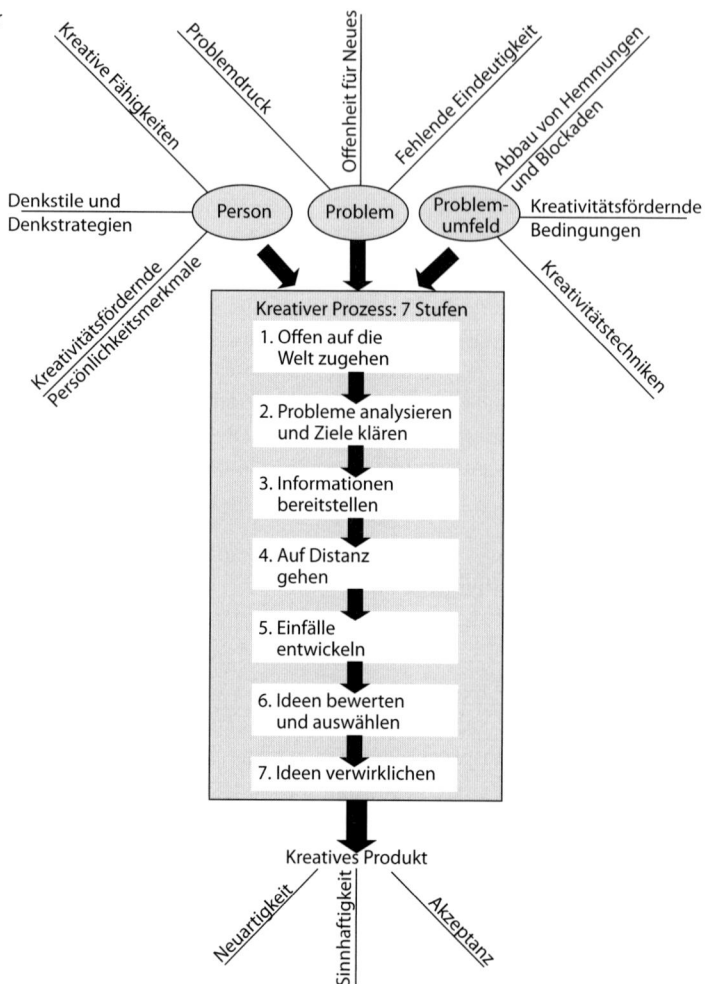

■ **Abb. 1.8.** Prozessmodell nach Preiser u. Buchholz (2004)

Imagination oder logisches Denken?

Weisberg (1989) verfolgt das Anliegen, verbreitete Irrtümer über Kreativität auszuräumen. Sein Versuch einer Entmythologisierung führt ihn zu der These, dass kreative Prozesse sich nicht grundsätzlich von anderen kognitiven Leistungen unterscheiden, und dass Kreativität mit ganz normalen geistigen Prozessen zu erklären sei. Diese Normalisierung oder gar schon Trivialisierung von Kreativität steht im Kontrast zur überholten Legendenbildung eines irrationalen Genialitätsmythos, einer Heroisierung oder Dämonisierung von »inspirierter« Kreativität. Auch neuere Theorien nehmen jedoch besondere Qualitäten kreativer Prozesse an und betonen dabei die herausragende Bedeutung von bildhaften Vorstellungen.

Die Kontroverse zwischen »Pro-Imaginisten« und »Anti-Imaginisten« ist offenbar schon viele Jahrzehnte alt (vgl. Miller 2003; Wallner 1990). Aktuelle integrative Theorien gehen davon aus, dass kreative Umstrukturierungen auf Sachwissen und konvergent-logischen Denkoperationen basieren, dass aber intuitive und imaginative Prozesse bedeutsame Impulse geben können. Zahlreiche Kreativitätstechniken arbeiten mit Analogien und bildhaften Vorstellungen; es finden sich enthusiastische Pointierungen mit Sätzen wie »Du sollst dir ein Bildnis machen« (Guntern 1994, S. 48). Moderne kognitionspsychologische Theorien sehen Imaginationen, Metaphoriken und Analogien als bedeutsame Impulse für kreative Transformationen an, nicht nur in der Kunst, sondern auch in Wissenschaft und Technik (vgl. Finke 1997; Roskos-Ewoldsen et al. 1993; Ward et al. 1997).

In Ergänzung zu den von Wertheimer (1964) berichteten Erinnerungen zeigen Selbstberichte Einsteins über seine Erkenntnisprozesse, dass für ihn das Zusammenspiel von systematisch-analytischen Denkprozessen und bewusst gesteuerter Imagination unverzichtbar war. Bei der Entwicklung der Relativitätstheorie setzte Einstein offenbar zielgerichtet bildliche Vorstellungen ein: beispielsweise einen zusammen mit seinem Werkzeug vom Dach eines Hauses fallenden Mann, für den während des Falls kein Gravitationsfeld existiert und der sich gleichzeitig im Zustand absoluter Ruhe (aus der Perspektive seines ebenfalls fallenden Werkzeugs) und im Zustand der Beschleunigung (vom Boden aus betrachtet) befindet. (Nach Wallner 1990).

Unbewusste Inkubationsprozesse – ein Mythos?

Eine besonders umstrittene Rolle spielen unbewusste Denkprozesse auf der Stufe »Auf Distanz gehen«. Deren Bedeutung wurde zunächst nur anekdotisch an Beispielen aus der Wissenschaftsgeschichte belegt – ohne dass man genau erklären konnte, was in dieser Phase tatsächlich passiert. Weisberg (1989) bezweifelt die Bedeutung einer »Inkubation« mit unbewussten Prozessen. Positive Wirkungen einer Distanzphase sind jedoch empirisch nachweisbar.

Verschiedene aktuelle Erklärungsansätze müssen sich nicht gegenseitig ausschließen: (1) Eine Erholungspause erhöht die Leistungsfähigkeit des Gehirns. (2) Stressabbau überwindet affektive Denkblockaden und erhöht die Aufnahmefähigkeit. (3) Eine größere Distanz zum Problem erweitert das Blickfeld und ermöglicht einen besseren Überblick. (4) Sackgassen, bei denen die Gedanken immer wieder um die gleichen Lösungsansätze kreisen, werden überwunden, weil in der Pause der »Arbeitsspeicher« des Gehirns gelöscht und somit Platz für neue Denkansätze geschaffen wird. (5) Eine entspannte Situation fördert Imaginationen als Ergänzung zum abstrakt-logischen Vorgehen; bildlich vorgestellte Problemsituationen, Analogien und

Metaphern ermöglichen eine simultane, komprimierte Zusammenschau zahlreicher Problemaspekte. (6) In der Distanzphase erfolgt eine intuitive Weiterverarbeitung unterhalb der Bewusstseinsschwelle, was die Überwindung eingefahrener Denkbahnen begünstigt und zu unkonventionelleren Einfällen führen kann. (7) Zufällige Sinneseindrücke während der Distanzphase und sich entfernende Assoziationsketten werden mit dem Problem in Beziehung gesetzt und regen über Verfremdungseffekte ungewöhnliche Ideen an.

Selbstorganisationsprozesse

Die Gestaltpsychologie betont das Prinzip der Selbstorganisation komplexer kognitiver und sozialer Systeme: Bewusstseinsinhalte organisieren sich eigenständig – auch ohne willentliche oder bewusste Steuerung durch den denkenden Menschen – nach biologisch vorgegebenen Gestaltprinzipien wie Prägnanz, Widerspruchsfreiheit oder Konsistenz. Das Prinzip der kognitiven Selbstorganisation wurde in jüngere Theorien über kreative Prozesse aufgenommen, beispielsweise durch den Nobelpreisträger für Physik Binnig (1997): Nur scheinbar »Aus dem Nichts« (Buchtitel) entwickeln sich kreative Ideen trotz zufälliger, chaotischer und unberechenbarer Einflüsse in Analogie zur Evolution nach grundlegenden Gesetzmäßigkeiten.

Ähnlich wie die Chaostheorie betont Simontons (1988) »chance-configuration theory«, dass kreative Ideen zunächst selbstorganisiert aus nahezu beliebigen Kombinationen von gedanklichen Elementen (»chance permutation«) entstehen, aus denen sich bestimmte bevorzugte Muster als Analogien, Metaphern oder Modelle herauskristallisieren; in einer sich anschließenden Transformationsphase (»configuration formation«) werden diese Ideenkonstellationen elaboriert. Um erfolgreich zu sein, müssen sie schließlich kommuniziert und von den Adressaten akzeptiert werden. Die – manchmal schlagartige – Verwandlung von Problembewältigungsformen und -perspektiven wurde von Ciompi (1997) ebenfalls mittels der Chaostheorie erklärt: Wenn innere Spannungen einen kritischen Punkt erreichen, an welchem sie nicht mehr in der bisherigen Weise abgeführt werden können, kommt es in Systemen aller Art zu einer sog. Bifurkation, einem plötzlichen Umkippen in ein völlig neues Denk- und Handlungsmuster.

1.4.5 Kreatives Produkt

Wir greifen die oben erwähnten drei Kriterien auf, die gegeben sein müssen, damit eine Idee, eine Problemlösung, ein künstlerisches Produkt oder eine Spielhandlung als kreativ gelten können:

1. Neuartigkeit: Kreative Ideen sind neuartig – zumindest für die betreffende Person, für die aktuelle Situation bzw. die konkrete Problemstellung.
2. Angemessenheit bzw. Sinnhaftigkeit: Kreative Ideen ergeben einen Sinn. Sie sind als angemessener Beitrag zu einer Problemlösung erkennbar oder bringen einen ästhetischen, gesellschaftlichen, wirtschaftlichen oder wissenschaftlichen Fortschritt.
3. Gesellschaftliche Akzeptanz: Eine Idee gilt erst dann als kreativ, wenn der neuartige Wert von der Gesellschaft anerkannt wird, ggf. auch nur von einem – besonders aufgeschlossenen – Teil des sozialen Umfeldes. Ohne soziale Akzeptanz gibt es niemanden, der die Sinnhaftigkeit einer Idee anerkennen und somit das Prädikat »kreativ« erteilen könnte.

Jedoch ist mit diesem letztgenannten Kriterium ein grundlegendes Dilemma verbunden: »Verkannte« Künstler oder Erfinder sind ein Zeugnis dafür, dass die gesellschaftliche Akzeptanz von Konventionalität und Modeströmungen abhängig ist. In Kunst, Wissenschaft und Politik wird ein Paradigmenwechsel vielfach zunächst ignoriert oder als Unsinn bekämpft. Erst wenn der wissenschaftliche oder kulturelle »Zeitgeist« reif ist für eine neue Idee, stößt sie auf Anerkennung. In der Zwischenzeit trägt sie aufgrund ihrer inhaltlichen oder ästhetischen Qualität nur den Keim für eine zukünftige Akzeptanz und Bewährung in sich; gleichzeitig mögen weniger innovative und weniger sinnvolle Ideen auf verbreitete Zustimmung stoßen. Wirklich neuartige Ideen unterliegen der Gefahr, über alle denkbaren Bewertungskategorien hinauszugehen und sich damit einer objektiven Beurteilung zu entziehen. Der Rückgriff auf Experten löst das Problem nicht, weil auch sie dem Zeitgeist unterliegen oder aber selbst mit Akzeptanzproblemen zu kämpfen haben – wie die Geschichte der Kunst-, Musik- und Literaturkritik zeigt. Der Kunstgeschmack der Massen kann popu-listisch vereinnahmt oder totalitär verordnet werden. Zwei Zitate lassen die Gefahr für Kreativität erahnen, die eine solche Orientierung mit sich bringt.

> Die Kunst gehört dem Volk. Sie muss ihre tiefen Wurzeln in den breiten Massen haben. Sie muss von diesen verstanden und geliebt werden.
> (Lenin)

> Das Gewicht von Millionen lässt jetzt die Meinung einzelner völlig belanglos sein.
> (Hitler zur Eröffnung der Ausstellung »Entartete Kunst« 1939 in München)

Vielfach werden weitere Merkmale kreativer Ideen und Produkte als zusätzliche Bewertungskriterien herangezogen, beispielsweise die Überwindung spezieller Schwierigkeiten, die Befriedigung von Bedürfnissen (McPherson 1956), ästhetische Vollkommenheit, Hervorbringen neuer Existenzmöglichkeiten für Menschen, Ausarbeitung, Realisierung und Kommunikation einer grundlegenden Idee (MacKinnon 1968), innere Stimmigkeit und Widerspruchsfreiheit, überraschende und eindrucksvolle Wirkung, Nicht-Trivialität und Nicht-Konventionalität, Eindruck der Leichtigkeit und Mühelosigkeit des Zustandekommens (Metzger 1979). Konkrete Bewertungssysteme kreativer Produkte werden in ▶ Kap. 2.4.3 behandelt.

1.4.6 Kreative Person

Kreativität benötigt Fachwissen und Fähigkeiten wie z. B. Flexibilität. Kreative Prozesse werden durch Motive, Interessen und Persönlichkeitsmerkmale wie Konflikttoleranz begünstigt. Schließlich sind Denkstile und Strategien von Bedeutung, beispielsweise kognitive Komplexität, das ist der differenzierte Umgang mit Informationsvielfalt. Das komplexe Zusammenspiel von Facetten oder Komponenten spielt in allen neueren Theorien eine zentrale Rolle. Immer wieder wurde der Versuch unternommen, die Vielfalt von Einflussfaktoren in übersichtlicher Form zusammenzufassen (z. B. Amabile 1983; 1996; Preiser 1986; Sternberg 1988). Sternberg und Lubart (1995) postulieren bspw. sechs wesentliche Komponenten der Kreativität: Intelligenz, Wissen, Denkstile, Persönlichkeit, Motivation und Umwelt.

Mit ähnlichen Schwerpunkten präsentiert Urban (1993, 2004) ein Komponentenmodell. Das dazu gehörige Rahmenmodell nennt er 4-PU-Modell, was für »Person-Problem-Prozess-Produkt im Rahmen der Mikro- und Makro-Umwelt« steht. Ähnlich wie Bronfenbrenner (1981) unterscheidet er verschiedene Umweltsysteme, in die er drei kognitive und drei Persönlichkeitskomponenten integriert: (1) divergentes Denken und Handeln, (2) allgemeines Wissen und Denkfähigkeit, (3) bereichsspezifisches Wissen und spezifische Fertigkeiten, (4) Fokussierung und Anstrengungsbereitschaft, (5) Motive und (6) Offenheit und Ambiguitätstoleranz (vgl. ◻ Abb. 1.9). Weitere Übersichten finden sich bei Hany (2001) sowie bei Preiser und Buchholz (2004). Bevor wir einige

Komponenten exemplarisch vorstellen, wird sich ein Abschnitt zunächst mit den Beziehungen zwischen Kreativität und Intelligenz befassen.

Kreativität, Intelligenz und Leistung
Als Guilford (1973) forderte, klassische Intelligenzkonzepte um kreative Fähigkeiten zu erweitern, initiierte er eine Reihe neuer Forschungsansätze, die sich u. a. mit den Beziehungen zwischen Intelligenz, Kreativität und Leistung befassten und widersprüchliche Befunde ergaben. Im Nachhinein erscheinen die Kontroversen der 1960er Jahre als unfruchtbar, weil die Diskrepanzen auf Unterschiede in den Personenstichproben, den Untersuchungsbedingungen und den Messverfahren zurückgeführt werden

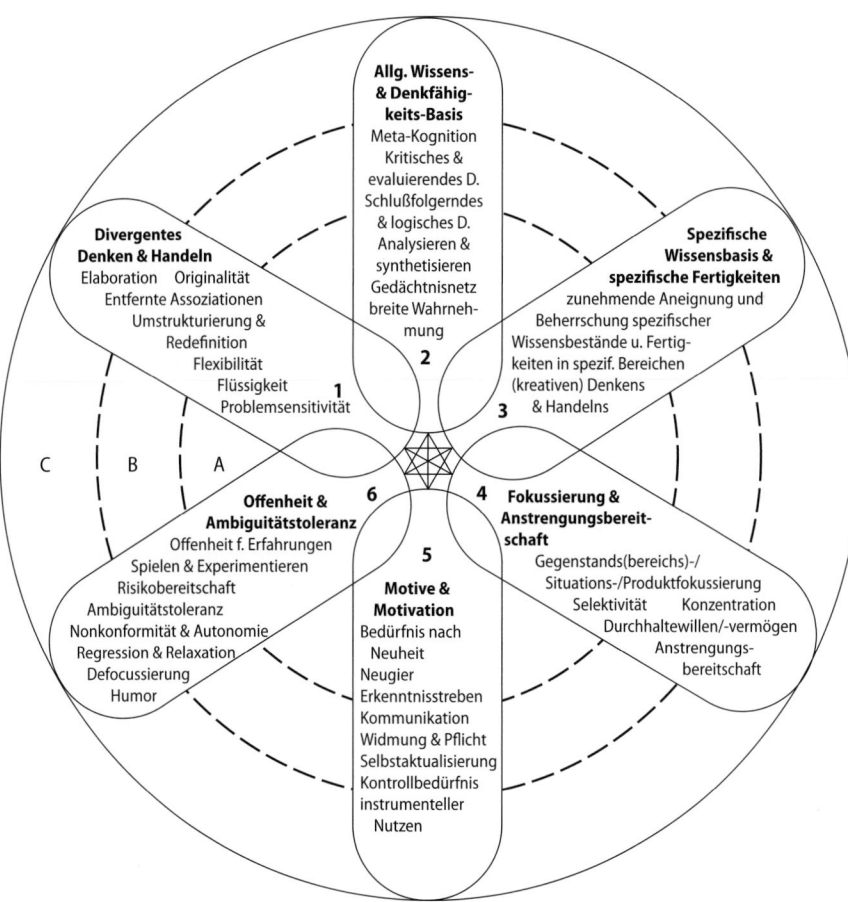

A: Individuelle Dimension
B: Guppen- oder nah-umwelt-bezogene Dimension
C: Gesellschaftliche oder historische oder globale Dimension

◻ **Abb. 1.9.** Komponentenmodell der Kreativität nach Urban (1993,2004)

können. Eine vorläufige Bilanz erbrachte folgenden Kenntnisstand (Preiser 1986, S. 51 ff.):

1. Verschiedene Kreativitätstests weisen untereinander teilweise geringere Korrelationen auf (zwischen 0,00 und 0,40) als mit Intelligenztests (zwischen 0,00 und 0,70).
2. Die Höhe der Korrelationen zwischen Intelligenz und Kreativität ist abhängig von der Auswahl der Tests. Soweit Intelligenz- und Kreativitätstests gleiche Faktoren (z. B. Wortflüssigkeit) beinhalten, ergeben sich naturgemäß erhöhte Korrelationen.
3. Der Zusammenhang zwischen Intelligenz und Kreativität ist abhängig vom intellektuellen Niveau der untersuchten Personen. Bei einer unausgelesenen Stichprobe ergeben sich hohe Korrelationen (bis 0,70). Bei hochintelligenten Personen besteht keine nennenswerte Beziehung zwischen Intelligenz- und Kreativitätswerten mehr. Diese Ergebnisse wurden so interpretiert, dass Intelligenz eine günstige, aber nicht hinreichende Voraussetzung für kreative Leistungen ist. Ab einer bestimmten »Intelligenzschwelle« (ab etwa 120 IQ-Punkten) können intellektuelle Leistungen keinen weitergehenden Beitrag mehr zur praktischen Umsetzung der kreativen Fähigkeiten leisten.
4. Spezifische Sachkenntnisse und Fertigkeiten sind erforderlich, um spezifische Probleme adäquat zu lösen. Kreative Leistungen sind jedoch nicht nur von Sachwissen abhängig, sondern auch von allgemeinen Fähigkeiten wie Ideengeläufigkeit, Flexibilität und Originalität.
5. Wenn Kreativitätstests in einer üblichen Leistungsatmosphäre abgenommen werden, ergibt sich eine höhere Korrelation zu Intelligenztests, als wenn sie in einer spielerischen Atmosphäre stattfinden.
6. Bei hochintelligenten Schülern können überragende Schulleistungen sowohl durch überragende Intelligenz als auch durch überragende Kreativität begünstigt werden. Bei durchschnittlich intelligenten Schülern hat dagegen die Kreativität keinen Einfluss auf die Schulleistungen.
7. Bei gleichen Schulleistungen zieht die Lehrkraft das hochintelligente Kind dem hochkreativen vor, vermutlich weil sich das kreative Kind dem Konformitätsdruck der Schule widersetzt.

Über die Beziehungen zwischen Intelligenz und Kreativität stehen immer noch verschiedene Auffassungen im Raum: (1) Kreativität als ein Teilaspekt von Intelligenz, (2) Intelligenz als Teilaspekt von Kreativität, (3) Kreativität und Intelligenz als sich überlappende Bereiche, (4) als nahezu identische Aspekte und (5) als voneinander unabhängige Bereiche (nach Sternberg u. O'Hara 1999). Ein erster integrativer Ansatz zur Überwindung der fruchtlosen Gegenüberstellung von intellektuellen und kreativen Fähigkeiten war das Intelligenz-Struktur-Modell von Guilford (1967; Guilford u. Hoepfner 1976), welches eine Vielzahl kognitiver Fähigkeiten in einem einzigen Konzept vereinte. Mit 120 voneinander unabhängigen Teilfaktoren ist dieses Modell für eine individuelle Diagnostik und Förderung nicht praktikabel. Es ist jedoch in der Lage, die Mehrzahl der bereits 1950 von Guilford postulierten kreativen Fähigkeiten modellkonform abzubilden und geeignete Messverfahren abzuleiten. Viele dieser Fähigkeiten werden auch in neueren Kreativitätstests berücksichtigt. Sie haben sich offenbar bewährt, um persönliche Einflüsse auf kreative Prozesse zu beschreiben und zu erklären.

Das Intelligenz-Struktur-Modell nach Guildford stand Pate bei neueren Modellen. Jäger (1984) nimmt beispielsweise in seinem »Berliner Intelligenzstrukturmodell (BIS)« einen g-Faktor der Allgemeinen Intelligenz an, der mit grundlegenden kognitiven Ressourcen gleichgesetzt wird (vgl. ▶ Kap. 1.1). Auf der darunter liegenden Ebene werden sieben generelle Fähigkeitskonstrukte erfasst, und zwar vier operative Fähigkeiten (Verarbeitungskapazität, Einfallsreichtum, Merkfähigkeit, Bearbeitungsgeschwindigkeit) und drei inhaltsgebundene Fähigkeiten (sprachgebundenes, zahlengebundenes und anschauungsgebundenes Denken). Das BIS ist offen für Erweiterungen. Die Autoren sehen u. a. Ergänzungsbedarf hinsichtlich kreativer Fähigkeiten: Der im BIS berücksichtigte Einfallsreichtum sollte zumindest um die Komponenten Originalität und Ideenflüssigkeit ergänzt werden (vgl. auch ◻ Abb. 1.10). Weitere Differenzierungsmöglichkeiten im Bereich kreativer Fähigkeiten und Denkstile zeigt der folgende Abschnitt.

Kreative Fähigkeiten

Welche Fähigkeiten tragen zu kreativen Ideen bei? Die folgenden Faktoren haben sich immer wieder als

Intelligenz-Strukturmodell von Guilford

Im Kontrast zu Klassifikationssystemen mit nur einem Generalfaktor oder wenigen Primärfaktoren der Intelligenz (vgl. ▶ Kap. 1.1) steht das Intelligenz-Strukturmodell von Guilford mit 120 Intelligenzaspekten. Es unterscheidet fünf Denkoperationen, vier Arten von Denkinhalten und sechs Typen von Denkprodukten.

Denkoperationen sind Grundarten informationsverarbeitender intellektueller Prozesse:
- *Erkenntnis*: Entdecken, Wiedererkennen oder Verstehen von Informationen
- *Gedächtnis*: Speichern und wieder Abrufen von neuen Informationen
- *Divergente Produktion*: Ableiten von Alternativen
- *Konvergente Produktion*: Ziehen logischer Schlüsse aus gegebenen Informationen
- *Bewertung:* Vergleichen von Informationen und Beurteilen nach Kriterien wie Korrektheit oder Konsistenz

Denkinhalte sind Bereiche von Informationen:
- *Figurale Inhalte*: in konkreter Form wahrgenommene oder vorgestellte Informationen visueller, auditiver oder kinästhetischer Art
- *Symbolische Inhalte:* Informationen in Form von kennzeichnenden Symbolen wie Buchstaben oder Noten
- *Semantische Inhalte:* Informationen in Form von Begriffen
- *Verhaltensinhalte:* nichtfigurale und nichtverbale Informationen, die sich auf Absichten und Gedanken von Partnern in sozialen Situationen beziehen

Denkprodukte ergeben sich durch die Anwendung von Denkoperationen auf Denkinhalte. Je nach Aufgabenstellung sind das:
- *Einheiten:* Abgegrenzte Informationseinheiten, z. B. ein Rechenergebnis
- *Klassen:* Kategorien aufgrund gemeinsamer Merkmale
- *Beziehungen:* In-Beziehung-setzen nach Regeln, z. B. größer-kleiner-Relationen
- *Systeme:* Regelhaft strukturierte Muster von Informationseinheiten wie z. B. das Periodische System der Elemente
- *Transformationen:* Umwandlungen von gegebenen Informationen in eine neue Form, bspw. durch grundlegende Umstrukturierungen
- *Implikationen:* Ableitung von neuen aus gegebenen Informationen, z. B. die vermuteten Folgen der Erderwärmung abschätzen

Durch die Anwendung einer Operation auf einen Inhalt ergibt sich ein Produkt. Jede mögliche Kombination charakterisiert nach Guilford einen eigenen Intelligenzfaktor. Zwei Aspekte sind für kreative Prozesse besonders relevant: Einerseits die Operation Divergente Produktion, d. h. das Denken in Alternativen, das Denken in verschiedene Richtungen, das Einnehmen verschiedener Perspektiven; andererseits das Denkprodukt der Transformation durch die Operationen, d. h. das Resultat von Umwandeln, Verändern, Umstrukturieren, Rearrangieren, Neudefinieren von gegebenen Informationen.

relevant für komplexe Problemlöseprozesse erwiesen. Beispielaufgaben dienen dazu, diese Fähigkeit zu charakterisieren (nach Preiser u. Buchholz 2004).

1. *Problemsensibilität* ist die Fähigkeit, Widersprüche, Unstimmigkeiten und Verbesserungsmöglichkeiten zu entdecken. Im Intelligenz-Strukturmodell von Guilford ist sie als das Erkennen von Implikationen einzuordnen.
Beispielaufgabe Verbesserungen im Gesundheitswesen: Denken Sie an Ihre Erfahrungen mit Ärzten und Kliniken! Welche Ansatzpunkte für Verbesserungen der Gesundheitsversorgung fallen Ihnen ein?

2. *Einfalls- und Denkflüssigkeit* ist die Fähigkeit, zu einem Thema in kurzer Zeit möglichst viele Ideen zu produzieren. Dazu müssen Informationen aus dem Gedächtnisspeicher abgerufen werden. Diese Fähigkeit basiert auf divergenter Produktion von Einfällen.
Beispielaufgabe »aeiou«: Suchen Sie Worte, die jeden der fünf Vokale »a,e,i, o, u« enthalten, z. B. Eisauto!

3. *Flexibilität* ist die Fähigkeit, anpassungsfähig zu denken, verschiedene Kategorien zu nutzen, ein Problem aus ganz unterschiedlichen Richtungen zu beleuchten.
   Beispielaufgabe Ungewöhnliche Verwendungen: Zeitungen kann man kaufen, lesen und zur Altpapiersammlung geben. Man kann sie aber auch noch für viele andere Zwecke nutzen. Was fällt Ihnen hierzu ein?
4. *Originalität* ist die Fähigkeit, ungewöhnliche, ausgefallene oder besonders treffende Einfälle zu entwickeln. Originalität ist nach Guilford die divergente Produktion von Transformationen.
   Beispielaufgabe Einen Briefumschlag gestalten: Entwerfen Sie einen möglichst humorvollen, originellen Briefumschlag mit Anschrift, Absender und Briefmarke!
5. *Die Fähigkeit zur Umstrukturierung* besteht darin, Gegenstände, Informationen und Ideen in völlig neuer Weise zu sehen, anzuordnen und zu nutzen, neue Zusammenhänge herzustellen und den Gebrauchswert von Gegenständen zu ändern.
   Beispielaufgabe Streichhölzer: Ordnen Sie sechs Streichhölzer so an, dass sich vier gleichseitige Dreiecke (mit jeweils einer Streichholzlänge als Kante) ergeben!
6. *Ausarbeitung (Elaboration)* ist die Fähigkeit, von einer Idee zu einem konkreten und realistischen Plan überzugehen.
   Beispielaufgabe Straßenfest: Sie wollen ein Straßenfest veranstalten. Welche konkreten Schritte zur Vorbereitung und Gestaltung des Festes unternehmen Sie?
7. *Durchdringung* ist die Fähigkeit, ein Problemgebiet in Gedanken gründlich zu durchdringen.
   Beispielaufgabe Lebenszufriedenheit im Alter: Was müsste sich in unserer Gesellschaft ändern, damit die Lebenszufriedenheit älterer Menschen steigt? Gesucht sind Ideen, die auf die Grundbedürfnisse älterer Menschen eingehen und grundlegenden Änderungen der Institutionen in Erwägung ziehen.

Wahrnehmungs-, Denk- und Problemlösestile

Denkstile oder »kognitive Stile« sind unwillkürlich gesteuerte Gewohnheiten der Informationsaufnahme und -verarbeitung. Sie entwickeln sich beim Umgang mit geistigen Aufgaben. Ihr Einfluss auf die Problemlösefähigkeit von Wissenschaftlern und Technikern konnte nachgewiesen werden (Facaoaru 1985). Wir stellen hier exemplarisch vier Stile und Arbeitsformen vor:

1. *Kognitive Komplexität* ist die Bereitschaft, vielseitige Informationen zur Kenntnis zu nehmen und zu integrieren, auch wenn damit innere Widersprüche verbunden sind. Sie ist Voraussetzung für eine unvoreingenommene Situationsanalyse.
2. *Impulsivität und Reflexivität.* Impulsivität ist die Tendenz, spontan zu reagieren oder zu urteilen. Dabei werden Fehler in Kauf genommen. Reflexivität dagegen ist die Tendenz, ein Problem gründlich zu überdenken und mögliche Konsequenzen abzuwägen. Impulsivität erleichtert neue Sichtweisen. Reflexivität fördert kritisches Hinterfragen. Kreative Personen können offenbar die beiden gegensätzlichen Stile nutzen.
3. *Verfügbarkeit von Funktionen.* Viele Gegenstände haben einen eindeutigen Zweck: Zeitungen sind zum Lesen da, Kerzen zum Leuchten. Mit Zeitungspapier kann man aber auch Flecken wegwischen, mit Kerzenwachs schöne Muster tropfen. Je mehr Funktionen von Alltagsgegenständen jemand kennt, desto eher kann er oder sie sich in Problemsituationen helfen.
   Beispielaufgabe Ungewöhnliche Transportmittel: Welche Gegenstände und Materialien können Sie nutzen, wenn Sie verletzte Menschen in der freien Natur transportieren müssen?
4. *Offene Denkprinzipien* beinhalten die Erweiterung von Denkspielräumen. Sie spielen in vielen Kreativitätstechniken eine wichtige Rolle. Sie sollen aus Sackgassen führen und neue Blickrichtungen eröffnen. Ziel ist es, von eingefahrenen Denkbahnen und ungewollten Blockierungen wegzukommen. Zwei Beispiele demonstrieren derartige Prinzipien (weitere Beispiele in Preiser u. Buchholz 2004):
   Verfremden: Ein Thema völlig anders als üblich darstellen und interpretieren. Ein technisches Problem beispielsweise in Form eines Bilderrätsels oder eines Kurzkrimis präsentieren.
   Analogien herstellen: Für soziale Probleme nach technischen Analogien, für technische oder

soziale Probleme nach biologischen Analogien suchen. Das Problem überfüllter Straßenbahnen zu bestimmten Stoßzeiten wird beispielsweise dazu in Beziehung gesetzt, wie die Natur oder die Wasserwirtschaft mit Wolkenbrüchen und deren Folgen umgeht.

Kreative Persönlichkeitsmerkmale

Bei dem Versuch, die Persönlichkeitsstruktur von besonders kreativen Personen zu beschreiben, finden wir in der Fachliteratur weit über 200 Merkmale (Preiser 1986; Stein 1974). Feist (1999) stellt aus etwa 180 Quellen Listen von Merkmalen zusammen, nach denen sich Künstler von Nicht-Künstlern und kreative von weniger kreativen Wissenschaftlern unterscheiden. Es handelt sich dabei um interindividuell variierende Eigenschaften, die kreative Einfälle begünstigen. Aus der Vielfalt der in der Literatur genannten Merkmale greifen wir drei Aspekte heraus:

1. *Neugier* ist die Ausrichtung der Motivation auf Wissens- und Erkenntnisinteressen.
2. *Konflikt- und Frustrationstoleranz:* Wenn Aktivitäten auf Barrieren stoßen, besteht die Gefahr, aufgrund von Konflikten und Frustrationen zu resignieren oder schlechte Ersatzlösungen zu akzeptieren. Kreativität wird begünstigt durch die Bereitschaft, Konflikte, Frustrationen und Unsicherheit zu ertragen, ohne sich mit Scheinlösungen zufrieden zu geben.
3. *Unabhängigkeit:* Wer Konflikte ertragen kann, wird sich nicht kritiklos anpassen. Unabhängigkeit äußert sich in selbstsicherem Denken und begünstigt die Überwindung von konventionellen Sackgassen des Denkens.

1.4.7 Problemumfeld: Fördernde und hemmende Umwelteinflüsse

Ob ein Problem erfolgreiche kreative Problemlöseprozesse auslöst, hängt auch von den Rahmenbedingungen ab. Untersuchungen haben gezeigt, dass Kreativität in der Schule, im Studium oder am Arbeitsplatz begünstigt wird durch

- kreativitätsfördernde oder –stimulierende Bedingungen,
- Abbau von Hemmungen und Blockaden, die durch äußere Einschränkungen oder durch innere Selbstzensur entstanden sind,
- Kreativitätstechniken und Methoden, die dazu dienen, die Situation anregend zu gestalten, Blockaden zu minimieren und die Verarbeitung von Informationen entweder zu systematisieren oder zu flexibilisieren.

Das Lernklima in der Schulklasse oder das Arbeitsklima im Lehrerkollegium kann entscheidend dazu beitragen, ob kreative Prozesse unterstützt oder blockiert werden. Ein an der Universität Frankfurt entwickelter Fragebogen beinhaltet folgende Klimaaspekte (vgl. ◘ Abb. 1.10):

- Anregung und Aktivierung von Neugier, Denken und Handeln,
- zielgerichtete, intrinsische Motivierung,
- offene und vertrauensvolle Atmosphäre,
- Freiräume und Förderung von Unabhängigkeit des Denkens und Handelns.

Was konkret unter den zu beurteilenden Aspekten zu verstehen ist und wie sie bei der Kreativitätsförderung berücksichtigt werden können, wird durch Bei-

◘ **Abb. 1.10.** Kreativitätsfördernde Umwelteinflüsse

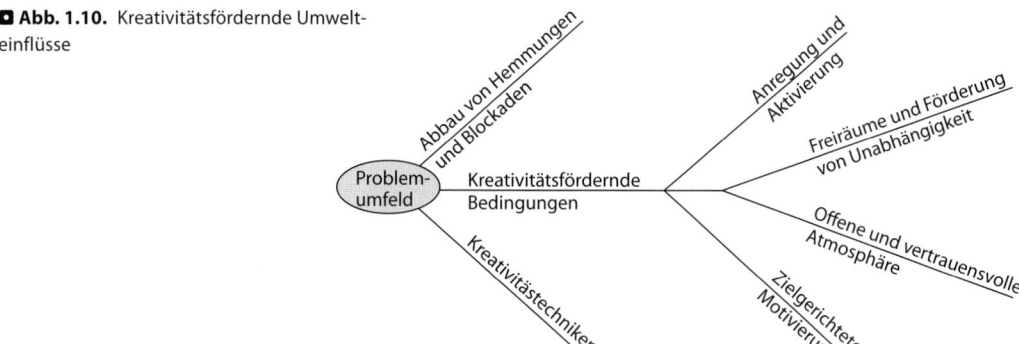

spiele in ▶ Kap. 1.4.9 verdeutlicht (Näheres s. Giesler 2003; Preiser u. Buchholz 2004). Möglichkeiten zur Erfassung des Kreativitätsklimas werden in ▶ Kap. 2.4.7 vorgestellt.

> **Beispiel**
>
> Böger-Huang (1996; vgl. auch Preiser, im Druck a) untersuchte den Einfluss von Lehrermerkmalen und Klassenklima auf die Kreativität von Schulkindern. Dabei erfasste er neben sprachlicher und zeichnerischer Kreativität auch Persönlichkeitsmerkmale, nämlich Selbstsicherheit im Sozialkontakt vs. Zurückhaltung, Unabhängigkeit vs. Abhängigkeit von Erwachsenen sowie Selbstvertrauen vs. Unterlegenheit gegenüber anderen. Er konnte zeigen, dass diese Persönlichkeitsmerkmale ebenso wie die Kreativität von den Lern- und Erziehungsbedingungen beeinflusst werden. Die genannten Persönlichkeitsmerkmale der Schüler korrelieren mit Kennwerten kreativer Leistungen. Daraus kann man schließen, dass es sich um kreativitätsrelevante Persönlichkeitsmerkmale handelt.

1.4.8 Kultur- und wissenschaftsgeschichtlicher Hintergrund

Die deutsche Kulturgeschichte wird vielfach als kreative Blütezeit im Land der »Dichter und Denker« verklärt. Künstler und Schriftsteller nähren gerne die Versuchung, geistige Entwicklungen als das Werk einzelner genialer Menschen zu erklären (vgl. Schmidt 1985). Der Genialitätsmythos gibt sich damit zufrieden, kreative Leistungen mit Intuition und Inspiration zu erklären. Unter Verweis auf psychisch gestörte Künstler und Dichter wurde sogar postuliert, dass Genialität und Geisteskrankheit miteinander verwandt seien – so der Psychiater Lange-Eichbaum (1927) in seinem Buch »Genie, Irrsinn und Ruhm«. Diese Thesen halten keiner empirischen Überprüfung stand (Csikszentmihalyi 1996; Ludwig 1995). Aktuelle Neuauflagen (Lange-Eichbaum u. Kurth 2000) zeugen jedoch vom ungebrochenen öffentlichen Interesse an diesem Mythos.

Kreative Veränderungen sind jedoch nicht nur den Initiativen oder »Investitionen« persönlicher Ressourcen (Sternberg u. Lubart 1995) zu verdanken, sondern auch der Aufgeschlossenheit des Zeitgeistes (Simonton 1997). Deshalb folgen hier einige knappe Hinweise auf die Bedeutung der deutschen Kulturgeschichte für Kreativität (vgl. Preiser, im Druck-b). Mit dem Beginn der Neuzeit gab es umfassende Veränderungen des Weltbildes und des Wissenschaftsverständnis. Eine markante Rolle spielt dabei die Reformationsbewegung mit ihrer Betonung von Bildung, seelischer Freiheit und geistiger Eigenverantwortung. Welche Rolle der institutionalisierte Protestantismus für das deutsche Kultur- und Geistesleben spielte, lässt sich an einem frappierendem Datum ablesen: Für die Zeit zwischen 1650 und 1950 weist die »Allgemeine deutsche Biographie« aus, dass mehr als die Hälfte der dort aufgeführten berühmten Persönlichkeiten Pfarrerskinder waren (Greiffenhagen 1982).

Die Epoche der Aufklärung brachte eine Fortsetzung der geistigen Befreiung, Toleranz, Reformen in Richtung bürgerlicher Freiheiten, allerdings auch – zum Schutz vor Willkür – verbindliche Verwaltungsregeln, die später im deutschen Kaiserreich zu bürokratischen Prinzipien erstarrten. Dennoch konnten sich mit den sozialistischen Arbeiterbewegungen neue Gesellschaftsbilder entwickeln. Tiefen- und gestaltpsychologische Theorien führten zu einer Veränderung der psychologischen Menschenbilder. Albert Einstein leitete eine Revolution des naturwissenschaftlichen Weltbildes ein. Der 1. Weltkrieg und die Weimarer Republik führten zur Lösung von Erstarrungen, aber auch zur Auflösung von geistigen und politischen Ordnungen. Der deutsche Nationalsozialismus bewirkte eine Zerstörung kultureller Vielfalt durch Unterdrückung, ideologische Gleichschaltung, freiwillige und erzwungene Emigration. Dadurch wurden kulturelle und wissenschaftliche Ideen in andere Länder getragen.

Ein Aufsehen erregender Vortrag Guilfords (1973) als Präsident der »American Psychological Association«, in dem er eine Ergänzung traditioneller Intelligenzforschung um Kreativitätsaspekte forderte, gilt weithin als Beginn der Kreativitätsforschung. Wirtschaftliche Veränderungen nach dem 2. Weltkrieg und dem Koreakrieg werden als fördernde gesellschaftliche Rahmenbedingungen angesehen. Die neue Forschungsrichtung weitete sich gegen Ende der 1950er Jahre zu einem regelrechten wissenschaftlichen und gesellschaftlichen Boom aus, nach-dem mit dem Start des ersten sowjetischen Satelliten die führende Position der USA in Frage gestellt war. Der »Sputnik-Schock« führte zu einer Reihe wissen-schaftlicher Konferenzen, zur Gründung von For-schungszentren, zu einer Flut wissenschaftlicher Ver-öffentlichungen und zu Veränderungen im Bildungs-system. Zeitversetzt zur Entwicklung in den USA entstand in Deutschland Ende der 1960er Jahre ein verstärktes Interesse an Kreativitätsfragen. Markante Meilensteine waren Forschungsübersichten und Sammelbände mit vorwiegend US-amerikanischen Beiträgen. Ein Blick in Veröffentlichungen über Krea-tivität erweckt den Eindruck, Kreativitätsforschung in Deutschland wäre ein reiner Wissenschaftsimport aus den USA. Hierzu passt, dass auf deutschen Inter-netseiten der Begriff »creative« fast dreimal so oft angezeigt wird wie das Wort »kreativ«.

Problemlösen, produktives und schöpferisches Denken sind allerdings Themen, die in Deutschland schon seit Beginn des 20. Jahrhunderts auf wissen-schaftliches Interesse stoßen. Insbesondere Vertreter der Gestaltpsychologie wie Köhler (1973), Wert-heimer (1925, 1964) und Metzger (1962, 1979) unter-suchten Bedingungen und Prozesse beim Lösen neu-artiger Probleme. Sie betonten vor allem die Prinzi-pien der Selbstorganisation und der Umstrukturierung, d .h. der eigenständigen Umgestaltung der Sichtweise auf ein Problem. Das sind Themen, die später Guil-ford in seiner Kreativitätstheorie aufgegriffen hat.

1.4.9 Kreativitätsförderung

Aus dem Modell des kreativen Prozesses (vgl. ► Kap. 1.4.3, ◘ Abb. 1.4) und aus der Analyse för-dernder und hemmender Umwelteinflüsse (vgl. ► Kap. 1.4.7, ◘ Abb. 1.10) lassen sich eine Reihe von Ansatzpunkten zur Kreativitätsförderung ableiten:

Gestaltung einer kreativitätsfördernden Lern- und Arbeitsumgebung
Eltern, Erzieher, Lehrkräfte und Vorgesetzte kön-nen dazu beitragen, günstige Lern- und Arbeits-bedingungen in ihrem jeweiligen Umfeld zu schaf-fen. Im folgenden Kasten finden sich einige kon-kretisierende Beispiele (nach Preiser u. Buchholz 2004).

Kreativitätsfördernde Umweltbedingungen:

Anregung und Aktivierung beinhaltet
- Anregende, abwechslungsreich ausge-stattete, aber nicht überladene Schul- und Arbeitsräume schaffen
- Neugier wecken durch überraschende Infor-mationen und Fragen

Zielgerichtete Motivierung beinhaltet
- An vorhandene Interessen anknüpfen
- Selbstbewertung der Schüler fördern

Offene, vertrauensvolle Atmosphäre bein-haltet
- Vertraulichkeit und Verschwiegenheit sichern
- Konflikte offen ansprechen, ohne zu verletzen

Freiräume und Förderung der Unabhängig-keit beinhaltet
- Entscheidungs- und Handlungsspielräume schaffen
- Unterschiedliche Meinungen als Bereiche-rung akzeptieren

Ähnliche Aspekte werden auch aus architektur-psychologischer Sicht als Forderungen an schulische Umwelten genannt, z. B. anregungsreiche Umge-bung, Möglichkeiten der Selbstgestaltung, Impulse für Eigeninitiative, Selbststeuerung und Selbstkont-rolle (Walden u. Borrelbach 2002).

Auch die Schüler oder Mitarbeiter selbst können dazu beitragen, ihre eigene Arbeitssituation positiv zu gestalten. Anregungen hierzu finden sich im Trai-ningsprogramm von Preiser und Buchholz (2004), z. B.:

»Anregende Arbeitsplatzgestaltung: Schaffen Sie sich eine abwechslungsreiche, vielseitige, aber nicht überfordernde, nicht ablenkende Arbeitsumwelt« (S. 61).

Kreativitätstechniken als Spielregeln
Kreativitätstechniken als Spielregeln für die Einzel-oder Teamarbeit sollen die Entwicklung möglichst zahlreicher und unterschiedlicher Ideen unterstützen

und eine kreative Arbeitssituation schaffen sowie zur Aktivierung und Motivierung beitragen. Sie sollen eine offene und vertrauensvolle Atmosphäre ermöglichen und den Abbau von Hemmungen und Konformitätsdruck fördern. Sie wollen anregen, das Blickfeld zu erweitern und dadurch die Lösungssuche auf unkonventionelle Alternativen erweitern. Die wichtigsten Techniken lassen sich auf fünf Prinzipien zurückführen (vgl. Preiser u. Buchholz 2004):

- *Freie Assoziation:* Es wird dazu aufgefordert, alle Einfälle frei und ungefiltert zu äußern. Die verschiedenen Ansätze und Ideenbruchstücke ermöglichen neue Kombinationen, Zuordnungen und gedankliche Strukturen.
- *Visualisierung:* Viele schöpferische Anregungen ergeben sich aus einem Rückgriff auf vor-rationales, bildhaftes Denken. Diese Erkenntnis machen sich Methoden zunutze, die aus der visualisierten Darstellung eines Problems oder aus der Verknüpfung mit Bildern neue Sichtweisen und originelle Lösungsansätze gewinnen wollen.
- *Analogien:* Analogien sind Vorgänge, Tatbestände oder Bilder, die einem anderen Wirklichkeitsbereich als das aktuelle Problem entstammen, die aber eine dem Problem ähnliche Struktur aufweisen. Aus den Ähnlichkeiten und Unterschieden zwischen Problem und Analogie werden neue Lösungsansätze entwickelt.
- *Verfremdung und Zufallsanregung:* Zufällig zusammengestellte Begriffe werden mit dem Problem in Beziehung gesetzt. Aus deren Beschreibung, aus ihren Kombinationen oder aus weiterführenden Assoziationen werden Lösungsansätze gewonnen. Sinn dieser Techniken ist es, durch Verfremdungen und Zufallseffekte das Denken aus festgefahrenen Bahnen herauszuholen.
- *Systematische Variation:* Grundlegende Elemente der Problemsituation oder bisheriger Lösungsansätze werden aus dem Zusammenhang gelöst und systematisch variiert. Dadurch wird die Vielfalt möglicher Lösungen erweitert.

Zwei Beispiele für Kreativitätstechniken werden näher vorgestellt:

Beispiel

Brainstorming ist die bekannteste und verbreitetste Kreativitätstechnik mit zwei Hauptregeln: »Äußern Sie jeden Einfall, der Ihnen durch den Kopf geht – auch wenn er unsinnig erscheinen mag!« und »Jede Kritik an den Ideen anderer ist zu unterlassen!«. Aufgrund empirischer Befunde wurden die zentralen Postulate des Brainstormings in Zweifel gezogen, nämlich dass die kritik- und bewertungsfreie Phase originelle Ideen begünstigt und dass Gruppen aufgrund der gegenseitigen Anregung zu vielseitigeren Ideen kommen als einzeln arbeitende Personen (z. B. Weisberg 1989; Stroebe u. Nijstad 2004). Deshalb wurde nach Modifikationen und Alternativen gesucht, um die postulierten Vorteile des Brainstorming zu nutzen und gleichzeitig deren Beschränkungen zu überwinden. Das Einzel-Brainstorming besteht beispielsweise in der kontrollierten Nutzung freier Assoziationen, ohne dass man von anderen Teilnehmern abgelenkt oder unter Konformitätsdruck gesetzt wird. Eine Erfolg versprechende Gruppenform beinhaltet drei Modifikationen des klassischen Brainstormings: (1) Die Teilnehmer werden ausdrücklich aufgefordert, in unterschiedliche Lösungsrichtungen zu denken und sich nicht von den Vorschlägen der anderen einengen zu lassen. (2) Vor Beginn des Gruppen-Brainstormings erhalten die Teilnehmer Gelegenheit, ihre Einfälle für sich allein auf Karten zu notieren, um eine größere Bandbreite der Ideen zu generieren. (3) Danach werden alle Einfälle an eine Pinnwand geheftet; die Teilnehmer können sich von diesen Antworten anregen lassen, können aber ebenso selbstständig weiter arbeiten, ohne gestört zu werden. Das modifizierte Brainstorming scheint konventionellen Instruktionen und dem klassischen Brainstorming überlegen zu sein (s. Preiser u. Buchholz 2004).

Brainwalking ist eine weitere Alternative (Preiser 1982, 1989), welche systematische Weiterentwicklung von Ideen mit Spontaneität, freien Assoziationen und gegenseitigen Anregungen

▼

kombiniert: Mehrere Problemstellungen werden auf große Poster geschrieben und an unterschiedlichen Orten im Haus aufgehängt. Beliebig viele Teilnehmer laufen nun von Poster zu Poster und notieren dort ihre Lösungsideen; sie können dabei freie Einfälle notieren oder bereits vorhandene Vorschläge aufgreifen und in Form eines Mindmap weiter entwickeln. Das Herumlaufen und der Wechsel zwischen verschiedenen Mindmaps sollen den Organismus aktivieren, einen Perspektivenwechsel begünstigen und dazu beitragen, Blockaden und Fixierungen zu überwinden. Die Methode des Herumlaufens versucht das zu erreichen, was der Inkubationsphase unterstellt wird: Erholung, Minderung des Leistungsdrucks durch Stressabbau, Erweiterung des Blickfeldes auf das Problem durch größere Distanz, selektive Löschung des Arbeitsspeichers, Aktivierung entfernter Assoziationen, Verknüpfung mit aktuellen Wahrnehmungs- und Denkinhalten.

Kreativitätstraining
Kreativitätstrainings werden am häufigsten in Seminaren für Führungskräfte angeboten; allerdings sind die euphorischen Erfolgserwartungen, die in den 1970er Jahren zu einem Seminarboom geführt hatten, inzwischen einer Ernüchterung gewichen. Kreativität lässt sich nicht beliebig herstellen – insbesondere wenn die notwendige Veränderung der betrieblichen Arbeitsatmosphäre ausbleibt. Es gibt Trainings zum Selbststudium (z. B. Preiser u. Buchholz 2004), mehrtägige Fortbildungsseminare, den Einsatz kreativitätsfördernder Arbeitsmethoden im Unterricht, beispielsweise in Form von Unterrichtsprinzipien (Cropley 1991) oder in Form von konkreten Übungen, Denk- und Schreibspielen (Wohlgemuth 1995, 1998). Es gibt fachspezifische Unterrichtseinheiten zur Kreativitätsförderung (für den Deutschunterricht z. B. Wermke 1989), gesonderte Trainingskurse in der Schule oder im Studium. Insbesondere in den USA wurden komplexe Trainingseinheiten entwickelt (z. B. Covington et al. 1972) und evaluiert.

Neben der Ermöglichung kreativer Gestaltungs- und Erfolgserfahrungen, der Gestaltung einer kreativitätsfreundlichen Arbeitsatmosphäre und der Ver-

mittlung von Kreativitätstechniken gibt es auch Aufgaben und Übungen, die speziell einzelne kreative Fähigkeiten trainieren wollen, beispielsweise die Einfallsflüssigkeit, Flexibilität und Originalität, z. B. *Übung Essbare Verpackungen*: »Eistüten sind essbare Behälter für Lebensmittel. Fallen Ihnen andere Möglichkeiten ein, wie man Verpackungen für Lebensmittel durch essbare Behälter, Umhüllungen oder Gefäße ersetzen könnte?« (Preiser u. Buchholz 2004, S. 33).

Eine Übersicht über Ansätze zur Kreativitätsförderung und deren Erfolgsaussichten gibt Hany (2001). Er kommentiert die empirischen Belege für die Wirksamkeit von Trainingsmaßnahmen sehr skeptisch, weil ähnliche Effekte allein durch Änderungen bei der Aufgabeninstruktion zu erreichen seien (s. auch Förster u. Friedmann 2003).

Trotz einer breiten Kreativitätsdiskussion im Kontext von Unterricht und Bildung führt das Thema in der Pädagogischen Psychologie eine Schatten- oder Randexistenz. Als Stichwort wird es weder in einem aktuellen Lehrbuch der Pädagogischen Psychologie aufgeführt (Krapp u. Weidenmann 2001), noch im Band »Psychologie des Unterrichts und der Schule« der umfassenden Enzyklopädie der Psychologie (Weinert 1997). Dennoch finden wir vielfältige Ansatzpunkte zur Kreativitätsförderung im Bildungssystem und eine zumindest sporadische Realisierung in der Praxis, auf die wir hier nur hinweisen können (vgl. Preiser, im Druck-b und -c).

Higgins (1998) unterscheidet zwei Grundhaltungen der Handlungssteuerung, einen »Prevention Fokus«, der auf Risiko- und Misserfolgsvermeidung ausgerichtet ist, und einen Promotion Fokus, der durch Annäherungstendenzen und Erfolgssuche gekennzeichnet ist. Diese beiden Foki sind durch simple Instruktionsveränderungen, durch bestimmte Aufgabentypen, ja sogar durch die Anspannung bestimmter Muskelgruppen relativ leicht zu manipulieren. Förster und Friedmann (2003) demonstrieren anhand einer Serie von Experimenten, dass die Forcierung des Promotion Fokus Originalität und Umstrukturierungen begünstigt.

1.4.10 Fazit

Wer Kreativität für wissenschaftliche, diagnostische oder prognostische Zwecke analysieren will, sollte nicht nur auf Personenmerkmale achten, sondern auch auf Problemlöseprozesse und auf Umweltbedingungen. Wer Kreativität fördern will, sollte auf allen Ebenen ansetzen: die Entfaltung der Persönlichkeit unterstützen, intrinsisch-zielorientiert motivieren, Kenntnisse und Fähigkeiten im Prozess der Erziehung und Bildung fördern und trainieren, erfolgversprechende Kreativitätstechniken einsetzen, zu einer kreativitätsfreundlichen Lern- und Arbeitsatmosphäre beitragen.

Literatur

Amabile, T. M. (1983). *The Social Psychology of Creativity*. New York, NY: Springer.

Amabile, T. M. (1996). *Creativity in Context: Update to the Social Psychology of Creativity*. Boulder, CO: Westview Press.

Binnig, G. (1997). *Aus dem Nichts: Über die Kreativität von Natur und Mensch* (2. Aufl.). München: Piper.

Böger-Huang, X. (1996). *Von Konfuzius zu Picasso. Kreativitätserziehung in der Grundschule in China. Eine Fallstudie in der Stadt Nanchang*. Frankfurt am Main: Unveröff. Dissertation.

Brauchlin, E. (1990). *Problemlösungs- und Entscheidungsmethodik: Eine Einführung*. Bern: Haupt.

Bronfenbrenner, U. (1981). *Die Ökologie der menschlichen Entwicklung: Natürliche und geplante Experimente*. Stuttgart: Klett-Cotta.

Ciompi, L. (1997). *Die emotionalen Grundlagen des Denkens. Entwurf einer fraktalen Affektlogik*. Göttingen: Vandenhoek & Ruprecht.

Covington, M. V., Crutchfield, R. S., Davies, L. & Olton, R.M. (1972). *The productive thinking program*. Columbus, OH: Charles E. Merrill.

Cropley, A. J. (1991). *Unterricht ohne Schablone: Wege zur Kreativität* (2., erw. u. akt. Aufl.). München: Ehrenwirth.

Csikszentmihalyi, M. (1996). *Creativity: Flow and the psychology of discovery and invention*. New York, NY: Harper Collins.

Facaoaru, C. (1985). *Kreativität in Wissenschaft und Technik: Operationalisierung von Problemlösefähigkeiten und kognitiven Stilen*. Bern: Huber.

Feist, G. J. (1999). The influence of personality on artist and scientific creativity. In: R. J. Sternberg (ed) *Handbook of Creativity* , 273-296. Cambridge: Cambridge University Press.

Finke, R. A. (1997). Mental imagery and visual creativity. In: M. A. Runco (rd) *The Creativity Research Handbook, Vol. I*, 183-202. Cresskill: Hampton Press.

Fisch, R. & Wolf, M. F. (1990). Die Handhabung von Komplexität beim Problemlösen und Entscheiden. In: R. Fisch & M. Boos (Hrsg.) *Vom Umgang mit Komplexität in Organisationen: Konzepte, Fallbeispiele, Strategien*, 11-39. Konstanz: Universitätsverlag.

Förster, J. & Friedmann, R. (2003). Kontextabhängige Kreativität. *Zeitschrift für Psychologie, 211*, 149-160.

Gebert, D. (2002). *Führung und Innovation*. Stuttgart: Kohlhammer.

Giesler, M. (2003). *Kreativität und organisationales Klima: Entwicklung und Validierung eines Fragebogens zur Erfassung von Kreativitäts- und Innovationsklima in Betrieben*. Münster: Waxmann.

Greiffenhagen, M. (1982). Anders als andere? Zur Sozialisation von Pfarrerskindern. In: M. Greiffenhagen (Hrsg.) *Pfarrerskinder: Autobiographisches zu einem protestantischen Thema*, 14-34. Stuttgart: Kreuz Verlag.

Guilford, J. P. (1973). Kreativität. Vortrag des Präsidenten der American Psychological Association am 5.9.1950. In: G. Ulmann (Hrsg.) *Kreativitätsforschung*, 25-43. Köln: Kiepenheuer & Witsch. (Erstveröff. 1950).

Guilford, J. P. (1967). *The nature of human intelligence*. New York, NY: McGraw-Hill.

Guilford, J. P. & Hoepfner, R. (1976). *Analyse der Intelligenz*. Weinheim: Beltz.

Guntern, G. (1994). *Sieben goldene Regeln der Kreativitätsförderung*. Zürich: Scalo.

Hany, E. A. (2001). Förderung der Kreativität. In: K. J. Klauer (Hrsg.) *Handbuch Kognitives Training* (2., überarb. u. erw. Aufl., 262-291). Göttingen: Hogrefe.

Higgins, E. T. (1998). Promotion and prevention: Regulatory focus as a motivational principle. *Advances in Experimental Social Psychology, 30*, 1-46.

Jäger, A. O. (1984). Intelligenz-Strukturforschung: Konkurrierende Modelle, neue Entwicklungen, Perspektiven. *Psychologische Rundschau, 35*, 21-35.

Köhler, W. (1973). *Intelligenzprüfungen an Menschenaffen* (Neuaufl.). Berlin: Springer.

Krapp, A. & Weidenmann, B. (Hrsg.) (2001). *Pädagogische Psychologie: Ein Lehrbuch* (4., vollst. überarb. Aufl.). Weinheim: Beltz PVU.

Lange-Eichbaum, W. (1927). *Genie, Irrsinn und Ruhm*. München: Reinhardt.

Lange-Eichbaum, W. & Kurth, W. (2000). *Genie, Irrsinn und Ruhm* (7., überarb. Aufl.). Frechen: Komet.

Ludwig, A.M. (1995). *The price of greatness: Resolving the creativity and madness controversy*. New York, NY: Guilford.

MacKinnon, D. W. (1968). Creativity: Psychological aspects. *International encyclopaedia of social sciences*, Vol. 3, 435-442.

McPherson, J. H. (1956). A proposal for establishing ultimate criteria for measuring creative output. In: C.W. Taylor (ed) *The 1955 University of Utah Research Conference on the Identification of Creative Scientific Talent*, 63-68. Salt Lake City, UT: University of Utah Press.

Metzger, W. (1962). *Schöpferische Freiheit* (2., umgearb. Auflage). Frankfurt am Main: Kramer.

Metzger, W. (1979). *Gestalttheoretische Ansätze zur Frage der Kreativität. Nachdruck in W. Metzger (1986), Gestaltpsychologie: Ausgewählte Werke aus den Jahren 1950 bis 1982*. Frankfurt am Main: Kramer.

Miller, A. I. (2003). *Imagery in Scientific Thought: Creating 20th-Century physics* (reprint). New York, NY: Dover.

Mooney, R. L. (1958). A conceptual model for integrating four approaches to the identification of creative talent. In: C.W. Taylor (ed) *The Second (1957) University of Utah Research Conference on the Identification of Creative Scientific Talent*, 170-180. Salt Lake City, UT: University of Utah Press.

Poincaré, H. (1913). *The Foundations of Science*. New York, NY: Science Press.

Poincaré, H. (1973) Die mathematische Erfindung. In: G. Ulmann (Hrsg.) *Kreativitätsforschung* (219-229). Köln: Kiepenheuer & Witsch.

Preiser, S. (1982). Brain-Walking: Möglichkeiten zur Förderung politischen Engagements. In: S. Preiser (Hrsg.) *Kognitive und emotionale Aspekte politischen Engagements*, 263-267. Weinheim: Beltz.

Preiser, S. (1986). *Kreativitätsforschung* (2. Aufl.). Darmstadt: Wissenschaftliche Buchgesellschaft.

Preiser, S. (1989). *Zielorientiertes Handeln. Ein Trainingsprogramm zur Selbstkontrolle*. Heidelberg: Asanger.

Preiser, S. (im Druck-a). Kreativitätsförderung: Lernklima und Erziehungsbedingungen in der Grundschule. In: M. K. Schweer (Hrsg.) *Das Kindesalter*. Frankfurt am Main: Lang.

Preiser, S. (im Druck-b). Creativity in the German education system. In: K. Yumino (ed) *Creativity education in the world*. Kyoto: Nakanishiya.Preiser, S. (im Druck-c). Creativity research in German-speaking countries. In: J. C. Kaufman & R. J. Sternberg (eds) *The International Handbook of Creativity*. Cambridge: Cambridge University Press.

Preiser, S. & Buchholz, N. (2004). *Kreativität. Ein Trainingsprogramm für Alltag und Beruf* (völlig neu bearb. u. ausgest. 2. Aufl.). Heidelberg: Asanger.

Roskos-Ewoldsen, B., Intons-Peterson, M. J. & Anderson, R. E. (1993). *Imagery, Creativity, and Discovery: A Cognitive Perspective*. Amsterdam: Elsevier.

Schmidt, J. (1985). *Die Geschichte des Genie-Gedankens in der deutschen Literatur, Philosophie und Politik 1750-1945*. Darmstadt: Wissenschaftliche Buchgesellschaft.

Simonton, D. K. (1988). *Scientific genius: A Psychology of Science*. Cambridge: Cambridge University Press.

Simonton, D. K. (1997). Historiometric studies of creative genius. In: M. A. Runco (ed) *The Creativity Research Handbook, Vol. I*, 3-28. Cresskill: Hampton Press.

Stein, M I. (1974). *Creativity and Culture, Vol. 1, Individual Procedures*. New York, NY: Academic Press.

Sternberg, R. J. (1988). A three-facet model of creativity. In: R.J. Sternberg (ed) *The nature of Creativity: Contemporary Psychological Perspectives*, 125-147. Cambridge: Cambridge University Press.

Sternberg, R. J. & Lubart, T. I. (1995). *Defying the Crowd: Cultivating Creativity in a Culture of Conformity*. New York, NY: Free Press.

Sternberg, R. J. & O'Hara, L. A. (1999). Creativity and intelligence. In: R.J. Sternberg (ed) *Handbook of Creativity*, 251-272. Cambridge: Cambridge University Press.

Stroebe, W. & Nijstad, B. A. (2004). Warum Brainstorming in Gruppen Kreativität vermindert: Eine kognitive Theorie der Leistungsverluste beim Brainstorming. *Psychologische Rundschau, 55*, 2-10.

Urban, K. (1993). Neuere Aspekte der Kreativitätsforschung. *Psychologie in Erziehung und Unterricht, 40,* 161-181.

Urban, K. K. (2004). *Kreativität: Herausforderung für Wissenschaft, Schule und Gesellschaft*. Münster: Lit.

Walden, R. & Borrelbach, S. (2002). *Schulen der Zukunft: Gestaltungsvorschläge der Architekturpsychologie*. Heidelberg: Asanger.

Wallas, G. (1926). *The art of thought*. New York, NY: Harcourt Brace.

Wallner, M. (1990). *Kreativitätsforschung in den USA. Eine erkenntnistheoretische Studie zu Entwicklung und Ergebnissen wissenschaftlicher Untersuchungen der Kreativität*. Unveröff. Dissertation. B. Karl-Marx-Universität Leipzig.

Ward, T. B., Smith, S. M. & Vaid, J. (eds) (1997). *Creative thought: An Investigation of Conceptual Structures and Processes*. Washington, DC: American Psychological Association.

Weinert, F. E. (Hrsg.) (1997). *Psychologie des Unterrichts und der Schule*. Enzyklopädie der Psychologie. Pädagogische Psychologie, Bd. 3. Göttingen: Hogrefe.

Weisberg, R. (1989). *Kreativität und Begabung. Was wir mit Mozart, Einstein und Picasso gemeinsam haben*. Heidelberg: Spektrum.

Wermke, J. (1989). *»Hab a Talent, sei a Genie!«: Kreativität als paradoxe Aufgabe, Bd. 1/2*. Weinheim: Deutscher Studien Verlag.

Wertheimer, M. (1925). *Drei Abhandlungen zur Gestalttheorie*. Erlangen: Enke.

Wertheimer, M. (1964). *Produktives Denken* (2. Aufl.). Frankfurt am Main: Kramer.

Westmeyer, H. (1998). The social construction and psychological assessment of creativity. *High Ability Studies, 9*, 11-21.

Wohlgemuth, R.B. (1995). *Schreibspiele, Kreatives Schreiben, Bd. 1*. Bad Zwischenahn: Wohlgemuth Media.

Wohlgemuth, R. B. (1998). *Schreibspiele, Kreatives Schreiben, Bd. 2*. Bad Zwischenahn: Wohlgemuth Media.

2 Klassische Leistungsdiagnostik

2.1 Intelligenzdiagnostik

Karl Schweizer

2.1.1 Charakteristiken

❯ Die Intelligenzdiagnostik dient der Bestimmung der intellektuellen Leistungsfähigkeit einer Person. Wesentlicher Bestandteil der Intelligenzdiagnostik ist die Anwendung hochgradig standardisierter Intelligenztests. Diese Tests sind das Ergebnis mehrerer parallel verlaufender Entwicklungen: Die Konstruktion und Optimierung von Tests wurde begleitet von der Erforschung der Intelligenzstruktur, von der Ausarbeitung und Verfeinerung von Theorien und Methoden der Testkonstruktion sowie von der Elaboration der Faktorenanalyse, welche die formale Repräsentation immer differenzierterer Modelle gestattete. Als Resultat dieser Entwicklungen liegen heute eine große Zahl qualitativ hochwertiger Intelligenztests vor, die vergleichsweise differenzierte Aussagen über die Ausprägung von Intelligenz ermöglichen.

Die Diagnostik als Lehre von der sachgemäßen Ermittlung einer Diagnose dient im Einzelnen der Gewinnung von Informationen über psychologisch relevante Merkmale von Personen, der Integration dieser Informationen bzw. Daten zu einem diagnostischen Urteil und der Vorbereitung von Entscheidungen, Prognosen oder Evaluationen (Jäger u. Petermann 1992, S. 11). Bei der Intelligenzdiagnostik steht die Intelligenz im Mittelpunkt aller diagnostischen Aktivitäten, die durch ein System von Regeln, Anleitungen und Algorithmen gesteuert werden. Ein zentraler Bestandteil der Intelligenzdiagnostik ist die fachgerechte Anwendung von Intelligenztests, in welche die inhaltlichen und methodischen Erkenntnisse der Intelligenzforschung integriert sind. Weiterhin impliziert dieses System auch die Bereitstellung und Prüfung von idiographischen Hypothesen, also Hypothesen bezogen auf einzelne Personen (Westmeyer 2003). In diesem Sinne gilt:

Intelligenzdiagnostik steht für die fachgerechte Anwendung von Intelligenztests und die Interpretation der Ergebnisse auf dem Hintergrund einer diagnostischen Fragestellung bzw. Hypothese.

Für die nähere Bestimmung der Eigenarten von Intelligenzdiagnostik ist die Einordnung in die Dimensionen von Diagnostik nach Pawlik (1976, S. 236) sehr nützlich. Es handelt sich um vier Dimensionen, die durch Gegensätze definiert sind:

- Statusdiagnostik vs Prozessdiagnostik,
- normorientierte vs kriterienorientierte Diagnostik,
- Testen vs Inventarisieren,
- Diagnostik als Messung vs Diagnostik als Information für und über Behandlung.

In Bezug auf die erste Dimension kann festgehalten werden, dass Intelligenzdiagnostik vor allen Dingen Statusdiagnostik ist. Die Intelligenzausprägung gilt unter normalen Bedingungen als sehr stabil (Owens 1966; Deary et al. 2000); Modifikationen sind nur in einem recht beschränkten Umfang möglich (▶ Kap. 1.1.6). Nur die gezielte Vorbereitung auf einen bestimmten Test durch professionelles Coaching kann deutliche Vorteile bringen. Daneben hat sich das sog. dynamische Testen als Untersuchung des Lernfortschritts (Guthke u. Wiedl 1996), welches der Prozessdiagnostik zugeordnet werden muss, noch nicht durchsetzen können, und fraglich ist, ob es sich überhaupt für die Gesamterfassung von Intelligenz eignet.

Bezüglich der zweiten Dimension ist eine Zuordnung zur normorientierten Diagnostik notwendig. Unabhängig von der testtheoretischen Orientierung und deren Implikationen (vgl. Lord u. Novick 1968; Rasch 1960) ist vor allen Dingen von Interesse zu erfahren, an welcher Stelle eine Person in die Verteilung der entsprechenden Population einzuordnen ist. Erst durch den Bezug zur Verteilung bekommt der bei der Testung erzielte Punktwert seine Bedeutung. Im Vergleich dazu ist die Anwendung eines Kriteriums, das im Rahmen eines Modifikationsprozesses erreicht werden soll, wenig sinnvoll, da die Intelligenzausprägung als nur wenig modifizierbar gilt (Caruso et al. 1982; Stankov 1986).

Die dritte Dimension erfordert die Zuordnung der Intelligenzdiagnostik zum Testen, da die Datenerhebung der Bestimmung des Leistungslimits im Hinblick auf festgelegte Anforderungen dient. Die Aufgaben eines Intelligenztests können als spezifische psychologische Experimente aufgefasst werden (Conrad 1983). Zu diesen Aufgaben gibt es Erwartungen, die idealerweise erfüllt werden sollten. Im Gegensatz dazu erfordert das Inventarisieren die Erfassung von Verhaltenspräferenzen; hier gibt es keine Erwartungen bzw. Standards, die eine Person möglicherweise nicht erfüllen kann.

Schließlich kann in Bezug auf die vierte Dimension festgehalten werden, dass Intelligenzdiagnostik als Messung aufzufassen ist, da sie Information über die Intelligenzausprägung liefert. Einer empirischen Relation, die durch die spezifische Ausprägung eines latenten Merkmals zustande kommt, wird ein numerisches Relativ zugeordnet. Intelligenzdiagnostik hat dagegen nichts oder nur sehr entfernt mit Behandlung zu tun.

Diagnostische Fragestellungen

Den Ausgangspunkt der Intelligenzdiagnostik bildet gewöhnlich eine Fragestellung (oder eine Hypothese), die ein spezifisches Erkenntnisinteresse signalisiert. Die Fragestellung kann unterschiedlich motiviert sein. Dahinter kann das Bedürfnis nach Unsicherheitsreduktion, das Streben nach Selbsterkenntnis etc. stehen (Wottawa u. Hossiep 1987). Entsprechend muss die Ausprägung von Intelligenz bestimmt oder aber die Frage geklärt werden, ob die Leistungsfähigkeit bestimmten Anforderungen genügt. Im Rahmen der Intelligenzdiagnostik werden nicht nur Fragestellungen bearbeitet, welche die Intelligenz als Ganzes betreffen, sondern auch Fragen nach spezifischen Teilfähigkeiten (fluide Intelligenz, kristallisierte Intelligenz, verbale Intelligenz etc.), denen besondere Relevanz in Bezug auf einen bestimmten Anwendungsbereich zukommt.

In diesem Sinne lassen sich in Abhängigkeit von dem jeweiligen Erkenntnisinteresse unterschiedliche Ansatzpunkte für die Intelligenzdiagnostik unterscheiden, die in ◘ Abb. 2.1 dargestellt sind. ◘

Zunächst einmal kann zwischen umfassenden (Abb. *links*) und spezifischen (*Mitte* und *rechts*) Erkenntnisinteressen unterschieden werden. Während das umfassende Erkenntnisinteresse die Intelligenz als Ganzes zum Gegenstand hat, geht es bei den spezifischen Erkenntnisinteressen um eingegrenzte Teilfähigkeiten, entweder um ganz spezifische Teilfähigkeiten oder die Teilfähigkeiten zu einem breiten Leistungsbereich (z. B. biologienahe Teilfähigkeiten, gedächtnisbasierte Teilfähigkeiten). Gilt der Intelligenz als Ganzem das Erkenntnisinteresse, so stellt

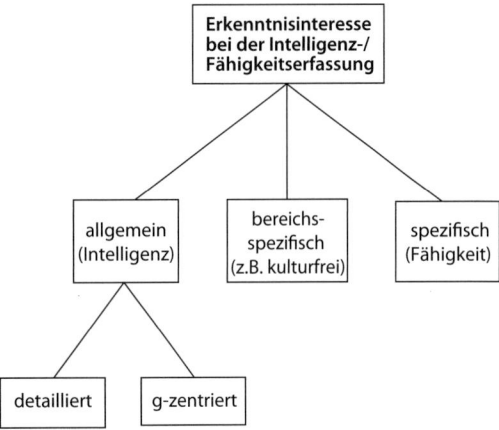

◘ **Abb. 2.1.** Unterschiedlichkeit des Erkenntnisinteresses bei der Leistungsdiagnostik

sich die Frage, ob die Erfassung detailliert oder auf die allgemeine Intelligenz (bzw. g-Intelligenz) zentriert erfolgen soll. Im ersteren Fall müssen alle Teilfähigkeiten im Rahmen der Erstellung eines Profils berücksichtigt werden.

Das heißt, alle Komponenten eines Strukturmodells, das den Anspruch einer umfassenden Repräsentation von Intelligenz erhebt (z. B. Thurstone 1938; Wechsler 1964), müssen erfasst werden. Im letzteren Fall muss die allgemeine Intelligenz (bzw. g-Intelligenz) in einer geeigneten Weise repräsentiert werden. Dabei spielt der g-Faktor wie schon in Spearmans (1904) Arbeiten eine große Rolle. Die g-zentrierte Intelligenzerfassung erfordert, dass Tests mit einer hohen g-Ladung für diesen Zweck eingesetzt werden. Der g-Faktor hat sich über unterschiedliche Testbatterien hinweg als erstaunlich stabil erwiesen (Johanson et al. 2004). Es eignen sich dafür vor allen Dingen Tests, die für die Erfassung der fluiden Intelligenz entwickelt wurden (Carroll 1993; Gustafsson 1984). Neuere Arbeiten zeigen allerdings, dass für diesen Zweck auch Wortschatztests mit großem Gewinn eingesetzt werden können (z. B. Johanson et al. 2004).

Diagnostische Fragestellungen zur Leistung werden bevorzugt im Rahmen der pädagogischen Psychologie, der Arbeits- und Organisationspsychologie sowie der Neuropsychologie bearbeitet. Innerhalb der pädagogischen Psychologie wird Intelligenzdiagnostik betrieben, um Entscheidungen zur Schulfähigkeit, zu Schullaufbahnempfehlungen und zu Sondermaßnahmen wie Förder- und Umschulungsmaßnahmen oder Sonderschulbedürftigkeit vorzubereiten. Im Rahmen der Arbeits- und Organisationspsychologie ist darauf zu verweisen, dass die Intelligenz als guter Prädiktor für den Berufserfolg gilt. Die Metaanalyse von Schmidt und Hunter (1998) hat gezeigt, dass die Intelligenz einer der besten Prädiktionen für beruflichen Erfolg darstellt. Deshalb können Intelligenztests neben anderen Tests für Selektionsentscheidungen eingesetzt werden (z. B. Bewerberauswahlverfahren). Die Neuropsychologie ist schließlich in vielen Anwendungsfällen mit Schädigungen des Gehirns befasst, die gewöhnlich zu einer Beeinträchtigung der Intelligenz führen. Anhand der Intelligenzdiagnostik kann der Grad der Beeinträchtigung abgeschätzt werden.

Intelligenzmodelle

Bei der Intelligenzdiagnostik müssen die theoretischen Grundlagen des jeweiligen Intelligenztests in Rechnung gestellt werden, denn der Intelligenztest kann als Operationalisierung eines bestimmten Intelligenzstrukturmodells aufgefasst werden. Das heißt, ein Intelligenztest stellt spezifische, durch ein Intelligenzstrukturmodell begründete Anforderungen an die Testpersonen; er steht damit auch für charakteristische Strukturannahmen (Guthke 1988). In der Intelligenzforschung hat sich die Auffassung durchgesetzt, dass Intelligenz eine interne Struktur besitzt, die in der Unterscheidung von Teilfähigkeiten zum Ausdruck kommt (Detterman 1989). Die einzelnen Strukturmodelle sind insofern von Interesse, als sie zu einer beachtenswerten Testentwicklung geführt haben. Dies trifft allerdings nicht auf alle wichtigen Modelle zu. Zum derzeit präferierten Modell von Carroll (1993) bzw. dessen Fortentwicklung zum CHC- (Cattell-Horn-Carroll-)Modell (McGrew 1997) steht bisher eine solche Testentwicklung noch aus. Die Vielfalt der Intelligenzmodelle hat ihre inhaltliche Berechtigung dadurch, dass es sich jeweils »nur« um ein Modell handelt. Das einzelne Modell kann die Realität zwar mehr oder weniger gut abbilden, ihr aber nicht wirklich entsprechen. Daher kann eigentlich nur zwischen Modellen, die der Realität besser oder schlechter entsprechen, differenziert werden.

Für die Diagnostik besonders wichtig ist die Unterscheidung zwischen hierarchischen und nicht-hierarchischen Modellen für Intelligenz. Hierarchische Modelle (z. B. Horn u. Noll 1997; Vernon 1971; Wechsler 1964) bieten die Voraussetzung sowohl für die Ermittlung eines Intelligenzprofils, als auch für die Einschätzung der allgemeinen Intelligenz (bzw. der g-Intelligenz). Im Gegensatz dazu besteht bei nicht-hierarchischen Modellen (z. B. Guilford 1967; Thurstone 1938) nur die Möglichkeit der Ermittlung eines Intelligenzprofils. Eine weitere, für die Diagnostik interessante, Unterscheidung ist die zwischen fluider und kristallisierter Intelligenz (Cattell 1963), da sich mit diesen beiden Fähigkeiten unterschiedliche Bezüge zu den biologischen Grundlagen verbinden und unterschiedliche Entwicklungsverläufe damit assoziiert sind. Von der fluiden Intelligenz wird erwartet, dass sie schnell anwächst und früh ihren Gipfel erreicht, um danach abzunehmen, während die kristallisierte Intelligenz eher langsam anwächst und langfristig stabil bleibt. Der fluiden Intelligenz kommt außerdem eine Sonderrolle zu, weil ihr ein besonders geringer Grad an Kultur- und Bildungsabhängigkeit unterstellt wird, was sich in einem hohen Grad an Testfairness niederschlägt (vgl. Bartussek 1982).

2.1.2 Methodische Grundlagen

Eine Messung erfolgt im Rahmen eines Messsystems (Aftanas 1988). Dazu gehört die Konfrontation der Person unter standardisierten Bedingungen mit den Aufgaben eines Tests. Weiterhin gehören dazu die Lösungen für diese Aufgaben. Darüber hinaus umfasst es die Regeln, welche die Zuordnung von Reaktionen ((Nicht-)Lösungen) zu Zahlen bestimmen und auf Annahmen und Konventionen einer Testtheorie beruhen (z. B. Lord u. Novick 1968; Rasch 1960). Darüber hinaus kann ein Messsystem noch Regeln beinhalten, denen unter Anwendungsgesichtspunkten eine große Bedeutung zukommt. So ist bei der Messung der allgemeinen Intelligenz das von Wechsler (1939) entwickelte Konzept des IQ wichtig, das die Einordnung des Messwerts in die Verteilung mit dem Mittelwert 100 und der Standardabweichung 15 erlaubt.

Für den Nutzer hat ein Messsystem allerdings wenig unmittelbare Relevanz, da Messung nach Abschluss des Konstruktionsprozesses nur noch in der fachgerechten Anwendung eines Tests besteht, der aus einem komplexen Konstruktionsprozess unter Berücksichtigung der Vorgaben des Messsystems hervorgegangen ist. Der Konstruktionsprozess entlastet den Nutzer weitgehend von den Anforderungen des Messsystems und garantiert eine sachgemäße Messung, sofern die Anwendung gemäß der Testanleitung erfolgt.

Intelligenztests müssen wie alle psychometrischen Tests eine Reihe von Gütemerkmalen aufweisen (Kubinger 2003): Objektivität, Reliabilität, Validität, Skalierung, Normierung, Testökonomie, Nützlichkeit, Zumutbarkeit, Unverfälschbarkeit und Fairness. Die Objektivität fordert Unabhängigkeit von der Person, die den Test durchführt, auswertet und interpretiert. Entsprechend wird zwischen Durchführungs-, Auswertungs- und Interpretationsobjektivität unterschieden. Die Objektivität stellt für Intelligenztests heutzutage selten ein Problem dar, da der Spielraum für subjektive Einflüsse gewöhnlich sehr gering ist. Objektivität wird gewährleistet, wenn der Anwender die Anweisungen des Manuals strikt befolgt. Die Reliabilität steht für die Zuverlässigkeit eines Tests. Dazu gehören die Retestreliabilität als Stabilität über die Zeit, die Paralleltestreliabilität als Sicherstellung von Parallelität und die innere Konsistenz als Homogenität.

Vor allen Dingen die Konsistenz weist bei den neueren Tests gewöhnlich ein hohes Niveau auf. Eine hohe Konsistenz ist wichtig, da sie mit einer geringen Fehlervarianz einhergeht und zu einem kleinen Vertrauensintervall führt, das den Bereich angibt, in dem die tatsächliche Intelligenzausprägung einer Person mit (gewöhnlich) 95%iger Wahrscheinlichkeit liegt. Auch die Validität kennt mehrere Varianten: Es gibt die Inhalts-, die Kriteriums- und die Konstruktvalidität. Die Inhaltsvalidität von Tests ist in der Regel gegeben, wenn die Aufgaben eines Tests die typischen Merkmale aufweisen, also eine gute Strukturierung besitzen, nur eine richtige Lösung zulassen, nur einen angemessenen Lösungsweg beinhalten etc. (Wagner u. Sternberg 1985). Die Kriteriumsvalidität steht für den Nachweis des Zusammenhangs mit einem Merkmal, das als Kriterium fungieren kann. Häufig wird als Kriterium ein anderer Test gewählt, dessen Validität feststeht. Dies ist die Validierungsart, die am häufigsten Anwendung findet.

Bei der Konstruktvalidität wird der Nachweis für das Vorliegen von Konstrukteigenschaften geführt. Die Skalierung als weiteres Gütemerkmal steht für die Schätzung der Intelligenzausprägung unter Berücksichtigung von Aufgabenmerkmalen (z. B. die Aufgabenschwierigkeit). Um dieser Anforderung zu genügen, ist ein Schätzalgorithmus erforderlich, der die Modellannahmen in Rechnung stellt. Durch die Normierung wird die Einordnung der Messwerte in die Population, die für die Interpretation relevant ist, unter Berücksichtigung eines bestimmten Normmaßstabs vorgenommen. Aufgrund der Abhängigkeit von Alter und Geschlecht werden häufig eine altersspezifische Normierung und eher selten eine geschlechtsspezifische Normierung vorgenommen. Wegen des in den modernen Gesellschaften beobachteten Flynn-Effekts (▶ Kap. 1.1.6) sollte auf eine zeitnahe Normierung geachtet werden. Bezüglich Testökonomie, Nützlichkeit, Zumutbarkeit, Unverfälschbarkeit und Fairness erfüllen Intelligenztests gewöhnlich die Anforderungen und bedürfen nur in Ausnahmesituationen einer ausführlichen Überprüfung.

Ergebnisinterpretation

Die Messung durch Anwendung eines Intelligenztests führt zu einer numerischen Größe, dem Messwert, und es stellt sich die Frage, welche Schlussfolgerungen aus dieser Größe zu ziehen sind. Die Bedeutung der numerischen Größe hängt von der Norm ab, in welche der Rohwert im Rahmen der Auswertung übertragen wurde. Gebräuchliche Normen sind die IQ-, Z-, C-, T-, Stanine- und Prozent-Norm. Die Übertragung eines Rohwerts in diese Normen führt zu einem Normwert – zum Abweichungs-IQ, Z-, C-, T-, Stanine-Wert und Prozentrang. Abweichungs-IQ, Z-Wert, C-Wert und T-Wert nehmen auf Verteilungen mit unterschiedlichen Mittelwerten und Standardabweichungen Bezug. Der Mittelwert der IQ-Verteilung beträgt 100, der Z-Verteilung 0, der C-Verteilung 100 und der T-Verteilung 50. Die Standardabweichung der IQ-Verteilung ist 15, der Z-Verteilung 1, der C-Verteilung 10 und der T-Verteilung 10.

Die Stanine-Verteilung unterscheidet neun Ausprägungen, die für festgelegte Anteile an der Verteilung stehen und daher eine vergleichsweise grobe Einteilung darstellen; sie wird allerdings im Rahmen der Intelligenzmessung eher selten angewendet. Der Prozentrang gibt über die prozentualen Anteile der Population Auskunft, die mehr bzw. weniger Aufgaben gelöst haben. Beispielsweise gibt ein Prozentrang von 70 an, dass 70% der Population das Gleiche oder weniger leisten können, während bei 30% der Population die Leistung höher ist. Am gebräuchlichsten ist der Abweichungs-IQ oder kurz IQ.

Für die Kommunikation der Ergebnisse wurden mehrere Aufteilungen des Gesamtbereichs der Intelligenzausprägungen entwickelt und mit passenden Charakterisierungen versehen. Die älteste stammt von Terman (1916) und reicht von »genial oder fast ideal« bis »ausgesprochen schwachsinnig«. Die Aufteilung, die sich im ICD-10 der WHO (Remschmidt u. Schmidt 1994) findet und sich auf die IQ-Verteilung mit Mittelwert 100 und Standardabweichung 15 bezieht, sieht eine Einteilung in 8 Klassen vor. Die Klasse des Normalbereichs reicht von 85 bis 114. In diese Klasse fallen über 50% der Population. Im oberen Bereich der Skala finden sich die Klassen der »hohen Intelligenz« (115–129) und der »sehr hohen Intelligenz« (>129). Der klinisch relevante untere Bereich weist eine recht differenzierte Einteilung auf. In diesem Bereich wird unterschieden zwischen »niedere Intelligenz« (70–84), »leichte Intelligenzminderung« (50–69), »mittelgradige Intelligenzminderung« (35–49), »schwere Intelligenzminderung« (20–34) und »schwerste Intelligenzminderung« (<20).

Anwendungsbesonderheiten

Für die Datenerhebung sind einige weitere Merkmale der Tests wichtig. Tests sind als Einzel- oder Gruppentests konzipiert. Entsprechend kann entweder nur eine einzelne Person oder alle Personen einer Gruppe gleichzeitig getestet werden. Einzeltests erfordern eine ausgiebige Interaktion zwischen Testleiter und Testperson, was bei Gruppentests nicht der Fall ist. Die meisten Tests für Kinder sind Einzeltests. Weiterhin ist auf die Unterscheidung zwischen einerseits konventionellen Tests, die auch als Papier-und-Bleistift-Tests charakterisiert werden, und andererseits computerisierten Tests zu verweisen. Im letzteren Fall erfolgen die Aufgabenpräsentation, die Antwortregistrierung und die Auswertung durch einen Computer. Computerisierte Tests weisen gewöhnlich einen besonders hohen Grad an Objektivität auf. Die Äquivalenz von konventioneller und computerisierter Version kann nicht als a priori gegeben betrachtet werden. Insofern sollte für jeden Test, dessen altersspezifische (und eventuell geschlechtsspezifische) Normen von einem Präsentationsmodus in den anderen übertragen wurden, eine Untersuchung zur Äquivalenz von konventioneller und computerisierter Version vorgelegt werden.

2.1.3 Merkmale von Intelligenztests

Derzeit gibt es eine große Zahl von Tests, die zur Erfassung der Intelligenz im Ganzen oder in Ausschnitten eingesetzt werden können. Intelligenztests werden entwickelt seit Binet und Simon (1905) Anfang des 20. Jahrhunderts eine Menge ausgewählter Aufgaben mit einer Methode für die Bestimmung des Intelligenzalters kombiniert haben. Entwicklungen im methodischen Bereich sowie Erweiterungen und Systematisierungen des Aufgabenuniversums, aber auch empirische Erfahrungen haben seither immer wieder Anlass für Neukonstruktionen von Intelligenztests gegeben. Die Testverfahren, die im Verlaufe dieser Entwicklung entstanden sind, weisen von Ausnahmen abgesehen das Merkmal »psychometrisch« auf. Das heißt, sie dienen der Messung latenter (d. h. nicht beobachtbarer) Eigenschaften und sind aus einem theoretisch begründeten Konstruktionsprozess, der auf die Optimierung der Testgütekriterien angelegt ist, hervorgegangen. Dazu gehört auch ein hoher Standardisierungsgrad, der allerdings leicht erreicht werden kann, da in den meisten Fällen Intelligenztestaufgaben nur eine richtige Lösung zulassen. Die Mehrzahl der Intelligenztestaufgaben besteht aus der Kombination einer Problemstellung und mehreren Lösungsalternativen, von denen eine (die richtige) ausgewählt werden muss. Daneben gibt es eher wenige Intelligenztestaufgaben, welche die vollständige Produktion einer Lösung erfordern, die niedergeschrieben bzw. kommuniziert werden muss.

Intelligenztests setzen sich meist aus mehreren Einzeltests zusammen, so dass entweder zwischen dem Test und seinen Untertests differenziert werden muss, oder das Ganze als Testbatterie präsentiert wird. Die Einzeltests fassen Aufgaben des gleichen Typs zusammen. Manche Einzeltests repräsentieren eine spezifische Fähigkeit, andere erfassen nur eine Komponente dieser Fähigkeit. Einzeltests bilden gewöhnlich Einheiten, die unabhängig von den übrigen Einzeltests vorgegeben und ausgewertet werden können. In einer Testbatterie nehmen sie allerdings einen festen Platz ein. Die Auswirkungen der Einhaltung bzw. Abweichung von der vorgegebenen Reihenfolge der Einzeltests in der Testbatterie sind noch ungenügend untersucht.

Die Grundeinheiten jedes Einzeltests sind die Aufgaben; sie erfordern gewöhnlich die Anwendung des gleichen Lösungsprinzips bzw. stellen an den Probanden die gleiche Art von Anforderung. Es gibt eine große Zahl unterschiedlicher kognitiver Anforderungen, denen Relevanz in Bezug auf die Bestimmung der Intelligenz zukommt (vgl. French et al. 1963). Sie definieren das Aufgabenuniversum zur Intelligenzerfassung. Für die Erfassung der Intelligenz im Rahmen eines Tests oder einer Testbatterie mit beschränktem Umfang ist daher eine geeignete Auswahl von Aufgaben aus dem Aufgabenuniversum notwendig. Idealerweise setzt sich ein Test aus Aufgaben zusammen, die dieses Aufgabenuniversum umfassend und in allen seinen Facetten gleichgewichtig repräsentieren. Weiterhin sollten die Aufgaben den Bereich möglicher Aufgabenschwierigkeiten gut abdecken.

Die Forschung hat gezeigt, dass die empirischen Merkmale von Aufgaben über längere Zeiträume nicht unveränderlich erhalten bleiben. Flynn (1987, 1999) berichtet in mehreren Arbeiten, dass altersspezifische Normen von Intelligenztests, die eng an Aufgabenmerkmale gekoppelt sind, im Laufe der Zeit ihre Gültigkeit verlieren. Nach Flynn führen Normen, die vor 10 Jahren entwickelt wurden und heute angewendet werden, bereits zu einer Überschätzung des »wahren« IQs um 3 IQ-Punkte. Aufgrund dieser Beobachtung werden im Weiteren bevorzugt Tests betrachtet, die im Verlauf der vergangenen 10 Jahre publiziert wurden bzw. deren letzte Revision nicht länger als 10 Jahre zurückliegt. Dieser Gesichtspunkt wird allerdings nicht mit letzter Konsequenz umgesetzt, da Gruppen gleichartiger Tests, bedingt durch das zugrundeliegende Intelligenzstrukturmodell oder bedingt durch ein gemeinsames Lösungsprinzip, auch dann besprochen werden, wenn einzelne Tests die gesetzte Grenze überschreiten.

Ein zentrales Merkmal, das der Gruppierung von Tests üblicherweise zu Grunde gelegt wird, ist das Intelligenzstrukturmodell, auf das bei der Konstruktion Bezug genommen wurde. Die Vielfalt der Intelligenzstrukturmodelle wurde bereits diskutiert. Nicht alle Tests, welche auf der Basis dieser Modelle entstanden sind, können an dieser Stelle ausführlich behandelt werden. Deshalb wird die Auswahl auch aufgrund inhaltlicher Gesichtspunkte vorgenommen. An die ausgewählten Tests wird die Anforderung gestellt, dass sie entweder eine gesamtheitliche Erfassung der Intelligenz auf der Basis eines hierarchischen oder nicht-hierarchischen Modells bieten oder aber die Erfassung der allgemeinen Intelligenz (bzw. g-Intelligenz) ermöglichen. Dabei wird eingeräumt, dass die Erfassung der fluiden Intelligenz im Mittelpunkt stehen kann, da sich bei Gustafsson (1984) die Gleichsetzung von fluider und allgemeiner Intelligenz gut bewährt hat und auch Carroll (1993) einen besonders engen Bezug zwischen fluider und allgemeiner Intelligenz berichtet.

In Bezug auf die Gütemerkmale der Tests kann vorab festgehalten werden, dass in den vergangenen 10 Jahren eine Verbesserung feststellbar war. Insbesondere Tests, die in diesem Zeitraum entwickelt oder überarbeitet wurden, sind sowohl bezüglich der Objektivität als auch bezüglich der Reliabilität von einer zufriedenstellenden Qualität. Im Vergleich dazu wird die Überprüfung der Validität nicht immer allen Wünschen eines Rezensenten gerecht. Als problematisch erweist sich in den meisten Fällen die Normierung. Zwar hat sich inzwischen die Überzeugung durchgesetzt, dass die Überprüfung der Gütemerkmale und die Normierung auf der Basis einer genügend großen Stichprobe erfolgen sollten; die Repräsentativität der Stichprobe lässt jedoch häufig sehr zu wünschen übrig. Das heißt, es wird häufig weder der Versuch unternommen, die Repräsentativität zu untersuchen und darüber zu berichten, noch werden genaue Angaben darüber gemacht, wann und wo die Daten erhoben wurden.

Im Weiteren werden Tests aus der Perspektive gemeinsamer Prinzipien zu Gruppen zusammengefasst und in diesem Rahmen dargestellt. Da reine Testdarstellungen auch anderweitig verfügbar sind, liegt der Fokus auf den Besonderheiten, die Tests auszeichnen. Weiterhin wird besonders auf die Anwendung als computerisierte Tests geachtet.

2

2.1.4 Tests zur Wechsler-Konzeption

Wechsler begann sich im Rahmen der Untersuchung amerikanischer Rekruten während des ersten Weltkriegs mit Intelligenz zu beschäftigen, und hat 1939 mit der *Wechsler-Bellevue Intelligence Scale* seinen ersten Intelligenztest vorgestellt, dem im Laufe der Jahre eine Serie von Weiterentwicklungen und populationsspezifischen Testverfahren folgten. Die *Wechsler-Tests* haben seither weltweite Verbreitung gefunden und zählen zu den am häufigsten verwendeten Leistungstests.

Ein zentrales Merkmal dieser Tests ist die detaillierte Erfassung der Intelligenz im Rahmen eines hierarchischen Modells mit zwei, eigentlich drei Ebenen. Als Ursprung dieses Strukturmodells können klinische Erfahrungen und der Einfluss wichtiger Intelligenzforscher (Cattell, Simon, Spearman, Thorndike) angeführt werden, mit denen Wechsler im Kontakt stand oder zusammengearbeitet hatte. Ausgehend von der Spitze der Hierarchie ist auf der 1. Ebene die allgemeine Intelligenz angeordnet, der sich auf der 2. Ebene die verbale und die Handlungsintelligenz bzw. die praktische Intelligenz anfügen. Darunter ist noch eine weitere Ebene mit spezifischen Fähigkeiten zu finden, die zwar im Manual benannt, aber nicht direkt durch spezifische Untertests erfasst werden, obwohl auf dieser Ebene die folgenden Untertests ansetzen: allgemeines Wissen, Zahlennachsprechen, Wortschatz-Test, rechnerisches Denken, Allgemeines Verständnis, Gemeinsamkeitenfinden, Bilderergänzen, Bilderordnen, Mosaik-Test, Figurenlegen und Zahlensymboltest. Im Teil **A** ◘ Abb. 2.2 sind die oberen Ebenen dieses Modells dargestellt.

Bei der vorläufig letzten Revision (Wechsler 1997) wurde ein alternatives Modell eingeführt. Im Rahmen dieser Überarbeitung wurden zunächst drei Untertests ergänzt: der Matrizentest, die Symbolsuche und die Buchstaben-Zahlen-Folgen. Darüber hinaus wurde eine neue Normstichprobe erhoben und die Daten einer strukturanalytischen Untersuchung unterzogen. Auf diese Weise wurde ein Strukturmodell geschaffen, das sich durch seinen Bezug zu Modellen der mentalen Informationsverarbeitung auszeichnet. Das neue Strukturmodell weist eine komplett revidierte, 2. Ebene auf, die nun vier Einheiten umfasst: das verbale Verständnis, die

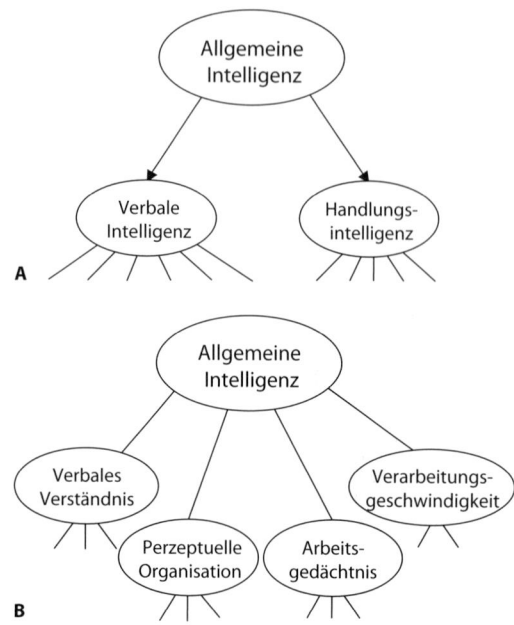

A

B

◘ **Abb. 2.2.** Altes (**A**) und neues (**B**) Strukturmodell des HAWIE. (Nach Wechsler 1939 bzw. 1997)

perzeptuelle Organisation, das Arbeitsgedächtnis und die Verarbeitungsgeschwindigkeit. Die oberen Ebenen dieses revidierten Strukturmodells sind im Teil **B** von ◘ Abb. 2.2. dargestellt. Zwischen der verbalen Intelligenz des alten Strukturmodells und dem verbalen Verständnis sowie dem Arbeitsgedächtnis des neuen Strukturmodells besteht ein enger Bezug, ebenso zwischen der Handlungsintelligenz bzw. der praktischen Intelligenz und der perzeptuellen Organisation sowie der Verarbeitungsgeschwindigkeit. Der große Vorteil des neuen Strukturmodells besteht darin, dass die Testergebnisse nun im Rahmen moderner Informationsverarbeitungsmodelle interpretiert werden können.

Die große Bedeutung der *Wechsler-Tests* ist zweifellos das Ergebnis der engen Verbindung zwischen der spezifischen Zusammenstellung von Untertests, der Definition des IQs als Abweichungs-IQ (Wechsler 1939) und der Möglichkeit, die allgemeine Intelligenz zu bestimmen. Die spezifische Zusammenstellung von Untertests bewirkt, dass der Abweichungs-IQ als Maß für die allgemeine Intelligenz gelten kann. Tatsächlich haben sich *Wechsler-Tests* für diesen Zweck gut bewährt. Der Gesamtscore der *Wechsler-Tests* weist eine hohe Ladung auf dem g-Faktor auf (Johanson et al. 2004) und wird bei der Multidimensionalen Skalierung im Zentrum der räumlichen Anordnung der Untertests sowie anderer Tests eingeordnet (Marshalek et al. 1983). Weiterhin kann auf hohe Korrelationen des *Wechsler-Tests* mit anderen Tests verwiesen werden.

Die vielen Erfahrungen, die mit diesem Test gesammelt wurden, haben auch zur Aufdeckung besonderer Anwendungsmöglichkeiten einzelner Untertests geführt. So hat sich in mehreren Untersuchungen gezeigt, dass der *Zahlensymboltest* in besonderer Weise für die Identifikation von altersbedingten Leistungseinbußen geeignet ist (Gilmore et al. 2004). Dieser Test erfordert die schnelle Bildung von Zuordnungen.

Weiterhin müssen die verschiedenen Möglichkeiten, »split-scores« zu bilden, herausgestellt werden. »Split scores« entstehen durch die Aufteilung der Untertests in gegensätzliche Gruppen sowie die Zusammenfassung der Untertests innerhalb der Gruppen. Durch Vergleiche auf der Basis der »split-scores« können Besonderheiten der Intelligenzausprägung einer Person aufgedeckt werden. Den Hintergrund für diese Möglichkeit bildet die Annahme, dass bei durchschnittlichen, »gesunden« Personen die Ausprägungen der verschiedenen Teilfähigkeiten sich weitgehend entsprechen. Dafür eignete sich zunächst nur der Gegensatz von verbaler Intelligenz und Handlungsintelligenz. Mit den neuen strukturellen Einheiten der 2. Modellebene haben sich allerdings die Möglichkeiten für die Bildung von »split-scores« wesentlich erweitert.

Die Konzeption des *Wechsler-Tests* ist auf spezifische Populationen übertragen worden. Es gibt spezielle Versionen für Kinder, für Vorschüler und für die Anwendung auf Personen mit neuropsychologischen Störungen. Dadurch wird insgesamt ein sehr breiter Altersbereich abgedeckt: von 3 bis 89 Jahren (nach der neuesten Normierung im englischsprachigen Bereich). Das Verfahren wird in gleicher Weise auf Frauen und Männer angewendet; es gibt keine geschlechtsspezifische Normierung. Im Handbuch gibt es viele Hinweise auf Besonderheiten bestimmter Krankheitsgruppen; es fehlt allerdings meist die empirische Basis zu diesen Hinweisen.

Die Gütemerkmale der *Wechsler-Tests* sind nicht in jeder Hinsicht optimal, worauf von Guthke und Herzberg (1997) hingewiesen wurde. Objektivität ist nicht uneingeschränkt gegeben, weil Unzulänglichkeiten bei der Durchführung und Auswertung sich negativ auswirken können, etwa dadurch, dass der Versuchsleiter bei einzelnen Untertests die Bearbeitungszeit nicht exakt einhält oder dadurch, dass bei der Auswertung Ermessensentscheidungen ungünstig ausfallen, wenn beispielsweise Begriffe definiert werden müssen. Auch die Reliabilität ist auf der Ebene der Untertests nicht ideal. Für einige Untertests werden Konsistenzkoeffizienten deutlich unter 0,80 berichtet. Auf der 1. und 2. Ebene bestehen dagegen keine Probleme mit der Reliabilität. Deshalb sollte die Nutzung von »split-scores« auf die beiden oberen Ebenen des Modells beschränkt werden.

Die *Wechsler-Tests* sind Einzeltests, da die Testadministration relativ umfangreiche Interaktion zwischen dem Diagnostiker und dem jeweiligen Probanden erfordert. Daher können *Wechsler-Tests* nicht gemeinsam einer Gruppe von Personen vorgegeben werden. Dies hat weiterhin zur Konsequenz, dass die Computerisierung beim derzeitigen Stand der Technik nicht ohne Veränderung des Tests möglich ist.

Derzeit wird der WAIS-III (*Wechsler Adult Intelligence Scale*-III, Wechsler 1997) ins Deutsche übertragen. Mit dieser Übertragung wird auch eine Neunormierung an einer deutschen Stichprobe vorgenommen. Es bleibt abzuwarten, inwieweit es gelingt, die von Guthke und Herzberg (1997) vorgetragenen Probleme in den Griff zu bekommen.

2.1.5 Tests zur IST-Konzeption

Der *Intelligenz-Struktur-Test* oder kurz IST, der von Amthauer entwickelt, 1953 das erste Mal publiziert und später überarbeitet wurde, stand ursprünglich für ein nicht-hierarchisches, mehrdimensionales Modell von Intelligenz, dessen Entwicklung aus vielen Quellen gespeist wurde. Dieser Test umfasste neun Untertests mit einer guten Skalenqualität, deren Kovarianz in verschiedenen Untersuchungen jeweils durch zwei bis drei gemeinsame Faktoren erklärt werden konnte (z. B. Schmidt-Atzert, Hommers u. Heß 1995). Durch diese Untertests wurden Aspekte der sprach- und zahlengebundenen Leistungsfähigkeit sowie des figuralräumlichen Vorstellens und des Gedächtnisses erfasst. In der letzten Testversion, die gemäß dem ursprünglichen IST-Modell konzipiert war, zeichnete sich dieser Test durch den Bezug zu einer sehr großen Normierungsstichprobe aus.

Mit der Revision zum IST 2000 (Amthauer et al. 1999) wurde die Konzeption des ISTs grundlegend verändert. Die Aufgaben wurden überarbeitet, alte Untertests durch neue ergänzt. Derzeit besteht der Test aus elf Untertests, welche die Basis für ein Grundmodul und ein Ergänzungsmodul abgeben. Das Grundmodul erfasst die verbale, die numerische und die figurale Intelligenz sowie das schlussfolgernde Denken und die Merkfähigkeit. Dazu kommen im Ergänzungsmodul die fluide und die kristallisierte Intelligenz. Der IST 2000 wurde bereits kurz nach seiner Veröffentlichung durch den IST 2000-R (Amthauer et al. 2001) ersetzt. Im IST 2000-R finden sich wieder alle Untertests des IST 70 (Amthauer 1970) allerdings in revidierter Form. Außerdem wurde das Ergänzungsmodul erweitert. Es umfasst nun verbal-kodiertes Wissen, numerisch-kodiertes Wissen, figural-kodiertes Wissen, (gesamtheitliches) Wissen, fluide Intelligenz (schlussfolgerndes Denken) und kristallisierte Intelligenz (Wissen ohne schlussfolgerndes Denken). Was allerdings bedauerlicherweise fehlt, ist die allgemeine Intelligenz (Schmidt-Atzert 2002).

Auf der Basis von elf Untertests werden elf verschiedene Teilfähigkeiten erfasst, wobei zu beachten ist, dass jede Fähigkeit durch mehrere Untertests repräsentiert wird. Das heißt, es bestehen zwischen den Teilfähigkeiten, so wie sie durch Scores repräsentiert werden, zum Teil beträchtliche Überlappungen. Nur für Untergruppen der Teilfähigkeiten kann formale Unabhängigkeit gewährleistet werden. Dies gilt etwa für die drei Teilfähigkeiten verbale, numerische und figurale Intelligenz. Aufgrund dieser Überlappungen ist von einer gesamtheitlichen Profilbildung eher abzusehen, wie auch Vergleiche nur bei nicht-überlappenden Untertests vorgenommen werden sollten.

Der IST 2000-R deckt den Altersbereich von 15 bis 60 Jahren ab. Altersspezifische Normwerte finden sich allerdings nur für den Bereich zwischen 15 und 25 Jahren. Es existieren Umrechnungstabellen für mehrere Altersgruppen. Es gibt keine geschlechtsspezifische Normierung

Objektivität wird gewährleistet, da die Anwendungsschritte weitgehend standardisiert sind. Trotz-

dem werden vielfältige Anforderungen sowohl an den Testleiter als auch den Auswerter gestellt, deren Nichtbeachtung zu Fehlern führen kann. Deshalb ist es hilfreich, dass auch eine computerisierte Fassung zur Verfügung steht. Positiv ist auch zu vermerken, dass Interpretationstexte angeboten werden. Die Reliabilität im Sinne der Konsistenz kann als gut bis sehr gut bezeichnet werden. Die Qualität des Validitätsnachweises variiert von Score zu Score. Für die Testdurchführung sind zwischen 1 h plus 30 min und 2 h plus 30 min erforderlich.

2.1.6 Matrizentests

Es gibt eine Reihe von Matrizentests, die sich hinsichtlich der Anforderungen und des Aufgabenmaterials in hohem Maße entsprechen. Am Anfang dieser Entwicklung standen die *Standard Progressive Matrices*, die von Raven im Jahr 1938 publiziert wurden. Alle Matrizentests setzen sich aus dem gleichen charakteristischen Typ von Aufgaben zusammen. Die Aufgaben bestehen aus einem unvollständigen, mehr oder weniger komplexen, zusammenhängenden oder in Einzelteile zerlegten Muster und mehreren Ergänzungsalternativen, zwischen denen der Proband wählen muss.

Der erste Matrizentest soll unter dem Einfluss von Spearmans (1923, 1927) Intelligenztheorie zustande gekommen sein. Nach Spearman werden intellektuelle Leistungen vor allen Dingen durch zwei Fähigkeiten bedingt, die sich im g-Faktor niederschlagen: die eduktive und die reproduktive Fähigkeit. Die eduktive Fähigkeit stiftet Beziehungen, schafft Ordnung im Chaos und führt zu einem Verständnis, das über das Vorgegebene hinausgeht. Sie kommt u. a. bei der Bearbeitung figuraler Probleme zur Anwendung, also bei Problemstellungen, die den Aufgaben der Matrizentests gleichen. Der Anwendungsbereich von Spearmans eduktiver Fähigkeit beschränkt sich natürlich nicht nur auf figurale Beziehungen; sie kann jedoch daran exemplarisch studiert werden. Die Analyse der Anforderungen durch Matrizen mit experimentellen Methoden und aus der Perspektive kognitiver Theorien hat aufgezeigt, dass bei der Bearbeitung des Matrizentests vor allen Dingen das Arbeitsgedächtnis gefordert ist (Carpinter et al. 1990). Darüber hinaus hat sich gezeigt, dass der Erfolg bei der Bearbeitung von Matrizen von der Aufmerksamkeit im Sinne von »sustained attention« (längerfristige Konzentration der Verarbeitungsressourcen) abhängt (Schweizer u. Moosbrugger 2004).

Ausgehend von den an Spearman anknüpfenden Überlegungen ist davon auszugehen, dass anhand der Matrizentests die allgemeine Intelligenz erfasst werden kann. Da jedoch schlussfolgerndes Denken bei der Bewältigung der einzelnen Aufgaben eine zentrale Rolle spielt, werden in Matrizentests auch Verfahren primär für die Erfassung der fluiden Intelligenz gesehen. Weiterhin werden diese Tests mit Testfairness bei der Erfassung von Intelligenz in Verbindung gebracht. Tatsächlich wurden für die Matrizentests immer wieder hohe Ladungen auf dem g-Faktor und hohe Korrelationen mit anderen Maßen für die allgemeine Intelligenz wie auch für die fluide Intelligenz gefunden (z. B. Johanson et al. 2004). Darüber hinaus muss allerdings auch eingeräumt werden, dass die Leistung bei der Bearbeitung von Matrizentests durch die visuelle Wahrnehmungsfähigkeit mitbestimmt wird. Dies bedeutet, dass bei Personen mit einer Wahrnehmungsbeeinträchtigung eine Unterschätzung der »wahren« Leistungsfähigkeit zustande kommen kann.

Besonders hervorzuheben ist bei den Matrizentests die Möglichkeit, zwischen zwei Präsentationsmodi zu wählen. Ein solcher Test kann entweder als Speed- oder als Power-Test, also mit oder ohne Zeitbeschränkung, vorgegeben werden. Die Speed-Version bietet einen höheren Standardisierungsgrad und ist natürlich ökonomischer als die Power-Version. Mit Hilfe der Power-Version kann dagegen das Potenzial des Probanden ausgelotet werden, denn unter der Bedingung einer zeitlich unbeschränkten Testvorgabe schlagen sich vornehmlich die Grenzen der Verarbeitungskapazität in der Testleistung nieder (Schweizer u. Koch 2001).

Matrizentests weisen gewöhnlich maximale Objektivität auf, da der Testleiter nur während der Instruktionsphase und am Testende mit dem Probanden in Interaktion tritt. Da nur ein Score bestimmt wird, bietet die Auswertung kaum Fehlermöglichkeiten. Matrizentests weisen gewöhnlich eine gute Reliabilität sowohl im Sinne der inneren Konsistenz als auch der Testwiederholungsreliabilität auf. Auch zur Validität liegt inzwischen eine große Zahl positiver Befunde vor.

Die Standard Progressive Matrices (SPM) wurden um die Advanced Progressive Matrices (APM) für den oberen Intelligenzbereich und die Coloured Progressive Matrices (CPM) für Kinder ergänzt, so dass insgesamt der Altersbereich von 4 bis 80 Jahre abgedeckt wird. Der neueste Stand der Testentwicklung und -anwendung wurde 1997 veröffentlicht (Raven et al. 1997). Ein weiterer Matrizentest, der Wiener Matrizentest (WMT), wurde von Formann und Piswanger (1979) entwickelt, der als Besonderheit unter Anwendung des Rasch-Modells konstruiert, aber zwischenzeitlich nicht im Sinne einer Überarbeitung gepflegt wurde. Anzuführen ist außerdem der Matrizentest von Hossiep et al. (2001), der als Bochumer Matrizentest (BOMAT) vertrieben wird und in zwei parallelen Versionen (A und B) vorliegt.

Aufgrund des hohen Standardisierungsgrades sind die Matrizentests für die Computerisierung besonders gut geeignet. Tatsächlich liegen auch zu fast allen Tests computerisierte Versionen vor, also für die Advanced Progressive Matrices, den Bochumer Matrizentest, die Coloured Progressive Matrices, die Standard Progressive Matrices und den Wiener Matrizentest. Zu beachten ist, dass die Papier-und-Bleistift-Versionen und die computerisierten Versionen der Tests von Raven von unterschiedlichen Testverlagen betreut werden.

Nur als computerisierte Version liegt der Adaptive Matrizentest (AMT) von Hornke et al. (2004) vor. Durch diesen Test werden die Möglichkeiten der Computerisierung optimal genutzt, indem die Aufgabenauswahl gemäß dem »tailored-testing« an die Leistungsfähigkeit des Probanden angepasst wird. Dadurch kann die Ökonomie der Testung optimiert werden. In den meisten Anwendungsfällen muss nur eine Teilmenge der Aufgaben bearbeitet werden. Die Menge der Aufgaben hängt allerdings auch von der gewählten Messgenauigkeit ab. Es gibt drei Einstellungen für die Messgenauigkeit, die zu Reliabilitäten von etwa 0,60, 0,80 oder 0,85 führen.

2.1.7 Grundintelligenz-Tests

Die Cattell'sche Intelligenztheorie (Cattell 1963; Horn u. Cattell 1966) weist zwei zentrale Komponenten auf, die fluide und die kristallisierte Intelligenz. Die fluide Intelligenz steht nach Cattell für die Fähigkeit, neue Probleme und Situationen ohne Vorwissen erfolgreich bewältigen zu können. Dazu gehören auch das Herstellen von Beziehungen, das Regelnerkennen, das schnelle Wahrnehmen von Merkmalen und das Bewältigen von Komplexität. Dies sind Eigenschaften, die von kulturellen Erfahrungen weitgehend unabhängig sind. Entsprechend ist die fluide Intelligenz für die Leistungsfähigkeit in der Kindheit und Jugend besonders wichtig. Während dieser Zeit kann Erfahrung naturgemäß noch keine besonders große Rolle spielen. In diesem Sinne wird angenommen, dass die fluide Intelligenz, die im deutschen Sprachraum auch unter der Bezeichnung Grundintelligenz bekannt ist, anfangs das intellektuelle Niveau weitgehend bestimmt.

In dieser Grundintelligenz wird darüber hinaus eine Fähigkeit vermutet, deren Ausprägung weitgehend unabhängig von sozialen Randbedingungen ist. Dagegen wird angenommen, dass soziale Einflüsse sich vergleichsweise stark in der Ausprägung der kristallisierten Intelligenz niederschlagen. Dabei kommt der Sprachkenntnis eine wichtige Rolle zu, die sich ihrerseits unter dem Einfluss von fluider Intelligenz, insbesondere von Gedächtnisprozessen, entwickelt. Insofern steht die Grundintelligenz für das unverfälschte Potenzial, das ein Kind bzw. eine Person kennzeichnet. Aufgrund dieser Annahmen hat sich die Überzeugung etabliert, dass anhand der Grundintelligenz eine kulturfreie oder zumindest kulturfaire Erfassung der intellektuellen Leistungsfähigkeit möglich ist.

Der *Culture Fair Intelligence Test Scales*, der im deutschsprachigen Raum unter der Bezeichnung *Grundintelligenztest-Skala 1/2/3* bekannt ist, dient der Erfassung dieser Grundintelligenz. Die *Grundintelligenztest-Skala 1* (Cattell et al. 1997) ist für Kinder im Alter zwischen 5 und 10 Jahren konzipiert. Sie setzt sich aus den folgenden fünf Untertests zusammen: Substitutionen, Labyrinthe, Klassifikationen, Ähnlichkeiten und Matrizen. Die *Grundintelligenztest-Skala 2* (bzw. *20*) (Cattell u. Weiß 1977 bzw. Weiß 1998) richtet sich an Kinder und Erwachsene im Alter von 9 bis 70 Jahren. Da in diesem Altersbereich anders geartete kognitive Anforderungen gestellt werden können, kommen z. T. strukturell anders konzipierte Untertests zur Anwendung:

Reihenfortsetzen, Klassifikationen, Matrizen und topologische Schlussfolgerungen. Schließlich steht noch die *Grundintelligenztest-Skala 3* (Cattell u. Weiß 1971) zur Verfügung. Dieser Test entspricht im Wesentlichen der *Grundintelligenztest-Skala 2* (*20*), weist allerdings einen höheren Schwierigkeitsgrad auf. Zu den *Grundintelligenztest-Skalen 2* (*20*) und *3* gibt es jeweils zwei parallele Versionen (A und B). Jeder dieser drei Tests wird eingesetzt, um die Ausprägung der fluiden Intelligenz zu bestimmen.

Die Objektivität der *Grundintelligenztest-Skalen* ist weitgehend gegeben. Die Reliabilität des Gesamtscores ist jeweils sehr gut. Für die Untertests werden Werte berichtet, die auf eine befriedigende bis gut Reliabilität hinweisen. Die Validität ist sowohl im Sinne der inhaltlichen als auch der konvergenten Validität gegeben.

Die *Grundintelligenztest-Skalen* können als Einzel- und Gruppentests durchgeführt werden. Die Bearbeitungszeit bei Vorgabe als Gruppentests liegt bei ca. 1 h. Die *Grundintelligenztest-Skala 20* liegt außerdem in einer computerisierten Version vor.

2.1.8 Allein gestellte Testkonstruktionen

In der Kategorie allein gestellte Testkonstruktionen sind Intelligenztests zusammengefasst, die aufgrund ihrer Konzeption als eigenständig aufgefasst werden sollten und (eher) nicht in den Rahmen einer Gruppe verwandter Tests gestellt werden können. Es handelt sich vorwiegend um Neuentwicklung, die den neuesten Stand sowohl aus inhaltlicher als auch methodischer Sicht repräsentieren.

Adaptives Intelligenz-Diagnostikum (AID)
Das *Adaptive Intelligenz-Diagnostikum* (Kubinger u. Wurst 1985, 2001) versteht sich als Instrument für die Erfassung der Kognitionen von Kindern und Jugendlichen bei basalen und komplexen Anforderungen. Im Manual wird darauf hingewiesen, dass diesem Diagnostikum eine »pragmatische intelligenztheoretische Position« zugrunde liegt. Die Autoren weisen außerdem auf die Nähe zum Wechsler-Modell der Intelligenz hin, betonen darüber hinaus jedoch ihre Intention, ein Messinstrument zu schaffen, das besonderen methodischen Anforderungen

genügen kann. In diesem Sinne wurden die Untertests nach dem Modell von Rasch (1960) konstruiert, und es wurde ein adaptiver Vorgabemechanismus entwickelt.

Die Untertests des *Adaptiven Intelligenz-Diagnostikums* in seiner ersten Version (Kubinger u. Wurst 1985) erfassen einerseits Alltagswissen, angewandtes Rechnen, unmittelbares Reproduzieren-numerisch, Synonyme Finden, Funktionen Abstrahieren, soziales Erfassen und sachliches Reflektieren (verbal-akustische Fähigkeiten) und andererseits Realitätssicherheit, soziale und sachliche Folgerichtigkeit, Kodieren und Assoziieren, Antizipieren und Kombinieren-figural, Analysieren und Synthetisieren-abstrakt (manuell-visuelle Fähigkeiten). Die 2. Version (Kubinger u. Wurst 2001) beinhaltet zusätzlich Untertests, die außerdem unmittelbares Reproduzieren-figural bzw. abstrakt, Merken und Einprägen sowie Strukturieren-visumotorisch erfassen.

Für die einzelnen Skalen wird der Nachweis der Geltung des Modells von Rasch berichtet. Außerdem werden sehr hohe »Split-half«-Reliabilitäten angeführt. Die Validität kann aufgrund der Belege, die im Manual berichtet werden, als gesichert gelten. Altersnormen basierend auf umfangreichem Datenmaterial sind für die Zielgruppe (10- bis 16-Jährige) verfügbar.

Berliner Intelligenzstruktur-Test (BIS)]

Im *Berliner Intelligenzstruktur-Test* (Jäger et al. 1997) vereinigen sich Komponenten des Strukturmodells von Guilford (1967) und des Intelligenzmodells von Guttman (1965). Das resultierende Intelligenzmodell ist bimodal und hierarchisch. Die Bimodalität kommt durch die Kombination von operativen Fähigkeiten und inhaltsgebundenen Fähigkeiten zustande. Als operative Fähigkeiten werden berücksichtigt: Verarbeitungskapazität, Einfallsreichtum, Bearbeitungsgeschwindigkeit und Merkfähigkeit. Den inhaltsgebundenen Fähigkeiten werden zugerechnet das sprachgebundene, zahlengebundene und das anschauungsgebundene, figural-bildhafte Denken. Die Testaufgaben zu einem Teil dieser Fähigkeiten werden mit dem Ziel der Repräsentation der Allgemeinen Intelligenz zu einem Score zusammengefasst.

Die im Manual zur Testgüte berichteten Werte weisen auf eine mittlere bis sehr gute Reliabilität hin. Auch die Validität kann gemäß der Angaben im Manual als abgesichert gelten. Hervorzuheben sind die hohen Korrelationen mit der Schulleistung. Altersnormen werden für 16- bis 19-jährige Schüler berichtet. Für die Durchführung dieses Tests müssen ungefähr 2,5 h veranschlagt werden.

Intelligenz-Struktur-Batterie (INSBAT)

Horn u. Noll (1997) haben ein hierarchisches Modell vorgeschlagen, das zwar die konstituierenden Elemente der Cattellschen Intelligenztheorie (Cattell 1963; Horn u. Cattell 1966), die fluide und kristallisierte Intelligenz, umfasst, jedoch wesentliche Erweiterungen aufweist, so dass sich eine Zuordnung zu den Grundintelligenztests verbietet. In dieses Modell sind zusätzlich die folgenden Merkmale bzw. Fähigkeiten integriert: Kurzzeitgedächtnis, Langzeitgedächtnis, visuell-räumliches Denken, Betrachtungsschnelligkeit, Entscheidungsfähigkeit und quantitative Fähigkeiten.

Auf der Basis dieses Modells wurde theoriegeleitet von Hornke et al. (2004) die *Intelligenz-Struktur-Batterie* entwickelt. Diese Batterie umfasst 15 Untertests und ist so konzipiert, dass die Diagnostik auf einzelne Fähigkeiten beschränkt werden kann. Aufgrund dieses modularen Aufbaus ist eine Anpassung an die jeweilige Fragestellung möglich.

Die Testdurchführung ist gemäß unterschiedlicher Prinzipien vorgesehen. Ein Teil der Aufgaben wird nach dem Prinzip der Power-Testung vorgegeben, während es für andere Aufgaben eine Limitierung der Bearbeitungszeit gibt. Weiterhin erfolgt die Testung teilweise adaptiv, d. h. die Aufgaben werden an das Niveau des Probanden angepasst. Diese Möglichkeiten ergeben sich durch die Computerisierung der INSBAT.

Die Güte dieser Batterie ist in Bezug auf die Zuverlässigkeit abgesichert. In Bezug auf andere Gütekriterien bestehen im Moment noch Informationslücken. Altersnormen werden bereitgestellt.

Literatur

Aftanas, M. S. (1988). Theories, models and standard systems of measurement. *Applied Psychological Measurement, 12*, 325-338.

Amthauer, R. (1953). *Intelligenz-Struktur-Test*. Göttingen: Hogrefe.

Amthauer, R. (1970). *Intelligenz-Struktur-Test (IST-70)*. Göttingen: Hogrefe.

Amthauer, R., Brocke, B., Liepmann, D. & Beauducel, A. (1999). *Intelligenz-Struktur-Test 2000 (I-S-T 2000)*. Göttingen: Hogrefe.

Amthauer, R., Brocke, B., Liepmann, D. & Beauducel, A. (2001). *Intelligenz-Struktur-Test 2000 R (I-S-T 2000 R)*. Göttingen: Hogrefe.

Bartussek, D. (1982). Modelle der Testfairness und Selektionsfairness. *Trierer Psychologische Berichte, 9* (Heft 2).

Binet, A. & Simon, T. (1905). Methodes nouvelles pour le diagnostic du niveau intellectuel des anormeaux. *Année Psychologique, 11*, 191-244.

Carpenter, P. A., Just, M. A., & Shell, P. (1990). What one intelligence test measures: A theoretical account of the processing in the Raven Progressive Matrices Test. *Psychological Review, 97*, 404-431.

Carroll, J. B. (1993). *Human cognitive abilities*. New York: Cambridge University Press.

Caruso, D. R., Taylor, J. J., & Detterman, D. K. (1982). Intelligence research and intelligence policy. In: D. K. Detterman & R. J. Sternberg (eds) *How and how much can intelligence be increased*. Norwood, NJ: Ablex.

Cattell, R. B. (1963). Theory of fluid and crystallized intelligence: A critical experiment. *Journal of Educational Psychology, 54*, 1-22.

Cattell, R. B. & Weiß, R. H. (1971). *CFT 3. Grundintelligenztest Skala 3* (3. Aufl.). Göttingen: Hogrefe.

Cattell, R. B, & Weiß, R. H. (1977). *CFT 2. Grundintelligenztes Skala 2* (6. Aufl.). Göttingen: Hogrefe.

Cattell, R. B., Weiß, R. H. & Osterland, J. (1997). *CFT 1. Grundintelligenztest Skala 1* (5. überarb. Aufl.). Göttingen: Hogrefe.

Conrad, (1983). Intelligenzdiagnostik. In: K. J. Groffmann & L. Michel (Hrsg.) *Enzyklopädie der Psychologie. Psychologische Diagnostik*, 104-202. Göttingen: Hogrefe.

Deary, I., Whalley, L. J., Lemmon, H., Crawford, J. R. & Starr, J. M. (2000). The stability of individual differences in mental ability from childhood to old age: Follow-up of the 1932 Scottish Menatl Survey. *Intelligence, 28*, 49-55.

Detterman, D. K. (1989). The future of intelligence research. *Intelligence, 13*, 199-203.

Flynn, J. R. (1987). Massive IQ gains in 14 nations: What IQ tests really measure. *Psychological Bulletin, 101*, 171-191.

Flynn, J. R. (1999). Searching for justice: The discovery of IQ gains over time. *American Psychologist, 54*, 5-20.

Formann, A. K. & Piswanger, K. (1979). *Wiener Matrizentest*. Göttingen: Hogrefe.

French, J. W., Ekstrom, R. B. & Pirce, L. A. (1963). *Manual and Kit of Reference Tests for Cognitive Factors*. Princeton, NJ: Educational Testing Service.

Gilmore, G. C., Royer, F. L., Gruhn, J. J. & Esson, M. J. (2004). Symbol-digit substitution and individual differences in visual search ability. *Intelligence, 32*, 47-64.

Guilford, J. P. (1967). *The nature of human intelligence*. New York, NY: McGraw Hill.

Gustafsson, J. E. (1984). A unifying model for the structure of intellectual abilities. *Intelligence, 8*, 179-203.

Guthke, J. (1988). Intelligenzdaten. In: R. S. Jäger (Hrsg.) *Psychologische Diagnostik*. München: Psychologische Verlags-Union.

Guthke, J. & Herzberg, P.Y. (1997). Hamburg-Wechsler Intelligenztest für Erwachsene - Revision 1991 (HAWIE-R). *Zeitschrift für Differentielle und Diagnostische Psychologie, 18*, 39-42.

Guthke, J. & Wiedl, K. H. (1996). *Dynamisches Testen*. Göttingen: Hogrefe.

Guttman, L. A. (1965). The structure of the interrelations among intelligence tests. *Proceedings of the 1964 Invitational Conference on Testing Problems*. Princeton, NJ: Eductional Testing Service.

Horn, J. L. & Noll, J. (1997). Human cognitive capabilities: Gf-Gc theory. In: D. P. Flanagan, J. L. Genshaft & P. L. Harrison (eds) *Contemporary intellectual assessment: Theories, tests, and issues*, 53-91. New York, NY: Guilford Press.

Horn, J. L. & Cattell, R. B. (1966). Refinement and test of the theory of fluid and crystallized general intelligences. *Journal of Educational Psychology. 57*, 253-270.

Hornke, L. F., Arendasy, M., Sommer, M., Häusler, J., Wagner-Menghin, M., Gittler, G., Bognar, B. & Wenzl, M. (2004). *INSBAT – Intelligenz-Struktur-Batterie*. Mölding: Dr. G. Schuhfried GmbH.

Hornke, L. F., Etzel, S., & Rettig, K. (2004). *Adaptiver Matrizen Test (AMT)*. Mölding: Dr. G. Schuhfried GmbH.

Hossiep, R., Turck, D., & Hasella, M. (2001). *Bochumer Matrizentest*. Göttingen: Hogrefe.

Jäger, A. O., Süß, H.-M., & Beauducel, A. (1997). *BIS-Test. Berliner Intelligenzstruktur-Test*. Göttingen: Hogrefe.

Jäger, R. S. & Petermann, F. (1992). *Psychologische Diagnostik* (2. unv. Aufl.). Weinheim: Psychologie Verlags Union.

Johanson, W., Bouchard, T. J., Krueger, R. F., McGue, M. & Gottesman, I. I. (2004). Just one g: Consistent results from three test batteries. *Intelligence, 32*, 95-107.

Kubinger, K. D. (2003) Gütekriterien. In: K. D. Kubinger & R. S. Jäger (Hrsg.) *Schlüsselbegriffe der Psychologischen Diagnostik*, 195-204. Weinheim: Beltz. Wörterbuch.

Kubinger, K. D. & Wurst, E. (1985). *Adaptives Intelligenz-Diagnostikum*. Göttingen: Beltz.

Kubinger, K. D. & Wurst, E. (2001). *Adaptives Intelligenz-Diagnostikum 2*. Göttingen: Beltz.

Lord, F. M. & Novick, M. R. (1968). *Statistical Theories of Mental Scores*. Reading, MA: Addison-Wesley.

Marshalek, B., Lohman, D. F. & Snow, R. E. (1983). The complexity continuum in the radex and hierarchical models of intelligence. *Intelligence, 7*, 107-127.

McGrew, K. S. (1997). Analysis of major intelligence batteries according to a proposed comprehensive *Gf-Gc* framework. In: D. P. Flanagan, J. L. Genshaft & P. L. Harrison (eds) *Contemporary Intellectual Assessment: Theories, Tests, and Issues*, 131-150. New York, NY: Guilford.

Owens, W. A. (1966). Age and mental abilities: A scored adult follow up. *Journal of Educational Psychology, 57*, 311-325.

Pawlik, K. (1976). Modell- und Praxisdimensionen psychologischer Diagnostik. In: K. Pawlik (Hrsg.) *Diagnose der Diagnostik* (13-43). Stuttgart: Klett.

Rasch, G. (1960). *Probabilistic Models for Some Intelligence and Attainment Tests*. Copenhagen: Danish Institute for Educational Research.

Raven, J. C., Raven, J. & Court, J. H. (1997). *Raven's Progressive Matrices and Vocabulary Scales*. Edinburgh: J. C. Raven Ltd.

Remschmidt, H. & Schmidt, M. H. (1994). *Multiaxiales Klassifikationsschema für psychische Störungen des Kindes- und Jugendalters nach ICD-10 der WHO* (3. Aufl.). Bern: Huber.

Schmidt, F. L. & Hunter, J. E. (1998). The validity and utility of selection methods in personnel psychology: Practical and theoretical implications of 85 years of research findings. *Psychological Bulletin, 124,* 262-274.

Schmidt-Atzert, L. (2002) Rezension des Intelligenz-Struktur-Test 2000 R. *Zeitschrift für Personalpsychologie, 1,* 50-56.

Schmidt-Atzert, L., Hommers, W. & Heß, M. (1995). Der I-S-T 70: Eine Analyse und Neubewertung. *Diagnostica, 41,* 108-130.

Schweizer, K. & Koch, W. (2001). Kapazitätslimitierung und intellektuelle Leistungsfähigkeit. *Zeitschrift für Experimentelle Psychologie, 48,* 1-19.

Schweizer, K. & Moosbrugger, H. (2004). Attention and working memory as predictors of intelligence. *Intelligence, 32,* 329-347.

Spearman, C. (1904). »General intelligence«, objectively determined and measured. *American Journal of Psychology, 9,* 209-293.

Spearman, C. (1923). *The nature of »intelligence« and the principles of cognition*. London: McMillan.

Spearman, C. (1927). *The Ability of Man*. London: McMillan.

Stankov, L. (1986). Kvashchev's experiment: Can we boost intelligence. *Intelligence, 10,* 209-230.

Terman, L. M. (1916). *The measurement of intelligence*. Boston: Houghton Mifflin

Thurstone, L. L. (1938). *Primary mental abilities*. Chicago: University of Chicago Press.

Vernon, P. E. (1971). *The structure of human abilities*. London: Methuen.

Wagner, R. K. & Sternberg, R. J. (1985). Practical intelligence in real-world pursuits: The role of tacit knowledge. *Journal of Personality and Social Psychology, 48,* 436-458.

Wechsler, D. (1939). *The measurement of adult intelligence*. Baltimore, MD: Williams & Wilkins.

Wechsler, D. (1964). *Die Messung der Intelligenz Erwachsener.* Bern: Huber.

Wechsler, D. (1997). *Wechsler Adult Intelligence Scale-3rd Edition: Technical manual*. San Antonio, TX: The Psychological Corporation.

Westmeyer, H. (2003). Psychologische Diagnostik. In: K. D. Kubinger & R. S. Jäger (Hrsg.) *Schlüsselbegriffe der Psychologischen Diagnostik*, 87-95. Weinheim: Beltz.

Weiß, R. H. (1998). CFT 20. *Grundintelligenztest Skala 2 (CFT 20) mit Wortschatztest (WS) und Zahlenfolgentest (ZF)*. Göttingen: Hogrefe.

Wottawa, H. & Hossiep, R. (1987). *Grundlagen psychologischer Diagnostik*. Göttingen: Hogrefe.

2.2 Aufmerksamkeits- und Konzentrationsdiagnostik

Helfried Moosbrugger,
Frank Goldhammer

2.2.1 Einleitung

Im Gegensatz zur experimentellen Aufmerksamkeitsforschung, welche die Modellierung allgemeingültiger Mechanismen der Informationsverarbeitung zum Ziel hat, und in welcher interindividuelle Unterschiede als eher störend empfunden werden, interessiert bei diagnostischen Fragestellungen gerade die interindividuelle Variabilität im aufmerksamkeitsbezogenen Verhalten. Das bedeutet, dass Aufmerksamkeit als individuelle Fähigkeit konzeptualisiert wird, über welche eine Person in höherem oder geringerem Maße verfügt. Interindividuelle Unterschiede in dieser Fähigkeit werden meist durch quantitative Leistungsmaße repräsentiert, welche als »Aufmerksamkeitsleistung« bezeichnet werden.

Die Erfassung von Aufmerksamkeit wurde in der Psychologie lange Zeit vernachlässigt (van Zomeren u. Brouwer 1994), insbesondere mangelte es an einer parallelen Entwicklung zwischen der theoretischen Modellbildung und der Konstruktion entsprechender diagnostischer Verfahren, die den psychometrischen Gütestandards genügen. Obwohl erste paradigmatische Ansätze zur Diagnostik von Aufmerksamkeit bereits Ende des 19. Jahrhunderts entwickelt wurden (*Durchstreich-Test* von Bourdon 1895; Vorläufer des *Pauli-Test* von Oehrn 1896), ist erst seit einiger Zeit eine gezielte Übernahme von Paradigmen der kognitiven Psychologie für diagnostische Zwecke zu beobachten (Cohen 1993). Dennoch werden noch immer zahlreiche Verfahren zur Erfassung von Aufmerksamkeit im eignungsdiagnostischen, klinischen und neuropsychologischen Kontext eingesetzt, die nicht auf einer theoriegeleiteten Testkonstruktion basieren bzw. noch nicht durch Validitätsstudien hinsichtlich ihrer theoretischen Positionierung untermauert sind.

Vor allem im Bereich der angewandten Psychologie (Eignungsdiagnostik, klinische Psychologie und Neuropsychologie) stellt Aufmerksamkeit eine zentrale Beurteilungsdimension dar, insofern Aufmerksamkeit bzw. Aufmerksamkeitskomponenten als Stützfunktion der Realisierung verschiedenster kognitiver Leistungen dienen (Heubrock u. Petermann 2001). In diesem Sinne werden Verfahren zur Erfassung von Aufmerksamkeit häufig auch als »allgemeine Leistungstests« bezeichnet, insofern sie der Erfassung allgemeiner Voraussetzungen für die Erzielung von Leistung, z. B. intellektueller Art, dienen (s. Bartenwerfer 1983; Amelang u. Zielinski 2002). Das bedeutet jedoch nicht, dass Aufmerksamkeit in der Diagnostik als eindimensionales Konzept aufgefasst wird. Vielmehr müssen vor dem Hintergrund mehrdimensionaler Aufmerksamkeitsmodelle (vgl. Goldhammer u. Moosbrugger 2005, ▶ Kap. 1.2.4) auch die Aussagen über den individuellen Ausprägungsgrad der Aufmerksamkeit in mehrdimensionaler Form getroffen werden (Cohen 1993; van Zomeren u. Brouwer 1994). Dies erfordert die Anwendung verschiedener diagnostischer Verfahren.

Im folgenden Kapitel 2.1.2 wird zunächst in theoretische Grundlagen der Aufmerksamkeitsdiagnostik eingeführt. Kapitel 2.2.3 geht auf die wichtigsten psychometrischen Kennwerte der Aufmerksamkeitsdiagnostik ein. Kapitel 2.2.4 stellt psychometrische Testverfahren zur Erfassung von Aufmerksamkeitskomponenten und Konzentration vor. Kapitel 2.2.5 widmet sich methoden- und situationsspezifischen Einflüssen bei der Aufmerksamkeitsmessung und Ansätzen zur Kontrolle von Konfundierungen. Abschließend wird in Kapitel 2.2.6 auf psychische und neurologische Störungsbilder der Aufmerksamkeit eingegangen, deren valide Diagnose ein weiteres zentrales Einsatzfeld für Aufmerksamkeitstests darstellt.

2.2.2 Theoretische Grundlagen

Diagnostischer Prozess. Ausgangspunkt des diagnostischen Prozesses ist in der Regel eine Fragestellung, die unter Anwendung diagnostischer Methoden so zu beantworten ist, dass der Auftraggeber in die Lage versetzt wird, eine Entscheidung bezüglich der Fragestellung herbeizuführen (Jäger 1992). Zu Beginn des diagnostischen Prozesses muss die Übersetzung der Fragestellung in eine wissenschaftlich überprüfbare Form erfolgen. Dies geschieht durch die Formulierung einer Hypothese, in der eine durch

diagnostische Untersuchungen prüfbare Annahme enthalten ist (z. B. »Schüler P. verfügt über eine unterdurchschnittliche Aufmerksamkeitsleistung«). Die in der Hypothese enthaltenen Sachverhalte werden sodann mit validen Operationalisierungen untersucht. Nach Durchführung der Untersuchung erfolgt die Urteilsbildung, indem die gewonnenen Daten integriert und diagnostisch oder prognostisch verwertet werden (Jäger 1992; Jäger u. Petermann 1992).

Diagnostische Zielsetzung. Aufmerksamkeitsdiagnostik kann als Status-, Eigenschafts- oder als Prozessdiagnostik erfolgen. Die Statusdiagnostik ist vor allem für klinisch-neuropsychologische Fragestellungen von Bedeutung. Diese Art der Diagnostik dient der Beschreibung des Ist-Zustandes eines Merkmalsträgers zu einem bestimmten Zeitpunkt, z. B. in Form des psychologischen Aufnahmegutachtens eines neuen stationären Patienten über dessen Aufmerksamkeitsleistung. Statusdiagnostik wird zur Eigenschaftsdiagnostik, wenn zur Charakterisierung des Merkmalsträgers zeit-, situations- und populationsstabile Merkmale verwendet werden (Jäger 1992). Das Eigenschaftskonzept von Aufmerksamkeit findet vor allem in Fragestellungen der Arbeits- und Organisationspsychologie sowie der pädagogischen Psychologie (z. B. Eignungsdiagnostik) Verwendung. Dem Eigenschaftskonzept liegt die Annahme zugrunde, dass eine Person in einem bestimmten Ausmaß über die Zeit stabile und transsituativ konsistente Aufmerksamkeitsleistungen aufweist.

Der Ausprägungsgrad von Aufmerksamkeitsleistung wird üblicherweise anhand einer repräsentativen Vergleichsnorm beurteilt (normorientierte Diagnostik). Prozessdiagnostik wird zur Feststellung von Erlebens- und Verhaltensänderungen des Merkmalsträgers angewandt. Durch mehrere Messzeitpunkte kann z. B. im Rahmen eines neuropsychologischen Rehabilitationsprogramms die Verbesserung der Aufmerksamkeitsleistung erfasst werden. Zur Planung von Interventionsmaßnahmen erfolgt die Interpretation der Merkmalsausprägung häufig nicht anhand einer Vergleichsnorm, sondern im Hinblick auf ein definiertes bzw. zu erreichendes Verhaltenskriterium (kriteriumsorientierte Diagnostik, Amelang u. Zielinski 2002).

Methoden der Datengewinnung. Grundsätzlich lassen sich zur Datengewinnung unterschiedliche Methoden heranziehen, nämlich Beobachtungs- und Beurteilungsverfahren, psychodiagnostisches Gespräch bzw. Interview, Fragebogen und standardisierte psychometrische Testverfahren. In der pädagogisch-psychologischen (Büttner u. Schmidt-Atzert 2004) und klinisch-neuropsychologischen (Heubrock u. Petermann 2001) Aufmerksamkeitsdiagnostik finden häufig mehrere dieser Methoden Anwendung, um die Genauigkeit der Diagnose zu erhöhen. So können z. B. zur Diagnose einer Hyperkinetischen Störung (▸ Kap. 2.2.6) ein ausführliches diagnostisches Gespräch (Exploration) mit primären Bezugspersonen zum Zwecke einer Verhaltensanalyse, einer Verhaltensbeobachtung und -beurteilung des Kindes und außerdem verschiedene psychometrische Verfahren durchgeführt werden (Heubrock u. Petermann 2001).

Auch in der Personalauswahl werden häufig eine Reihe von Informationsquellen einbezogen (Bewerbungsschreiben, Schulnoten, Zeugnisse, Referenzen, Interview, Tests, Assessment Center), die zur Aufmerksamkeitsdiagnostik beitragen können (s. Westhoff et al. 2004). Die verschiedenen diagnostischen Methoden unterscheiden sich vor allem im Grad der Standardisierung sowie hinsichtlich ihrer Objektivität und Reliabilität. Obwohl in manchen Fällen aufgrund des Fehlens besserer diagnostischer Alternativen auf Beobachtung und Interview nicht gänzlich verzichtet werden kann, ist psychometrischen Verfahren (Tests) der Vorzug zugeben, da sie im Vergleich zu Beobachtungsverfahren oder zum Interview eine höhere Objektivität und Reliabilität aufweisen (Amelang u. Zielinski 2002).

2.2.3 Psychometrische Kennwerte

Da Aufmerksamkeit der »kognitiven Basis« (Schweizer 2005) zuzurechnen ist und somit einen allgemeinen, bereichsunspezifischen Beitrag zur Leistung in ganz unterschiedlichen Aufgaben liefert, werden in psychometrischen Verfahren zur Aufmerksamkeitsdiagnostik (Testverfahren, ▸ Kap. 2.2.4) keine bereichsspezifischen Fähigkeiten, Fertigkeiten und Kenntnisse überprüft; vielmehr kommen in der Regel einfache perzeptiv-kognitive Aufgaben (Items)

zum Einsatz, die ohne Zeitdruck von allen Probanden leicht gelöst werden könnten, aber unter der Erschwernis von Zeitdruck bearbeitet werden müssen (Speed-Test).

Aufmerksamkeits- und Konzentrationstests erlauben meist die Bestimmung von drei unterschiedlichen Aufmerksamkeitskennwerten, welche sich auf die Quantität (Leistung), die Qualität (Genauigkeit) und die Homogenität (Gleichmäßigkeit) bei der Bearbeitung der Testaufgaben beziehen. Obwohl die drei Kennwerte nicht vollends voneinander unabhängig sind, legitimiert sich die Verwendung des Genauigkeits- und Gleichmäßigkeitswertes zusätzlich zur Leistung vor allem dadurch, dass ein beträchtlicher Zugewinn an Information über die individuelle Ausprägung der Aufmerksamkeit erzielt wird. Für verschiedene Testverfahren und Stichproben konnte die hinreichende Unabhängigkeit vom Genauigkeits- zum Leistungskennwert empirisch gezeigt werden (s. z. B. Westhoff u. Hagemeister 1992; Bühner et al. 2001).

Definition

Aufmerksamkeitsleistung

Die Aufmerksamkeits*leistung* stellt den am häufigsten diagnostisch verwendeten Aufmerksamkeitskennwert dar und basiert in der Regel auf dem physikalischen Leistungsbegriff, d. h. dem Verhältnis von Arbeitsmenge und benötigter Zeit. Der Leistungskennwert ist somit charakterisiert durch die Arbeitsmenge und das Arbeitstempo, mit dem die Testaufgaben bearbeitet wurden.

Die individuelle Aufmerksamkeitsleistung kann beispielsweise bei konstantem Zeitintervall durch die Anzahl bearbeiteter Items oder auch durch das benötigte Zeitintervall bei konstanter Itemmenge bestimmt werden. Die Interpretation solcher Arbeitstempowerte ist insoweit problematisch, als ein Testteilnehmer das Tempo auf Kosten der Genauigkeit bzw. die Genauigkeit auf Kosten des Tempos steigern kann und Leistungswerte deshalb mit Fehlerwerten (▸ unten) konfundiert sein können. Um das Geschwindigkeits-Genauigkeits-Dilemma (»speed-accuracy trade-off«) abzumildern, wird bei der Berechnung der Aufmerksamkeitsleistung die Fehlerzahl von der Gesamtzahl bearbeiteter Items abgezogen (vgl. Schmidt-Atzert et al. 2004), bzw. die doppelte Fehlerzahl (vgl. Moosbrugger u. Oehlschlägel 1996).

Eine weitere Möglichkeit zur Berechnung des Leistungskennwertes besteht darin, anstelle der Anzahl bearbeiteter Items die Reaktionszeiten bei der Bearbeitung der Testaufgaben heranzuziehen. Doch auch in diesem Fall tritt das Problem des »speed-accuracy trade-off« auf. Ein hohes Bearbeitungstempo kann auf der einen Seite eine hohe Leistung bedeuten, auf der anderen Seite aber auch mit sehr fehlerdurchsetztem Verhalten einhergehen, welches auf eine geringe Leistung oder Nachlässigkeit bei der Aufgabenbearbeitung schließen lässt (Wainer et al. 2000).

Eine 3. Möglichkeit besteht darin, dass nicht die Reaktionszeit, sondern die zur Bearbeitung benötigte Itemdarbietungszeit als Grundlage für die Berechnung des Leistungskennwertes herangezogen wird und zwar in Verbindung mit adaptiven Teststrategien (»computerized adaptive testing«, CAT). Dieser Ansatz ist im *Frankfurter Adaptiven Konzentrationsleistungs-Test* (FAKT, Moosbrugger u. Heyden 1997; FAKT-II, Moosbrugger u. Goldhammer 2005) realisiert. Arbeitet ein Testteilnehmer schnell, aber zu ungenau, wird die Itemschwierigkeit durch Verlängerung der Itemdarbietungszeit verringert, antwortet der Testteilnehmer sehr genau, aber zu langsam, wird die Itemschwierigkeit durch Verkürzung der Itemdarbietungszeit erhöht. Aufgrund dieses Algorithmus kann die Arbeitsgeschwindigkeit unter Kontrolle der Genauigkeit optimiert und die Uneindeutigkeit des Leistungswertes bzw. die Interpretationsproblematik des Geschwindigkeits-Genauigkeits-Dilemmas beseitigt werden. Der solchermaßen gewonnene Testwert wird als »liminaler Leistungswert« bezeichnet.

Definition ─────────────────────────

Aufmerksamkeitsgenauigkeit

Die Aufmerksamkeits*genauigkeit* stellt ein Maß für die Leistungsqualität beim Bearbeiten von Testaufgaben dar. Da die absolute Fehlerzahl aufgrund des »speed-accuracy trade-off« (▶ oben) nur eingeschränkt interpretierbar ist, wird üblicherweise zur Berechnung des Genauigkeitskennwertes die Fehlerzahl an der Gesamtzahl der bearbeiteten Items relativiert.

Genauigkeitskennwerte haben eine besondere diagnostische Bedeutung im klinisch-neuropsychologischen Bereich. So berichten z. B. Oh et al. (2005), dass jugendliche Schizophrene in der Akutphase im Vergleich zu anderen psychopathologischen Patientengruppen besonders im Genauigkeitskennwert des *Frankfurter Aufmerksamkeits-Inventars* (FAIR, Moosbrugger u. Oehlschlägel 1996) statistisch bedeutsame Minderleistungen aufweisen. Aus der Studie von Mitchell et al. (1990) geht hervor, dass hyperaktive Kinder höhere Fehlerwerte zeigen als Kinder der Kontrollgruppe. Földényi et al. (2000) belegen, dass zur Klassifikation von Kindern mit Aufmerksamkeits-/Hyperaktivitätsstörungen die Fehlerwerte in verschiedenen Subtests der Testbatterie zur Aufmerksamkeitsprüfung (TAP, Zimmermann u. Fimm 2000, ▶ unten) im Vergleich zu den Tempowerten eine höhere diskriminative Validität haben. Darüber hinaus erweist sich dabei auch die intraindividuelle Variabilität des Arbeitstempos, der Aufmerksamkeitshomogenität (s. unten) als diagnostisch relevant. Földényi et al. (2000) konnten zeigen, dass die intraindividuelle Streuung der Reaktionszeiten, neben den Fehlern und den Auslassungen in Aufmerksamkeitstests, geeignet sind, Kinder mit Aufmerksamkeits-/Hyperaktivitätsstörungen (◼ Tab. 2.1) sicher von gesunden Kindern einer Kontrollgruppe zu unterscheiden.

Angesichts der Einfachheit der Testaufgaben stellen Fehler auch unter Speed-Bedingung seltene Ereignisse dar. Aufgrund der resultierenden Varianzeinschränkung und der schiefen Verteilung von Genauigkeitskennwerten ist deren Reliabilität und somit deren diagnostische Verwertbarkeit in Frage gestellt (Schmidt-Atzert et al. 2004). Zur Verbesserung der Reliabilität kann eine Vergrößerung der Verhaltensstichprobe durch Testverlängerung beitragen. Westhoff u. Hagemeister (1992) konnten für den Genauigkeitskennwert unter Verwendung eines für schiefe Verteilungen geeigneten Zusammenhangsmaßes hinreichende Retest-Reliabilitäten zeigen.

Die Aufmerksamkeitshomogenität lässt sich mit Hilfe der Berechnung der Standardabweichung von Reaktionszeiten, Itemdarbietungszeiten oder Ähnlichem ermitteln, wobei sich die intraindividuelle Variabilität auf Einzelreaktionen oder auf Anzahlen von Reaktionen in Testabschnitten (zeitlichen Inter-

Aufmerksamkeitshomogenität

Die Aufmerksamkeits*homogenität* stellt ein Maß für die Gleichmäßigkeit dar, mit der eine Person ihre Aufmerksamkeitsleistung erbringt. Die Kennwerte basieren entsprechend auf der intraindividuellen Variabilität der Reaktions- oder Bearbeitungszeiten für einzelne Items oder Testabschnitte.

vallen) beziehen kann. Eine geringe Variabilität spricht für eine hohe Aufmerksamkeitshomogenität und umgekehrt. Van Zomeren und Brouwer (1994) empfehlen, bei schief verteilten Reaktionszeitdaten als Homogenitätsmaß den mittleren Quartilabstand zu bestimmen, welcher dem halben Interquartilbereich entspricht ((Perzentil 75 – Perzentil 25)/2).

Die Aufmerksamkeitshomogenität ist besonders bedeutsam als spezifischer Kennwert für die Daueraufmerksamkeit, die im Prinzip mit jedem beliebigen Aufmerksamkeitstest erfasst werden kann; dazu bedarf es lediglich der zeitlichen Ausdehnung der Testdauer auf etwas 15–30 min (van Zomeren u. Brouwer 1994; s. auch Kinsella 1998). Die individuelle Ausprägung der Daueraufmerksamkeit ist durch kurzfristige Leistungseinbrüche (»lapses of attention«), die längerfristige relative Leistungsabnahme (»time-on-task effects«) sowie durch die intraindividuelle Variabilität der Reaktionszeiten gekennzeichnet (van Zomeren u. Brouwer 1994).

2.2.4 Testverfahren

Im Folgenden werden standardisierte psychometrische Testverfahren aufgeführt, die bei der Erfassung von Aufmerksamkeitskomponenten und Konzentration Anwendung finden. Als Gliederungsgesichtspunkt werden drei Forschungsperspektiven (vgl. Goldhammer u. Moosbrugger 2005, ► Kap. 1.2.4) gewählt, nämlich die

a) neuropsychologische Forschungsperspektive, welche die Komponenten Alertness, Daueraufmerksamkeit, Vigilanz, räumliche Aufmerksamkeit, fokussierte/selektive Aufmerksamkeit, Aufmerksamkeitswechsel und geteilte Aufmerksamkeit unterscheidet,

b) die arbeitsgedächtnisbasierte Forschungsperspektive, welche Aufmerksamkeitskomponenten der zentralen Exekutive des Arbeitsgedächtnisses analysiert, wie z. B. das Wechseln zwischen verschiedenen Aufgaben oder die Hemmung dominierender Reaktionen, sowie

c) die differenziell-psychologische bzw. psychodiagnostische Forschungsperspektive, welche Konzentrations- oder sog. allgemeine Leistungstests hervorgebracht hat, die eine weite Verbreitung genießen.

Bei den aufgeführten Testverfahren handelt sich sowohl um Papier-und-Bleistift-Tests als auch um computerbasierte Verfahren, welche in publizierter Form vorliegen und sich in neuropsychologischen, pädagogisch-psychologischen wie auch personalpsychologischen und klinischen Anwendungsbereichen bewährt haben. Die Auswahl der Testverfahren ist nicht vom Anspruch auf Vollständigkeit geleitet; vielmehr sollen anhand gebräuchlicher Testverfahren wichtige Aufgabenprinzipien zur Erfassung unterschiedlicher Aufmerksamkeitskomponenten vorgestellt werden. (Für eine Übersicht über weitere Methoden bzw. Verfahren der Datengewinnung in der klinisch-neuropsychologischen bzw. pädagogisch-psychologischen Aufmerksamkeitsdiagnostik wie z. B. Verhaltensbeobachtung und -beurteilung, psychodiagnostisches Gespräch bzw. Interview sowie Fragebogen s. z. B. van Zomeren u. Brouwer (1994), Kinsella (1998), Heubrock u. Petermann (2001) sowie Büttner u. Schmidt-Atzert (2004).)

Die im Folgenden vorgenommene Zuordnung der einzelnen Tests zu bestimmten Aufmerksamkeitskomponenten erfolgt nach Möglichkeit auf Basis vorliegender empirischer Befunde zur Validität sowie in Hinblick auf das zu Grunde liegende (ggf. theoretisch abgeleitete) Aufgabenprinzip und in Anlehnung an die einschlägige Literatur.

Zu einzelnen Aufmerksamkeitskomponenten, z. B. zur fokussierten Aufmerksamkeit, sind mehrere Testverfahren verfügbar, deren Unterschiede in der Regel durch methodenspezifische Einflüsse (► Kap. 2.2.5) zustande kommen, wie z. B. durch die Reizmodalitäten in Einfachaufgaben (visuell vs. auditiv) oder Doppelaufgaben (uni-modal vs. crossmodal), durch die Art des präsentierten Inhalts (figural vs. verbal vs. numerisch) oder durch den

▣ Tab. 2.1. Testverfahren zur Erfassung von Aufmerksamkeitskomponenten aus neuropsychologischer Perspektive (Bereich A)

Aufmerksamkeitskomponente	Testverfahren
A1) Alertness	TAP-Alertness Wiener Reaktionstest (RT) – Alertness Attention Network Test (ANT) - Alerting
A2) Fokussierte/selektive Aufmerksamkeit	TAP – Go/Nogo-Test Trailmaking Test Form A Zahlen-Verbindungstest (ZVT) Wiener Reaktionstest (RT) – Fokussierte Aufmerksamkeit Differenzieller Aufmerksamkeitstest (DAKT) Wiener Determinationstest (DT) Aufgaben zum dichotischen Hören
A3) Daueraufmerksamkeit/Vigilanz	TAP – Vigilanztest Continuous Performance Test (CPT) Daueraufmerksamkeit (DAUF) Vigilanztest (VIGIL) Frankfurter Adaptiver Konzentrationsleistungs-Test (FAKT)
A4) Räumliche Aufmerksamkeit	TAP – Verdeckte Aufmerksamkeitsverschiebung Attention Network Test (ANT) – Orienting
A5) Aufmerksamkeitswechsel	TAP – Reaktionswechsel
A6) Geteilte Aufmerksamkeit	TAP – Geteilte Aufmerksamkeit Trailmaking Test Form B Paced Auditoray Serial Addition Test (PASAT)

Grad der Distraktion bzw. Interferenz bei Selektionsaufgaben (keine zeitgleichen Distraktoren vs. stark konfligierende Distraktoren). Bei den Überlegungen, welches Testverfahren zum Einsatz kommen soll, sind solche methodenspezifischen Details mit zu berücksichtigen, da auch diese, neben der intendierten Aufmerksamkeitskomponente selbst, zur Ausprägung der individuellen Testwerte beitragen.

A): Testverfahren zur Erfassung von Aufmerksamkeitskomponenten aus neuropsychologischer Perspektive. Zu den in der neuropsychologischen Forschung differenzierten Aufmerksamkeitskomponenten ist eine Fülle von Tests entwickelt worden, die in ▣ Tab. 2.1 den einzelnen Aufmerksamkeitskomponenten (A1 bis A6) zugeordnet sind.

A1) Alertness: Die Aufmerksamkeitskomponente Alertness wird üblicherweise mittels der Reaktionszeit in Einfachreaktionsaufgaben bestimmt (zur Verwendung von elektrophysiologischen Messungen s. van Zomeren u. Brouwer 1994). Alertness kann beispielsweise mit der computerbasierten *Testbatterie zur Aufmerksamkeitsprüfung* (TAP, Zim-

mermann u. Fimm 2000; s. auch Sturm u. Zimmermann 2000; Zimmermann u. Fimm 2004) erfasst werden. Die TAP besteht aus verschiedenen Subtests, die gemäß der mehrdimensionalen neuropsychologischen Auffassung von Aufmerksamkeit konstruiert wurden. Der TAP-Subtest *Alertness* verlangt eine Einfachreaktion auf ein Kreuz, das auf der Bildschirmmitte erscheint. Das Kreuz wird nach einem ABBA-Design entweder (A) ohne oder (B) mit vorherigem akustischen Warnsignal präsentiert, um die allgemeine Reaktionsbereitschaft (tonisches Arousal) sowie die Steigerung der Reaktionsbereitschaft (phasisches Arousal) zu erfassen.

Zur Bestimmung der Alertness mit dem *Wiener Reaktionstest* (RT, Schuhfried u. Prieler 2002) müssen Einfachreaktionen auf auditive bzw. visuelle Reize abgegeben werden.

Der *Attention Network Test* (ANT, »funktion alerting«, Fan et al. 2002) dient der Erfassung der Leistungsfähigkeit der drei Aufmerksamkeitsfunktionen nach Posner und Petersen (1990), nämlich Alertness, Aufmerksamkeitsausrichtung und exekutive Kontrolle (Kontrolle von Konflikten zwischen

Reaktionen, vgl. *Stroop-Test*). Der Testteilnehmer muss bestimmen, ob ein mittig dargebotener Pfeil nach rechts oder links zeigt. Der Pfeil wird über oder unter einem Fixationspunkt präsentiert und von weiteren Pfeilen (»flankers«) als Distraktoren umgeben oder nicht. Die Leistung der Funktion Alertness wird erfasst als das Ausmaß, in dem die Reaktionszeit auf den »target«-Reiz durch Warnsignale (»alerting cues«) beeinflusst wird.

A2) Fokussierte/Selektive Aufmerksamkeit: Aufgaben zur Erfassung fokussierter bzw. selektiver Aufmerksamkeit erfordern selektives Wahrnehmen und Reagieren auf visuelle oder auditive Reize. Die Erfassung visueller fokussierter Aufmerksamkeit folgt meist dem Paradigma visueller Such- bzw. Diskriminationsaufgaben, d. h. es müssen »Target«-Reize erkannt und dazu von Disktraktoren (»Non-target«-Reize) unterschieden werden. Der *Go/Nogo-Test* der TAP verlangt eine selektive Reaktion auf visuelle »Target«-Reize (»Go«) durch Drücken der Reaktionstaste und eine Unterdrückung dieser Reaktion im Falle eines »Non-target«-Reizes (»Nogo«).

Der *Trailmaking Test Form A* (Reitan 1958) wie auch der *Zahlen-Verbindungs-Test* (ZVT, Oswald u. Roth 1987) erfordern vom Testteilnehmer, zufällig auf einem Blatt verteilte nummerierte Kreise so schnell wie möglich in aufsteigender numerischer Reihenfolge zu verbinden; »Target«-Reiz ist immer derjenige Kreis mit der nächst höheren Nummer, alle anderen Kreise stellen Distraktoren dar.

Der *Wiener Reaktionstest* (RT, Schuhfried u. Prieler 2002) verlangt zur Bestimmung fokussierter Aufmerksamkeit Wahlreaktionen auf festgelegte auditiv-visuelle Reizkombinationen.

Auch der *Differenzielle Aufmerksamkeitstest* (DAKT, Hagman u. Bratfisch 2003) kann zur Erfassung fokussierter Aufmerksamkeit eingesetzt werden. Der Testteilnehmer muss die in einer Zeile gekennzeichneten Ziffern-, Buchstabenkombinationen oder Figuren (»Target«-Reize) in einer daneben befindlichen Zeile suchen und markieren.

Der *Wiener Determinationstest* (DT, Schuhfried 2004) präsentiert zur Erfassung selektiver Aufmerksamkeit auf dem Bildschirm eine Sequenz visueller Reize, die sich in Farbe und räumlicher Anordnung unterscheiden sowie auditive Reize. Auf jeden einzelnen visuellen bzw. auditiven Reiz ist mit einer spezifischen Reaktion zu antworten (Drücken einer

Reaktionstaste mit einem Finger oder eines Reaktionspedals mit einem Fuß).

Die *Aufgaben zum dichotischen Hören* (»dichotic listening task«; s. van Zomeren u. Brouwer 1994) stellen ein Paradigma zur Erfassung auditiver fokussierter Aufmerksamkeit dar. An jedem Ohr wird jeweils eine Textnachricht präsentiert, einer der beiden Texte ist der »Target«-Text, der zweite dient als Distraktor und ist zu ignorieren. Die Aufgabenschwierigkeit kann durch Variation der physikalischen, phonologischen oder semantischen Ähnlichkeit der beiden Nachrichten variiert werden.

A3) Daueraufmerksamkeit/Vigilanz: Kennzeichnend für Tests zur Erfassung der Daueraufmerksamkeit ist längerfristige Beanspruchung einer Aufmerksamkeitskomponente (ca. 15–30 min).

Beispielsweise wird der *Vigilanztest* der TAP zur Erfassung der individuellen Daueraufmerksamkeit und Vigilanz herangezogen. Es liegen unterschiedliche Aufgabenformen vor, wobei jeweils eine Testdauer von bis zu 30 min. gewählt werden kann. Die auditive Form des Vigilanztests erfordert eine Reaktion im Falle einer Unregelmäßigkeit in einer Abfolge von hohen und tiefen Tönen, die beiden visuellen Formen das Entdecken einer Unregelmäßigkeit in alternierenden visuellen Reizen und die bimodale Form das Bemerken von kritischen Kombinationen aus einem Ton und einem Buchstaben. In allen Formen kann die Frequenz kritischer Reize variiert werden.

Der *Continuous Performance Test* (CPT, Rosvold et al. 1956; *Continuous Performance Test – München*, CPT-M, Kathmann et al. 1996) stellt ein bewährtes Verfahren zur Erfassung der Daueraufmerksamkeit dar. Dem Teilnehmer werden in zufälliger Abfolge einzelne Buchstaben für kurze Dauer präsentiert. Der »Target«-Reiz ist in der einen Testform ein X und in der anderen Testform ein X, dem ein A vorausging. Die Testdauer beträgt 5–15 min.

Zur Erfassung der Daueraufmerksamkeit dient auch der Test *Daueraufmerksamkeit* (DAUF, Schuhfried 2003a). Der Testteilnehmer ist instruiert, so schnell wie möglich die Reaktionstaste zu drücken, sobald in einer Zeile präsentierte Dreiecke eine bestimmte Ausrichtung aufweisen. Der Test hat eine Dauer von 20–35 min. Im Gegensatz zum DAUF treten im *Vigilanztest* (VIGIL, Schuhfried, 2003b) die kritischen Ereignisse deutlich seltener und unregelmäßig auf. Das Verfahren zeigt auf dem Bildschirm einen Punkt, der sich entlang einer Kreisbahn in kleinen Sprüngen weiterbewegt. Sobald der Punkt einen Doppelsprung macht, soll vom Testteilnehmer die Reaktionstaste gedrückt werden. Der VIGIL-Test hat eine Dauer von 30–70 min.

Auch der *Frankfurter Adaptive Konzentrationsleistungs-Test* (FAKT-II, Moosbrugger u. Goldhammer 2005, s.u., C1) kann mit einer Testdauer von bis zu 30 min zur Erfassung der Daueraufmerksamkeit eingesetzt werden.

A4) Räumliche Aufmerksamkeit: Zur Erfassung der räumlichen Aufmerksamkeit kann der TAP-Subtest *Verdeckte Aufmerksamkeitsverschiebung* herangezogen werden. Rechts oder links von einem Fixationspunkt wird ein einfacher Reiz präsentiert, auf den der Proband mit einem Tastendruck reagieren soll. Bevor der Reiz auftaucht, wird als Hinweisreiz ein Pfeil dargeboten, der mit hoher Wahrscheinlichkeit nach der Seite zeigt, auf der der Reiz präsentiert wird. Die Reaktionszeitdifferenz zwischen der Bedingung mit validem (80 % der Darbietungen) und invalidem (20 % der Darbietungen) Hinweisreiz kann als Zeitbedarf für die verdeckte Aufmerksamkeitsverschiebung interpretiert werden.

Mit dem *Attention Network Test* (ANT, Funktion »orienting«, Fan et al. 2002, s. oben) kann ebenfalls die Aufmerksamkeitsausrichtung bzw. räumliche Aufmerksamkeit erfasst werden. Die Leistung der Funktion »orienting« wird bestimmt als Ausmaß, in dem die Reaktionszeit auf den »Target«-Reiz durch räumliche Hinweisreize (»spatial cues«), die den Erscheinungsort des »Target«-Reizes anzeigen, beeinflusst wird.

A5) Aufmerksamkeitswechsel: Testaufgaben zur Erfassung des Aufmerksamkeitswechsels erfordern den schnellen Wechsel zwischen verschiedenen Aufgabenanforderungen (»task switching«). Im TAP-Subtest *Reaktionswechsel* werden dazu in der verbalen Form auf dem Bildschirm auf der linken und rechten Hälfte eine Zahl und ein Buchstabe bzw. in der non-verbalen Form eine eckige und eine runde Form dargeboten. Auf einen »Target«-Reiz in der linken bzw. rechten Bildschirmhälfte erfolgt die Reaktion mit der entsprechenden Reaktionstaste auf der linken bzw. rechten Seite, wobei in der einfachen Bedingung der »Target«-Reiz immer aus der gleichen Kategorie stammt (z. B. immer »Buchstabe«) und

in der komplexen Bedingung die Kategorie des »Target«-Reizes alterniert (»task switching«: z. B. »Buchstabe«, »Zahl«, »Buchstabe«, »Zahl« usw.).

A6) Geteilte Aufmerksamkeit: Testverfahren zur Bestimmung der geteilten Aufmerksamkeit beinhalten mehrere unterschiedliche Anforderungen zur gleichen Zeit. Der TAP-Subtest *Geteilte Aufmerksamkeit* beinhaltet z. B. die gleichzeitige Bearbeitung einer visuellen und einer auditiven Aufgabe. In der visuellen Aufgabe ist per Tastendruck zu reagieren, sobald in einem 4×4-Punkteraster 4 von 8 kleinen Kreuzen, die ständig ihre Position ändern, die Ecken eines kleinen Quadrats bilden. In der auditiven Aufgabe sind Unregelmäßigkeiten in einer Folge von hohen und tiefen Tönen per Tastendruck anzuzeigen.

Der *Trailmaking Test Form B* stellt im Vergleich zu Form A höhere kognitive Anforderungen an den Testteilnehmer, insofern das Blatt sowohl Zahlen als auch Buchstaben enthält und die Verbindungslinie alternierend zwischen beiden Sequenzen (1-A-2-B-3-C usw.) gezogen werden muss. Form B ist daher der Komponente geteilter Aufmerksamkeit zuzuordnen (Sturm u. Zimmermann 2000).

Der *Paced Auditory Serial Addition Test* (PASAT, Gronwall 1977) ist ein häufig eingesetzter Test, um geteilte Aufmerksamkeit zu erfassen. Dem Testteilnehmer werden in unregelmäßiger Abfolge einzelne Ziffern (1–9) auditiv präsentiert; die Aufgabe besteht darin, die letzte Zahl immer zur vorhergehenden zu addieren und das Ergebnis laut zu berichten (s. a. Spreen u. Strauss 1991). Verschiedene Teilaufgaben sind dabei mehr oder weniger gleichzeitig zu bewältigen, insbesondere ist innerhalb eines Interstimulus-Intervalls der Abruf der vorletzten, kurzfristig gespeicherten Ziffer zur Summenbildung mit der aktuellen Ziffer zu leisten sowie die verbale Reaktion über die Summe bei gleichzeitiger kurzfristiger Speicherung der aktuellen Ziffer für die Addition mit der kommenden Ziffer. Der Schwierigkeitsgrad kann durch Verkürzung des Interstimulus-Intervalls erhöht werden (z. B. von 4 auf 2 s), da die Reaktion immer vor der Präsentation des nächsten Stimulus erfolgen muss. Bei mangelnder Rechenfertigkeit (Kopfrechnen) ist eine verzerrte Aufmerksamkeitsmessung zu erwarten.

B): Testverfahren zur Erfassung arbeitsgedächtnisbasierter Aufmerksamkeitskomponenten. Zur Er-

❏ **Tab. 2.2.** Testverfahren zur Erfassung von arbeitsgedächtnisbasierten Aufmerksamkeitskomponenten (Funktionen der zentralen Exekutive des Arbeitsgedächtnisses) (Bereich B)

Funktion der zentralen Exekutive des AG	Testverfahren
B1) Koordinierung der »Slave«- Systeme (phonologische Schleife und visuell-räumlicher Notizblock)	Central Executive Functioning Test
B2) Aktivierung/Hemmung von Schemata	Star-Counting-Test (SCT)
B3) Hemmung von dominierenden Reaktionen	Stroop Color Word Test (Stroop) Tower of Hanoi (TOH)
B4) Kontrolle von Konflikten zwischen Reaktionen	Attention Network Test (ANT) – Executive Control
B5) Shifting (entspricht dem Aufmerksamkeitswechsel)	Wisconsin Card Sorting Test (WCST)

fassung von Funktionen der zentralen Exekutive des Arbeitsgedächtnisses bzw. des supervisorischen Aufmerksamkeitssystems existieren ein Reihe von Aufgaben, welche z. T. in engem Bezug zu theoretischen Modellvorstellungen des Arbeitsgedächtnisses entwickelt worden sind (z. B. SCT, ▶ unten). Darüber hinaus werden sog. »complex frontal lobe tasks« (z. B. WCST, s. unten) unterschieden, welche zwar häufig angewendet werden, aber erst teilweise hinsichtlich ihrer Konstruktvalidität überprüft worden sind (vgl. z. B. Miyake et al. 2000). ❏ Tab. 2.2. gibt einen Überblick über die im Folgenden präsentierten Testverfahren zur Erfassung spezifischer Aufmerksamkeitsfunktionen des Arbeitsgedächtnisses (B1 bis B5).

B1) Koordinierung der »Slave«-Systeme: Ausgehend von der Modellvorstellung, dass die zentrale Exekutive des Arbeitsgedächtnisses die Aktivitäten der phonologischen Schleife und des visuell-räumlichen Notizblocks (»Slave«-Systeme des Arbeitsgedächtnisses) koordiniert, entwickelten Baddeley et al. (1997) einen *Central Executive Functioning Test* unter Verwendung des »Dual-task«-Paradigmas. Die Doppelaufgaben bestehen aus zwei Teilaufgaben (»digit span task« und »tracking task«), welche jeweils eines der beiden »Slave«-Systeme beanspruchen. Der Modellvorstellung nach ist somit bei der gleichzeitigen Bearbeitung der Teilaufgaben auch die Koordinierungsfunktion der zentralen Exekutive erforderlich. Die beiden Teilaufgaben werden jeweils alleine durchgeführt (»Single-task«-Bedingung) sowie zeitgleich (»Dual-task«-Bedingung). Je geringer das Leistungsdekrement in der »Dual-task«- gegenüber den »Single-task«-Bedingung (Prozentanteil) ausfällt, desto höher der Test-

wert, der die Leistungsfähigkeit der Koordinierungsfunktion der zentralen Exekutive repräsentiert.

B2) Aktivierung/Hemmung von Schemata: Der *Star-Counting Test* (SCT) von De Jong und Das-Small (1990) erfasst die Funktion zur Aktivierung und Hemmung von Schemata (erfahrungsbasierte Kontrollstrukturen zur Steuerung spezialisierter Subsysteme). Die Aufgabe besteht darin, ausgehend von einem Startwert in einer zeilenweisen Anordnung von Sternchen sowie einigen Plus- und Minuszeichen bei einem Pluszeichen für jedes folgende Sternchen eine Eins zum Startwert zu addieren und bei einem Minuszeichen für jedes folgende Sternchen eine Eins vom Zwischenergebnis abzuziehen. Die Zählrichtung muss bei Bearbeitung der Zeilen mehrfach gewechselt werden.

B3) Hemmung dominanter Reaktionen: Der *Stroop Color Word Test* (Stroop 1935; *Farb-Wort-Interferenztest*, FWIT, Bäumler 1985) erfordert das Vorlesen von Farbworten, die in der entsprechenden Farbe oder in schwarz abgedruckt sind, außerdem die Benennung der Farbe von Farbfeldern sowie in der Interferenz-Bedingung die Benennung der Druckfarbe eines Farbwortes, wobei die Druckfarbe zur Wortbedeutung inkompatibel ist (z. B. das Stimulus-Wort »rot« gedruckt in blauer Farbe erfordert die Reaktion »blau«). Das Verfahren wird zwar häufig als Test zur Erfassung fokussierter Aufmerksamkeit klassifiziert (s. unten), jedoch ist die Aufgabenleistung wesentlich von der Funktion der zentralen Exekutive bestimmt, dominierende Reaktionen (d. h. das Lesen des Farbwortes) zu hemmen.

Der Test *Tower of Hanoi* (TOH, s. Humes et al. 1997; *Turm von Hanoi*, Gediga u. Schöttke 1999) erfasst nach Miyake et al. (2000) ebenfalls die Funktion zur Hemmung von dominierenden Reaktionen. Das Testmaterial besteht aus unterschiedlich großen Scheiben, welche auf Stäbe gesteckt sind. Den Testteilnehmern wird zunächst die Zielkonfiguration vorgestellt; danach wird ihnen eine davon abweichende Startkonfiguration vorgegeben, die mit möglichst wenigen Scheibenwechseln sowie unter der Beachtung verschiedener Regeln (z. B. nur ein Scheibe auf einmal bewegen) möglichst schnell in die Zielkonfiguration überführt werden soll.

B4) Kontrolle von Konflikten zwischen Reaktionen: Der *Attention Network Test* (ANT, Funktion »executive control«, Fan et al., 2002, ▶ oben) erfordert zur Erfassung der Funktion »executive control« ähnlich dem *Stroop-Test* den kontrollierten Umgang mit dem Konflikt zwischen unterschiedlichen Reaktionstendenzen und ist somit ebenfalls den Verfahren zur Erfassung arbeitsgedächtnisbasierter Aufmerksamkeitskomponenten zuzuordnen. »Executive control« wird ermittelt als das Ausmaß, in dem die Reaktionszeit durch den »Target«-Reiz flankierende Distraktoren (»flankers«) beeinflusst wird

B5) Shifting: Für die Bearbeitung des *Wisconsin Card Sorting Test* (WCST, Grant u. Berg 1993) ist nach Miyake et al. (2000) besonders die Fähigkeit zum Wechsel zwischen Aufgabenanforderungen relevant (»shifting«, entspricht dem Aufmerksamkeitswechsel). Der Testteilnehmer hat die Aufgabe, eine Reihe von Karten einigen Referenzkarten passend zuzuordnen, wobei eines von mehreren Stimulusattributen (Farbe, Zahl, Form) das Sortierkriterium darstellt. Auf jede Zuordnung erfolgt ein Feed-back über die Richtigkeit der Antwort. Der Testteilnehmer ist instruiert, dass das Sortierkriterium im Laufe der Bearbeitung wechselt, er weiß aber nicht, nach wie vielen Reaktionen der Wechsel erfolgt.

Aufgrund konzeptueller Überschneidungen der zentralen Exekutivefunktion des Arbeitsgedächtnisses mit den Aufmerksamkeitskomponenten geteilte Aufmerksamkeit und Aufmerksamkeitswechsel (▶ Kap. 1.2.4) können auch Verfahren zur Erfassung von geteilter Aufmerksamkeit und Aufmerksamkeitswechsel (z. B. TAP-Reaktionswechsel und TAP-Geteilte Aufmerksamkeit, PASAT, *Trailmaking Test Form B*, s. oben, A5 und A6) zur Erfassung von Aufmerksamkeitsfunktionen des Arbeitsgedächtnisses eingesetzt werden. Beispielsweise kann der Subtest TAP-Geteilte Aufmerksamkeit als Realisierung des »Dual-task«-Paradigmas (Baddeley et al. 1997) interpretiert werden. Auch FAKT und d2 (▶ unten, C1) stellen Anforderungen an geteilte Aufmerksamkeit und Aufmerksamkeitswechsel und somit an Funktionen der zentralen Exekutive.

C): Testverfahren zur Erfassung von »Konzentration«. Konzentrationstests oder – wie sie verschiedentlich auch genannt werden – »allgemeine Leistungstests« sind im Rahmen der differenziell-psychologischen bzw. psychodiagnostischen Forschungstradition entstanden und bilden für viele diagnostische Entscheidungen eine wesentliche Informationsgrundlage.

Die Vielfalt der angewandten Aufgabenprinzipien (meist Diskriminations-, Additions- oder Sortieraufgaben) und die jeweilige (methodenspezifische) Realisierung eines Aufgabenprinzips haben zu einer Fülle von Testentwicklungen geführt. ◻ Tab. 2.3 gibt einen Überblick über die nachfolgend vorgestellten Testverfahren zur Erfassung von Konzentration. Als

◻ **Tab. 2.3.** Testverfahren zur Erfassung von Konzentration (allg. Leistungstests) mit verschiedenen Aufgabenprinzipien (Bereich C)

Aufgabenprinzip	Testverfahren
C1 Diskriminierungsaufgaben	Frankfurter Adaptiver Konzentrationsleistungs-Test (FAKT) Frankfurter Aufmerksamkeits-Inventar (FAIR) Aufmerksamkeits-Belastungs-Test d2 (Test d2) Alters-Konzentrations-Test (AKT)
C2 Additionsaufgaben	Konzentrations-Leistungstest (KLT-R) Revisions-Test (Rev. T.) Arbeitsleistungsserie (ALS)
C3 Sortieraufgabe	Konzentrations-Verlaufs-Test (KVT)

Gliederungsgesichtspunkt (C1 bis C3) wird das Aufgabenprinzip gewählt.

C1) Diskriminationsaufgaben: Zahlreiche Konzentrationstest beinhalten Diskriminationsaufgaben (vgl. Aufgaben zur fokussierten Aufmerksamkeit) und erfordern vom Testteilnehmer die fortlaufende Unterscheidung von »Target«- und »Non-target«-Reizen, indem eine selektive Reaktion auf einen »Target«-Reiz erfolen soll und »Non-target«-Reize entweder gar nicht zu beantworten oder aber anders als die »Target«-Reize zu bearbeiten sind. Im ersten Fall wird oft das Durchstreich-Prinzip nach Bourdon (1895) verwendet, welches das Durchstreichen von »Target«-Reizen erfordert; im zweiten Fall hingegen das vollständige Markierungs-Prinzip (s. Moosbrugger u. Oehlschlägel 1994, 1996), welches auch auf »Non-target«-Reize eine Reaktion verlangt.

Dem Bourdon-Prinzip haftet ein Validitätsproblem an. Es besteht darin, dass es nicht gegen die Möglichkeit der Testwerteverfälschung geschützt ist, insofern auch unbearbeitete, übersprungene Reize trotz unaufmerksamen Verhaltens zu zufällig richtigen Antworten führen können und dadurch den Leistungswert künstlich erhöhen (s. Oehlschlägel u. Moosbrugger 1991). Eine explizite Kontrolle der Überschätzung des Leistungskennwertes durch zufällig richtige Antworten wird in manchen Aufmerksamkeitstests dadurch erreicht, dass eine Subtraktion der doppelt gewichteten Fehlerzahl von der Gesamtzahl bearbeiteter Aufgaben vorgenommen wird (FAIR, Moosbrugger u. Oehlschlägel 1996; vgl.

auch Brickenkamp 2002, ▶ unten). Auch im FAKT (Moosbrugger u. Goldhammer 2005, ▶ unten) erfolgt eine analoge Korrektur des Leistungskennwertes. Die Anwendung des vollständigen Markierungs-Prinzips trägt zur Verringerung dieses Validitätsproblems bei.

Der computerbasierte *Frankfurter Adaptive Konzentrationsleistungs-Test* (FAKT, Moosbrugger u. Heyden 1997; FAKT-II, Moosbrugger u. Goldhammer 2005) stellt eine Realisierung des vollständigen Markierungs-Prinzips dar und erfasst Konzentrationsleistung in den Dimensionen Leistung (Arbeitstempo), Genauigkeit (Arbeitsgüte) und Homogenität (Gleichmäßigkeit des Arbeitstempos). Die Aufgabe besteht darin, ähnliche figurale Items bestehend aus einer geometrischen Form und darin befindlichen Punkten (»Frankfurter Diskriminationsitems«, Moosbrugger u. Oehlschlägel 1994, ◘ Abb. 2.4) nach »Target«-Items (Kreis mit 3 Punkten, Quadrat mit 2 Punkten) und »Non-target«-Items (Kreis mit 2 Punkten, Quadrat mit 3 Punkten) durch Drücken der jeweils zugehörigen Reaktionstaste zu unterscheiden. Der FAKT ist in dreifacher Hinsicht adaptiv, nämlich in Bezug der Itemschwierigkeit bzw. -darbietungszeit, die computergesteuert dem Leistungsvermögen des Testteilnehmers angepasst wird sowie hinsichtlich der Dauer der Übungsphase und der Dauer der Testphase. Sofern die sensorischen und motorischen Voraussetzungen erfüllt sind, kann der FAKT von ca. 8 Jahren bis ins hohe Alter angewendet werden und erlaubt mit Testzeiten von bis zu

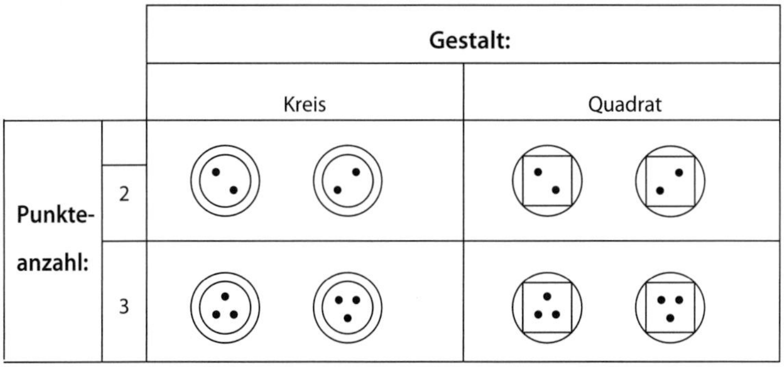

◘ **Abb. 2.3.** Frankfurter Diskriminationsitems. Die Items »Kreis mit 3 Punkten« und »Quadrat mit 2 Punkten« finden im *Frankfurter Adaptiven Konzentrationsleistungs-Tests* (FAKT-II, Moosbrugger u. Goldhammer 2005) und in Testform A *des Frankfurter Aufmerksamkeits-Inventars* (FAIR, Moosbrugger u. Oehlschlägel 1996) als Target-Items Verwendung, und die Items »Kreis mit 2 Punkten« und »Quadrat mit 3 Punkten« als Non-target-Items (bei Testform B des FAIR ist die Zuordnung umgekehrt)

30 min auch die Erfassung des Konzentrationsverlaufs und der Daueraufmerksamkeit (▶ oben).

Das *Frankfurter Aufmerksamkeits-Inventar* (FAIR, Moosbrugger u. Oehlschlägel 1996) ist ein Papier-und-Bleistift-Test, der Aufmerksamkeit anhand eines Leistungswertes, eines Qualitätswertes und eines Kontinuitätswertes erfasst. Unter Verwendung der Frankfurter Diskriminationsitems (▶ oben und ❏ Abb. 2.3) erfordert das FAIR die möglichst schnelle und genaue Unterscheidung von zeilenweise angeordneten »target«- und »non-target«-Items. Dabei sollen die Testteilnehmer das vollständige Markierungsprinzip anwenden, indem sie mit einem Stift eine horizontale Linie unter den »Non-target«-Items entlang ziehen und die Linie bei den »Target«-Items zackenförmig nach oben führen, um solchermaßen die Items vollständig, aber unterschiedlich danach markieren, ob es sich um »Target«- oder »Non-target«-Items handelt. Die vielfältigen Einsatzmöglichkeiten des FAIR werden durch aktuelle Forschungsbefunde belegt (s. Moosbrugger u. Reiß 2004).

Der *Aufmerksamkeits-Belastungs-Test d2* (Brickenkamp 2002) verlangt vom Testteilnehmer die möglichst schnelle und sorgfältige Diskrimination von visuell ähnlichen Zeichen nach dem Durchstreich-Prinzip, d. h. bei der sukzessiven Bearbeitung der Reize sollen »Target«-Reize (d mit zwei Strichen) durchgestrichen werden, die »Non-target«-Reize (d mit einem, drei oder vier Strichen bzw. p mit einem oder zwei Strichen) hingegen nicht. Der Test d2 liegt sowohl als Papier- wie auch als computerunterstützte Fassung vor.

Speziell für geriatrische Zwecke wurde der *Alters-Konzentrations-Test* (AKT, Gatterer 1990) entwickelt. Um altersbedingte Beeinträchtigungen der Sehleistung auszugleichen, beinhaltet der Test als Items relativ große Figuren (Halbkreise). Nach dem Durchstreich-Prinzip sollen diejenigen Figuren durchgestrichen werden, die in Muster (schwarz oder schwarz-weiß) und Lage mit einer vorgegebenen Figur übereinstimmen.

C2) Additionsaufgaben: Zu den Konzentrationstests, die das Lösen einfacher Additionsaufgaben erfordern, zählt der *Konzentrations-Leistungs-Test* (revidierte Fassung, KLT-R, Düker et al. 2001). Der KLT-R erfordert Additionen und Subtraktionen von einstelligen Zahlen, wobei Zwischenergebnisse gemerkt werden müssen und ein Gesamtergebnis

nach unterschiedlich komplexen Regeln zu errechnen ist.

Der *Revisions-Test* (Rev.T., Marschner 1972) erfordert zur »Untersuchung anhaltender Konzentration bei geistiger Tempoarbeit« die Überprüfung von Additionen auf ihre Richtigkeit. Wenn die Summe zweier übereinander stehender Zahlen gleich der unter dem Summenstrich befindlichen Zahl ist, wird das Item durch ein Häkchen markiert, ansonsten ist das Item durchzustreichen.

Die *Arbeitsleistungsserie* (ALS, Schuhfried 1990) geht zurück auf den *Pauli-Test* und verlangt vom Testteilnehmer, über eine längere Zeitdauer (15–25 min) einstellige Zahlen möglichst schnell und fehlerfrei zu addieren. Der Schwierigkeitsgrad der Rechenaufgaben ist variabel und wahlweise können Anforderungen an das Kurzzeitgedächtnis gestellt werden.

C3) Sortieraufgaben: Allgemeine Leistungstests sind auch in Form von Sortieraufgaben vorgelegt worden. Beispielsweise verlangt der *Konzentrations-Verlaufs-Test* (KVT, Abels 1974) vom Testteilnehmer, eine Menge von 60 Zahlenkarten durchzusehen und nach vier unterschiedlichen Kriterien in entsprechende Felder auf dem Arbeitsblatt einzusortieren, und zwar danach, ob (1) die Zahl 43, (2) die Zahl 63, (3) sowohl die Zahl 43 als auch die Zahl 63 bzw. (4) keine der beiden Zahlen abgedruckt ist.

Weitere Informationen zu Arten von Konzentrationstests sind bei Westhoff und Hagemeister (2005) zu finden.

Die Konstruktion von Konzentrationstests erfolgte oftmals ohne explizite Bezugnahme auf ein bestimmtes Aufmerksamkeitsmodell (s. z. B. die Kritik von Fimm 1998, am Test d2). Der Konzentrationsbegriff, wie Goldhammer und Moosbrugger (2005, ▶ Kap. 1.2.5) gezeigt haben, lässt sich aber leicht in den konzeptuellen Rahmen von (mehrdimensionaler) Aufmerksamkeit integrieren. Konzentrationstests messen demnach den Erfolg des Zusammenwirkens jener Aufmerksamkeitskomponenten, die unter Einsatz willentlicher Anstrengung eine andauernde Selektion, Koordination und Kontrolle bestimmter Handlungsmuster leisten. Für den FAKT und den Test d2 konnten Goldhammer, Moosbrugger und Schweizer (2004, submitted; s. auch Moosbrugger et al. 2005) zeigen, dass vor allem die Aufmerksamkeitskomponenten »geteilte

Aufmerksamkeit« und »Aufmerksamkeitswechsel« bedeutsame Prädiktoren der Konzentrationsleistung darstellen. Konvergente Validitätsprüfungen bezüglich mehrdimensionaler Aufmerksamkeit stehen für andere Konzentrationstests jedoch noch aus.

2.2.5 Methoden- und situationsspezifische Einflüsse bei der Messung

Bei den oben aufgeführten Testverfahren (► Kap. 2.2.4) ist zu beachten, dass aufgrund von Merkmalskonfundierungen die Zuordnung der Testverfahren zu bestimmten Aufmerksamkeitskomponenten nicht immer eindeutig ist. Zwar kann das Reaktionsverhalten zur Erreichung des globalen Aufgabenziels häufig klar auf eine zu Grunde liegende Aufmerksamkeitskomponente bezogen werden, jedoch ist unter Umständen dieses Aufgabenziel nur durch den Einsatz zusätzlicher Fähigkeiten oder Fertigkeiten erreichbar. Beispielsweise wird der *Stroop-Test* (Stroop 1935, s. oben) vielfach als Test zur Erfassung fokussierter Aufmerksamkeit klassifiziert (z. B. van Zomeren u. Brouwer 1994; Sturm u. Zimmermann 2000; Heubrock u. Petermann 2001). Gegenüber anderen Tests zur Erfassung fokussierter Aufmerksamkeit, wie z. B. dem *Go/Nogo-Test* (s. Zimmermann u. Fimm 2000; s. oben), ist beim *Stroop-Test* aber zusätzlich die Fähigkeit zur Bewältigung starker Distraktion bzw. Interferenz sehr wichtig, so dass das Anforderungsprofil des *Stroop-Tests* deutlich in Richtung des supervisorischen Aufmerksamkeitssystems (zentrale Exekutive des Arbeitsgedächtnis) verschoben ist (vgl. Kinsella 1998; Miyake et al. 2000).

Allgemein lässt sich feststellen, dass die Aufmerksamkeits- und Konzentrationskennwerte Leistung, Genauigkeit und Homogenität nicht nur durch die zu erfassenden Aufmerksamkeitskomponenten determiniert werden, sondern darüber hinaus durch methoden- und situationsspezifische Einflüsse sowie Einflüsse des Messfehlers (◘ Abb. 2.4).

Bei der Planung und Durchführung einer Aufmerksamkeitsdiagnostik sind diese konfundierenden Einflussgrößen zu beachten, da sie in Abhängigkeit von der jeweiligen diagnostischen Zielsetzung die Konstruktvalidität (vgl. Amelang u. Zielinski

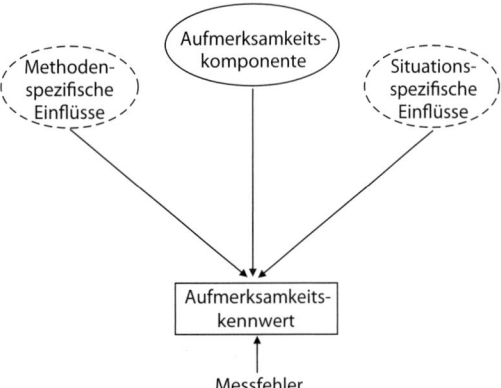

◘ **Abb. 2.4.** Der mit einem Testverfahren gemessene Aufmerksamkeitskennwert ist determiniert durch die zu erfassende Aufmerksamkeitskomponente (z. B. fokussierte Aufmerksamkeit), methodenspezifische Einflüsse (z. B. Erfassungsmodus erfordert zusätzlich verbal-numerische Fähigkeiten), situationsspezifische Einflüsse (z. B. Übung) sowie den Messfehler (unsystematische Zufallseinflüsse.)

2002; Borsboom et al. 2004) der Messung gefährden können.

Methodenspezifische Einflüsse. Obwohl Aufmerksamkeitstests in Hinblick auf bestimmte zu erfassende Aufmerksamkeitskomponenten konstruiert werden, reflektiert der Aufmerksamkeitskennwert nicht nur die jeweiligen Aufmerksamkeitskomponenten, sondern darüber hinaus auch methodenspezifische Einflussfaktoren, die sich auf die Art der Merkmalserfassung beziehen. Beispielsweise erfordert ein Aufmerksamkeitstest, der auf verbal-numerischem Material basiert, zusätzlich zur interessierenden Aufmerksamkeitskomponente selbst auch verbal-numerische Fähigkeiten und Fertigkeiten. Solche spezifischen Anforderungen der Testaufgaben könnten zu Merkmalskonfundierungen führen in der Form, dass der Aufmerksamkeitskennwert neben der fokussierten Aufmerksamkeitskomponente noch weitere Fertigkeiten und Fähigkeiten widerspiegelt, die zur Bewältigung der methodenspezifischen Anforderungen erforderlich sind.

So gilt etwa für kontrollierende Aufmerksamkeitskomponenten des Arbeitsgedächtnisses, dass sie sich notwendigerweise nur dadurch manifestieren können, dass sie auf andere kognitive Prozesse einwirken. Einschlägige Aufgaben beinhalten folglich zusätzlich kognitive Prozesse, die für die Erfassung der interessierenden Aufmerksamkeitskomponente nur mittelbar von Relevanz sind (»impurity problem«, vgl. Miyake et al. 2000).

Das Problem der Merkmalskonfundierung tritt außerdem auf, wenn die Bearbeitung von Testaufgaben zur Erfassung einer spezifischen Aufmerksamkeitskomponente verschiedene weitere Aufmerksamkeitskomponenten beansprucht. Van Zomeren und Brouwer (1994) geben als Beispiel einen Test zur geteilten Aufmerksamkeit, dessen Bearbeitung neben geteilter Aufmerksamkeit grundsätzlich voraussetzt, dass die Person aktiviert ist (Alertness), zu selektiver Wahrnehmung in der Lage ist (fokussierte Aufmerksamkeit) und die Aufmerksamkeit über die Testdauer hinweg aufrechterhalten kann (Daueraufmerksamkeit).

Für die Diagnosepraxis stellt sich aufgrund von Merkmalskonfundierungen das Problem, dass auffällige Minderleistungen im Ergebnis eines Tests auf mangelnde Aufmerksamkeit oder auf funktionale Begrenzungen in anderen Merkmalen zurückgeführt werden können. Um zu einer differenzialdiagnostisch validen Aufmerksamkeitsdiagnose gelangen zu können, bedarf es beispielsweise bei Gehirnverletzten zuvor der Abklärung möglicher sensorischer und motorischer Defizite (Kinsella 1998). Auch unerkannte Teilleistungsstörungen können zu Fehleinschätzungen führen, wie z. B. wenn eine Person mit Rechenschwäche (Dyskalkulie) Testaufgaben bearbeitet, denen die Lösung einfacher Rechenaufgaben zu Grunde liegt. Van Zomeren und Brouwer (1994) gelangen daher zu der Schlussfolgerung, dass die in einem Test erzielte Aufmerksamkeitsleistung nicht isoliert interpretiert werden kann, sondern nur im Kontext weiterer Befunde. Als Strategie schlagen sie vor, einen Aufmerksamkeitstest unter mehreren Bedingungen durchzuführen, d. h. unter einer Bedingung mit hoher Aufmerksamkeitsanforderung (z. B. im *Stroop-Test* der Farb-Wort-Subtest, Interferenz-Bedingung) sowie unter einer Kontrollbedingung (z. B. im *Stroop-Test* der Farb-Subtest, keine Interferenz). Im *Stroop-Test* weicht die Kontrollbedingung (ohne Interferenz) von der Bedingung, die ein hohes Maß an Aufmerksamkeit verlangt (Interferenz-Bedingung), nur in der Hinsicht ab, dass keine derartige Aufmerksamkeitsanforderung an den Testteilnehmer gestellt wird. Durch die gleich-

zeitige Interpretation beider Ergebnisse können Minderleistungen mit höherer Sicherheit von anderen Defiziten abgegrenzt und auf mangelnde Aufmerksamkeit zurückgeführt werden.

Situationsspezifische Einflüsse. Die Annahmen der Latent-State-Trait (LST)-Theorie (Steyer et al. 1999) machen deutlich, dass eine Merkmalsmessung nicht nur durch eine stabile Eigenschaftskomponente, sondern stets auch durch variable situative Komponenten beeinflusst ist. Im Kontext der unterschiedlichen diagnostischen Zielsetzungen (Eigenschafts- vs. Prozessdiagnostik, ▶ Kap. 2.2.2) bedeutet dies, dass die Aufmerksamkeit einer Person sowohl als Persönlichkeitsmerkmal bzw. Eigenschaft (»trait«) wie auch als Zustand (»state«) konzeptualisiert werden kann (s. auch Westhoff 1995). Situationsspezifische Einflüsse auf Aufmerksamkeitskennwerte lassen sich darüber hinaus einteilen in interne und externe Einflüsse. Zu den internen Einflüssen zählen physische, wie z. B. Müdigkeit, Krankheit, und psychische, wie z. B. kognitive, emotionale und motivationale Faktoren; zu den externen Einflüssen gehören z. B. Lärmeinwirkung, Unterbrechungen etc.

Interessiert als diagnostische Information (z. B. in der Eignungsdiagnostik) das individuelle Leistungsmaximum, so besteht trotz optimaler äußerer Bedingungen, d. h. auch bei Ausschaltung aller störenden externen Einflüsse wie z. B. Lärm die Gefahr, dass infolge von ungünstigen Voraussetzungen seitens des Testteilnehmers (z. B. mangelnde Motivation, Müdigkeit) die gezeigte Leistung und das mögliche Leistungsmaximum voneinander abweichen. In diesem Fall ist die erfasste Aufmerksamkeitsleistung jedenfalls als Mindestschätzung der möglichen Leistung zu werten (vgl. Bartenwerfer 1983).

Zum Zwecke einer validen Trait-Diagnostik müssen also nach Möglichkeit Testbedingungen hergestellt werden, in denen systematische situationsspezifische Störeinflüsse möglichst nicht zum Tragen kommen (Westhoff 1995). Hierfür stellt die Wahl einer adaptiven Teststrategie, wie sie z. B. im FAKT (Moosbrugger u. Goldhammer 2005; ▶ oben) realisiert ist, einen validitätssteigernden Ansatz dar. Ein Vorteil besteht nämlich u. a. darin, dass die bei anderen Aufmerksamkeitstests festgestellte Konfundierung von Tempowert und Aktivierung (vgl. Imhof

2000) durch den adaptiven Algorithmus, welcher die Itemdarbietungszeit steuert, vermieden werden kann (s. Frey u. Moosbrugger 2004; Frey 2005).

Ist die Aufmerksamkeitsleistung in Alltagssituationen von Interesse, so ist bei Erfassung der Aufmerksamkeitsleistung unter künstlichen (Labor-)Bedingungen mit einer Abweichung der gezeigten Leistung von der typischen Leistung im Alltag zu rechnen, insofern alltägliche Anforderungssituationen im Vergleich zur Testsituation weniger strukturiert sind, mehr ablenkende Reize beinhalten, länger andauern und eine komplexere Interaktionsstruktur aufweisen (vgl. Kinsella 1998; Langfeldt u. Tent 1999).

Auch die Anwendung einer bestimmten, möglicherweise von der Instruktion abweichenden, Bearbeitungsstrategie ist als situationsspezifischer Einfluss auf den Aufmerksamkeitskennwert zu bewerten. Beispielsweise kann der *Zahlen-Verbindungs-Test* (ZVT, Oswald u. Roth 1987, ► oben) effizienter gelöst werden, wenn außer der vorgesehenen fokussierten Aufmerksamkeit auch die Fähigkeit zur Aufteilung der Aufmerksamkeit auf motorische Aktivität (Verbindungslinie zeichnen) und auf gleichzeitige selektive Wahrnehmungsprozesse (Entdecken der nächsten Zahl) eingesetzt wird (van Zomeren u. Brouwer 1994). Die Folge davon ist, dass der Aufmerksamkeitskennwert zur Erfassung fokussierter Aufmerksamkeit mit der Fähigkeit zu geteilter Aufmerksamkeit konfundiert ist.

Einen speziellen situationsspezifischen Einfluss auf die Kennwerte der Aufmerksamkeit stellt der Geübtheitsgrad der Testaufgabe dar. Übungseffekte, d. h. Leistungsanstiege innerhalb einer Testung oder nach wiederholter Testbearbeitung, sind vielfach belegt worden. Beispielsweise stellen Westhoff und Dewald (1990) bei der Bearbeitung des *Durchstreich-Konzentrationstest* DKT1-9 (zit. N. Westhoff u. Dewald 1990) einen Leistungsanstieg von der 1. bis zur 11. Testung von 62% fest. Wie von Moosbrugger und Heyden (1997) berichtet wird, kann jedoch die Anzahl der Testwiederholungen bis zur Erreichung des Übungsplateaus in Abhängigkeit des Testverfahrens stark variieren und durch den Einsatz geeigneter Verfahren (z. B. FAKT, ► oben) beträchtlich reduziert werden. Westhoff und Hagemeister (1992) konnten auch für den Genauigkeitskennwert einen Übungseffekt zeigen, der darin besteht, dass mit zunehmender Übung die Fehlerrate abnimmt.

Übungseffekte erweisen sich in diagnostischer Hinsicht als mehrfach problematisch. Grundsätzlich ist die Testfairness in Frage gestellt, wenn nicht erfasst wird, ob die Testteilnehmer unterschiedliche Geübtheitsgrade aufweisen. In der klinisch-neuropsychologischen Prozessdiagnostik stellt sich das Interpretationsproblem, dass ein mittels Aufmerksamkeitstest erfasster Leistungsanstieg nicht eindeutig auf den Erfolg einer Interventionsmaßnahme (z. B. Aufmerksamkeitstraining) zurückgeführt werden kann, sondern zumindest teilweise auch auf einen Übungseffekt infolge wiederholter Testdarbietung (Kinsella 1998). Zur validen Erfassung von Aufmerksamkeitskomponenten des Arbeitsgedächtnisses (zentrale Exekutive) ist zudem die Bearbeitung neuer, ungeübter Aufgaben erforderlich, da die Beteiligung der zentralen Exekutive bei der Lösung von ungeübten Aufgaben am stärksten ist (s. Rabbitt 1997, vgl. auch Ackerman 1988; Rockstroh u. Schweizer 2004) und sich die interessierenden Kontrollprozesse mit zunehmender Übung immer weniger in den Testkennwerten manifestieren.

Bei der Konstruktion von Testverfahren wurde verschiedentlich versucht, Übungseffekte zu eliminieren oder zu kontrollieren. Zu unterscheiden sind dabei der »initiale Übungseffekt«, womit der relativ starke anfängliche Leistungsanstieg durch zunehmende Geübtheit bezeichnet wird, und der »habituative Übungseffekt«, welcher sich auf einen relativ schwachen und längerfristigen Leistungsanstieg im Verlauf wiederholter Testdurchführungen bezieht. Im *Frankfurter Adaptiven Konzentrationsleistungs-Test* (FAKT, Moosbrugger u. Heyden 1997, FAKT-II, Moosbrugger u. Goldhammer 2005) können die initialen Übungseffekte eliminiert werden, indem anhand der empirischen Analyse des Leistungsverlaufes bestimmt wird, ab wann, d. h. ab welchem Item seit Testbeginn keine wesentliche Leistungszunahme mehr auftritt. Erst ab dem auf diese Weise ermittelten Ende der initialen Übungsphase beginnt die eigentliche Testphase. Zur Kontrolle der längerfristigen habituativen Übungseffekte wird von Moosbrugger und Heyden (1997) eine mehrmalige Testdurchführung vorgeschlagen, bis das habituative Übungsplateau erreicht ist, welches sich im FAKT im Wesentlichen bereits bei der 2. und 3. Testdurchführung einstellt; folgerichtig werden Testnormen nicht

2

nur für die 1. Testteilnahme bereitgestellt, sondern auch für eine 2. und 3. Testteilnahme.

2.2.6 Klinische Störungsbilder

Klinische Störungsbilder der Aufmerksamkeit lassen sich einerseits als psychische Störungen mit multifaktoriellem Entstehungshintergrund sowie andererseits als neurologische Störung infolge von Gehirnläsionen (Gehirnverletzungen oder -schädigungen) klassifizieren.

Zahlreiche der in ▶ Kap. 2.2.4 dargestellten psychometrischen Testverfahren (z. B. TAP, FAIR) werden zur testpsychologischen Diagnostik von Aufmerksamkeitsstörungen eingesetzt (vgl. Heubrock u. Petermann 2001).

Psychische Störungen der Aufmerksamkeit. Das Hyperkinetische Syndrom (HKS) zählt zu den häufigsten psychischen Störungen im Kindes- und Jugendalter. Eine klinische Einordnung lässt sich anhand der Klassifikationssysteme DSM-IV (Sass et al. 1996) und ICD 10 (Dilling et al. 2000) vornehmen. Im DSM-IV werden Aufmerksamkeitsstörungen aktuell als Aufmerksamkeitsdefizit-/Hyperaktivitätsstörung (ADHS) und im ICD 10 als Einfache Aufmerksamkeits- und Hyperaktivitätsstörung oder als Hyperkinetische Störung des Sozialverhaltens erfasst. Neben Hyperaktivität und Impulsivität ist das Hyperkinetische Syndrom durch die Beeinträchtigung der Aufmerksamkeit gekennzeichnet (Döpfner et al. 2000). ❏ Tab. 2.4 zeigt die diagnostischen Kriterien der hyperkinetischen Störung nach ICD-10 und der Aufmerksamkeitsdefizit-/Hyperaktivitätsstörung nach DSM-IV.

Ursachen für die Ausbildung des hyperkinetischen Syndroms werden in der Interaktion biologischer und psychosozialer Faktoren gesehen (biopsychosoziales Entstehungsmodell, Döpfner 2000). Als grundlegende Entstehungsbedingung gelten genetische Dispositionen, die zu einer Störung des (dopaminergen) Neurotransmitterstoffwechsels führen. Auf neuropsychologischer Ebene treten Störungen der Selbstregulation (mangelnde Impulshemmung) in verschiedenen Funktionsbereichen auf (Barkley 1997). Die hyperkinetischen Symptome führen meist zu einer Zunahme von negativen Interaktionen mit Bezugspersonen. Unter ungünstigen familiären und schulischen Bedingungen kann es zu einer Aufrechterhaltung und Verstärkung der hyperkinetischen Symptomatik kommen (circulus vitiosus).

Die Prävalenz des hyperkinetischen Syndroms unter Kindern und Jugendlichen liegt laut epidemiologischen Studien zwischen 3% und 15%, wobei Jungen je nach Schätzung um das 3–9fache häufiger betroffen sind. Das hyperkinetische Syndrom wird zunehmend auch bei Erwachsenen als Aufmerksamkeits-Defizit-Syndrom (ADS) diagnostiziert (Heubrock u. Petermann 2001).

Neurologische Störungen der Aufmerksamkeit. Neurologische Aufmerksamkeitsstörungen kommen durch Gehirnverletzungen, z. B. infolge eines Tumors oder Schlaganfalls, zustande und können je nach Lokalisation und Ausmaß zu verschiedenen Störungsbildern führen. Visuelle Extinktion z. B. liegt dann vor, wenn Patienten nicht in der Lage sind, einen kontraläsional präsentierten Reiz wahrzunehmen oder auf ihn zu reagieren, sofern dieser gleichzeitig mit einem zweiten Reiz auf der Seite der Läsion dargeboten wird. Das Extinktionssyndrom tritt als Folge unilateraler, meist rechts parietal gelegener Hirnschädigungen auf (Driver 2003). Eine Störung der peripheren (sensorischen) Informationsaufnahme kann nicht zu Grunde gelegt werden, da Patienten kontraläsionale Reize relativ normal wahrnehmen können, sofern der Reiz einzeln, d. h. ohne einen konkurrierenden Reiz dargeboten wird. Vielmehr wird eine Störung der Aufmerksamkeit angenommen, die darin besteht, dass im Wettbewerb um Aufmerksamkeitsressourcen die nicht intakte gegenüber der intakten Hirnhälfte unterliegt.

Einseitige Schädigungen des Parietallappens führen häufig zum Neglectsyndrom, welches dadurch gekennzeichnet ist, dass Patienten kein Wissen von Objekten oder Ereignissen haben, die in der Hemisphäre kontralateral zur Läsion präsent sind (Gazzaniga et al. 1998). Bei vielen Neglectpatienten ist Extinktion als Teilsymptomatik zu beobachten, d. h. kontralateral zur Schädigung ausgeführte Aufgaben gelingen schlechter, wenn ipsilateral zur Schädigung konkurrierende Informationen dargeboten werden. Darüber hinaus treten spezifische Störungskomponenten auf, wie z. B. die fehlende Exploration des Raumes kontralateral zur Läsion.

☐ **Tab. 2.4.** Gemeinsamkeit und Unterschiede der diagnostischen Kriterien Unaufmerksamkeit, Hyperaktivität und Impulsivität für die hyperkinetische Störung nach ICD-10 (Forschungskriterien) und die Aufmerksamkeitsdefizit-/Hyperaktivitätsstörung nach DSM-IV (nach Döpfner et al. 2000, S. 2). { } = nur DSM-IV; [ ] = nur ICD-10

Unaufmerksamkeit

1.	Beachtet häufig Einzelheiten nicht oder macht Flüchtigkeitsfehler bei den Schularbeiten, bei der Arbeit oder anderen Tätigkeiten.
2.	Hat oft Schwierigkeiten, längere Zeit die Aufmerksamkeit bei Aufgaben oder Spielen aufrechtzuerhalten.
3.	Scheint häufig nicht zuzuhören, wenn andere ihn ansprechen.
4.	Führt häufig Anweisungen anderer nicht vollständig durch und kann Schularbeiten, andere Arbeiten oder Pflichten am Arbeitsplatz nicht zu Ende bringen (nicht aufgrund von oppositionellem Verhalten oder Verständnisschwierigkeiten).
5.	Hat häufig Schwierigkeiten, Aufgaben und Aktivitäten zu organisieren.
6.	Vermeidet häufig, hat eine Abneigung gegen oder beschäftigt sich häufig nur widerwillig mit Aufgaben, die länger andauernde geistige Anstrengung erfordern (wie Mitarbeit im Unterricht oder Hausaufgaben).
7.	Verliert häufig Gegenstände, die er/sie für Aufgaben oder Aktivitäten benötigt (z. B. Spielsachen, Hausaufgabenhefte, Stifte, Bücher oder Werkzeug).
8.	Lässt sich oft durch äußere Reize leicht ablenken.
9.	Ist bei Alltagstätigkeiten häufig vergesslich.

Hyperaktivität

1.	Zappelt häufig mit Händen oder Füßen oder rutscht auf dem Stuhl herum.
2.	Steht {häufig} in der Klasse oder in anderen Situationen auf, in denen Sitzenbleiben erwartet wird.
3.	Läuft häufig herum oder klettert exzessiv in Situationen, in denen dies unpassend ist (bei Jugendlichen oder Erwachsenen kann dies auf ein subjektives Unruhegefühl beschränkt bleiben).
4.	Hat häufig Schwierigkeiten, ruhig zu spielen oder sich mit Freizeitaktivitäten ruhig zu beschäftigen.
5.	{ } Ist häufig »auf Achse« oder handelt oftmals, als wäre er »getrieben«.
6.	[ ] Zeigt ein anhaltendes Muster exzessiver motorischer Aktivität, das durch die soziale Umgebung oder durch Aufforderung nicht durchgreifend beeinflussbar ist.

Impulsivität

1.	Platzt häufig mit der Antwort heraus, bevor die Frage zu Ende gestellt ist.
2.	Kann häufig nur schwer warten, bis er/sie an der Reihe ist [bei Spielen oder in Gruppensituationen].
3.	Unterbricht und stört andere häufig (platzt z. B. in Gespräche oder in Spiele anderer hinein).
4.	Redet häufig übermäßig viel [ohne angemessen auf soziale Beschränkungen zu reagieren]. {Im DSM-IV unter Hyperaktivität subsumiert.}

Das Balint-Holmes-Syndrom stellt eine weitere neurologische Aufmerksamkeitsstörung dar, zu dessen typischen Symptomen die Störung der räumlichen Orientierung zählt sowie die fehlerhafte Lokalisierung visueller Objekte, Blickbewegungsstörungen und die Unfähigkeit, mehr als ein Objekt gleichzeitig wahrzunehmen (Simultanagnosie). Bilaterale Schädigungen des Parietallappens und der parietookzipitalen Übergangsregion sind häufig mit diesem Störungsbild assoziiert (Driver 2003).

Die bei Extinktion, Neglect und Balint-Holmes-Syndrom beobachtbaren Aufmerksamkeitsdefizite beziehen sich nicht auf unsegmentierte Bereiche des visuellen Raums, sondern auf bereits präattentiv segmentierte Wahrnehmungsobjekte, die auf einer späteren Verarbeitungsstufe um Aufmerksamkeit konkurrieren (Driver 2003). So konnte gezeigt werden, dass die Extinktion stark reduziert ist, wenn zwei gleichzeitig dargebotene Stimuli von dem Patienten perzeptiv zu einem gemeinsamen Objekt gruppiert werden können. Belegt sind außerdem semantische Priming-Effekte infolge der Darbietung von Informationen im Neglectfeld, d. h. von Patienten mit Extinktion und Neglect nicht wahrgenommene Informationen können unbewusst semantisch verarbeitet werden und das Reaktionsverhalten beeinflussen.

Literatur

Abels, D. (1974). *Konzentrations-Verlaufs-Test (KVT)* (2., verb. Aufl.). Göttingen: Hogrefe.

Ackerman, P. L. (1988). Determinants of individual differences during skill acquisition: Cognitive abilities and information processing. *Journal of Experimental Psychology: General, 117,* 288-318.

Amelang, M. & Zielinski, W. (2002). *Psychologische Diagnostik und Intervention* (3. Aufl., unter Mitarbeit von T. Fydrich und H. Moosbrugger). Berlin: Springer.

Baddeley, A., Della Sala, S., Gray, C., Papagno, C. & Spinnler, H. (1997). Testing central executive functioning with a pencil-and-paper test. In: P. Rabbitt (ed) *Methodology of frontal and executive function,* 61-80. Hove: Psychology Press.

Barkley, R. A. (1997). Behavioral inhibition, sustained attention, and executive functions: Constructing a unifying theory of ADHD. *Psychological Bulletin, 121,* 65–94.

Bartenwerfer, H. (1983). Allgemeine Leistungsdiagnostik. In: K.-J. Groffmann & L. Michel (Hrsg.) *Enzyklopädie der Psychologie: Bd. B II 2. Intelligenz- und Leistungsdiagnostik,* 482-512. Göttingen: Hogrefe.

Bäumler, G. (1985). *Farbe-Wort-Interferenztest (FWIT) nach J.R. Stroop.* Göttingen: Hogrefe.

Brickenkamp, R. (2002). *Test d2: Aufmerksamkeits-Belastungs-Test* (9. überarb. u. neu norm. Aufl.). Göttingen: Hogrefe.

Borsboom, D., Mellenbergh, G. J. & van Heerden, J. (2004). The concept of validity. *Psychological Review, 111,* 1061-1071.

Bourdon, B. (1895). Observations comparatives sur la reconnaisance, la discrimination et l'assoziation. *Revue Philosophique, 40,* 153-185.

Bühner, M., Schmidt-Atzert, L., Grieshaber, E. & Lux, A. (2001). Faktorenstruktur verschiedener neuropsychologischer Tests. *Zeitschrift für Neuropsychologie, 12,* 181-187.

Büttner, G. & Schmidt-Atzert, L. (2004). Diagnostische Verfahren zur Erfassung von Aufmerksamkeit und Konzentration. In L. Schmidt-Atzert & G. Büttner (Hrsg.) *Diagnostik von Konzentration und Aufmerksamkeit, Tests und Trends Band 3,* 23-62. Göttingen: Hogrefe.

Cohen, R. A. (1993). *The neuropsychology of attention.* New York, NY: Plenum Press.

De Jong, P. F. & Das-Small, A. (1990). The StarT: An attention test for children. *Personality and Individual Differences, 11,* 597-604.

Dilling, H., Mombour, W. & Schmidt, M. H. (Hrsg.) (2000). *Weltgesundheitsorganisation: Internationale Klassifikation psychi-*

scher Störungen. ICD 10 Kapitel V (F). Klinisch-diagnostische Leitlinien. Bern: Huber.

Döpfner, M. (2000). Hyperkinetische Störungen. In: F. Petermann (Hrsg.) Lehrbuch der klinischen Kinderpsychologie und –psychotherapie, 151-186. Göttingen: Hogrefe.

Döpfner, M. Frölich, J. & Lehmkuhl, G. (2000). *Hyperkinetische Störungen.* Göttingen: Hogrefe.

Driver, J. (2003). Störungen der Aufmerksamkeit. In: H.-O. Karnath & P. Thier (Hrsg.) *Neuropsychologie,* 268-281. Berlin: Springer.

Düker, H., Lienert, G. A., Lukesch, H. und Mayrhofer, S. (2001). *Konzentrations-Leistungs-Test – Revidierte Fassung (KLT-R).* Göttingen: Hogrefe.

Fan, J., McCandliss, B. D., Sommer, T., Raz, A. & Posner, M. I. (2002). Testing the efficiency and independence of attentional networks. *Journal of Cognitive Neuroscience, 14,* 340-347.

Fimm, B. (1998). Testrezension: Der Aufmerksamkeits-Belastungs-Test d2. *Report Psychologie, 23,* 147-153

Földényi, M., Imhof, K. & Steinhausen, H.-C. (2000). Zur klinischen Validität des computerunterstützten Testbatterie zur Aufmerksamkeitprüfung (TAP) bei Kindern mit Aufmerksamkeits-/Hyperaktivitätsstörungen. *Zeitschrift für Neuropsychologie, 11,* 154-167.

Frey, A. (2005). *Validitätssteigerungen durch adaptives Testen.* Frankfurt am Main: Lang.

Frey, A. & Moosbrugger, H. (2004). Kann die Konfundierung von Konzentrationsleistung und Aktivierung durch adaptives Testen mit dem FAKT vermieden werden? *Zeitschrift für Differentielle und Diagnostische Psychologie, 25,* 1-17.

Gatterer, G. (1990). *Alters-Konzentrations-Test (AKT).* Göttingen: Hogrefe.

Gazzaniga, J. S., Ivry, R.B. & Mangun, G. R. (1998). *Cognitive neuroscience: The biology of the mind.* New York, NY: W.W. Norton & Company.

Gediga, G. & Schöttke, H. (1999). *Osnabrücker Turm von Hanoi.* Göttingen: Hogrefe.

Goldhammer, F. & Moosbrugger, H. (2005). Aufmerksamkeit. In K. Schweizer (Hrsg.), *Leistung und Leistungsdiagnostik.* Heidelberg: Springer.

Goldhammer, F., Moosbrugger, H. & Schweizer, K. (2004). Konzentration aus der Perspektive mehrdimensionaler Aufmerksamkeit. Vortrag auf dem 44. Kongress der Deutschen Gesellschaft für Psychologie, Göttingen. In: T. Rammsayer, S. Grabianovski & S. Troche (Hrsg.) *44. Kongress der Deutschen Gesellschaft für Psychologie. Abstracts* [abstract, 253-254]. Lengerich: Pabst Science Publishers.

Goldhammer, F., Moosbrugger, H. & Schweizer, K. (2005). A multidimensional model of attention and its relationship with attention components related to working memory, action theory and assessment tradition. (in preparation)

Grant, D. A. & Berg, E. A. (1993). *Wisconsin Card Sorting Test (WCST)* (2. Aufl.). Göttingen: Hogrefe.

Gronwall, D. (1977). Paced auditory serial-addition task: A measure of recovery from concussion. *Perceptual and Motor Skills, 44,* 367–373.

Hagman, E. & Bratfisch, O. (2003). *Differentieller Aufmerksamkeitstest (DAKT).* Mödling: Schuhfried.

Heubrock, D. & Petermann, F. (2001). *Aufmerksamkeitsdiagnostik.* Göttingen: Hogrefe.

Humes, G. E., Welsh, M. C., Retzlaff, P. D., & Cookson, N. (1997). Towers of Hanoi and London: Reliability and validity of two executive function tasks. *Assessment, 4,* 249–257.

Imhof, M. (2000). Aktuelle Aktiviertheit und selektive Aufmerksamkeit. Ein Beitrag zur Hypothese von der umgekehrt U-förmigen Beziehung zwischen Aspekten der Aktiviertheit und Leistungsmerkmalen. *Zeitschrift für Differentielle und Diagnostische Psychologie, 21,* 295-303.

Jäger, R. S. (1992). Der diagnostische Prozess. In: R. S. Jäger & F. Petermann (Hrsg.) *Psychologische Diagnostik* (2. Aufl., 450-455. Weinheim: Psychologie Verlags Union.

Jäger, R. S. & Petermann, F. (Hrsg.) (1992). *Psychologische Diagnostik* (2. Aufl.). Weinheim: Psychologie Verlags Union.

Kathmann, N., Wagner, M., Satzger, W. & Engel, R. R. (1996). Vigilanzmessung auf Verhaltensebene: Der Continuous Performance Test – München (CPT-M). In: H.-J. Möller, R.R. Engel & P. Hoff (Hrsg.) *Befunderhebung in der Psychiatrie: Lebensqualität, Negativsymptomatik und andere aktuelle Entwicklungen,* 331-338. Berlin: Springer.

Kinsella, G. (1998). Assessment of attention following traumatic brain injury: A review. *Neuropsychological Rehabilitation, 8,* 351-375.

Langfeldt, H. P. & Tent, L. (1999). *Pädagogisch-psychologische Diagnostik. Band 2. Anwendungsbereiche und Praxisfelder.* Göttingen: Hogrefe.

Marschner, G. (1972). *Revisions-Test (Rev.T.). Ein allgemeiner Leistungstest zur Untersuchung anhaltender Konzentration bei geistiger Tempoarbeit.* Göttingen: Hogrefe.

Mitchell, W. G., Chavez, J. M., Baker, S. A., Guzman, B. L. & Azen, S. P. (1990). Reaction time, impulsivity, and attention in hyperactive children and controls: A video game technique. *Journal of Child Neurology, 5,* 195-204.

Miyake, A., Friedman, N. P., Emerson, M. J., Witzki, A. H., Howerter, A. & Wager, T. (2000). The unity and diversity of executive functions and their contributions to complex »frontal lobe« tasks: A latent variable analysis. *Cognitive Psychology, 41,* 49-100.

Moosbrugger, H. & Goldhammer, F. (2005). *FAKT-II. Frankfurter Adaptiver Konzentrationsleistungs-Test. Grundlegend neu bearb. und neu norm. 2. Aufl. des FAKT von Moosbrugger und Heyden (1997).* Bern: Huber.

Moosbrugger, H., Goldhammer, G. & Schweizer, K. (2005). Latent factors underlying individual differences on attention measures: Perceptive attention and executive control. *European Journal of Psychological Assessment* (in press).

Moosbrugger, H. & Heyden, M. (1997). *FAKT. Frankfurter Adaptiver Konzentrationsleistungs-Test. Testmanual.* Bern: Huber.

Moosbrugger, H., & Oehlschlägel, J. (1994). *Towards an unbiased assessment of attention performance: 10 postulates and some ideas of their realization.* (Arbeiten aus dem Institut für Psychologie, Heft 10/1994). Frankfurt am Main: Institut für Psychologie der Johann Wolfgang Goethe-Universität.

Moosbrugger, H. & Oehlschlägel, J. (1996). *FAIR. Frankfurter Aufmerksamkeitsinventar.* Bern: Huber.

Moosbrugger, H. & Reiß, S. (2004). Das Frankfurter Aufmerksamkeits-Inventar (FAIR). In: L. Schmidt-Atzert & G. Büttner (Hrsg.) *Diagnostik von Konzentration und Aufmerksamkeit, Tests und Trends Band 3,* 103-118. Göttingen: Hogrefe.

Oehlschlägel, J. & Moosbrugger, H. (1991). Konzentrationsleistung ohne Konzentration? Zur Schätzung wahrer Leistungswerte im Aufmerksamkeits-Belastungs-Test d2. *Diagnostica, 37,* 42-51.

Oehrn, A. (1896). Experimentelle Studien zur Individualpsychologie. *Psychologische Arbeiten, 1,* 92-151.

Oh, H., Moosbrugger, H. & Poustka, F. (2005). Kann eine spezifische Aufmerksamkeitsdiagnostik zur Differentialdiagnostik psychischer Störungen beitragen? *Zeitschrift für Kinder- und Jugendpsychiatrie und Psychotherapie, 2005, Heft 2.*

Oswald, W. D., & Roth, E. (1987). ZVT: *Der Zahlen-Verbindungs-Test* (2., überarb. u. erweit. Aufl.). Göttingen: Hogrefe.

Posner, M. I. & Petersen, S. E. (1990). The attention system of the human brain. *Annual Review of Neuroscience, 13,* 25-41.

Rabbitt, P. (1997). Introduction: Methodologies and models in the study of executive functioning. In: P. Rabbitt (ed) *Methodology of frontal and executive function,* 1-38. Hove, UK: Psychology Press.

Reitan, R. M. (1958). Validity of the Trailmaking Test as an indication of organic brain damage. *Perceptual and Motor Skills, 8,* 271-276.

Rockstroh, S. & Schweizer, K. (2004). The effect of retest practice on the speed-ability relationship. *European Psychologist, 9,* 24-31.

Rosvold, H. E., Mirsky, A. F., Sarason, I., Bransome, E. D. & Beck, L. H. (1956). A continuous performance test of brain damage. *Journal of Consulting Psychology, 20,* 343-350.

Sass, H., Wittchen, H.-U. & Zaudig, M. (Hrsg.) (1996). *Diagnostisches und Statistisches Manual für psychische Störungen DSM IV.* Göttingen: Hogrefe.

Schmidt-Atzert, L., Büttner, G., & Bühner, M. (2004). Theoretische Aspekte von Aufmerksamkeits-/Konzentrationsdiagnostik. In: L. Schmidt-Atzert & G. Büttner (Hrsg.) *Diagnostik von Konzentration und Aufmerksamkeit, Tests und Trends Band 3,* 3-22. Göttingen: Hogrefe.

Schuhfried, G. (1990). *Arbeitsleistungsserie (ALS).* Mödling: Schuhfried.

Schuhfried, G. (2003a). *Daueraufmerksamkeit (DAUF).* Mödling: Schuhfried.

Schuhfried, G. (2003b). *Vigilanz (VIGIL).* Mödling: Schuhfried.

Schuhfried, G. (2004). *Wiener Determinationstest (DT).* Mödling: Schuhfried.

Schuhfried, G. & Prieler, J. (2002). *Wiener Reaktionstest (RT).* Mödling: Schuhfried.

Schweizer, K. (2005). An overview of research into the cognitive basis of intelligence. *Journal of Individual Differences, 26,* 43-51.

Spreen, O. & Strauss, E. (1991). *A compendium of neuropsychological tests. Administration, norms, and commentary.* New York, NY: Oxford University Press.

Steyer, R., Schmitt, M., & Eid, M. (1999). Latent state-trait theory and research in personality and individual differences. *European Journal of Personality, 13,* 389–408.

2

Stroop, J. R. (1935). Studies of interference in serial verbal reactions. *Journal of Experimental Psychology, 18*, 643-662.

Sturm, W. & Zimmermann, P. (2000). Aufmerksamkeitsstörungen. In: W. Sturm, M. Herrmann, & C.-W. Wallesch (Ed.), *Lehrbuch der klinischen Neuropsychologie*, 345-365. Lisse: Swets & Zeitlinger.

Wainer, H., Dorans, N. J., Green, B. F., Mislevy, R. J., Steinberg, L. & Thissen, D. (2000). Future Challenges. In: H. Wainer (Hrsg.) *Computerized adaptive testing: A primer*, 231-269. Mahwah: Lawrence Erlbaum Associates.

Westhoff, K. (1995). Aufmerksamkeit und Konzentration. In: M. Amelang (Hrsg.) *Enzyklopädie der Psychologie: Bd. C VIII 2. Verhaltens- und Leistungsunterschiede*, 375-402. Göttingen: Hogrefe.

Westhoff, K. & Dewald, D. (1990). Effekte der Übung in der Bearbeitung von Konzentrationstests. *Diagnostica, 36*, 1-15.

Westhoff, K. & Hagemeister, C. (1992). Reliabilität von Fehlern in Konzentrationstests. *Diagnostica, 38*, Heft 2, 116-129.

Westhoff, K. & Hagemeister, C. (2005). *Konzentrationsdiagnostik*. Lengerich: Pabst.

Westhoff, K., Hellfritsch, L. J., Hornke, L. F., Kubinger, K. D., Lang, F., Moosbrugger, H., Püschel, A. & Reimann, G. (2004) (Hrsg.) *Grundwissen für die berufsbezogene Eignungsbeurteilung nach DIN 33430*. Lengerich: Pabst.

Zimmermann, P. & Fimm, B. (2000). Testbatterie zur Aufmerksamkeitsprüfung (TAP). Würselen: Vera Fimm/Psychologische Testsysteme.

Zimmermann, P. & Fimm, B. (2004). *Die Testbatterie zur Aufmerksamkeitsprüfung (TAP)*. In: L. Schmidt-Atzert & G. Büttner (Hrsg.) *Diagnostik von Konzentration und Aufmerksamkeit, Tests und Trends Bd 3*, 177-202. Göttingen: Hogrefe.

Van Zomeren, A. H. & Brouwer, W. H. (1994). *Clinical neuropsychology of attention*. New York, NY: Oxford University Press.

2.3   Gedächtnisdiagnostik

Ester Reijnen, Iris-Katharina Penner, Klaus Opwis

2.3.1   Diagnostische Methoden

In der Diagnostik von Gedächtnisleistungen dominieren Methoden, die auf die Erfassung von Leistungen des Arbeitsgedächtnisses zielen, also auf das kurzfristige Einprägen, Behalten und Erinnern von Information. Damit sind insbesondere folgende Unterscheidungen angesprochen (vgl. auch ▶ Kap. 1.3.5): Strukturelle Annahmen über die kurzfristige Speicherung von Information mit Hilfe modalitätsspezifischer Systeme und prozessuale Annahmen über

die Verarbeitung dieser Information durch kontrollierte und strategische kognitive Operationen. Hinzu kommen Annahmen über eine begrenzte Speicher- und/oder Verarbeitungskapazität. Die grundlegenden funktionalen Kategorien kurzfristiger Gedächtnisleistungen sind die Speicherung und Transformation von Informationen, einschließlich der Möglichkeit ihrer Wiedergabe und ihrer gezielten Nutzung zur Bewältigung kognitiver Aufgaben sowie die strategische Steuerung und Kontrolle der Aktivitäten und Prozesse kurzfristige Gedächtnisanforderungen zu bewältigen. Als grundlegende Kategorien werden üblicherweise phonologische Informationen verbaler und numerischer Art von visuell-räumlichen Informationen unterschieden.

Ein standardisierter Test zur diagnostischen Erfassung der verschiedenen angesprochenen Leistungen des Arbeitsgedächtnisses existiert bis heute nicht. In den meisten Leistungs- und Intelligenztests finden sich Untertests zur Erfassung ausgewählter Gedächtnisleistungen, häufig in Form einer seriellen Lern- und Gedächtnisaufgabe (Präsentation einer Liste von Ziffern oder Worten mit anschließender Behaltensprüfung).

Nachfolgend werden zunächst ausgewählte kognitionspsychologische Verfahren vorgestellt, die zur Anwendung kommen, um grundlegende funktionale und inhaltliche Kategorien des Arbeitsgedächtnisses zu erfassen. Anschließend wird ein Überblick über neuropsychologische und bildgebende Verfahren gegeben. Darauf folgen Abschnitte zur Diagnostik ausgewählter Gedächtnisaspekte, zu Gedächtnisbatterien sowie zum Zusammenhang von Gedächtnis und Intelligenz.

2.3.2   Kognitionspsychologische Verfahren

Zur *Messung der phonologischen Kapazität des Arbeitsgedächtnisses* werden Verfahren eingesetzt, die in der gedächtnispsychologischen Forschung eine lange Tradition haben. Bei der Zifferspanne (»digit span«) wird sequenziell eine Liste von zumeist fünf bis neun Ziffern dargeboten (❑ Abb. 2.5 a). Anschließend ist die Liste unmittelbar zu erinnern, entweder in der ursprünglichen Reihenfolge (»forward«) oder in umgekehrter Reihenfolge (»backward«). Im ersten

Fall gilt die resultierende Leistung als reliables und valides Maß für die Kapazität des Kurzzeitsgedächtnisses und weniger als ein Maß für die Kapazität des Arbeitsgedächtnisses, da keinerlei spezifische Verarbeitung oder Transformation der zu behaltenden Information erforderlich ist. Die Wiedergabe in umgekehrter Reihenfolge erfordert dagegen eine Transformation und wird daher allgemein als valideres Maß für die Kapazität des eigentlichen Arbeitsgedächtnisses angesehen, insbesondere seiner phonologischen Komponente. Wird anstelle einer Liste von Ziffern eine Wortliste verwendet, resultiert eine Messung der Wortspanne (»verbal span«).

Bekannte Verfahren zur Messung der visuellräumlichen Kapazität des Arbeitsgedächtnisses sind die *Musterwiedergabe* (»pattern recall«) und die »*Corsi-Block*«-*Spanne* (»Corsi blocks span«). Im ersten Verfahren wird der Person ein visuelles Muster dargeboten, etwa schwarz eingefärbte Felder in zufälliger Verteilung in einer matrixartigen Anordnung von quadratischen oder rechteckigen Feldern. Anschließend ist das Muster zu reproduzieren (◘ Abb. 2.5 b).

Durch die Verwendung zunehmend komplexer Muster wird die maximale Kapazität bestimmt, im Sinne der größten Anzahl korrekt reproduzierter Felder. Bei der sog. *Corsi-Block-Spanne* wird der Person eine geometrische Anordnung von Würfeln dargeboten (◘ Abb. 2.5 c). Auf der Seite des Versuchsleiters sind die Würfel nummeriert, so dass sie problemlos in einer bestimmten, zuvor festgelegten Reihenfolge berührt werden können. Aufgabe der Person ist es anschließend, die Würfel in derselben Reihenfolge zu berühren. Durch die sukzessive Steigerung der Anzahl berührter Würfel wird die Kapazitätsgrenze bestimmbar. Beide Verfahren werden auch in der neuropsychologischen Diagnostik häufig eingesetzt, um die Gedächtnisleistungen von Patienten zu untersuchen. Dazu sind entsprechende Normierungen bzw. Vergleichsdaten erforderlich (vgl. etwa Mitrushina et al. 1999).

Hohe Anforderungen werden an das Arbeitsgedächtnis auch durch Verfahren gestellt, welche die Umordnung von Symbolen und die Speicherung der anfallenden Zwischenergebnisse erfordern. Obwohl die einfache Umordnung gewöhnlich keinerlei Schwierigkeiten bereitet, nimmt die Belastung und

(a) Ziffernspanne

„8 - 5 - 4 - 7 - 2 - 3"

„8 - 5 - 4 - 7 - 2 - 3" (vorwärts)

„3 - 2 - 7 - 4 - 5 - 8" (rückwärts)

(b) Musterwiedergabe

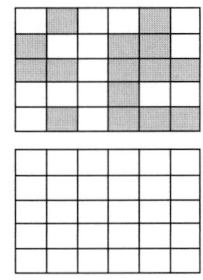

(c) Corst-Block Spanne

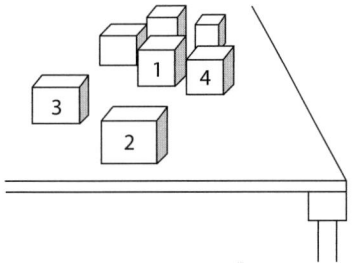

◘ **Abb. 2.5.** Ausgewählte Paradigmen zur Messung von Leistungen des Arbeitsgedächtnisses

damit auch die Fehlerwahrscheinlichkeit mit jeder zusätzlichen Umordnung beträchtlich zu (Schweizer 1996; Stankov 2000).

Zur Messung von *Leistungen exekutiver Prozesse des Arbeitsgedächtnisses* werden eine Vielfalt von Verfahren eingesetzt, zumeist auf der Grundlage einer Mehrfachtätigkeitsaufgabe. Bei der sog. Lesespanne (»listening/reading span«) wird sequenziell ein Satz dargeboten, sei es visuell Wort für Wort auf einem Bildschirm oder akustisch. Die Aufgabe besteht einerseits darin, so rasch wie möglich für jeden Satz zu entscheiden, ob der Satz zutrifft oder nicht sowie andererseits das letzte Wort jedes Satzes zu erinnern und zu einem späteren Zeitpunkt sequenziell zu reproduzieren. Bei den sog. »N-back«-Aufgaben (»N-back task«) wird eine Sequenz von Wörtern, Ziffern oder auch geometrischen Formen präsentiert. Aufgabe ist es, für jedes dargebotene Objekt zu entscheiden, ob dieses mit demjenigen Objekt übereinstimmt, welches N Stellen in der Sequenz zuvor präsentiert worden war.

Abhängige Variablen sind üblicherweise die Reaktionszeiten und die Fehlerzahlen. Andere Verfahren beinhalten zumeist einerseits eine Behaltensaufgabe, zumeist eine Liste von Ziffern oder Worten, gefolgt von einer zweiten Aufgabe, zu deren Lösung ebenfalls das Arbeitsgedächtnis erforderlich ist. Dies können Aufgaben sein, die einfache visuell-räumliche Schlussfolgerungen beinhalten (»Objekt A ist größer als B. B ist kleiner als C. Welches ist das größte Objekt?«), oder Aufgaben, die einfache Entscheidungen verlangen. Bei verbal-lexikalischen Entscheidungsaufgaben können beispielsweise vier Begriffe für Objekte dargeboten werden (Tische, Bäume usw.), gefolgt von der Bezeichnung einer Kategorie (z. B. Möbel). Aufgabe ist es, so schnell wie möglich denjenigen Objektbegriff auszuwählen, der Unterbegriff der Kategorie ist (hier: Tische).

Bei numerisch-arithmetischen Entscheidungsaufgaben werden beispielsweise 4 Ziffern dargeboten, gefolgt von 1 weiteren Ziffer. Die Versuchsperson muss so schnell wie möglich entscheiden, welche der 4 Ziffern mit der 5. Ziffer in einer speziellen arithmetischen Relation steht (etwa die Addition beider Ziffern ergibt eine durch 3 teilbare Zahl). Mehrfachtätigkeitsaufgaben erfordern eine aufgabenbezogene Koordination und Integration von Information, etwa im Sinne des gleichzeitigen Zugriffs auf mehrere Informationselemente oder der gedanklichen Zusammenfügung elementarer Information zu komplexen Einheiten und Strukturen. Durch die spezifische Kombination von zwei Aufgaben lassen sich systematisch Leistungen erfassen, die auf der Verarbeitung von visuell-räumlicher Information, von phonologisch-verbaler Information oder auch auf der Interaktion von Informationen unterschiedlicher Modalitäten beruhen. Beispiele finden sich etwa bei Oberauer et al. (2000).

Entwicklungspsychologisch sehr gut belegt ist die zunehmende Leistungsfähigkeit der verschiedenen Komponenten des Arbeitsgedächtnisses im Kindes- und Jugendalter (etwa Gathercole 1999). Die phonologische Kapazität, die visuell-räumliche Kapazität und die exekutiven Kompetenzen zeigen kontinuierliche und erhebliche Verbesserungen bis etwa zum Alter von 15–16 Jahren. Ein umgekehrter Entwicklungstrend zeigt sich im höheren Erwachsenenalter (Salthouse 1990).

2.3.3 Neuropsychologische Verfahren

Die klinische Neuropsychologie versteht sich als angewandte Wissenschaft und beschäftigt sich als solche insbesondere mit der Frage, wie sich Gehirndysfunktionen unterschiedlicher Genese auf das beobachtbare Verhalten von Menschen auswirken. Besondere Bedeutung erlangte diese Disziplin erstmals in der ersten Hälfte des 20. Jahrhunderts, als Untersuchungen an hirnverletzten Soldaten des ersten Weltkrieges durchgeführt wurden. Hierbei bestand das primäre Ziel darin, die Defizite der Soldaten diagnostisch zu spezifizieren und zu quantifizieren, um auf dieser Grundlage spezifische Rehabilitationsprogramme zu entwickeln (z. B. Goldstein 1995; Poppelreuter 1990). Der 2. Weltkrieg sowie nachfolgende Kriege in Ostasien und im Mittleren Osten trugen dazu bei, dass die klinische Neuropsychologie zunehmend an Bedeutung gewann und immer sensitivere Untersuchungstechniken entwickelt wurden. Heutzutage liegt die Bedeutsamkeit der klinischen Neuropsychologie nicht nur im diagnostischen Sektor, sondern darüber hinaus in ihrem wichtigen Beitrag zur Behandlung von Patienten und zum Verständnis der Beziehung von Verhalten und Hirnfunktionen.

Neue Methoden sind in den letzten Jahren in den Vordergrund gerückt, wie insbesondere die nicht-invasiven bildgebenden Verfahren (Frith u. Friston 1997; Papanicolaou 1998) und elektrophysiologische Verfahren (Frackowiak et al. 1997; Kutas u. Dale 1997). Diese Verfahren sind hoch sensitiv und bilden Hirnveränderungen zuverlässig ab. Mit ihrer Hilfe kann nicht nur festgestellt werden, ob der Patient eine Hirnverletzung hat, sondern Ort und Ausmaß können sehr präzise bildlich dargestellt werden. Dennoch gibt es Erkrankungen, bei denen selbst solche Verfahren in ihrer diagnostischen Aussagekraft an ihre Grenze stoßen und bei denen neuropsychologische Untersuchungen wesentlich sensitiver sind. Erkrankungen, bei denen dies der Fall ist, sind z. B. toxische Enzephalopathien (Anger 1990; Morrow 1998), Alzheimer und verwandte demenzielle Erkrankungen (Derrer et al. 2001; Welsh-

Bohmer et al. 2003) sowie leichte traumatische Hirnverletzungen (Bigler 1999; Ricker u. Zafonte 2000). Auch wenn bildgebende Verfahren die Lokalisation und das Ausmaß einer Läsion abbilden, sind sie nicht in der Lage, die sie begleitenden kognitiven und behavioralen Defizite zu erfassen. Eine Kombination von bildgebenden und neuropsychologischen Testverfahren sollte daher wenn möglich immer angedacht werden.

2.3.4 Bildgebende Verfahren

Bildgebende Verfahren wie MRT (Magnetresonanztomographie), CT (Computertomographie), PET (Positronenemissionstomographie) oder SPECT (Single-Photon-Emission-Computertomographie) gehören heute zum Standardrepertoire jeder Neurodiagnostik. Mit ihrer Hilfe gelingt es, strukturelle Veränderungen des Gehirns, seien sie durch Schlaganfall, Tumor oder entzündliche Prozesse hervorgerufen, zu visualisieren und entsprechende Behandlungsmaßnahmen einzuleiten.

Bildgebende Verfahren zählen im Bereich der Neurowissenschaften mittlerweile auch zum Standardrepertoire kognitiver Forschung. Allerdings steht die strukturelle Darstellung des Gehirns hierbei nicht im Fokus des Interesses, sondern vielmehr die Visualisierung der Gehirnfunktion. Mittels der funktionellen MRT gelingt es, diejenigen Hirnregionen zu visualisieren, die an der Ausführung einer kognitiven Aufgabe beteiligt sind. Im Vergleich zwischen gesunden Personen und Patienten mit umschriebenen Hirnläsionen wird es möglich, Funktionalitäten neuronaler Netzwerke genauer zu definieren. In der klinischen Diagnostik hat der Einsatz funktioneller Verfahren derweil allerdings noch einen geringen Stellenwert. Ihre Anwendung ist kostspielig und setzt Experten voraus, die diese Methode anwenden und die resultierenden Ergebnisse auswerten und analysieren können.

In der Gedächtnisforschung hat die Anwendung bildgebender Verfahren jedoch dazu geführt, Modellannahmen zu bestätigen oder zu revidieren und spezifische Regionen zu belegen, die für die Ausführung eines bestimmten Gedächtnisprozesses notwendig sind. Die Frage nach der Spezifität dieser Regionen ist dennoch nicht geklärt. Beispielsweise

ist der dorsolaterale präfrontale Kortex eine Region, die bei Leistungen des Arbeitsgedächtnis stets involviert ist. Aber auch exekutive Prozesse greifen auf diese Struktur zurück, so dass es sich nicht um ein spezifisches Arbeitsgedächtnisareal handelt. Neuere Studien versuchen der Spezifität der Areale damit näher zu kommen, dass Paradigmen entwickelt werden, die einzelne Subkomponenten eines Gedächtnisprozesses separat erklären.

Den Arbeiten von Smith und Jonides (1997, 1999a, 1999b) liegen Paradigmen zur Segregierung der verschiedenen Arbeitsgedächtniskomponenten des Baddeley-Modells zu Grunde. Während der phonologische Anteil eine linkshemisphärische Aktivierung präfrontaler und parietaler Areale hervorrief, erzeugte der visuell-räumliche Anteil eine rechtshemisphärische Aktivierung dieses Netzwerkes. Ob eine vergleichbare Spezifizierung, wie sie für die Hemisphären gezeigt werden kann, auch für einzelne Areale in verschiedenen Gedächtnisprozessen möglich sein wird, bleibt Gegenstand weiterer Forschung. Zukünftige Gedächtnisforschung wird dahingehen, feinmaschigere Paradigmen zu entwickeln, um die Komplexität der kognitiven Prozesse auf Subprozesse zu reduzieren und für jene spezifische Gehirnareale zu entdecken. Wenn dies möglich ist, können darauf abgestimmt gezieltere Interventionsmaßnahmen entwickelt werden, die einen Patienten, der ein Defizit in einem spezifischen Subprozess (z. B. ausschließlich in der phonologischen Schlaufe des Arbeitsgedächtnisses) aufweist, gezielt fördern.

2.3.5 Diagnostik ausgewählter Gedächtnisaspekte

Wie im Kapitel Gedächtnisleistung ausführlich besprochen, ermöglicht das menschliche Gedächtnis die grundlegende Fähigkeit, Informationen zu speichern und diese Informationen zu späteren Zeitpunkten und zu inhaltlich passenden Situationen wieder abzurufen (Fuster 1995). Damit das Gedächtnis effizient funktionieren kann, ist das intakte Zusammenspiel vieler Gehirnregionen erforderlich. Einige dieser für das Gedächtnis wesentlichen neuronalen Strukturen sind anfällig für Verletzungen und Erkrankungen des Gehirns. Es ist augenscheinlich, dass verschiedene neurologische und psychiatrische Erkrankungen Defizite im Bereich des Gedächtnisses nach sich ziehen. Daher nimmt die Untersuchung von Gedächtnisprozessen in der klinischen Neuropsychologie einen zentralen Stellenwert ein. Im Folgenden wird auf einige bekannte Verfahren zur Erfassung verschiedener Gedächtnisprozesse näher eingegangen. Aufgrund der Fülle existierender Testverfahren kann diese Zusammenstellung allerdings nicht erschöpfend sein.

Das kurzfristige Behalten von Information. Die sog. *Brown-Peterson-Technik* zur Erfassung des kurzfristigen Behaltens von Informationen ist eine der bekanntesten Methoden zur Untersuchung des Kurzzeitgedächtnisses (Peterson u. Peterson 1959; Peterson 1966; Baddeley 1986). Im Gegensatz zu vielen Arbeitsgedächtnisaufgaben verlangt dieses Verfahren keine Manipulation der aufgenommenen Information, sondern lediglich ihren korrekten Abruf. Die *Brown-Peterson-Technik* kann sowohl akustisch als auch visuell durchgeführt werden. Der zu untersuchenden Person werden drei Konsonanten (Trigramm) in einem Abstand von einer Sekunde präsentiert. Darauf folgt unmittelbar eine Zahl von der aus die Person in Dreierschritten laut rückwärts zählen muss. Sobald der Untersucher ein Zeichen gibt, muss das Konsonantentrigramm reproduziert werden. Das laute Rückwärtszählen ist als sog. Distraktoraufgabe anzusehen, die ein Rehearsal unterbinden soll, selbst aber nicht mit den Konsonanten interferiert. Die Reproduktionsleistung nimmt bei dieser Aufgabe mit zunehmendem Distraktorzeitintervall ab.

Die *Brown-Peterson-Technik* eignet sich in der klinischen Neuropsychologie zur Erfassung von Defiziten im Kurzzeitgedächtnis, die sich durch einen raschen Zerfall von Gedächtnisspuren kennzeichnen. Baddeley u. Warrington (1970) wandten diese Technik als eine der ersten an einer klinischen Population an. Ihren Resultate zeigten bei Patienten mit Korsakoff-Syndrom keine signifikanten Unterschiede zu gesunden Kontrollpersonen. Nachfolgende Studien konnten dieses Ergebnis allerdings nicht bestätigen und beschrieben gravierende Leistungseinbussen bei Korsakoff-Patienten (Butters u. Cermak 1980; Leng u. Parkin 1989). Heute geht man davon aus, dass die Gedächtnisdefizite von Korsakoff-Pa-

tienten auf Dysfunktionen im Frontallappen zurückzuführen ist. Diese Annahme wird auch durch die Beobachtung untermauert, dass selbst Patienten mit Pathologien im Bereich des Temporallappens, der als kortikaler Ort für Gedächtnisprozesse von zentraler Bedeutung ist, beim Brown-Peterson Paradigma besser abschnitten als Korsakoff-Patienten.

Eine weitere Unterstützung für die These, dass das Brown-Peterson-Paradigma sensitiv gegenüber Frontalhirndysfunktionen ist, lieferten Ergebnisse von Kapur (1988) an Patienten mit bifrontalen Tumoren. Demgegenüber konnte Milner (1970, 1972) Evidenz für eine Sensitivität gegenüber Dysfunktionen des Temporallappens finden. Hier zeigten Patienten mit rechtshemisphärischen Lobektomien keine signifikanten Unterschiede zu Kontrollpersonen, während Patienten mit einer Entfernung linkstemporaler Regionen mit ansteigendem Hippocampusverlust deutliche Einbußen aufwiesen. Eine Sensitivität gegenüber Temporallappendysfunktionen und damit gegenüber Gedächtnisfunktionen scheint somit auch gegeben zu sein, allerdings lassen die doch recht heterogenen Befunde den Schluss zu, dass die Sensitivität des Testverfahrens nicht maximal ist.

Verbales Lernen. Der *California Verbal Learning Test* (CVLT; Delis et al. 1987) dient der Erfassung des Gebrauchs semantischer Assoziationen, die als Strategie eingesetzt werden, um eine bestimmte Anzahl von Wörtern zu lernen. Jede Liste des CVLT besteht aus 16 Wörtern, von denen jedes Wort einer von 4 Kategorien (z. B. Früchte, Kleidung, Werkzeuge) zugeordnet werden kann. Die Wörter werden der zu untersuchenden Person vom Untersucher in einem Abstand von ca. 1 s laut vorgelesen. Die Aufgabe besteht darin, die Wortliste nach dem Vorlesen frei zu reproduzieren, wobei es nicht auf die Reihenfolge der Wörter ankommt. Nach der Reproduktion wird die Liste erneut präsentiert. Insgesamt gibt es 5 Durchgänge. Danach wird eine neue Wortliste präsentiert, die als Interferenz dient. Nach der Reproduktion dieser Interferenzliste, soll erneut die zuerst präsentierte Liste wiedergegeben werden (kurzzeitig verzögerter freier Abruf; »*short delay free recall*«). Darauf folgt die Aufforderung, die 1. Liste gemäß der vier Kategorien wiederzugeben (»*short delay cued recall*«). Abschließend erfolgt ein Spätabruf der

1. Liste nach 20 min, die einmal frei wiedergegeben werden soll (langzeitig verzögerter freier Abruf; »*long delay free recall*«) und einmal unter zu Hilfenahme der vorgegebenen Kategorien stattfindet (»*long delay cued recall*«). Abschließend findet eine Wiedererkennungsprüfung statt, bei der 44 Wörter präsentiert werden und die zu untersuchende Person entscheiden muss, ob das jeweilige Wort in der 1. Liste enthalten war oder nicht.

Der CVLT misst aufgrund seiner sequenziellen Darbietung sehr unterschiedliche Aspekte: Er ist kein spezifischer Test zur Erfassung des verbalen Lernens, da verbales Gedächtnis und konzeptuelle Fähigkeiten hier interagieren. Ist man aber daran interessiert, ob und wie gut ein Patient Lernstrategien anwendet, die auf der Bildung von Konzepten basieren, ist dieser Test das Verfahren der Wahl. In klinischen Studien konnte gezeigt werden, dass Patienten mit Frontalhirnläsionen im Vergleich zu Kontrollpersonen eine niedrigere Lernkurve zeigten, eine erhöhte Tendenz an den Tag legten, sog. Intrusionen zu gebrauchen (das sind Wiedergabefehler, die sich unbeabsichtigt anstelle der eigentlich zu erinnernden Wörter aufdrängen) und weniger semantische Cluster bildeten (Baldo et al. 2002). Beide Gruppen konnten darüber hinaus vom Hinweis auf eine Kategorienbildung profitieren und erinnerten tendenziell mehr Wörter im langzeitigen im Vergleich zum kurzzeitig verzögerten Abruf. Aus diesen Resultaten schloss man, dass der Frontallappen eine entscheidende Rolle bei strategischen Gedächtnisprozessen und dem Quellengedächtnis spielt. Ricker et al. (2001) wandten eine 12-Item Version des CVLT bei einer PET-Untersuchung an Patienten mit schweren traumatischen Hirnverletzungen an.

Im Vergleich zwischen freiem Abruf und Wiedererkennung zeigten gesunde Kontrollpersonen und Patienten vor allem signifikante Unterschiede im zerebralen Blutfluss frontoparietaler Regionen. Beim freiem Abruf zeigten die Kontrollpersonen einen signifikanten Blutflussanstieg im mittleren Gyrus frontalis, im linken medialen Cerebellum und im linken Gyrus angularis und supramarginalis. Die Patienten hingegen zeigten ausschließlich einen Anstieg im linken Gyrus angularis und supramarginalis. Beim Wiedererkennungsdurchgang zeigten beide Gruppen einen Blutflussanstieg bilateral im mitt-

leren Gyrus frontalis, wobei bei Patienten hier ein stärkerer Anstieg gefunden werden konnte. Dies verdeutlicht nochmals die Beteiligung frontaler Hirnregionen beim Abruf zuvor gelernter Informationen aus dem Gedächtnis. Der CVLT wird mittlerweile zur Untersuchung von Patienten mit Hirndefiziten unterschiedlichster Genese eingesetzt. Er hat sich vor allem bei Patienten mit noch leichter Ausprägung von Alzheimer bewährt, bereits vorhandene Gedächtnisprobleme zuverlässig anzuzeigen (Bayley et al. 2000; Bondi et al. 1994). Alzheimerpatienten geben weniger Wörter vom Beginn der Liste wieder (Bayley et al. 2000) und zeigen ihr größtes Defizit beim freien Spätabruf (Massman et al. 1993; Zakzanis 1998). Beide Tatsachen deuten auf Defizite im langfristigen Abspeichern, im Lernen und Abrufen von Informationen hin. Diese Problematiken scheinen in direkter Beziehung zu atrophischen Prozessen im medialen Temporallappen und im Thalamus zu stehen (Libon et al. 1998; Stout et al. 1999).

2.3.6 Gedächtnisbatterien

Wie aus dem Kapitel zum Gedächtnis hervorgegangen ist, gibt es nicht ein Gedächtnis, das mit einem einzelnen Test zuverlässig erfasst werden kann. Vielmehr werden unter dem Begriff Gedächtnis verschiedene Prozesse subsummiert, die es separat zu erfassen gilt. Eine neuropsychologische Abklärung von Gedächtnisdefiziten besteht daher meist nicht aus einzelnen Testverfahren, die der Untersucher willkürlich zusammenstellt, sondern wendet häufig Gedächtnisbatterien an, mit denen den unterschiedlichen Gedächtnisprozessen Rechnung getragen werden kann. Der Vorteil von Gedächtnisbatterien besteht darin, dass sie in standardisierter Reihenfolge durchgeführt werden und oftmals Normen zur Verfügung stellen. Auf einige wesentliche Batterien wird im Folgenden eingegangen:

Wechsler Memory Scale/Wechsler Memory Scale Revised (WMS-O, WMS-R, WMS-III; Wechsler 1945; Stone et al. 1946; Wechsler u. Stone 1974; Wechsler 1997). Die *Wechsler Memory Scale* (WMS) sowie ihre revidierten Versionen ist die am weitesten verbreitete und bekannte Gedächtnisbatterie. 1945 wurde sie erstmals publiziert (Wechsler 1945).

Darauf folgten mehrere Revisionen, von denen die letzte 1997 publiziert wurde. Die folgende inhaltliche Spezifikation bezieht sich ausschließlich auf die zuletzt erschienene Version (WMS-III).

Im Vergleich zu den vorausgegangenen Versionen umfasst die WMS-III wesentlich mehr Untertests. Insgesamt enthält die WMS-III elf verschiedene Testverfahren, von denen 6 zum wesentlichen Kern der Batterie zählen und 5 als optional angegeben werden. Die Kerntests liefern 8 sog. primäre Gedächtnisindizes zu den Bereichen: unmittelbares auditives, unmittelbares visuelles, unmittelbares Gedächtnis, auditiv zeitlich verzögertes, visuell zeitlich verzögertes, auditiv wiedererkennendes zeitlich verzögertes Gedächtnis, allgemeines Gedächtnis und Arbeitsgedächtnis. Diese Indizes fließen in die Scores unmittelbares Gedächtnis, allgemeines zeitlich verzögertes Gedächtnis und Arbeitsgedächtnis ein. Neuropsychologische Befunde zeigen eine eher bescheidene kriterienbezogene Validität dieser Gedächtnisbatterie, was vor allem auf die Zusammenführung verschiedener Testverfahren in einen Hauptscore zurückzuführen zu sein scheint. In einer multizentrischen Studie im Hinblick auf die Nützlichkeit der WMS-III beim Erkennen von lateralisierten Gehirnbeeinträchtigungen wurden Patienten mit Temporallappenepilepsie untersucht. Hierbei zeigte sich, dass der auditiv-visuell zeitlich verzögerte Index am sensitivsten gegenüber der Seitigkeit der Temporallappendysfunktion war. Allerdings ist die Fähigkeit, die Lateralität anhand statistisch signifikanter Index-Score-Differenzen vorherzusagen als fragwürdig einzustufen. Die schlechtesten Vorhersagen zeigten sich hierbei bei Patienten mit linkshemisphärischer Temporallappendysfunktion (Wilde et al. 2001).

Rivermead Behavioral Memory Test (RBMT, RBMT-11; Wilson et al. 1985, 2003). Der RBMT wurde entwickelt, um Testmasse zur Verfügung zu stellen, die direkt zu den praktischen Effekten einer Gedächtnisstörung in Beziehung steht, die eine zerebrale Hirnschädigung nach sich ziehen kann und um Veränderungen zu kontrollieren, die durch eine Therapie hervorgerufen werden. Demzufolge enthält der RBMT vorwiegend praxisrelevante Aufgaben, wie z. B. das Erinnern eines Namens assoziiert mit einem Foto, Erinnern einer Verabredung, Erinnern des Inhalts eines Zeitungsartikels, Gesichtererkennung usw. Somit gibt der Test nach der Durchführung recht zuverlässig Aufschluss darüber, welcher Art die Gedächtnisschwierigkeiten sind, mit denen hirnverletzte Patienten in ihrem Alltag konfrontiert werden. Neuropsychologische Studien belegen, dass der RBMT die Gedächtnisdefizite von leicht bis schwer beeinträchtigten Patienten mit traumatischer Hirnschädigung sehr gut aufdeckt (Baddeley et al. 1987).

Im Vergleich zu Schlaganfallpatienten zeigen hirnverletzte Patienten tendenziell mehr Schwierigkeiten, sich an Namen, Verabredungen und Bilder zu erinnern. Dies gilt sowohl für das unmittelbare als auch das zeitlich verzögerte Erinnern. Beim Betrachten der gesamten Testleistung stellt sich zudem heraus, dass die Schlaganfallpatienten bei keiner der Testaufgaben im Mittel schlechter abschnitten als die traumatisierten Patienten (Wilson et al. 1989). Der RBMT ist ein Testverfahren, das nicht auf theoretischen Grundlagen basiert, sondern aufgrund klinischer Erfahrungen mit Patienten mit Gedächtnisdefiziten entwickelt wurde. Seine praxisrelevante Bedeutung ist daher sehr hoch. Allerdings mangelt es dem Test an Sensitivität im oberen und unteren Leistungsbereich, da er meist nur ein 2- oder 3-Punkte-Scoring enthält (Leng u. Parkin 1990). Bei Patienten mit leichten Gedächtnisdefiziten, z. B. im Rahmen der traumatischen Hirnverletzungen oder der Multiplen Sklerose, zeigt dieser Test darüber hinaus eine schlechte Sensitivität bei der Erkennung von Defiziten. Im Bereich der moderaten bis schweren Beeinträchtigungen hat sich dieses Instrument jedoch bei unterschiedlichsten Erkrankungen als sehr zuverlässig erwiesen.

Die neuropsychologische Testbatterie CERAD. Im Jahre 1986 gründete das nationale amerikanische Institut für Altersforschung das *Consortium to Establish a Registry for Alzheimer's Disease* (CERAD). In diesem Zusammenhang wurde eine neuropsychologische Testbatterie entwickelt, die unter der Bezeichnung CERAD weite internationale Verbreitung gefunden hat (Morris et al. 1988; Welsh et al. 1994) und auch in einer deutschsprachigen Version vorliegt (Monsch 1997). Die Testbatterie besteht insgesamt aus 8 verschiedenen Aufgaben und erfasst speziell solche Leistungs- und Funktionsbereiche, in denen bei Demenzerkrankungen vom Alzheimertyp spezifische kognitive Defizite zu erwarten sind: Gedächtnis, Sprache, Praxie und Orientierung (Welsh-Bohmer u. Mohs 1997). Als Gedächtnistest wird das Paradigma des seriellen Lernens verwendet. Die Testpersonen lesen nacheinander 10 gedruckte Wörter laut vor, die sie unmittelbar anschließend in freier Reproduktion wiedergeben müssen. In 2 weiteren Lerndurchgängen werden die Wörter in einer veränderten Reihenfolge nochmals präsentiert. Erfasst wird die Anzahl korrekter Antworten über alle Durchgänge (max. 30). Zu einem späteren Zeitpunkt und nach weiteren Aufgaben müssen die Personen die 10 Wörter erneut erinnern sowie anschließend aus einer Menge von insgesamt 40 Wörtern wiedererkennen. Aebi (2002) konnte zeigen, dass die auf diese Weise diagnostisch erfassten Gedächtnisleistungen mit einer hohen diskriminanten Validität von rund 85% zwischen Patienten mit einer Demenzerkrankung vom Alzheimertyp und altersmäßig vergleichbaren Kontrollpersonen unterscheiden können.

Die neuropsychologische Testbatterie zur Aufmerksamkeitsprüfung (TAP). Die von Zimmermann u. Fimm (1992) entwickelte *Testbatterie zur Aufmerksamkeitsprüfung* (TAP) gilt im deutschsprachigen Raum als verlässliches und gut standardisiertes computerbasiertes Messinstrument zur differenzierten Diagnostik von Aufmerksamkeitsleistungen. Die Testbatterie besteht insgesamt aus 12 verschiedenen Aufgaben und erfasst speziell solche Leistungs- und Funktionsbereiche, in denen aufgrund klinischer Beobachtungen und Erfahrungen mit hirngeschädigten Patienten Beeinträchtigungen zu erwarten sind: Aufmerksamkeit (vgl. dazu ► Kap. 2.2), aber auch das Arbeitsgedächtnis. Zur Diagnose des Arbeitsgedächtnisses wird von der Person verlangt, dass sie immer dann eine bestimmte Reaktionstaste drückt, wenn eine auf dem Bildschirm dargebotene Zahl der zwei Durchgänge zuvor dargebotenen Zahl entspricht (»2-back«-Aufgabe).

2.3.7 Gedächtnis und Intelligenz

In ihrer breit angelegten Studie gingen Oberauer et al. (2000) auch der Frage des Zusammenhangs von Gedächtnis und Intelligenz nach. Ausgangspunkt

ihrer Analysen waren einerseits 25 verschiedene Indikatoren für Leistungen des Arbeitsgedächtnisses, erhoben an insgesamt 128 erwachsenen Personen. Dieselben Personen bearbeiteten darüber hinaus den *Berliner Intelligenzstrukturtest* (BIS, Jäger 1982). Eine faktorenanalytische Auswertung der Gedächtnisindikatoren legte eine 3-faktorielle Struktur nahe. Der 1. Faktor wird interpretiert als Faktor, der die verbal-numerische Komponente des Arbeitsgedächtnisses umfasst. Auf den 2. Faktor laden insbesondere solche Indikatoren, die räumlich-visuelle Komponenten des Arbeitsgedächtnisses beinhalten. Der 3. Faktor deckt exekutive Prozesse ab, aber auch Geschwindigkeitsaspekte. Als Intelligenzleistungen werden die Untertests des BIS für Geschwindigkeit (»*speed*«), Schlussfolgern (»*reasoning*«) sowie numerische, verbale und räumliche Intelligenz herangezogen.

Nahezu alle Interkorrelationen zwischen den 3 Komponenten des Arbeitsgedächtnisses und den 5 Komponenten der Intelligenz sind positiv und hoch signifikant. So korreliert die verbal-numerische Komponente des Arbeitsgedächtnisses zu 0,46 bzw. 0,37 mit der numerischen bzw. verbalen Intelligenz und die räumlich-visuelle Komponente des Arbeitsgedächtnisses zu 0,52 mit der räumlichen Intelligenz. Der 3. Arbeitsgedächtnisfaktor korreliert mit allen Intelligenzleistungen (min. 0,34, max. 0,61). Gleiches gilt in umgekehrter Weise für die als Schlussfolgern umschriebene Intelligenzleistung. Diese korreliert hoch mit allen 3 Komponenten des Arbeitsgedächtnisses (min. 0,41, max. 0,56).

In ihrem Übersichtsartikel zum Zusammenhang von Arbeitsgedächtnis und Intelligenz bestätigen Conway et al. (2003) dieses Ergebnis (vgl. auch Ackerman et al. 2005). Sie kommen aufgrund der vorliegenden Befunde verschiedener Studien zu dem Schluss, dass die Leistungen des Arbeitsgedächtnisses und die allgemeine Intelligenz (g-Faktor) mindestens ein Drittel, wenn nicht sogar 50 % gemeinsame Varianzanteile aufweisen. Die grundlegenden Funktionen des Arbeitsgedächtnisses, also die kurzfristige Speicherung von Information mit Hilfe modalitätsspezifischer Systeme, die strategische kognitive Verarbeitung dieser Information und eine aufgabenangepasste kontrollierte Steuerung und flexible Kontrolle kognitiver Prozesse, sind danach auch für Intelligenzleistungen wichtige Voraussetzungen.

2.3.8 Fazit

Das Konzept des Arbeitsgedächtnisses hat sich in den letzten Jahren theoretisch, experimentell, neuropsychologisch, aber auch diagnostisch als überaus fruchtbar erwiesen. Dies gilt trotz – oder vielleicht gerade wegen – der Einschränkung, dass die damit einhergehenden Vorstellungen eher den Status eines vagen und metaphorischen theoretischen Rahmens haben. Besonders deutlich wird dies bei der postulierten zentralen Exekutive. Struktur und Funktionsweise dieser Systemkomponente sind seit Jahren Gegenstand intensiver Forschungen und immer noch nicht zufriedenstellend geklärt. Auf der anderen Seite können die grundlegenden Funktionen des Arbeitsgedächtnisses, also die kurzfristige Speicherung von Information mit Hilfe modalitätsspezifischer Systeme, die strategische kognitive Verarbeitung dieser Information und eine aufgabenangepasste kontrollierte Steuerung und flexible Kontrolle kognitiver Prozesse durch zahlreiche Paradigmen und Verfahren reliabel und valide diagnostisch erfasst werden. Dies spielt auch in der diagnostischen Praxis eine wichtige Rolle, sind doch Gedächtnisleistungen für viele Erkrankungen und altersbedingte Veränderungen zuverlässige Marker. Leider existiert heute noch kein standardisierter Test zur diagnostischen Erfassung der verschiedenen grundlegenden Leistungen des Arbeitsgedächtnisses.

Literatur

Ackerman, P. L., Beier, M. E. & Boyle, M. O. (2005). Working memory and intelligence: The same or different constructs? *Psychological Bulletin, 131,* 30-60.

Aebi, C. (2002). *Validierung der neuropsychologischen Testbatterie CERAD-NP: Eine Multi-Center Studie* (unveröff. Dissertation). Basel: Philosophisch-Historische Fakultät.

Anger, W. K. (1990). Worksite behavioral research: Results, sensitive methods, test batteries and the transition from laboratory data to human health. *Neurotoxicology, 11,* 629-720.

Baddeley, A. D. (1986). *Working memory.* Oxford: Clarendon Press.

Baddeley, A., Harris, J., Sunderland, A., Watts, K. & Wilson, B. (1987). Closed head injury and memory. In: H. S. Levin, J. Grafman, & H. M. Eisenberg (eds) *Neurobehavioral recovery from head injury.* New York, NY: Oxford University Press.

Baddeley, A. D. & Warrington, E. K. (1970). Amnesia and the distinction between long- and short-term memory. *Journal of Verbal Learning and Verbal Behavior, 9,* 176-189.

Baldo, J. V., Delis, D., Kramer, J. & Shimamura, A. P. (2002). Memory performance on the California Verbal Learning Test-II: Findings from patients with focal and frontal lesions. *Journal of the International Neuropsychological Society, 8,* 539-546.

Bayley, P. J., Salmon, D. P., Bondi, M. W., Bui, B. K., Olichney, J., Delis, D.C. et al. (2000). Comparison of the serial position effect in very mild Alzheimer's disease, mild Alzheimer' disease, and amnesia associated with electroconvulsive therapy. *Journal of the International Neuropsychological Society, 6,* 290-298.

Bigler, E. D. (1999). Neuroimaging in mild TBI. In N. R. Varney & R. J. Roberts (eds) *The evaluation and treatment of mild traumatic brain injury.* Mahwah, NJ: Erlbaum.

Bondi, M. W., Monsch, A. U., Galasko, D., Butters, N., Salmon, D. P., & Delis, D. C. (1994). Preclinical cognitive markers of dementia of the Alzheimer type. N*europsychology, 8,* 374-384.

Butters, N. & Cermak, L. S. (1980). *Alcoholic Korsakoff's Syndrome.* New York, NY: Academic Press.

Conway, A. R. A., Kane, M. J. & Engle, R. W. (2003). Working memory capacity and its relation to general intelligence. *Trends in Cognitive Sciences, 7,* 547-553.

Delis, D. C., Kramer, J. H., Kaplan, E. & Ober, B. A. (1987). *California Verbal Learning Test (CVLT). Adult Version.* San Antonio, TX: Psychological Corporation.

Derrer, D. S., Howieson, D. B., Mueller, E. A., Camicioli, R. M., Sexton, G. & Kaye, J. A. (2001). Memory testing in dementia: How much is enough? *Journal of Geriatric Psychiatry and Neurology, 13,* 1-6.

Frackowiak, R. S. J., Friston, K. J., Frith, C. D., Dolan, R., Price, C. J., Zeki, S., et al. (1997). *Human Brain Function.* San Diego, CA: Academic Press.

Frith, C. D. & Friston, K. J. (1997). Studying brain function with neuro-imaging. In: M. D. Rugg (ed) *Cognitive Neuroscience,* 169-195. Cambridge, MA: Cambridge University Press.

Fuster, J. M. (1995). *Memory in the cerebral cortex: An empirical approach to neural networks in the human and nonhuman primate.* Cambridge MA: MIT Press.

Gathercole, S. E. (1999). Cognitive approaches to the development of short-term memory. *Trends in Cognitive Sciences, 3,* 410-419.

Goldstein, K. (1995). *The organism.* Cambridge, MA: MIT Press (reprint from 1939).

Jäger, A. O. (1982). Mehrmodale Klassifikation von Intelligenzleistungen. Experimentell kontrollierte Weiterentwicklung eines deskriptiven Intelligenzstrukturmodells. *Diagnostica, 28,* 195-226.

Kapur, N. (1988). Pattern of verbal memory deficits in patients with bifrontal pathology and patients with third ventricle lesions. In M. M. Gruneberg, P. E. Morris & R. N. Sykes (eds) *Practical aspects of memory: Current research and issues* (vol. 2). New York, NY: Wiley.

Kutas, M. & Dale, A. (1997). Electrical and magnetic readings of mental functions. In: M. D. Rugg (ed) *Cognitive Neuroscience,* 197-242. Cambridge, MA: MIT Press.

Leng, N. R. C. & Parkin, A. J. (1989). Aetiological variation in the amnesic syndrome: Comparisons using the Brown-Peterson task. *Cortex, 25,* 251-259.

Leng, N. R. C. & Parkin, A. J. (1990). The assessment of memory disorders: A review of some current clinical tests. *Clinical Rehabilitation, 4,* 159-165.

Libon, D. J., Bogdanoff, B., Cloud, B. S., Skalina, S., Giovannetti, T., Gitlin, H. L. et al. (1998). Declarative and procedural learning, quantitative measures of the hippocampus, and subcortical white matter alterations in Alzheimer's disease and ischaemic vascular dementia. *Journal of Clinical and Experimental Neuropsychology, 20,* 30-41.

Massman, P. J., Delis, D. C. & Butters, N. (1993). Does impaired primacy recall equal impaired long-term storage? Serial position effects in Huntington's disease and Alzheimer's disease. *Developmental Neuropsychology, 9,* 1-15.

Milner, B. (1970). Memory and the medial temporal regions of the brain. In: K. H. Pribram & D. E. Broadbent (eds) *Biology of Memory.* New York, NY: Academic Press.

Milner, B. (1972). Disorders of learning and memory after temporal lobe lesions in man. *Clinical Neurosurgery, 19,* 421-446.

Mitrushina, M. N., Boone, K. B. & D'Elia, L. F. (1999). *Handbook of normative data for neuropsychological assessment.* New York, NY: Oxford University Press.

Monsch, A. U. (1997). Die neuropsychologische Untersuchung bei Demenzabklärungen. *Schweizerische Rundschau für Medizin Praxis, 86,* 1340-1342.

Morris, J. C., Mohs, R. C., Rogers, H., Fillenbaum, G. & Heyman, A. (1988). The Consortium to Establish a Registry for Alzheimer's Disease (CERAD): A clinical and neuropsychological assessment of Alzheimer's disease. *Psychopharmacology Bulletin, 24,* 641-652.

Morrow, L. A. (1998). Assessment following neurotoxic exposure. In: G. Goldstein, P. D. Nussbaum & S. R. Beers, (eds) *Neuropsychology.* New York, NY: Plenum Press.

Oberauer, K., Süss, H.-M., Schulze, O., Wilhelm, W. & Wittmann, W. W. (2000). Working memory capacity: Facets of a cognitive ability construct. *Personality and Individual Differences, 29,* 1017-1045.

Papanicolaou, A. C. (1998). *Fundamentals of functional brain imaging.* Lisse: Swets & Zeitlinger.

Peterson, L. R. (1966). Short-term memory. *Scientific American, 215,* 90-95.

Peterson, L. R., & Peterson, M. J. (1959). Short-term retention of individual verbal items. *Journal of Experimental Psychology, 58,* 193-198.

Poppelreuter, W. (1990). *Disturbances of lower and higher visual capacities caused by occipital damage.* Oxford: Clarendon.

Ricker, J. H., Müller, R. A., Zafonte, R. D., Black, K. M., Millis, S. R., & Chugani, H. (2001). Verbal recall and recognition following traumatic brain injury: A [O-15]-water positron emission tomography study. *Journal of Clinical and Experimental Neuropsychology, 23,* 196-206.

Ricker, J. H. & Zafonte, R. D. (2000). Functional neuroimaging and quantitative electroencephalography in adult traumatic head injury: Clinical applications and interpretive cautions. *Journal of Head Trauma Rehabilitation, 15,* 859-868.

Salthouse, T. A. (1990). Working memory as a processing resource in cognitive aging. *Developmental Review, 10,* 101-124.

Schweizer, K. (1996). The speed-accuracy transition due to task complexity. *Intelligence, 22,* 115-128.

Smith, E. E. & Jonides, J. (1997). Working memory: A view from neuroimaging. *Cognitive Psychology, 33,* 5-42.

Smith, E. E. & Jonides, J. (1999a). Storage and executive processes in the frontal lobes. *Science, 283,* 1657-1661.

Smith, E. E. & Jonides, J. (1999b). Neuroimaging analyses of human working memory. *Proceedings of the National Academy of Science of the USA, 95,* 12061-12068.

Stankov, L. (2000). Complexity, metacognition and fluid intelligence. *Intelligence, 28,* 121-143.

Stone, C. P., Girdner, J. & Albrecht, R. (1946). An alternate form of the Wechsler Memory Scale. *Journal of Psychology, 22,* 199-206.

Stout, J. C., Bondi, M. W., Jernigan, T. L., Archiblad, S. L., Delis, D. C. & Salmon, D. P. (1999). Regional cerebral volume loss associated with verbal learning and memory in dementia of the Alzheimer type. *Neuropsychology, 13,* 188-197.

Wechsler, D. (1945). A standardized memory scale for clinical use. *Journal of Psychology, 19,* 87-95.

Wechsler, D. (1997). *Wechsler Memory Scale* (3rd ed. manual). San Antonio, TX: The Psychological Corporation.

Wechsler, D. & Stone, C. P. (1974). *Wechsler Memory Scale Manual.* New York, NY: The Psychological Corporation.

Welsh-Bohmer, K. A., Attix, D. K. & Mason, D. J. (2003). The clinical utility of neuropsychological evaluation of patients with known or suspected dementia. In: G. P. Prigatano & N. H. Pliskin (eds) *Clinical neuropsychology and cost outcome research: A beginning.* New York, NY: Psychology Press.

Welsh-Bohmer, K. A. & Mohs, R. C. (1997). Neuropsychological assessment of Alzheimer's disease. *Neurology, 49 (suppl. 3,* 11-13).

Welsh, K. A., Butters, N., Mohs, R.C., Beekly, D., Edland, S., Fillenbaum, G. & Heyman, A. (1994). The Consortium to Establish a Registry for Alzheimer's Disease (CERAD): A normative study of the neuropsychological battery. *Neurology, 44,* 609- 614.

Wilde, N., Strauss, E., Chelune, G. J., Loring, D. W., Martin, R. C., Hermann, B. P. et al., (2001). WMS-III performance with temporal lobe epilepsy: Group differences and individual classification. *Journal of the International Neuropsychological Society, 7,* 881-891.

Wilson, B. A., Cockburn, J. & Baddeley, A. (1985). *The Rivermead Behavioral Memory Test.* Bury St. Edmunds: Thames Valley Test.

Wilson, B. A., Cockburn, J. Baddeley, A. & Hiorns, R. (1989). Development and validation of a test battery for detecting and monitoring everyday memory problems. *Journal of Clinical and Experimental Neuropsychology, 11,* 855-870.

Wilson, B. A., Cockburn, J. & Baddeley, A. (2003). *The Rivermead Behavioral Memory Test-II.* Bury St. Edmunds: Thames Valley Test.

Zakzanis, K. K. (1998). Neurocognitive deficits in fronto-temporal dementia. *Neuropsychiatry, Neuropsychology, and Behavioral Neurology, 11,* 127-135.

Zimmermann, P. & Fimm, B. (1992). *Testbatterie zur Aufmerksamkeitsprüfung (TAP).* Würselen: Psytest.

2.4   Kreativitätsdiagnostik

Siegfried Preiser

Die in ▸ Kap. 1.1.4 aufgeworfene Frage, worauf sich das Konzept Kreativität bezieht, taucht im Kontext der Kreativitätsdiagnostik erneut auf. Geht es vorwiegend um kreative Fähigkeiten und um kreativitätsrelevante Persönlichkeitsmerkmale? Lässt sich Kreativität an Prozessmerkmalen fest machen? Kann man vielleicht sogar die »kreative Atmosphäre« messen, d. h. die Umweltfaktoren, die zu kreativen Leistungen führen? Oder kommt es letzten Endes auf die Klassifikation und Bewertung kreativer Produkte an? Wir werden uns im Folgenden mit Forschungs- und Diagnosekonzepten beschäftigen, die all diese Aspekte aufgreifen.

2.4.1   Zielsetzungen

Diagnostische Instrumente werden – wie überall in der Leistungsdiagnostik – für unterschiedliche Zwecke konzipiert, als Forschungs-, Auswahl-, Förderungs- und Evaluationsinstrument.

Forschung: Zunächst ist es naheliegend, Tests als Forschungsinstrumente einzusetzen, beispielsweise um Beziehungen des Konstrukts Kreativität zu Leistungs- und Persönlichkeitsmerkmalen, Erziehungseinflüssen, aktuellen Umweltbedingungen und Situationseffekten zu klären.

Selektion: Diagnostische Instrumente werden als Auswahlinstrumente eingesetzt, z. B. um erfolgversprechende Personen als Führungskräfte, Wissenschaftler, Künstler oder Architekten auszubilden oder um kreativ Hochbegabte gezielt zu fördern.

Förderung: Kreativitätstests und Anleitungen zur Kreativitätsbeurteilung können Lehrkräften, Erziehern und Vorgesetzten helfen, individuelle Lern- und Entwicklungsziele zu erarbeiten und Fördermaßnahmen einzuleiten. Stärken und Begabungen können zur Geltung gebracht und schwach ausgeprägte Merkmale können trainiert werden.

Evaluation: Entwickler und Anbieter von Förder- und Trainingsprogrammen nutzen Kreativitätstestergebnisse u. a. als Kriterien, um den Erfolg ihrer Maßnahmen zu evaluieren. Auch Lehrkräfte in der Schule können mittels Tests überprüfen, inwieweit ihr Unterricht oder ihre Fördermaßnahmen zu einer Veränderung kreativer Potenziale geführt haben.

2.4.2   Probleme

Entwicklung und Anwendung von Kreativitätstests haben mit einigen grundlegenden Schwierigkeiten zu kämpfen, die sich aus dem Konstrukt Kreativität ergeben:

1. Kreative Ideen sind außergewöhnlich und somit auch selten.
2. Kreative Prozesse sind nicht voll determiniert. Zufallseinflüsse beziehungsweise unkontrollierbare Situationsbedingungen beeinflussen das Ergebnis.
3. Kreative Prozesse basieren auf multiplen Determinanten. Sie ergeben sich aus dem Zusammenspiel von Merkmalen der Person und Umgebungsbedingungen wie Aufgabenstellung, Arbeitsatmosphäre und Hilfsmitteln. Man muss klären, inwieweit kreative Produktionen auf persönliche Dispositionen zurückzuführen sind und welchen Einfluss situative Bedingungen ausüben.
4. Kreativitätsrelevante Merkmale auf Seiten der Person sind multidimensional. Verschiedene Fähigkeiten, Wissen, Denkstile, Problemlösestrategien, Motive und Persönlichkeitsmerkmale sind zu berücksichtigen (vgl. ▸ Kap. 1.4.6).
5. Kreative Leistungen sind weitgehend bereichspezifisch. Es muss geklärt werden, inwieweit Kreativitätstests grundlegende, bereichsübergreifende Voraussetzungen erfassen sollen, oder aber bereichsspezifische Fähigkeiten und Leistungen.
6. Die Bewertung von Lösungsideen hängt von Vorerfahrungen und subjektiven Einschätzungen der Beurteiler ab. Völlig neuartige Ideen sind in keinem Auswertungsschlüssel enthalten und verfehlen möglicherweise auch die Akzeptanz der Auswerter; damit ist die Objektivität gefährdet.

2.4.3 Klassifikations- und Bewertungskriterien für Personen und Produkte

Klassifikation von Personen

Die einfachste Form von Diagnostik ist eine bloße Klassifikation in Kreative und Nicht-Kreative. Zu diesem Zweck wurden bestimmte Berufsgruppen per se als kreativ erklärt: Künstler, Autoren und Komponisten, Architekten, Wissenschaftler, Ingenieure in Entwicklungsabteilungen. Da es jedoch auch einfallsarme Schriftsteller und konventionelle Wissenschaftler gibt, berücksichtigt man zusätzliche Kriterien wie die Verleihung von Preisen oder die Erteilung von Patenten. Als genauere Maße für die Produktivität von Wissenschaftlern oder Künstlern werden die Akzeptanz ihrer Arbeiten durch Herausgeber und Gutachter, das häufige Zitieren durch Fachkollegen oder der Ankauf von Werken durch Museen genommen. Kunstkritiker beurteilen ein künstlerisches Lebenswerk; renommierte Fachkollegen bewerten als Experten die Kreativität von Architekten, Künstlern oder Wissenschaftlern. Vorgesetzte dienen als Urteilsinstanz für die Kreativität von Mitarbeitern.

Ein härteres Kriterium, das die Brauchbarkeit von Ideen (nicht unbedingt deren Originalität) berücksichtigt, basiert auf der Frage, ob Mitarbeiter oder Bürger Verbesserungsvorschläge eingereicht haben und ob diese verwirklicht worden sind (z. B. Giesler 2003). Es ist offensichtlich, dass bei all diesen Kriterien die soziale Akzeptanz von Ideen und Personen ein starkes Gewicht erhält. Möglicherweise wird eher Konventionalität oder Orientierung am Mainstream anstelle von wissenschaftlicher, künstlerischer oder erfinderischer Kreativität erfasst. Positiv bewertet werden Personen, deren Ideen in das ästhetische, arbeitsorganisatorische oder wissenschaftliche Konzept des Beurteilers passen. Menschen mit außergewöhnlich originellen Ideen, die allgemein anerkannte Gedankensysteme grundlegend überwinden, haben dabei keine großen Chancen.

Bewertung von Produkten

Die Klassifikation von Personen basiert auf der Bewertung ihrer Ideen. Als allgemeine Definitions- und Bewertungskriterien hatten wir Neuartigkeit, Sinnhaftigkeit und Akzeptanz genannt (► Kap. 1.4.5)

und eine Reihe zusätzlicher Kennzeichen kreativer Ideen aufgeführt. Trotz der dort angesprochenen Probleme gibt es Versuche, die Qualität kreativer Produkte auf wissenschaftlichem Niveau zu bewerten.

Qualitative Stufen kreativer Produkte

Taylor (1975) unterscheidet fünf Stufen kreativer Produkte:

1. Expressive Kreativität: spontane und flexible Alltagshandlungen, unter anderem freies Spiel und Kinderzeichnungen
2. Produktive Kreativität: die Anwendung von Informationen, Techniken und Fertigkeiten auf neue Aufgaben und Produkte
3. Erfinderische Kreativität: technische Erfindungen und wissenschaftliche Entdeckungen, basierend auf Flexibilität der Sichtweisen und Interpretationen der Realität sowie auf der Entdeckung neuer Beziehungen
4. Erneuernde Kreativität: neue Problemsichten, die zu bedeutsamen und grundlegenden Veränderungen führen, basierend auf einem weitreichenden Verständnis eines ganzen Problembereichs
5. Herausragende Kreativität: totale Umstrukturierung eines großen Wissens- oder Erfahrungsbereiches, das Schaffen neuer Systeme oder revolutionierender Theorien wie z. B. Einsteins Relativitätstheorie.

Kriterien und Bewertungsmaßstäbe

Jackson und Messick (1973) präsentieren einen systematischen Ansatz, das kreative Produkt anhand von 4 Kriterien zu bewerten, denen Bewertungsmaßstäbe und charakteristische Reaktionen der Beurteiler zugeordnet werden (vgl. ◘ Tab. 2.5).

Schon im Kindergarten lassen sich Phantasie und Originalität der Mal- und Bastelprodukte und des Kinderspiels mittels Schätzskalen erfassen (Kerner 1995; vgl. Preiser, im Druck). Die Originalität der vorhandenen Mal- und Bastelprodukte wird auf einer 5stufigen Ratingskala (1 = sehr schwach bis 5 = sehr stark ausgeprägt) beurteilt, wobei ein Kriterienkatalog Orientierungshilfen für die Vielseitigkeit der Materialien gibt. Auch die kindliche Phantasie im Spiel kann auf einer Schätzskala beurteilt werden.

Amabile (1996) demonstriert, dass Beurteiler, die mit dem zu beurteilenden Gebiet vertraut sind,

2

◻ **Tab. 2.5.** Bewertungskriterien des kreativen Produkts. (Nach Jackson u. Messick 1973, s. auch Preiser 1986, S. 37)

Kriterium des Produkts	Maßstäbe	Ästhetische Reaktion des Beurteilers
1. Ungewöhnlichkeit oder statistische Seltenheit, bezogen auf eine Vergleichsgruppe	Statistische Normen	Überraschung
2. Angemessenheit, bezogen auf die Erfordernisse der Situation	Kontext	Befriedigung
3. Transformation: radikale Verschiebung des Standpunktes oder Überwindung von Zwängen	Überwundene Zwänge u. Beschränkungen	Stimulation Anregung
4. Verdichtung: Verschmelzung von Bedeutungen oder Vielfalt an Interpretations- und Übertragungsmöglichkeiten	Summierungspotenz	Genießen Auskosten

auch ohne ein spezifisches Kriterienraster zu reliablen und validen Urteilen kommen können. Das Prinzip der »consensual assessment technique« besteht darin, dass mehrere Beurteiler unabhängig voneinander die Kreativität von Ideen einschätzen. Die Produkte werden dabei in wechselnder, zufälliger Reihenfolge vorgegeben und vergleichend beurteilt. Um den Einfluss von technischer Qualität und Ästhetik auf das Kreativitätsurteil zu kontrollieren, werden diese beiden Variablen zusätzlich eingeschätzt. In Studien mit ganz unterschiedlichen Arten von Produkten ergaben sich beim Vergleich verschiedener Beurteiler recht gute Übereinstimmungswerte (Interraterreliabilitäten zwischen 0,70 und 0,90).

2.4.4 Forderungen an Kreativitätstests

Auf die für alle diagnostischen Verfahren gleichermaßen anzuwendenden Gütekriterien muss hier nicht eingegangen werden. Aus theoretischen Erwägungen zum Konstrukt Kreativität wurden schon vor einigen Jahrzehnten spezielle Forderungen abgeleitet (Preiser 1986), die bis heute ihre Bedeutung nicht eingebüßt haben und deshalb in aktualisierter Form aufgegriffen werden:

1. Kreativitätstests sollen qualitative Potenziale erfassen und nicht den allgemeinen Faktor Geschwindigkeit. Sie sollten deshalb ohne Zeitlimit arbeiten – oder allenfalls mit einer Begrenzung, die nicht als Zeitdruck erlebt wird. Eine Ausnahme von dieser Forderung gilt für die Erfassung der Ideenflüssigkeit, weil es hierbei neben der Gesamtmenge ausdrücklich um die Geläufigkeit von Einfällen geht.

2. Weil sich Kreativität als Konstrukt von traditionellen Intelligenzkonzepten abhebt, soll die Untersuchung nicht die typische Leistungstestsituation nachbilden, in der richtige Lösungen gesucht werden, sondern eine spielerische Atmosphäre ohne Leistungsdruck schaffen.

3. Kreativitätstests sollten nicht – aus Vereinfachungs- oder Objektivitätsgründen – die starren Multiple-Choice-Schemata übernehmen, sondern Gestaltungsfreiräume eröffnen. Sie müssen Gelegenheiten für ungewöhnliche Ideen bieten.

4. Sie sollten die Motivation der Testpersonen ansprechen. Sie sollten der Alltagswelt angenähert sein und weder gekünstelt noch trivial erscheinen; das schließt allerdings nicht aus, dass utopische, phantastische oder Science-Fiction-Situationen zur Bearbeitung angeboten werden, da diese zum Alltag unserer Medienwelt gehören.

5. Da die Formulierung der Testinstruktion Qualität und Quantität der Ergebnisse beeinflusst, sollten Tests klar zu erkennen geben, ob möglichst viele, möglichst unterschiedliche, ausgefallene, originelle oder besonders brauchbare Ideen produziert werden sollen.

6. Die Alters-, Geschlechts-, Schicht- und Kulturabhängigkeit der Ergebnisse sollte bei der Testkonstruktion oder bei der Normierung berücksichtigt werden, insbesondere in multiethnischen und multikulturellen Gesellschaften.

7. Kreativitätstests sollten eine einseitige Sprachabhängigkeit vermeiden. Die Fähigkeit, kreative Ideen zu kommunizieren und überzeugend zu präsentieren, sollte unabhängig von der Ideenproduktion erfasst werden.

8. Da das Vorwissen die Resultate beeinflusst, sollten Kreativitätstests mit verschiedenartigen Inhalten arbeiten. Soweit kreativitätsrelevante Kenntnisse oder Fertigkeiten gefragt sind (z. B. bei der Auswahl für Technik-, Kunst- oder Designberufe), sind domainspezifische Tests zu konstruieren.

9. Kreativitätstests sollten nicht nur einfache kognitive Funktionen (wie Einfallsflüssigkeit) erfassen, sondern auch komplexere Problemlösefähigkeiten und Denkstrategien.

10. Kreativitätsdiagnostik sollte nicht nur kognitive Fähigkeiten, sondern auch Motivations- und Persönlichkeitsmerkmale berücksichtigen.

11. Sie sollte auch kreative Prozesse analysieren, beispielsweise indem die Anzahl und Qualität der Einfälle im zeitlichen Verlauf registriert werden.

12. Kreativitätstests sollten nicht vorgeben, »die Kreativität« zu messen, sondern klarstellen, um welche spezifischen kreativitätsrelevanten Merkmale es geht.

In verfügbaren Kreativitätstests sind diese Forderungen bisher nur partiell berücksichtigt. Es handelt sich also weniger um Beschreibungen des Ist-Zustandes als um Hinweise auf verbreitete Defizite.

2.4.5 Aufgabentypen

Zur Erfassung von kreativitätsrelevanten Fähigkeiten und Persönlichkeitsmerkmalen lassen sich unterschiedliche Ansätze unterscheiden: Wahrnehmungs- und Imaginationstests, Selbst- und Fremdeinschätzungen, Einstellungs- und Persönlichkeitsfragebogen, Einfalls-, Denk- und Problemlöseaufgaben, zeichnerische Gestaltungstests, sprachliche und szenische Gestaltungsaufgaben. In den folgenden Abschnitten werden anhand von klassischen und neueren Untersuchungsinstrumenten beispielhaft diagnostische Zugangswege zur Kreativität demonstriert.

Wahrnehmungs- und Imaginationstests

Form- und Bilddeuteverfahren. Der bereits 1911 entwickelte *Rorschach-Test* und seine Varianten (Rorschach 1992) sind projektive Testverfahren, bei denen standardisierte Klecksbilder zu interpretieren sind (»Was könnte das sein?«). Eine phantasievolle, unkonventionelle Wahrnehmung wird sich in der Originalität der gegebenen Antworten widerspiegeln. Die Signierung der Antworten unterscheidet deshalb originelle Antworten (die von weniger als 1% der Probanden gefunden werden) und Vulgärantworten (die sehr häufig gegeben werden). Allerdings wurde eine stringente Theorie des Verfahrens nie entwickelt; es gibt keinen systematischen und umfassenden Nachweis der Validität. Auch der *Thematische Apperzeptionstest* TAT, bei dem Geschichten zu vorgegebenen Bildern zu erfinden sind, wurde – neben seiner Funktion zur Motivations- und Persönlichkeitsdiagnostik – zur Erfassung von Fantasie und Originalität eingesetzt (Morgan u. Murray 1935). Vorläufer dieser Verfahren sind sogar bis ins 19. Jahrhundert zurück zu verfolgen (Dearborn 1898). Formdeuteaufgaben für einfache Strichzeichnungen finden sich auch in neueren Kreativitätstests, z. B. als »pattern meaning« (Wallach u. Kogan 1965) beziehungsweise »Bilder raten« (Mainberger 1977).

Bevorzugung von Komplexität. Der *Welsh Figure Preference Test* (Barron u. Welsh 1952) misst die Bevorzugung von Komplexität: Abstrakte Strichzeichnungen unterschiedlicher Komplexität sind entsprechend der subjektiven Vorliebe zu sortieren.

Imaginationsaufgaben. Raabe (2001) konzipierte mit der Aufgabe »Märchenkreation« eine Testsituation zur Erfassung von Imagination: Mit maximal 10 Sätzen soll ein Märchen erfunden werden. Ausgezählt werden alle Textelemente, die eine visuelle oder eine andere sinnliche Vorstellung beinhalten, weil die (visuelle) Imaginationskraft als Kennwert für künstlerisch-darstellerische Kreativität postuliert wird.

Neurophysiologische Messungen

Kreative Prozesse korrespondieren mit neurophysiologischen Daten, beispielsweise mit EEG-Parametern (z. B. Martindale u. Hasenfus 1978), mit der Aktivierung bestimmter Hirnregionen, den Beziehungen zwischen rechter und linker Gehirnhälfte. Neurophysiologische Messungen und bildgebende Verfahren werden deshalb in der Forschung eingesetzt, um einerseits aktuelle Prozesse in verschiedenen Phasen des Problemlöseprozesses abzubilden, andererseits um dispositionelle Unterschiede zwischen Personen zu erfassen (vgl. Katz 1997; Martindale 1999).

Selbst- und Fremdeinschätzungen

Noch zu Beginn der 1970er Jahre soll in Deutschland die Selbsteinstufung auf einer Skala von »wenig kreativ« bis »sehr kreativ« das einzige in der Praxis verwendete diagnostische Instrument gewesen sein. Können Menschen ihre eigene Kreativität selbst einschätzen? Es gibt einige Untersuchungen, wonach direkte Selbsteinschätzungen nennenswerte Übereinstimmungen zu Fremdbeurteilungen, zu Testergebnissen und zu kreativen Produktionen im beruflichen Alltag aufweisen (vgl. Krampen 1993). Die Gültigkeit indirekter Selbsteinschätzungen (»Meine Freunde halten mich für kreativ«) mag noch etwas höher liegen. Selbsteinschätzungen kreativitätsrelevanter Merkmale anhand differenzierter Eigenschaftslisten (z. B. künstlerisch, originell, imaginativ, unkonventionell) ermöglichen grundsätzlich eine valide Einstufung der eigenen Kreativität. Jedoch können reduziertes Selbstvertrauen oder Streben nach sozialer Akzeptanz als Störeinflüsse das Ergebnis verfälschen, v. a. wenn von den Ergebnissen Konsequenzen wie schulische oder berufliche Förderung abhängen. Globale Fremdbeurteilungen der Kreativität, beispielsweise durch Lehrkräfte, weisen aufgrund massiver Urteilsfehler im Allgemeinen nur mäßige Übereinstimmungen auf (vgl. Krampen 1993). Mit dem »Beurteilungsbogen des innovativen Leistungspotenzials« und differenzierteren Schätzskalen versuchen Nütten und Sauermann (1985) Vorgesetzten ein Instrument in die Hand zu geben, um verborgene Potenziale bei Mitarbeitern aufzudecken, um sie durch gezielte Förderung nutzbar zu machen.

Ausschnitt aus dem Beurteilungsbogen von Nütten und Sauermann (1985, S. 328) zum Eigenschaftsbereich »Gedankenflüssigkeit«:

5 = Hat stets Lösungsalternativen für anstehende Probleme bereit und gibt auch in der überraschendsten Situation bald eine Stellungnahme ab.

1 = Für anstehende Probleme findet er/sie höchstens einen Lösungsweg und in einer unerwarteten Situation kann er/sie nicht ohne weiteres Stellung beziehen.

Einstellungs- und Persönlichkeitsfragebogen

Angesichts der Vielzahl kreativitätsrelevanter Persönlichkeitsmerkmale steht die gesamte Palette an Einstellungs- und Persönlichkeitstests zur Verfügung, um günstige innere Bedingungen für kreative Prozesse und Leistungen zu erfassen.

Der *Noll Test of Scientific Thinking* (Bureau of Publications 1935) erfasst als vermutlich 1. Einstellungstest Gewohnheiten im wissenschaftlichen Denken von Kindern des 7.–12. Schuljahrs, die teilweise auch für kreatives Denken relevant sind. Mit Aussagen wie z. B. »So wie mein Lehrer sagt, sind die Dinge auch.« werden 6 verschiedene Haltungen erfasst: kritische und selbstkritische Haltung, intellektuelle Redlichkeit, Ausschau nach wahren Ursache-Wirkungs-Beziehungen, Aufschieben des Urteils, offene Haltung gegenüber der Umwelt, Genauigkeit.

Kreative Einstellungen, Interessen, Fantasie und Imagination, Unabhängigkeit und Selbstvertrauen sind einige der Persönlichkeitsaspekte, die für unterschiedliche Altersgruppen mittels Fragebögen erfasst werden: *Group Inventory for Finding Creative Talent* (GIFT) in mehreren Versionen für Vorschulkinder und Schüler bis zur 6. Klasse (Rimm 1980) und *Group Inventory for Finding Interests* (GIFFI) für das 6.–9. Schuljahr (Rimm u. Davies 1980). Deutsche Übersetzungen wurden von Urban (1982) und im Rahmen der Münchner Hochbegabungsstudie verwendet (Hany 2001).

Ein von Dörner et al. (1983) konzipierter Fragebogen für kognitive Prozessvariablen erlaubt – im Gegensatz zu klassischen Intelligenz- und Kreativitätstests – mit einem Korrelationskoeffizient von 0,57 eine relativ gute Prognose für komplexe Problemlöseleistungen (▶ unten). Dieser Fragebogen beinhaltet zwei Variablen:

1. Steuerbarkeit der Aktivation von divergentem und konvergentem Denken (»Ich habe meine Gedanken im Allgemeinen gut unter Kontrolle.« »Ich kann ausblenden und mich voll auf eine Arbeit konzentrieren.«)
2. Kontrolliertes divergentes Denken (»Es fällt mir leicht, die Dinge von ganz verschiedenen Seiten zu sehen.«)

Bei diesen Prozessvariablen geht es offenbar nicht um Fähigkeiten, sondern um Problemlösestile bzw. die Tendenz, seine geistigen Fähigkeiten und Denkprozesse zielgerichtet und situationsangemessen einzusetzen.

Einfalls-, Denk- und Problemlöseaufgaben

Anders als Einstellungs- und Persönlichkeitstests, die nur indirekt günstige Aspekte der Persönlichkeit erfassen, versuchen Kreativitätstests im engeren Sinne, über Denk- und Problemlöseaufgaben kreative Leistungen zu messen und daraus kreative Fähigkeiten zu erschließen. Dabei geraten sie unmittelbar in das Dilemma der Definition von Kreativität, die ohne das Kriterium der Akzeptanz nicht auskommt und deshalb Probleme der Subjektivität nicht ausschließen kann. Bezüglich der Originalität von Ideen lässt sich zwar deren statistische Seltenheit anhand einer Normstichprobe ermitteln; Aspekte wie Angemessenheit oder ästhetische Vollkommenheit dagegen lassen sich oft nicht objektiv bewerten. Deshalb beschränken sich viele Kreativitätstests auf quantitative Aspekte des divergenten Denkens.

Der Originalitätstest von Chassell (1916) mit 12 Untertests ist einer der ältesten Kreativitätstests überhaupt. Die Prinzipien seiner Testaufgaben wurden durch Jahrzehnte hindurch immer wieder von anderen Testautoren aufgegriffen und variiert und haben sich deshalb bis heute erhalten.

Beispiele für Testaufgaben nach Chassell (1916)

- Aus den Buchstaben eines Wortes sollen neue Wörter gebildet werden.
- Aus sechs Zahnstochern sollen vier gleichseitige Dreiecke gebildet werden, die jeweils die Kantenlänge eines Zahnstochers haben.
- Es sollen möglichst viele und möglichst originelle Mittel vorausgesagt werden, mit denen man sich in Zukunft fortbewegen kann.
- Es soll eine Einrichtung erfunden werden, mit der man die Seiten eines Notenheftes umdrehen kann.

Zeichnerische Gestaltungstests

Aus künstlerischen Produktionen ebenso wie aus Kinderzeichnungen lassen sich Kreativitätsaspekte wie Phantasie, Originalität und ästhetische Vollkommenheit herauslesen. Dies wird praktiziert, seit Kunstkritiker Kunstwerke und Künstler systematisch bewerten bzw. seit Psychologen und Pädagogen Kinderzeichnungen analysieren. Freie Zeichnungen und informelle Zeichentests (»Zeichne einen Menschen, einen Baum und ein Haus!«) werden u. a. unter dem Aspekt der Originalität ausgewertet. Es gibt aber seit den 1930er Jahren auch zeichnerische Gestaltungstests, die in Anwendung und Auswertung systematisiert und standardisiert sind, wie z. B. der 1939 erstmals publizierte *Wartegg-Zeichentest*: In 8 Rechtecken sind kleine Bildelemente wie Punkte oder Striche vorgegeben, die zeichnerisch ergänzt werden sollen. Neben charakterologischen Auswertungsprinzipien, die heute als überholt gelten, erfasst dieser Test die Originalität der zeichnerischen Produkte, wobei die statistische Seltenheit als Kriterium dient (Wartegg 1953, 1957).

Dieser Aufgabentyp, nämlich knappe bildliche Vorlagen in Form von Strichzeichnungen, die zu ergänzen oder zu vervollständigen sind, findet sich später in amerikanischen wie in deutschen Kreativitätstests wieder, z. B. als »picture completion« bei Torrance (1966a) oder als »decorations« bei Guilford (1967). Eine Variante besteht darin, auf einem Blatt Papier zahlreiche identische Vorlagen (z. B. Kreise, Ellipsen, Punktekonstellationen) vorzugeben, aus denen möglichst viele und unterschiedliche Bilder gestaltet werden sollen. Mit diesem Verfahren werden Flüssigkeit und Flexibilität, die quantitative und qualitative Vielfalt zeichnerischer Gestaltungen, erfasst. Als *Sondertest Kreativität* wird die Aufgabe, kleine grafische Elemente zu einem Bild zu vervollständigen, im *Heidelberger Intelligenztest* (Kratzmeier 1993, 1994) gestellt. Eine differenziert ausgewertete Version eines zeichnerischen Tests (Urban u. Jellen 1995) wird später näher erläutert.

Sprachliche und szenische Gestaltungsaufgaben

Sprachliche Einfälle wurden bereits in den oben genannten Einfalls-, Denk- und Problemlöseaufgaben verlangt. Es gibt jedoch auch komplexere und anspruchsvollere Anforderungen, mit Sprache soziale Situationen zu gestalten, beispielsweise die Aufgaben, mit denen Wermke (1989) ihren kreativitätsfördernden Deutschunterricht evaluiert hat.

Komische Szenen: Die Schüler sollen fiktive Situationen, in denen sie mit autoritären Erwachsenen zusammentreffen, kreativ bewältigen, indem sie sprachliche Äußerungen umdeuten oder Redewendungen und Metaphern in komischer Weise wörtlich nehmen (z. B. »hinter die Löffel hauen«, »die Beine in die Hand nehmen«).

Lautgedichte: Mit Hinweis auf ein Lautgedicht von Ernst Jandl, das aber nicht nachgeahmt werden soll, sollen die Schüler Szenen (z. B. »Auf dem Spielplatz« oder »Gewitter«) in Wörter, Laute, Wortveränderungen und grafische Anordnungen übersetzen.

Entdecken und Erfinden: Zu alltäglichen Situationen (eine bröckelige Mauer, Gegenstände im Sperrmüll, Schatten auf der Zimmertür) sollen anhand von Leitfragen Fantasien entwickelt und zu einer ungewöhnlichen Geschichte verarbeitet werden.

Parallelgeschichten: Zu einer Ausgangssituation (z. B. infizierte Mäuse sind aus dem Labor ausgebrochen) sollen drei verschiedene Geschichten erfunden werden, wobei sich die Hauptpersonen hinsichtlich ihres Charakters voneinander unterscheiden. – Die Antworten bzw. Geschichten werden nach differenzierten Kriterien beurteilt, z. B. Ausdruckskraft von Wortveränderungen, Überraschungseffekte, Ausschmückung des Einfalls, Unterschiedlichkeit der Alternativen oder Komplexität.

Komplexe Problemlöseaufgaben

Facaoaru (1985) untersuchte den Einfluss von Problemlösefähigkeiten und kognitiven Stilen auf kreative Leistungen im technisch-wissenschaftlichen Bereich bei Planungs- und Forschungsingenieuren. Neben konvergenten, divergent-assoziativen und divergent-analytischen Fähigkeiten postulierte sie »divergent-konvergente Fähigkeiten« als einen Zwischenbereich und adaptierte beziehungsweise konstruierte hierfür Tests. Es geht darum, zunächst mehrere Lösungsalternativen zu entwickeln, um dann die einzig passende bzw. optimale Lösung zu entdecken. Beim Test des räumlichen Einrichtens sollen beispielsweise in einen gegebenen Rahmen möglichst viele geometrische Figuren nach bestimmten Regeln eingezeichnet werden. Um zu einer optimalen Lösung zu kommen, müssen verschiedene Optionen divergent entwickelt und die effek-

---

Raabe (2001), Schauspiellehrerin und Diplompsychologin, hat Testaufgaben entwickelt, mit denen sie darstellende Künstler von Laien und gute Schauspieler von schwächeren Schauspielern unterscheiden konnte:

Körper- und Gesichtsausdruck: Gefühlsbetonte Szenen (z. B. »der Tod kommt auf Sie zu«) sollen spontan ausgedrückt werden. Fotoaufnahmen des entsprechenden Gesichtsausdrucks werden von trainierten Beurteilern hinsichtlich ihrer dargestellten Emotionalität (mimischen Expressivität) eingeschätzt.

Ausdrucksstarke Textwiedergabe: Eine wenige Zeilen umfassende Szene aus »Maria Stuart« soll ausdrucksstark wiedergegeben werden. Die Tonbandaufnahme wird hinsichtlich ihrer textbezogenen Emotionalität beurteilt.

Märchenkreation: Bei der bereits oben beschriebenen Aufgabe, mit maximal 10 Sätzen ein Märchen zu erfinden, werden Textelemente, die eine sinnliche Vorstellung beinhalten, als Indikatoren der (visuellen) Imaginationskraft ausgezählt.

Kennwerte dieser 3 Aspekte der darstellerischen Kreativität wiesen hohe Korrelationen untereinander auf (r zwischen 0,76 und 0,91), aber auch mit Selbsteinschätzungen der Befragten bezüglich ihrer bildlichen Vorstellungskraft und ihrer Originalität (r zwischen 0,48 und 0,55), wobei die Höhe dieser Korrelationen durch die heterogene Stichprobe (20 darstellende Künstler und 20 Laien) mitbedingt ist. Bei allen Variablen waren die Unterschiede zwischen darstellenden Künstlern (mit starken Ausprägungen) und Laien (mit niedrigen Ausprägungen) groß.

tivste Lösung konvergent ausgewählt werden. Die divergent-konvergente Fähigkeit ließ sich faktoren-analytisch klar von den anderen Fähigkeiten unterscheiden und korrelierte mit Außenkriterien für technisch-wissenschaftliche Problemlösefähigkeit. Mittels komplexer technischer Konstruktionsaufgaben erreichte auch Hany (1991) eine realitätsnah gestaltete Kreativitätsdiagnostik.

Dörner et al. untersuchten komplexe Planungs-, Problemlösungs- und Entscheidungsprozesse, beispielsweise bei der simulierten Verwaltung und politisch-ökonomischen Steuerung einer Stadt (Dörner et al. 1983; ► auch Kap. 1.1).

Komplexe Probleme sind gekennzeichnet durch eine große Anzahl miteinander vernetzter Variablen, die durch den Problemlöser gesteuert werden sollen, durch dynamische Systeme mit unbekannten, auch nicht-linearen Beziehungen der Einflussgrößen, durch spontane bzw. nicht vorhersehbare Veränderungen der Variablen und durch komplexe, teilweise unvereinbare Zielzustände. Intellektuelle oder kreative Fähigkeiten allein erlauben offenbar keine Vorhersage komplexer Problemlöseleistungen. Neben motivationalen Faktoren und sozio-emotionalen Fähigkeiten erscheint die Möglichkeit, seine geistigen Fähigkeiten und seine konvergenten und divergenten Denkformen zielgerichtet und situationsangemessen einzusetzen, als hilfreicher Problemlösestil (► oben).

Eine komplexe Gestaltungsaufgabe, die im Rahmen von Auswahlverfahren (Assessmentcenter) für Mitarbeiter oder Auszubildende eingesetzt wird, besteht darin, als Gruppe innerhalb einer begrenzten Zeit eine fiktive Dienstleistungsfirma zu konzipieren, ein Logo und ein Werbeplakat zu gestalten sowie eine Marketingstrategie zu entwickeln. Neben den Arbeitsergebnissen werden die Beiträge der einzelnen Gruppenmitglieder durch geschulte Beobachter protokolliert und beurteilt.

2.4.6 Deutsche Kreativitäts-Tests

In den USA wurde ein fast unüberschaubare Zahl von Kreativitätstests publiziert (Educational Testing Service, 1987; Isaksen et al. 1994). Auf dem deutschen Testmarkt gibt es dagegen nur wenige spezifische Tests. Zunächst werden zwei nicht-standardisierte Verfahren aus Trainingsprogrammen und

Ratgebern vorgestellt. Im Rahmen eines Programms zur Kreativitätsförderung hat Ertel (1991) für sechs Altersgruppen vom 2.–14. Lebensjahr Testspiele zusammengestellt, um Eltern Hinweise auf die Kreativität ihrer Kinder und deren Weiterentwicklung im Zweijahresintervall zu geben. Beispiele für Testfragen finden sich unter »Utopische Situationen« (► unten). Ein Trainingsprogramm von Preiser u. Buchholz (2004) beginnt mit einem aus 7 Aufgaben bestehenden *Basistest kreativer Potenziale*. Die Anwender sollen unter anderem die Titelseite einer privaten Familienchronik, ungewöhnliche Piktogramme und eine Homepage gestalten. Nach Durcharbeitung des Trainingsprogramms erhalten sie eine Parallelversion im Sinne einer Erfolgskontrolle des Trainings und als Hinweisgeber für weiterer Trainingsbedarf. Es gibt Anleitungen zur Selbstauswertung durch die Anwender oder durch andere Beurteiler hinsichtlich folgender Kriterien: Einfalls- und Denkflüssigkeit, Flexibilität, Originalität, Ausarbeitung und Durchdringung des Problems. Dieses Trainingsmaterial erhebt nicht den Anspruch eines diagnostischen Instruments für interindividuelle Vergleiche, sondern dient nur der Selbstkontrolle von Veränderungen.

Die folgenden Verfahren wurden als standardisierte Tests veröffentlicht. Sie greifen überwiegend Testaufgaben auf, die in den USA entwickelt wurden. Besonders bekannt und immer wieder kopiert wurden die Testaufgaben von Guilford, Torrance sowie Wallach und Kogan, die selbst wiederum teilweise auf ältere Traditionen zurückgreifen.

Der Verbale Kreativitätstest VKT (Schoppe 1975) ist der erste in Deutschland publizierte standardisierte Kreativitätstest. Er ist direkt an das Kreativitätskonzept von Guilford (1967, 1973) angelehnt und erfasst in 9 Testaufgaben Wortflüssigkeit, Gedankenflüssigkeit, semantische spontane Flexibilität, Assoziationsflüssigkeit, Ausdrucksflüssigkeit und sprachliche Originalität. Wegen der Schwierigkeit, Originalität objektiv zu erfassen, wird allerdings nur die quantitative Produktivität ausgewertet. Beispiele für Testaufgaben: Es sind möglichst viele Worte aufzuschreiben, die mit einer bestimmten Buchstabenfolge (z. B. »…ein«) enden, originelle Spitznamen zu erfinden, möglichst viele Dinge aufzuzählen, die eine bestimmte Eigenschaft (z. B. »rund«) haben.

2

Der Test zum divergenten Denken (Kreativität) für 4.–6. Klassen (Mainberger 1977) ist ebenfalls an Guilfords Strukturmodell orientiert und übernimmt Testaufgaben von Wallach und Kogan (1965). Semantische und figurale Aufgaben werden hinsichtlich der divergenten Ideenproduktion ausgewertet. Beispielsweise sollen in der Aufgabe »Zeichnungen« aus kleinen vorgegebenen Ovalen oder Trapezen »möglichst viele verschiedene Dinge« werden, indem die Kinder etwas dazuzeichnen. In der Aufgabe »Bilderraten« sollen die Kinder zu 3 einfachen Strichzeichnungen, »die nicht fertig gezeichnet sind«, aufschreiben, was das sein könnte, wenn die Zeichnung fertig wäre. Die Kinder sollen ihrer Fantasie freien Lauf lassen und möglichst viele Dinge aufschreiben.

Der Regensburger Wortflüssigkeitstest *RWT* (Aschenbrenner et al. 2000) erfasst Geläufigkeit und Flexibilität beim divergenten Denken. In begrenzter Zeit sind Worte mit bestimmten Anfangsbuchstaben oder Begriffe einer bestimmten Kategorie (z. B. Tiere) zu finden. Flexibilität wird erfasst, indem Worte abwechselnd mit 2 verschiedenen Anfangsbuchstaben oder aus 2 verschiedenen Kategorien zu nennen sind.

Der Kreativitätstest für Vorschul- und Schulkinder KVS (Krampen 1996; Krampen et al. 1988) ist weitgehend sprachfrei. Die Kinder sollen vor allem motorische Handlungen vollziehen: verschiedenartige Fortbewegungsarten ausführen, Handlungsalternativen beim Transport eines Bechers demonstrieren, unterschiedliche Verwendungen eines Bierfilzes zeigen, die Bedeutung einer einfachen Strichzeichnung erraten, aus 16 Ovalen kleine Bilder gestalten und benennen; kleine Zeichnungen in 24 leere Quadrate zeichnen. Die Subtests greifen wie auch der Test zum divergenten Denken unter anderem Aufgaben von Guilford (1967) und Torrance (1981) auf.

Das theoretische Konzept bezieht sich auf Strukturmodelle des Intellekts von Guilford (1967) und Jäger (1984) und die Investmenttheorie der Kreativität (Sternberg u. Lubart 1991). Der Test soll 5 Aspekte kreativen Denkens und Handelns erfassen: Ideenflüssigkeit als quantitativer Ideenreichtum, Originalität als Un- und Außergewöhnlichkeit von Ideen und Assoziationen, Ideenflexibilität als qualitativer Aspekt des Ideenreichtums, der über die Unterschiedlichkeit der geäußerten Ideen erfasst wird, Elaboration als Grad der Ausarbeitung von Ideen und Imagination als Vorstellungsfähigkeit und Fähigkeit zum Einfühlen und Fantasieren. Aus Vereinfachungsgründen liegen allerdings detaillierte Auswertungshinweise und altersbezogene Normen nur für die Dimensionen Ideenflüssigkeit bzw. Produktivität und Ideenflexibilität vor.

In neueren Tests der allgemeinen Intelligenz sind in der Regel auch Aufgaben für divergentes Denken als einem Teilfaktor der Kreativität enthalten. Der *Berliner Intelligenzstruktur-Test* (Jäger 1984; Jäger et al. 1997) erfasst »Einfallsreichtum« mit zahlreichen Aufgaben. Beispielsweise sollen möglichst viele Worte mit einer bestimmten Vorsilbe aufgeschrieben werden; einfache Strichzeichnungen sind zu ergänzen; für einen alltäglichen Gegenstand (z. B. einen Ziegelstein) soll man sich möglichst viele verschiedene Verwendungsmöglichkeiten ausdenken; für eine Firma sind grafische Erkennungszeichen zu gestalten; für das kurz beschriebene Verhalten eines Menschen sollen möglichst verschiedene Erklärungen gefunden werden.

Auch in jüngeren Forschungsprojekten zur Hochbegabung wird neben der Intelligenz die Kreativität explizit berücksichtigt, z. B. in der Münchner Längsschnittstudie (Heller 2001). Lediglich Rost (1991) will Hochbegabung ausschließlich als Extremvariante der allgemeinen Intelligenz verstehen. Er klammert deshalb Kreativität ebenso wie die soziale Intelligenz ausdrücklich aus, weil diese komplexen Konstrukte nicht objektiv definierbar und weil die psychometrisch erfassbaren kognitiven Aspekte der Kreativität auch in Intelligenztests enthalten seien. Im Rahmen der Hochbegabungsforschung entstanden neue diagnostische Verfahren, z. B. das *Münchner Hochbegabungs-Testsystem* (Heller u. Perleth 1999), welches u. a. Intelligenz, Kreativität, Musikalität und soziale Kompetenz erfasst.

Ebenfalls im Kontext der Hochbegabungsforschung haben Urban u. Jellen (1995) einen relativ einfach anzuwendenden Test für zeichnerische Kreativität entwickelt. Der *Test zum schöpferischen Denken – Zeichnerisch TSD-Z* ist in erstaunlicher Weise vom Vorschulalter bis zum Erwachsenenalter als Screeningverfahren oder als Evaluationskriterium für Kreativitätstrainings einsetzbar. Es liegen vielfältige, auch internationale, Anwendungs- und Evaluationsergebnisse vor. Der Test besteht aus einem Blatt mit figuralen Fragmenten, die beliebig zu einer Zeichnung ergänzt werden sollen. Die Auswertung erfolgt nach 14 Kriterien wie z. B. vorgegebene Elemente weiterführen, neue Elemente hinzufügen, zeichnerische und thematische Verbindungen herstellen, Humor einführen, Begrenzungen überschreiten usw. Im Gegensatz zu früheren Verfahren, die vor allem Wort- und Ideenflüssigkeit und allenfalls noch Flexibilität messen, werden mit diesem Test auch die Qualität und die Originalität der Gestaltung erfasst.

Wir schließen diesen Abschnitt mit einem Prototyp von Kreativitätsaufgaben, der gleichzeitig ein Beispiel für ungeklärte Wege oder Parallelentwicklungen wissenschaftlicher Ideen zwischen Deutschland und den USA darstellt. Es geht um die Aufgabe, sich in »utopische« Annahmen hineinzudenken und mögliche Konsequenzen abzuleiten. Nach Süllwold (1999a,b) beinhaltet diese Aufgabenart einen Aspekt der »prospektiven Phantasie« oder der »prospektiven Intelligenz«.

> **Definition**
>
> Prospektive Intelligenz ist die deduktive Fähigkeit, sich zukünftige Ereignisse vorzustellen oder logische Schlussfolgerungen für zukünftige Entwicklungen aus gegebenen Umständen und Annahmen zu ziehen.

Derartige Aufgaben mit »grotesken Prämissen« finden sich bereits in dem oben erwähnten Originalitätstest von Chassell (1916). Sie wurden unabhängig davon in Deutschland von Giese (1925) als Eignungstests vorgeschlagen und später von Süllwold (1954) zur Untersuchung von Einfällen herangezogen. Unter der Überschrift «consequences» tauchen utopische Situationen später bei Guilford (1971) oder als »just suppose« bei Torrance (1966b) auf, um Originalität zu erfassen. Jäger (1967) integriert diesen Aufgabentyp in sein Intelligenzmodell als einen Aspekt von Einfallsreichtum und Produktivität. Süllwold (1999a, b) konstruiert schließlich einen *Test über Utopische Annahmen,* TUA« mit ungewöhnlichen Zukunftsszenarios, die aber nicht so unrealistisch sind wie die ursprünglichen »grotesken

Prämissen«. Zum Beispiel werden die Testpersonen knapp über die Schädigung der Wälder durch Schadstoffe und die Vernichtung von Wald für Wohngebiete und Verkehrsflächen informiert und im Anschluss gefragt: »Was würde sein, wenn in Deutschland der Anteil der Waldfläche an der Gesamtlandesfläche von 30% auf 1% zurückgegangen, also kaum noch Wald vorhanden wäre?« Weitere utopische Annahmen sind eine große Zunahme der Bevölkerungsdichte, eine massive Verknappung der Trinkwasservorräte, eine stark verminderte Verfügbarkeit von elektrischer Energie, weitreichende Einschränkungen des Automobil- und Flugverkehrs sowie die Annahme, dass nur mehr knapp die Hälfte der in Deutschland lebenden Menschen die deutsche Sprache beherrscht. Als Maß der prospektiven Fantasie wird die Gesamtzahl der Ideen oder auch nur die Anzahl normierter Protokollzeilen verwendet; der Originalitätsgrad als qualitativer Aspekt muss nach Süllwold nicht gesondert ausgewertet werden, da er mit dem quantitativen Aspekt hoch korreliert ist.

Analyse von Problemlöseprozessen

Die oben aufgestellte Forderung, auch Verläufe der kreativen Produktion zu berücksichtigen, lässt sich prinzipiell mit der klassischen Methode des »lauten Denkens« berücksichtigen. Dabei werden die Versuchsteilnehmer aufgefordert, kontinuierlich alles laut zu äußern, was ihnen an Gedanken, Hypothesen oder Einfällen durch den Kopf geht. Diese Methode wird seit Beginn des 20. Jahrhunderts in der Denk- und Problemlöseforschung angewandt. Wenn Probleme in Gruppen zu bearbeiten sind, werden Informationen, Vorschläge und Argumente auch ohne besondere Aufforderung laut geäußert – sofern sie nicht durch eine innere Selbstzensur zurückgehalten werden.

Zur Analyse von Problemlöseprozessen in Gruppen (PIG) hat Brusdeylins ein Beurteilungsverfahren entwickelt, erprobt und auf Beurteilerübereinstimmung getestet. Die zu beurteilenden (auf Video aufgenommenen) Problemlöseprozesse hatten als Anforderung, eine Gruppenpräsentation zu einem vorgegebenen Thema vorzubereiten. Mit dem Verfahren PIG wird eingeschätzt, inwieweit die Mitglieder einer Problemlösegruppe systematisch verschiedene Arbeitsphasen abgrenzen und in diesen angemessen handeln (Brusdeylins et al.2003). PIG unterscheidet 4 Phasen (in Klammern entsprechen-

2

Beispiel ▮

Utopische Szenarien im Wandel der Zeit

- Welche Konsequenzen hätte es, wenn sich
  Wasser beim Gefrieren nicht mehr ausdehnte?
  (Chassell 1916)
- Was würde geschehen, wenn eines Tags
  überall statt Wasser Marmelade existierte?
  (Giese, 1925)
- Durch eine neue Erfindung kann man durch
  alle Kleider sehen, ohne dass es der Betref-
  fende merkt. Was sind die Wirkungen der
  Erfindung? (Giese 1925)
- Was würde sein, wenn es der medizinischen
  Wissenschaft gelänge, das menschliche Durch-
  schnittsalter auf 200 Jahre zu verlängern?
  (Süllwold 1954)
- Welche Konsequenzen hätte es, wenn alle
  Grünflächen verschwinden würden?
  (Guilford 1971)
- Stell dir vor, an den Wolken wären Bindfäden
  angebracht, die auf die Erde herunterhängen.
  Was würde geschehen? (Torrance 1966b)
- Was alles hätte es zur Folge, wenn aus allen
  Wasserleitungen einer Stadt plötzlich nur
  noch Salzwasser flösse? (Jäger 1967)

- Was alles hätte es zur Folge, wenn das Straf-
  gesetz so abgeändert würde, dass die Diebe
  von den Bestohlenen abgeurteilt werden?
  (Jäger 1967)
- Welche Folgen würde es haben, was könnte
  alles passieren, wenn es für einen Monat
  überhaupt keinen Strom mehr gäbe?
  (Schoppe 1975)
- Was würdest du machen, wenn Mutti mal
  einen ganzen Tag nicht zu Hause wäre?
  (Ertel 1991 für 2.–3.Lebensjahr)
- Was würde passieren, wenn man alle Autos ab-
  schaffen würde? (Ertel 1991 für 12.–14. Lebensjahr)
- Was würde sein, wenn in Deutschland im Vergleich zu heute das Ausmaß krimineller Vergehen um das Hundertfache angestiegen
  wäre? (Süllwold 1996)
- Was würde sein, wenn das durchschnittliche
  Lebensalter der Menschen auf 120 Jahre
  angestiegen wäre? (Süllwold 1996)

---

de Phasen des Modells in Abschnitt 1.4.4): Orientie-
rungsphase (Probleme analysieren und Informationen bereitstellen), Bearbeitungsphase (Einfälle
entwickeln), Bewertungsphase (Ideen bewerten und
auswählen) und Planungsphase (Vorbereitung der
Ideenverwirklichung). Außerdem wird der Kommu-
nikationsprozess mittels 6 Skalen beurteilt, z. B. er-
gebnisorientiertes Diskutieren, kooperatives Diskutieren, Umgang mit Konflikten.

Beispiel ▮

Itembeispiele für die Bearbeitungsphase:

- Eingefahrene Denkweisen werden geändert
- Die Vorschläge werden aufgegriffen und
  weiterentwickelt
- Die Arbeitsgruppe benutzt eine systematische Methode, um Vorschläge zu
  sammeln, z. B. Brainstorming oder Mind-
  mapping

Der zeitliche Verlauf der Ideenproduktion wurde
bisher vor allem anhand von Brainstormingpro-
tokollen untersucht. Verlaufsanalysen lassen sich
jedoch auch mit standardisierten Tests verbinden.
Krämer (1979) z. B. ließ bei einem Originalitätstest
(Punktemuster zeichnerisch vervollständigen) alle
zwei Minuten einen Strich hinter die letzte Lösung
machen. Auch die bereits weiter oben erwähnten
neurophysiologischen Messungen werden zur Unterscheidung verschiedener Phasen beziehungsweise
Denkformen in Problemlöseprozessen herangezogen.

2.4.7 Diagnostik des Umfeldes

Ein in der psychologischen Diagnostik weniger gebräuchlicher Ansatz besteht darin, nicht Personen-,
sondern Umweltmerkmale psychometrisch zu erfassen.

**Einstellungen und Merkmale von Eltern
und Erziehern**

Aufgrund der Annahme, dass Erziehermerkmale die Kreativität der Kinder bzw. Schüler beeinflussen, werden Einstellungs- und Persönlichkeitsmerkmale von Lehrkräften und Eltern erfasst. In einer Untersuchung an chinesischen Schulkindern standen z. B. folgende Lehrermerkmale systematisch mit der Kreativität der Schüler in Beziehung: Flexibilität vs. rigider Konventionalismus, Selbstbewusstsein und Risikobereitschaft, Leistungsmotivation, Lehrereinstellungen gegenüber allgemeinen pädagogischen Bemühungen vs. Vermittlung von Sachwissen sowie die verbale Kreativität der Lehrkraft (Böger-Huang 1996; vgl. Preiser, im Druck). Im Rahmen eines Ratgebers zur Kreativitätsförderung hat Ertel (1991) den Eltern-Test *Sind Sie ein kreativer Erzieher* mit 35 Items konzipiert. Dieses Verfahren ist zur Selbstanwendung gedacht und soll Eltern und Erziehern Aufschluss darüber geben, in welchen Bereichen ihres Erziehungsverhaltens Veränderungen zur verbesserten Förderung der kindlichen Kreativität wünschenswert wären. Inhaltlich geht es um Erfolgsstreben, Autorität, Anpassung, Wissenstrieb, Geschlechterrolle, Spielfreudigkeit und Eigenwilligkeit.

Fördernde und hemmende Umwelteinflüsse

Auf die Bedeutung der Rahmenbedingungen, des Lern- und Arbeitsklimas für kreative Prozesse hatten wir an anderer Stelle hingewiesen (▶ Kap. 1.4.7). Wie lassen sich diese messen?

Aufgrund teilnehmender Beobachtung im Kindergarten wird z. B. anhand von 20 5-stufigen Schätzskalen (1 = extrem schwach bis 5 = extrem stark ausgeprägt) die Förderung der kindlichen Kreativität durch Anregungen und Freiräume beurteilt, z. B. »Darf Spielmaterial auch auf unkonventionelle Art verwendet werden?«, »Lobt oder unterstützt die Erzieherin neue Spielideen der Kinder?« (Kerner 1995; vgl. Preiser, im Druck).

An der Universität Frankfurt wurden mehrere Varianten eines Fragebogens KIK entwickelt, um kreativitätsfördernde Bedingungen zu erfassen, und zwar in Schulen und Kindergärten, in Betrieben und Verwaltungen. KIK steht für Kreativitäts- und Innovationsfreundliches Klima (vgl. ▶ Kap. 1.4.7; Näheres s. Giesler 2003; Preiser u. Buchholz 2004).

> **Beispiel**
>
> **Itembeispiele für Grundschüler (Preiser, im Druck)**
>
> 1. Anregung und Aktivierung:
>   Ich finde unsere Schulbücher und Arbeitsblätter schön und interessant.
>   Meine Lehrerin und meine Mitschüler geben mir viele tolle Tipps zum Lernen und Spielen.
> 2. Zielgerichtete, intrinsische Motivierung:
>   Mir macht das Lernen viel Spaß – auch wenn ich mich manchmal anstrengen muss.
>   Manchmal finde ich den Unterricht so spannend, dass ich mich mit meinen Freunden auch nachmittags darüber unterhalte.
> 3. Offene und vertrauensvolle Atmosphäre:
>   Wenn ich mit etwas unzufrieden bin, dann kann ich mit meiner Lehrerin offen darüber sprechen.
>   Ich kann meine Schulfreunde um Hilfe bitten, ohne dass sie mich für dumm halten.
> 4. Freiräume und Förderung von Unabhängigkeit:
>   In unserer Schule können und dürfen wir den Unterricht mitgestalten.
>   Wir können unser Klassenzimmer so verschönern, wie wir wollen.

Mit diesem Fragebogen lassen sich Schwachstellen ermitteln und Anregungen für die Verbesserung der Lern- und Arbeitsumgebung ableiten. Der Fragebogen KIK-B für Mitarbeiter und Vorgesetzte in Betrieben und anderen Organisationen wurde in überbetrieblichen Fortbildungsgruppen und in zahlreichen Organisationen eingesetzt. Über faktorenanalytische und teststatistische Ergebnisse berichtet Giesler (2003). Ihre Befunde sprechen für die Brauchbarkeit des Verfahrens: Beispielsweise berichten Personen, die betriebliche Verbesserungsvorschläge eingereicht haben und deren Vorschläge akzeptiert und verwirklicht wurden, – im Vergleich zu den übrigen Befragten – über ein besseres kreativitätsförderndes Arbeitsklima. Aus deutschen Kindergärten sowie aus chinesischen und deutschen Schulen liegen ebenfalls Ergebnisse mit den jeweiligen KIK-Fragebögen vor, die deutliche Zusammenhänge zwischen den KIK-Dimensionen und den Leistungen der Kinder bei zeichnerischen und verbalen Kreativitätstestaufgaben zeigen (Böger-Huang 1996; Preiser, im Druck).

2.4.8 Chancen

Wenn man nicht den unrealistischen Anspruch erhebt, »die Kreativität« eines Menschen insgesamt messen zu wollen, ergeben sich reale Chancen, genau definierte innere und äußere Bedingungsfaktoren und Teilaspekte der Kreativität zu erfassen. Vor allem wenn es nicht um punktuelle individuelle Auswahl- und Förderentscheidungen geht, sondern um die Analyse von Gesetzmäßigkeiten, um Gruppenvergleiche, um die pädagogische Begleitung und Evaluation von Fördermaßnahmen, dann lassen sich Messinstrumente und Beurteilungssysteme konstruieren, die ihren Zweck angemessen erfüllen. Angesichts des komplexen Zusammenwirkens vielfältiger innerer, äußerer, situativer und zufälliger Einflüsse kann eine individuelle Diagnostik nur gelingen, wenn mehrer Zugangswege und Verfahren miteinander kombiniert und durch biografische Daten und durch Beobachtungsergebnisse in komplexen Anforderungssituationen ergänzt werden.

Literatur

Amabile, T. M. (1996). *Creativity in context: Update to the social psychology of creativity.* Boulder, CO: Westview Press.

Aschenbrenner, S., Tucha, O. & Lange, K. W. (2000). *Regensburger Wortflüssigkeitstest* (RWT). Göttingen: Hogrefe.

Barron, F. & Welsh, G. S. (1952) Artistic perception as a possible factor in personality style: Its measurement by a figure preference test. *Journal of Psychology, 33,* 199-203.

Böger-Huang, X. (1996). *Von Konfuzius zu Picasso. Kreativitätserziehung in der Grundschule in China. Eine Fallstudie in der Stadt Nanchang.* Unveröff. Dissertation. Johann Wolfgang Goethe-Universität Frankfurt am Main.

Brusdeylins, K., Buchholz, N. & Preiser, S. (2003). Diagnose von Problemlösekompetenzen in Gruppen. In: G. Krampen & H. Zayer (Hrsg.) *Psychologiedidaktik und Evaluation IV: Neue Medien, Konzepte, Untersuchungsbefunde und Erfahrungen zur psychologischen Aus-, Fort- und Weiterbildung,* 387-399. Bonn: Deutscher Psychologen Verlag.

Bureau of Publications (1968).(zit. nach Ulmann, 1968). *Noll Test of Scientific Thinking: What do you Think? A Test of Scientific Thinking.* New York, NY: Columbia University

Chassell, L. M. (1916). Test for originality. *Journal of Educational Psychology, 7,* 317-329.

Dearborn, G. V. (1898). A study of imagination. *American Journal of Psychology, 9,* 183-190.

Dörner, D., Kreuzig, H. W., Reither, F. & Stäudel, Th. (Hrsg.) (1983). *Lohhausen: Vom Umgang mit Unbestimmtheit und Komplexität.* Bern: Huber.

Educational Testing Service (1987). *Annotated bibliography of tests: Creativity and divergent thinking.* Princeton, NJ: Educational Testing Service.

Ertel, H. (1991). *Jedes Kind ist begabt: Das Test- und Förderungsprogramm für kreative Eltern und Kinder.* Düsseldorf: Econ.

Facaoaru, C. (1985). *Kreativität in Wissenschaft und Technik: Operationalisierung von Problemlösefähigkeiten und kognitiven Stilen.* Bern: Huber.

Giese, F. (1925). *Handbuch psychotechnischer Eignungsprüfungen.* Halle: Marhold

Giesler, M. (2003). *Kreativität und organisationales Klima: Entwicklung und Validierung eines Fragebogens zur Erfassung von Kreativitäts- und Innovationsklima in Betrieben.* Münster: Waxmann.

Guilford, J P. (1967). *The nature of human intelligence.* New York, NY: McGraw-Hill.

Guilford, J. P. (1971). *Persönlichkeit: Logik, Methodik und Ergebnisse ihrer quantitativen Erforschung.* Weinheim: Beltz.

Guilford, J. P. (1973). Kreativität. Vortrag des Präsidenten der American Psychological Association am 5.9.1950. In: G. Ulmann (Hrsg.) *Kreativitätsforschung,* 25-43. Köln: Kiepenheuer & Witsch.

Hany, E. A. (1991). Modell technischer Kreativität. In M. W. M. Heister (Hrsg.) *Techno-ökonomische Kreativität: Möglichkeiten und Maßnahmen ihrer besonderen Förderung,* 125-127. Bonn: Köllen.

Hany, E. A. (2001). Identifikation von Hochbegabten im Schulalter. In: K. A. Heller (Hrsg.) *Hochbegabung im Kindes- und Jugendalter* (2., überarb. u. erw. Aufl., 42-169. Göttingen: Hogrefe.

Heller, K. A. (Hrsg.) (2001). *Hochbegabung im Kindes- und Jugendalter* (2., überarb. u. erw. Aufl.). Göttingen: Hogrefe.

Heller, K. A. & Perleth, C. (Hrsg.) (1999). *Münchner Hochbegabungs-Testsystem* (MHBT). Göttingen: Hogrefe.

Isaksen, S. G., Firestien, R. L., Murdock, M.C., Puccio, G. J. & Treffinger, D.S. (eds) (1994).*The assessment of creativity.* Buffalo, NY: Center for Studies in Creativity, Buffalo State College.

Jackson, P. D. & Messick, S. (1973). Die Person, das Produkt und die Reaktion: Begriffliche Probleme bei der Bestimmung der Kreativität. In: G. Ulmann (Hrsg.) *Kreativitätsforschung,* 93-110. Köln: Kiepenheuer & Witsch.

Jäger, A. O. (1967). *Dimensionen der Intelligenz.* Göttingen: Hogrefe.

Jäger, A.O. (1984). Intelligenz-Strukturforschung: Konkurrierende Modelle, neue Entwicklungen, Perspektiven. *Psychologische Rundschau, 35,* 21-35.

Jäger, A. O., Süß, H. M. & Beauducel, A. (1997). *Berliner Intelligenzstruktur-Test* (BIS-Test). Form 4. Göttingen: Hogrefe.

Katz, A. N. (1997). Creativity and the cerebral hemispheres. In: M. A. Runco (ed) *The creaticity research handbook*, Vol. I, 203-226. Cresskill: Hampton Press.

Kerner, R. (1995). Das kreative Arbeitsklima im Kindergarten und dessen Bedeutung für kreatives Denken und Handeln bei den Kindern. Unveröff. Diplomarbeit, Johann Wolfgang Goethe-Universität, Frankfurt am Main.

Krämer, H.-J. (1979). *Zu Konzept und Diagnose der Originalität*. München: Minerva.

Krampen, G. (1993). Diagnostik der Kreativität. In: G. Trost, K. Ingenkamp & R. S. Jäger (Hrsg.) *Tests und Trends: 10. Jahrbuch der Pädagogischen Diagnostik*, Bd. 10, 11-39. Weinheim: Beltz.

Krampen, G., Freilinger, J. & Wilmes, L. (1988). KVS-F: Kreativitätstest für Vorschul- und Schulkinder – Forschungsversion. *Trierer Psychologische Berichte*, 15, Heft 7.

Krampen, G. unter Mitarbeit von Freilinger, J. & Wilmes, L. (1996). *KVS-P: Kreativitätstest für Vorschul- und Schulkinder – Version für die psychologische Anwendungspraxis*. Göttingen: Hogrefe.

Kratzmeier, H. (1993). *Heidelberger Intelligenztest HIT 3-4* (2. Aufl.). Weinheim: Beltz.

Kratzmeier, H. (1994). *Heidelberger Intelligenztest HIT 1-2* (2. Aufl.). Weinheim: Beltz.

MacKinnon, D.W. (1968). Creativity: Psychological aspects. *International Encyclopaedia of Social Sciences*, Vol. 3, 435-442.

Mainberger, U. (1977). *Test zum divergenten Denken* (Kreativität) TDK 4-6. Weinheim: Beltz.

Martindale, C. (1999). Biological bases of creativity. In: R. J. Sternberg (ed) *Handbook of creativity*, 137-152. Cambridge: Cambridge University Press.

Martindale, C. & Hasenfus, N. (1978). EEG differences as a function of creativity, stage of the creative process, and effort to be original. *Biological Psychology*, 6, 157-167.

McPherson, J. H. (1956). A proposal for establishing ultimate criteria for measuring creative output. In: C. W. Taylor (ed) *The 1955 University of Utah Research Conference on the Identification of Creative Scientific Talent*, 63-68. Salt Lake City, UT: University of Utah Press.

Metzger, W. (1979). Gestalttheoretische Ansätze zur Frage der Kreativität. Nachdruck in: W. Metzger (1986), *Gestaltpsychologie: Ausgewählte Werke aus den Jahren 1950 bis 1982*. Frankfurt am Main: Kramer.

Morgan, C. D. & Murray, H. A. (1935). A method for investigating fantasies: The Thematic Apperception Test. *Archiv für Neurologie und Psychiatrie*, 34, 289-306.

Nütten, I. & Sauermann, P. (1985). Die Beurteilung der Kreativität bei Mitarbeitern. *Personal*, 37, 327-329.

Preiser, S. (1986). *Kreativitätsforschung* (2. Aufl.). Darmstadt: Wissenschaftliche Buchgesellschaft.

Preiser, S. (im Druck). Kreativitätsförderung: Lernklima und Erziehungsbedingungen in der Grundschule. In: M. K. Schweer (Hrsg.) *Das Kindesalter*. Frankfurt am Main: Lang.

Preiser, S. & Buchholz, N. (2004). *Kreativität: Ein Trainingsprogramm für Alltag und Beruf.* (völlig neu bearb. u. ausg. 2. Aufl.). Heidelberg: Asanger.

Raabe, S. (2001). *Kreativität in Realität und Phantasie: Eine empirische Studie zu darstellerischer Kreativität*. Unveröff. Diplomarbeit. Johann Wolfgang Goethe-Universität Frankfurt am Main.

Rimm, S. B. (1980). *Group Inventory for Finding Creative Talent* GIFT. Watertown, WI: Educational Assessment Service.

Rimm, S. B. & Davies, G. A. (1980). *Group Inventory for Finding Interests* GIFFI. Watertown, WI: Educational Assessment Service.

Rorschach, H. (1992). *Psychodiagnostik: Methodik und Ergebnisse eines wahrnehmungspsychologischen Experiments* (11. Aufl.). Bern: Huber.

Rost, D. H. (1991). Identifizierung von »Hochbegabung«. *Zeitschrift für Entwicklungspsychologie und Pädagogische Psychologie*, 23, 197-231.

Schoppe, K.-J. (1975). *Verbaler Kreativitätstest*. Göttingen: Hogrefe.

Sternberg, R. J. & Lubart, T. (1991). An investment theory of creativity and its development. *Human development*, 34, 1-31.

Süllwold, F. (1954). Experimentelle Untersuchungen über die Rolle des Einfalls im Denkprozeß. *Zeitschrift für Experimentelle und Angewandte Psychologie*, 2, 175-207.

Süllwold, F. (1996). Untersuchungen zur prospektiven Phantasie. *Arbeiten aus dem Institut für Psychologie* der Johann Wolfgang Goethe-Universität Frankfurt am Main 1996/7.

Süllwold, F. (1999a). Die prospektive Phantasie als Persönlichkeitsvariable und diagnostische Kategorie. *Zeitschrift für Differentielle und Diagnostische Psychologie*, 20, 133-141.

Süllwold, F. (1999b). Die Phantasie – eine vernachlässigte psychodiagnostische Kategorie. *Report Psychologie*, 24, 188-193.

Taylor, I. A. (1975). An emerging view of creative actions. In: I. A. Taylor & J. W. Getzels (eds) *Perspectives in Creativity*, 297-325). Chicago, IL: Aldine.

Torrance, E. P. (1966a). *Thinking creatively with pictures*. Lexington, MA: Personell Press.

Torrance, E. P. (1966b). *Thinking creatively with words*. Princeton, NJ: Personell Press.

Torrance, E. P. (1981). *Thinking creatively in action and movement*. Bensenville, Il: Scholastic Testing Service.

Ulmann, G. (1968). *Kreativität: Neue amerikanische Ansätze zur Erweiterung des Intelligenzkonzeptes*. Weinheim: Beltz.

Urban, K. K.(1982). Erläuterungen zu GIFT. In: K. K. Urban (Hrsg.),*Hochbegabte Kinder*, 242-244. Heidelberg: Schindele.

Urban, K. K. & Jellen, H. G. (1995). *TSD-Z: Test zum schöpferischen Denken – Zeichnerisch*. Frankfurt am Main: Swets.

Wallach, M. A. & Kogan, N. (1965). *Modes of thinking in young children: A study of the creativity-intelligence-distinction*. New York, NY: Holt, Rinehart & Winston.

Wartegg, E. (1953). Schichtdiagnostik: *Der Zeichentest* (WZT). Göttingen: Hogrefe.

Wartegg, E. (1957). *Wartegg-Zeichentest* (WZT). Göttingen: Hogrefe.

Wermke, J. (1989). *»Hab a Talent, sei a Genie!« Kreativität als paradoxe Aufgabe*. Bd. 1 und 2. Weinheim: Deutscher Studien Verlag.

3 Kompetenz und Kompetenzdiagnostik

Johannes Hartig, Eckhard Klieme

❯ Der Begriff der Kompetenz spielt in der Psychologie v. a. dort eine Rolle, wo Leistungsfähigkeit aus einer anwendungsorientierten Sicht betrachtet wird. In der pädagogischen Psychologie und der Bildungsforschung hat dieser Begriff im Zusammenhang mit der Definition der Ziele von Bildungssystemen eine große Bedeutung gewonnen, so etwa bei der Entwicklung von Bildungsstandards (Klieme et al. 2003; Klieme 2004). Kompetenzen werden in diesem Zusammenhang herangezogen, um die Bildungsziele, welche in Bildungssystemen erreicht werden sollen, zu charakterisieren.

Das folgende Kapitel behandelt zunächst allgemeine Definitionen des Kompetenzbegriffs, wobei eine präzisierende Definition vorgeschlagen und eine Abgrenzung zum Intelligenzbegriff vorgenommen wird. Anschließend wird auf Kompetenzmodelle eingegangen. Hierbei wird unterschieden in Kompetenzstrukturmodelle, welche sich mit der inhaltlichen Binnendifferenzierung von Kompetenzen befassen, und Kompetenzniveaumodelle, welche die konkrete inhaltliche Beschreibung von unterschiedlich hohen Ausprägungen quantitativ erfasster Kompetenzen zum Gegenstand haben. Schließlich werden zur Veranschaulichung des Kompetenzbegriffs drei spezifische Kompetenzbereiche aus den PISA-Studien in den Jahren 2000 und 2003 beschrieben – insbesondere die Ergebnisse aus PISA 2000 haben in Deutschland maßgeblich zu einem derzeit breiten Interesse an der empirischen Erfassung von Kompetenzen beigetragen.

3.1   Konzept der Kompetenz

3.1.1   Präzisierung des Kompetenzbegriffs

In Deutschland haben v. a. groß angelegte Erhebungen von Schülerleistungen (»large scale assessments«) in den letzten Jahren auch in einer breiteren Öffentlichkeit das Interesse an den Ergebnissen systematischer Leistungsmessungen in Schulen geweckt (z. B. die »Third International Mathematics and Science Study«, TIMSS; z. B. Mullis et al. 1998; Mullis et al. 1999; Baumert et al. 1997; Köller et al. 2001), das »Programme for International Student Assessment« (PISA, z. B. Baumert et al. 2001; OECD 2001,

2004a, 2004b; PISA-Konsortium Deutschland 2004) oder die »Progress in International Reading Literacy Study« (PIRLS, in Deutschland »IGLU«, vgl. Bos et al. 2003).

Die in diesen Studien erfassten Schülerleistungen werden als Ausdruck spezifischer Kompetenzen betrachtet (z. B. Lesekompetenz, mathematische Kompetenz, naturwissenschaftliche Kompetenz). Mit der Verwendung des Konzepts der Kompetenz in einem breiten wissenschaftlichen, aber auch politischen Kontext geht eine entsprechende Vielfalt von Definitionen und Ausgestaltungen des Begriffs einher. Weinert (2001a) spricht in diesem Zusammenhang kritisch von einer »konzeptuellen Inflation«. Gleichzeitig ist eine angeregte interdisziplinäre Diskussion über die Definition des Begriffs und die Arten von Kompetenzen, die in verschiedenen Kontexten relevant sind, entstanden (z. B. Rychen u. Salganik 2001; 2003; Weinert 2001b).

Die alltagssprachliche Bedeutungsvielfalt des Wortes Kompetenz macht es für einen wissenschaftlichen Gebrauch in jedem Fall notwendig, eine explizite, präzisierende Definition vorzunehmen. Eine einflussreiche Übersicht über verschiedene Definitionen von Kompetenz wurde von Weinert (1999) in einem für die OECD erstellten Gutachten vorgenommen. Er unterscheidet hierbei zwischen folgenden Varianten des Kompetenzbegriffs (vgl. Klieme 2004):

1. Kompetenzen als generelle kognitive Leistungsdispositionen, die Personen befähigen, sehr unterschiedliche Aufgaben zu bewältigen,
2. Kompetenzen als kontextspezifische kognitive Leistungsdispositionen, die sich funktional auf bestimmte Klassen von Situationen und Anforderungen beziehen. Diese spezifischen Leistungsdispositionen lassen sich auch als Kenntnisse, Fertigkeiten oder Routinen charakterisieren,
3. Kompetenzen im Sinne der für die Bewältigung von anspruchsvollen Aufgaben nötigen motivationalen Orientierungen,
4. Handlungskompetenz als eine Integration der drei erstgenannten Konzepte, bezogen auf die Anforderungen eines spezifischen Handlungsfeldes wie z. B. eines Berufes,
5. Metakompetenzen als das Wissen, die Strategien oder die Motivationen, welche sowohl den Erwerb als auch die Anwendung spezifischer Kompetenzen erleichtern,

6. Schlüsselkompetenzen als Kompetenzen im unter 2. genannten funktionalen Sinn, die aber für einen relativ breiten Bereich von Situationen und Anforderungen relevant sind. Hierzu gehören z. B. muttersprachliche oder mathematische Kenntnisse.

Vor allem die erste aufgeführte Definition weist eine nahe inhaltliche Verwandtschaft zu gängigen Definitionen der allgemeinen Intelligenz auf. Unter Abwägung unterschiedlicher theoretischer Standpunkte und aufgrund pragmatischer Gesichtspunkte empfiehlt Weinert (1999, 2001a) eine Eingrenzung auf den zweiten genannten Kompetenzbegriff. Die damit vorgenommene Definition von Kompetenzen ist durch zwei wesentliche Restriktionen charakterisiert: Zum einen sind Kompetenzen funktional bestimmt, d. h. bereichsspezifisch und auf einen begrenzten Sektor von Kontexten und Situationen bezogen. Allgemeine intellektuelle Fähigkeiten werden aus der Definition von Kompetenz ausgeschlossen, obwohl sie bei der Bewältigung bereichsspezifischer Anforderungen zweifellos auch eine bedeutsame Rolle spielen.

Weinert (2001a) nennt für diese Abgrenzung zwei pragmatische Gründe: Zunächst sind basale kognitive Grundfunktionen Bestandteil einer von allen Menschen geteilten Grundausstattung und müssen nicht erworben werden, um spezifische Anforderungen bewältigen zu können. Zweitens spricht der derzeitige Forschungsstand dafür, dass diese Grundfunktionen durch Trainings oder andere äußere Interventionen nur begrenzt beeinflussbar sind (vgl. auch ▶ Kap.1). Die zweite Restriktion bei der Definition des Kompetenzkonzepts besteht darin, den Begriff auf den kognitiven Bereich einzuschränken, motivationale oder affektive Voraussetzungen für erfolgreiches Handeln werden nicht mit einbezogen. Die Begrenzung auf kognitive Leistungsdispositionen wird von Weinert an anderer Stelle (2001c) nicht in der gleichen Strenge vorgenommen, entspricht aber den Kompetenzkonzepten der genannten internationalen Schulleistungsstudien (PISA, TIMSS, PIRLS).

Trotz der Bereichsspezifität werden Kompetenzen als Leistungs*dispositionen* betrachtet, die in einem gewissen Maß über ähnliche Situationen generalisierbar sind. Die oben genannten Schlüssel-kompetenzen lassen sich in diesem Sinne in die allgemeinere Definition einordnen, sie beziehen sich lediglich auf einen breiteren Bereich von Situationen und Aufgaben. Die oben unter Punkt 2 genannte Definition von Kompetenzen als *kontextspezifische kognitive Leistungsdispositionen* unter Ausschluss motivationaler und affektiver Faktoren stellt für die in der Bildungsforschung behandelten Fragestellungen eine gute Arbeitsgrundlage dar und soll im weiteren auch hier verwendet werden.

3.1.2 Abgrenzung vom Intelligenzkonzept

Im Zusammenhang mit einer grundlegenden Kritik an der zunehmenden Verbreitung standardisierter Leistungstests im amerikanischen Bildungssystem der 1970er Jahre wurde die Erfassung von »Kompetenzen« von McClelland (1973) als eine ausdrückliche Alternative zur traditionellen Intelligenzdiagnostik betrachtet (»*Testing for competence rather than for ›intelligence‹*«). Der von McClelland hierbei verwendete Kompetenzbegriff bezieht sich im Wesentlichen auf für spezielle Tätigkeiten notwendige Voraussetzungen und lässt sich unter die oben als »Handlungskompetenz« bezeichnete Definition fassen.

Der Autor selbst nimmt allerdings keine explizite Begriffsklärung vor (vgl. auch Barrett u. Depinet 1991). Definiert man Kompetenz jedoch primär im Sinne kognitiver Leistungsdispositionen, ergibt sich eine enge begriffliche Verwandtschaft und eine breite inhaltliche Überlappung mit dem Konzept der Intelligenz. Hinzu kommt, dass die Erfassung von »Kompetenzen« in Schulleistungsstudien in der Regel durch standardisierte Leistungstests erfolgt, die den in der Intelligenzdiagnostik eingesetzten Verfahren oft nicht unähnlich sind. Wie lassen sich diese beiden Begriffe voneinander abgrenzen? Im Folgenden werden Konzepte der Kompetenz und der Intelligenz hinsichtlich dreier Kriterien gegenübergestellt: Kontextualisierung, Lernbarkeit und der Fokus bei der Definition von Binnenstrukturen.

Kontextualisierung. Ein bereits genanntes wesentliches Charakteristikum des Kompetenzbegriffs wurde bereits genannt: Kompetenzen werden als bereichsspezifisch, d. h. auf bestimmte Situationen und Aufgaben bezogen betrachtet. So definiert Weinert (2001a) Kompetenzen in einer allgemeinen Beschreibung als »… spezialisierte Systeme von Kenntnissen, Fähigkeiten und Fertigkeiten, die notwendig oder hinreichend sind, um ein spezifisches Ziel zu erreichen« (S. 45; Übersetzung durch die Autoren). Dagegen sind psychologische Intelligenzdefinitionen hinsichtlich der unter dem Intelligenzbegriff zusammengefassten Leistungsdispositionen typischerweise sehr allgemein gehalten (vgl. auch ► Kap. 1).

Mit dem Begriff der Intelligenz wird gemeinhin die Fähigkeit assoziiert, auch und gerade *neue* Probleme ohne spezifisches Vorwissen erfolgreich bewältigen zu können. Ein konzeptueller Unterschied zwischen Kompetenz und Intelligenz kann demnach in der Generalisierbarkeit der damit beschriebenen Leistungsdispositionen gesehen werden: Kompetenz ist stärker an spezifische Kontexte gebunden, während Intelligenz sich v. a. durch generalisierbare Leistungsdispositionen kennzeichnen lässt. Insbesondere im Bereich der oben genannten Schlüsselkompetenzen wird diese mögliche Unterscheidung wieder verwischt. Je breiter ein Bereich von Situationen und Aufgaben für eine Schlüsselkompetenz definiert wird, desto schwieriger wird die begriffliche Abgrenzung von dem, was typischerweise unter allgemeiner Intelligenz verstanden wird.

Lernbarkeit. Im Kontext der pädagogischen Psychologie und der Bildungsforschung ist ein wesentliches Charakteristikum von Kompetenzen, dass sie durch Lernen erworben werden können bzw. erworben werden müssen. So sind Kompetenzen im Kontext von PISA z. B. ausdrücklich als »prinzipiell erlernbare, mehr oder minder bereichsspezifische Kenntnisse, Fertigkeiten und Strategien« definiert (Baumert et al. 2001 S. 22). Theoretisch ergibt sich die Bedeutung des Lernens von Kompetenzen aus der bereits genannten Bereichsspezifität von Kompetenzen. Der Bezug auf spezifische Situationen und Anforderungen legt nahe, dass der Kompetenzerwerb das Sammeln von Erfahrungen in den entsprechenden Situationen bzw. mit entsprechenden Aufgaben voraussetzt. Darüber hinaus ergibt sich die praktische Bedeutung der Erlernbarkeit von Kompetenzen aus den Anwendungsfeldern, in denen dieser Begriff

von Bedeutung ist. Hier stehen v. a. Leistungen im Mittelpunkt des Interesses, welche – z. B. durch schulischen Unterricht – grundsätzlich förderbar sind. Fähigkeiten und Leistungen, die nicht oder kaum durch äußere Interventionen beeinflussbar sind, stellen im Kontext interventionsorientierter Forschung eher Störvariablen dar, die es zu kontrollieren gilt, um die Effektivität von Bildungsmaßnahmen unverzerrt evaluieren zu können.

Im Unterschied zur Erlernbarkeit – und damit Veränderbarkeit – von Kompetenzen wird Intelligenz als relativ stabil betrachtet. Zeitliche Variationen in Leistungsmaßen werden im Kontext der Intelligenzforschung eher als problematisch betrachtet, da sie im Widerspruch zum Konzept der Intelligenz als stabiles Persönlichkeitsmerkmal stehen, welches als zu einem wesentlichen Teil vererbbar betrachtet wird (vgl. ► Kap. 1). Der Unterschied zwischen Kompetenzen als erlernbaren Fertigkeiten und Intelligenz als grundlegender kognitiver Fähigkeit lässt sich auch an der Möglichkeit eines Nullpunkts veranschaulichen. Es ist ohne weiteres vorstellbar, dass eine Person über eine bestimmte, kontextspezifische Kompetenz *überhaupt nicht* verfügt, d. h. in einem Kompetenztest einen sinnvoll interpretierbaren Wert von null erreichen würde – so z. B. in einem Test zur Lesekompetenz oder in einem Test zur Kompetenz im Umgang mit Informationstechnologie.

Die Entstehung kontextspezifischer Kompetenzen setzt Erfahrungen mit den jeweiligen Kontexten voraus. Wenn nie eine solche Erfahrung stattgefunden hat, kann die entsprechende Kompetenz vollkommen fehlen; z. B. bei einem Analphabeten im Lesekompetenztest. Hingegen ist es für allgemeine Intelligenz als eine kontext-unabhängige kognitive Grundfähigkeit ein absoluter Messwert von null nicht sinnvoll – jedes gesunde Individuum sollte zu einem gewissen, messbaren Grad über diese Grundfähigkeit verfügen.

Definition von Binnenstrukturen. Die psychologische Intelligenzforschung befasst sich intensiv mit der Frage nach Binnenstrukturen, die zur Beschreibung interindividueller Leistungsunterschiede als angemessen erscheinen (vgl. ► Kap. 1). Der Fokus der Intelligenzforschung liegt hierbei traditionell v. a. auf kognitiven und biologischen Basisprozessen der Intelligenzleistung. Die von Thurstone (1938) vorgeschlagenen Primärfaktoren Gedächtnis, Wahrnehmungsgeschwindigkeit, räumliches Denken und »reasoning« sind Beispiele für diesen Ansatz (wobei die beiden Primärfaktoren nach Thurstone verbales Verständnis und numerisches Verständnis einen Bezug zu spezifischen Aufgabeninhalten haben). Die Struktur der Intelligenzleistung wird zu einem Wesentlichen Teil definiert durch die Prozesse, welche für die beobachtbaren Intelligenzleistungen als notwendig und grundlegend betrachtet werden.

Im Gegensatz dazu orientiert sich die Strukturierung von Kompetenzen typischerweise an den zu bewältigenden Anforderungen. So stellt z. B. Rychen (2001) explizit fest, dass die »… Anforderungen die Strukturen von Kompetenzen definieren« (S. 8, Übersetzung durch die Autoren). Verschiedene Kompetenzen und Teilkompetenzen werden v. a. nach den Inhalten der interessierenden Situationen, der relevanten Aufgaben und den zur Lösung dieser Aufgaben zu bewältigenden Anforderungen definiert. So wird z. B. die in PISA 2003 erfasste mathematische Kompetenz unter anderem nach vier »übergreifenden Ideen« strukturiert (Quantität, Veränderung und Beziehungen, Raum und Form, Unsicherheit; vgl. Blum et al. 2004). Die Struktur der mathematischen Kompetenz ergibt sich somit aus spezifischen Aufgabeninhalten und den damit einhergehenden Anforderungen.

In der Studie »Deutsch Englisch Schülerleistungen International« (DESI, vgl. Beck u. Klieme 2003) werden sprachliche Kompetenzen in produktive und rezeptive sowie auditive und schriftsprachliche Teilkompetenzen unterteilt (Jude u. Klieme, im Druck). Hier wird die Kompetenzstruktur aus den Anforderungen spezifischer kommunikativer Situationen und Handlungen abgeleitet. In beiden Fällen wird

ersichtlich, dass sich die Struktur der erfassten Kompetenzen nicht wie in der Intelligenzforschung primär an psychischen Prozessen orientiert. Die Binnenstruktur der Kompetenzen wird jeweils aus den Anforderungen in den Situationen abgeleitet, in denen diese Kompetenzen relevant sind.

In ◘ Tab. 3.1 sind die hier herausgestellten konzeptuellen Unterschiede zwischen Kompetenz und Intelligenz zusammengefasst. Diese konzeptuellen Unterschiede in der Natur beider Konstruktbereiche hat auch Konsequenzen für die Konstruktion von entsprechenden Leistungstests. So sind die Aufgaben der Kompetenzskalen z. B. in PISA mit dem Ziel entwickelt, Anforderungen zu stellen, die Situationen im realen Leben möglichst ähnlich sind, während Intelligenztests oft gezielt so konstruiert werden, dass die Lösung der Aufgaben möglichst unabhängig von spezifischem Vorwissen oder Erfahrungen ist.

Trotz der konzeptuellen Unterschiede und unterschiedlicher Vorgehensweisen bei der Testkonstruktion ist es nicht plausibel anzunehmen, dass Messungen von Kompetenzen und Intelligenz keine oder auch nur geringe Zusammenhänge aufweisen. Tatsächlich sind die empirischen Zusammenhänge zwischen Kompetenz- und Intelligenzmaßen typischerweise recht hoch, so berichten z. B. Leutner et al. (2004) messfehlerbereinigte Korrelationen von 0,64 bis 0,74 zwischen Intelligenz und den in PISA 2003 erfassten Kompetenzmaßen. Die im Querschnitt erhobenen PISA-Daten erlauben allerdings keinerlei Einschätzungen möglicher Wirkrichtungen zwischen den Leistungsvariablen (Haben z. B. Schüler eine höhere Kompetenz, *weil* sie intelligenter sind?) oder möglicher gemeinsamer Ursachen für Unterschiede in beiden Variablen (Inwieweit werden sowohl Kompetenz als auch Intelligenz durch die Schulbildung geprägt?). Es erscheint daher fraglich,

◘ **Tab. 3.1.** Gegenüberstellung konzeptueller Charakteristika des Kompetenz und des Intelligenzbegriffs

Kompetenz	Intelligenz
Kontextualisiert, Fähigkeit, spezifische Situationen und Anforderungen zu bewältigen	Generalisierbar, Fähigkeit, neue Probleme zu lösen
Lernbar, wird durch Erfahrung mit den spezifischen Anforderungen und Situationen erworben	Zeitlich stabil, zu bedeutsamen Teilen durch biologische Faktoren determiniert
Binnenstruktur ergibt sich aus Situationen und Anforderungen	Binnenstruktur ergibt sich aus grundlegenden kognitiven Prozessen

ob diese korrelativen Zusammenhänge geeignet sind, die Frage nach Ähnlichkeit oder Unähnlichkeiten von Kompetenz und Intelligenz zufrieden stellend zu beantworten.

3.2   Kompetenzdiagnostik

Die Diagnostik von Kompetenzen erfolgt im Rahmen von Schulleistungsuntersuchungen in der Regel mit standardisierten Tests, wie sie auch in der psychologischen Leistungsdiagnostik eingesetzt werden. Bei der empirischen Erfassung von Kompetenzen stellt sich die Frage nach den theoretischen Modellen, auf denen die Entwicklung dieser Messinstrumente basiert. Hier soll zwischen zwei Formen von Kompetenzmodellen unterschieden werden: Strukturmodelle, die sich mit den erfassenden Kompetenzdimensionen befassen, und Niveaumodelle, welche die spezifischen Fähigkeiten bei unterschiedlichen Ausprägungen einzelner Kompetenzen beschreiben.

3.2.1   Kompetenzstrukturmodelle

Kompetenzstrukturmodelle befassen sich mit der Dimensionalität von Kompetenzen. Hinsichtlich der eingesetzten Analyseverfahren und Kriterien entsprechen die zur Dimensionalitätsanalyse verwendeten Methoden und Kriterien denen, die auch bei der Frage nach der Struktur von Intelligenz (vgl. ► Kap. 1) oder auch nach allgemeineren Strukturen der Persönlichkeit zum Einsatz kommen (z. B. Eysenck 1947, 1992; Goldberg 1990; Costa u. McCrae 1995). Die empirische Ausgangsbasis für derartige Fragestellungen stellen die korrelativen Zusammenhänge zwischen unterschiedlichen Messvariablen (z. B. Aufgaben eines Leistungstests) dar. Mittels faktorenanalytischer Methoden werden einzelne Messungen, die hohe Zusammenhänge untereinander aufweisen, zu Dimensionen zusammengefasst und dahingehend interpretiert, dass sie »dasselbe« Merkmal erfassen.

Messungen mit geringeren Interkorrelationen erfassen entsprechend »verschiedene« Merkmale. Dieses Vorgehen hat sich v. a. in der Intelligenz- und Persönlichkeitsforschung als ein nützliches Werkzeug zur Generierung von Theorien erwiesen. Hierbei werden die aus den faktorenanalytischen Untersuchun-

gen resultierenden Dimensionen als Hinweise auf »latente Variablen« betrachtet, welche auch unabhängig von den vorgenommenen Messungen existierende psychische Größen darstellen (vgl. Borsboom et al. 2003). Existieren bereits vorab theoretische Annahmen über derartige latente Variablen, so erlauben diese die Ableitung von Erwartungen über die Zusammenhangsstruktur spezifischer Messungen. Die empirische Untersuchung derartiger Erwartungen, z. B. mit linearen Strukturgleichungsmodellen (z. B. Bollen 1989), wird dann als Prüfung für die Richtigkeit des angenommenen Strukturmodells herangezogen.

Inhaltlich ist die Frage nach *Kompetenzdimensionen* gleichbedeutend mit der Frage danach, *welche* Kompetenzen in einem bestimmten Zusammenhang differenziert erfasst werden können oder erfasst werden sollen. Auch im Bereich der Kompetenzdiagnostik lassen sich aus theoretischen Modellen Annahmen über die Zusammenhangsstrukturen einzelner Messungen ableiten. ◘ Abb. 3.1 veranschaulicht dies am Beispiel der angenommenen Struktur der in DESI erfassten Englischkompetenz (Jude u. Klieme, im Druck).

Wie bereits im vorangegangenen Abschnitt erwähnt, ergibt sich die Struktur von Kompetenzen aus der Struktur der interessierenden Aufgaben und Anforderungen. Dies wird auch an dem in ◘ Abb. 3.1 dargestellten Kompetenzstrukturmodell ersichtlich: Die verschiedenen Englisch-Tests in DESI sind in

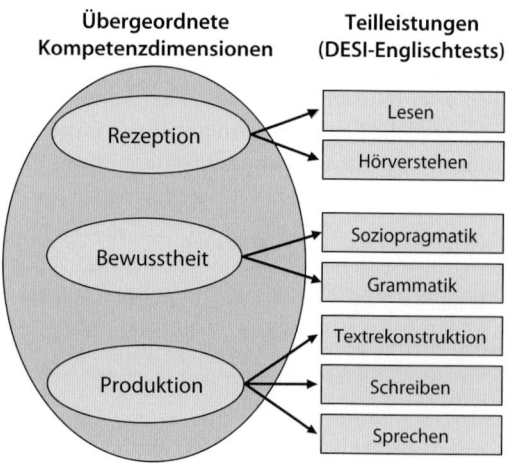

◘ **Abb. 3.1.** Angenommenes Stukturmodell der in DESI erfassten Sprachkompetenz im Englischen. (Nach Jude u. Klieme, im Druck)

erster Linie nach unterschiedlichen konkreten sprachlichen Handlungen differenziert. Die Anforderungen, die durch diese sprachlichen Handlungen an die Kompetenz der Testperson gestellt werden, werden zur Bildung übergeordneter Kompetenzfaktoren herangezogen. So müssen z. B. sowohl beim Hören als auch beim Lesen eines englischen Textes sprachliche Inhalte wahrgenommen und verarbeitet werden, diese Leistungen werden daher zu einem übergeordneten Faktor Rezeption zusammengefasst. Die beiden Tests »Grammatik« und »Soziopragmatik« (das Wählen je nach sozialem Kontext angemessener sprachlicher Wendungen) verlangen bewusstes deklaratives Wissen über die englische Sprache und werden zum Kompetenzfaktor »Bewusstheit« zusammengefasst. Die übergeordnete Kompetenzstruktur wird also durch gemeinsame Anforderungen der einzelnen sprachlichen Leistungen definiert.

Neben der Bedeutung der dimensionsanalytischen Untersuchung von Zusammenhangsstrukturen für theoretische Modelle ist dieses Vorgehen aber auch aus diagnostisch-pragmatischer Sicht zu rechtfertigen. Sind z. B. interindividuelle Unterschiede in verschiedenen Leistungsmaßen sehr hoch korreliert, stellt sich die Frage, ob es nicht ökonomischer ist, diese Maße bei der Datenerhebung und der Auswertung zusammenzufassen und als eine gemeinsame Skala zu behandeln. Als separate Leistungsmaße sollten dann nur solche Messungen behandelt werden, die hinsichtlich ihrer korrelativen Zusammenhänge hinreichend unabhängig voneinander sind. Bei der Entscheidung für ein bestimmtes Strukturmodell, also der Frage wie differenziert spezifische Kompetenzen betrachtet werden sollen, muss jeweils eine Abwägung ökonomischer und theoretischer Aspekte vorgenommen werden.

In Bezug auf Kompetenzen im Schulleistungsbereich erscheint eine Differenzierung angesichts der hohen empirischen Zusammenhänge, die über Klassen hinweg gefunden werden, oft schwierig. So berichtet Wu (2004) für die in PISA 2003 erfassten Kompetenzbereiche Mathematik, Lesen, Naturwissenschaften und Problemlösen messfehlerbereinigte Zusammenhänge von zwischen 0,77 und 0,89. Aus angewandter Sicht sind die Ergebnisse von Kompetenzmessungen jedoch gerade dann wertvoll, wenn die einzelnen Kompetenzen inhaltlich differenziert und konkret beschrieben werden können. Gerade

im Bereich der Bildungsforschung ist zudem zu beachten, dass die Klumpenstruktur der untersuchten Stichproben (z. B. Schüler in Schulklassen) bei der Untersuchung von korrelativen Zusammenhängen berücksichtigt werden muss, z. B. durch eine Zerlegung der Kovarianzen zwischen den untersuchten Variablen in Inner- und Zwischenklassenvarianz (z. B. Snijders u. Bosker 1994; Hox 2002).

3.2.2 Kompetenzniveaumodelle und Kompetenzskalierung

Kompetenzniveaumodelle befassen sich mit der oben genannten Frage nach der konkreten inhaltlichen Beschreibung empirisch erfasster Kompetenzen. Es geht hierbei z. B. um die Frage, welche spezifischen Anforderungen eine Person mit einer hohen Kompetenz bewältigen kann und welche Anforderungen eine Person mit einer niedrigen Kompetenz gerade noch bewältigt und welche nicht. Die Messungen von Kompetenzen generieren typischerweise quantitative Testwerte. Während in den meisten Feldern der psychologischen Leistungsforschung eine rein normorientierte Interpretation quantitativer Testwerte (z. B. IQ-Normen) vorherrscht, wird dies in der Schulleistungsforschung oft nicht mehr als ausreichend erachtet (z. B. Helmke u. Hosenfeld 2004).

Neben dem Vergleich von Leistungswerten an Bezugspopulationen oder dem Vergleich von Subpopulationen (z. B. die Ländervergleiche in PISA) ist vielmehr von Interesse, über welche spezifischen Kompetenzen Schüler verfügen bzw. welche fachbezogenen Leistungsanforderungen sie bewältigen können. Es besteht also der Bedarf an einer *kriteriumsorientierten Interpretation* der quantitativen Leistungswerte (z. B. Klauer 1986). Eine inhaltliche Beschreibung der numerischen Werte auf der Kompetenzskala anhand konkreter, fachbezogener Kompetenzen ist für jeden einzelnen Punkt einer kontinuierlichen Skala in der Praxis nicht realisierbar (Beaton u. Allen 1992). Um dennoch eine kriteriumsorientierte Beschreibung der quantitativen Werte zu erzielen, wird in der Bildungsforschung oft ein pragmatischeres Vorgehen gewählt: Die kontinuierliche Skala wird in Abschnitte unterteilt, welche dann als *Kompetenzniveaus* oder *Kompetenzstufen* bezeichnet werden. Für diese Skalenabschnitte wird dann eine kriteriumsorientierte Beschreibung der erfassten Kompetenzen vorgenommen.

> **Definition**
>
> **Stufenbegriff in der Kompetenzdiagnostik**
>
> Bei der Bezeichnung *Kompetenzstufen* für Abschnitte auf Kompetenzskalen ist der Begriff der *Stufe* als Übersetzung des englischen »level« kritisch zu betrachten. Stufen werden innerhalb der Psychologie, insbesondere der Entwicklungspsychologie, in der Regel mit *qualitativen* Unterschieden assoziiert, so z. B. im Modell von Piaget der kognitiven Entwicklung oder dem Kohlberg-Modell der Moralentwicklung. Den in Schulleistungsstudien verwendeten Kompetenzstufen liegen in aller Regel jedoch keine »echten« Stufenmodelle zu Grunde, sie dienen lediglich einer einfacheren Kommunikation und Veranschaulichung der erfassten quantitativen Leistungsdimensionen:
>
> »Diese Kontinua in Stufen zu unterteilen, ist zwar nützlich für die Kommunikation über die Entwicklung von Schülern, aber im Wesentlichen willkürlich« (Adams u. Wu 2002, S. 197, Übersetzung durch die Autoren). Helmke und Hosenfeld (2004) argumentieren, dass die Begriffe »Niveau« oder »Abschnitt« geeigneter wären. In diesem Kapitel wird aus den genannten Gründen der Begriff des Kompetenzniveaus verwendet, welcher synonym zu dem z. B. im Kontext der PISA-Studien verwendeten Begriff der Kompetenzstufe ist.

Diese kriteriumsorientierte Beschreibung unter Bezug auf konkrete Aufgaben und Anforderungen erfolgt in Kompetenzniveaumodellen. Zur Konstruktion und Prüfung dieser Modelle gibt es verschiedene Ansätze. Allen Ansätzen zur Beschreibung von Kompetenzniveaus ist gemeinsam, dass sie sich zur Beschreibung der Niveaus auf die konkreten Inhalte der zur Leistungsmessung verwendeten Aufgaben beziehen.

Die Schwierigkeiten der einzelnen Aufgaben werden auf der jeweiligen Kompetenzskala verortet. Dies kann – wie z. B. in PISA oder DESI – über Modelle der Item-Response-Theorie (IRT, z. B. van der Linden u. Hambleton 1997; Rost 2004) geschehen, in denen die *Kompetenz* der getesteten Personen auf einer gemeinsamen Skala in Beziehung gesetzt wird zur *Lösungswahrscheinlichkeit* der eingesetzten Testaufgaben. So ist in einem der einfachsten IRT-Modelle, dem dichotomen Rasch-Modell (z. B. Fischer 1996), die Schwierigkeit eines Items als der Punkt auf der Skala definiert, an dem Personen mit dieser Fähigkeit das Item zu 50% lösen. Diese Form der Verortung von Items auf der Kompetenzskala ist in ◘ Abb. 3.2 anhand der Lösungswahrscheinlichkeiten dreier Aufgaben auf einer Kompetenzskala veranschaulicht.

Sind die Aufgaben auf der Skala verortet, so können umgekehrt die Leistungswerte getesteter Personen in Bezug zu den Aufgabenschwierigkeiten gebracht werden. So würde im Beispiel in ◘ Abb. 3.2 erwartet, dass Personen, deren Kompetenz den

◘ **Abb. 3.2.** Verankerung von Testaufgaben auf der Kompetenzskala durch die angenommene Beziehung zwischen Kompetenz und Lösungswahrscheinlichkeit im dichotomen Rasch-Modell

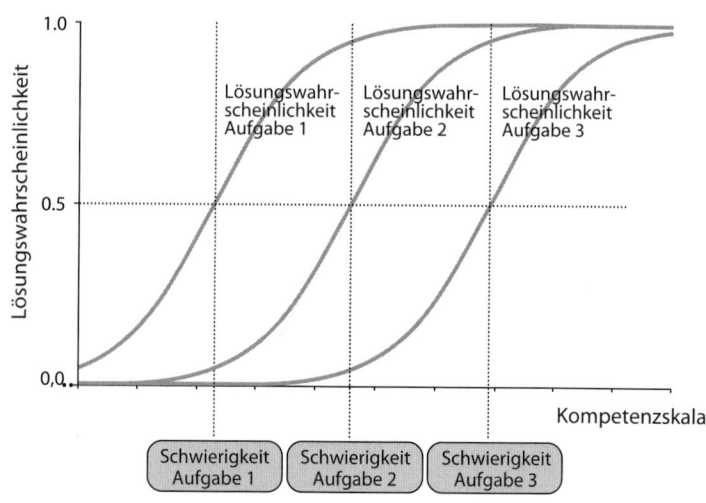

◻ Abb. 3.3. Unterteilung einer kontinuierlichen Kompetenzskala mit darauf verorteten Aufgabenschwierigkeiten in Kompetenzniveaus

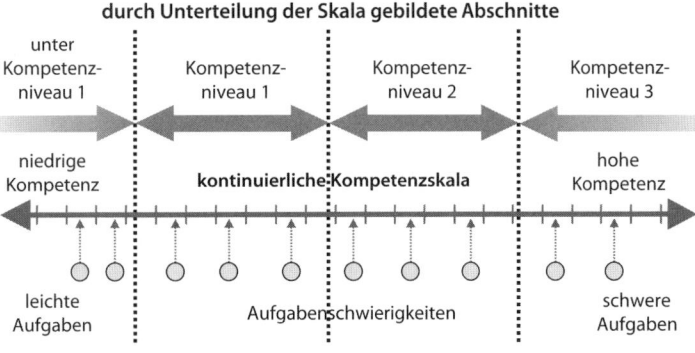

durch Unterteilung der Skala gebildete Abschnitte

gleichen Wert auf der Kompetenzskala erreicht wie die Schwierigkeit von Aufgabe 2, diese Aufgabe zu ca. 50% lösen können. Aufgabe 1 hingegen sollten fast alle dieser Personen lösen, während Aufgabe 3 in dieser Gruppe von kaum einer Person bewältigt werden dürfte.

Mit der Schaffung einer gemeinsamen Metrik für Aufgabenschwierigkeiten und Kompetenzen von Personen ist eine Grundvoraussetzung zur kriteriumsorientierten Interpretation der Kompetenzskala geschaffen. Die entscheidende Frage bei der Definition von Kompetenzniveaus ist jedoch, wo die Grenzen zwischen den Niveaus gezogen werden. Innerhalb eines Skalenabschnittes, der als ein Niveau betrachtet wird, wird keine weitere inhaltliche Differenzierung der erfassten Kompetenz vorgenommen; die inhaltliche Beschreibung der Kompetenz erfolgt nur für jeden der gebildeten Skalenabschnitte. Die Unterteilung der kontinuierlichen Skala in Abschnitte wird in ◻ Abb. 3.3 dargestellt.

Um zu den Schwellen zwischen den Niveaus zu gelangen, sind in verschiedenen Studien unterschiedlich stark modellgeleitete Vorgehen gewählt worden. Im einfachsten Fall werden die Grenzen zwischen den Abschnitten auf der Kompetenzskala willkürlich gesetzt, etwa in gleichen Abständen, oder nach externen Kriterien wie den Leistungsmittelwerten von Schuljahrgangsstufen. Anschließend wird nach Aufgaben gesucht, deren Schwierigkeiten für die gesetzten Schwellen charakteristisch sind. Die inhaltliche Beschreibung der Skalenabschnitte erfolgt dann wiederum anhand einer Post-hoc-Analyse der Inhalte dieser Aufgaben. Beaton u. Allen (1992) veranschaulichen ein derartiges Vorgehen anhand des

US-amerikanischen »National Assessment of Educational Progress« (NAEP). In den internationalen Schulleistungsstudien der letzten Jahre (z. B. PISA, PIRLS) wurden die Schwellen zwischen den Kompetenzniveaus unter Berücksichtigung der bereits ermittelten Schwierigkeiten aller Aufgaben definiert, teilweise wurde bereits vor der Datenerhebung eine Zuordnung von Aufgaben zu erwarteten Kompetenzniveaus vorgenommen (vgl. z. B. Blum et al. 2004).

Ein vergleichsweise stark modellgeleitetes Vorgehen wird für einige der Tests in DESI angewandt (vgl. Hartig 2004, im Druck). Hier liegen für die Aufgaben einzelner Sprachtests differenzierte Beschreibungen der einzelnen Testaufgaben hinsichtlich spezifischer Aufgabenanforderungen vor, mit welchen die Schwierigkeiten der Aufgaben vorhergesagt werden können (Eichler, im Druck; Harsch u. Schröder, im Druck; Nold u. Rossa im Druck a, b). Diese Annahmen bezüglich der Anforderungsmerkmale werden anhand der empirisch ermittelten Aufgabenschwierigkeiten in Regressionsanalysen überprüft, um diejenigen Merkmale auszuwählen, welche die stärkste Erklärungskraft für Unterschiede in den Aufgabenschwierigkeiten haben. Auf Basis dieser Regressionsanalysen können erwartete Schwierigkeiten für Aufgaben mit spezifischen Kombinationen von Anforderungsmerkmalen ermittelt werden. Diese erwarteten Schwierigkeiten werden dann verwendet, um Abschnitte auf den Kompetenzskalen zu definieren.

Durch dieses Vorgehen werden die Kompetenzniveaus nicht mehr nur durch konkrete Aufgaben definiert, sondern durch im Idealfall generalisierbare Anforderungen, durch welche die interessierenden Kompetenzen definiert sind. Dieses Vorgehen bietet neben der stärkeren Orientierung an explizit formulierten Kompetenzniveaumodellen auch den Vorteil, dass eine gute Grundlage für die gezielte Neukonstruktion von Testaufgaben mit bestimmten Anforderungen gelegt wird. Es ist jedoch zu betonen, dass die Qualität von Niveaudefinitionen, welche unter Bezug auf Anforderungsmerkmale gebildet wurden, vollkommen von der Qualität der theoretischen Modelle, aus denen diese Merkmale abgeleitet wurden, abhängig ist.

> ### Verwendung von Anforderungsmerkmalen bei der Definition von Kompetenzniveaus
>
> Mit anforderungsrelevanten Aufgabenmerkmalen kann die zu erfassende Kompetenz auf einer verallgemeinerten Ebene, unabhängig von den konkreten Testaufgaben, beschrieben werden. Die Identifikation und Beschreibung von Aufgabenmerkmalen verlangt eine differenzierte Vorstellung der Prozesse, die beim Bearbeiten und Lösen der Aufgaben ablaufen. Aufgabenmerkmale können sich auf unterschiedliche theoretisch angenommene Prozesse beim Lösen, aber auch auf eher technische Oberflächencharakteristika der Aufgaben beziehen. Beispiele für mögliche Bereiche, in denen Merkmale kodiert werden können, sind
>
> — zum Lösen der Aufgabe auszuführende kognitive Operationen (z. B. Bilden eines mentalen Modells beim Lesen),
> — Schwierigkeit hinsichtlich spezifischer Kriterien (z. B. Wortschatz eines Lesetextes),
> — spezifische Phänomene im jeweiligen Leistungsbereich (z. B. bilden von Konjunktiv-Formen),
> — Aufgabenformate (z. B. geschlossene vs. offene Antworten).

Die Methoden der Modellierung von Kompetenzniveaus sind fraglos noch in der Entwicklung begriffen und Niveaumodelle auf Basis vorab formulierter theoretischer Annahmen stellen bislang eine Ausnahme dar. Dennoch bietet die kriteriale Skaleninterpretation in der Kompetenzdiagnostik eine Be-

trachtungsweise der erfassten Leistungskonstrukte, die qualitativ über die sonst vorherrschende Analyse korrelativer Zusammenhänge hinausgeht. Vorstellungen über Schwierigkeit generierende Itemeigenschaften implizieren Vorstellungen über das Zustandekommen der Antworten auf einzelne Aufgaben eines Tests. Derartige Modelle über das Antwortverhalten erlauben ein genaueres Wissen über die Natur des erfassten Kompetenzkonstrukts, als es über die Korrelation mit anderen Variablen überhaupt zugänglich ist (vgl. Borsboom et al. 2004). Die in der Kompetenzdiagnostik häufig vorgenommene kriteriumsorientierte Testwertinterpretation führt zu einer differenzierten Beschreibung der erfassten Leistung, wie sie in dieser Form in der psychologischen Leistungsdiagnostik sonst kaum zu finden ist.

3.3   Erfassung spezifischer Kompetenzen in PISA

In diesem letzten Abschnitt wird das Konzept der Kompetenz anhand spezifischer Kompetenzen veranschaulicht. Hierbei wird auf drei Kompetenzbereiche eingegangen, die in PISA 2000 und PISA 2003 erfasst wurden: Lesekompetenz, mathematische Kompetenz und Problemlösekompetenz. Auf die naturwissenschaftliche Kompetenz, die den Schwerpunkt der nächsten PISA-Studie im Jahr 2006 darstellen wird, soll hier nicht eingegangen werden (s. hierzu z. B. Rost et al. 2004). PISA ist ein von der Organisation für wirtschaftliche Zusammenarbeit und Entwicklung (OECD) in Zyklen von drei Jahren durchgeführtes und von den Mitgliedstaaten gemeinsam verantwortetes Programm, in dem vergleichende Daten über die Leistungsfähigkeit der Bildungssysteme in den einzelnen Ländern gewonnen werden sollen. Der Kompetenzbegriff in PISA bezieht sich ausdrücklich nicht auf bloße Schulleistungen im Sinne von Leistungen in einzelnen Schulfächern (Prenzel et al. 2004).

Die in PISA erfassten Kompetenzen werden als zentrale Voraussetzungen für ein erfolgreiches Weiterkommen im späteren beruflichen Leben und eine erfolgreiche Teilnahme am gesellschaftlichen Leben in modernen Industriegesellschaften betrachtet (OECD 2003). Erfasst werden die Kompetenzen von 15-jährigen Schülern, d. h. in den meisten Ländern von Schülern gegen Ende der Pflichtbeschulung. Die

Aufgaben in PISA sollen möglichst realitätsnah sein und es erforderlich machen, das lösungsrelevante Schulwissen zunächst eigenständig zu identifizieren, um es dann flexibel und zielgerichtet anzuwenden. In den folgenden Abschnitten soll lediglich ein Eindruck der Natur der erfassten Kompetenzen vermittelt werden. Ergebnisse zu den in den beschriebenen Bereichen erfassten Schülerleistungen finden sich in einer Vielzahl von internationalen und nationalen Publikationen (z. B. OECD 2001, 2004a, 2004b; Deutsches PISA-Konsortium 2001; PISA-Konsortium Deutschland 2004). In diesen Publikationen finden sich auch Aufgabenbeispiele zur Veranschaulichung der Testinhalte.

3.3.1 Lesekompetenz in PISA 2000

Lesekompetenz stellte den Schwerpunkt der Kompetenzmessung in der ersten PISA-Studie im Jahr 2000 dar (OECD 2001). Sie bezieht sich in der Regel auf muttersprachliche Kompetenz, da die PISA-Tests in den Teilnehmerländern in der jeweiligen Landessprache vorgegeben wurden. Mit Lesekompetenz ist entsprechend der Kompetenzdefinition in PISA nicht lediglich gemeint, im Sinne des wörtlichen Verständnisses von geschriebener Sprache lesen zu können. Gemeint ist vielmehr

> … die Fähigkeit, geschriebene Texte unterschiedlicher Art in ihren Aussagen, ihren Absichten und ihrer formalen Struktur zu verstehen und in einen größeren sinnstiftenden Zusammenhang einordnen zu können sowie in der Lage zu sein, Texte für verschiedene Zwecke sachgerecht zu nutzen. (Baumert et al. 2001, S. 290)

Im Sinne der von Weinert vorgenommenen Klassifikation möglicher Kompetenzdefinitionen kann diese Beschreibung als kontextspezifische, auf das Verstehen schriftlicher Texte bezogene kognitive Leistungsdisposition eingeordnet werden. Die Leseaufgaben in PISA beziehen sich entsprechend dieser Definition auf eine Vielzahl von Textformen, unter anderem auch Tabellen und Diagramme. Die Aufgaben der Lesetests bestehen aus Fragen, die auf Basis der vorgegebenen Texte beantwortet werden können. Die Antworten erfolgen zumeist in einem Multiple-Choice-Format oder mit kurzen offenen Antworten. Die Struktur der PISA-Lesekompetenz lässt sich anhand folgender Kriterien charakterisieren:

Die Aufgabenart, die Form und Struktur des Lesestoffs sowie der Zweck, für den der Text geschrieben wurde (OECD 2001). Hierbei wird v. a. die Aufgabenart herangezogen, um eine Binnenstruktur der erfassten Schülerkompetenzen zu definieren. Neben einem Gesamtleistungswert werden drei Subskalen anhand der Aufgabenart gebildet, nämlich »Informationen ermitteln«, »Textbezogenes Interpretieren« und »Reflektieren und Bewerten«. Die inhaltlichen Definitionen dieser drei Skalen sind in ◘ Tab. 3.2 wiedergegeben.

Die Messwerte der PISA-Tests werden so normiert, dass der Leistungsmittelwert über alle OECD-Länder 500 Punkten bei einer Standardabweichung von 100 Punkten entspricht. Zwischen den drei Lesekompetenzskalen gibt es hinsichtlich des Anforderungsniveaus keine Hierarchie, d. h. keiner der Teilbereiche wird als leichter oder schwieriger betrachtet. Innerhalb jedes der Bereiche gibt es leichtere und schwierigere Aufgaben. Zur anschaulichen Beschreibung der erfassten Kompetenzen wird jede der Skalen in fünf Kompetenzniveaus (in PISA »Kompetenzstufen«) unterteilt. Jedem dieser Niveaus entsprechen spezifische Aufgaben mit einem von einem Niveau zum nächsten ansteigenden Schwierigkeitsgrad. Die Schwellen zwischen diesen Niveaus sind hierbei so gewählt, dass sie für jede Skala bei der gleichen Punktzahl liegen – so erstreckt sich z. B. der als Niveau 1 definierte Abschnitt auf allen drei Skalen

◘ **Tab. 3.2.** Bereiche der Lesekompetenz in PISA 2000. (Nach OECD 2001, S. 40)

PISA 2000-Lesekompetenz	Erfasste Teilkompetenz
Informationen ermitteln	Einzelne oder mehrer Informationen in einem Text auffinden
Textbezogenes Interpretieren	Einem oder mehreren Teilen eines Textes einen Sinn zuordnen und Schlüsse daraus ziehen
Reflektieren und Bewerten	Einen Text zu eigenen Erfahrungen, Kenntnissen und Ideen in Beziehung setzen

von 335 bis 407 Punkten. Die Niveaus sind so definiert, dass Schüler innerhalb eines Niveaus wenigstens die Hälfte der Aufgaben bewältigen sollten, die diesem Niveau zugeordnet sind (OECD, 2001).

Die Anforderungen, die Schüler auf dem niedrigsten Niveau 1 bewältigen können, werden zwar als messbare Leistungen betrachtet, sind aber gemessen an Anforderungen im realen Leben immer noch niedrig. So wird Niveau 1 für die Skala »Informationen ermitteln« z. B. beschrieben als die Fähigkeit »Ein oder mehrere unabhängige Teile einer explizit ausgedrückten Information unter Berücksichtigung eines einzigen Kriteriums [zu] lokalisieren« (OECD 2001, S. 41). Schüler, die auf oder unter Niveau 1 angesiedelt sind, werden als eine Risikogruppe betrachtet, die vermutlich Schwierigkeiten mit realen Anforderungen im späteren Berufsleben haben dürfte (OECD 2001). Innerhalb der OECD-Länder liegen die Leistungen von 12,1% der Schüler auf Niveau 1, von 6,3% unter Niveau 1 (OECD, 2001). 9,4% der 15-jährigen Schüler erreichen in PISA 2000 das höchste Lesekompetenz-Niveau 5. Eine umfassende inhaltliche Beschreibung der Kompetenzen auf den einzelnen Niveaus finden sich in den Berichten der OECD sowie des deutschen PISA 2000-Konsortiums (OECD 2001; Deutsches PISA-Konsortium 2001). Als Veranschaulichung des PISA 2000-Lesetests findet sich im Anhang die Aufgabe »Wissenschaftliche Waffen der Polizei« mit Lösungen.

3.3.2 Mathematische Kompetenz in PISA 2003

Die mathematische Kompetenz war Schwerpunkt der zweiten PISA-Studie im Jahr 2003 (OECD 2004a). Wie Lesekompetenz ist auch die mathematische Kompetenz in PISA mit einem ausdrücklichen Bezug zu Anforderungen im realen Leben definiert, nämlich als

… die Fähigkeit einer Person, die Rolle zu erkennen und zu verstehen, die Mathematik in der Welt spielt, fundierte mathematische Urteile abzugeben und Mathematik in einer Weise zu verwenden, die den Anforderungen des Lebens dieser Person als konstruktivem, engagiertem und reflektiertem Bürger entspricht. (OECD 2003, S. 24; Übersetzung Blum et al. 2004, S. 48).

Die in PISA erfasste mathematische Kompetenz kann charakterisiert werden anhand der Situationen, in welche die mathematischen Probleme eingebettet sind, anhand der zur Lösung notwendigen mathematischen Inhalte sowie der konkreten Kompetenzen, die notwendig sind, um die Probleme aus dem realen Kontext in Bezug zu mathematischen Konzepten zu setzen und damit zu einer Problemlösung zu kommen (OECD 2003). Die Strukturierung der erfassten Leistungen erfolgt letztlich v. a. anhand der mathematischen Inhalte, welche nach vier übergreifenden Ideen (»overarching ideas«, OECD 2003) unterteilt werden: Quantität, Veränderung und Beziehungen, Raum und Form sowie Unsicherheit (vgl. OECD 2003; Blum et al. 2004). Neben einem Gesamtleistungswert für mathematische Kompetenz werden in PISA 2003 vier Subskalen gebildet, welche den genannten übergreifenden Ideen entsprechen. In ☐ Tab. 3.3 sind Definitionen dieser vier Subskalen aufgelistet.

Zusätzlich zu den übergreifenden Ideen sind die eingesetzten Mathematikaufgaben noch dahingehend ausgewählt, dass verschiedene Antwortformate (z. B. offene und geschlossene Antworten) und verschiedene erwartete »Kompetenzcluster« hinreichend stark vertreten sind. Während die übergreifenden Ideen nicht als unterschiedlich schwer konzeptualisiert sind, werden mit den Kompetenzclustern erwartete Kompetenzniveaus beschrieben, differenziert werden drei Niveaus in hierarchischer Abfolge (vgl. Blum et al. 2004, S. 50):

☐ **Tab. 3.3.** Bereiche der mathematischen Kompetenz in PISA 2003. (Aus Blum 2004, S. 49)

Quantität	Verwendung von Zahlen zur Beschreibung und Organisation von Situationen
Veränderung und Beziehungen	Relationale und funktionale Beziehungen zwischen mathematischen Objekten
Raum und Form	Konfigurationen, Gestalten oder Muster in Ebene oder Raum
Unsicherheit	Phänomene oder Situationen, die statistische Daten beinhalten oder bei denen Zufall eine Rolle spielt

1. *Reproduktion* bezieht sich auf einfache Standard-
   tätigkeiten,
2. *Verbindungen* beinhaltet das Verknüpfen mehrerer Aufgabenelemente in einem überschaubaren
   Rahmen,
3. *Reflexion* beinhaltet komplexe Tätigkeiten, Verallgemeinerungen oder Reflexionen.

Jede Mathematikaufgabe wurde a priori einem der
drei Niveaus zugeordnet. Auch die Testwerte für
mathematische Kompetenz sind über alle OECD-
Länder auf einen Mittelwert 500 Punkten und eine
Standardabweichung von 100 Punkten normiert.
Sowohl die Mathematik-Gesamtskala als auch die
Subskalen werden anhand von sechs Kompetenzniveaus (in PISA »Kompetenzstufen«) inhaltlich
beschrieben. Bei der Bildung dieser als Kompetenzniveaus beschriebenen Skalenabschnitte wurde auf
die eingangs definierten Kompetenzcluster zurückgegriffen (Blum et al. 2004). Wie bei Lesekompetenz
sind die Schwellen zwischen den Niveaus so gewählt,
dass sie für jede Skala bei der gleichen Punktzahl
liegen – z. B. Niveau 1 von 358 bis 420 Punkten (zur
ausführlichen Beschreibung der Inhalte der sechs
Niveaus für jede der vier Skalen siehe OECD 2004a).
Innerhalb der OECD-Länder liegen in PISA 2003
11,0% der Schüler auf der Mathematik-Gesamtskala
unter Niveau 1, 14,6% auf Niveau 1. 3,5% der 15-Jäh-
rigen erreichen das höchste Niveau 6. Zur Veranschaulichung des PISA 2003-Mathematiktests findet sich
im Anhang die Aufgabe »Das beste Auto« mit Lösungen.

3.3.3 Problemlösekompetenz als fachübergreifende Kompetenz

Die in den PISA-Studien regelmäßig untersuchten
Kompetenzbereiche Lesen, Mathematik und Naturwissenschaften lassen sich wenigstens grob bestimmten klassischen Schulfächern zuordnen: Deutsch
(bzw. muttersprachlicher Unterricht) und Mathematik für Lesekompetenz und mathematische Kompetenz sowie Physik, Chemie und Biologie für Naturwissenschaften. Auch wenn diese Fachzuordnung
nicht in jedem Bildungssystem eindeutig gelingen
muss und die PISA-Tests ausdrücklich nicht an
reinem Schulwissen bzw. Schullehrstoff orientiert

sind, so wird doch erwartet, das Kompetenzen in
den drei großen PISA-Leistungsbereichen innerhalb
der schulischen Bildung vermittelt werden. Aus
diesem Grund werden sie auch als »fachbezogene
Bereiche« bezeichnet (z. B. Leutner et al. 2004).

Zusätzlich zu diesen regelmäßig untersuchten
Leistungsbereichen werden in PISA auch sog. fach-
übergreifende Kompetenzen (»cross-curricular competencies«) untersucht. In PISA 2000 wurde »selbst-
reguliertes Lernen« erfasst (vgl. OECD 2001), in
PISA 2003 lag der Schwerpunkt bei den fachüber-
greifenden Kompetenzen auf dem Problemlösen.
Der Problemlösetest in PISA 2003 soll die Fähigkeit
von Schülern erfassen, »anwendungsbezogene
fächerübergreifende Problemstellungen zu erkennen, zu verstehen und zu lösen« (Leutner et al. 2004,
S. 147). Während Problemlösen in PISA 2000 noch
nicht in der internationalen Studie berücksichtigt
wurde, war diese Kompetenz aber in Deutschland
bereits im Rahmen einer nationalen Ergänzung zu
den internationalen Tests mit einbezogen worden
(vgl. z. B. Klieme et al. 2001). Die in Deutschland
gemachten Erfahrungen bei der Erfassung von Problemlösekompetenz wurden bei der Entwicklung
des in PISA 2003 verwendeten Problemlösetests
maßgeblich berücksichtigt (vgl. Leutner et al. 2004;
OECD 2003).

Das Interesse an Problemlösekompetenz entstand vor dem Hintergrund der Frage, ob Schüler die
im Rahmen ihrer Schulbildung erworbenen Kompetenzen in den stärker schulleistungsbezogenen
Bereichen auch zur Bewältigung von Anforderungen im realen Leben nutzen können, die in einem
weniger klaren Bezug zu schulischen Wissensbe-
reichen stehen. Der in PISA 2003 international erfasste Leistungsbereich kann als *analytisches Problemlösen* charakterisiert werden. Alle zur Lösung der
eingesetzten Testaufgaben notwendigen Informationen sind innerhalb der Aufgaben gegeben oder
können durch Schlussfolgern erschlossen werden.

Die in PISA 2003 eingesetzten Problemlöseaufgaben lassen sich systematisch nach Problemtypen
und den notwendigen Problemlöseprozessen charakterisieren. Die Problemlösetypen werden hierbei
unterschieden in *Entscheidungen treffen* (»decision
making«), *Systeme analysieren und entwerfen* (*system analysis and design*) und *Fehler suchen* (»trouble
shooting«) (vgl. Leutner et al. 2004, OECD 2004b).

3

◘ **Tab. 3.4.** Problemlösetypen in PISA 2003 und die damit verbundenen Anforderungen. (Nach OECD 2004b, S. 29)

Problemlösetypen	Anforderungen
Entscheidungen treffen	Bei gegebenen Restriktionen unter verschiedenen Alternativen wählen
Systeme analysieren und entwerfen	Beziehungen zwischen Teilen eines Systems identifizieren und/oder ein System entwerfen, dass die Beziehungen zwischen den Teilen eines Systems reflektiert
Fehler suchen	Diagnose und Korrektur eines fehlerhaften oder mangelhaften Systems oder Mechanismus

Die zentralen Anforderungen dieser drei Typen sind in ◘ Tab. 3.4 aufgelistet.

Zusätzlich zu den Problemtypen lassen sich die Anforderungen der Problemlöseaufgaben in PISA 2003 hinsichtlich der zur vollständigen Lösung notwendigen Prozesse beschreiben. Diese Problemlöseprozesse stellen sich in Form von Schritten, die auf dem Weg zu einer vollständigen Aufgabenlösung bewältigt werden müssen, dar (nach OECD 2004b, S. 29):

- das Problem verstehen,
- das Problem angemessen charakterisieren,
- das Problem angemessen repräsentieren,
- das Problem lösen,
- die Lösung reflektieren,
- die Lösung kommunizieren.

Im Unterschied zu den Kompetenzbereichen Lesen und Mathematik erfolgt für die im Bereich des Problemlösens erfasste Leistung keine Differenzierung in Subskalen, es wird eine Auswertung auf einer gemeinsamen Skala vorgenommen. Auch die Beschreibung der Leistungsniveaus wird nicht ganz so fein differenziert, es wird zwischen drei Kompetenzniveaus unterschieden (vgl. Leutner et al. 2004; OECD 2004b).

Schüler, die das niedrigste Niveau 1 erreichen, werden als *einfache Problemlöser* (»basic problem solver«) beschrieben, die Probleme bewältigen, bei denen nur eine einzige Datenquelle mit klar definierten Problemen herangezogen werden muss. Schüler auf Niveau 2 werden als *schlussfolgernde, entscheidungstreffende Problemlöser* (»reasoning, decision-making problem solvers«) charakterisiert. Diese Gruppe sind in der Lage, in begrenzten Problemsituationen Vergleiche und Bewertungen vorzunehmen und dabei Informationen aus mehreren Quellen zu integrieren. Auf dem höchsten Kompetenzniveau 3 werden Schüler als *reflektierende, kommunikative*

Problemlöser (»reflective, communicative problem solvers«) beschrieben. Diese bewältigen komplexe Probleme mit hohen kognitiven Anforderungen. Sie können eigenständige Repräsentationen für diese Probleme entwickeln, mit komplex verknüpften Informationen aus unterschiedlichen Datenquellen umgehen und ihre Problemlösungen in schriftlicher oder grafischer Form kommunizieren.

Innerhalb der OECD-Länder in PISA 2003 bleiben die Leistungen von 22% der Schüler unter Niveau 1, 30% erreichen Niveau 1, 31% Niveau 2 und 17% Niveau 3. Eine spezifische Frage, die sich angesichts der fächerübergreifenden Natur der PISA-Problemlöseaufgaben stellt, ist ob Schülerleistungen in diesem Bereich in geringerem Maße von schulischer Bildung und stärker von außerschulischen Variablen beeinflusst werden. Soweit dies auf Basis der querschnittlichen Daten aus PISA 2000 und PISA 2003 untersucht werden kann, finden sich hierfür jedoch keine Hinweise. Die Leistungsunterschiede zwischen Schulen sowie die Effekte von Variablen aus dem familiären Hintergrund (z. B. beruflicher Status oder Bildung der Eltern) unterscheiden sich für Problemlösen nicht deutlich von den Leistungen im Bereich der Lesekompetenz oder mathematischen Kompetenz (Hartig u. Klieme 2005, im Druck).

3.4   Fazit und Ausblick

Der Begriff der Kompetenz wird v. a. in anwendungsorientierten Kontexten zur Beschreibung von Leistungsdispositionen verwendet und hat insbesondere durch groß angelegte Schulleistungsstudien in der empirischen Forschung Bedeutung gewonnen. Die Betrachtung von Kompetenzen als kontextspezifische kognitive Leistungsdispositionen erscheint in diesem Zusammenhang als eine brauchbare Arbeitsdefinition des Begriffs (vgl. Weinert 2001a). Während sich bei der Erfassung mit standardisierten Leistungstests hohe empirische Zusammenhänge zwischen Kompetenz und Intelligenz finden, lassen sich beide Konstrukte konzeptuell voneinander abgrenzen. Im Unterschied zum Intelligenzbegriff in der Psychologie sind Kompetenzen auf spezifische Kontexte bezogen, aus denen sich auch ihre Struktur ergibt, und werden als erlernbar betrachtet. In der empirischen Diagnostik von Kompetenzen werden sowohl Modelle der dimensionalen Struktur von Kompetenzen als Modelle zur Beschreibung von Kompetenzniveaus formuliert. Kompetenzniveaus beziehen sich auf die Anforderungen, die bei unterschiedlich hoher Kompetenz bewältigt werden können. Insbesondere Kompetenzniveaumodelle, die eine kriteriumsorientierte Interpretation der Leistungsmesswerte ermöglichen sollen, bieten Aufschlüsse über die Natur der erfassten Konstrukte, die in der psychologischen Leistungsforschung sonst selten möglich sind. So werden z. B. bei der Interpretation von Intelligenzleistungswerten selten Aussagen darüber gemacht, welche Anforderungen im realen Leben eine Person mit einem IQ von 115 bewältigen kann, die eine Person mit einem IQ von 100 vermutlich nicht bewältigen wird. Die Methoden zur Definition und Prüfung von Kompetenzniveaumodellen sind derzeit noch in einem recht frühen Entwicklungsstadium. Das große öffentliche Interesse an Kompetenzdiagnostik im Bildungsbereich und die damit einhergehenden Möglichkeiten empirischer Forschung lassen Fortschritte in diesem Feld aber als wahrscheinlich erscheinen.

Forschungsbedarf besteht zum einen im Bereich der theoriegeleiteten Modellentwicklung über Aufgabenmerkmale und Antwortprozesse bei der Erfassung spezifischer Kompetenzen, wie sie z. B. für Englisch als Fremdsprache in DESI vorgenommen werden (Nold u. Rossa, im Druck-a, b). Parallel zu den theoretischen Modellen besteht Bedarf an der Entwicklung adäquater statistischer Modellierungsmethoden zur Umsetzung dieser theoretischen Modelle (z. B. Hartig et al. 2004; Hartig, im Druck). Im methodischen Bereich bieten z. B. neue und flexiblere Item-Response-Modelle, in denen Aufgaben- und Personenmerkmale simultan modelliert werden können, interessante neue Möglichkeiten (z. B. Janssen et al. 2000; Janssen et al. 2004; Hartig u. Frey

2005). Als eine interessante Zukunftsperspektive erscheint schließlich auch die Möglichkeit, dass die theoretischen und methodischen Entwicklungen im Bereich der kriteriumsorientierten Kompetenzdiagnostik Eingang finden in andere Bereiche der psychologischen Leistungsdiagnostik, z. B. in Form von Niveaumodellen für Intelligenzleistungen.

Literatur

Adams, R. & Wu, M. (2002) (eds) *PISA 2000 technical report*. Paris: OECD.

Barrett, G. V. & Depinet, R. L. (1991). A reconsideration of testing for competence rather than for intelligence. *American Psychologist, 46*, 1012-1024.

Baumert, J., Artelt, C., Klieme, E. & Stanat, P. (2001). PISA. Programme for International Student Assessment. Zielsetzung, theoretische Konzeption und Entwicklung von Messverfahren. In: F. E. Weinert (Hrsg.) *Leistungsmessung in Schulen*. Weinheim: Beltz

Baumert, J., Lehmann, R., Lehrke, M., Schmitz, B., Clausen, M., Hosenfeld, I., Köller, O. & Neubrand, J. (1997). *TIMMS – Mathematisch-naturwissenschaftlicher Unterricht im internationalen Vergleich*. Opladen: Leske & Budrich.

Baumert, J., Stanat, P. & Demmrich A. (2001). PISA 2000: Untersuchungsgegenstand, theoretische Grundlagen und Durchführung der Studie. Deutsches PISA-Konsortium (Hrsg.) (2001). *PISA 2000. Basiskompetenzen von Schülerinnen und Schülern im internationalen Vergleich*. Opladen: Leske & Budrich.

Beaton, E. & Allen, N. (1992). Interpreting scales through scale anchoring. *Journal of Educational Statistics, 17*, 191-204.

Beck, B. & Klieme, E. (2003). DESI – Eine Large scale-Studie zur Untersuchung des Sprachunterrichts in deutschen Schulen. *Zeitschrift für empirische Pädagogik, 17*, 380-395.

Blum, W., Neubrand, M., Ehmke, T., Senkbeil, M., Jordan, A., Ulfig, F. & Carstensen, C. H. (2004). Mathematische Kompetenz. In: PISA-Konsortium Deutschland (Hrsg.): *PISA 2003. Der Bildungsstand der Jugendlichen in Deutschland – Ergebnisse des zweiten internationalen Vergleichs*. Münster: Waxmann.

Bollen, K. (1989). *Structural Equations with Latent Variables*. New York, NY: Wiley.

Borsboom, D., Mellenbergh, G. J. & van Heerden, J. (2003). The theoretical status of latent variables. *Psychological Review, 110*, 203–219.

Borsboom, D., Mellenbergh, G. J. & van Heerden, J. (2004). The concept of validity. *Psychological Review, 111*, 1061–1071.

Bos, W., Lankes, E.-M., Prenzel, M., Schwippert, K., Walther, G. & Valtin, R. (Hrsg.) (2003). *Erste Ergebnisse aus IGLU. Schülerleistungen am Ende der vierten Jahrgangsstufe im internationalen Vergleich*. Münster: Waxmann.

Costa, P. T. & McCrae, R. R. (1995). Primary traits of Eysenck's P-E-N system: Three- and five-factor solutions. *Journal of Personality and Social Psychology, 69*, 308-317.

Deutsches PISA-Konsortium (Hrsg.) (2001). *PISA 2000. Basiskompetenzen von Schülerinnen und Schülern im internationalen Vergleich*. Opladen: Leske & Budrich.

Eichler, W. (im Druck). Sprachbewusstheit. In: B. Beck & E. Klieme (Hrsg.) *Sprachliche Kompetenzen: Konzepte und Testinstrumente zur Messung der Leistungen im Deutschen und Englischen*. Weinheim: Beltz.

Eysenck, H. J. (1947). *Dimensions of Personality*. London: Kegan Paul.

Eysenck, H. J. (1992). For ways five factors are not basic. *Personality and Individual Differences, 13*, 667-673.

Fischer, G. H. (1996). Unidimensional linear logistic Rasch models. In: W. J. van der Linden & R. K. Hambleton (eds) *Handbook of modern item response theory*, 225-243. New York, NY: Springer.

Goldberg, L. R. (1990). An alternative »description of personality«: The big-five factor structure. *Journal of Personality and Social Psychology, 59*, 1216-1229.

Harsch, C. & Schröder, K. (im Druck). Generelles Sprachvermögen. In: B. Beck & E. Klieme (Hrsg.) *Sprachliche Kompetenzen: Konzepte und Testinstrumente zur Messung der Leistungen im Deutschen und Englischen*. Weinheim: Beltz.

Hartig, J. (2004). Methoden zur Bildung von Kompetenzstufenmodellen. In: H. Moosbrugger, W. Rauch & D. Frank (Hrsg.) Qualitätssicherung im Bildungswesen. Frankfurt am Main: *Arbeiten aus dem Institut der Johann Wolfgang Goethe-Universität*, Heft 03, 2004.

Hartig, J. (im Druck). Methoden der Skalierung und Ableitung von Kompetenzniveaus. In: B. Beck & E. Klieme (Hrsg.) *Sprachliche Kompetenzen: Konzepte und Testinstrumente zur Messung der Leistungen im Deutschen und Englischen*. Weinheim: Beltz.

Hartig, J. & Frey, A. (2005). *Application of different explanatory item response models for model-based proficiency scaling. Paper presented at the 70th Annual Meeting of the Psychometric Society in Tilburg*, July 5–8, 2005.

Hartig, J. & Klieme, E. (2004). The role that gender and student background characteristics play in student performance in problem solving. In: OECD (Eds) *Problem Solving for Tomorrow's World. First Measures of Cross-Curricular Competencies from PISA 2003*. Paris: OECD.

Hartig, J., Jude, N. & Klieme, E. (2004). *Theory-based proficiency scaling by explicit incorporation of task characteristics into measurement models*. Paper presented at the Second Biannual Joint Northumbria/Earli Sig Assessment Conference in Bergen, June 23–25, 2004.

Hartig, J. & Klieme, E. (2005). *Assessment of cross-curricular problem solving with authentic planning and decision-making tasks*. Paper presented at the 2005 Annual Meeting of the American Educational Research Association in Montreal, April 11–15, 2005.

Hartig, J. & Klieme, E. (im Druck). Die Bedeutung von schulischer Bildung und sozio-biographischen Grundmerkmalen für Problemlösekompetenz. In: E. Klieme, D. Leutner & J. Wirth (Hrsg.) *Thematischer Bericht Problemlösefähigkeiten« des PISA-2000-Konsortiums*.

Helmke, A. & Hosenfeld, I. (2004). Vergleichsarbeiten – Standards – Kompetenzstufen: Begriffliche Klärungen und Perspektiven. In: R. S. Jäger & A. Frey (Hrsg.) *Lernprozesse, Lernumgebung und Lerndiagnostik. Wissenschaftliche Beiträge zum Lernen im 21. Jahrhundert*. Landau: Empirische Pädagogik.

Hox, J. J. (2002). *Multilevel analysis. Techniques and applications*. Mahwah: Erlbaum.

Janssen, R., Schepers, J. & Peres, D. (2004). Models with item and item group predictors. In: P. De Boeck & M. Wilson (eds) *Explanatory item response models: A generalized linear and nonlinear approach*, 189-212. New York, NY: Springer.

Janssen, R., Tuerlinckx, F., Meulders, M. & De Boeck, P. (2000). A hierarchical IRT model for criterion-referenced measurement. *Journal of Educational and Behavioral Statistics, 25*, 285-306.

Jude, N. & Klieme, E. (im Druck). Definitionen sprachlicher Kompetenz – Ein Differenzierungsansatz. In: B. Beck & E. Klieme (Hrsg.) *Sprachliche Kompetenzen: Konzepte und Testinstrumente zur Messung der Leistungen im Deutschen und Englischen*. Weinheim: Beltz.

Klauer, K. (1986). Kriteriumsorientiertes Testen: Der Schluss auf den Itempool. *Zeitschrift für Differentielle und Diagnostische Psychologie, 8*, 141-147.

Klieme, E. (2004). Was sind Kompetenzen und wie lassen sie sich messen? *Pädagogik, 56*, 10-13.

Klieme, E., Avenarius, H., Blum, W., Döbrich, P., Gruber, H., Prenzel, M. Reiss, K., Riquarts, K., Rost, J., Tenorth, H.-E. & Vollmer, H. J. (2003). *Zur Entwicklung nationaler Bildungsstandards. Eine Expertise*. Berlin: Bundesministerium für Bildung und Forschung.

Klieme, E., Funke, J., Leutner, D., Reimann, P., & Wirth, J. (2001): Problemlösen als fächerübergreifende Kompetenz? Konzeption und erste Resultate aus einer Schulleistungsstudie. *Zeitschrift für Pädagogik, 47*, 179-200.

Köller, O., Baumert, J. & Bos, W. (2001). TIMSS – Third International Mathematics and Science Study. Dritte Internationale Mathematik- und Naturwissenschaftsstudie. In: F. E. Weinert (Hrsg.) *Leistungsmessung in Schulen*. Weinheim: Beltz.

Leutner, D., Klieme, E., Meyer, K. & Wirth, J. (2004). Problemlösen. In: PISA-Konsortium Deutschland (Hrsg.) *PISA 2003. Der Bildungsstand der Jugendlichen in Deutschland – Ergebnisse des zweiten internationalen Vergleichs*. Münster: Waxmann.

van der Linden, W. J. & Hambleton, R. K. (1997) (eds) *Handbook of modern item response theory*. New York, NY: Springer.

McClelland, D. (1973). Testing for competence rather than for »intelligence«. *American Psychologist, 28*, 1-14.

Mullis, I. V., Martin, M. O., Beaton, A. E. & al. (1998). *Mathematics and science achievement in the final year of secondary school: IEA's Third International Mathematics and Science Study (TIMSS)*. Chestnut Hill, MA: TIMSS International Study Center, Boston College.

Mullis, I. V., Martin, M. O., Gonzalez, E. J., Gregory, K. D., Garden, R. A., O'Connor, K. M., Chrostowski, S. J. & Smith, T. A. (2000). *TIMSS 1999 International Mathematics Report*. Chestnut Hill, MA: TIMSS International Study Center, Boston College.

Nold, G. & Rossa, H. (im Druck a). Hörverstehen. In: B. Beck & E. Klieme (Hrsg.) *Sprachliche Kompetenzen: Konzepte und Testinstrumente zur Messung der Leistungen im Deutschen und Englischen.* Weinheim: Beltz.

Nold, G. & Rossa, H. (im Druck b). Leseverstehen. In: B. Beck & E. Klieme (Hrsg.) *Sprachliche Kompetenzen: Konzepte und Testinstrumente zur Messung der Leistungen im Deutschen und Englischen.* Weinheim: Beltz.

Rychen, D. S. & Salganik, L. H. (Eds.) (2001). *Defining and selecting key competencies.* Seattle: Hogrefe & Huber.

OECD (2001). *Lernen für das Leben. Erste Ergebnisse der internationalen Schulleistungsstudie PISA 2000.* Paris: OECD.

OECD (2003). *The PISA 2003 assessment framework – mathematics, reading, science and problem solving knowledge and skills.* Paris: OECD.

OECD. (2004a). *Lernen für die Welt von morgen. Erste Ergebnisse von PISA 2003.* Paris: OECD.

OECD. (2004b). *Problem Solving for tomorrow's world – First measures of cross-curricular skills from PISA 2003.* Paris: OECD.

PISA-Konsortium Deutschland (Hrsg.). (2004). PISA 2003. *Der Bildungsstand der Jugendlichen in Deutschland – Ergebnisse des zweiten internationalen Vergleichs.* Münster: Waxmann.

Prenzel, M., Drechsel, B., Carstensen, C.H. & Ramm, G. (2004). PISA 2004 – eine Einführung. In: PISA-Konsortium Deutschland (Hrsg.) (2004). PISA 2003. *Der Bildungsstand der Jugendlichen in Deutschland – Ergebnisse des zweiten internationalen Vergleichs.* Münster: Waxmann.

Rost, J. (2004). *Lehrbuch Testtheorie – Testkonstruktion. (2. überarb. und erw. Aufl.* Bern: Huber.

Rost, J., Walter, O., Carstensen, C. H., Senkbeil, M. & Prenzel, M. (2004). Naturwissenschaftliche Kompetenz. In PISA-Konsortium Deutschland (Hrsg.) *PISA 2003. Der Bildungsstand der Jugendlichen in Deutschland – Ergebnisse des zweiten internationalen Vergleichs.* Münster: Waxmann.

Rychen, S. (2001). Introduction. In: S. Rychen, & L. H. Salganik, (eds) (2001). *Defining and selecting key competencies.* Göttingen: Hogrefe.

Rychen, S. & Salganik, L. H. (eds) (2001). *Defining and selecting key competencies.* Göttingen: Hogrefe.

Rychen, S. & Salganik, L. H. (eds) (2003). *Key competencies for a successful life and a well-functioning society.* Göttingen: Hogrefe.

Snijders, T. A. B. & Bosker, R. (1994). Modeled variance in two-level models. *Sociological Methods & Research, 22,* 342-363.

Thurstone, L. L. (1938). *Primary and mental abilities.* Chicago, IL: The University of Chicago Press.

Weinert, F. E. (1999). *Konzepte der Kompetenz.* Paris: OECD.

Weinert, F. E. (2001a). Concept of competence: a conceptual clarification. In: D. S. Rychen & L. H. Salganik (eds) *Defining and selecting key competencies.* Seattle: Hogrefe & Huber.

Weinert, F. E. (Hrsg.) (2001b). *Leistungsmessung in Schulen.* Weinheim: Beltz.

Weinert, F. E. (2001c). Leistungsmessung in Schulen – eine umstrittene Selbstverständlichkeit. In: F. E. Weinert (Hrsg.) *Leistungsmessung in Schulen.* Weinheim: Beltz.

Wu, M. (2004). Student performance in problem solving compared with performance in mathematics, reading and science. In: OECD (eds) *Problem solving for tomorrow's world. First measures of cross-curricular competencies from PISA 2003.* Paris: OECD.

4 Förderung von Leistung

4.1 Wirksamkeit von Lehrmethoden

Elmar Souvignier, Andreas Gold

Welche Lehrmethode ist die beste? So reizvoll der Gedanke an einen sportlichen Wettstreit unterschiedlicher Lehrmethoden erscheinen mag, so unmittelbar offenbart sich die Schieflage einer solchen Analogie. Die Frage nach der besten Lehrmethode kommt der Aufforderung gleich, den insgesamt besten Sportler zu benennen. Zumindest zwei Aspekte sind aber bei der Suche nach der besten Lehrmethode zu bedenken: Zum einen ist zu explizieren, welche Lernziele überhaupt erreicht werden sollen. Sicher macht es einen Unterschied, ob die Kenntnis spanischer Vokabeln, die Verbesserung des problemlösenden Denkens oder der Erwerb kommunikativer Kompetenzen das Unterrichtsziel ist. Der Entscheidung für ein Lernkriterium entspräche also gewissermaßen die Auswahl der Sportart, in welcher der Wettkampf stattfinden soll. Der zweite Aspekt bezieht sich auf die Vergleichbarkeit der Ausgangsbedingungen, also auf die Unterschiedlichkeit zwischen den Lernenden. So wie es unfair wäre, wenn man einen 48 kg schweren Ringer im Superschwergewicht antreten ließe, so wenig wäre die Annahme gerechtfertigt, die gleiche Lehrmethode könne bei allen Lernern gleich gute Effekte bewirken.

Definition

Der Begriff der »Lehrmethoden« bezieht sich auf didaktische Handlungen und Maßnahmen, die absichtlich, planvoll und bewusst eingesetzt werden, um Lernvorgänge auszulösen oder zu beeinflussen. Auf der Individualebene der in pädagogischen Situationen Handelnden lässt sich dieses Handeln beschreiben und es lassen sich die unter den Bedingungen dieses Handelns auf Seiten der Lernenden stattfindenden Lernprozesse analysieren.

Die Frage der Förderung von Leistung durch Unterricht wird in den folgenden Abschnitten mit jeweils unterschiedlicher Schwerpunktsetzung behandelt. In ▶ Kap. 4.1.2 bis 4.1.4 wird anhand empirischer Befunde und theoretischer Modelle schulischen Lernens skizziert, welche allgemeinen Aussagen zur Effektivität unterrichtlichen Handelns möglich sind. Im Anschluss werden die drei Lehrmethoden der »direkten Instruktion«, des kooperativen Lehrens und des problemorientierten Lehrens vorgestellt und es wird beschrieben, unter welchen Bedingungen diese Methoden ihre optimale Wirksamkeit entfalten (▶ Kap. 4.1.6 bis 4.1.8). In den letzten Jahren hat sich zunehmend die Erkenntnis durchgesetzt, dass »guter« Unterricht am besten im Sinne einer gelungenen Synthese und der Anwendung wirksamer Unterrichtsprinzipien auf einen spezifischen fachlichen Inhalt zu beschreiben ist. Am Beispiel des Leseverständnisses und seiner Förderung durch instruktionale Maßnahmen werden daher abschließend einige Unterrichtsprogramme vorgestellt, deren gemeinsame Zielsetzung die Anleitung zum selbstregulierten Lesen ist.

4.1.1 Lernen und Lehren

Leistungen, die Schüler erbringen, haben mit der Quantität und Qualität des schulischen und unterrichtlichen Angebots und mit dem lernenden Individuum selbst zu tun. Hinzu kommt der Einfluss schulexterner Kontextbedingungen unterschiedlicher Art. Es ist allerdings alles andere als trivial, den relativen und spezifischen Einfluss unterrichtlichen Handelns auf die Leistungsentwicklung der Lernenden zu erfassen. Von Carroll (1963) ausgehend, wurden immer wieder theoretische Modelle des Schullernens formuliert, in denen die Unterrichtsmethode stets als eine der Bedingungsvariablen des Lernerfolgs vorgesehen war (▶ Kap. 4.1.4). In den 1980er Jahren wurden zusammenfassende Meta- und Meta-Metaanalysen publiziert, um die Flut der empirischen Befunde zu bilanzieren (▶ Kap. 4.1.2). In den 1990er Jahren wurden die Ergebnisse einer umfänglichen Längsschnittstudie vorgestellt, die den Zusammenhang zwischen Unterrichtsgestaltung und Leistungsentwicklung exemplarisch dokumentierte (▶ Kap. 4.1.3). Wenn auch die Frage nach der wirksamsten Unterrichtsmethode auf diese Weise nicht zu beantworten war, so eröffnen die bedingungsanalytischen Ansätze zur Erforschung schulischen Lernens dennoch wichtige Einblicke in die Wirksamkeit unterrichtlichen Handelns.

4.1.2 Produktivitätsfaktoren schulischen Lernens

Das wohl umfangreichste Forschungsprogramm zur Beschreibung von Merkmalen, die das schulische Lernen beeinflussen, wurde in den Arbeitsgruppen um Walberg und Wang durchgeführt. In Sekundäranalysen, die auf Synthesen bereits vorliegender Metaanalysen und Übersichtsartikel beruhten, fassten sie sog. »Produktivitätsfaktoren« schulischen Lernens in einem Kategorienschema zusammen (Fraser et al. 1987; Wang et al. 1993; Walberg 1986). Beeindruckend ist die Datenfülle, die dabei verarbeitet wurde: Je nach Fragestellung wurden die Ergebnisse von mehr als 7000 Einzelstudien verrechnet, die Befunde von 134 Metaanalysen wurden noch einmal zusammengefasst und der Inhalt von 179 Übersichtsartikeln wurde mit Hilfe eines umfangreichen Kategoriensystems kodiert und aggregiert. Ein wesentlicher Ertrag dieser Studien liegt darin, den Einfluss unterschiedlicher Varianzquellen auf die individuelle Leistungsentwicklung erschöpfend benannt zu haben. Für die drei Kernbereiche (1) Personmerkmale (kognitive Fähigkeiten, Entwicklungsstand, Motivation), (2) Merkmale des Unterrichts (Quantität, Qualität) und (3) Kontextmerkmale (Familie, Klassen-/Schulklima, Peers, Mediennutzung) benennen Fraser et al. (1987) insgesamt neun sog. Produktivitätsfaktoren, die eine Beziehung zum Lernerfolg aufweisen. Die höchsten Korrelationen finden sich für die Qualität des Unterrichts ($r=0{,}48$), für die kognitiven Fähigkeiten bzw. die bereichsbezogenen Vorkenntnisse der Lernenden ($r=0{,}44$) und für die Quantität des unterrichtlichen Angebots ($r=0{,}38$). Wang et al. (1993) resümieren deshalb zu Recht, dass neben den kognitiven Lernvoraussetzungen der Schüler offenbar v. a. Merkmale des unterrichtlichen Angebots, wie z. B. ein effektives Klassenmanagement und die Sicherstellung eines hohen Maßes an Eigenaktivität der Lernenden entscheidend für die Leistungsentwicklung seien. Wie zu erwarten spielten bei den Analysen auf der Individual- oder Schulklassenebene übrigens schulorganisatorische oder -demographische Faktoren nur eine untergeordnete Rolle.

Zur konkreten Beschreibung leistungsförderlichen Unterrichtens ist der Wert dieser Übersichtsarbeiten gering. Zu grob erscheint die inhaltliche Klassifizierung von Unterrichtsmerkmalen und zu beliebig die Zuordnung von Instruktionsprinzipien zu den inhaltlichen Kategorien des Lehrerhandelns. Dennoch bleibt festzuhalten, dass das unterrichtliche Handeln in hohem Maße die individuelle Leistungsentwicklung mit bestimmt. So rechtfertigen die frühen Produktivitätsanalysen von Wang und Walberg eine differenziertere Wirksamkeitsprüfung der unterschiedlichen Lehrmethoden.

4.1.3 Münchner Grundschulstudie

Neben länger zurückliegenden Studien aus Heidelberg (Treiber u. Weinert 1985) und aus Berlin (Baumert et al. 1986) ist v. a. die Münchner Grundschulstudie SCHOLASTIK (Weinert u. Helmke 1997) geeignet, aufgrund ihrer längsschnittlichen Anlage wertvolle Einsichten in die Bedingungen schulischen Lernens zu ermöglichen. Die Münchner Grundschulstudie ist eine Beobachtungsstudie, die das Zusammenspiel von Schülermerkmalen mit Aspekten der Unterrichtsgestaltung über die gesamte Grundschulzeit hinweg im Hinblick auf die Leistungsentwicklung in den Fächern Deutsch und Mathematik dokumentiert. Als Feldstudie bildet sie natürlich nur einen Teil der möglichen Unterrichtsrealität ab, weil auf experimentelle Interventionen verzichtet wurde.

Im Hinblick auf die Wirksamkeit von Lehrmethoden beantwortet die SCHOLASTIK-Studie die drei folgenden Fragen:
a) Welche Unterrichtsmerkmale führen zu einem höheren Leistungszuwachs?
b) Welches sind die notwendigen Bedingungen guten Unterrichts?
c) Unter welchen Bedingungen lässt sich ein überdurchschnittlicher Leistungszuwachs erreichen und zugleich die Leistungsstreuung in einer Klasse verringern?

Leistungszuwachs. Weinert und Helmke (1997) charakterisieren die Beobachtungskategorien, die der Erfassung der Unterrichtsqualität zu Grunde liegen, wie folgt:
- Klassenführung: Effiziente Nutzung der Unterrichtszeit für fachliche Inhalte, reibungslose Übergänge zwischen Unterrichtsphasen,

Die Münchner Grundschulstudie SCHOLASTIK (Schulorganisierte Lernangebote und Sozialisation von Talenten, Interessen und Kompetenzen)

In einer Stichprobe von 1150 Schülern aus 54 Grundschulklassen wurde anhand von Fragebögen, Leistungstests, Unterrichtsbeobachtungen und Lehrerbefragungen das Bedingungsgefüge zwischen individuellen Lernvoraussetzungen, Merkmalen schulischen Unterrichts und der Leistungsentwicklung der Kinder während der ersten 4 Schuljahre erfasst. Zu den wichtigen Befunden gehört bspw., dass die Intelligenz (im Entwicklungsverlauf weniger bedeutsam) und die bereichsspezifischen Vorkenntnisse (im Entwicklungs-verlauf zunehmend bedeutsam) wesentlich für die schulische Leistungsentwicklung sind. Individuelle Lernerfolge sind überdies eine wichtige Voraussetzung dafür, das Interesse an einem Schulfach – und damit die Lernfreude – aufrecht zu erhalten. Sechs Merkmale »guten« Unterrichts wurden identifiziert (s. u.). Es waren jedoch keine Wechselwirkungen zwischen den kognitiven Lernvoraussetzungen und den erfassten Unterrichtsmerkmalen zu beobachten. Das heisst, besondere Unterrichtsmethoden, von denen bessere oder schwächere Lerner vergleichsweise mehr profitieren würden, ließen sich im Unterrichtsalltag der SCHOLASTIK-Klassen nicht finden

- Strukturiertheit: Prägnanz der Ausdrucksweise, Aufmerksamkeitsregulation und Herstellen von Bezügen zwischen Lerninhalten,
- individuelle fachliche Unterstützung: Intensität gleichmäßig auf alle Schüler verteilter Überwachung und Hilfestellung in Stillarbeitsphasen,
- Variabilität der Unterrichtsformen: Häufigkeit der Variation von Unterrichtsmethoden,
- Klarheit: Verständlichkeit von Anweisungen und Fragen (Schülerbefragung),
- Motivierungsqualität: Häufigkeit gedanklicher Ablenkung (Schülerbefragung).

Diese sechs Unterrichtsmerkmale – Klassenführung ($r=0,36$), Strukturiertheit ($r=0,28$), Individuelle fachliche Unterstützung ($r=0,32$), Variabilität der Unterrichtsformen ($r=0,28$), Klarheit ($r=0,34$) und Motivierungsqualität ($r=0,35$) – weisen substanzielle Zusammenhänge zu den Mathematikleistungen der Schüler auf (Helmke u. Weinert 1997b). Ein Befund, der weitgehend in Einklang mit den Ergebnissen anderer Studien aus der Tradition der sog. Prozess-Produkt-Forschung steht (zusammenfassend: Brophy u. Good 1986; Rosenshine u. Stevens 1986).

Notwendige Bedingungen. Angesichts der Vielzahl der genannten Merkmale erfolgreichen Unterrichtens stellt sich die Frage, ob es sich dabei jeweils um notwendige Bedingungen handelt. Deshalb wurden Merkmalsprofile besonders erfolgreicher Klassen verglichen. Für die sechs Klassen mit der günstigsten Leistungsentwicklung im Fach Mathematik resultiert ein uneinheitliches Befundmuster unterrichtlichen Handelns (Helmke u. Weinert 1997b). Überdurchschnittliche Lerngewinne sind offenbar auch bei unterdurchschnittlichen Ausprägungen im Ausmaß der fachlichen Unterstützung, bei wenig variablen Unterrichtsformen und bei einer geringeren Motivierungsqualität des Unterrichts zu realisieren.

Überraschend ist, dass 3 der 6 erfolgreichsten Klassen unterdurchschnittliche Werte hinsichtlich der Strukturiertheit des Unterrichts aufwiesen. Einzig die Klarheit des Unterrichts wurde in allen 6 Klassen als hoch eingestuft. Dass einzelne Merkmale qualitativ hochwertigen Unterrichts offenbar wechselseitig kompensierbar sind – guter Unterricht also auf verschiedene Weise zu gestalten ist –, hatte auch schon die Analyse von Optimalklassen eines anderen Datensatzes ergeben (Helmke 1988). Nur waren dort die Freiheitsgrade geringer, weil neben der Leistungssteigerung auch ein Leistungsausgleich zwischen den Lernenden anzustreben war: Insgesamt 5 von 6 Optimalklassen, in denen dies gleichzeitig gelang, wiesen ein vergleichbares Muster unterrichtlichen Handelns auf (s. u.).

Leistungszuwachs und Leistungsstreuung. Kritisch wäre die Steigerung des Leistungsniveaus einer

Klasse zu hinterfragen, wenn sie allein durch überdurchschnittliche Lernfortschritte der Leistungsstarken und auf Kosten der Schwächeren zustande käme. Ebenso problematisch erschiene es auf der anderen Seite, würde ein nivellierender Ausgleich der Leistungsvariabilität über leistungshemmende Maßnahmen zuungunsten der guten Lerner erzielt. Vor dem Hintergrund dieses Qualifizierungs-Egalisierungs-Dilemmas wurde in mehreren Studien analysiert, ob die allgemeine Steigerung des Leistungsniveaus und der Ausgleich von Leistungsunterschieden innerhalb einer Lerngruppe miteinander vereinbare Zielsetzungen darstellen (Baumert et al. 1986; Helmke 1988; Treiber u. Weinert 1985). Tatsächlich zeigten sich zumeist negative Korrelationen zwischen diesen beiden Zielkriterien, es ließen sich jedoch auch einzelne Klassen identifizieren, in denen Qualifizierung und Egalisierung gleichermaßen umsetzbar war.

Der Unterricht in solchen »Optimalklassen« (Helmke 1988) war durch eine hohe Instruktionsintensität und eine besondere Form von Adaptivität gekennzeichnet, bei weitgehender Vermeidung schnelligkeitsbezogener Anforderungen. Während der Aspekt der Instruktionsintensität (Klassenführung, Lehrstofforientierung, Klarheit) mit den aus der SCHOLASTIK-Studie bekannten Merkmalen effektiven Unterrichtens korrespondiert, kommt mit der Adaptivität eine zusätzliche Facette guten Unterrichtens hinzu. Erfolgreicher adaptiver Unterricht vermeidet eine Überforderung der Lernschwächeren und weist zusätzlich die folgenden beiden Komponenten auf: Kleingruppenbildung, um individualisierende Maßnahmen zu realisieren sowie die Variation von Aufgabenschwierigkeiten, um individuelle Erfolge zu ermöglichen.

4.1.4 Modelle schulischen Lernens

Die Vielzahl empirischer Befunde verlangt eine Einordnung in umfassendere Modelle schulischen Lernens. Auf den ersten Blick gar nicht umfassend, hat sich das Modell von Carroll (1963, 1989) dennoch als ausgesprochen einflussreich erwiesen. Carroll schlug vor, den Erfolg schulischen Lernens schlicht als Funktion der Zeit zu modellieren – nämlich als Quotient aus aufgewendeter und benötigter Zeit:

$$\text{school learning} = f\,(\text{time spent/time needed})$$

Ganz so einfach ist das Modell natürlich nicht: Die tatsächlich aufgewendete Zeit wird als Funktion der zum Lernen zur Verfügung stehenden Zeit (»opportunity«) und der Ausdauer des Lernenden (»perseverance«) definiert. Die benötigte Zeit ist abhängig von Begabung, Intelligenz und Vorwissen des Lernenden (»aptitude«), von seiner Fähigkeit dem Unterricht zu folgen (»ability to understand instruction«) und von der Qualität des Unterrichts (»quality of instruction«). Das ursprüngliche Modell von Carroll (❑ Abb. 4.1) besticht durch seine Sparsamkeit und dadurch, dass die fünf postulierten Bedingungsvariablen empirisch prüfbar sind. Auf diese Weise wurde das Lernzeitmodell zum theoretischen Bezugspunkt zahlloser Studien. Nicht zuletzt verdankt es seine Attraktivität dem impliziten Anspruch, dass eigentlich jeder jedes beliebige Lernziel erreichen könne, wenn nur genügend Zeit dafür aufgewendet würde.

Deutlich wird bei der Betrachtung von Carrolls Bedingungsfaktoren die enge Verzahnung von internen (den Lernenden betreffende) und externen (den Unterricht betreffende) Determinanten. Guter Unterricht lässt sich über eine große Bandbreite in-

❑ **Abb. 4.1.** Bedingungen schulischen Lernens nach Carroll (1963)

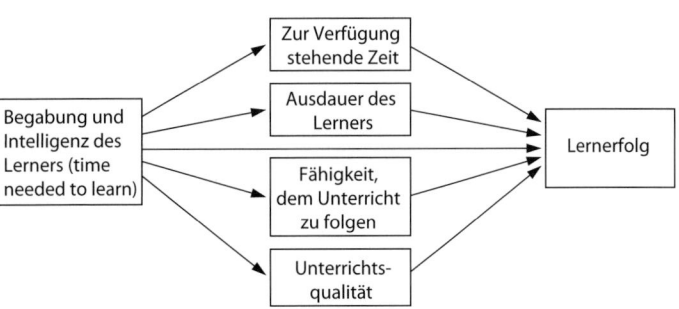

struktionaler Vorgehensweisen realisieren, von der direkten Instruktion bis zur Projektarbeit – so formuliert es Carroll (1989) entgegen der ihm häufig zugeschriebenen lehrerzentrierten Position. In einer modifizierten Form des Carroll-Ansatzes fasst Slavin (1997) in seinem QAIT-Modell (Quality, Appropriateness, Incentives, Time) die Ansatzpunkte zur Optimierung schulischen Lernens durch instruktionale Vorgehensweisen zusammen: Notwendig sei v. a. ein gut strukturierter und verständlicher Unterricht, der auf die jeweiligen Bedürfnisse der Lernenden eingeht (so wird Carrolls »Fähigkeit, dem Unterricht zu folgen« zu einer vom Lehrenden zu betätigenden Stellgröße), der zur aktiven Mitarbeit motiviert und ausreichend Lernzeit zur Verfügung stelle. Carrolls Modell markiert einen hilfreichen Orientierungspunkt, um den Stellenwert und den Anspruch unterschiedlicher Lehrmethoden im Gesamtkontext zu beurteilen. Auf der Seite des lernenden Individuums werden Intelligenz und Begabung, Lernfähigkeit und Motivation als wesentliche Voraussetzungen benannt. Auf der anderen Seite lässt das Modell der notwendigen pädagogischen Hoffnung genügend Raum, wonach auch schlechtere Lernvoraussetzungen durch entsprechend zeitadaptiven Unterricht zu kompensieren seien. Bei Carroll wird die Unterrichtsqualität letztlich nur insofern zur relevanten Stellgröße, als sie den benötigten Zeitaufwand reduzieren kann.

Während das Modell von Carroll dem Zusammenspiel von Schüler- und Unterrichtsmerkmalen für das Zustandekommen schulischer Leistungen Rechnung trägt, wird der grundlegenden Frage, welche Lernziele überhaupt erreicht werden sollen, und ob für alle Ziele der gleiche Weg angemessen ist, unter der »Lernzeitperspektive« kaum Beachtung

geschenkt. Eine differenzierte Übersicht bietet hier Weinert (2000; vgl. auch Helmke, 2003), der sechs fundamentale Bildungsziele postuliert und zugleich ausführt, welche Unterrichtsmethoden zur Zielerreichung besonders geeignet scheinen (◘ Tab. 4.1).

Weinert (2000, S. 5) folgend ist die Vermittlung intelligenten Wissens, definiert als

– wohlorganisiertes, disziplinär, interdisziplinär und lebenspraktisch vernetztes System von flexibel nutzbaren Fähigkeiten, Fertigkeiten, Kenntnissen und metakognitiven Kompetenzen –

das erste und wichtigste Bildungsziel. Es erfordert einen lehrergesteuerten, aber schülerzentrierten Unterricht. Auf Seiten der Lehrenden impliziert dies eine Systematisierung des Lernstoffs und eine Anpassung an das Vorwissen der Lernenden, verbunden mit der Sicherstellung eines hohen Anteils an Eigenaktivität aller Lernenden. Die fünf weiteren Bildungsziele machen eine Variation und Kombination lehrer- und schülergesteuerter Unterrichtsformen erforderlich: Anwendungsfähiges Wissen lässt sich durch lehrergesteuerte Methoden oft nur unzureichend vermitteln; ein höheres Maß an Situationsspezifität, wie sie z. B. im Projektunterricht gegeben ist, scheint hier geeigneter (► Kap. 4.1.8). Variabel nutzbare Schlüsselqualifikationen, wie Medien- oder Fremdsprachenkompetenz, erfordern in der Erwerbsphase gleichermaßen eine Anleitungskomponente *und* die Möglichkeit zum eigenständigen Explorieren.

Ein häufig eingefordertes, wenngleich meist vernachlässigtes Bildungsziel ist der Erwerb allgemeiner Lernkompetenzen. Um zu vermitteln, wie man das eigene Lernen effizient gestalten kann, muss

◘ **Tab. 4.1.** Effektive Lehrmethode in Abhängigkeit vom jeweiligen Bildungsziel. (Mod. nach Weinert 2000)

Bildungsziel	Lehrmethode
Intelligentes Wissen	Lehrergesteuert aber schülerzentriert
Anwendungsfähiges Wissen	Situierte Lernumgebungen (Projektunterricht)
Variabel nutzbare Schlüsselqualifikationen	Kombination von lehrergesteuertem und selbstständigem Lernen
Lernen lernen (Lernkompetenz)	Angeleitetes selbstständiges Lernen und Reflexionen über erfolgreiches Lernen
Soziale Kompetenzen	Regelgeleitete Zusammenarbeit, kooperative Methoden
Wertorientierungen	Lebendige Schulkulturen

allerdings der Fokus weg von den Lernergebnissen und hin auf den Lernprozess gelenkt werden. Dazu gehören das angeleitete und selbstständige Nachdenken über Lösungsprozeduren, also über Planungs-, Überwachungs- und Kontrollmechanismen. Jenseits der kognitiven Bildungsziele soll Schule den Erwerb sozialer Kompetenzen und von Wertorientierungen fördern. Der Erwerb sozialer Kompetenzen (Teamfähigkeit) wird durch erlebte soziale Interaktionen im Unterricht erleichtert, z. B. durch Formen kooperativen Lernens. Es muss allerdings betont werden, dass der Erwerb kooperativer Fertigkeiten eher Voraussetzung als Ziel kooperativer Lehrmethoden ist. Fast alle anderen Bildungsziele lassen sich auch über kooperative Unterrichtsformen erreichen (▶ Kap. 4.1.7). Der Erwerb von Werthaltungen, wie z. B. Fairness oder Gerechtigkeit, kann allerdings nicht durch spezielle Unterrichtsmethoden vermittelt, sondern nur durch eine entsprechende Schulkultur erlebt und erfahren werden.

Das Modell von Carroll (1963) und die Taxonomie von Weinert (2000) mögen deutlich gemacht haben, dass die Wirksamkeit unterschiedlicher Lehrmethoden stets im Kontext von Schülermerkmalen auf der einen und Bildungs- oder Lernzielen auf der anderen Seite zu bewerten ist. Helmke (2002) bringt diesen Aspekt in seinem Angebots-Nutzungs-Modell unterrichtlicher Wirkungen zum Ausdruck: Unterricht ist ein Lernangebot, welches die Lernenden in Abhängigkeit von ihren kognitiven und motivationalen Lernvoraussetzungen zu eigenen Lernaktivitäten nutzen können – oder auch nicht. Die unterrichtlichen Wirkungen dieses Angebots schlagen sich dann im Erfolgsfall als Erträge auf fachlicher (z. B. Fachwissen, Fertigkeiten) und überfachlicher Ebene (z. B. Schlüsselkompetenzen, Werthaltungen) nieder.

4.1.5 Lehrmethoden

Natürlich kann es keinen Automatismus geben, der nach dem Einsatz einer bestimmten Lehrmethode die intendierten Lern- und Behaltensprozesse auslöst. Vielmehr gilt in Anlehnung an das Angebots-Nutzungs-Modell (Helmke 2002), dass das Potenzial von Lehrangeboten erst dann Wirkungen entfalten kann, wenn die Lernenden motiviert und fähig sind,

das unterrichtliche Angebot zu nutzen und wenn dieses Angebot zugleich auf ihre individuellen Lernvoraussetzungen abgestimmt ist. Dennoch lassen sich – ausgehend von Weinerts Taxonomie der Bildungsziele – Akzentuierungen hinsichtlich der Funktion unterschiedlicher Lehrmethoden vornehmen. In ▶ Kap. 4.1.6 bis 4.1.8 werden drei Arten von Lehrmethoden näher vorgestellt. Methoden der direkten und der adaptiven Instruktion betonen die steuernde Rolle der Lehrenden und deren Verantwortlichkeit für die Strukturierung der Lerninhalte. Sie weisen Vorteile auf, wenn es um eine effiziente Vermittlung inhaltlichen Wissens geht. Kooperative Lehrmethoden verbinden Zielsetzungen auf unterschiedlichen Ebenen. Ihr Einsatz soll sozialintegrativ wirken, das Erreichen motivationaler und emotionaler Lehrziele unterstützen und darüber hinaus die Qualität und die Anwendbarkeit des zu erwerbenden Wissens verbessern. Methoden des problemorientierten, situativen Lehrens tragen der Tatsache Rechnung, dass das selbstständige Bewältigen komplexer Aufgabenstellungen und der Transfer konzeptuellen Wissens auf neue Anwendungsfelder ein Bildungsziel mit stetig wachsender Bedeutung darstellt.

Mit Blick auf die Unterschiedlichkeit von Bildungszielen wurde bereits darauf hingewiesen, dass unterschiedliche Lehrmethoden ihre Stärken und Potenziale durchaus auf unterschiedlichen Feldern besitzen. Wenn im Folgenden die Lehrmethoden in erster Linie hinsichtlich ihrer Auswirkungen auf den Leistungsfortschritt behandelt werden, steht dies zunächst in Einklang mit Weinerts primärem Bildungsziel schulischen Unterrichts – der Vermittlung intelligenten Wissens. Dabei ist allerdings Folgendes zu bedenken: Neu erworbenes Wissen kann von sehr unterschiedlicher Qualität sein. Tiefes, anwendungsbezogenes Verstehen macht eine intensivere Auseinandersetzung mit dem Lernstoff erforderlich als ein oberflächliches Verstehen oder gar ein rein reproduktives Auswendiglernen von Fakten. Es besteht weitgehend Konsens darüber, dass der Erwerb tiefen, transferierbaren Wissens anzustreben und höher zu bewerten ist als der Erwerb von Faktenwissen (Mayer 2003). Aber die wenigsten Testverfahren, die zur Erfassung des Lernerfolgs – und damit auch zur Bewertung von Unterrichtsmethoden – eingesetzt werden, sind geeignet, ein solcherart tieferes Verstehen überhaupt abzubilden.

4.1.6 Direkte und adaptive Instruktion

Kennzeichnend für die Lehrmethode der »direkten Instruktion« ist, dass die Systematik des Lernens vom Lehrenden geplant, organisiert und überwacht wird. Dabei handelt es sich bei dieser Instruktion nicht um eine kohärente Theorie, sondern um ein empirisch gewonnenes additives Muster effektiven Unterrichtens – um eine gezielte Anwendung unterrichtlicher Vorgehensweisen, die geeignet scheinen, den Lernprozess optimal zu unterstützen. Helmke und Weinert (1997a) halten fest, dass sich ein in diesem Sinne aktiver und lehrergesteuerter Unterricht bewährt, »wenn es das pädagogische Ziel ist, alle Schüler einer Klasse so gut wie möglich zu fördern und hohe Durchschnittsleistungen mit geringen interindividuellen Varianzen zu erzielen« (S. 135). Im Hinblick auf die Wirksamkeit dieser Methode stellt sich damit weniger die Frage, *ob* Direkte Instruktion effektiv ist. Von Interesse ist vielmehr, *welche* instruktionalen Vorgaben den Unterricht besonders lernwirksam werden lassen.

Wesentliche Prinzipien des darstellenden Unterrichtens (»expository teaching«) hat Ausubel (1974) benannt. Um Wissensstrukturen aufzubauen, bei denen konkrete Einzelerfahrungen in allgemeine Konzepte und Begriffe eingebettet sind, sei nach dem Prinzip der progressiven Differenzierung vorzugehen: Ausgehend von allgemeinen Sachverhalten werden dabei Konzepte oder Regelhaftigkeiten anhand konkreter Beispiele ausdifferenziert. Ein zweites Prinzip ist das integrierende Verbinden. Demnach soll explizit darauf hingewiesen werden, welche Bezüge die einzelnen Lerninhalte untereinander aufweisen. Das dritte Prinzip ist die sequenzielle Organisation. Lehrstoff ist so zu vermitteln, dass sachlogische Bezüge oder Chronologien zu dessen Ordnung genutzt werden. Aus der Notwendigkeit, genügend Zeit zur Wiederholung und Übung des Gelernten bereitzustellen, resultiert das vierte Prinzip, die Konsolidierung. Und schließlich – so Ausubels fünftes Prinzip – ist einer Lerneinheit eine Vorausschau (»advance organizer«) voranzustellen, um durch strukturierende Hinweise das Herstellen von Bezügen zwischen dem neuen Lernstoff und dem bereits vorhandenen Vorwissen zu ermöglichen.

Diese Prinzipien machen deutlich, dass sich der lehrergesteuerte Unterricht nicht allein auf den Aspekt der Stoffvermittlung beschränkt, vielmehr geht es um eine umfassende und systematische zeitliche und inhaltliche Strukturierung des gesamten Lehr-Lernprozesses. Entsprechend beschreiben Rosenshine und Stevens (1986) diese Form des Unterrichts als eine Abfolge von sechs Sequenzen:

1. *Rückblick und Prüfung von Lernvoraussetzungen:* Dem Einstieg in eine neue Lerneinheit kommt eine doppelte Funktion zu, einerseits die der Vorkenntnisprüfung im Sinne einer Eingangsdiagnostik und andererseits die der Konsolidierung des zuvor Gelernten durch eine nochmalige Wiederholung.

2. *Darstellende Stoffvermittlung:* Der neue Lernstoff soll sachlogisch strukturiert und kleinschrittig präsentiert werden. Dabei ist an das vorhandene Vorwissen anzuknüpfen. Wichtig ist auch – durch eigenen Enthusiasmus – die Lernenden überhaupt zum Lernen zu motivieren.

3. *Angeleitetes Üben:* Indem die Lernenden noch einmal durch den Lernstoff geführt werden, lassen sich Fehlkonzepte aufdecken. Indem notwendige Zusatzinformationen und zusätzliche Erklärungen gegeben werden, wird der Lernstoff angereichert.

4. *Lernüberwachung und Rückmeldung:* Gezielte Fragen geben Aufschluss, inwieweit die Vermittlung von Stoffinhalten tatsächlich gelungen ist. Auf jede Antwort hat eine Rückmeldung zu erfolgen. Richtige Antworten sind zu bekräftigen, falsche zu korrigieren. Kommentierungen der Antworten tragen dazu bei, das neue Wissen zu festigen. Reine Entscheidungsfragen (ja–nein) und das Abfragen von Faktenwissen sind in diesem Zusammenhang wenig förderlich.

5. *Selbstständiges Üben:* Stillarbeit oder Hausaufgaben sind notwendig, um das Gelernte zu festigen und zu automatisieren. Das selbstständige Üben ist unverzichtbar beim Erwerb grundlegender Kenntnisse und Fertigkeiten (z. B. Grundrechenarten), beim Lernen komplexer Inhalte hat es eine geringere Bedeutung.

6. *Rückblick und Lernerfolgskontrolle:* Regelmäßige Zusammenfassungen bieten am Ende der Lerneinheit noch einmal einen Überblick über den Lernstoff und (wöchentliche) Leistungstests geben Hinweise auf mögliche Verständnislücken.

Die meisten der genannten Vorgehensweisen werden für die meisten Lehrenden Grundlage ihres unterrichtlichen Handelns sein. Ein lehrergesteuerter Unterricht, mit Unterrichtsvortrag, mit fragend-entwickelndem Unterrichtsgespräch, mit Gruppen- und Stillarbeitsphasen zur Konsolidierung des Gelernten und mit zusammenfassenden Synthesen des Lernstoffs durch die Lehrperson, charakterisiert den Unterricht an deutschen Schulen. Rosenshine und Stevens (1986) betonen, dass sich der Unterricht besonders erfolgreicher Lehrer dadurch auszeichne, nicht nur gelegentlich auf das eine oder andere der genannten Prinzipien zurückzugreifen, sondern stets alle Prinzipien konsequent umzusetzen.

Eine große Zahl empirischer Untersuchungen hat sich mit der Frage befasst, welche Merkmale lehrergesteuerten Unterrichts zu besonders guten Lernerfolgen führen. Meist wurden korrelative Studien durchgeführt, in denen unterschiedliche Ausprägungen des Lehrerverhaltens – z. B. bei der Klassenführung oder der Klarheit der Instruktion – mit den Leistungsfortschritten der Lernenden in Beziehung gesetzt wurden (vgl. Brophy u. Good 1986). Die wichtigsten Merkmale effektiver direkter Instruktion, wie gute Klassenführung, eine enge Orientierung am Lehrstoff, ein hohes Maß an Klarheit, Adaptivität an die jeweiligen Lernvoraussetzungen und eine hohe Motivierungsqualität, wurden bereits in ▶ Kap. 4.1.3 beschrieben. Interventionsstudien belegen zudem, dass eine Umstrukturierung des eigenen Unterrichts im Sinne der genannten Prinzipien ohne großen Aufwand zu realisieren ist (z. B. Good u. Grouws 1979).

Direkte Instruktion im Mathematik-unterricht

Good und Grouws (1979) haben untersucht, ob eine kurze Einführung in die Prinzipien Direkter Instruktion, unterstützt durch ein Manual zur Unterrichtsvorbereitung, zu einer Veränderung der Unterrichtsführung sowie zu höheren Lernleistungen der Schüler führt. Mathematiklehrer von 21 vierten Klassen absolvierten ein kurzes Instruktionstraining und erarbeiteten ein beispielhaftes Konzept für den Unterrichtsablauf:

▼

8 min zur Kontrolle der Lernvoraussetzungen und Besprechung der Hausaufgaben, etwa 20 min zur Erarbeitung des neuen Lernstoffs, 15 min zur eigenständigen Übung und Vertiefung. Hinzu kommt eine regelmäßige Hausaufgabenkontrolle und – im wöchentlichen Turnus – eine Zusammenfassungen der Lerninhalte. In der Phase der Stofferarbeitung sind die oben genannten Prinzipien direkter Instruktion zu beachten. Unterrichtsbeobachtungen zeigten, dass die vermittelten Instruktionsprinzipien – wenn auch nicht vollständig, so doch im Wesentlichen – von den Lehrern umgesetzt wurden. Über standardisierte und lehrzielorientierte Tests ließen sich höhere Leistungsfortschritte in den Klassen der trainierten Lehrpersonen nachweisen.

Die hohe Lernwirksamkeit von Prinzipien der »direkten Instruktion« lässt sich unmittelbar aus dem Modell schulischen Lernens von Carroll (1963) begründen. Eine klare Strukturierung des Lernstoffs und eine effektive Nutzung der zur Verfügung stehenden Lernzeit für die Vermittlung und Einübung des neuen Wissens, verbunden mit einem hohen Maß an Kontrolle des Lernfortschritts (ggf. mit einer Wiederholung der nicht verstandenen Inhalte), entspricht einer nüchternen Umsetzung der instruktionalen Anforderungen des Lernzeitmodells.

Bleibt die Frage, auf welche Weise den unterschiedlichen Lernvoraussetzungen der Lernenden Rechnung getragen werden kann. Am Beispiel der bereits erwähnten Studie von Helmke (1988) ist deutlich geworden, dass ein hohes Maß an Adaptivität Voraussetzung ist, um Leistungssteigerung und Egalisierung gleichermaßen zu verwirklichen. Damit Leistungsstarke und Lernschwache zugleich Lernfortschritte erzielen können, bedarf es individualisierender Maßnahmen der Binnendifferenzierung. Vor allem müssen Aufgabenschwierigkeiten variiert und Überforderungen vermieden werden. Zudem ist eine besonders intensive Betreuung der Leistungsschwächeren notwendig. Dass solcherart adaptives Unterrichten, z. B. durch die Verwendung leistungsangepasster Arbeitsmaterialien, an deutschen Schulen nur in geringem Maße praktiziert wird, zeigen allerdings die Befunde der IGLU-Studie (Bos et al. 2003).

Die Frage, ob die Wirksamkeit von Lehrmethoden auch auf Merkmalsunterschiede zwischen den Lernenden zurückzuführen sei, wurde im Rahmen des ATI-Paradigmas (Corno u. Snow 1986) in einer Vielzahl von Studien behandelt. Ähnlich wie bei der Forschung zur »direkten Instruktion« lassen sich auch hier zwei methodische Vorgehensweisen unterscheiden: Der einfachere (und häufiger gewählte) Weg besteht darin, differentielle Effekte hinsichtlich der Wirksamkeit einer bestimmten Lehrmethode zu prüfen. So lässt sich z. B. prüfen, ob Kinder mit unterschiedlichen kognitiven Voraussetzungen in gleichem Maße von einer vorschulischen Förderung sprachlicher Kompetenzen profitieren. Das aufwändigere Untersuchungsdesign besteht in einer quasi-experimentellen Variation von Instruktionsmethode und Personmerkmalen. In einer klassischen Studie konnte Domino (1971) zeigen, dass erst die Passung zwischen Unterrichtsmethode (gegenstand- vs. problemorientiert) und bevorzugtem Lernstil (selbstständig vs. angepasst) zu optimalen Lernerfolgen führte; passte die Unterrichtsmethode nicht zum eigenen Lernverhalten, lernten die Studierenden weniger gut.

hinsichtlich ihrer Lehrpräferenzen am eindeutigsten einer der beiden Unterrichtsformen zuordnen ließen – also den lehrerzentrierten Unterricht entweder deutlich präferierten (a) oder vehement ablehnten (b) – wurde der folgende Untersuchungsplan realisiert: In vier Seminaren wurden sie entweder entsprechend ihrer Vorlieben (A/a oder B/b) oder entgegen ihrer Lehr-Lernphilosophie (A/b oder B/a) unterrichtet.

Leistungstests am Ende des Semesters umfassten sowohl Multiple-Choice-Aufgaben als auch frei zu bearbeitende Problemstellungen, deren Lösungen im Hinblick auf ihre Korrektheit und Originalität beurteilt wurden. Keine der beiden Lehrmethoden erwies sich insgesamt als überlegen. Die selbstständigkeitsorientierten Lerner (b) waren hinsichtlich der Originalität ihrer Problemlösungen im Vorteil – unabhängig davon, wie sie unterrichtet wurden. Im Hinblick auf die Korrektheit der Problemlösungen und für die Multiple-Choice-Aufgaben zeigte sich hingegen die erwartete statistische Interaktion: Studierende, die ihren Vorlieben gemäß unterrichtet worden waren, erreichten jeweils einen höheren Leistungszuwachs.

Die Passung von Lernermerkmalen und Lehrmethoden

Domino (1971) untersuchte Interaktionseffekte zwischen Lernereigenschaften und Lehrmethode in einer universitären Stichprobe. Über einen Fragebogen wurde die individuelle Bevorzugung unterschiedlicher Unterrichtsmethoden und Lernverhaltensweisen von 900 Erstsemestern erfasst. Dabei wurde zwischen einem strukturierenden, gegenstandsorientierten und lehrerzentrierten Unterrichtsstil (A) und einem kollegialen, problemorientierten und offenen Lehrverhalten (B) unterschieden. Die Studierenden sollten angeben, ob sie sich in ihrem eigenen Lernverhalten lieber einem vorgegebenen Unterricht anpassen (a), oder ob sie beim Lernen lieber ein hohes Maß an Selbstständigkeit (b) einbringen. Für 100 Studierende, die sich

▼

Basierend auf den bereits von Skinner (1954) formulierten Überlegungen zum programmierten Unterricht bieten computerunterstützte Lernumgebungen vielfältige Möglichkeiten zur Realisierung adaptiver Instruktionsprinzipien: Werden Lernstoffe kleinschrittig und in vorstrukturierter Form, bspw. in einer Hypertext-Struktur, dargeboten, können Lerngeschwindigkeit, die Abfolge der abzurufenden Informationen und die Nutzung von Wiederholungsangeboten vom Lernenden individuell bestimmt werden. Ob solchermaßen individualisierte Lernangebote allerdings zu besseren Lernleistungen führen, hängt v. a. davon ab, in welchem Maße es gelingt, die mediale Lernumgebung auf die Vorkenntnisse und Fähigkeiten des Lernenden abzustimmen. So konnten Plass et al.(1998) in einer Studie zum Fremdsprachenerwerb – in Übereinstimmung mit den Befunden von Domino (1971) – zeigen, dass die Lernleistungen nur dann optimal waren, wenn die mediale Form der Informationsdarbietung im Einklang mit den jeweiligen Lernpräferenzen stand. Den Kursteilnehmern waren Hilfen beim Erlernen fremdsprachlicher Vokabeln in Form von Wort-Wort-Übersetzungen, begleitenden Bildern oder illustrierenden Videosequenzen angeboten worden. Je nach Vorlieben konnten eine oder mehrere der angebotenen Hilfen ausgewählt werden. So genannte »Visualisierer«, die habituell eine deutliche Präferenz für piktoriale Erklärungen aufweisen, wiesen deutlich niedrigere Lernleistungen auf, wenn entsprechende Hilfen nicht zur Verfügung standen.

Um das Potenzial unterschiedlicher Lernvoraussetzungen optimal zu nutzen, müssen instruktionale Maßnahmen mithin adaptiv geplant und umgesetzt werden. Dies kann nur über die Beachtung der fachlichen und überfachlichen Vorkenntnisse der Lernenden geschehen. Adaptivität lässt sich dabei v. a. in zweierlei Weise realisieren: Zum einen durch eine sorgfältige Vorkenntnisdiagnostik und durch das instruktionale Anknüpfen am jeweiligen Kenntnisstand (vgl. auch Ausubel 1974; Rosenshine u. Stevens 1986), zum anderen durch die Bereitstellung zusätzlicher Lerngelegenheiten (vgl. Carroll 1963). Für den Unterricht im Klassenverband ist hinzuzufügen, dass variable Lernzeiten letztendlich nur dann zielführend sind, wenn damit eine Anpassung von Lernzielen einhergeht. Adaptive Instruktion wird in der unterrichtlichen Praxis also in aller Regel auch durch eine Differenzierung der Lerninhalte zu verwirklichen sein.

Die Lehrmethoden der »direkten und adaptiven Instruktion« weisen aufgrund ihrer konsequenten Orientierung an einer effizienten Stoffvermittlung Vorteile auf, wenn es um den Erwerb intelligenten Wissens geht. Kritiker geben zu bedenken, dass dieses Wissen häufig nur bedingt anwendungs- und anschlussfähig sei, dass das hohe Maß an instruktionaler Außensteuerung die Entwicklung selbstständigen Lernens erschwere und dass eine Förderung sozialer Kompetenzen in aller Regel ausbleibe.

4.1.7 Kooperative Methoden

Kooperative Methoden sind Lehrformen, bei denen zwei oder mehr Personen zusammenarbeiten, um sich beim Erlernen von Kenntnissen und Fertigkeiten gegenseitig zu unterstützen. Man unterschei-

det die Organisationsformen des »peer tutoring«, des »collaborative learning« und des »cooperative learning«, die sich hinsichtlich ihres Ausmaßes an Gleichheit und Gegenseitigkeit gemeinsamen Lernens unterscheiden (vgl. Damon u. Phelps 1989). Beim »peer tutoring« geht es darum, dass ein leistungsstärkerer Schüler einen schwächeren Mitschüler beim Wissenserwerb unterstützt. Gelernt wird im wechselseitigen Austausch, ohne dass eine Gleichheit im Hinblick auf die zur Verfügung stehenden Informationen bestünde. Beim »collaborative learning« arbeiten die Lernenden gemeinsam an einer für alle neuartigen Aufgabe. Während in diesem Sinne Gleichheit gegeben ist, muss offen bleiben, ob es auch einen wechselseitigen Austausch oder nur ein arbeitsteiliges Lernen gibt. Beim »cooperative learning« werden Lerngruppen gebildet und Aufgaben gestellt, die für die Lernenden einer Gruppe gleich sind. Durch strukturierende Maßnahmen wird dabei sicher gestellt, dass beim Lernen ein gegenseitiger Austausch stattfindet. Zusammenarbeit ist zwingend notwendig, da sich das Gruppenergebnis aus erkennbaren individuellen Beiträgen zusammensetzt.

Bei der Implementation kooperativer Lehrformen sind die beiden Merkmale der positiven Interdependenz und der individuellen Verantwortlichkeit wesentlich (Johnson u. Johnson 1999). Positive Interdependenz im Sinne einer wechselseitigen Abhängigkeit besagt, dass die Mitglieder einer Gruppe ein Ziel nur gemeinsam erreichen können. Dies kann z. B. dadurch realisiert werden, dass einzelne Gruppenmitglieder über unterschiedliche Informationen verfügen, die aber allesamt zur Lösung einer Aufgabe integriert werden müssen. Um zu vermeiden, dass Einzelne sich der Gruppenarbeit verweigern, kann es hilfreich sein, die individuellen Anteile am Zustandekommen einer Gruppenleistung kenntlich zu machen. Auch für die Bewertung eines Gruppenprodukts ist es sinnvoll, Einzelbeiträge voneinander unterscheiden zu können.

In einer aktuellen Übersichtsarbeit zur Wirksamkeit kooperativer Lehrmethoden berichtet Johnson (2003) auf der Grundlage von 754 empirischen Studien eine mittlere Effektstärke von $d=0,64$ über alle kooperativen Lehrmethoden hinweg. Dieser Befund überrascht, impliziert er doch, dass die wechselseitige Unterstützung von Schülern zu besseren Lernerfolgen führt als der lehrerzentrierte Unterricht. Dabei ist noch nicht einmal der implizite Anspruch kooperativer Methoden berücksichtigt, ein in höherem Maße anwendungsfähiges Wissen zu erzeugen.

Slavin et al. (2003) bieten vier Erklärungsperspektiven für die kooperativen Lehrerfolge an:

> — Die motivationale Perspektive betont die Bedeutsamkeit extrinsischer Belohnungs- und Zielstrukturen. Wenn die Summe der Einzelbeiträge in einem abschließenden Leistungstest als Gruppenprodukt belohnt wird, besteht ein hoher Anreiz zur gegenseitigen Unterstützung.
> — Aus der Perspektive der sozialen Kohäsion sind extrinsische Belohnungen überflüssig. Als ursächlich für den Lernerfolg gilt hier die intrinsische Motivation, die aus der positiven Erfahrung gemeinsamen Arbeitens erwächst. Die Schüler engagieren sich und helfen sich gegenseitig, weil sie ein Zusammengehörigkeitsgefühl entwickeln.
> — Aus der Entwicklungsperspektive wird das gemeinsame Lernen vornehmlich als Auslöser kognitiver Konflikte gesehen. Im Austausch mit kompetenteren Interaktionspartnern wird das Erreichen der nächsthöheren Entwicklungsstufe unterstützt (vgl. Wygotski). Durch gegenseitiges Erklären und Nachfragen werden kognitive Konflikte konstruktiv induziert und zielführend bearbeitet (vgl. Piaget).
> — Die Perspektive der kognitiven Elaboration ähnelt der Entwicklungsperspektive. Durch die Anforderungen des gegenseitigen Erklärens, Fragenstellens, des Suchens von Beispielen und Gegenbeispielen führt das gemeinsame Lernen zu einer kognitiven Elaboration des Lernstoffs, die ein tieferes Verständnis bewirkt.

Die sich teilweise widersprechenden, teilweise ergänzenden theoretischen Erklärungen zur Lernwirksamkeit kooperativer Methoden machen deutlich, dass gemeinsames Lernen allein nicht ausreicht, um Lernerfolge zu gewährleisten. Vielmehr kommt der vorbereitenden Strukturierung der gemeinsamen Lernaktivitäten entscheidende Bedeutung zu. Um die lernförderlichen Interaktionen zwischen den Lernenden zu forcieren, wurden ganz unterschiedliche kooperative Lehrformen entwickelt.

Bei der Gruppenrallye (STAD: »Student Teams-Achievement Divisions«) bereiten sich die kooperativ Lernenden in leistungsheterogenen Lerngruppen auf einen Leistungstest vor. Zuvor bietet eine Lehrperson im Klassenverband den neuen Lernstoff dar. Die kooperative Phase dient also der Wiederholung und Konsolidierung des zuvor präsentierten Lernstoffes sowie der Klärung von Verständnisfragen. Bei der individuellen Bewertung der Leistungstests wird das vorherige Leistungsniveau der Lernenden berücksichtigt, sodass auch die Lernschwächeren hohe Punktzahlen erreichen können. Die individuellen Punktzahlen der Lernenden einer Gruppe werden anschließend zu einem Gruppenscore zusammengefasst. Dann werden die Lerngruppen hinsichtlich ihrer Leistungen in eine Rangreihe gebracht und belohnt. Die Aussicht auf eine Gruppenbelohnung soll die Zusammenarbeit in der kooperativen Phase sicherstellen, denn nur wenn alle Schüler den Lernstoff beherrschen, kann die Gruppe insgesamt erfolgreich sein. Die Gruppenrallye orientiert sich demnach an der extrinsisch-motivationalen Perspektive.

Ähnlich ist der Gruppenunterricht mit Teamunterstützung (TAI: »Team Assisted Individualization«) organisiert, wo das kooperative Lernen in leistungshomogenen Kleingruppen stattfindet. Bei der Methode des Gruppenpuzzles (»Jigsaw«) setzen sich die Mitglieder von leistungsheterogen zusammengesetzten »Stammgruppen« jeweils mit einem anderen Teilgebiet des Lernstoffs auseinander. Dies geschieht in sog. »Expertengruppen«, die sich aus jenen Mitgliedern der Stammgruppen rekrutieren, die das gleiche Teilgebiet gewählt haben. Nach einer Erarbeitungsphase in den Expertengruppen kehren die Stammgruppenmitglieder – nun zu Experten in ihren Teilgebieten des Lernstoffs geworden – wieder in ihre Stammgruppe zurück und vermitteln sich gegenseitig, was sie gelernt haben. Bei diesem Wissenspuzzle tritt der Aspekt der Belohnung vollständig in den Hintergrund. Die Nutzung der wechselseitigen Abhängigkeiten und das Primat des selbstständigen Erarbeitens und Vermittelns von Informationen verweisen auf die Perspektive der kognitiven Elaboration, je nach Ausgestaltung zusätzlich mit sozial-kohäsiven Anteilen.

Alle genannten Methoden haben sich hinsichtlich ihrer Lernwirksamkeit bewährt. Je nach theoretischer Orientierung gibt es jedoch unterschiedliche Beurteilungen hinsichtlich ihrer notwendigen Bestandteile. So betont bspw. Slavin (1995) die zentrale Rolle von Belohnungsstrukturen – eine Auffassung, der Cohen (1994) vehement widerspricht.

Externe Belohnungsstrukturen und elaborative Lernprozesse

Meloth und Deering (1994) haben untersucht, wie wichtig externe Belohnungsstrukturen und elaborative Lernprozesse für den Lernerfolg in kooperativen Settings sind. Über externe Belohnungen kann ein Anreiz für kooperatives Lernverhalten geschaffen werden. Auf der anderen Seite werden elaborative Lernprozesse zur Erklärung der Lernwirksamkeit kooperativer Lehrmethoden herangezogen. In einer quasi-experimentellen Studie wurden diese beiden Bedingungsmerkmale variiert und in ihren Auswirkungen auf die Qualität des Diskussionsverhaltens in Schulklassen untersucht. In jeweils vier Klassen der 4. und 5. Jahrgangsstufe wurden entweder Gruppenbelohnungen versprochen oder es wurden Hinweise zum strategisch-elaborativen Lernverhalten gegeben. Die Unterrichtsgespräche wurden aufgezeichnet und im Hinblick auf das aufgabenbezogene Frage- und Antwortverhalten analysiert. In den Elaborationsklassen zeigten die Gruppendiskussionen einen engeren Bezug zum behandelten Lerninhalt. Auch die Rückfragen der Mitschüler orientierten sich wesentlich enger an relevanten Informationen. Die Diskussionen verliefen kontroverser und es wurde in höherem Maße auf die Aufgabenerfüllung geachtet. Indem explizite Hinweise zum strategischen und metastrategischen Lernverhalten gegeben wurden, konnte eine deutlich intensivere Auseinandersetzung mit dem Lernstoff realisiert werden als unter der extrinsisch motivierenden Belohnungsbedingung.

Dass die evozierte Elaboration der Lerninhalte eine notwendige Voraussetzung für die Lernwirksamkeit kooperativer Methoden darstellt, legen auch die Befunde einer Untersuchung von Kronenberger (2004) nahe. Sie analysierte das (verbale) Interaktionsverhalten von Drittklässlern, deren Geometrieunterricht nach der Methode des Gruppenpuzzles durchgeführt wurde. Dabei zeigte sich, dass die meisten Fragen und Erklärungen der 9jährigen auf einem schlichten Elaborationsniveau verliefen (Kronenberger u. Souvignier 2005). Ihr Lernerfolg unterschied sich auch nicht von dem in lehrergeleitet unterrichteten Kontrollklassen erreichten, was die Bedeutung der Erklärungsqualität gegenseitiger Vermittlungsprozesse nochmals unterstreicht (vgl. Renkl 1997).

Vertreter kooperativer Lehrmethoden weisen zurecht darauf hin, dass diese Form der Unterrichtsorganisation erst dann wirklich effektiv werden kann, wenn sie dauerhaft und nicht nur als Unterrichtsversuch an den Schulen implementiert wird (Johnson u. Johnson 1999; Slavin 1995). Stevens und Slavin (1995) haben die Entwicklung der Lernleistungen an zwei Grundschulen verfolgt, in denen ein Großteil des Unterrichts über einen Zeitraum von zwei Jahren mit kooperativen Methoden bestritten wurde. Im Mathematik- und im Leseunterricht wurden vorbereitete Unterrichtsprogramme durchgeführt und die Lehrer wurden in kooperativen Methoden geschult. Erst während des zweiten Jahres war eine Leistungsüberlegenheit der kooperativ unterrichtenden Schulen gegenüber drei in herkömmlicher Weise unterrichtenden nachzuweisen.

Bemerkenswert ist, dass sowohl Leistungsstärkere als auch Lernschwache in überdurchschnittlichem Maße von den kooperativen Methoden profitierten. Eine längerfristige Implementation des Gruppenpuzzles in den Sachunterricht des dritten Schuljahrs wurde von Borsch (2005) erstmals im deutschen Sprachraum realisiert. Borsch konnte zeigen, dass sich die Lernleistungen im Vergleich mit lehrergeleitetem Unterricht im Verlauf eines Schuljahres im Ergebnis einander anglichen. Die kooperativen Kompetenzen – auch dies ein Bildungsziel von Schule – nahmen allerdings nur bei den kooperativ unterrichteten Kindern zu.

4.1.8 Problemorientierte Methoden

Gelerntes soll auch genutzt werden können. So schlicht diese Forderung erscheint, so anspruchsvoll erweist sie sich im Hinblick auf die Gestaltung von Lernumgebungen. Eine Schwierigkeit liegt darin, dass die außerschulische Wirklichkeit wesentlich komplexer ist als es vorstrukturierte Unterrichtseinheiten sein können. Bspw. birgt das alltagspraktische Problem, die defekte Beleuchtung eines Fahrrades zu reparieren, wenn die triviale Lösung »Glühbirne defekt« ausscheidet, eine größere Zahl potenziell relevanter Stellgrößen als manche Aufgabe, die im Physikunterricht gestellt wird. Bei Aufgabenstellungen im Schulunterricht sind üblicherweise alle für die Lösung notwendigen Informationen entweder angegeben oder erschließbar. Alltägliche Problemstellungen sind in der Regel schlechter definiert und es bleibt häufig offen, welche der vorhandenen Kompetenzen (die Grundrechenarten, technisches oder biologisches Wissen, manuelle Fertigkeiten) zu ihrer Bewältigung abzurufen sind.

Durch problemorientierte Lehrmethoden wird neues Wissen in engem Bezug zu seinen Anwendungssituationen vermittelt, dies allerdings verbunden mit dem Anspruch, dass die dabei erworbenen Konzepte und Prinzipien später abstrahierbar und auf andere Situationen transferierbar sind. Zwei Lehrmethoden, die diesen Zielsetzungen mit je unterschiedlicher Akzentuierung Rechnung tragen, sind das sog. situierte Lehren und das Lernen aus Lösungsbeispielen, die im Folgenden vorgestellt werden. Während beim Situierten Lehren das zu vermittelnde Wissen direkt in einen Anwendungsbezug gestellt wird, geht es beim Lernen aus Lösungsbeispielen um eine instruktionale Hilfestellung, um das problemorientierte Lernen effektiver zu gestalten.

Situiertes Lehren ist viel mehr eine Lehrphilosophie als eine Lehrmethode. Konstitutiv ist die Grundannahme, wonach jegliches Lernen situations- und kontextgebunden stattfindet. Damit anwendungsfähiges Wissen erworben wird, muss schon beim Wissenserwerb der Nutzungscharakter neuer Informationen explizit gemacht werden – Faktenwissen ohne Bezug, wie z. B. die bloße Verknüpfung von Jahreszahlen (1215) und historischen Ereignissen (Magna Charta), bleibt demnach isoliert

und nutzlos. In Anlehnung an Konzepte des praxisnahen und angeleiteten Lernens, wie sie im Handwerk üblich sind, formulierten Collins et al. (1989) Instruktionsprinzipien einer »kognitiven Meisterlehre« (»cognitive apprenticeship«). In einer Abfolge von Modellieren, angeleitetem Üben, schrittweisem Auf- und Abbauen von Lernhilfen, Artikulieren, Reflektieren und Explorieren wird ein Zusammenspiel von *Beobachten lassen*, *Unterstützung geben* und *Eigentätigkeit fordern* zusammengefasst.

Lernumgebungen, in denen diese Prinzipien umgesetzt sind (z. B. Palincsar u. Brown 1984; Scardamalia u. Bereiter 1985; Schoenfeld 1985) erwiesen sich als erfolgreich. Die Wirksamkeit der kognitiven Meisterlehre überrascht jedoch nicht wirklich, stellt sie doch letztlich eine Kombination aus direkter Instruktion und selbsttätigem, nachahmendem und sozialem Lernen dar. In einer Metaanalyse des »reciprocal teaching«-Programms von Palincsar und Brown (1984) fanden Rosenshine und Meister (1994), dass besonders hohe Lerneffekte dann erzielt wurden, wenn der notwendigen Eigenaktivität der Lernenden – hier bei der Anwendung von Strategien zum Textverstehen – eine lehrergesteuerte Phase ausführlicher Erklärung und Modellierung voranging.

Mit dem Ansatz der »Verstehensanker« (»anchored instruction«) geht die Cognition and Technology Group at Vanderbilt (CTGV 1997) einen anderen Weg. In einer Filmsequenz wird jeweils eine Geschichte gezeigt, die mit einer offenen (mathematischen) Problemstellung endet. Die Lernenden haben die Aufgabe, die für die Lösung des Problems relevanten Informationen aus dem Film zu extrahieren, miteinander in Beziehung zu setzen und die geeigneten mathematischen Operationen zur Problemlösung auszuwählen und durchzuführen.

Als instruktionale Prinzipien zum Umgang mit den Jasper-Problemen stehen Selbsttätigkeit und Kooperation im Vordergrund. In Kleingruppen werden selbstständig Lösungsvorschläge erarbeitet. Die Lehrperson vermittelt mathematische Kenntnisse (wie das Prozentrechnen) nur dann, wenn die Gruppenarbeit dies erfordert. Durch ihren Alltagsbezug bieten die Problemstellungen Ansatzpunkte zum fächerübergreifenden Unterricht. Evaluationen der Jasper-Serie (CTGV 1997) haben gezeigt, dass sich grundlegende Mathematikkenntnisse vergleichbar gut entwickelten wie in herkömmlich unterrichteten

Beispiel

Ein Problem aus der Jasper-Abenteuerserie der CTGV

Das Ausgangsproblem ist das folgende: Anders als bislang üblich, kann der Bürgermeister einer Kleinstadt einen finanziellen Zuschuss zur Unterstützung von Klassenfahrten nach Washington DC nicht mehr zur Verfügung stellen. Das würde zur Absage der Klassenfahrten führen. Betroffene Schüler, aber auch Larry, ein Altmetallverwerter, wollen sich damit nicht abfinden. Der Film gibt eine Reihe von Informationen zum Recycling von Getränkedosen und die entscheidende Frage läuft schließlich darauf hinaus, ob es einer neu zu gründenden Recyclinginitiative gelingen kann, den ausbleibenden finanziellen Zuschuss über das Einsammeln und Recyclen von Getränkedosen selbst zu erwirtschaften. In mehreren Erzählsträngen werden die Erfahrungen und Kenntnisse von Larry (z. B. über Altmetallpreise, das Verhältnis von Masse und Volumen, die Transportproblematik) und die Ergebnisse einer unterrichtlichen Projektarbeit zur Erfassung der Teilnahmebereitschaft der Bevölkerung an Recyclingmaßnahmen (befragt wurde eine Stichprobe) miteinander verknüpft. Der Film endet mit einer Frage (s. o.).

Allen Geschichten der Jasper-Abenteuerserie ist gemeinsam, dass im Verlauf mehrere Teilprobleme zu lösen sind, so ist z. B. aus den Stichprobendaten auf die Teilnahmebereitschaft der Gesamtbevölkerung zu schließen, die Ladekapazität eines LKW zu berechnen und der unterschiedliche Getränkekonsum im Sommer und im Winter zu berücksichtigen.

Kontrollklassen. Beim Bearbeiten komplexer Textaufgaben waren die Jasper-Schüler im Vorteil. Auch hatten sie eine positivere Einstellung zum Mathematikunterricht.

Eine – zumindest aus Sicht von Programmevaluatoren – problematische Folge des situierten und problemorientierten Unterrichts zeigte sich darin, dass die Schüler nun einer Kenntnisprüfung über

Beispiel

Die Jasper-Lernumgebung im Klassenzimmer

Hickey et al. (2001) haben die Lernwirksamkeit der Jasper-Lernumgebung untersucht. Die teilnehmenden Schulklassen wurden hinsichtlich ihres pädagogischen Profils (hohe vs. niedrige Reformorientierung) und hinsichtlich des sozialen Einzugsbereichs der Schule (höhere vs. niedrigere Sozialschichten) kategorisiert. In zehn Klassen zweier Schulen wurde mit dem Jasper-Programm gearbeitet; in neun Kontrollklassen an zwei anderen Schulen gab es herkömmlichen Mathematikunterricht. Über standardisierte Tests wurde das konzeptuelle mathematische Wissen, die Problemlösefähigkeit und die Rechenfertigkeit ermittelt. Zudem wurde die Entwicklung der Lernmotivation erfasst. Vorteile für die Jasper-Klassen zeigten sich nur hinsichtlich der Problemlösefähigkeit.

In den Klassen mit hoher Reformorientierung waren die Leistungssteigerungen am größten, wenn das Jasper-Programm durchgeführt wurde. Eine niedrige Reformorientierung ging tendenziell mit höheren Leistungen bei den Rechenfertigkeiten einher. Im Unterschied zu anderen Studien wirkte der Jasper-Unterricht nicht motivationsförderlich. Dieses Ergebnismuster – so die Autoren in der Diskussion – mag nicht zuletzt der hohen ökologischen Validität der Studie und dem Verzicht auf experimentelle Kontrolle geschuldet sein. Im nachhinein stellte sich nämlich heraus, dass v. a. die Lehrpersonen in den leistungsschwächeren Klassen eine kontraproduktive Implementationsform der Jasper-Reihe vollzogen: Sie trivialisierten das Lernprogramm, indem sie mehrere Episodenfilme »wie im Kino« an einem Tag zeigten, dabei strukturierende Arbeitsblätter austeilten und jene Fragen selbst stellten, die eigentlich von den Schülern hätten generiert werden sollen.

standardisierte Testverfahren eher ablehnend gegenüber standen. Sie vermissten den Anwendungsbezug dieser Aufgaben. Eine weitere Schwierigkeit bei der unterrichtlichen Programmimplementation besteht darin, dass den Filmen zwar ein hohes problemorientiertes Potenzial zur instruktionalen Nutzung innewohnt, dass aber seine Nutzung durch die Lehrperson, im Sinne eines Gewährenlassens von Selbsttätigkeit und Selbstentdecken nicht immer realisiert wird (CTGV 1997; Hickey et al. 2001).

Eine weitere Methode im Kontext problemorientierten Lehrens stellt das Lernen aus Lösungsbeispielen dar (Renkl u. Atkinson 2003). Während bei den Verstehensankern der Jasper-Reihe eine hohe Komplexität der im Unterricht zu behandelnden Probleme induziert wird, werden beim Lernen aus Lösungsbeispielen (»worked-out examples«) die Lösungen komplexer Probleme vereinfachend vorstrukturiert. Scheinbar läuft dieser Ansatz also dem Gedanken problemorientierten Lernens zuwider. Die Begründung für die Nutzung von Lösungsbeispielen liegt jedoch darin, dass viele Problemlöseaufgaben aufgrund ihrer Komplexität zu viel kognitive Kapazität der Lernenden binden, um noch selbstständig ein Problemlöseschema generieren zu können.

Sweller und Cooper (1985) konnten zeigen, dass vorstrukturierte Lösungsbeispiele im Hinblick auf den Wissenserwerb dem Bearbeiten unstrukturierter Problemaufgaben überlegen sind. Um die durch Beispiellösungen frei gewordene Kapazität des Arbeitsspeichers zielführend für den Erwerb konzeptuellen, verallgemeinerbaren Wissens zu nutzen, ist jedoch eine Intensivierung der Beispielnutzung nötig. Die Beispiellösung ist nicht das Ende des Problems. Vielmehr liegt die Funktion von Lösungsbeispielen v. a. darin, die Lernenden zu Selbsterklärungen anzuleiten. Aus einem vorstrukturierten Lösungsweg sollen letztlich verallgemeinerbarer Prinzipien abgeleitet werden. Unvollständige Lösungsbeispiele, die die Eigenaktivität der Lerner gezielt auf bestimmte Inhalte fokussieren, bieten eine Möglichkeit zur Optimierung des Lernens aus Lösungsbeispielen (Stark 1999).

Problemorientierte Lehrmethoden stellen eine wichtige Alternative zum Unterrichtsstil des lehrergesteuerten fragend-entwickelnden Lehrens dar. Sie begünstigen den Erwerb flexiblen, anwendungs-

Lernen aus Lösungsbeispielen

Renkl et al. (2003) haben untersucht, ob sich der Lerneffekt beim Lernen aus Lösungsbeispielen durch eine geringere kognitive Belastung (»cognitive load«) erklären lässt. Achtzig Studierende bearbeiteten eine Lerneinheit zur Wahrscheinlichkeitsrechnung, bei der sich an einen Lerntext eine 40-minütige individuelle Lernphase anschloss. In dieser Phase waren Problemaufgaben am Bildschirm zu bearbeiten. Es wurden vier Gruppen gebildet, um die beiden experimentellen Bedingungen Lehrmethode (Lösungsbeispiele vs. Problemlösen ohne Beispiellösungen) und Zweitaufgabe zur Induzierung einer zusätzlichen kognitiven Belastung (mit vs. ohne Zweitaufgabe) zu realisieren. Die zusätzliche kognitive Belastung bestand darin, im Abstand von 10 s auf Anweisung eine bestimmte Buchstabentaste zu betätigen.

Die Lernleistungen wurden über strukturgleiche Aufgaben zu den Problemstellungen aus der Lernphase ermittelt. Zudem wurden die Reaktionszeiten bei der Bearbeitung der Zweitaufgabe erfasst. In der Gruppe, die die Lösungsbeispiele ohne Zweitaufgabe bearbeitete, waren die höchsten Lernleistungen zu beobachten. War eine Zweitaufgabe zu bearbeiten, fielen die Reaktionszeiten unter der Bedingung mit Lösungsbeispielen kürzer aus – dies ein Beleg dafür, dass die Lösungsbeispiele tatsächlich kognitive Kapazität freisetzten. Für die Hypothese der kognitiven Entlastung durch Lösungsbeispiele spricht, dass Lösungsbeispiele die Lernleistungen nicht beförderten, wenn zugleich Zweitaufgaben zu bearbeiten waren.

bezogenen und leichter transferierbaren Wissens. Vor allem erweitern die problemorientierten Lehrmethoden das Spektrum der realisierbaren Bildungsziele, indem sie den Anwendungsbezug von Wissen besonders hervorheben. Im Hinblick auf die Wirksamkeitsprüfung der problemorientierten Methoden bleiben jedoch einige Fragen offen, so z. B. die, wie sich die erworbenen Kompetenzen zur Bewältigung komplexer Problemstellungen überhaupt in einer angemessenen Weise erfassen lassen.

4.1.9 Unterrichtsprogramme und Instruktionsprinzipien

Die Darstellung unterschiedlicher Lehrmethoden wirft natürlich die Frage auf, ob nicht die Kombination bestimmter Elemente dieser Methoden zu einem besonders effektiven Unterricht führen kann. Ein Perspektivenwechsel erscheint zur Beantwortung dieser Frage auch deswegen sinnvoll, weil bei der Gestaltung von Lehrmethoden in immer stärkerem Maße inhaltsspezifische Aspekte Beachtung finden (Mayer 2003). Wenn allgemeine Prinzipien der Kooperation oder der Problemorientierung in konkrete Unterrichtsprogramme umgesetzt werden, so geschieht dies zunehmend mit Bezug auf ihre spezifische Funktion und Eignung, um einen bestimmten Unterrichtsinhalt zu vermitteln. In mancherlei Hinsicht stellt die Methode des »reciprocal teaching« von Palincsar und Brown (1984) hier eine zentrale Referenz dar. Die Autorinnen konzipierten ein Unterrichtsprogramm mit einem inhaltlich klar definierten Ziel: der Förderung des Leseverständnisses. Den Lehrpersonen wird zunächst vermittelt, welche kognitiven Strategien geeignet sind, den Leseprozess zu unterstützen. Sie vermitteln und demonstrieren die in diesem Sinne strategischen Vorgehensweisen anschließend in ihrem Unterricht. Neu daran ist, dass die Schüler, um die selbstständige Strategienutzung einzuüben, kooperative Methoden anwenden, die ein hohes Maß an Eigenaktivität und die Übernahme von Verantwortung für den eigenen Lernprozess erfordern.

Aus forschungsmethodischer Sicht war die Studie von Palincsar und Brown eine der ersten, bei der die unterrichtspraktische Implementation eines Programms evaluiert wurde. Für die empirische Unterrichtsforschung begann damit eine fruchtbare Phase der anwendungsorientierten Prüfung von Instruktionsmodellen und -theorien.

Reziprokes Lehren

Die erste Erprobung der Methode des »reciprocal teaching« (RT) wurde 1982 von Annemarie Palincsar im Rahmen ihrer Dissertation durchgeführt. Zunächst als Individualtraining für Lernende mit Defiziten im Textverständnis entwickelt, wurde die Methode anschließend in Dyaden und Kleingruppen auf ihre Wirksamkeit evaluiert. Im Kern werden vier Strategien zur Förderung des Textverstehens eingeübt: a) Fragen zum Text formulieren, b) einen Absatz zusammenfassen, c) Vorhersagen über den Fortgang eines Textes machen und d) Erklärungen zum Gelesenen erfragen. Zunächst modelliert die Trainerin den Strategieeinsatz. Im Verlauf des Trainings übernehmen die Lernenden wechselseitig die Lehrerrolle, stellen ihrerseits Fragen zum Text, fassen die Inhalte zusammen und äußern Vermutungen über den Fortgang einer Geschichte.

Die erste Evaluation des Programms wurde in zwei aufeinander aufbauenden Studien vorgenommen. In der ersten Studie wurde RT bei sechs lernschwachen Schülern der siebten Klasse durchgeführt. Das Training erfolgte jeweils in Dyaden. Als Vergleichsgruppen dienten drei Gruppen, von denen eine lediglich an den Prä-, Post- und Follow-up-Tests teilnahm, eine zusätzlich die Testverfahren zur Dokumentation des Trainingsverlaufs absolvierte und eine ein Training im Lokalisieren von Textinformation erhielt. Im Hinblick auf trainingsnahe Kompetenzen (Zusammenfassen, Fragen zum Text) sowie in einem standardisierten Leseverständnistest konnte die kurz- und langfristige Wirksamkeit des Trainings abgesichert werden. In der zweiten Studie wurde RT in vier Kleingruppen mit insgesamt 21 Schülern im regulären Schulunterricht erprobt – in zwei Unterrichtsgruppen für schwache Leser sowie in zwei Fördergruppen. Nach der Ermittlung einer »baseline« fand das Training statt. Die Ergebnisse fielen vergleichbar zur ersten Studie aus.

Auch im regulären Unterricht bewirkte das Programm Verbesserungen hinsichtlich des Leseverständnisses sowie der Fähigkeit, wichtige Informationen zusammenzufassen. Obwohl einige Lehrpersonen anfangs besorgt waren, ob RT nicht zu anspruchsvoll für ihre lernschwachen Schüler sei, waren diese, wenn auch mitunter nach einiger Anlaufzeit, durchaus in der Lage, die trainierten Strategien sinnvoll anzuwenden. Auch die Adressaten erkannten den Nutzen des Trainings an: »Mrs. X, you'll be glad to hear this wasn't all for nothing« (p. 167).

Förderung des Leseverständnisses

Neuere Unterrichtsprogramme zeichnen sich in aller Regel dadurch aus, dass der Einsatz von Lehrmethoden bzw. die Nutzung von Instruktionsprinzipien konsequent auf die Förderung einer spezifischen inhaltlichen Kompetenz bezogen wird. Zunächst werden also die inhaltlichen Ziele einer Lerneinheit festgelegt und anschließend werden Überlegungen zur Unterrichtsgestaltung angestellt. Am Beispiel einiger Programme zur Förderung des Leseverständnisses wird diese Vorgehensweise illustriert.

Zahlreiche Untersuchungen haben belegt, dass die Lesekompetenz durch ein Training von Lesestrategien verbessert werden kann. Vergleiche zwischen guten und weniger guten Lesern zeigten zudem, dass ein wesentlicher Unterschied in der bewussten (»metastrategischen«) Überwachung und Regulation des eigenen Leseprozesses liegt (Dole et al. 1991; Pressley et al. 1989). Während gute Leser z. B. ihr Lesetempo an die jeweilige Textschwierigkeit anpassen, einzelne Passagen wiederholt lesen und unklare Begriffe aus dem Kontext heraus klären, wird schwächeren Lesern häufig nicht einmal bewusst, dass und an welchen Stellen eines Textes sie Schwierigkeiten haben. Ziel einer Förderung des Leseverständnisses sollte es daher sein, Kenntnisse über den Sinn und Nutzen von Lesestrategien zu vermitteln und zur eigenständigen und adaptiven Anwendung solcher Strategien anzuleiten.

Im Hinblick auf die Auswahl von Lesestrategien erweist es sich in Anlehnung an kognitionspsychologische Modelle des Textverstehens (z. B. Kintsch 1998) als sinnvoll, zwischen Verstehens- und Behaltensleistungen beim Lernen aus Texten zu unterscheiden: Das Behalten wird durch ordnende und wiederholende Strategien unterstützt, die eine Verdichtung der Textvorlage bewirken (Zusammenfassen wichtiger Informationen). Zum tieferen Verstehen eines Textes ist es hingegen notwendig, über die Textoberfläche hinauszugehen (Verbindung der Textinformationen mit dem eigenen Vorwissen, mit Gefühlen, Bildern und Einstellungen). Dabei muss fortlaufend geprüft werden, ob tatsächlich die wichtigsten Informationen behalten werden und ob auch alles verstanden wird. Im Kern sollten also kognitive (z. B. etwas bildlich vorstellen; Wichtiges zusammenfassen) und metakognitive Strategien (z. B. Fragen zum Text formulieren) gelehrt werden, wobei

Dole et al. (1991) zurecht darauf hinweisen, dass es am effektivsten ist, nur wenige Strategien auszuwählen und deren Einsatz intensiv einzuüben.

Damit Strategiewissen auch handlungsrelevant werden kann, muss im Training dazu angeleitet werden, selbstständig zu entscheiden, in welchen Situationen die eine oder die andere Strategie einzusetzen ist und die Trainierten müssen am Ende selbst davon überzeugt sein, dass sie vom Einsatz der Strategien profitieren können. Erfolgreiche Ansätze zur Förderung der Lesekompetenz zeichnen sich entsprechend durch einen sukzessiven Übergang vom lehrer- zum schülergesteuerten Unterrichten aus (Dole et al. 1991; Pressley et al. 1989; Rosenshine u. Meister 1994). In aller Regel folgen auf Phasen der expliziten Strategievermittlung, in denen Lehrende modellhaft – laut denkend – den Einsatz einer kognitiven Strategie demonstrieren, intensive Erarbeitungs-, Übungs- und Anwendungsphasen, in denen die Schüler zunehmend selbstständig, häufig in Partner- und Gruppenarbeit, Verantwortung für Auswahl, Anwendung und Bewertung des Strategieeinsatzes übernehmen. Beispielhaft wurde eine solche Konzeption in einem Programm von DeCorte et al. (2001) umgesetzt.

Ein konzeptionell ähnlich aufgebauter Förderansatz für den deutschsprachigen Raum wurde von Gold et al. (2004) entwickelt. Auch hier wird den Lehrpersonen ein manualisiertes Unterrichtsprogramm zur Verfügung gestellt, um die Lernenden in systematischer Weise an die selbstregulierte Anwendung kognitiver und metakognitiver Lesestrategien heranzuführen. Bei der Evaluation dieses Programms ließ sich – wie bei DeCorte et al. (2001) – eine nachhaltige Verbesserung des Lesestrategiewissens nachweisen. In einem standardisierten Test zum Leseverstehen zeigte sich darüber hinaus ein Trend zur längerfristigen Programmwirksamkeit (Mokhlesgerami 2004; Souvignier u. Mokhlesgerami, im Druck). Ein kritischer Punkt liegt allerdings – wie schon bei der Methode der Verstehensanker in ▶ Kap. 4.1.8 erwähnt – in der Qualität der Programmumsetzung. Die Wirksamkeit eines Programms wird größer sein, wenn sich die Lehrenden die Programmziele und -inhalte selbst zu eigen machen und wenn sie sie in flexibler und situationsangemessener Weise umsetzen (Souvignier et al. 2003).

Förderung der Selbstregulation

Im Programm »Regulating one's own reading process« (DeCorte et al. 2001) werden in 24 Unterrichtseinheiten à 50 min vier kognitive Strategien (bestehendes Wissen aktivieren, schwierige Wörter klären, Texte einem Textschema zuordnen, Hauptideen eines Textes formulieren) und eine metakognitive Strategie (den eigenen Leseprozess regulieren) trainiert. Eine Strategie wird eingeführt, indem die Lehrperson den Strategieeinsatz modellhaft illustriert. Anschließend wird die Strategieanwendung im Klassenverband im Dialog mit den Lernenden eingeübt, bevor in Kleingruppenarbeit – jetzt in der Verantwortlichkeit der Lernenden – zur selbstständigen Strategieanwendung übergegangen wird. Auf diese Weise wird sukzessive die Verantwortung für die Regulation der eigenen Leseaktivitäten auf die Schüler übertragen.

Die letzten fünf Unterrichtsstunden werden – unter Rückgriff auf eine formalisierte Routine, die die vermittelten Strategien zusammenfasst – zur Einzelarbeit an Texten genutzt. Die Programmwirksamkeit wurde in einem Prä-Post-Follow-up-Design in zwölf 5. Klassen untersucht. Erfolgskriterien waren Testverfahren zum Strategiewissen, zum Leseinteresse und zum Leseverständnis. Hinsichtlich des Strategiewissens waren die trainierten Klassen sowohl unmittelbar als auch nach zwei Monaten deutlich überlegen. Hinsichtlich Leseverständnis und -interesse waren ebenfalls Steigerungen zu beobachten, sie verfehlten jedoch knapp statistische Signifikanz.

Bei zwei ebenfalls erfolgreichen Programmen zur Förderung des Leseverständnisses, des »transactional instruction of reading strategies« (TSI) von Brown et al. (1996) und der »concept-oriented reading instruction (CORI) von Guthrie et al. (2000), wurde die unterrichtliche Implementation so vorbereitet, dass das Unterrichtsmaterial und die wesentlichen Instruktionsprinzipien gemeinsam mit den Lehrenden erarbeitet werden. Auf diese Weise ist das spätere Lehrerhandeln weniger durch ein (von außen) vorgegebenes Unterrichtsmanual geprägt.

Während TSI an Pressleys Modell guter Informationsverarbeitung anknüpft, wird bei CORI – ganz im Sinne von Modellen selbstregulierten Lernens – eine Integration kognitiver und motivationaler Aspekte versucht.

Die Integration kognitiver und motivationaler Aspekte umfasst die folgenden fünf Prinzipien:

- Konkrete Lernziele (»learning goals orientation«): Es wird vermittelt, dass die Aneignung von Wissen und ein tieferes Verstehen Ziel des Lernens sind, und nicht die Noten am Ende des Schuljahres.
- Praktische Tätigkeiten (»real world interaction«): Die Lernenden selbst führen Experimente und Beobachtungen durch – begleitend zur Lektüre von Sachtexten.
- Kontinuierliche Kompetenzunterstützung (»competence support«): Ziele und effektive Strategien der Zielerreichung werden klar strukturiert vorgegeben, sodass die Lernenden selbst erleben, wie sie Wissen und Kompetenz erwerben.
- Förderung der Autonomie (»autonomy support«): Das selbstbestimmte Lernen und Lesen wird gefördert.
- Förderung von Interaktion mit dem Lehrer (»relatedness support«): Die Lehrenden befassen sich fortlaufend mit den individuellen Interessen der Schüler und sie drücken dieses Interesse auch explizit aus.

Beim CORI-Unterricht wird die Lesekompetenz v. a. durch ein hohes Maß an Eigenständigkeit im Zuge der Projektarbeit gefördert. Am Ende einer Unterrichtsphase stehen stets – ähnlich der Methode des Gruppenpuzzles – Präsentationen im Klassenverband und ein gegenseitiger Austausch des neu erworbenen Wissens.

Mit unterschiedlichen Schwerpunktsetzungen liegen die wesentlichen Prinzipien der bislang genannten Programme zur Förderung des Leseverständnisses übereinstimmend darin, konkrete Strategien für den Umgang mit Texten modellhaft zu vermitteln und die Lernenden durch angeleitetes und selbstständiges Üben zur adaptiven und reflektierten Anwendung dieser Strategien hinzuführen. Beginnend mit einer starken Zentrierung des Unterrichts auf die Lehrenden (als Modell), wird den Lernenden zunehmend eigene Verantwortung für die selbstständige Regulation des Leseprozesses übertragen. Das eigenständige Arbeiten findet in der Regel in Dyaden und Kleingruppen statt. Feedback zur erfolgreichen Strategieanwendung und ein möglichst hohes Maß an gewährter Autonomie sollen zudem die Entwicklung eigenen Kompetenzerlebens unterstützen. Wenn sich die Lernenden selbst als zunehmend kompetent erleben, werden sie auch motiviert sein, die Strategien weiterhin einzusetzen (und auch mehr zu lesen).

Erfolgreiche kognitive Trainings, die nicht im Rahmen von Unterricht durchgeführt werden, basieren im Wesentlichen auf denselben Prinzipien (vgl. Klauer 2001). Das hier beschriebene Instruktionsmuster entspricht auch den Befunden aus Übersichtsarbeiten zur Wirksamkeit von Interventionen bei Schülern mit Lernschwierigkeiten. Swanson und Hoskyn (1998) fassen eine entsprechende Metaanalyse dahingehend zusammen, dass eine Kombination aus »direkter Instruktion« und expliziter Strategievermittlung die höchsten Effekte erwarten lasse.

Vaughn et al. (2000) nennen als übereinstimmende Prinzipien wirksamer Interventionen bei Lernschwächeren die folgenden drei:
- Kontrolle der Aufgabenschwierigkeit (Adaptivität), um möglichst viele Erfolgserlebnisse auf einem möglichst hohen Niveau zu realisieren,
- Unterricht in kleinen, interaktiven Lerngruppen mit sechs oder weniger Lernenden, und
- Anleitung zum Einsatz von Selbstfragestrategien, die metakognitive Prozesse, wie etwa die Kontrolle des Textverständnisses, unterstützen.

Selbstregulation als Instruktionsprinzip. Die bisherigen Ausführungen entwerfen das Bild eines Lernenden, der unter Einfluss unterrichtlicher Maßnahmen neue Informationen selbstständig, zielgerichtet, konstruktiv und aktiv bearbeitet. Ein solches Bild entspricht ganz wesentlich den Leitideen, die unter dem Konzept des selbstregulierten (oder selbstgesteuerten) Lernens zusammengefasst werden (vgl. Schunk u. Zimmerman 2003). Mit nochmaligem Bezug auf die von Weinert (2000) genannten Bildungsziele lässt sich feststellen, dass die Fähigkeit zur Selbstregulation für den Erwerb intelligenten und anwendungsfähigen Wissens, für den Erwerb von Schlüsselqualifikationen und für den Erwerb sozialer Kompetenzen unumgängliche Voraussetzung ist. Für den Erwerb des Lernen Lernens ist sie ohnehin Synonym.

Rahmenmodelle selbstregulierten Lernens (Boekaerts 1999; Pintrich 2000) betonen, dass es besonderer Kompetenzen der kognitiven und der motivationalen Selbstregulation bedarf, die zum (deklarativen) Wissen über kognitive Strategien hinzukommen müssen. Erfolgreiche kognitive Selbstregulation im Sinne eines selbstinitiierten, situationsangepassten und zielgerichteten Einsatzes von Lernstrategien ist nämlich erst dann zu erwarten, wenn die Lernenden eine Aufgabenstellungen als in Einklang mit ihren eigenen Zielen und Interessen empfinden. Diesen Aspekt – die notwendige motivationale Regulation des Selbst – konzipiert Boekaerts (1999) in ihrem Modell selbstregulierten Lernens entsprechend als die alles umfassende Ebene, innerhalb derer die Regulation von Lernprozessen sich vollzieht.

Im Unterrichtsprogramm CORI (Guthrie et al. 2000) wird den drei zentralen Bestimmungsstücken von Modellen selbstregulierten Lernens Rechnung getragen. Die *motivationale Selbstregulation* wird durch die praktischen Tätigkeiten, durch die Förderung der Autonomie, durch die Vorgabe konkreter Lernziele und die Reflexion eigener Kompetenzen unterstützt. *Kognitive Selbstregulation* wird gefördert, indem auf einen adaptiven Strategieeinsatz geachtet wird – zunächst modelliert durch die Lehrperson und anschließend eigenverantwortlich durch die Lernenden. *Strategiewissen* wird vermittelt, indem explizit auf den Nutzen und die Anwendungsbedingungen von Strategien wie »Wichtiges Zusammenfassen« oder »Verständnisfragen zum Text stellen« hingewiesen wird.

Welche Lehrmethode ist nun die beste? Eine Kombination aus lehrergeleiteter Strukturierung und systematischer Vermittlung des Lernstoffs mit kooperativen und problemorientierten Lernumgebungen scheint besonders vielversprechend – unterstützt durch Unterrichtsphasen, die genügend Raum zur angeleiteten und selbstständigen Übung und Vertiefung des Erlernten bieten. Aber auch für diese Antwort gilt: Nicht alle Bildungsziele und Lerninhalte und nicht alle Lernenden lassen sich in gleicher Weise gut durch eine Lehrmethode erreichen.

Literatur

Ausubel, D. P. (1974). *Psychologie des Unterrichts*. Weinheim: Beltz.

Baumert, J., Roeder, P. M., Sang, F. & Schmitz, B. (1986). Leistungsentwicklung und Ausgleich von Leistungsunterschieden in Gymnasialklassen. *Zeitschrift für Pädagogik, 32*, 639-660.

Boekaerts, M. (1999). Self-regulated learning: Where we are today. *International Journal of Educational Research, 31*, 445-457.

Borsch, F. (2005). *Der Einsatz des Gruppenpuzzles in der Grundschule: Förderung von Lernerfolg, Lernfreude und kooperativen Fertigkeiten*. Hamburg: Kovac.

Bos, W., Lankes, E.-M., Prenzel, M., Schwippert, K., Walther, G. & Valtin, R. (Hrsg.) (2003). *Erste Ergebnisse aus IGLU. Schülerleistungen am Ende der vierten Jahrgangsstufe im internationalen Vergleich*. Münster: Waxmann.

Brophy, J. E. & Good, T. L. (1986). Teacher behavior and student achievement. In: M. Wittrock (ed) *Handbook of research on teaching*, 328-375. New York, NY: McMillan.

Brown, R., Pressley, M., Van Meter, P. & Schuder, T. (1996). A quasi-experimental validation of transactional strategies instruction with low-achieving second-grade readers. *Journal of Educational Psychology, 88*, 18-37.

Carroll, J. B. (1963). A model of school learning. *Teacher College Record, 64*, 723-733.

Carroll, J. B. (1989). The Carroll Model. A 25-year retrospective and prospective view. *Educational Researcher, 18*, 26-31.

Cognition and Technology Group at Vanderbilt (1997). *The Jasper project*. Mahwah: Erlbaum.

Cohen, E. G. (1994). Restructuring the classroom: Conditions for productive small groups. *Review of Educational Research, 64*, 1-35.

Collins, A., Brown, J.S. & Newman, S.E. (1989). Cognitive apprenticeship: Teaching the crafts of reading, writing and mathematics. In: L.B. Resnick (ed) *Knowing, learning and instruction. Essays in honour of Robert Glaser*, 453-494. Hillsdale, NJ: Erlbaum.

Corno, L. & Snow, R. E. (1986). Adapting teaching to individual differences among learners. In: M. Wittrock (ed) *Handbook of research on teaching*, 605-629. New York, NY: McMillan.

Damon, W. & Phelps, E. (1989). Critical distinctions among three approaches to peer education. *Journal of Educational Research, 13*, 9-19.

DeCorte, E., Verschaffel, L. & van de Ven, A. (2001). Improving text comprehension strategies in upper primary school children: A design experiment. *British Journal of Educational Psychology, 71*, 531-559.

Dole, J. A., Duffy, G. G., Roehler, L. R. & Pearson, P. D. (1991). Moving from the old to the new: Research on reading comprehension instruction. *Review of Educational Research, 61*, 239-264.

Domino, G. (1971). Interactive effects of achievement orientation and teaching style on academic achievement. *Journal of Educational Psychology, 62*, 427-431.

Fraser, B. J., Walberg, H. ., Welch, W. W. & Hattie, J. A. (1987). Syntheses of educational productivity research. *International Journal of Educational Research, 11*, 145-252.

Good, T. & Grouws, D. (1979). The Missouri mathematics effectiveness project: An experimental study in fourth-grade classrooms. *Journal of Educational Psychology, 71*, 335-362.

Gold, A., Mokhlesgerami, J., Rühl, K., Schreblowski, S. & Souvignier, E. (2004). *Wir werden Textdetektive*. Göttingen: Vandenhoeck & Ruprecht.

Guthrie, J. T., Wigfield, A. & Von Secker, C. (2000). Effects of integrated instruction on motivation and strategy use in reading. *Journal of Educational Psychology, 92*, 331-341.

Helmke, A. (1988). Leistungssteigerung und Ausgleich von Leistungsunterschieden in Schulklassen: Unvereinbare Ziele? *Zeitschrift für Entwicklungspsychologie und Pädagogische Psychologie, 20*, 45-76.

Helmke, A. (2002). Unterrichtsqualität und Unterrichtsklima: Perspektiven und Sackgassen. *Unterrichtswissenschaft, 30*, 261-277.

Helmke, A. (2003). *Unterrichtsqualität erfassen, bewerten, verbessern*. Seelze: Kallmeyer.

Helmke, A. & Weinert, F. E. (1997a). Bedingungsfaktoren schulischer Leistungen. In: F. E. Weinert (Hrsg.) *Psychologie des Unterrichts und der Schule. Enzyklopädie der Psychologie, Themenbereich D/I/3*, 71-176. Göttingen: Hogrefe.

Helmke, A. & Weinert, F. E. (1997b). Unterrichtsqualität und Leistungsentwicklung: Ergebnisse aus dem SCHOLASTIK-Projekt. In: F. E. Weinert & A. Helmke (Hrsg.) *Entwicklung im Grundschulalter*, 241-251. Weinheim: Beltz.

Hickey, D. T., Moore, A. L. & Pellegrino, J. W. (2001). The motivational and academic consequences of an elementary mathematics environment: Do constructivist innovation and reforms make a difference? *American Educational Research Journal, 38*, 611-652.

Johnson, D. W. (2003). Social interdependence: Interrelationships among theory, research, and practice. *American Psychologist, 58*, 934-945.

Johnson, D. W. & Johnson, R. T. (1999). *Learning together and alone: Cooperative, competitive, and individualistic learning*. Boston, MA: Allyn and Bacon.

Klauer, K. J. (Hrsg.). (2001). *Handbuch Kognitives Training*. Göttingen: Hogrefe.

Kintsch, W. (1998). *Comprehension: A paradigm for cognition*. Cambridge: Cambridge University Press.

4

Kronenberger, J. (2004). *Kooperatives Lernen im mathematisch-naturwissenschaftlichen Unterricht der Primarstufe.* Hamburg: Kovac.

Kronenbeger, J. & Souvignier, E. (2005). Fragen und Erklärungen beim kooperativen Lernen in Grundschulklassen. *Zeitschrift für Entwicklungspsychologie und Pädagogische Psychologie, 37,* 91-100.

Mayer, R. E. (2003). *Learning and Instruction.* Upper Saddle River, NJ: Merrill/Prentice Hall.

Meloth, M. S. & Deering, P. D. (1994). Task talk awareness under different cooperative learning conditions. *American Educational Research Journal, 31,* 138-165.

Mokhlesgerami, J. (2004). *Förderung der Lesekompetenz. Implementation und Evaluation eines Unterrichtsprogramms in der Sekundarstufe I.* Hamburg: Kovac.

Palincsar, A. S. & Brown, A. L. (1984). Reciprocal teaching of comprehension-fostering and comprehension-monitoring activities. *Cognition and Instruction, 1,* 117-175.

Pintrich, P. R. (2000). The role of goal orientation in self-regulated learning. In: M. Boekaerts, P. R. Pintrich & M. Zeidner (eds) *Handbook of Self-egulation,* 452-502. San Diego, CA: Academic Press.

Plass, J. L., Chun, D. M., Mayer, R. E. & Leutner, D. (1998). Supporting visual and verbal learning preferences in a second-language multimedia learning environment. *Journal of Educational Psychology, 90,* 25-36.

Pressley, M., Goodchild, F., Fleet, J., Zajchowski, R. & Evans, E. D. (1989). The challenges of classroom strategy instruction. *The Elementary School Journal, 89,* 301-342.

Renkl, A. (1997). *Lernen durch Lehren.* Wiesbaden: Deutscher Universitäts-Verlag.

Renkl, A. & Atkinson, R. K. (2003). Structuring the transition from example study to problem solving in cognitive skill acquisition: A cognitive load perspective. *Educational Psychologist, 38,* 15-22.

Renkl, A., Gruber, H., Weber, S., Lerche, T. & Schweizer, K. (2003). Cognitive load beim Lernen aus Lösungsbeispielen. *Zeitschrift für Pädagogische Psychologie, 17,* 93-101.

Rosenshine, B. & Meister, C. (1994). Reciprocal teaching: A review of the research. *Review of Educational Research, 64,* 479-530.

Rosenshine, B. & Stevens, R. (1986). Teaching functions. In: M. Wittrock (ed) *Handbook of research on teaching,* 376-391. New York, NY: McMillan.

Scardamalia, M. & Bereiter, C. (1985). Fostering the development of self-regulation in children's knowledge processing. In: S. F. Chipman, J.W. Segal & R. Glaser (eds) *Thinking and learning skills: Research and open questions,* 563-577. Hillsdale, NJ: Erlbaum.

Schoenfeld, A. (1985). *Mathematical problem-solving.* Orlando, FL: Academic Press.

Schunk, D. H. & Zimmerman, B.J. (2003). Self-regulation and learning. In: W. M. Reynolds & G. E. Miller (eds) *Handbook of Psychology: Educational Psychology ,* Vol. 7, 59-78. New York, NY: John Wiley & Sons.

Skinner, B. F. (1954). The science of learning and the art of teaching. *Harvard Educational Review, 24,* 86-97.

Slavin, R. E. (1995). *Cooperative learning: Theory, research, and practice.* Boston, MA: Allyn & Bacon.

Slavin, R. E. (1997). *Educational psychology: Theory and practice* (5th ed.). Needham Heights, MA: Allyn & Bacon.

Slavin, R. E., Hurley, E. A. & Chamberlain, A. (2003). Cooperative learning and achievement: Theory and reseach. In: W. M. Reynolds & G. E. Miller (eds) *Handbook of Psychology: Educational Psychology, Vol. 7* 177-198. New York, NY: John Wiley & Sons.

Souvignier, E., Küppers, J. & Gold, A. (2003). Lesestrategien im Unterricht: Einführung eines Programms zur Förderung des Textverstehens. *Unterrichtswissenschaft, 31,* 166-183.

Souvignier, E. & Mokhlesgerami, J. (in press). Using self-regulation as a framework for implementing strategy-instruction to foster reading comprehension. *Learning and Instruction.*

Stark, R. (1999). *Lernen mit Lösungsbeispielen.* Göttingen: Hogrefe.

Stevens, R. J. & Slavin, R. E. (1995). The cooperative elementary school: Effects on students' achievement, attitudes, and social relations. *American Educational Research Journal, 32,* 321-351.

Swanson, H. L. & Hoskyn, M. (1998). Experimental intervention research on students with learning disabilities: A meta-analysis of treatment outcomes. *Review of Educational Research, 68,* 277-321.

Sweller, J. & Cooper, G. A. (1985). The use of worked examples as a substitute for problem solving in learning algebra. *Cognition and Instruction, 2,* 59-89.

Treiber, B. & Weinert, F. E. (1985). *Gute Schulleistungen für alle? Psychologische Studien zu einer pädagogischen Hoffnung.* Münster: Aschendorff.

Vaughn, S., Gersten, R. & Chard, D. J. (2000). The underlying message in LD intervention research: Findings from research syntheses. *Exceptional Children, 67,* 99-114.

Walberg, H.J. (1986). Synthesis of research on teaching. In: M. C. Wittrock (ed) *Handbook of research on teaching,* 3rd ed., 81-110. Washington, DC: American Educational Research Association.

Wang, M. C., Haertel, G. D. & Walberg, H. J. (1993). Toward a knowledge base for school learning. *Review of Educational Research, 63,* 249-294.

Weinert, F. E. (2000). Lehren und Lernen für die Zukunft – Ansprüche an das Lernen in der Schule. *Pädagogische Nachrichten Rheinland-Pfalz, 2, 1-16* (Nachdruck als Reprint 16/2000. München: Max-Planck-Institut für Psychologische Forschung).

Weinert, F. E. & Helmke, A. (1997). *Entwicklung im Grundschulalter.* Weinheim: Beltz.

4.2 Effekte sozialer Förderung und Hemmung

Klaus Jonas, Carmen Tanner

4.2.1 Begriff »Social Facilitation«

»Social facilitation« gehört zu den ältesten Forschungsthemen der Sozialpsychologie überhaupt. Bereits Triplett (1898) beobachtete, dass Radrennfahrer schneller waren, wenn sie mit anderen Fahrern um die Wette fuhren als wenn sie allein (»gegen die Uhr«) antraten. Angeregt durch diese Beobachtungen führte Triplett (1898) ein Experiment mit Kindern durch, die er eine Angelschnur aufrollen ließ. Gemessen wurde die Anzahl Umdrehungen pro Individuum. Die Apparatur ermöglichte es, die Leistung einzelner Versuchsteilnehmer, aber auch die Leistung parallel arbeitender Versuchsteilnehmer zu registrieren. Dabei ergab sich, dass die Kinder schneller drehten, wenn sie parallel mit anderen Kindern »um die Wette arbeiteten«, als wenn sie allein waren und dabei versuchten, möglichst schnell zu sein.

Tripletts Befunde zeigen also, dass Individuen andere Leistungen erbringen, wenn weitere Personen anwesend sind. Dies war der Fall, obwohl bei Triplett *keine Interaktion* an einer gemeinsamen Aufgabe stattfand, denn in beiden Situationen, dem Radrennfahren und dem Aufrollen von Angelschnüren, erbrachten die Personen die Aufgaben unabhängig voneinander, die anwesenden anderen waren lediglich *Koakteure*. Allerdings werden Tripletts Ergebnisse häufig vereinfacht wiedergegeben: Blascovich et al. (1999) machen darauf aufmerksam, dass bei Triplett die Hälfte der Kinder in Gegenwart eines Koakteurs entweder lediglich genauso gut oder sogar schlechter abschnitt als wenn sie sich allein betätigten. Tripletts Befunden kommt jedoch unbestritten das historische Verdienst zu, die Forschung über »social facilitation« begründet zu haben.

Spätere einschlägige Studien verwendeten teilweise ebenfalls wie Triplett ein *Koaktionsparadigma*, andere basierten auf einem *Zuschauerparadigma* (z. B. Travis 1925), in dem Versuchspersonen eine Leistung vor einem passiven Publikum erbringen. Für beide Situationen zusammenfassend prägte Allport (1920) den Begriff »social facilitation«. Damit sollte die in solchen Situationen beobachtete Leistungssteigerung infolge von Koakteuren bzw. Zuschauern zum Ausdruck gebracht werden. In späteren Experimenten zeigte sich allerdings, dass die Anwesenheit anderer (im Vergleich zu einer Alleinbedingung) nicht nur fördernd, sondern auch hemmend auf die Leistung wirken kann. Beispielsweise fand Pessin (1933), dass Versuchsteilnehmer, die eine Liste sinnloser Silben vor Zuschauern lernen mussten, mehr Durchgänge benötigten, um die Liste zu beherrschen, als Versuchsteilnehmer, die diese Aufgabe in einer Alleinbedingung absolvierten. Daher wurde der von Allport geprägte Begriff der »sozialen Förderung« auf den allgemeineren Begriff der »sozialen Förderung und Hemmung« (»social facilitation and impairment/inhibition«) erweitert; der Begriff wird in der einschlägigen Forschung und auch im vorliegenden Kapitel mit »SFI« abgekürzt wiedergegeben.

Definition

Soziale Förderung (»social facilitation«) bedeutet die Zunahme dominanter Reaktionen aufgrund der Anwesenheit anderer Personen. Von **sozialer Hemmung** (»social inhibition/impairment«) spricht man, wenn es infolge der Anwesenheit anderer Personen zu einer Abnahme nicht dominanter Reaktionen kommt. Zusammengefasst werden beide Begriffe häufig als »SFI« wieder gegeben. SFI-Effekte können auftreten, wenn eine Leistung parallel mit anderen erbracht wird (**Koaktionsparadigma**) oder wenn die Leistung vor einem passiven Publikum gezeigt wird (**Zuschauerparadigma**).

Bereits Triplett (1898) und Allport (1920) postulierten verschiedene Erklärungen für die beobachteten SFI-Effekte. So vermutete Triplett unter anderem, die Gegenwart einer anderen Person stimuliere einen *wettbewerblichen Instinkt*, der das Individuum motiviere, die Angelschnur schneller zu drehen. Allport (1920) diskutierte bereits die Annahme, dass die Anwesenheit anderer *ablenkend* wirken könne, eine Hypothese, die Bestandteil einiger der modernen SFI-Theorien ist (▶ Kap. 4.2.2). Außerdem liefern bereits Allports (1920) Befunde einen Hinweis darauf, dass die Anwesenheit anderer Personen sich je nach Art der Aufgabe unterschiedlich auswirkt; diese Moderatorwirkung des Aufgabentyps wurde dann später eine Kernannahme der Theorie von Zajonc (1965; ▶ Kap. 4.2.2). So fand Allport (im Vergleich zu einer Alleinbedingung) eine Leistungs*verbesserung* bei der Aufgabe, auf ein vorgegebenes Wort hin möglichst viele Folgewörter zu assoziieren. Dagegen ergab sich eine Leistungs*verschlechterung*, wenn in Gegenwart anderer Argumente zu einem Text produziert werden sollten.

Die Tatsache, dass nach den frühen SFI-Befunden die Gegenwart anderer manchmal einen fördernden, manchmal einen hemmenden Effekt auf die Leistung hatte, wurde jedoch insgesamt von den beteiligten Forschern als widersprüchlich und verwirrend empfunden. Bis zum Jahr 1965, dem Jahr in dem Zajonc einen bahnbrechenden Artikel zur Erklärung der bis dahin vorliegenden SFI-Ergebnisse veröffentlichte, gab es keinen theoretischen Ansatz, der geeignet war, die unterschiedlichen Befunde zu erklären. Diese Stagnation des theoretischen Fortschritts ist vermutlich auch der Grund dafür, warum das Interesse an der SFI-Forschung gegen Ende der 1930er Jahre erlosch. Die Publikation von Zajoncs Arbeit sorgte dagegen wieder für einen starken Aufschwung der Forschung.

4.2.2 Erklärungsansätze

Zajonc (1965) argumentierte, dass die Widersprüchlichkeit in den Forschungsbefunden zur SFI eher scheinbar als real sei. Er machte auf eine Regelhaftigkeit in den bis dahin vorliegenden Studien aufmerksam. Demnach führt die Anwesenheit anderer Personen bei einfachen bzw. gut gelernten Aufgaben zu einer Leistungs*steigerung*, während die Anwesenheit anderer die Leistung *verschlechtert*, wenn eine Aufgabe ausgeführt werden muss, die schwierig ist bzw. deren Lösung bisher nicht gut gelernt war.

Dass die Anwesenheit anderer eine Wechselwirkung mit der Schwierigkeit der Aufgabe eingeht, führt Zajonc (1965) darauf zurück, dass die Anwesenheit anderer Artgenossen das allgemeine Trieb- bzw. Erregungsniveau von Lebewesen erhöhe. Nach Auffassung von Zajonc (1980) ist die *bloße physische Anwesenheit* (»mere presence«) anderer hinreichend,

um Erregung auszulösen und die damit verbundenen SFI-Effekte zu bewirken. Dazu bedarf es keines Wettbewerbs zwischen Akteur und Koakteuren/Zuschauern und auch keiner anderen psychologischen Konstellation wie etwa eines Sanktions- oder Belohnungspotenzials der anwesenden anderen Personen. Zajonc (1980) legt sich nicht darauf fest, ob die Aktivierungserhöhung infolge der Anwesenheit anderer eine angeborene oder erworbene Reaktion sei; jedenfalls handle es sich um eine Vorbereitungsreaktion, die normal für die meisten Spezies sei und eine generelle Erhöhung der Wachsamkeit schaffe. Diese Erhöhung der Wachsamkeit sei funktional, da die Anwesenheit anderer Individuen ja u. U. eine rasche, neue oder selten ausgeübte Reaktion erfordere.

Diese Theorie von Zajonc (1965) ist nicht nur bemerkenswert einfach, sondern erklärt auch zahlreiche widersprüchlich erscheinende Befunde sowohl aus dem Zuschauer- als auch aus dem Koaktionsparadigma. So ist es z. B. mit der Theorie konsistent, dass Triplett (1898) eine Leistungssteigerung fand, denn sowohl bei der Leistung von Radprofis als auch beim Aufrollen einer Angelschnur handelt es sich um gut gelernte bzw. einfache Aufgaben. Ebenso passt es bspw. zu dieser Annahme, dass sich bei Pessin (1933) in einem Zuschauerparadigma eine Leistungsverschlechterung einstellte, da es eine neue, nicht gut gelernte Aufgabe darstellt, wenn Versuchsteilnehmer vor Publikum eine Liste sinnloser Silben lernen müssen. Insofern ist es Zajonc' integrativer Arbeit zu verdanken, dass die Aufgabenschwierigkeit als zentrale Moderatorvariable von SFI erkannt wurde.

Die Kernannahme seiner Theorie entnimmt Zajonc der Lerntheorie von Hull und Spence (Spence 1956). Demnach erhöht das gesteigerte Niveau eines allgemeinen Triebes (»drive«, abgekürzt »D«) bzw. einer unspezifischen Erregung (»arousal«) die Wahrscheinlichkeit der dominanten Reaktionen einer *Reaktionshierarchie*. Der Begriff der *Reaktionshierarchie* beschreibt in der Lerntheorie von Hull und Spence die in einer bestimmten Situation bzw. für einen bestimmten Stimulus im Verhaltensrepertoire eines Individuums vorhandenen Reaktionen. Diese Reaktionen haben nach Hull und Spence unterschiedliche Auftretenswahrscheinlichkeiten; als *dominant* werden die Reaktionen mit der höchsten Auftretenswahrscheinlichkeit bezeichnet. Durch die

Erhöhung des Triebniveaus wird die Wahrscheinlichkeit dominanter Reaktionen noch höher. Da bei einfachen bzw. gut gelernten Aufgaben die dominante Reaktion die richtige ist, während bei schwierigen bzw. nicht gut gelernten Aufgaben die dominanten Reaktionen falsch sind, kann die Theorie die oben dargestellte uneinheitliche Befundlage erklären.

Das zentrale Konstrukt in Zajoncs Theorie ist also das des »drive« bzw. »arousal«, d. h. es wird von einem automatischen, ohne Vermittlung kognitiver Prozesse funktionierenden Mechanismus ausgegangen. Dies macht die Theorie sehr allgemein anwendbar, d. h. sowohl auf Menschen als auch auf infrahumane Organismen, auf das Koaktions- als auch auf das Zuschauerparadigma (jedoch nicht auf indirekte Präsenz; ▶ Kap. 4.2.4). Die Theorie erlaubt aber sogar die Ableitung von Hypothesen für Situationen, in denen einfach eine Person anwesend ist, wenn eine Leistung erbracht wird, ohne dass die anwesende Person in der Lage ist, die Qualität der erbrachten Leistung zu beurteilen. Zu solchen Situationen kann es sowohl im Alltag als auch im Labor kommen. Im Labor ergibt sich eine solche Situation bspw., indem (bei einer visuellen Aufgabe) den anwesenden Personen die Augen verbunden werden und sie auf diese Weise die Stimuli nicht erkennen können, auf die die Versuchsteilnehmer reagieren sollen. Im Alltag ist eine solche Situation z. B. gegeben, wenn die anwesende Person der Sprache nicht mächtig ist, in der eine bestimmte Leistung erbracht wird. Auf Seiten der abhängigen Variablen lässt die Theorie kognitive und nichtkognitive (motorische) Leistungen zu.

Nach dem Erscheinen von Zajoncs (1965) Publikation entwickelten andere Autoren alternative Ansätze, die zusätzliche Konstrukte berücksichtigen oder gänzlich auf das Drive-Konstrukt verzichten. Im Zuge der »kognitiven Wende« in der Psychologie wurden stärker Annahmen über den Einfluss kognitiver Prozesse berücksichtigt. Insbesondere wurde von den meisten Autoren alternativer Ansätze Zajoncs Annahme aufgegeben, dass eine Aktivierungserhöhung direkt, d. h. ohne Vermittlung kognitiver Prozesse, die Auftretenswahrscheinlichkeit der betreffenden Reaktionen verändert (▶ unten). Ebenso wurde Zajoncs Idee, dass bereits »bloße« Anwesenheit Effekte auf die Leistung mit sich bringt, kritisiert. Zajonc argumentiert ja, dass die bloße physische Anwesenheit nicht nur eine notwendige, sondern auch eine hinreichende Voraussetzung für Leistungsveränderung ist. Für Befunde zur Überprüfung dieser Annahme ▶ Kap. 4.2.3

Die in der Nachfolge von Zajoncs Theorie entwickelten Ansätze lassen sich mittels einer von Guerin (1993) vorgeschlagenen Kategorisierung in drei Gruppen gliedern: (1) triebtheoretische Ansätze, (2) Theorien des sozialen Vergleichs und (3) Annahmen über kognitive Prozesse. Eine vergleichende grafische Übersicht über die wichtigsten Ansätze, die im Folgenden näher behandelt werden, findet sich in ◘ Abb. 4.2.

Triebtheoretische Ansätze

Zur Gruppe der triebtheoretischen Ansätze zählt zunächst einmal die Theorie von Zajonc. Aber auch die relativ früh nach der Publikation von Zajonc (1965) aufgestellten alternativen SFI-Ansätze verwenden das »drive«-Konstrukt; sie berücksichtigen jedoch zusätzlich kognitive Annahmen. Cottrell (1972) nimmt an, dass es sich bei dem »drive« um einen erworbenen Trieb handele, der auf einer antizipierten Bewertung durch die anwesende(n) andere(n) Person(en) beruhe. Infolge dieser Annahme über eine soziale Bewertung ist dieser Ansatz den Theorien des sozialen Vergleichs zuzurechnen und wird daher zusammen mit diesen weiter unten behandelt.

Die *Ablenkungs-Konflikt-Theorie* (»distraction-conflict theory«) von Sanders und Baron (1975; Sanders 1981; Sanders et al. 1978) nimmt an, dass die Anwesenheit Anderer den Organismus von der Aufgabenaktivität ablenkt. Dadurch entsteht ein Aufmerksamkeitskonflikt zwischen der Aufgabe und dem Distraktor. Als Distraktoren werden alle Stimuli bzw. vom Organismus geforderten Reaktionen angesehen, die irrelevant für die Bewältigung der primären Aufgabe sind. Solche Distraktoren können sozialer oder nicht-sozialer Natur sein, es kann sich um externe Stimuli oder um innere Prozesse wie z. B. Gedanken des Individuums handeln. Solche Gedanken können von außen angeregt sein oder vom Individuum selbst initiiert sein. Dadurch, dass der Distraktor Aufmerksamkeit abzieht, geht der primären Aufgabe Verarbeitungskapazität verloren. Dieser Effekt begünstigt Leistungseinbußen, sowohl bei einfachen als auch schwierigen Aufgaben.

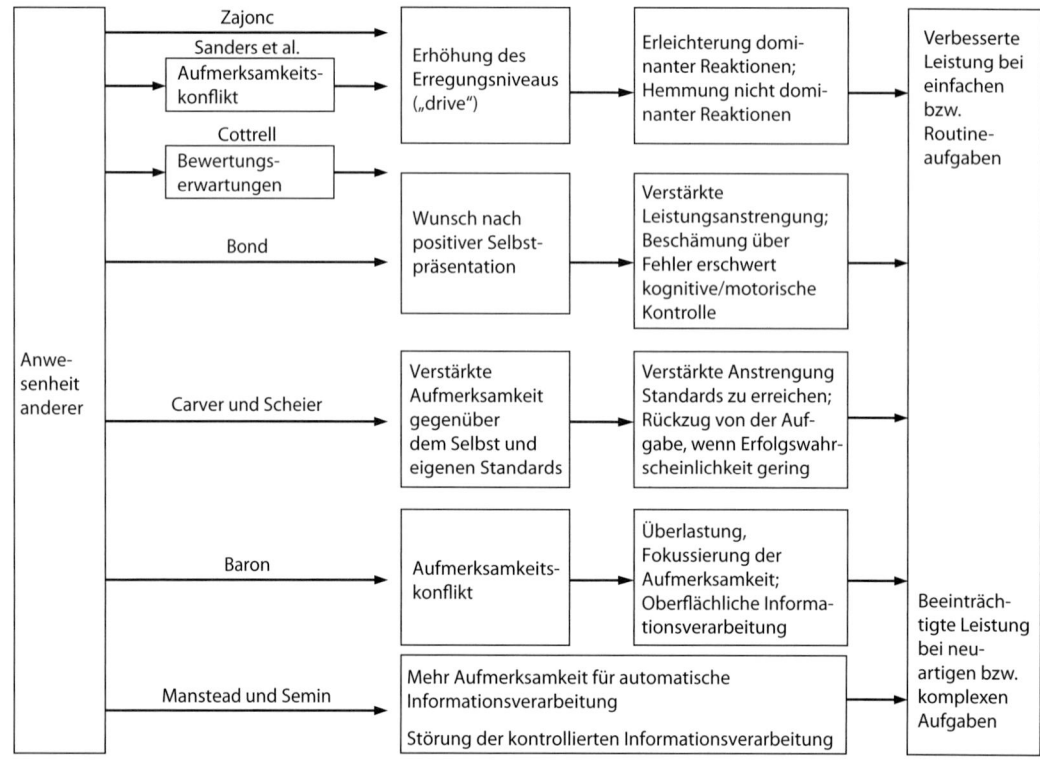

Zusätzlich muss nach der Ablenkungs-Konflikt-Theorie jedoch noch die trieb-erhöhende Wirkung der Distraktion berücksichtigt werden: Diese Trieb-erhöhung kommt dadurch zustande, dass sich das Individuum in dem Konflikt befindet, sich einerseits dem Distraktor zuwenden zu wollen, andererseits aber weiter die Aufgabe bearbeiten zu müssen. Diese Aktivierungserhöhung sorgt nach Annahme von Sanders und Baron für die Erhöhung der Auftretens-wahrscheinlichkeit dominanter Reaktionen. Beide angenommenen Effekte, die Verringerung der Auf-merksamkeitskapazität für die Aufgabe und das ver-stärkte Auftreten dominanter Reaktionen, wirken *gleichzeitig*. Dass es zu einer Leistungssteigerung bei einfachen Aufgaben kommt, erklären Sanders und Baron damit, dass bei einer einfachen Aufgabe die verringerte Aufmerksamkeit für die Aufgabe durch das erhöhte Triebniveau kompensiert wird. Dagegen wirken bei einer schwierigen Aufgabe beide Tenden-zen in Richtung einer Leistungsverschlechterung:

Die Aufmerksamkeitsverringerung ist zu stark und das erhöhte Triebniveau begünstigt die falschen Re-aktionen.

Die Ablenkungs-Konflikt-Theorie ist bezüglich der Antezedenzien von SFI-Effekten weiter gefasst als die Triebtheorie von Zajonc; nach Sanders und Baron können also auch nicht-soziale Stimuli wie z. B. Geräusche oder Lichtblitze für die beschrie-benen Wirkungen sorgen. Im Zusammenhang mit SFI-Effekten ist aber v. a. Ablenkung durch soziale Stimuli relevant. Warum sollte die Anwesenheit an-derer Menschen ablenkend wirken? Sanders et al. (1978) nehmen an, dass dieser Ablenkungseffekt im Wesentlichen dadurch zu Stande kommt, dass das Individuum an relevanter sozialer Information über sein Abschneiden bei der Aufgabe interessiert ist. Dies könnte z. B. in einem sozialen Vergleich mit der Leistung von Koakteuren bestehen oder darin, dass das Individuum seine Meinung über die eigene Performanz mit der Bewertung seiner Performanz durch Zuschauer vergleicht; Hinweise auf die Bewertung durch Zuschauer können u. U. aus deren nonverbalem Verhalten erschlossen werden. Mit solchen Annahmen über die Rolle sozialer Vergleiche bzw. sozialer Bewertung weist die Ablenkungs-Konflikt-Theorie bereits Gemeinsamkeiten mit den im Folgenden besprochenen Ansätzen auf.

Theorien des sozialen Vergleichs
Guerin (1993) versteht unter Theorien des sozialen Vergleichs solche, die darauf abheben, dass das Individuum in einer Koaktions- oder Zuschauersituation an Informationen aus sozialer Quelle interessiert ist, die ihm einen Vergleich der eigenen Leistung mit der anderer Personen erlauben oder eine Information vermitteln, wie die eigene Leistung von anderen Personen eingeschätzt wird. Die bekannteste und einflussreichste dieser Theorien ist die von Cottrell (1972). Nach Cottrell reicht die »bloße« Anwesenheit anderer nicht aus, um Erregung auszulösen. Nach seiner Auffassung bewirkt die Anwesenheit anderer nur dann eine Erregungssteigerung und in der Folge eine Erleichterung dominanter Reaktionen, wenn Personen erwarten, von den anwesenden Koakteuren bzw. Zuschauern bewertet zu werden. Die Bewertungserwartung ist insofern das zentrale theoretische Konstrukt in Cottrells Ansatz.

Cottrell erkennt also die bloße Anwesenheit nicht als hinreichend für SFI-Effekte an und widerspricht damit Zajonc (1965). Markus (1978) weist allerdings darauf hin, dass eine »abgeschwächte« Version der Theorie von Cottrell sich mit dem Verständnis von Zajonc vereinbaren ließe: Nach Markus bezweifeln selbst Anhänger der Idee von der »mere presence« nicht, dass Bewertungserwartung ein bedeutsamer Faktor für SFI-Effekte sein kann. Diese abgeschwächte Version bestünde also darin, sowohl die Erhöhung des unspezifischen Triebes (aufgrund bloßer Anwesenheit) als auch das Auslösen von Bewertungserwartung (mit nachfolgender Trieberhöhung) als unabhängige, jeweils hinreichende Determinanten von SFI anzusehen. Dieser »theoretische Kompromissvorschlag« wird jedoch von Cottrell offensichtlich nicht akzeptiert.

Cottrell geht davon aus, dass die Erregungssteigerung in Gegenwart von Koakteuren oder Zuschauern eine erlernte und nicht, wie Zajonc annimmt, eine angeborene Reaktion auf die Anwesenheit anderer darstellt. Individuen machen nämlich nach Annahme von Cottrell während ihrer individuellen Entwicklung die Erfahrung, dass die Gegenwart anderer häufig mit positiven oder negativen Konsequenzen für die eigene Person verknüpft ist. Menschen haben also gelernt, dass Personen, die ihnen beim Bewältigen einer Aufgabe zuschauen, häufig loben oder kritisieren. Ebenso haben Individuen gelernt, dass negative oder positive Konsequenzen resultieren können, wenn sie mit anderen bei derselben Aufgabe koagieren. Daher sorgt ein Kontakt mit Zuschauern oder Koakteuren für eine Trieberhöhung. Diese Trieberhöhung hat nach Cottrell dieselben Konsequenzen, wie Zajonc sie annimmt, d. h. es resultiert eine Leistungssteigerung bei einfachen, dagegen eine Leistungsverringerung bei schwierigen oder neuen Aufgaben. Auch für infrahumane Lebewesen nimmt Cottrell an, dass es sich bei den Wirkungen der Anwesenheit anderer Organismen derselben Spezies um einen erlernten Trieb handelt.

In den 1970er und 1980er Jahren entwickelten sich eine Reihe von Ansätzen, die das Triebkonzept von Zajonc völlig fallen ließen und SFI-Effekte unter Rückgriff auf andere Konstrukte zu erklären suchten. Hier ist zunächst die Theorie der Selbstdarstellung (»self-presentation«) von Bond (1982) zu nennen. Nach Bond wollen sich Individuen gegenüber anderen Menschen als kompetent darstellen. Die Gegenwart anderer spricht das Motiv an, sich günstig zu präsentieren. Es kommt zu einer verstärkten Leistungsanstrengung aufgrund der Anwesenheit anderer. Bei einfachen Aufgaben führt dies zu einer Leistungsverbesserung, denn einfache Aufgaben lassen sich bei entsprechender Konzentration fehlerfrei absolvieren. Dagegen kommt es bei schwierigen Aufgaben zu Fehlern. Der durch diese Fehler implizierte »Gesichtsverlust« führt zu einer Beschämung des betreffenden Individuums und diese Beschämungsreaktion erschwert die geforderten kognitiven bzw. motorischen Leistungen. Dadurch wird der Gesichtsverlust stärker und als Folge davon werden wiederum die Leistungen noch schlechter.

Aus der Kontrolltheorie (»control theory«) von Carver und Scheier (1981) lassen sich Hypothesen ableiten, die denen von Bond (1982) ähnlich sind: Demnach sorgt die Gegenwart anderer in stärkerem Maß dafür, dass ein Akteur an die eigenen Standards bzw. Ideale erinnert wird; dies sorgt für eine Leistungs-

4

steigerung bei einfachen Aufgaben (für eine ähnliche Hypothese s. Duval u. Wicklund 1972). Die bei schwierigen Aufgaben beobachtete Leistungsverminderung erklären Carver und Scheier (1981) damit, dass sich bei solchen Aufgaben infolge deren Schwierigkeit eine Misserfolgserwartung einstellt. Diese Misserfolgserwartung zusammen mit der aufgrund der Gegenwart Anderer antizipierten negativen Bewertung führt zu einem Rückzug von der Aufgabe und damit zu einer verschlechterten Leistung.

Annahmen über kognitive Prozesse

Baron (1986) erweitert die ursprünglich von Sanders et al. (1978) entwickelte Ablenkungs-Konflikt-Theorie um Annahmen, die ohne Rückgriff auf das »drive«-Konstrukt auskommen. Dieser Informationsverarbeitungsansatz geht davon aus, dass Aufmerksamkeit eine Ressource darstellt, der Kapazitätsgrenzen gesetzt sind (vgl. Broadbent 1971; Kahneman 1973). Eine Überlastung der Aufmerksamkeitskapazität führt dazu, dass sich der Aufmerksamkeitsfokus auf die zentralen Aspekte einer Aufgabe zentriert, auf Kosten der peripheren Aspekte. Dies führt bei einfachen Aufgaben zu einer Leistungsverbesserung, da hier die peripheren Aspekte ohne Leistungseinbußen vernachlässigt werden können bzw. deren Beachtung sogar der Konzentration auf die wesentlichen Aspekte der Aufgabe abträglich wäre. Dagegen führt die Beschränkung auf die ausschließlich zentralen Aspekte bei schwierigen Aufgaben zu einer Leistungsverschlechterung, da hier die Beachtung der peripheren Aspekte unumgänglich ist, wenn die Aufgabe korrekt gelöst werden soll. Eine weitere Konsequenz überlasteter Aufmerksamkeit besteht darin, dass das Individuum bei der Informationsverarbeitung zu oberflächlicher Verarbeitung greift und Schemata sowie Heuristiken benutzt.

Diese Annahmen über Aufmerksamkeit als kognitiver Prozess bzw. als begrenzte Ressource widersprechen nach Baron (1986) nicht der Annahme, dass ein Aufmerksamkeitskonflikt einen Trieb induzieren kann. Baron (1986) legt sich nicht auf eine der beiden Interpretationen (Aufmerksamkeitskonflikt als »drive« bzw. Aufmerksamkeit als begrenzte Ressource) fest, sondern geht davon aus, dass beide ihren heuristischen Wert besitzen.

Ein ähnliches Modell, das ebenfalls ohne das »drive«-Konstrukt auskommt und davon ausgeht, dass Aufmerksamkeit eine begrenzte Ressource darstellt, stammt von Manstead und Semin (1980). Diese Autoren betrachten die Lösung einfacher Aufgaben als routiniertes, automatisiertes Verhalten. Dieses automatisierte Verhalten ist »überlernt« und wird daher für gewöhnlich nachlässig, d. h. suboptimal, ausgeführt. Die Präsenz anderer verbessert die Performanz bei routinierten Aufgaben, da sie dazu motiviert, sich stärker auf deren fehlerfreie Ausführung zu konzentrieren. Die Leistungsverschlechterung aufgrund der Anwesenheit anderer bei schwierigen Aufgaben erklären die Autoren damit, dass bei schwierigen Aufgaben kontrollierte Informationsverarbeitung aufgewendet werden muss, bei der die Ablenkung durch die Gegenwart anderer die für eine korrekte Aufgabenbewältigung erforderliche Aufmerksamkeitskapazität übersteigt.

4.2.3 Empirische Befunde und zentrale Kontroversen

Alle im vorangegangenen Abschnitt behandelten theoretischen Ansätze haben eines gemeinsam: Sie machen in Bezug auf Leistungsveränderungen *dieselben Vorhersagen*. Sämtliche Ansätze sagen eine Wechselwirkung der Anwesenheitsvariablen mit der Aufgabenschwierigkeit voraus. Der Unterschied zwischen den Ansätzen besteht dagegen in den postulierten *Prozessen*, die zu diesen Effekten führen. Das Design empirischer Untersuchungen, die diese Theorien gegeneinander testen, muss sich also von vornherein auf die Überprüfung dieser unterschiedlichen Prozessannahmen beziehen.

Einschränkend ist allerdings zu bemerken, dass die verschiedenen theoretischen Ansätze teilweise nicht einmal bezüglich der Prozessannahmen scharf gegeneinander abgrenzbar sind. Insbesondere die Ablenkungs-Konflikt-Theorie von Sanders et al. (1978; Baron 1986) hat einige der übrigen Ansätze integriert. So nehmen Sanders et al. an, dass ein Aufmerksamkeitskonflikt erregungssteigernd wird; damit ist das Kernkonstrukt der Theorie von Zajonc (1965) in die Ablenkungs-Konflikt-Theorie integriert. Ebenso gehen Sanders et al. (1978) davon aus, dass auch Bewertungserwartung ablenkend wirken kann; damit tragen sie einer Annahme von Cottrell (1972) Rechnung. Schließlich sind sich die Ansätze von Baron (1986) und Manstead und Semin (1980) sehr ähnlich hinsichtlich der Annahme, dass die Leistungsverschlechterung bei schwierigen Aufgaben auf einer Ablenkung beruht, die das für die Aufgabe erforderliche Quantum an Aufmerksamkeit übersteigt.

Eine empirische Bewertung der vorliegenden Ansätze muss sich also die Frage stellen, worin die Kernannahmen dieser Ansätze bestehen und bezüglich welcher dieser Annahmen sich die Ansätze unterscheiden. Es ist nahe liegend, hier zunächst auf die Frage einzugehen, ob sich das zentrale Konstrukt der Theorie von Zajonc nachweisen lässt, der »drive«. Entsprechend der Tradition der Neobehavioristen hat Zajonc (1965, 1980) »drive« zunächst eher als hypothetisches Konstrukt betrachtet, d. h. sein physiologisches Substrat vernachlässigt und seine Existenz eher indirekt operationalisiert, nämlich anhand seiner postulierten Konsequenzen im Verhalten (Leistungssteigerung bzw. -verringerung). Zajonc (1965, 1980) weist allerdings darauf hin, dass er sich eine »Identifizierung« des von ihm zunächst nur hypothetisch postulierten Triebs in Form von Indikatoren für autonome Aktivität (z. B. Hautwiderstandsänderungen, Herzrate) bzw. kortikale Aktivität vorstellt.

Aiello und Douthitt (2001) machen darauf aufmerksam, dass solche Hinweise auf empirische Korrelate des Triebs seitens der Triebtheorie vage geblieben seien und dass die SFI-Forschung eine klare Operationalisierung des »Drive«- bzw. »Arousal«-Konstrukts mit Hilfe von physiologischen Indikatoren weitgehend vernachlässigt habe (▶ aber Kap. 4.2.4). Entsprechende Versuche haben sicher auch das Problem zu berücksichtigen, dass die diversen elektrokortikalen, autonomen und behavioralen Indikatoren für das Trieb- bzw. »Arousal«-Konstrukt u. U. relativ schwach miteinander korrelieren (Aiello u. Douthitt 2001). Physiologische Veränderungen wie eine Beschleunigung der Herzrate bzw. Hautwiderstandsänderungen sind außerdem keine »exklusiven« Indikatoren für den von Zajonc postulierten »drive«, sondern gehen auch mit den Prozessen einher, die von einigen der übrigen Theorien postuliert werden, also z. B. Aufmerksamkeitsveränderungen (Baron 1986) oder Prozessen

der Bewertungserwartung (Cottrell 1972). Daher eignen sich solche physiologischen Indikatoren nicht ohne weiteres dazu, die verschiedenen theoretischen Ansätze kritisch gegeneinander zu testen.

Die verschiedenen Versuche der Überprüfung des triebtheoretischen Ansatzes sind daher eher indirekter Natur, d. h. die Auswirkungen der Trieberhöhung werden in diesen Studien nahezu ausschließlich an ihren *verhaltensbezogenen* Wirkungen festgemacht. Eine der frühesten Studien zur Überprüfung der Theorie von Zajonc stammt von Zajonc et al. (1969). In der Studie wird die Theorie von Zajonc an infrahumanen Organismen überprüft, nämlich an Küchenschaben. Damit wollte Zajonc einerseits den sehr weiten Geltungsanspruch seiner Theorie belegen und andererseits erlaubt die Wahl dieser Organismen als Versuchsobjekte alternative Erklärungen auszuschließen, die »höhere« kognitive Prozesse wie etwa Bewertungserwartung oder Selbstpräsentation annehmen. Diese Versuchsobjekte zusammen mit der von Zajonc et al. (1969) gewählten experimentellen Anordnung stellen eine Art minimales Setting dar, innerhalb dessen sich die aus der Hull-Spence-Theorie abgeleiteten Hypothesen stringent testen lassen.

Küchenschaben sind von Natur aus lichtscheu. Zajonc et al. (1969) gingen deshalb davon aus, dass bei den Tieren, wenn man sie einer Lichtquelle aussetzt, ein »drive« hervorgerufen würde, vor dem Licht zu flüchten. Die Versuchsanordnung bestand daher darin, dass die Schaben nach der Aktivierung einer Lichtquelle die Möglichkeit hatten, dem Licht durch Durchlaufen eines Ganges zu entkommen und in ein abgedunkeltes Gangende zu gelangen. Die »einfache Aufgabe« bestand darin, dass lediglich der Gang (»runway«) zu durchqueren war, es gab keine Abzweigungen. Die »schwierige Aufgabe« (»maze«) bestand darin, dass die Tiere nach dem Durchlaufen einer ersten Strecke auf eine Gabelung trafen, an der es für die Fortsetzung der Flucht drei alternative Strecken gab; nur eine davon hatte ein abgedunkeltes Ende. Erfasst wurde die Geschwindigkeit, mit der die Tiere die Strecke zwischen dem Startpunkt und dem abgedunkelten Teil des Gangs zurücklegten.

Entsprechend der Tradition der bis dahin vorliegenden SFI-Forschung schufen Zajonc et al. (1969) eine »Koaktions-« und eine »Zuschauerbedingung«: In der Koaktionsbedingung durchliefen die Tiere den einfachen Gang bzw. das Labyrinth zusammen mit einem Artgenossen. In der Zuschauerbedingung wurden die Aufgaben absolviert, während neben dem Gang bzw. dem Labyrinth in durchsichtigen Behältern andere Küchenschaben untergebracht waren; diese Behälter enthielten Schlitze, sodass die »Akteure« die Artgenossen nicht nur sehen, sondern auch olfaktorische Signale empfangen konnten. Die Ergebnisse entsprechen den Vorhersagen der Triebtheorie: Sowohl in der Zuschauer- als auch in der Koaktionsbedingung liefen die Tiere bei der einfachen Aufgabe schneller; dagegen gelangten sie bei der schwierigen Aufgabe langsamer ins Ziel.

Die Studie von Zajonc et al. (1969) verfügt, wie bereits bemerkt, *nicht* über *direkte* Indikatoren des postulierten »drive«, die Studie hat jedoch zwei enorme methodische Vorteile: (1) Durch die Entscheidung für die infrahumanen Versuchsobjekte lassen sich wie erwähnt einige der nur bei höheren Organismen denkbaren intervenierenden kognitiven Prozesse ausschließen, (2) die Operationalisierung für die Aufgabenschwierigkeit ist stringent aus der Hull-Spence-Theorie abgeleitet: In der Bedingung »einfache« Aufgabe besteht die dominante Reaktion im Davonlaufen vor der Lichtquelle und diese Reaktion ist automatisch die richtige (d. h. das Tier gelangt in das abgedunkelte Ende des Ganges). In der Bedingung »schwierige Aufgabe« beträgt die Wahrscheinlichkeit für die richtige Reaktion (es gibt ja drei alternative Wege) lediglich $p=0,33$; die Wahrscheinlichkeit für die dominante Reaktion, nämlich einen der beiden falschen Wege zu nehmen, beträgt $p=0,66$.

Eine weitere für den Ansatz von Zajonc distinktive Annahme besteht in der Hypothese, dass SFI-Effekte auf der »bloßen Anwesenheit« (»mere presence«) anderer beruhen. Nach der Hypothese von der bloßen Anwesenheit müsste daher eine Person, die der Erbringung einer Leistung beiwohnt, z. B. sogar dann eine trieberhöhende Wirkung ausüben, wenn sie die Leistung gar nicht beurteilen kann.

Auf dieser Annahme basiert eine Studie von Cottrell et al. (1968; die Studie wird unten ausführlicher dargestellt). Diese Forscher ließen ihre Versuchsteilnehmer eine »Pseudorekognitionsaufgabe« ausführen; dabei waren die Versuchspersonen einer von drei experimentellen Bedingungen zugewiesen:

Die Teilnehmer der ersten Bedingung führten die Aufgabe allein aus, die der zweiten absolvierten die Aufgabe vor zwei passiven Zuschauern und die Versuchsteilnehmer der dritten Bedingung führten die Aufgabe vor zwei Zuschauern aus, die Augenbinden trugen und daher die Stimuli nicht sehen konnten, auf die die Versuchsteilnehmer reagierten (»mere presence«-Bedingung). Wie die Ergebnisse zeigten, steigerte die Anwesenheit der Zuschauer die Ausführung dominanter Reaktionen, dagegen ergab sich für die »mere presence«-Bedingung keine erhöhte Wahrscheinlichkeit der Ausführung dominanter Reaktionen (◘ Abb. 4.3).

Die Tatsache, dass sich bei Cottrell et al. (1968) die Befunde der »mere-presence«-Bedingung und der Alleinbedingung nicht unterscheiden, wird von den Autoren als Argument für die Hypothese von Cottrell interpretiert, dass es für das Auftreten von SFI-Effekten nicht lediglich der Gegenwart anderer bedarf, sondern dass mit dieser Anwesenheit die Antizipation von Bewertung durch die anwesenden anderen einhergehen muss.

Streng genommen weist die Untersuchung von Cottrell et al. (1968) allerdings ein Problem auf, das für sehr viele Studien kritisch ist, in denen versucht wurde, eine Bedingung mit »bloßer Anwesenheit« zu realisieren (vgl. Markus 1978): In allen drei Versuchsbedingungen bei Cottrell et al. (1968) war auch der Versuchsleiter anwesend, d. h. auch in der Alleinbedingung und in der »mere presence«-Bedingung. Insofern haben die Vpn daher möglicherweise auch in diesen beiden Bedingungen eine Bewertung (eben durch den Versuchsleiter) antizipiert, nicht nur in der Zuschauer-Bedingung. Diese Annahme erklärt zwar nicht, wieso es dennoch zu den von Cottrell vorhergesagten Unterschieden zwischen den drei Bedingungen gekommen ist. Da das Vorhandensein einer Bewertungserwartung bei der »mere-presence«- und bei der Zuschauerbedingung jedoch nicht ausgeschlossen werden kann, lassen die Befunde aber keinen eindeutigen Schluss zu Gunsten der Theorie von Zajonc oder Cottrell zu.

Diesbezüglich eindeutiger interpretierbar sind SFI-Studien, bei denen das interessierende Verhalten von den Versuchsteilnehmern quasi nebenbei erbracht und ohne deren Wissen erfasst wurde (z. B. Markus 1978; Platania u. Moran 2001; Schmitt et al. 1986). Auf diese Weise wurde versucht, die Bewer-

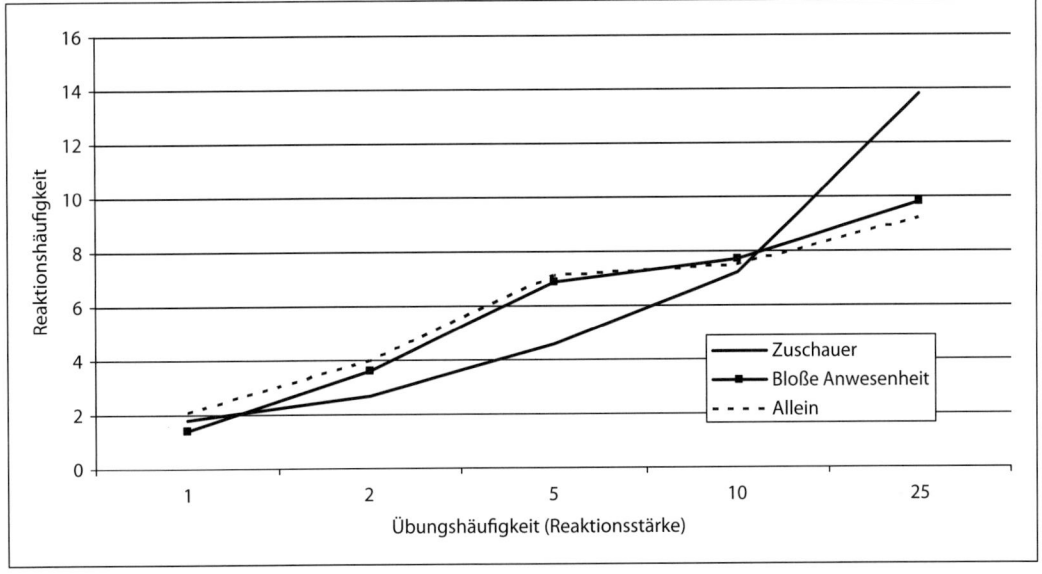

□ Abb. 4.3. Assoziationshäufigkeit sinnloser Wörter in Abhängigkeit von der Übungshäufigkeit. (Nach Cottrell et al. 1968)

tungserwartung auszuschließen. Das bekannteste dieser Experimente ist die Studie von Markus (1978). Markus wollte im Sinne der Theorie von Zajonc (1965) zeigen, dass »mere presence« eine *hinreichende* Bedingung für SFI-Effekte darstellt und dass nicht Bewertungserwartung im Sinne Cottrells hinzu treten muss. An der Studie nahmen 45 männliche Studierende teil. Die Vpn kamen einzeln ins Labor. Die (falsche) Hintergrundgeschichte, mit der man sie instruierte, bestand darin, dass sie gemeinsam mit anderen eine Aufgabe zu absolvieren hätten. Dazu müssten alle Versuchsteilnehmer einheitlich gekleidet sein. Zu diesem Zweck wurden sie in einen Warteraum geführt, in dem sie ihre eigenen Socken und Schuhe gegen (sehr große) Schuhe und Socken austauschen sollten, die ihnen der Versuchsleiter aushändigte. Außerdem sollten sie einen Laborkittel überziehen, den sie eigenhändig im Rücken zubinden sollten. Dies dürfte eine für die Versuchsteilnehmer ungewohnte Arm- und Handbewegung dargestellt haben.

Die Operationalisierung für das Ausführen einer gut gelernten Aufgabe stellt in dieser Studie also das Ausziehen der eigenen Schuhe (vor dem Versuch) sowie das Wiederanziehen derselben (nach dem Versuch) dar. Die Operationalisierung für das Ausführen einer neuen Aufgabe bestand im Über-

streifen (und anschließenden Wiederablegen) der fremden Socken und Schuhe sowie dem Anziehen (und anschließenden Wiederablegen) des Laborkittels. Es wurde davon ausgegangen, dass das An- und Ausziehen dieser Utensilien von den Versuchsteilnehmern aufgrund der Hintergrundgeschichte nicht als Teil des eigentlichen Experimentes betrachtet wurde.

Gemessen wurde die Zeit für die Erledigung des An- und Ausziehens der erwähnten Kleidungsstücke. Dies erfolgte ohne Wissen der Teilnehmer durch einen Einwegspiegel, der durch Vorhänge verdeckt war. Ein Versuchsleiter war während dieser Messung nicht in dem Warteraum anwesend. Es gab drei unterschiedliche experimentelle Bedingungen: In der »Zuschauerbedingung« saß ein Konfident während des An- und Ausziehens der Utensilien im Warteraum und beobachtete den Versuchsteilnehmer. In der Bedingung »bloße Anwesenheit« saß der Konfident während der Zeiterfassung mit dem Rücken zum Versuchsteilnehmer im Raum und »reparierte« ein technisches Gerät. In der »Alleinbedingung« war niemand im Raum. Zehn Minuten nachdem der Versuchsteilnehmer die Laborkleidung angelegt hatte, kehrte der Versuchsleiter in den Raum zurück und erklärte, das Experiment müsse ausfallen, da die übrigen Versuchsteilnehmer nicht erschienen seien. Der Versuchsleiter verabschiedete den Versuchsteilnehmer und verließ daraufhin den Raum. Abschließend wurde wieder nichtreaktiv die Zeit gestoppt, die die Teilnehmer zum Ausziehen der Laborkleidung und zum Anlegen ihrer eigenen Schuhe benötigten.

Wie Markus' (1978) Ergebnisse zeigen, ergaben sich die von ihr erwarteten Effekte: Bereits die Präsenz eines »bloß anwesenden« Zuschauers senkt im Vergleich zur Alleinbedingung die Zeit zur Ausführung gut gelernter Reaktionen signifikant und erhöht (tendenziell) die Zeit zur Ausführung neuer Reaktionen. Die in der Zuschauerbedingung gemessenen Zeiten differieren nicht signifikant von der Bedingung mit »bloßer Anwesenheit«, unterscheiden sich jedoch signifikant in der erwarteten Richtung von der Alleinbedingung (Leistungsverbesserung bei der Ausführung gut gelernter Aufgaben, Leistungsverschlechterung bei der Ausführung neuartiger Reaktionen). Die Studie von Markus repliziert also einerseits die bekannten SFI-Effekte in der Zuschauerbedingung und bestätigt andererseits die Hypothese von Zajonc, dass diese Effekte bereits bei bloßer Anwesenheit auftreten.

Damit stellt die Studie von Markus ein starkes Argument für die Hypothese dar, dass die »bloße Anwesenheit« SFI-Effekte hervorbringt, denn das An- und Ausziehen der Kleidungsstücke dürfte kaum Bewertungserwartung erzeugen, jedenfalls nicht in der Bedingung mit dem zufällig anwesenden Zuschauer (der den Versuchsteilnehmer ja nicht anschaut) bzw. deshalb nicht, weil laut Instruktion das eigentliche Experiment noch gar nicht begonnen hatte. Es gibt außerdem einige weitere Studien, in denen »mere-presence«-Effekte belegt sind (s. z. B. Guerin 1993). Damit kann festgehalten werden, dass die Kontroverse zwischen Cottrell und Zajonc zugunsten von Zajonc entschieden ist: Es *gibt* Evidenz für SFI-Effekte »bloßer Anwesenheit«.

Dieses Ergebnis impliziert natürlich nicht, dass Bewertungserwartung keine SFI-Effekte hervorruft. Allerdings ist die Befundlage für die Rolle von Bewertungserwartung im Zusammenhang mit SFI-Effekten erstaunlich schwach: Bond und Titus (1983) führten eine Meta-Analyse auf der Grundlage von 241 Studien durch und kodierten die von ihnen berücksichtigten Studien danach, ob ein Bewertungspotenzial der anwesenden anderen bestanden hatte.

Dabei ergab sich, dass die Variable Bewertungspotenzial die SFI-Effekte nicht über die Effekte bloßer Anwesenheit hinaus erhöhte.

Aus heutiger Sicht kann die Suche nach der optimalen Theorie zur Erklärung von SFI-Effekten nicht als abgeschlossen gelten. Zumindest die Idee Cottrells, dass die Anwesenheit anderer nur via Bewertungserwartung SFI-Effekte bewirken kann, kann als widerlegt angesehen werden. Das bedeutet allerdings nicht gleichzeitig eine Bestätigung für die Annahme eines Triebs im Sinne von Zajonc; dazu ist die bisher vorliegende empirische Operationalisierung für einen solchen »drive« zu wenig überzeugend. Mit den bisher vorliegenden Befunden ist am Ehesten die Ablenkungs-Konflikt-Theorie in der Version von Baron (1986) kompatibel. Sie integriert ja viele der übrigen Theorien, ohne sich auf die Annahme eines »drive« festzulegen. Auch die oben dargestellten Befunde, wonach bloße Anwesenheit SFI-Effekte bewirken kann, können von dieser Theorie (prinzipiell) erklärt werden, nämlich als Folge eines Ablenkungskonflikts.

4.2.4 Aktuelle Entwicklungen

Im folgenden werden verschiedene neuere Ansätze und Untersuchungen thematisiert, die versuchen, (a) mehr Licht in die Rolle spezifischer Determinanten wie z. B. Aufmerksamkeit oder Trieb zu bringen, (b) unterschiedliche Phänomene wie »social facilitation« und »social loafing« zu verknüpfen, oder (c) den Geltungsbereich der SFI-Ansätze auszudehnen. Erwähnenswert sind insbesondere aktuelle Ergebnisse, die zeigen, dass SFI-Phänomene nicht nur bei physischer Anwesenheit anderer, sondern auch bei *indirekter* Präsenz auftreten können.

Neben den Triebtheorien werden von den alternativen Ansätzen in erster Linie die kognitiven und aufmerksamkeitsorientierten Theorien näher untersucht. Huguet et al. (1999) führten originelle Experimente durch, um die Rolle der Aufmerksamkeit näher zu untersuchen. Ihre Befunde unterstützen insofern die Theorien von Sanders und Baron (1975) und Baron (1986), als sie gute Evidenz für die Wichtigkeit von *Aufmerksamkeitsprozessen* liefern.

Huguet et al. (1999) testeten Anwesenheitseffekte bei der Durchführung einer *Stroop-Aufgabe*. Bei

Das Experiment von Cottrell et al. (1968)

Hypothese

Die Autoren wollten Zajoncs Annahme widerlegen, dass die »bloße Anwesenheit« anderer Personen ausreicht, um SFI-Effekte hervorzurufen.

Experimentelle Bedingungen

Dazu schufen die Autoren drei experimentelle Bedingungen, in denen jeweils dieselbe Aufgabe zu erbringen war: (a) eine Bedingung, in der der Versuchsteilnehmer während der Testphase allein im Versuchsraum war (Alleinbedingung); (b) eine Bedingung, in der sich zu Beginn der Testphase zwei Konfidenten zum Versuchsteilnehmer in den Versuchsraum setzten (Zuschauerbedingung). Der Versuchsleiter gab die Information, diese zwei angeblichen Versuchsteilnehmer würden auf die Teilnahme an einem anderen Experiment warten, das unmittelbar im Anschluss an das aktuelle Experiment beginnen würde. Die beiden Konfidenten verfolgten den Ablauf des Experiments aufmerksam und waren so gesetzt, dass sie die für den Versuchsteilnehmer auf einer Leinwand als Aufgabenstimuli projizierten Wörter lesen konnten. (c) In einer weiteren Bedingung waren die beiden Konfidenten ebenfalls anwesend, trugen jedoch eine Augenbinde, sodass sie die Wörter auf der Leinwand nicht lesen konnten. Als Grund für das Tragen der Augenbinde gab der Versuchsleiter an, die beiden Personen seien als Teilnehmer an einem anschließenden Experiment zum Thema Farb-Wahrnehmung vorgesehen und mittels der Augenbinde sollte ihnen die Adaptation an die Dunkelheit ermöglicht werden.

Der Versuchsleiter hielt sich in allen drei Bedingungen während der Testphase in einem Kontrollraum auf, von wo er die Stimuli in den Versuchsraum projizierte und von wo aus er eingriff, wenn ein Teilnehmer nicht rechtzeitig auf einen Stimulus reagierte; im letzteren Fall forderte er den Versuchsteilnehmer zu einer Reaktion auf und wartete mit der Darbietung des nächsten Stimulus, bis diese Reaktion erfolgt war.

▼

Methodisches Vorgehen

Der Versuchsleiter gab den Versuchsteilnehmern an, mit der Studie solle untersucht werden, wie Menschen eine Fremdsprache lernen. Dazu bekamen alle Teilnehmer in einer *Trainingsphase* sinnlose Wörter vorgelegt (z. B. LOKANTA, PARITAF). Jedes Wort war auf einem separaten Foto abgebildet. Die Versuchsteilnehmer bekamen diese Fotos nacheinander gezeigt und mussten jeweils das betreffende Wort aussprechen. Durch Variation der Darbietungs- (und damit Vokalisierungs-) häufigkeit wurden unterschiedliche Gewohnheitsstärken des Aussprechens erzeugt, d. h. ein 1-, 2-, 5-, 10- bzw. 25-maliges Aussprechen des betreffenden Wortes.

In der *Testphase* erhielten die Teilnehmer auf einer Leinwand mittels eines Tachistoskops entweder die Wörter aus der Trainingsphase dargeboten (»recognition trials«) oder eines der Wörter, bei dem jedoch die Buchstaben in umgekehrter Reihenfolge dargestellt waren (»pseudorecognition trials«). Bei den Rekognitionsdurchgängen war die Darbietungsdauer mit 0,2 s lang genug, um eine korrekte Erkennung zu ermöglichen. Auch bei den Pseudorekognitionsdurchgängen wurden die Versuchsteilnehmer im Glauben gelassen, es werde eines der Wörter aus der Trainingsphase präsentiert. Die Darbietungsdauer war aber in den Durchgängen mit Pseudorekognition mit 0,01 s so kurz, dass Versuchsteilnehmer in Prätests nicht fähig waren, die dargebotene Buchstabenfolge zu identifizieren, sondern vielmehr äußerten, lediglich etwas »Wortähnliches« gesehen zu haben. In jedem Fall wurden die Versuchsteilnehmer in der Testphase aber ermuntert, stets zu reagieren und wenn sie kein Wort erkennen konnten, zu raten. Die *abhängige Variable* (AV) bestand in der Häufigkeit, mit der die in der Testphase gelernten Wörter in den Pseudorekognitionsdurchgängen assoziiert wurden.

Ergebnisse

Wie aus ◘ Abb. 4.3 ersichtlich, steigen die Assoziationshäufigkeiten in der Testphase in Abhängigkeit von der Häufigkeit, mit der die Wörter in der Trainingsphase geübt wurden; diese monotone

4

Beziehung gilt für alle drei experimentellen Bedingungen. Vergleicht man die Kurve aus der Zuschauerbedingung mit der Kurve aus der Alleinbedingung, so zeigt sich hier wieder der übliche SFI-Befund: Wenn das Aussprechen der Wörter infolge hoher Vokalisierungshäufigkeit zu einer dominanten Reaktion geworden ist (bei 25-maliger Darbietungshäufigkeit), so führt die Zuschauerbedingung im Vergleich zur Alleinbedingung zu erhöhter Assoziationshäufigkeit. Dagegen hemmt die Zuschauerbedingung das Aussprechen von Wörtern, deren Vokalisieren noch nicht zu einer dominanten Reaktion geworden ist (z. B. bei lediglich 2- oder 5-maliger Vokalisationshäufigkeit). Interessant ist nun der Verlauf der Kurve für die Bedingung »bloße Anwesenheit«: Wie aus ◨ Abb. 4.3 ersichtlich, verläuft diese Kurve völlig entlang der Kurve für die Kurve der Alleinbedingung. Dies entspricht der Hypothese von Cottrell, dass bloße Anwesenheit keine SFI-Effekte bewirkt.

Diskussion
Aus den Ergebnissen schlussfolgern Cottrell et al., bloße Anwesenheit sei nicht hinreichend für das

Auslösen von SFI-Effekten, denn andernfalls hätten die Kurven der beiden Anwesenheitsbedingungen parallel verlaufen müssen. Diese Argumentation ist allerdings, worauf Markus (1978) hinweist, nicht ganz stichhaltig. Denn in allen drei experimentellen Bedingungen war der Versuchsleiter im Kontrollraum anwesend, überwachte die Reaktionen der Teilnehmer und griff ein, wenn ein Teilnehmer die Antwort zu lange hinauszögerte. Insofern gab es in dieser Studie streng genommen keine Alleinbedingung und die »mere-presence«-Bedingung ist daher ebenfalls als eine Zuschauerbedingung anzusehen. Die Studie von Cottrell et al. ist aber immerhin aus zwei Gründen bedeutsam: (a) Die Operationalisierung für die Reaktionsstärken der in der Studie »aufgebauten« Reaktionen orientiert sich sehr eng an der Theorie von Hull bzw. Spence und ist daher zumindest prinzipiell als stringenter Test zwischen den Theorien von Zajonc und Cottrell geeignet. (b) Zum anderen verdeutlicht die Problematik des stets präsenten Versuchsleiters, dass es in Laborexperimenten methodisch sehr schwer ist, eine Bedingung mit »bloßer Anwesenheit« zu realisieren.

dieser Aufgabe werden Personen aufgefordert, möglichst schnell die Farbe verschiedener Stimuli zu benennen. Einige Stimuli waren farbige Zeichen (z. B. »+++« mit grüner Tinte gedruckt). Bei anderen waren die Namen der Farbe mit farbiger Tinte gedruckt, die Namen der jeweiligen Farben jedoch mit einer andersfarbigen Tinte geschrieben (z. B. das Wort »rot« mit grüner Tinte). Gewöhnlich brauchen Menschen deutlich länger für die Farbidentifizierung bei Wörtern, deren Name mit einer andersfarbigen Tinte geschrieben ist, als für die Farbidentifizierung bei den anderen Zeichen. Offensichtlich sind Personen nicht in der Lage, das Lesen der Wörter zu vermeiden, selbst dann nicht, wenn dies für die Aufgabe selbst irrelevant ist. Dieser Effekt nennt sich Stroop-Interferenz. Diese Interferenz kommt zu Stande, weil zwei kognitive Prozesse – das Lesen der Wörter und das Benennen der Farbe – miteinander konkurrieren. Im vorliegenden Zusammenhang ist es wichtig hervorzuheben, dass das Lesen der Wörter einen automatischen und dominanten Prozess dar-

stellt, während die Benennung der Farbe kontrolliert und bewusst abläuft.

Seit dem bahnbrechenden Artikel von Zajonc (1965) wurde allgemein davon ausgegangen, dass die Anwesenheit anderer Personen die Ausführung einfacher bzw. dominanter Verhaltensweisen erleichtert und die Ausführung schwieriger bzw. komplexer Reaktionen hemmt. In dem Maße, wie das Lesen der Wörter ebenfalls eine dominante, aber inkorrekte Reaktionstendenz darstellt, wäre deshalb im *Stroop-Experiment* zu erwarten, dass die Anwesenheit anderer Personen das Lesen der Wörter unterstützt. Die Stroop-Interferenz und damit die Reaktionslatenz sollte sich deshalb erhöhen. Interessanterweise fanden Huguet et al. das Gegenteil heraus. Die Versuchsteilnehmer waren schneller bei der Farbidentifizierung der inkongruenten Wortstimuli in Gegenwart einer anderen Person (die entweder nicht sichtbar hinter dem Versuchsteilnehmer saß oder neben dem Versuchsteilnehmer saß und diesen beobachtete) als wenn die Versuchsteilnehmer allein oder bei

Anwesenheit einer anderen, unaufmerksamen und mit einer anderen Tätigkeit beschäftigten Person (bloße Anwesenheitsbedingung) arbeiteten. Ebenso nahm die Stroop-Interferenz unter Koaktionsbedingungen ab, insbesondere wenn die Leistungen des Koakteurs gleich oder besser waren als diejenigen der Versuchsteilnehmer.

Die Resultate von Huguet et al. (1999) sind insofern bemerkenswert, als sie im Widerspruch zu der seit Zajonc (1965) dominierenden Vorstellung stehen, wonach die Gegenwart anderer die Ausführung dominanter Reaktionen unterstützt. Im Gegensatz zu Zajoncs Theorie tritt soziale Verhaltenserleichterung (reduzierte Stroop-Interferenz) bei Huguet et al. nicht durch eine Erleichterung der dominanten Reaktion (das Lesen der Wörter) auf, sondern durch *Unterdrückung* der dominanten Reaktion. Die Anwesenheit anderer unterstützt offenbar die Kanalisierung der Konzentration, was zu einer Leistungsverbesserung führt.

Huguet et al. (1999) konnten außerdem zeigen, dass die Reduktion der Stroop-Interferenz auch mit einer Reduktion der Wiedererkennungsleistung der Wörter einherging. Das heisst, die Personen waren unter den kritischen Anwesenheitsbedingungen nicht nur schneller bei der Farbidentifizierung der inkongruenten Wortstimuli, sondern waren in einem anschließenden Wiedererkennungstest auch schlechter in der Lage, richtig wiederzugeben, welches der Wörter in der vorangehenden Aufgabe vorkam oder nicht. Offensichtlich waren diese Personen besser in der Lage, sich auf den Prozess der Farbidentifizierung zu konzentrieren und das Lesen der Wörter auszublenden. Dieser Befund spricht ebenfalls für die Hypothese der Aufmerksamkeitsfokussierung. Auch wenn diese Untersuchungen noch offen lassen, wie soziale Anwesenheit genau Aufmerksamkeitsfokussierung bewirkt, liefern Huguet et al. überzeugende Evidenz für die Relevanz von Aufmerksamkeitsprozessen bei SFI-Phänomenen.

Neben dem Fokus auf bewertungs- und aufmerksamkeitsorientierte Prozesse haben neuere Untersuchungen von Blascovich et al. (1999) zu einem Wiedererwachen von *triebtheoretischen* Erklärungen geführt. Weil Trieb oder Erregung bekanntlich die zentrale Komponente in Zajoncs Theorie (1965) und anderen Ansätzen (z. B. Cottrell 1972) darstellt, versuchten viele Forscher, physiologische Reaktionen als Mediatoren von SFI-Effekten zu identifizieren, allerdings mit wenig Erfolg. Bond und Titus (1983) hielten aufgrund ihrer Meta-Analyse fest, dass nur schwache physiologische Effekte demonstriert werden konnten. Sanders (1981) begnügte sich damit, darauf hinzuweisen, dass Erregung nur ein hypothetisches Konstrukt sei, welches nicht direkt gemessen werden könne.

Technische Fortschritte ermöglichen inzwischen jedoch bessere physiologische Messungen, was sich Blascovich et al. (1999) zunutze machten. Die Autoren postulieren ein »biopsychosoziales« Modell, welches sowohl verschiedenen Erregungsmustern als auch affektiven und kognitiven Prozessen bei SFI-Phänomenen Rechnung tragen soll. In Anlehnung an die klassischen triebtheoretischen Modelle wird ebenfalls davon ausgegangen, dass die Gegenwart anderer Personen Erregung induziert. Das spezifische Muster dieser Erregung ist jedoch davon abhängig, ob die Akteure die gegebene Situation als Herausforderung (»challenge«) oder Bedrohung (»threat«) wahrnehmen. Ähnlich wie der Ablenkungs-Konflikt-Ansatz (Baron 1986; Sanders u. Baron 1975) und Theorien des sozialen Vergleichs (z. B. Cottrell 1972) gehen die Autoren davon aus, dass die Anwesenheit anderer ablenkt und die Individuen wahrnehmen, dass die eigenen Leistungen durch andere u. U. positiv oder negativ bewertet werden. Individuen erleben eine Situation als Herausforderung, wenn sie realisieren, dass sie über genügend Ressourcen verfügen, um die Anforderungen zu bewältigen. Entsprechend erleben Personen eine Situation als Bedrohung, wenn sie glauben, dass ihre persönlichen Ressourcen für die Bewältigung der Aufgabe nicht ausreichen.

Ein wesentlicher Beitrag von Blascovich et al. besteht in der Identifizierung und Darstellung kardiovaskulärer Reaktionsmuster, die mit der Wahrnehmung der Situation als Bedrohung oder Herausforderung kovariieren. Ein Zustand der »Herausforderung« geht mit erhöhter Herzaktivität und einer Verminderung des vaskulären Widerstandes einher. Auf diese Weise wird in effizienter Weise Energie für ein erfolgreiches »coping« mobilisiert. Der Blutdruck verändert sich wenig oder gar nicht. In einem Zustand der »Bedrohung« erhöht sich ebenfalls die kardiale Aktivität, aber der vaskuläre Widerstand bleibt nahezu unverändert. In einem Zustand der

Bedrohung steigt normalerweise auch der Blutdruck an (für eine ausführlichere Beschreibung der Reaktionsmuster, siehe z. B. Blascovich u. Tomaka 1996).

Diese Unterscheidung zwischen zwei physiologischen Erregungsmustern scheint auch relevant für SFI-Phänomene zu sein. Es leuchtet unmittelbar ein, dass die Ausführung gut gelernter oder einfacher Aufgaben bei Anwesenheit anderer eher als Herausforderung wahrgenommen wird, während die Ausführung schlecht gelernter Aufgaben bei Präsenz anderer eher Bedrohung induziert. Erwartungsgemäß konnten Blascovich et al. (1999) zeigen, dass Individuen, die in Gegenwart anderer eine gut gelernte Aufgabe ausführten, ein anderes Muster physiologischer Erregung zeigten, als Individuen, die bei Anwesenheit anderer eine neue, schlecht gelernte Aufgabe ausführen mussten. Die kardiovaskulären Reaktionen von Personen, die eine gute gelernte Aufgabe ausführten, zeigten das »challenge«-Muster, während die Personen, die eine neue Aufgabe ausführten, das »Threat«-Muster zeigten.

Es ist wichtig darauf hinzuweisen, dass der Ansatz von Blascovich et al. (1999) sich auf das Aufzeigen unterschiedlicher physiologischer Muster beschränkt, die mit Leistungsverbesserungen und -verschlechterungen in Gegenwart anderer Menschen einhergehen. Es werden keine Annahmen darüber getroffen, ob und wie diese Muster einen kausalen Einfluss auf die jeweilige Leistungsveränderung ausüben. Damit bleibt immer noch offen, ob ein Triebmechanismus für die Erklärung von SFI-Effekten notwendig ist oder nicht.

Eine andere interessante Erweiterung hat die SFI-Forschung in den letzten Jahren durch Studien erfahren, die die Effekte von *elektronischem Leistungsmonitoring* (»electronic performance monitoring«, EPM) auf individuelle Leistungen untersuchten. Man beachte, dass alle klassischen SFI-Theorien und nahezu alle empirischen Studien von der Bedingung ausgehen, dass andere Personen *physisch* anwesend sind. Auf diese Weise blieb unklar, welche Rolle es spielt, wo sich das Publikum oder die Koakteure befinden. Bereits Dashiell (1930) argumentierte, dass nicht die Präsenz anderer für Leistungsveränderungen ausschlaggebend ist, sondern die Kognition, dass »man beobachtet wird«. Eine solche Kognition ist nicht von der physischen Anwesenheit anderer abhängig. Mit der rasant voranschreitenden Ausweitung des elektronischen Leistungsmonitorings in Unternehmen (insbesondere in den USA) boomen seit einigen Jahren Untersuchungen zu Effekten von EPM am Arbeitsplatz.

Tatsächlich konnten in mehreren Untersuchungen SFI-Effekte nachgewiesen werden, wenn Angestellte glaubten, dass ihre Leistungen elektronisch aufgezeichnet wurden. In Übereinstimmung mit den Prognosen basierend auf den klassischen SFI-Ansätzen konnte gezeigt werden, dass das elektronische Monitoring bei einfachen Aufgaben eine Leistungsverbesserung und bei komplexen Aufgaben eine Leistungsverschlechterung bewirkt (z. B., Aiello u. Kolb 1995; Aiello u. Svec 1993; Davidson u. Henderson 2000; Douthitt u. Aiello 2001). Diese Leistungseffekte scheinen jedoch durch Faktoren wie die Fähigkeit zur Kontrolle (Douthitt u. Aiello 2001) oder durch individuelle Fähigkeiten (Aiello u. Kolb 1995) moderiert zu werden. Welche Moderatoren von zentraler Bedeutung sind, muss man jedoch als noch weitgehend offen betrachten.

Unabhängig von der Frage nach den wichtigen Moderatoren belegen die EPM-Studien, dass SFI-Theorien nicht nur nützlich sind, wenn die Leistungen direkt, sondern auch wenn sie indirekt (z. B. mittels Computer) beobachtet werden können. Diese Ergebnisse sind folgenreich, denn sie widersprechen dem Ansatz von Zajonc. Sie implizieren, dass die physische Anwesenheit (»mere presence«) anderer keine entscheidende Voraussetzung für das Erzielen von Leistungsveränderungen ist. Die entscheidende Bedingung besteht offenbar darin, dass Individuen *glauben*, dass andere die Möglichkeit zur Leistungsüberwachung hätten.

Es ist wichtig, zu erwähnen, dass die EPM-Forschung nicht nur Effekte auf die Produktivität, sondern auch Auswirkungen auf andere Variablen wie Stress oder Stimmung thematisiert. Die Untersuchungen zeigen, dass Arbeitnehmer EPM als Stressfaktor erleben, und dass EPM eine negative Stimmung hervorrufen kann. Solche negativen Nebeneffekte sind selbstverständlich für die Praxis äußerst relevant und relativieren den Nutzen von EPM wieder.

Wie bereits beschrieben, stimmen alle SFI-Ansätze darin überein, dass durch die Anwesenheit anderer die individuelle Aufgabenleistung bei einfachen Aufgaben gefördert und bei komplexen Aufgaben vermindert wird. Dies müsste eigentlich auch in einem Gruppenkontext gelten, in welchem mehrere Gruppenmitglieder mit ihrer individuellen Leistung zur Gruppenproduktivität beitragen. Die Forschung zum *Sozialen Faulenzen* (»social loafing«, SL) kommt jedoch zu gegenteiligen Schlussfolgerungen (z. B. Latané et al. 1979). Gemäß diesem Ansatz nimmt die individuelle Leistung in Gruppen bei zunehmender Gruppengröße ab. Tatsächlich ist Soziales Faulenzen ein verbreitetes Phänomen. Individuen verstecken sich quasi in der Gruppe, sie verringern ihre eigenen Beiträge und profitieren dennoch vom Gruppenprodukt. Verschiedene Forscher haben versucht, diese scheinbar widersprüchlichen Prognosen basierend auf SF und SL zu integrieren.

In Bezug auf SFI wird hierbei meist an Cottrells Konzept der Bewertungserwartung angeknüpft. Mehrere Autoren postulieren, dass es im Gruppenkontext v. a. zwei Schlüsselvariablen gibt, die SF und SL zu Grunde liegen (z. B. Gagné u. Zuckerman 1999; Guerin 2003; Harkins 1987; Jackson u. Williams 1985): Die *Identifizierbarkeit* (damit ist gemeint, ob ersichtlich ist, welchen Beitrag die Einzelnen zur Gruppenleistung erbringen) und das *Bewertungspotenzial* (dies betrifft die Frage, ob die Beiträge der einzelnen untereinander verglichen werden können). Jackson und Williams (1985) konnten zeigen, dass SF-Effekte im Kontext koagierender Gruppenmitglieder unter der Bedingung auftraten, dass die individuellen Leistungsbeiträge identifizierbar waren. »Social loafing«-Effekte wurden dagegen gefunden, wenn die individuellen Beiträge der Gruppenmitglieder nicht identifizierbar waren.

Zu ähnlichen Ergebnissen kamen Gagné und Zuckerman (1999). Sie untersuchten den Effekt dreier verschiedener Bewertungssituationen auf die individuellen Leistungen (Generieren von Alternativen in einer Brainstorming-Aufgabe). In der Situation mit »geringem Bewertungspotenzial« wurde den Versuchsteilnehmern gesagt, dass nur die Gruppenleistung zähle und weder die anderen Gruppenmitglieder noch der Versuchsleiter die Möglichkeit hätten, die individuelle Leistung festzustellen. In der Bedingung mit »mittlerem Bewertungspotenzial« hieß es, dass die individuelle Leistung zähle, jedoch nur der Versuchsleiter in der Lage sei, das Ausmaß des einzelnen Beitrages zu identifizieren. Schließlich

wurde den Versuchsteilnehmern in der Bedingung mit »hohem Bewertungspotenzial« mitgeteilt, dass die individuelle Leistung zähle und diese sowohl vom Versuchsleiter als auch den anderen Gruppenmitglieder bewertet werden könne.

Soziale Verhaltenserleichterung wurde erwartet, wenn die individuellen Leistungsbeiträge identifizierbar und damit bewertbar waren (hohes Bewertungspotenzial). Demgegenüber wurde *Soziales Faulenzen* erwartet, wenn die Teilnehmer davon ausgingen, dass ihre individuellen Leistungen nicht durch andere bewertet werden konnten. Diese Hypothesen wurden bestätigt: SF nahm mit zunehmendem Bewertungspotenzial zu, während SL in der Situation mit geringem Bewertungspotenzial gefunden wurde.

Diese Untersuchungen zeigen, dass im Kontext von Gruppenleistungen die Phänomene Soziale Erleichterung und Soziales Faulenzen durchaus integriert werden können.

4.2.5 Anwendungen

Leider finden sich kaum Untersuchungen, die SFI-Effekte im *Bildungsbereich* thematisieren. Dies erstaunt, denn gerade im Schul- oder Studiumsalltag gibt es zahlreiche Gelegenheiten, bei denen in Anwesenheit anderer Aufgaben gelernt oder Leistungen erbracht werden müssen. Dies betrifft bspw. den Schüler, der in der Bibliothek in Gegenwart anderer »büffelt« oder Studierende, die sich gemeinsam mit Kollegen auf eine bevorstehende Prüfung vorbereiten. Durchführung einer Gruppenarbeit, schriftliche oder mündliche Prüfungen bzw. ein Referat halten, sind weitere Situationen, in denen einzelne gemeinsam mit Koakteuren oder vor einem Publikum Leistungen erbringen.

Gemäß dem SFI-Ansatz wäre bei *Lernaufgaben* zu erwarten, dass die Anwesenheit anderer die Leistungen eher beeinträchtigt, weil neue (nicht dominante) Reaktionen erst eingeübt werden müssen. Erst wenn der Stoff gut gelernt und zur Routine geworden ist, kann die Gegenwart anderer die Leistungen verbessern. Aus diesem Grund ist es auch ratsam, sich gründlich auf mündliche oder schriftliche Prüfungssituationen vorzubereiten. Insofern die dominanten Reaktionen nicht die »richtigen« sind und durch die Anwesenheit anderer erleichtert werden, ist die Wahrscheinlichkeit groß, dass man in der Prüfungssituation die »falschen« Reaktionstendenzen zeigt. Diese Wahrscheinlichkeit ist umso größer, je komplexer die Aufgabe ist.

Unter dem Aspekt, dass die *Gruppenarbeit* in Schule und Studium eine häufig eingesetzte Lehrmethode ist, erscheinen einige Schlussfolgerungen aus der Forschung zu »social facilitation« und »social loafing« ebenfalls relevant. Dass bei Gruppenarbeiten einzelne nicht mitmachen und die anderen Mitglieder im Team arbeiten lassen, dürfte Schülern, Studierenden, Lehrern und Dozenten ein altbekanntes Phänomen sein. Dieses Problem des sozialen Faulenzens müsste sich jedoch durch mindestens zwei Bedingungen reduzieren lassen: zum einen, indem darauf geachtet wird, dass die individuellen Beiträge zum Gruppenprodukt identifizierbar sind und zum anderen, indem sie untereinander vergleichbar sind.

Erziehungswissenschaftliche Untersuchungen zum Nutzen von kooperativem Lernen kommen zu ähnlichen Schlussfolgerungen, wenn auch unter Verwendung anderer Konzepte. Beim kooperativen Lernen arbeiten Schüler in kleinen Teams an einem gemeinsamen Ziel, möglichst ohne Supervision durch den Lehrer. Die Idee des kooperativen Lernens verfolgt das Ziel, mehr Möglichkeiten zum Diskutieren sowie gegenseitigen Lernen und Unterstützen zu schaffen. Wie Untersuchungen bestätigen, wirkt sich eine solche Unterrichtsstrategie positiv auf Leistung, Motivation und soziale Beziehungen aus. Einer der Faktoren, die sich für den Erfolg dieser Methode als zentral erwiesen haben, ist die Belohnungsstruktur, d. h. die Art und Weise, wie das Gruppenresultat belohnt wird (z. B. Slavin 1995, 1996).

Kooperatives Lernen ist wenig erfolgreich, wenn Gruppen lediglich aufgrund des Endresultates, ohne Berücksichtigung der einzelnen Leistungen, belohnt werden. Kooperatives Lernen ist dann erfolgreich, wenn eine Struktur besteht, die die Gruppe auf der Basis der Anerkennung der individuellen Lernerfolge belohnt. In dem Maße, wie den einzelnen Teammitgliedern der Gruppenerfolg wichtig ist und sie erkannt haben, dass dieser Erfolg vom Lernerfolg jedes einzelnen abhängt, sind sie auch motiviert, sich gegenseitig zu helfen und zu unterstützen. Gemäß Slavin (1996) sind Teams nur in dem Maße erfolg-

reich, wie sichergestellt werden kann, dass alle einzelnen Gruppenmitglieder Fortschritte machen. Dies setzt umgekehrt voraus, dass die individuellen Leistungen identifizierbar und bewertbar sind.

Ein anderer wichtiger Bereich, in dem SFI-Effekte bedeutsam sind, ist natürlich der *Arbeitsplatz*. Häufig erbringen Individuen Leistungen bei Anwesenheit anderer Arbeitskollegen und oder koagieren mit anderen bei einem Gruppenprodukt. Auch hier müsste gemäß dem SFI-Ansatz gelten: In Anwesenheit anderer gut gelernte Fertigkeiten oder Routinetätigkeiten durchzuführen, sollte zu einer besseren Leistung führen als wenn man alleine arbeitet. Wenn die dominanten Reaktionen jedoch für die erfolgreiche Ausführung einer Aufgabe unangemessen sind, wird die Gegenwart anderer die aufgabenbezogene Leistungsfähigkeit beeinträchtigen.

Gemäß der Forschung zu SF und SL ist darauf zu achten, dass die individuellen Beiträge identifizierbar und bewertbar sind. Die Gefahr des sozialen Faulenzens kann minimiert werden, wenn die Gruppenmitglieder glauben, dass ihre Beiträge identifizierbar sind und durch einen Vergleich mit den Beiträgen der anderen Mitglieder bewertet werden können. Unter diesen Bedingungen kann mit einer Leistungssteigerung gerechnet werden, zumindest wenn es sich um gut gelernte Reaktionen handelt.

Aufgrund des Sachverhalts, dass sich der Einsatz *elektronischer Leistungsüberwachung* (EPM) am Arbeitsplatz in vielen Ländern rasch ausbreitet, ist die Forschung zum EPM praktisch äußerst relevant. Durch EPM haben Vorgesetzte die Möglichkeit, die Quantität und Qualität der Leistungen ihrer Mitarbeiter zu beliebigen Zeiten zu kontrollieren. Mindestens zwei wichtige Schlussfolgerungen lassen sich aufgrund dieser noch jungen Forschung bereits ableiten: Erstens, Leistungsmonitoring hat in der Tat einen Effekt auf die Produktivität der Arbeitnehmer in der Weise, dass die Erledigung einfacher Aufgaben erleichtert und diejenige schwieriger Aufgaben erschwert wird. Ein großer Vorteil von EPM besteht zweifellos darin, dass keine physische Präsenz anderer erforderlich ist. Es reicht, wenn Individuen glauben, dass ihre Leistungen überwacht werden können.

Zweitens kann die elektronische Leistungsüberwachung jedoch auch unerwünschte psychologische Effekte mit sich bringen. Eine Reihe von Forschern verweist auf einen relativ starken Zusammenhang zwischen EPM und Stress. Arbeiter, deren Leistungen elektronisch überwacht werden, erleben mehr subjektiven Stress als andere Arbeiter, deren Leistungen nicht überwacht werden (Aiello u. Kolb 1995; Smith et al. 1992). EPM kann die Arbeitszufriedenheit reduzieren (z. B. Grant u. Higgins, 1989), zu mehr Klagen über zusätzliche Arbeitsbelastungen und subjektiven Kontrollverlust führen (Smith et al. 1992) oder negative Effekte auf die Stimmung ausüben (Davidson u. Henderson 2000).

Diese Befunde verdeutlichen, wie wichtig es ist, nicht nur die Effekte anderer (die entweder direkt oder indirekt präsent sind) auf Leistungen zu thematisieren, sondern auch Auswirkungen auf andere Variablen wie z. B. Stress oder Zufriedenheit zu berücksichtigen. Organisationen, die die Einführung von EPM in Betracht ziehen, sind gut beraten, Kosten und Nutzen von EPM gegeneinander abzuwägen. Denn die durch die elektronische Leistungsüberwachung erreichte Produktivitätssteigerung kann sich zu einem Bumerang entwickeln und auf Kosten der Arbeitsmotivation und des Wohlbefindens der Arbeitnehmer gehen. Dies kann weder im Interesse der Betroffenen noch im Interesse der Organisation sein.

Eine Reihe von Untersuchungen beschäftigten sich mit SFI-Effekten bei *sportlichen Leistungen*. Im Sport geht es in erster Linie um motorische Leistungen, die in unterschiedlichem Maße konditionelle (z. B. Energie, Kraft, Stehvermögen) und/oder koordinatorische (Synchronisierung verschiedener Systeme) Fähigkeiten erfordern. Gemäß Strauss (2002) entsprechen sportliche Leistungen mit primär konditionellen Anforderungen eher »leichten« Aufgaben. Es geht in erster Linie um quantitative Leistungsunterschiede wie z. B. schneller laufen oder schwerere Gewichte heben. Tatsächlich bestätigt eine Reihe von Untersuchungen, dass bei einfacheren motorischen Leistungen, die dem Individuum primär den Einsatz von Kraft und Stehvermögen abverlangen, die Anwesenheit anderer zu Leistungssteigerungen führt (Beckmann u. Strang 1992; Worringham u. Messick 1983). Tripletts (1898) Untersuchungen gehören hier sicher zu den frühesten Beobachtungen (vgl. ▶ Kap. 4.2.1).

Beispielsweise interessierten sich Worringham und Messick (1983) für die Leistungen von Joggern bei einem an einer Universität veranstalteten Wettrennen. Sie fanden, dass die Jogger schneller wurden, wenn eine Frau an einer bestimmten Stelle der Laufstrecke am Straßenrand saß. Interessanterweise wurde eine Leistungssteigerung jedoch nur dann festgestellt, wenn die Frau den vorbeiziehenden Joggern zuschaute (und damit die Möglichkeit zur Bewertung hatte). Es wurde keine Leistungssteigerung gefunden, wenn die Frau den Sportlern den Rücken zukehrte und mit Lesen beschäftigt war (was damit der »bloßen Anwesenheitsbedingung« von Zajonc entsprach). Dieser Befund entspricht eher dem Ansatz von Cottrell (1972).

Insofern man Leistungen, die ein hohes Maß an koordinatorischen Fähigkeiten voraussetzen (z. B. Balance-Akte, Gymnastik, Kunstturnen), als komplex betrachten kann, müssten gemäß SFI-Ansatz die Leistungen in Gegenwart anderer schlechter werden. In der interessanten Studie von Martens (1969) wurden Effekte der Anwesenheit anderer auf das Lernen und die Ausführung einer komplexen motorischen Aufgabe untersucht. Erwartungsgemäß zeigten die Personen während der Phase des Lernens schlechtere Leistungen in Anwesenheit von Zuschauern, als wenn kein Publikum präsent war. Nach einer Weile, als die motorische Leistung inzwischen gut gelernt und deren Ausführung entsprechend einfacher war, konnte das Gegenteil beobachtet werden: Die Personen zeigten bessere Leistungen in Gegenwart eines Publikums als ohne.

4.2.6 Fazit

In ihrer mittlerweile über 100-jährigen Geschichte hat die SFI-Forschung eine außerordentliche Anzahl empirischer Studien und viele theoretische Ansätze zur Erklärung der einschlägigen Befunde hervorgebracht. In der ersten Hälfte ihrer Geschichte war die SFI-Forschung durch ein eher atheoretisches empirisches Vorgehen gekennzeichnet, was in einer Ratlosigkeit angesichts der widersprüchlich erscheinenden Befunde mündete. Erst die Triebtheorie von Zajonc (1965) gab der Forschung wieder einen Aufschwung, da der Ansatz eine einfache, elegante Erklärung der inkonsistenten Befundlage nahe legte. Dieser Ansatz genügt dem wissenschaftstheoretischen Prinzip der Sparsamkeit auf eine verblüffende

Weise. Ein Großteil der vorliegenden Befunde lässt sich bis heute mit diesem einfachen Ansatz allein erklären, ohne die von später formulierten Ansätzen postulierten Prozesse zu berücksichtigen. Der starke Eindruck, den der Ansatz von Zajonc auf die Forscher gemacht hat, lässt sich im übrigen auch daran ablesen, dass einige der nachfolgenden SFI-Theorien die Kernannahmen von Zajonc ebenfalls berücksichtigen und auf diesen Annahmen aufbauen; dies betrifft die Theorien von Cottrell und von Sanders und Baron (vgl. ▶ Kap. 4.2.2).

Wie sind die heute vorliegenden Theorien und Befunde der SFI-Forschung aus wissenschaftlicher und praktischer Sicht zu bewerten? Als Antwort auf diese Frage ist zunächst zu berücksichtigen, dass das Thema wie kein anderes die forscherische Kreativität der beteiligten Sozialpsychologen herausgefordert hat: Um z. B. Zajoncs Theorie zu belegen, mussten für die betreffenden Laborexperimente Aufgaben gefunden werden, die das Kriterium erfüllen, dass sich die dabei auftretenden dominanten Reaktionen eindeutig feststellen und operationalisieren lassen. Um die Hypothese zu überprüfen, dass »bloße« Anwesenheit ohne Bewertungserwartung hinreichend für SFI-Effekte ist, mussten im Laborexperiment Bedingungen geschaffen werden, die die »bloße« von der bewertenden Anwesenheit zu unterscheiden erlauben. Von dieser zunehmenden Sophistiziertheit der SFI-Experimente hat die gesamte experimentelle Sozialpsychologie profitiert. Gleichzeitig hat dieses Forschungsgebiet wie vielleicht kein zweites generell deutlich gemacht, dass ein empiristisches Vorgehen in die Sackgasse führt, d. h. dass ein Verständnis empirischer Phänomene nur über eine überzeugende Theorie denkbar ist. Diese Schlussfolgerung ist auch auf viele andere psychologische Gebiete übertragbar.

Zudem hat die SFI-Forschung eindeutige, substanzielle Ergebnisse zu Tage gefördert: Es ist mittlerweile unstrittig, *dass* die bloße Anwesenheit anderer Individuen einen fördernden bzw. hemmenden Effekt auf die Leistung ausüben kann und dass dieser Effekt durch die Aufgabenschwierigkeit moderiert wird. Dabei ist die Forschung keineswegs bei der Theorie von Zajonc (1965) stehen geblieben. Mittlerweile haben die Arbeiten zum »electronic performance monitoring« gezeigt, dass auch indirekte, nicht nur »bloße«, Anwesenheit zu sozialer Förde-

rung und Hemmung führen kann (vgl. z. B. Aiello u. Kolb 1995). Ebenfalls über Zajonc hinaus gehen inzwischen die erfolgreichen Bemühungen, die physiologischen Korrelate des »drive« bzw. »arousal« zu präzisieren und zu erfassen (z. B. Blascovich et al. 1999).

Allerdings hat sich keine der bisher vorgeschlagenen Theorien eindeutig durchsetzen können. So ist die Theorie von Zajonc zwar sehr leistungsfähig und sparsam, sie kann jedoch z. B. nicht die Effekte indirekter Präsenz erklären, wie sie beim »electronic performance monitoring« auftreten. Am Ehesten mit der Vielzahl der vorliegenden Befunde kompatibel scheint die Ablenkungs-Konflikt-Theorie in der Version von Baron (1986). Diese Theorie ist sehr integrativ und berücksichtigt eigentlich alle übrigen Ansätze. Allerdings geht bei dieser Theorie die theoretische Integrationskraft auf Kosten der Falsifizierbarkeit. Beispielsweise berücksichtigt Baron (1986) neben der Konzeption vom Ablenkungskonflikt als einem triebinduzierenden Faktor auch die Konzeption von der Aufmerksamkeit als einer begrenzten Ressource, ohne anzugeben, unter welchen Randbedingungen jede der beiden Konzeptionen ihre Gültigkeit hat. Dadurch leidet die Falsifizierbarkeit des Ansatzes und er lässt sich auch für praktische Prognosen nur begrenzt nutzen. Die Weiterentwicklung der theoretischen Basis der SFI-Forschung ist daher eines der dringlichsten Ziele dieses Forschungsbereiches.

Für die Pädagogik, die Organisationspsychologie oder auch andere denkbare Anwendungsbereiche von »social facilitation« hat die SFI-Forschung bisher lediglich einen geringen praktischen Nutzen erbracht. Dies mag mit der Tatsache zusammenhängen, dass man sich fast ausschließlich nur mit einem Aspekt, nämlich mit der Wirkung anderer auf die *Leistung* befasst hat. Andere Auswirkungen, wie z. B. auf das Stresserleben oder die Kooperationsbereitschaft (s. Aiello u. Douthitt 2001), wurden bisher nur sehr begrenzt thematisiert. Die Berücksichtigung anderer und nicht nur leistungsbezogener Auswirkungen der Gegenwart anderer wäre für die Praxis zweifellos sehr wichtig. Eine analoge stärkere Differenzierung wäre auch auf der Seite der auslösenden bzw. moderierenden Faktoren wünschenswert. Beispielsweise hängt die Leistung bei einer Aufgabe nicht nur von der Aufgabenschwierigkeit ab, sondern auch von der zur Verfügung stehenden Zeit und von ihrem Motivationspotenzial, um nur zwei Variablen zu nennen. Die künftige SFI-Forschung wird daran zu messen sein, ob sie über eine leistungsfähige Theorie verfügt, die die Komplexität der Phänomene stärker zu berücksichtigen und zu integrieren vermag *und dennoch einfach bleibt.* – Letzteres würde Zajoncs Errungenschaft, eine einfache, sparsame Theorie entwickelt zu haben, wieder aufnehmen.

Literatur

Aiello, J. R. & Douthitt, E. A. (2001). Social facilitation from Triplett to electronic performance monitoring. *Group Dynamics: Theory, Research, and Practice, 5,* 163-180.

Aiello, J. R. & Kolb, K. J. (1995). Electronic performance monitoring and social context: Impact on productivity and stress. *Journal of Applied Psychology, 80,* 339-353.

Aiello, J. R. & Svec, C. M. (1993). Computer monitoring and work performance: Extending the social facilitation framework to electronic presence. *Journal of Applied Social Psychology, 23,* 537-548.

Allport, F. H. (1920). The influence of the group upon association and thought. *Journal of Experimental Psychology, 3,* 159-182.

Baron, R. S. (1986). Distraction-conflict theory: Progress and problems. In: L. Berkowitz (ed) *Advances in experimental social psychology.* Vol. 19, 1-40). New York, NY: Academic Press.

Beckmann, J. & Strang, H. (1992). Soziale Hemmung und Förderung bei schwierigen Aufgaben. *Zeitschrift für Sozialpsychologie, 23,* 83-91.

Blascovich, J., Mendes, W. B., Salomon, K. & Hunter, S. B. (1999). Social »facilitation« as challenge and threat. *Journal of Personality and Social Psychology, 77,* 68-77.

Blascovich, J. & Tomaka, J. (1996). The biopsychosocial model of arousal regulation. In: M. P. Zanna (ed) *Advances in experimental social psychology, vol 28,* 1-51. San Diego, CA: Academic Press

Bond, C. F. (1982). Social facilitation: A self-presentational view. *Journal of Personality and Social Psychology, 42,* 1042-1050.

Bond, C. F. & Titus, L. J. (1983). Social facilitation: A meta-analysis of 241 studies. *Psychological Bulletin, 94,* 265-292.

Broadbent, D. E. (1971). *Decision and stress.* New York, NY: Academic Press.

Carver, C. S. & Scheier, M. F. (1981). The self-attention-induced feedback loop and social facilitation. *Journal of Experimental Social Psychology, 17,* 545-58.

Cottrell, N. B. (1972). Social facilitation. In: C. G. McClintock (ed) *Experimental social psychology,* 185-236. New York, NY: Holt.

Cottrell, N. B., Wack, D. L., Sekerak, G. J. & Rittle, R. H. (1968). Social facilitation of dominant responses by the presence of an audience and the mere presence of others. *Journal of Personality and Social Psychology, 9,* 245-250.

Dashiell, J. F. (1930). An experimental analysis of some group effects. *Journal of Abnormal and Social Psychology, 25,* 190-199.

Davidson, R. & Henderson, R. (2000). Electronic performance monitoring: A laboratory investigation of the influence of monitoring and difficulty on task performance, mood state, and self-reported stress levels. *Journal of Applied Social Psychology, 30,* 906-920.

Douthitt, E. A. & Aiello, J. R. (2001). The role of participation and control in the effects of computer monitoring on fairness perception, task satisfaction, and performance. *Journal of Applied Psychology, 86,* 867-874.

Duval, S. & Wicklund, R. A. (1972). *A theory of objective self-awareness.* New York, NY: Academic Press.

Gagné, M. & Zuckerman, M. (1999). Performance and learning goal orientations as moderators of social loafing and social facilitation. *Small Group Research, 30,* 524-541.

Grant, R. & Higgins, C. (1989). Monitoring service workers via computer: The effect on employees, productivity, and service. *National Productivity Review, 8,* 101-112.

Guerin, B. (1993). *Social facilitation.* Cambridge, UK: Cambridge University Press.

Guerin, B. (2003). Social behaviors as determined by different arrangements of social consequences: Diffusion of responsibility effects with competition. *Journal of Social Psychology, 143,* 313-329.

Harkins, S. G. (1987). Social loafing and social facilitation. *Journal of Experimental Social Psychology, 23,* 1-18.

Huguet, P., Galvaing, M. P., Monteil, J. M. & Dumas, F. (1999). Social presence effects in the Stroop task: Further evidence for an attentional view of social facilitation. *Journal of Personality and Social Psychology, 77,* 1011-1025.

Jackson, J. M. & Williams, K. D. (1985). Social loafing on difficult tasks: Working collectively can improve performance. *Journal of Personality and Social Psychology, 49,* 937-942.

Kahneman, D. (1973). *Attention and effort.* Englewood Cliffs, NJ: Prentice-Hall.

Latané, B., Williams, K. & Harkins, S. (1979). Many hands make light the work: The causes and consequences of social loafing. *Journal of Personality and Social Psychology, 37,* 823-832.

Manstead, A. S. R. & Semin, G. R. (1980). Social facilitation effects: Mere enhancement of dominant responses? *British Journal of Social and Clinical Psychology, 19,* 119-136.

Markus, H. (1978). The effect of mere presence on social facilitation: An unobtrusive test. *Journal of Experimental Social Psychology, 14,* 389-397.

Martens, R. (1969). Effect of an audience on learning and erformance of a complex motor skill. *Journal of Personality and Social Psychology, 12,* 252-260.

Pessin, J. (1933). The comparative effects of social and mechanical stimulation on memorizing. *American Journal of Psychology, 45,* 263-270.

Platania, J. & Moran, G. P. (2001). Social facilitation as a function of the mere presence of others. *Journal of Social Psychology, 141,* 190-197.

Sanders, G. S. (1981). Driven by distraction: An integrative review of social facilitation theory and research. *Journal of Experimental Social Psychology, 17*, 227-251.

Sanders, G. S. & Baron, R. S. (1975). The motivating effects of distraction on task performance. *Journal of Personality and Social Psychology, 32*, 956-963.

Sanders, G. S., Baron, R. S. & Moore, D. L. (1978). Distraction and social comparison as mediators of social facilitation effects. *Journal of Experimental Social Psychology, 14*, 291-303.

Schmitt, B. H., Gilovich, T., Goore, N. & Joseph, L. (1986). Mere presence and social facilitation: One more time. *Journal of Experimental Social Psychology, 22*, 242-248.

Smith, M. J., Carayon, P., Sanders, K. J., Lim, S.-Y. & LeGrande, D. (1992). Employee stress and health complaints in jobs with and without electronic performance monitoring. *Applied Ergonomics, 23*, 17-28.

Slavin, R. E. (1995). *Cooperative learning: Theory, research, and practice* (2nd ed.). Boston, MA: Allyn & Bacon.

Slavin, R. E. (1996). Research for the future. Research on cooperative learning and achievement: What we know, what we need to know. *Contemporary Educational Psychology, 21*, 43-69.

Spence, K. W. (1956). *Behavior theory and conditioning*. New Haven, CT: Yale University Press.

Strauss, B. (2002). Social facilitation in motor tasks: a review of research and theory. *Psychology of Sport and Exercise, 3*, 237-256.

Travis, L. E. (1925). The effect of a small audience upon eye-hand coordination. *Journal of Abnormal and Social Psychology, 20*, 142-146.

Triplett, N. (1898). The dynamogenic factors in pace-making and competition. *American Journal of Psychology, 9*, 507-533.

Worringham, C. J. & Messick, D. M. (1983). Social facilitation of running: an unobtrusive study. *Journal of Social Psychology, 121*, 23-29.

Zajonc, R. B. (1965). Social facilitation. *Science, 149*, 269-274.

Zajonc, R. B. (1980). Compresence. In: P. B. Paulus (ed) *Psychology of group influence*, 35-60. Hillsdale, NJ: Erlbaum.

Zajonc, R. B., Heingartner, A. & Herman, E. M. (1969). Social enhancement and impairment of performance in the cockroach. *Journal of Personality and Social Psychology, 13*, 83-92.

5 Hochbegabung

Detlef H. Rost, Jörn R. Sparfeldt, Susanne R. Schilling

5

❯ Die wissenschaftliche Auseinandersetzung mit »Hochbegabung« entwickelte sich im 19. Jahrhundert, ausgelöst u. a. durch die Arbeiten Galtons (z. B. 1869). Unter differenzialpsychologischer Sichtweise wurde die quantitative Ausprägung menschlicher Fähigkeiten untersucht – insbesondere der Intelligenz. Als Begründer einer wissenschaftlichen Hochbegabungsforschung wird Lewis M. Terman mit seiner bekannten Längsschnittstudie angesehen (Terman 1925; Burks et al. 1930; Terman u. Oden 1947; Terman u. Oden 1959; Oden 1968; Holahan u. Sears 1995; vgl. zusammenfassend Shurkin 1992, ▶ Kasten). Auch in Deutschland sind in den letzten zwei Jahrzehnten zwei umfassende Längsschnittstudien angelegt worden: die Münchner Hochbegabtenuntersuchung (Heller 2001) und das Marburger Hochbegabtenprojekt (Rost 1993a; 2000a).

Genetic Studies of Genius

Allen Kindern, die von den anvisierten Kindergärten und Schulen ausgewählter Regionen Kaliforniens als besonders intelligent oder leistungsfähig nominiert wurden, sowie dem jeweils jüngsten Kind der Klasse wurde ein Gruppenintelligenztest vorgegeben (Ausnahme: Vorschulkinder, Erst- und Zweitklässler). Die Schüler mit vielversprechenden Ergebnissen bearbeiteten anschließend einen Individualtest. So blieben 857 Jungen und 671 Mädchen übrig (einige kamen später hinzu), an der Längsschnittstudie nahmen insgesamt 1528 Kinder mit einem Mindest-IQ von 140 teil. Terman et al. begleiteten diese Personen auf ihrem weiteren Lebensweg. Insgesamt entwickelten sich die »Termiten« besser als der Durchschnittsamerikaner der Zeit – und zwar in unterschiedlichsten Bereichen: körperlich, intellektuell, sozial, privat und beruflich. Die Terman-Studie ist in der psychologischen Forschung einmalig, dennoch lassen sich aus heutiger Sicht einige methodische Kritikpunkte anführen:
- Vorauswahl durch Lehrer (führte wahrscheinlich zum Übersehen von unangepassten Hochbegabten und »underachievern«),
▼

- Unzulängliche Intelligenzdiagnostik (d. h. Überbetonung verbaler Anteile),
- Starkes Übergewicht höherer sozioökonomischer Schichten und keine hinreichende Beachtung sozioökonomischer Einflüsse auf die Entwicklung,
- Übergewicht städtischer Bevölkerungsschichten und des jüdischen Bevölkerungsanteils,
- Unterrepräsentation von Afro-Amerikanern und anderen Minderheiten,
- Fehlen einer adäquaten Kontrollgruppe, die ebenfalls parallel längsschnittlich untersucht wurde,
- teilweise unzulängliche Datenverarbeitung (aber dem damaligen Stand entsprechend),
- teilweise einzelfallbasierte Unterstützung und Förderung der Studienteilnehmer durch die Studienleiter.

Trotz dieser Kritikpunkte ist Termans Studie in der psychologischen Forschung einzigartig. Viele ihrer zentralen Befunde ließen sich in neueren Untersuchungen im Wesentlichen bestätigen.

Deutschland war bis in die 1980er Jahre hinein »Entwicklungsland« für Hochbegabungsfragen. Das hat sich inzwischen geändert. Zahlreiche Initiativen von Bundes- und Länderministerien (Überblick: Holling et al. 2004) und engagierter Elternvereine (z. B. Deutsche Gesellschaft für das hochbegabte Kind e.V.) sowie – häufig mit verzerrten und einseitigen Informationen versehene – Ratgeber von Betroffenen für Betroffene (z. B. Billhardt 1996; Spahn 1997) haben das Thema weithin popularisiert. Auch der sogenannte »PISA-Schock« verstärkte das Interesse an Begabungs- und Hochbegabungsfragen weiter – deutsche Schüler sind, für den Fachmann nichts Neues, im internationalen Vergleich »nur« Mittelmaß; auch die deutschen Leistungsspitzen liegen international nicht an der Spitze. Nach wie vor wird also über Hochbegabung viel geschrieben, aber nur wenig (soliden methodischen Standards genügend) geforscht. Trotz der defizitären empirischen Forschungslage konzentriert sich die Diskussion immer wieder auf die Propagierung mehr oder weniger sinnvoller Fördermaßnahmen, die aber nicht hinreichend differenziert, nicht vernünftig dokumentiert und nicht solide evaluiert sind (Ausnahmen: z. B. Bundeswettbewerbe, Heilmann 1999; Überspringen, Heinbokel 1996). Im Folgenden stellen wir zunächst den Begriff bzw. das Konzept »Hochbegabung« sowie einige exemplarische »Hochbegabungsmodelle« vor. Anschließend gehen wir auf die Diagnostik von Hochbegabung bzw. auf die Identifikation Hochbegabter ein. Zum Schluss fassen wir ausgewählte empirische Befunde zusammen und geben einen kurzen Überblick über Fördermaßnahmen.

5.1 Begriff und Konstrukt

Der Begriff »Hochbegabung« wird – wie der Begriff »Begabung« (vgl. z. B. Helbig 1988) – uneinheitlich und unpräzise gebraucht. Diverse Vokabeln werden, teilweise um Bedeutungsnuancen auszudrücken, mehr oder weniger synonym verwendet: »besondere«, »exzellente« oder »herausragende« Begabung sowie die Adjektive zur Kennzeichnung von Personmerkmalen »hochbefähigt«, »talentiert«, »potenziell hochbegabt« und »hochleistungsdisponiert«. In der Diskussion um »Begabung« findet man u. a. folgende Differenzierungen (vgl. Rost 2001):

- einen statischen (eher angeborene Leistungsdisposition) vs. dynamischen Begabungsbegriff (eher kulturell vermittelt),
- intellektuelle (wie Denkvermögen, Sprachverständnis etc.) vs. nicht-intellektuelle (z .B. musische, praktisch-handwerkliche) Begabung,
- eine allgemeine Begabung (im Sinne des Spearman'schen g-Faktors) vs. Spezialbegabungen oder sog. multiple Intelligenzen,
- konvergentes vs. divergentes Denken,
- schon in Leistung umgesetzte Begabung (Performanz) vs. noch nicht umgesetztes Potenzial (Kompetenz).

Im Gegensatz zu diesen Beliebigkeiten in der Verwendung des Begabungsbegriffs ist der Zusatz »hoch« geradezu eindeutig, da er sich auf eine quantitativ hinreichend weit vom Mittelwert entfernt liegende, hohe Ausprägung des zu spezifizierenden Merkmals »Begabung« bezieht. Lediglich der »Cut-off«-Wert ist festzusetzen.

In der Literatur herrscht – wie auch bei vielen anderen Merkmalen – wenig Einigkeit darüber, was unter Hochbegabung zu verstehen ist. Die Vielzahl der Hochbegabungsdefinitionen versuchte Lucito (1964, zit. nach Feger u. Prado 1998, S. 30–31) u. a. unter folgende fünf Kategorien zu subsumieren:

1. *Ex-post-facto-* oder *Post-hoc-Definition*: Gezeigte herausragende Leistungen zeichnen eine Person als »hochbegabt« aus.
2. *IQ-Definition*: Ab einem bestimmten Mindestwert in einem Intelligenztest (z. B. IQ≥130) ist eine Person »hochbegabt«.
3. *Prozentsatz-Definition*: Nach einem – genauer zu spezifizierenden – Kriterium zu den oberen »x Prozenten« zu gehören, zeichnet eine Person als »hochbegabt« aus.
4. *Kreativitäts-Definition*: »Hochbegabt« ist, wer eine bestimmte (Mindest-)Ausprägung an Kreativität besitzt.
5. *Soziale Definition*: Die Fähigkeit zu von der Gesellschaft als wertvoll bewerteten Handlungen qualifiziert eine Person als »hochbegabt«.

Die 2. und 4. Definitionsklasse sind (fasst man Kreativität als ein dimensionales Merkmal auf) unter die 3. subsumierbar, wobei das Merkmal (Intelligenz bzw. Kreativität) bereits spezifiziert worden ist. Da

---

Definition

»Hochbegabung« (nach Rost 2004, S. 43):
»Eine Person ist intellektuell »hochbegabt«, wenn sie

(a) sich schnell und effektiv deklaratives und prozedurales Wissen aneignen kann,

(b) dieses Wissen in variierenden Situationen zur Lösung individuell neuer Probleme adäquat einsetzt,

(c) rasch aus den dabei gemachten Erfahrungen lernt und

(d) erkennt, auf welche neuen Situationen bzw. Problemstellungen die gewonnenen Erkenntnisse transferierbar sind (Generalisierung) und auf welche nicht (Differenzierung)«.

Selbstredend ist noch ein Grenzwert festzulegen, der »schnell«, »effektiv«, »rasch« etc. quantifiziert (z. B. Prozentrang 98).

trotz weltweiter und intensiver Forschungsbemü-
hungen bisher keine qualitative Unterscheidung in
den intellektuellen Prozessen »Hochbegabter« und
»Nicht-Hochbegabter« gefunden werden konnte
(vgl. z. B. Rost 2000b; 2001; Preckel 2003; Holling u.
Kanning 1999), ist die quantitative Abgrenzung der
gangbarste Weg, der im Übrigen innerhalb der Hochbegabungsforschung seit knapp 100 Jahren erfolgreich beschritten wird.

Die Nähe der im Kasten gegebenen Definition
von Hochbegabung zur Explikation von »Intelligenz«
ist offenkundig (im Zusammenhang der Vorstellung
von Hochbegabungsmodellen und der Diagnostik
von Hochbegabung werden wir noch näher darauf
eingehen). Im Anschluss an Terman hat sich im Rahmen der Intelligenzdefinition die Grenzsetzung für
Hochbegabung als »bezüglich der intellektuellen
Leistungsfähigkeit mindestens zwei Standardabweichungen über dem Mittelwert liegend« eingebürgert,
was etwa einem IQ≥130 (bzw. PR≥98) entspricht.
Diese Grenzsetzung ist, wie jede Grenzsetzung bei
einem quantitativen Merkmal, beliebig, liegt aber national wie international vielen Forschungsprojekten
zugrunde (vgl. den Kasten zum Marburger Hochbegabtenprojekt als Beispiel) und gilt in nahezu allen
Beratungsanliegen als Standard.

5.2 Modelle

Die verschiedenen Hochbegabungstheorien, -mo-
delle und -definitionen sollten an ihrem Nutzen und
ihren Konsequenzen gemessen werden (Sternberg
u. Davidson 1986). Wählt man die Teilnehmer für
ein Förderprogramm nach rationalen Kriterien aus,
können – abhängig von der Zielsetzung und dem

Das Marburger Hochbegabtenprojekt

Im Jahr 1987 begann am Fachbereich Psychologie
der Philipps-Universität Marburg eine differenzierte Lebensumweltanalyse hochbegabter Kinder
und Jugendlicher. Aus einer *nicht vorselegierten*
Stichprobe von über 7000 Grundschulkindern der
3. Klasse aus neun sog. alten Bundesländern wurden die hinsichtlich ihrer intellektuellen Leistungsfähigkeit – im Sinne von Spearmans *g* – 151 Besten
ausgewählt und einer Vergleichsgruppe von 136
durchschnittlich begabten Kindern gegenübergestellt (soweit möglich nach Geschlecht, Alter,
Klasse, Schule, sozioökonomischem Status paral-
lelisiert). Beide Stichproben wurden (und werden)
unter Einbeziehung mehrerer Datenquellen
(Kinder bzw. Jugendliche, Mütter, Väter, Lehrer)
und mehrerer Datenarten (Fragebogen, Test,
Interview, Dokumentenanalyse) von Diplom-Psy-
chologen (und einer Diplom-Pädagogin) umfang-
reich untersucht und längsschnittlich begleitet.
Somit konnte im deutschen Sprachraum erstmals
ein umfassendes und generalisierbares Bild hochbegabter Kinder und Jugendlicher gezeichnet
werden.

Zahlreiche Merkmale (z. B. Temperament,
Selbstkonzept, Persönlichkeit, [schulische] Anpassung und Sozialverhalten, Einstellungen, Interessen, Minderleistung, leistungsbezogene Attributionen und Kontrollüberzeugungen, weiterer
Bildungsgang) wurden analysiert. Viele der in
der einschlägigen Literatur behaupteten Aussagen
konnten als unzulässige Verallgemeinerungen
und Vorurteile zurückgewiesen werden. Einzeler-
gebnisse können an dieser Stelle nicht referiert
werden (▶ Kap. 5.4). Fasst man die vielfältigen
Befunde zusammen, sind sich zum einen hochbegabte und durchschnittlich begabte Grundschulkinder und zum anderen hochbegabte und
durchschnittlich begabte Jugendliche ähnlicher
als häufig angenommen. Wenn sich Gruppenunterschiede aufzeigen ließen – zumeist in schul-
nahen Variablen –, fielen diese im Allgemeinen zu
Gunsten der Hochbegabten aus.

Die erwähnte Begabungsstichprobe wurde im
Jahr 1996 um eine unabhängige Leistungsstich-
probe ergänzt – ausschließliches Kriterium für die
Auswahl der Zielgruppe der Hochleistenden bzw.
der Vergleichsgruppe der durchschnittlich Leisten-
den waren die in der achten Gymnasialklasse gezeigten Schulleistungen (vgl. im Einzelnen folgende Buchpublikationen: Rost 1993a, 2000a; Wild
1991; Tettenborn 1996; Freund-Braier 2001; Schilling 2002; Schütz 2004; Pruisken 2005 sowie die
Dissertation von Sparfeldt 2005).

Anspruchsniveau der Intervention – unterschiedliche »Cut-off«-Werte gelten, wobei α-Fehler (d. h. eine »tatsächlich« nicht-hochbegabte Person wird für hochbegabt gehalten, falsch-positive Entscheidung) und β-Fehler (eine »tatsächlich« hochbegabte Person wird für nicht-hochbegabt befunden, falsch-negative Entscheidung) zu berücksichtigen sind. Für alle Modelle, insbesondere für Leistungsmodelle, stellt sich die Frage eines möglichst adäquaten Kriteriums, allein ausschlaggebend für Leistungsmodelle ist die prognostische Validität. Trotz dieser theoretischen Überlegungen, die innerhalb des »definitorischen« Ansatzes, was Hochbegabung sein soll, nicht endgültig zu beantworten sind, gibt es einige rationale Argumente, die manche Hochbegabungskonzeptionen und -modelle als angemessener, andere als unangemessener erscheinen lassen. Dies sei nachfolgend erläutert.

Die bereits erwähnte Unterscheidung von Hochbegabung im Sinne eines Potenzials (latente Variable) und Hochbegabung im Sinne bereits gezeigter Leistung (manifeste Variable) ist nicht nur praktisch bedeutsam. Bleibt das Potenzial unberücksichtigt, verschwinden psychologisch relevante Phänomene wie »underachievement« und »overachievement«, also auf der nicht perfekten Korrelation zwischen Potenzial und Performanz aufbauende Konzepte (vgl. Sparfeldt u. Schilling 2006). Ähnlich formulierte bereits Stern (1916, S. 110) zur Beziehung zwischen Begabung und Leistung: »Begabungen an sich sind immer nur Möglichkeiten der Leistung, unumgängliche Vorbedingungen, sie bedeuten noch nicht die Leistung selbst.« Nach der Anzahl der relevanten Dimensionen lassen sich eindimensionale von mehrdimensionalen Hochbegabungsmodellen abgrenzen. Die in den oben genannten Definitionsklassen von Lucito aufgelisteten Ansätze stellen jeweils *eine* Dimension in den Vordergrund, in den nachfolgend diskutierten »Modellen« werden teilweise *einige* (manchmal sogar *viele*) weitere Dimensionen als für »Hochbegabung« konstitutiv angesehen.

Exemplarisch stellen wir das »Drei-Ringe-Modell« (z. B. Renzulli 1986) und seine Erweiterung zum »Triadischen Interdependenzmodell« (z. B. Mönks 1990) sowie das »Münchner Hochbegabungsmodell« (z. B. Heller 2001) und seine Erweiterung zum »Münchner dynamischen Begabungs- und Leistungsmodell« (Perleth 2001) vor – ergänzt um die in den USA verbreitete administrative Hochbegabungsdefinition von Marland (1972). Psychologische, methodische und erfassungspraktische Argumente für die Konzeptualisierung von Hochbegabung als hohe Ausprägung der allgemeinen Intelligenz schließen dieses Unterkapitel ab. Schnell dürfte klar werden, warum bei Praktikern beliebte Konzeptionen wie die der »multiplen Intelligenzen« (z. B. Gardner 1983; 2003) für die Hochbegabungsforschung nicht oder nur wenig fruchtbar sind. Außerdem sind einige grundsätzliche Aspekte bei der Beurteilung mehrdimensionaler Modelle zu beachten:

- Die (funktionalen) Beziehungen zwischen den Teilaspekten des jeweiligen Modells sollten spezifiziert werden (d. h. Angabe von Einflussrichtung und -stärke).
- Hanses und Rost (1998a) haben darauf hingewiesen, dass schon bei moderaten Interkorrelationen und moderaten »Cut-off«-Werten die Gefahr droht, die »eigene Zielgruppe wegzudefinieren«. Mit steigender die Hochbegabung definierender Variablenzahl wird es nämlich immer unwahrscheinlicher, überhaupt noch Hochbegabte zu finden (◗ Tab. 5.1).
- Hany und Nickel (1992, S. 4) machen mehrdimensionalen Modellen zu Recht den »Vorwurf einer gewissen Beliebigkeit bei der Komponentenauswahl«.

5.2.1 »Drei-Ringe-Modell« und »Triadisches Interdependenzmodell«

Der amerikanische Pädagoge Renzulli (1978) hat das bei Eltern und Lehrern sehr populäre »Drei-Ringe-Modell« vorgeschlagen, welches als notwendige Bestandteile von »Hochbegabung« hohe Intelligenz *und* hohe Kreativität *und* eine hohe (leistungsorientierte) Arbeitshaltung (»task commitment«) anführt. Die Schnittmenge dieser drei Konzepte (in der ◗ Abb. 1 als Schnittmenge der drei Ringe innerhalb des Dreiecks veranschaulicht) macht nach Renzulli die »eigentliche ›Hochbegabung‹« aus. Allerdings spezifiziert er die Beziehung dieser drei Konzepte zueinander nicht, seine grafische Darstellung (drei

Hochbegabungsforschung ohne Hochbegabte: Gefahren mehrdimensionaler Modelle

Man kann ausrechnen, wie viele Versuchspersonen man braucht, um bei einer angenommenen Inter-korrelation, einer gesetzten Selektionsquote und einer gegebenen Anzahl von Merkmalen eine definierte Anzahl »Hochbegabter« zu finden. ☐ Tab. 5.1 veranschaulicht dies beispielhaft.

☐ **Tab. 5.1** A priori abschätzbarer Umfang der Ausgangsstichprobe, die benötigt wird, um bei einem oder mehreren Merkmalen (Korrelation von r=0,30) eine Zielgruppe der Größe von n=50 zu erhalten (aus Hanses u. Rost 1998a)

		Umfang der benötigten Ausgangsstichprobe bei				
	Selektion je Merkmal	1 Merkmal	2 Merkmalen	3 Merkmalen	4 Merkmalen	5 Merkmalen
obere	2%	2500	30048	179211	708516	2347748
obere	5%	1000	7008	28918	87246	224627
obere	10%	500	2313	7198	17626*	37477
obere	20%	250	756	1748	3427	6036
obere	30%	167	390	752	1283	2015
obere	40%	125	243	409	628	906

[Berechnung: $N_{Ausgangsstichprobe}$ = 50/p_{m-NV}; mit p_{m-NV} = über m-dimensionale Normalverteilung berechnete Wahrscheinlichkeit. Beispiel (*): $N_{Ausgangsstichprobe}$ = 50/0,00028 = 17626 bei m = 4 Merkmalen und einer Selektionsquote von je 10% und einer Korrelation von je r = 0,30]

sich nur wenig überschneidende Kreise) verweist auf eine Konzeptualisierung mit nur niedrigen Interkorrelationen. Der niederländische Entwicklungspsychologe Mönks (z. B. 1985; 1990) hat das »Modell« erweitert, indem er um die drei Ringe ein Dreieck gezeichnet und in die Ecken »Schule«, »Peergruppe« und »Familie« als relevante soziale Bezugsräume gesetzt hat (vgl. ☐ Abb. 1). Nur wenn diese drei »primären Sozialbereiche«, wie Mönks sie nennt, besonders gute Entwicklungsanregungen bereitstellen, soll sich »Hochbegabung« ausbilden. In späteren Publikation hat Mönks »Leistungswille/Ausdauer« durch den unschärferen Begriff »Motivation« ersetzt.

In der Literatur finden sich bereits umfangreiche kritische Auseinandersetzungen mit beiden Modellen (z. B. Jellen 1985; Rost 1991a,b; Feger u. Prado 1998; Jarrell u. Borland 1990; Heilmann 1999), die wesentlichen Kritikpunkte an beiden Modellen werden deswegen nur kurz zusammengefasst:

— Sowohl Renzulli als auch Mönks geben die Unterscheidung zwischen Begabung als Potenzial, das unter günstigen Bedingungen zu Leistungen führen kann, und exzellenter Performanz, d. h. der beobachtbaren Leistung, auf. Sie entwickel-ten damit – im günstigsten Falle – Leistungsmodelle und keine Begabungsmodelle (ähnlich sogar Mönks 1990, S. 248: »Erst bei einem günstigen Zusammenwirken *aller* Faktoren kann sich Hochbegabung als … hervorragende Leistung entwickeln«; Hervorhebung durch uns).

— Völlig unspezifiziert sind die (funktionalen) Beziehungen zwischen den Variablen der »Modelle« – sieht man von der Darstellung weniger Einzelfälle ab (z. B. Renzulli 1986; Mönks 1987). Ist nach Renzulli bspw. eine Person mit hoher Intelligenz und hoher Kreativität trotz – eventuell nur temporär – niedriger Ausdauer bzw. niedrigem Leistungswillen nicht hochbegabt? Ist nach Mönks ein hoch intelligenter, hoch motivierter und hoch kreativer Schüler, der eine hervorragende Schule besucht und aus einem entwicklungsförderlichen Elternhaus stammt, nicht hochbegabt, nur weil er gegenwärtig mit seinen Peers nicht zurechtkommt? Unklar bleibt die Frage nach der Verknüpfungsregel der Einzelvariablen und der Stabilität dieser Verknüpfungen.

— Mit besonderen Schwierigkeiten ist verbunden, dass Renzulli und Mönks sowohl »Kreativität«

als auch »task commitment« einbeziehen, also zwei instabile Konzepte, die bezüglich ihrer theoretischen Konzeptualisierung und ihrer Messbarkeit noch weit hinter der Intelligenz stehen und demzufolge eine zufriedenstellende Diagnostik verhindern.

■ Die von Mönks in seiner Erweiterung betonte Bedeutung von »Schule«, »Peers« und »Eltern« ist nicht spezifisch für Hochbegabung. Diese »primären Sozialbereiche« sind für fast alle pädagogisch-psychologischen und entwicklungspsychologischen Fragestellungen von besonderer Relevanz. Außerdem ist bislang nicht ausreichend geklärt, was eine »positive Familie«, eine »positive Schule« oder »positive Peerbeziehung« ausmacht.

Mönks selbst folgt dem eigenen Modell nicht oder nur rudimentär – zumindest bezüglich der Umsetzung in eigene Forschung. So schreibt er bspw. in einer eigenen Studie bezogen auf die Identifikation Hochbegabter: »motivation or ›task commitment‹ … was not used as one of the selection criteria« (Mönks et al. 1985, S. 54). Bei der Identifikation hochbegabter »underachiever« interessierte die Autoren in dieser Studie nur noch die Beziehung zwischen der Intelligenz und der (gezeigten) Leistung »without any restriction on creativity« (Mönks et al. 1985, S. 54). Der Verfechter des sechs Aspekte umfassenden

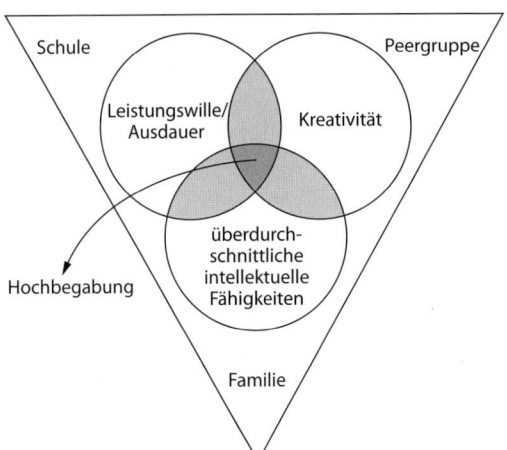

◻ Abb. 5.1 »Drei-Ringe-Modell« von Renzulli (1978) in der Erweiterung zum »Triadischen Interdependenzmodell« von Mönks (1985, aus Mönks 1987, S. 216)

»Triadischen Interdependenzmodells« realisierte in seiner eigenen Untersuchung also die eindimensionale IQ-Definition. Auch später hat Mönks, soweit wir wissen, keine empirischen Studien zur Validierung seines »Modells« vorgelegt. Wie willkürlich und beliebig solche (und weitere) Ausweitungen des »Hochbegabungs«-Begriffs sind, wird an Renzullis (2000, S. 15) Aussage deutlich, man habe es »bei der Herausbildung von Hochbegabung« mit einer »fast unendlichen Anzahl von Interaktionen« zu tun.

5.2.2 Das »Münchner Hochbegabungsmodell« und seine Erweiterung

Das »Münchner Hochbegabungsmodell« (z. B. Heller 1992; 2000; 2004; Heller et al. 2002, die Modellvarianten unterscheiden sich in den Erläuterungen und Verbindungspfeilen je nach Publikation) enthält eine erhebliche Anzahl an Variablen. Diese sind im Einzelnen:

■ Sieben »Begabungsfaktoren« (intellektuelle Fähigkeiten; kreative Fähigkeiten; soziale Kompetenz; Musikalität; Psychomotorik; künstlerische Fähigkeiten; praktische Fähigkeiten; bei Perleth u. Schatz [2003, S. 18], die das Modell der Münchner Hochbegabungsstudie beschreiben, fehlen die künstlerischen und praktischen Fähigkeiten, ebenso bei Heller 1995, S. 9);

■ fünf breite »nichtkognitive Persönlichkeitsmerkmale« (Stressbewältigung; Leistungsmotivation; Arbeits-/Lernstrategien; [Prüfungs-]Angst; Kontrollüberzeugungen);

■ acht »Leistungsbereiche« (Mathematik; Naturwissenschaften; Technik; Informatik, Schach; Kunst [Musik, Malen]; Sprachen; Sport; soziale Beziehungen; bei Perleth findet sich noch – unerklärlicherweise – »abstraktes Denken«, also eine inhaltsübergreifende Fähigkeit, die anderen Leistungsbereiche sind inhaltsbezogen);

■ fünf globale »Umweltmerkmale« (familiäre Lernumwelt; Familienklima; Instruktionsqualität; Klassenklima; kritische Lebensereignisse; bei Perleth u. Schatz [2003, S. 18] nur drei, es fehlen »familiäre Lernumwelt« und »Instruktionsqualität«).

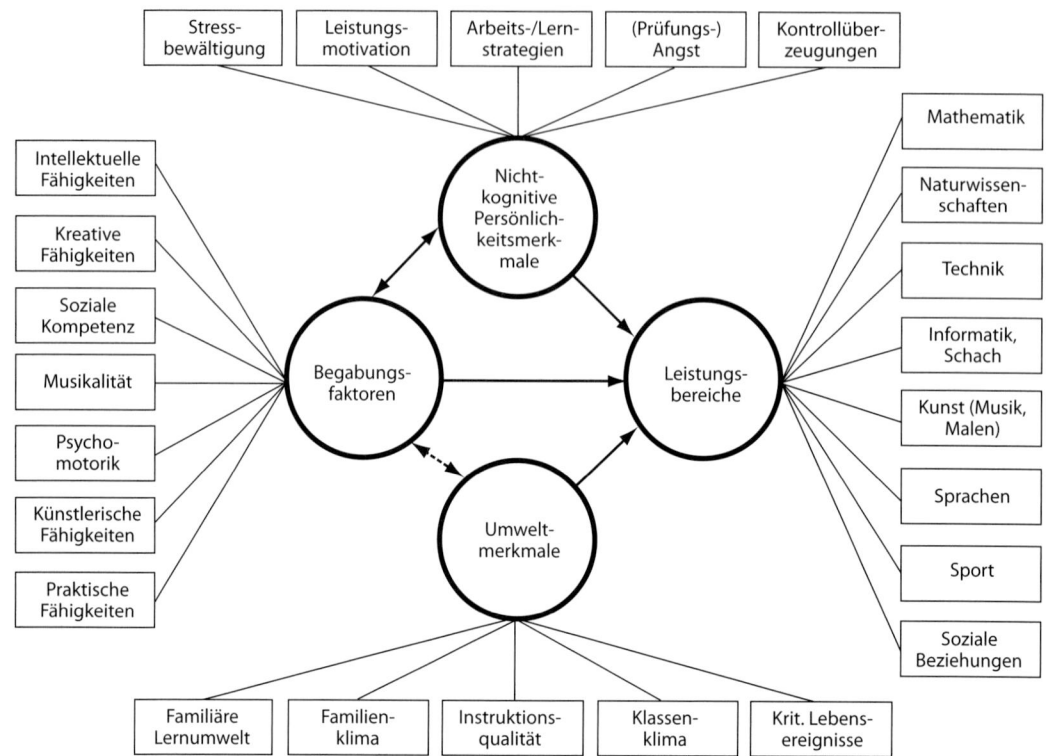

■ **Abb. 5.2** »Münchener Hochbegabungsmodell« von Heller (in der Fassung 2001, S. 24, ohne Legende)

Auch dieses Modell (vgl. ■ Abb. 5.2) ist im Grunde genommen ein Leistungsmodell. Die Prädiktoren (»Begabungsfaktoren«) werden von Moderatoren (»nicht-kognitive Persönlichkeitsmerkmale«, »Umweltmerkmale«) und Kriteriumsvariablen (»Leistungsbereiche«) abgegrenzt. In der Abbildungslegende zum »Münchner Begabungsmodell« (Heller 2000, S. 42) finden sich dann für jeden der vier Bereiche weitere, mehr oder weniger systematische Aufgliederungen. In der Legende der Buchpublikation (Heller, 2001, S. 24) werden diese Variablenlisten noch durch »usw.« und »z. B.« ergänzt, was die Menge im »Modell« vorkommender Variablen willkürlich erscheinen lässt – und in der Folge auch den Erklärungswert des Unterfangens.

Die »Begabungsfaktoren« beeinflussen, dem *Doppelpfeil* zu entnehmen, die »nichtkognitiven Persönlichkeitsmerkmale« und umgekehrt, sowie schwächer (gestrichelter Doppelpfeil) die »Umweltmerkmale« und vice versa. Unidirektionale Einflüsse (*einfache Pfeile*) führen von den »Begabungsfakto-

ren«, »Umweltmerkmalen« und »nichtkognitiven Persönlichkeitsmerkmalen« zu den »Leistungsbereichen«. Doch auch in diesem »Modell« bleiben einige relevante Fragen offen:

▬ Warum gibt es keinen Doppelpfeil von »Umweltmerkmalen« zu »nichtkognitiven Persönlichkeitsmerkmalen«? Es ist psychologisch völlig unverständlich anzunehmen, Familienklima, familiäre Lernumwelt, Instruktionsqualität, Klassenklima und kritische Lebensereignisse hätten keine Auswirkungen auf die Herausbildung von Stressbewältigung, von Leistungsmotivation, von Arbeits-/Lernstrategien, von (Prüfungs-)Angst und von Kontrollüberzeugungen, um nur einige Beispiele zu nennen. Dem widersprechen zahlreiche in den letzten 100 Jahren gewonnene Erkenntnisse der Pädagogischen Psychologie und der Entwicklungspsychologie.

▬ Warum gibt es bei Perleth und Schatz (2003, S. 18) oder Heller (1995, S. 9) keine durch Pfeile verdeutlichte Verbindung von »Umweltmerkmalen« und »Begabungsfaktoren«? Meinen die Autoren, Begabung sei völlig umweltunabhängig? (Später dann findet sich dieser Doppelpfeil, bei Heller [2000, S. 42; 2001, S. 24] noch dünn gestrichelt; bei Heller et al. 2002, S. 54 schließlich in normaler Strichstärke.)

- Warum gibt es keinen Doppelpfeil von »Leistungsbereichen« zu »Begabungsfaktoren«? Wirken sich die Auseinandersetzungen mit Mathematik und Naturwissenschaften nicht auf die kognitive Leistungsfähigkeit aus? Fördert der Schulunterricht nicht die Intelligenz (vgl. Merz et al. 1985; Übersicht: Ceci 1991)? Hat also – will man dem Modell folgen – die pädagogische Binsenweisheit »Fördern durch Fordern« bei Hochbegabten keinen Stellenwert?

- Warum gibt es im Modell keinen Doppelpfeil von »Leistungsbereichen« zu »nichtkognitiven Persönlichkeitsmerkmalen«? Haben die Leistungen in verschiedenen Fächern, haben die sozialen Beziehungen etwa keinen Einfluss auf Leistungsmotivation, Arbeits- und Lerntechniken, (Prüfungs-)Angst und Kontrollüberzeugungen, um ein weiteres Beispiel anzuführen?

- Da hier jeweils nur Pfeile gezeichnet worden sind und nirgendwo angegeben wird, welches Konzept welches andere Konzept in welchem Ausmaß – innerhalb und zwischen den Bereichen – beeinflusst, würde das Modell bei der erforderlichen totalen »Verpfeilung« (ohne Quantifizierung der Zusammenhänge oder Einflüsse) ebenfalls zur Leerformel entarten: Das nicht vollständige Originalmodell sagt nur aus, dass vieles mit vielem zusammenhängt und dass vielfältige Einflüsse bestehen. Das »richtige« »Modell« mit (wie oben gezeigt) allen erforderlichen Doppelpfeilen (ohne Quantifizierung der Zusammenhänge oder Einflüsse) würde nur aussagen, dass alles irgendwie mit allem zusammenhängt bzw. dass alles alles beeinflusst. Benötigt man für diese Erkenntnis ein »Begabungsmodell«? Was stattdessen benötigt wird, sind Modelle, welche quantifizieren, wie die Zusammenhänge bzw. Einflüsse ausfallen. Was nützt die Aufzählung von 20 oder mehr »Moderatoren«, wenn nirgendwo näher ausgeführt wird, wie sie sich unter welchen Bedingungen auswirken?

Problematisch erscheint auch der Versuch, modellentsprechend fünf (z. B. bei Hany 1987b) bzw. sieben (z. B. bei Heller 2001) unabhängige Begabungsdimensionen und entsprechende Typen der Hochbegabung (bzw. fünf unabhängige Hochbegabungsgruppen) zu identifizieren. Da keine Vergleichsgruppe existiert, kann über die eventuelle Hochbegabungsspezifität möglicher Typen keine generalisierbare Aussage gemacht werden. Konsequenterweise haben die Autoren ihre Suche nach Typen nicht weiterverfolgt.

Die nicht definierte Variablenanzahl (in der Legende werden, wie erwähnt, weitere Variablen mit »usw.« oder »...« angedeutet) des Modells und die weitgehend unspezifizierten funktionalen Zusammenhänge lassen das Münchner Modell für spezifische Vorhersagen, und damit für die Forschung, aber auch für Diagnostik und Intervention, als wenig fruchtbar erscheinen. Auch wenn angegeben wird, das Modell sei in den letzten zehn Jahren in mehreren nationalen Längsschnittstudien und transkulturellen Untersuchungen »validiert« worden (z. B. Heller 2004, S. 306), würde man die als Beleg angegebenen Untersuchungen traditionell nicht als »Validierung« bezeichnen. Wie oben gezeigt, kann das »Originalmodell« schon als falsifiziert gelten, das vollständig »verpfeilte« Modell wäre prinzipiell nicht falsifizierbar und brächte damit keinen Erkenntnisgewinn.

Perleth (2001) hat das ohnehin schon recht komplexe Münchner Hochbegabungsmodell zum »Münchner Begabungs-Prozess-Modell« (vgl. ◙ Abb. 5.3) erweitert (Perleth u. Schatz 2003, S. 30). Die *länglichen Dreiecke* sollen – unspezifiziert – längerfristige Entwicklungen veranschaulichen. (Die eben genannten Kritikpunkte gelten auch hier.) Welchen konkreten Nutzen haben diese und ähnliche »Modelle«? Eine überzeugende Erklärung von »Hochbegabung« leisten solche »Modelle« nicht. Sie sind kaum mehr als umfangreiche und teilweise arbiträre Auflistungen pädagogisch-psychologischer Variablengruppen, grafisch in Kreise, Ellipsen, Dreiecke oder kleine Kästchen gesetzt, mehr oder weniger beliebig mit Strichen verbunden. Für die Identifikation und Förderung »Hochbegabter« liefern sie kaum praktikable Anregungen (es sei denn, man gibt sich mit Allgemeinplätzen wie »alle aufgeführten Variablen können für ›Hochbegabung‹ bedeut-

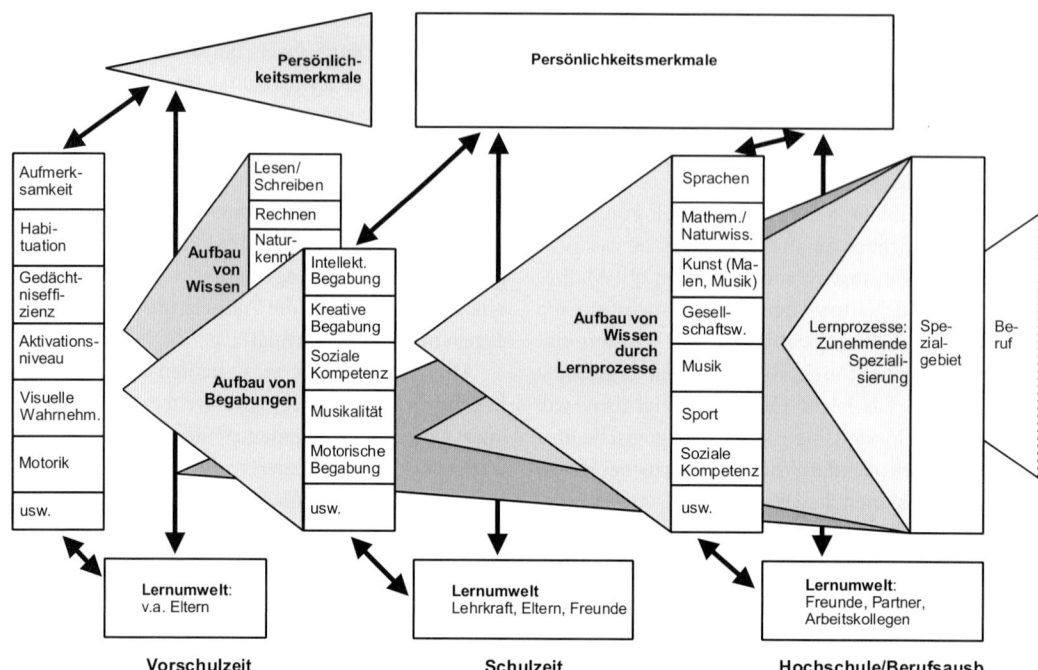

◘ Abb. 5.3 »Münchner dynamisches Begabungs-Leistungs-Modell« von Perleth (in Anlehnung an 2001, S. 367; vom Autor dankenswerterweise zur Verfügung gestellt)

sam sein oder auch nicht« zufrieden). Böse Zungen nennen solche »Modelle« daher spöttisch »boxologisch«.

Was Süß (2001, S. 149) zum »Münchner Hochbegabungsmodell« anmerkt, nämlich dass es offen lässt, »wie die verschiedenen Faktoren zusammenwirken und welche Faktoren für welche Hochleistungen erforderlich sind«, das gilt gleichermaßen für alle »Multi-Multi-Hochbegabungsmodelle« und »Multi-Multi-Hochleistungsmodelle« – nicht nur, aber besonders auch für die hier exemplarisch vorgestellten.

5.2.3 Hochbegabung als hohe Ausprägung von *g*

Eine einfache, aber klare Konzeptualisierung intellektueller Hochbegabung bezieht sich auf die hohe Ausprägung der allgemeinen Intelligenz im Sinne von Spearmans Generalfaktor *g* (1904; 1927). Zumindest in der Psychologie wird seit jeher die besonders enge konzeptionelle Nähe von »Intelligenz«

und (kognitiver) »Begabung« betont, beide Begriffe werden, wie Heller schon 1976 (S. 7) treffend schrieb, »in der Literatur überwiegend synonym gebraucht«. Süllwold (1976, S. 8) verweist darauf, dass man »hinsichtlich der Intelligenz, wie sie konventionell definiert ist« von »einer hochgradig allgemeinen Begabung (Fähigkeit zum Lösen verschiedener Probleme)« sprechen kann. Ganz in diesem Sinne bezieht sich für Vernon (1989, S. 94) »hochbegabt ... gewöhnlich auf Personen mit hoher allgemeiner Intelligenz oder umfassender Fähigkeit« (viele ähnliche Zitate finden sich in der Literatur; vgl. auch Kasten).

Die zentralen Argumente für eine Konzeptualisierung intellektueller Hochbegabung auf der Grundlage der allgemeinen Intelligenz *g* lassen sich in zwei Cluster, »inhaltlich-psychologische« sowie »methodische und erfassungspraktische«, zusammenfassen.

(1) Inhaltlich-psychologische Gründe

— »Kognitionspsychologische« Indikatoren hängen eng mit der allgemeinen Intelligenz *g* zusammen. So berichten Kyllonen und Christal (1990) in ihrer Arbeit von Korrelationen des Arbeits-

---

Hochbegabung als sehr hohe allgemeine Intelligenz

Die Konzeption intellektueller Hochbegabung als hohe Ausprägung allgemeiner Intelligenz folgt der früher und heute üblichen Praxis der Hochbegabtenidentifikation im In- und Ausland:

- »Was immer auch hochbegabte Kinder charakterisieren mag: Es besteht kein Zweifel daran, dass das Merkmal, das sie am meisten verbindet, die hohe Intelligenz ist, und zwar so sehr, daß es schwer fällt, sich ein hochbegabtes Kind, das nicht hochintelligent ist, vorzustellen« (Eysenck 1985, S. 115).
- 52 US-amerikanische Professoren, allesamt in der empirischen Intelligenzforschung ausgewiesene Experten, haben im Jahre 1994 öffentlich im Zusammenhang einer Erklärung zur Intelligenz u. a. konstatiert: »Etwa 3 Prozent aller Amerikaner haben einen IQ, der über 130 liegt (ein Wert, der von vielen als die Schwelle zur ›Hochbegabung‹ angesehen wird)« (aus dem Statement »Mainstream Science on Intelligence«, Wall Street Journal, 13.12.1994; Übersetzung in Eysenck 2004, S. 369).
- »Die Mehrzahl der … älteren und viele neuere Hochbegabungsstudien gingen … vom Intelligenzquotienten als einem globalen Maß der individuellen Begabung aus« (Waldmann u. Weinert 1990, S. 13).
- »Mit wenigen Ausnahmen … definieren die Länder hochbegabte und talentierte Personen hauptsächlich durch Intelligenz und Leistung« (Braden 1995, S. 646).
- »Intelligenztests … erfassen … das intellektuelle Potential einer Person. Dieses Potential – unabhängig von der Leistung – entspricht der Definition von Hochbegabung, auf die sich die meisten Forscher geeinigt haben« (Holling u. Kanning 1999, S. 41).
- »Der IQ-Test hat die Erfassung von Hochbegabung dominiert, und für einen Großteil der Forschungsliteratur und Praxis der Identifizierung und Förderung hochbegabter Kinder ist er auch heute noch maßgebend« (Callahan 2000, S. 161).
- »Intellektuell hochbegabte Individuen sind lediglich intelligenter als durchschnittlich begabte« (Gagné im Interview mit Stöger 2004, S. 169).

---

gedächtnisses mit der allgemeinen Intelligenz zwischen r=0,74 und r=0,93. Auch in neueren Arbeiten finden sich beträchtliche Zusammenhänge, so bei Süß et al. (2002) mit r=0,83. Bühner et al. (2005) konnten (auf latenter Ebene) 95% der »reasoning«-Varianz durch Facetten des Arbeitsgedächtnisses aufklären. Offensichtlich handelt es sich bei psychometrischen Leistungsindikatoren (Tests) auf der einen Seite und allgemeinpsychologischen kognitiven Problemstellungen auf der anderen Seite um sehr ähnliche oder gar identische Phänomene, die lediglich aus anderer Perspektive angegangen werden.

- Auf den engen Zusammenhang zwischen Intelligenz und der Fähigkeit, komplexe Probleme zu lösen – genauer: der Systemsteuerungsleistung – verweisen Kröner et al. (2005) in einer Reihe von Studien anhand des simulationsbasierten Systems »MultiFlux«. Die Korrelationen bewegen sich im Bereich von r>0,6 – ähnliche Korre-

lationen hatte auch Süß (1999) zwischen *reasoning* und verschiedenen Problemlöseindikatoren berichtet. Da also die »reliabel meßbare Problemlösevarianz praktisch vollständig durch psychometrische Prädiktoren aufgeklärt werden« kann, insbesondere durch Intelligenz und bereichsspezifisches Wissen, gibt es keinen Anlass, weiterhin an der Unabhängigkeitsthese von Intelligenz und komplexem Problemlösen festzuhalten. Insbesondere wird damit »die Annahme einer besonderen Fähigkeit ›operative Intelligenz‹ als Konstrukt für erfolgreiches Handeln bei computersimulierten komplexen Problemen … hinfällig« (Süß 1998, S. 65).

- IQ-Tests, die hoch mit g geladen sind, korrelieren in unserer Gesellschaft hoch mit einer Vielzahl externer Kriterien (z. B. Erfolg in Schule, Universität, Industrie und Training; Berufserfolg; Monatseinkommen; sozial bedeutsamen schöpferischen Leistungen, vgl. dazu Herrnstein u.

Murray 1994; Jensen 1998; Sternberg et al. 2001; Eysenck 2004; Petrides et al. 2005). Dies gilt im Wesentlichen auch, wenn der sozioökonomische Status kontrolliert wird.

- Die allgemeine Intelligenz g erlaubt allein eine gute, zusammen mit der Erfassung bereichsspezifischen Wissens eine sehr gute Prognose in unterschiedlichsten Bereichen: Die Langzeitkriteriumsvaliditäten psychologischer Intelligenztests werden nach wie vor von keinem anderen psychologischen Konstrukt übertroffen (siehe z. B. Lubinski 2000; Schmidt 2002; Gottfredson 2003; Ree et al. 2003): »Die Validitätsmaße der multiplen Intelligenzmaße [liegen] selten über denen des IQ« (Waldmann u. Weinert 1990, S. 18), und die Hinzunahme spezifischer Fähigkeitstests verbessert die Vorhersage nicht bedeutsam, für den schulischen Bereich fassen Helmke und Weinert (1997, S. 106) wie folgt zusammen: »Hochaggregierte Maße der allgemeinen Intelligenz sind die besten Einzelprädiktoren von Schulleistungen (einfache Korrelationen liegen durchwegs zwischen 0,5 und 0,6).«
- Weiterhin ist belegt, dass Intelligenztests im Prinzip genau das erfassen, was auch später im Leben unter »Intelligenz« verstanden wird. Der häufiger von Nichtfachleuten formulierte Vorwurf, Intelligenztests mäßen »lediglich Testintelligenz«, und diese hätten wenig mit »real-life-Intelligenz« zu tun, kann als widerlegt gelten (Kuncel et al. 2001; 2004).
- Talentierte – so werden gelegentlich diejenigen bezeichnet, die nur in einem spezifischen Bereich herausragen, also z. B. in Musik, Kunst oder Ballett – liegen auch in ihrer allgemeinen Intelligenz g deutlich über dem Durchschnitt. Musikalität hängt linear mit der Intelligenz zusammen, und es dürfte kaum möglich sein, exzellente Musiker mit unterdurchschnittlicher kognitiver Leistungsfähigkeit ausfindig zu machen. Extrem seltene (pathologische) Fälle, wie Autisten oder »idiots savants«, sind kein Gegenbeleg, da es bei allen Phänomenen immer wieder (bis heute nicht zufriedenstellend zu erklärende) Ausnahmevarianten gibt.
- Häufig werden mathematisch »Hochbegabten« besondere Schwächen in anderen Bereichen unterstellt. Sie liegen jedoch in mehreren Gebieten (auch in ihrer verbalen Leistungsfähigkeit) sehr weit über dem Durchschnitt der Population, auch wenn sie in diesen verständlicherweise nicht das gleiche Spitzenniveau wie im mathematischen Bereich erreichen (Birx 1988). Ein sehr gutes mathematisches Leistungspotenzial setzt nämlich auch eine sehr gute allgemeine Intelligenz g voraus, aber zusätzlich sind auch mathematische Kenntnisse und nur zu einem geringeren Teil auch spezifische mathematische Fähigkeiten gefordert (Lubinski u. Humphreys 1990, S. 339–340), oder anders ausgedrückt: »Eine weit überdurchschnittliche Intelligenz … [ist] … vermutlich eine notwendige, nicht aber eine hinreichende Bedingung« für die erfolgreiche Bearbeitung komplexer mathematischer Tests (Wieczerkowski et al. 1987, S. 223). Um es an einer konkreten Untersuchung zu verdeutlichen: In der Evaluation des Hamburger Förderprogramms für mathematisch besonders begabte Schüler zeigte sich, dass die in das Förderprogramm aufgenommenen Jungen und Mädchen der 6. Jahrgangsstufe, die ausschließlich aufgrund ihrer hervorragenden mathematischen Leistungsfähigkeit für das Programm akzeptiert worden waren, durchschnittlich einen Intelligenzwert von IQ=145 hatten, also zu den besten 1% der Intelligenz ihrer Altersgruppe gehörten, »wobei sich insbesondere auch im verbalen Bereich sehr hohe Testleistungen zeigten« (Wagner et al. 1986, S. 248). Die nicht aufgenommenen Schüler, die sich für den Wettbewerb gemeldet hatten, erzielten immerhin noch einen mittleren Intelligenzwert von IQ=127. Einseitige mathematische »Spitzenbegabungen« mit nur durchschnittlicher allgemeiner Intelligenz konnten hingegen nicht beobachtet werden. Pollmer (1992, S. 275) resümiert die Literatur ähnlich kurz und bündig und betont, eine »besondere mathematische Begabung« stelle »lediglich eine besonders hohe intellektuelle Begabung« dar.
- Die allgemeine Intelligenz g kann auch gut als Fähigkeit zum Lernen verstanden werden. Asendorpf (1996, S. 145) drückt diesen Sachverhalt knapp, aber treffend aus, wenn er Intelligenz als »Fähigkeit zu hoher Bildung« beschreibt. Ähnlich formulieren Ree et al. (2003, S. 271): »Training hängt von g ab … Unsere Forschungsergeb-

nisse und die Übersicht über die Literatur belegen klar die allgegenwärtige Rolle von g als Prädiktor des Trainingserfolgs.« Helmke und Weinert (1997, S. 106) führen zwei miteinander kombinierbare Erklärungsmöglichkeiten an: »Intelligentere sind im Vergleich zu weniger intelligenten Menschen besser in der Lage, sich auf neue Aufgaben einzustellen, effektive Problemlösungsstrategien zu entwickeln und lösungsrelevante Regeln zu erkennen. Intelligentere haben im Vergleich zu weniger intelligenten Menschen in kumulativen Lernsequenzen unter vergleichbaren Zeit- und Instruktionsbedingungen mit einer gewissen Wahrscheinlichkeit in der Vergangenheit mehr und intelligenter organisiertes (tiefer verstandenes, vernetztes, multipel repräsentiertes und flexibel nutzbares) Wissen erworben. Diese bereichsspezifischen Vorkenntnisse erleichtern die darauf aufbauenden weiteren Lernprozesse.«

(2) Methodische und erfassungspraktische Gründe
- Die allgemeine Intelligenz g gehört zu den am besten erfassbaren psychologischen Konzepten. Es liegen verschiedene bewährte Verfahren vor, deren psychometrische Güte bekannt und zumeist mindestens gut ist. Ab dem Grundschulalter ist g hinreichend stabil (vgl. z. B. Hanses, 2000), um vernünftige Vorhersagen für Schule, Hochschule, Beruf und Leben zu ermöglichen. »Am offenkundigsten ist die Stabilität der individuellen Merkmalsunterschiede bei den intellektuellen Fähigkeiten.« Im Verlaufe der Entwicklung sind »drastische Veränderungen eine allerdings seltene Ausnahme« (Weinert 2000, S. 17).
- Erfasst man die generelle Intelligenz mit unterschiedlichen Testbatterien, hängen die jeweils batteriespezifischen latenten Variablen g (Sekundärfaktoren) sehr hoch zusammen – oder sie korrelieren gar nahezu perfekt miteinander (nämlich $r \geq 0,99$), wie eine aktuelle Studie von Johnson et al. (2004, S. 104) aufzeigt: »Diese Resultate sind unseres Wissens der stärkste Beleg dafür, dass psychologische Messungen der geistigen Leistungsfähigkeit konsistent eine gemeinsame zugrundeliegende Komponente der generellen Intelligenz identifizieren«.

Doch leider wird teilweise sogar Unsinn über Intelligenz und Intelligenzdiagnostik verbreitet. Das Ministerium für Bildung, Wissenschaft, Forschung und Kultur des Landes Schleswig-Holstein schreibt in einer Broschüre für die Lehrkräfte an allgemein bildenden Schulen (»Erster Leitfaden für die Lernplanarbeit«, 2003, S. 18) im Kapitel »Kinder mit besonderen Begabungen«: »Seriöse Intelligenztests enthalten dagegen immer auch Angaben darüber, in welchen Bereichen ein Kind besonders begabt ist, wie seine Motivationslage ist, wie sein allgemeiner Entwicklungsstand ist, ob es in irgendeiner Hinsicht verhaltensauffällig ist, ob ggf. partielle Lern- oder Teilleistungsstörungen vorliegen und dergleichen mehr«.

5.2.4 Wider die »Kreativität« in der Hochbegabtenidentifikation

Im Alltagsverständnis wird häufig angenommen, Kreativität sei zur Hochbegabtenidentifikation brauchbar. Außerdem ist das Konzept politisch hoch aktuell, insbesondere in Verbindung mit dem Begriff »Elite«. Viele reden und schreiben über Kreativität, viele reden über »Elite«, aber nur wenige kennen sich in der Literatur aus, und kaum jemand kann nachvollziehbar vermitteln, was er nun wirklich damit meint. Solche (nicht nur) laienpsychologisch populären Alltagskonzepte sind nicht immer in praktische Diagnostik umsetzbar und sie können unter wissenschaftlichen Gesichtspunkten weniger brauchbar oder gar unbrauchbar sein.

Kennzeichnend für das in der »Hochbegabungs«-Diskussion häufig indiskutable Niveau der Kreativitätsbeiträge sind Ausführungen, in denen offensichtlich wenig Sinnvolles als »Dialektik im kreativen Prozess« (Urban 1999, S. 125) gepriesen wird. Weil diese Dialektik nichtssagend-allumfassend ist, wollen wir sie hier zitieren:

> »Was für den kreativen Prozess und die kreative Person substantiell und offensichtlich ist, ist das ›interaktionale‹ oder besser ›dialektische‹ Prinzip, das man bei den verschiedensten Phasen/Stellen finden kann, wenn man ›durch den Kosmos der Kreativität gleitet‹ ... Die oben erwähnten, offensichtlichen Dichotomien erscheinen z. B. in
> ▼

— der breiten, umfassenden und zugleich zweck-
gerichteten, selektiven Wahrnehmung;
— dem analysierenden und dem synthetischen
Denken;
— dem ganzheitlichen und dem selektiven,
detailgerichteten Wahrnehmen, Denken und
Imaginieren;
— dem logischen Kombinieren und dem freien,
assoziativen Denken;
— der Verwendung einer breiten, allgemeinen
Wissensbasis und bereichsspezifischen Wissens;
— der Verwendung von Stücken aus der Realität
und von imaginierten Elementen.«

Auch wenn diese Leerformeln in verschiedenen
Büchern (z. B. Wagner 2000) abgedruckt worden
sind: Unter den eben von Urban aufgezählten einzelnen Punkten lässt sich immer *alles* subsumieren. Die
Wissenschaft ist sich einig: Im Vergleich zur Intelligenz ist »Kreativität« ein vielfach unschärferes Konzept, welches noch dazu als im Entwicklungsverlauf
hochgradig instabil beschrieben wird und bei dem
eine handhabbare und vorhersagekräftige Operationalisierung noch nicht zufriedenstellend gelungen
ist (vgl. Hocevar u. Bachelor 1989; Brown 1989;
Weisberg 1993). Schon Fox hatte sich 1963 kritisch
über viele Untersuchungen zur Kreativität geäußert,
und Ausubel bezeichnete seinerzeit Kreativität als
einen der »vagesten … Begriffe der heutigen Psychologie und Pädagogik« (1974, S. 616). Das hat sich in
den letzten Jahrzehnten nicht (deutlich) gebessert.
Kreativitätsforschung und -diagnostik treten weitgehend auf der Stelle. Von den zahlreichen psychometrischen Kreativitätstests erfasst keiner auch nur
annähernd das, was im eigentlichen Sinne produk-
tiv-schöpferische Leistungen ausmacht, und solche
Leistungen sind auch kaum durch »Kreativitätstests«
prognostizierbar. Cropley (1995, S. 358) drückt dies
pointiert aus: »Es stellt sich die Frage, ob es tatsächlich einen Zusammenhang gibt zwischen der Fähigkeit, außergewöhnliche Gebrauchsmöglichkeiten
für einen Ziegelstein vorzuschlagen, und den Ge-
dankengängen, die einen da Vinci oder Einstein be-
rühmt machten. Ferner sind die Tests inhaltlich eher
banal«.

Ein Beispiel für den vorfindbaren leichtfertigen
Umgang mit der Literatur findet sich bei Hany
(1987a, S. 176), der in einer Publikation behauptet

(ohne es mit soliden Studien zu belegen), »entsprechende Kreativitätsmesswerte [besäßen eine] hohe
prognostische Validität für hervorragende Leistungen«. Der Autor behauptet dies offensichtlich wider
besseres Wissen, weil er im gleichen Jahr in seiner
Dissertation genau das Gegenteil aussagt, nämlich
bei Kreativitätstests würde stets angemerkt, diese
seien »unzuverlässig« und könnten »kreative Leistungen kaum vorhersagen« (Hany 1987b, S. 128).

Weil Kreativität konzeptuell defizient definiert
ist, weil die Kreativitätsforschung in wesentlichen
Teilen erhebliche Schwächen aufweist und weil Kreativitätstests bis heute den »Nachweis ausreichender
Stabilität und einer von der allgemeinen Intelligenz
unabhängigen prognostischen Validität« (Tent 1998,
S. 196) nicht oder nicht zufriedenstellend erbracht
haben, deshalb ist »Kreativität« zum jetzigen Zeitpunkt ein für die Identifikation von »Hochbegabten« kaum brauchbares Konzept. Die prädiktiven
Validitäten sog. Kreativitätstests brechen nämlich
zusammen, partialisiert man die allgemeine Intelligenz aus. Weinert resümierte schon 1990 (S. 41), die
Kreativitätsforschung habe »bislang keineswegs den
Stand der Theoriebildung erreicht, der zuverlässige,
gültige und nützliche Schlussfolgerungen für sehr
unterschiedliche praktische Probleme erlauben würde«. Dem ist auch im Jahre 2006 kaum etwas hinzuzufügen. Urban (2002) verknüpft gar (verbal) »Kreativität« und »Intelligenz« und ergänzt dies um ein
Adjektiv zur »verantwortlichen Kreatelligenz«, die
Bedeutung des Unterfangens bleibt allerdings völlig
im Unklaren.

5.2.5 Administrative Hochbegabungs-konzeptionen

Administrative Hochbegabungskonzeptionen werden hier nur deswegen aufgeführt, weil sie in ihrer
Bedeutung für die Praxis nicht zu unterschätzen
sind. Sie sind beispielsweise für die Zuweisung von
Mitteln an Schulen und Träger von Fördermaßnahmen von hoher Relevanz. Im angloamerikanischen
Sprachraum hat die sog. Marland-Definition besondere Bekanntheit erlangt:

»Hochbegabte und talentierte Kinder sind jene,
… die aufgrund außergewöhnlicher Fähigkeiten
hohe Leistungen zu erbringen vermögen …
Kinder, die zu hohen Leistungen fähig sind,
schließen solche mit gezeigten Leistungen und/
oder mit potentiellen Fähigkeiten in irgendeinem
der folgenden Bereiche mit ein:

1. allgemeine intellektuelle Fähigkeit,
2. spezifische akademische (schulische)
   Eignung,
3. Kreativität und produktives Denken,
4. Führungsfähigkeiten,
5. bildnerische und darstellende Künste,
6. psychomotorische Fähigkeiten«
   (Marland 1972, S. 4, zit. nach Feger u. Prado
   1998, S. 34).

In dieser Konzeption wird also von behördlicher
Seite einer mehrdimensionalen Sichtweise der Vorzug gegeben. Als lediglich *administrative Festlegung*
im Auftrag des amerikanischen Kongresses kann
sie natürlich nicht als Beleg für die voneinander
unabhängige und eigenständige Existenz der postulierten sechs »Begabungen« herangezogen werden.
Einen anderen Ansatz verfolgt z. B. das Hessische
Kultusministerium, indem es sich der *g*-Konzeption
der Hochbegabung anschließt: »Die Feststellung
einer intellektuellen Hochbegabung orientiert sich
als Richtwert an einem Intelligenzquotienten (IQ)
von 130 bzw. einem Prozentrang (PR) von 98«
(Amtsblatt des Hessischen Kultusministeriums 2001,
S. 518).

5.2.6 Gardners »Multiple Intelligenzen«

Zu Beginn der 1980er Jahre postulierte Gardner erstmals (z. B. 1983; 2003) folgende sieben angeblich
voneinander unabhängige »Intelligenzen«:

- sprachliche Intelligenz,
- logisch-mathematische Intelligenz,
- räumliche Intelligenz,
- musikalische Intelligenz,
- körperlich-kinästhetische Intelligenz,
- interpersonale Intelligenz,
- intrapersonale Intelligenz.

Inzwischen sind noch weitere »ganze« bzw. »halbe«
Intelligenzkandidaten hinzugekommen, und zwar

- naturalistische Intelligenz,
- existenzielle Intelligenz.

Als nächster Kandidat für die Entdeckung weiterer
»Intelligenzen« wird von Gardner die »spirituelle
Intelligenz« gehandelt, weitere könnten folgen.

Die Konzeption der *multiplen Intelligenzen* erfreut sich, insbesondere bei Praktikern, großer Beliebtheit. Doch was ist von der Konzeption zu halten? Die ersten drei genannten »Intelligenzen« sind
unschwer als die auf Thurstone (1938) zurückgehenden bekannten Gruppenfaktoren »verbal comprehension« (v), »reasoning« (r) und »spacial ability« (s)
der »primary mental abilities« zu identifizieren, die
alle nennenswert untereinander und (damit) mit *g*
korrelieren, und auch Musikalität kovariiert, wie
angedeutet, linear mit *g*. Die Grundannahme der
Unkorreliertheit dieser vier »Intelligenzen« ist in
jedem Fall falsch, die positive Mannigfaltigkeit aller
Facetten kognitiver Leistungsfähigkeit ist eines der
am besten gesicherten Ergebnisse hundertjähriger
Intelligenzforschung.

Doch zur Frage der Beziehungen der »Intelligenzen« äußert sich Gardner eher nebulös. Einerseits
betont er, sie würden »relativ unabhängig voneinander fungieren« (Gardner 2002, S. 47), andererseits
schreibt er im gleichen Werk etwas später: »allerdings brauchen sie faktisch nicht unabhängig voneinander zu fungieren« (S. 125). Eine Spezifikation
dessen, was mit *unabhängig* oder *abhängig voneinander fungieren* gemeint ist, fehlt. An anderer Stelle
äußert sich Gardner zur statistischen Abhängigkeit:
»the degree of correlation among the intelligences is
yet to be determined« (2003, S. 47). Zu den »körper-
lich-kinästhetischen«, »interpersonalen«, »intraper-
sonalen«, »naturalistischen« und »spirituellen« »Intelligenzen« sind keine soliden Stellungnahmen
möglich, da es sich hier schlichtweg um Spekulatio-
nen handelt.

Zur Stützung seiner These *multipler Intelligenzen*
formuliert Gardner acht Kriterien (2002, S. 49–55),
die erfüllt sein müssen, damit eine Fähigkeit den
Status einer »Intelligenz« erreicht, wie die Möglichkeit einer Isolierung einer spezifischen Leistung
bspw. durch Hirnschäden mit spezifischen Ausfällen
in bestimmten Patientenpopulationen oder die Exis-

tenz von »idiots savants«, die eine spezifische Fähigkeit aufweisen. Diese acht Kriterien sind neben der Psychologie verschiedenen weiteren wissenschaftlichen Disziplinen zuzuordnen (Neurologie, Biologie, Soziologie, Ethnologie, Kunst- und Geistesgeschichte). Weiterhin listet Gardner als »Beleg« seiner Theorie unter anderem berühmte Personen auf, die beispielhaft die hohe Bedeutung einzelner Intelligenzen für ihren Erfolg verdeutlichen sollen (z. B. musikalische Intelligenz bei Strawinski; allerdings macht er keine Aussagen zu Strawinskis Ausprägung in den übrigen »Intelligenzen«, erst deutliche Diskrepanzen würden Gardners Vermutungen stützen). Außerdem stellt sich mit Jensen (1998, S. 129) die Frage, warum nicht beispielsweise die sexuelle oder kriminelle Intelligenz (und weitere) in die Runde der »multiplen Intelligenzen« aufgenommen werden sollten.

In der Psychologie ist es gemeinhin üblich – und kann bei einer theoretischen Konzeption, die mittlerweile ein Vierteljahrhundert alt ist, erwartet werden –, den Konzepten entsprechende Messinstrumente an die Seite zu stellen. Doch Gardner konstatiert lediglich das Fehlen »adäquater Messmethoden für die meisten dieser Intelligenzen« (2003, S. 47). Einige Versuche, die Ausprägung der »Intelligenzen« im jeweiligen Kontext zu erfassen, werden zwar hin und wieder von Gardner erwähnt, doch fehlen Angaben der zur Beurteilung notwendigen Gütekriterien – insbesondere zur Zuverlässigkeit und Gültigkeit. Reliable und konvergent/divergent valide Instrumente zu ihrer Messung gibt es nicht (vgl. Karolyi et al. 2003, die immer noch keine entsprechenden Belege zitieren können).

Die empirisch-diagnostischen Arbeiten Gardners würden aufgrund mangelnder Qualität – so schreiben Lubinski und Benbow (1995, S. 936) – »pass few preliminary screening commitees for a master's thesis in psychology«. Weber und Westmeyer (2001, S. 259) kommen gar zu dem Schluss, dass – nimmt man Gardner ernst – die multiplen Intelligenzen »sich letztlich theoretisch nur durch lebenslanges Inventarisieren von Verhalten erfassen« ließen – ein Nutzen und Erkenntnisgewinn wäre dann vollständig zu vernachlässigen. Gardner formuliert gar Zweifel, »daß das Intelligenzprofil in ein oder zwei Jahren noch dasselbe wäre« (2002, S. 168), nimmt also bereits eine geringe Stabilität auf der

Konstruktebene an. Folgt man seiner Annahme, dann wären die multiplen Intelligenzen für längerfristige Prognosen völlig untauglich. Gardners Aussage (1983), die kognitive Leistungsfähigkeit sage nur wenig über das Potenzial eines Menschen für sein weiteres Wachsen aus, ist schlichtweg nicht haltbar, da Gardner »einen Berg an Daten ignoriert« (Kuncel et al. 2004, S. 148). Entsprechend deutlich formulierte Eysenck (2004, S. 192) den Vorwurf, Gardner könne »auch nicht den Schatten eines empirischen Beweises für seine esoterischen und absolut unrealistischen Begriffsgespinste vorlegen« (vgl. ähnlich Jensen 1998, S. 128–132; Lubinski u. Benbow 1995, S. 937; Brody 1992, S. 36–40). Waldmann u. Weinert haben entsprechend schon 1990 (S. 19) angemerkt, Gardners Klassifikation beruhe eher »auf einer Analyse anekdotischer Befunde als auf einer empirisch bewährten soliden psychologischen Theorie über kognitive Fähigkeiten« (vgl. auch Barrett et al. 2003).

Ähnliche Bedenken bestehen bezüglich der unter Laien so populären »sozialen« bzw. »emotionalen« bzw. »praktischen« bzw. »spirituellen«»Intelligenzen« (für das bescheidene Niveau der einschlägigen Ausführungen siehe beispielhaft Piechowski [2003] oder die Intelligenzbelletristik von Stedtnitz [1999]). Um kurz die »soziale Intelligenz« zu erwähnen: Jenseits der in den Testverfahren zur Erfassung von »sozialer Intelligenz« enthaltenen allgemeinen Intelligenz bzw. verbalen Intelligenz bleibt wenig übrig, das Konzept der sozialen Intelligenz kann als »weitgehend gescheitert« (Kanning 2003, S. 36) angesehen werden. Letztendlich handelt es sich bei der Inflation von Begabungen bzw. Intelligenzen um einen Rückfall in längst überwundenes vermögenspsychologisches Denken: Für jede Leistungsspitze wird eine eigene »Hochbegabung« oder »Intelligenz« postuliert (zur Kritik s. Heilmann 1999). Das reicht von »Beziehungs-«, »Karriere-« und »moralischer Intelligenz« bis hin zu »astrologischer«, »sexueller« und Gardners »spiritueller Intelligenz«.

Ein in der letzten Zeit vermehrt diskutiertes Konzept ist die »emotionale Intelligenz«. Dazu merkt Schuler (2002, S. 138) an, »dass die Vorschläge zur Begriffserweiterung [der Intelligenz] auf nichtkognitive Verhaltensbereiche ... nicht auf empirisch prüfbare Weise vorgebracht und empirischen Prüfungen nicht unterzogen wurden, im Falle empirischer Prüfung auch keine Chance auf Bestätigung gehabt hätten« und kommt zu dem Schluss, die emotionale Intelligenz sei »ein würdiger Kandidat für das Unwort des Jahres: rückschrittlich, irreführend, ignorant und unnötig« (S. 140; vgl. dazu die Kontroverse im gleichen Jahrgang dieser Zeitschrift).

5.3 Diagnostik und Identifikation

»Diagnostik von Hochbegabung« und »Identifikation Hochbegabter« meinen weitgehend dasselbe. Möchte man Bedeutungsnuancen betonen, könnte man »Identifikation Hochbegabter« eher auf Talentsuche, »Diagnostik von Hochbegabung« eher auf die Einzelfallarbeit beziehen. Heller (1987, S. 163–164) unterscheidet als mögliche Aufgaben der Diagnostik von Hochbegabung:

- Hochbegabungsdiagnostik als Präventions- und Interventionshilfe,
- Talentsuche als Mittel zur Hochbegabtenförderung,
- Hochbegabtenidentifikation als Forschungsbeitrag.

Die im vorangegangenen Teil (► Kap. 5.2) vorgestellten Modelle – und die damit zusammenhängende Diskussion zwischen den Anhängern der unterschiedlichen Modelle – sind für die (hochbegabungs-)diagnostische Praxis im Allgemeinen von nachgeordneter Bedeutung, da »trotz der Heterogenität in der theoretischen Definition von Hochbegabung als allgemein-eindimensionales versus multidimensionales, fähigkeitsspezifisches Konstrukt … in der Praxis der Hochbegabungsdiagnostik nach wie vor ein allgemeiner Ansatz favorisiert« wird (Preckel 2003, S. 13) – also die Erfassung der allgemeinen Intelligenz g. Ähnlich formuliert Fischer (2002, S. 32): »Der Intelligenztest stellt das verbreiteste und anerkannteste Verfahren für die Identifikation von Hochbegabung dar, zumal intellektuelle Fähigkeiten in eindimensionalen wie auch in mehrdimensionalen Hochbegabungskonzepten zentrale Bedeutung besitzen«. In einem neueren Lehrbuch schreibt – in die gleiche Richtung weisend – Rustemeyer (2004, S. 57): »Standardisierte Intelligenztests sind geeignete Verfahren zur Erfassung von intellektueller Hochbegabung«. Im übrigen ist – unter Hinweis auf die derzei-

tige Qualität entsprechender diagnostischer Instrumente – Heller (1987, S. 166) zuzustimmen, der schreibt, dass »in absehbarer Zeit kein äquivalenter Ersatz für psychometrische Verfahren der Hochbegabungsdiagnostik zur Verfügung stehen wird«.

Präskriptiv sollte man – in jedem der von Heller genannten drei Fälle – die entsprechende Identifikationsstrategie aus der jeweiligen Hochbegabungskonzeption ableiten. Weiterhin sind noch Regeln für die dichotome Entscheidung »hochbegabt« vs. »nicht hochbegabt« zu bestimmen. Bei Einfaktormodellen ist dies lediglich der eine »Cut-off«-Wert. In mehrdimensionalen Hochbegabungskonzeptionen sind zusätzlich die Verknüpfungsregeln (kompensatorisch, konjunktiv, disjunktiv sowie Mischstrategien) der beteiligten Konzepte zu explizieren und zu begründen. Wie erwähnt, mangelt es hieran allen vorgestellten mehrdimensionalen Modellen.

Unabhängig davon, für welche der angeführten Strategien man sich auch entscheidet, gibt es – wie erwähnt – bei diagnostischen Entscheidungen immer zwei Fehlerquellen: Zum einen kann man ein »wirklich« hochbegabtes Kind übersehen und nicht zur Gruppe der Hochbegabten rechnen (β-Fehler, falsch-negative Entscheidung) oder bei einem »in Wirklichkeit« nicht-hochbegabten Kind fälschlicherweise eine Hochbegabung diagnostizieren (α-Fehler, falsch-positive Entscheidung). Da beide Fehler nicht gleichzeitig minimiert werden können, ist zu entscheiden, wie und nach welchen Kriterien die Konsequenzen der beiden Fehler zu gewichten sind. (In der Individualdiagnose stehen häufig eher Kosten für das Individuum im Fokus der Aufmerksamkeit – wie eine mögliche Überforderung eines nicht-hochbegabten Kindes in einem [zu] schwierigen Förderprogramm bzw. eine dauerhafte Unterforderung bei Zurückweisung eines hochbegabten Kindes.) Nicht nur innerhalb der Hochbegabungsforschung sind zwei hiermit zusammenhängende Kennwerte von zentraler Bedeutung: *Effektivität* bezeichnet den Anteil der durch das Diagnoseinstrument als hochbegabt Identifizierten an der Gesamtpopulation untersuchter Hochbegabter. Hingegen meint *Effizienz* den Anteil an »wirklich« Hochbegabten innerhalb der Gesamtgruppe der Personen, die für hochbegabt befunden wurden. Da auch diese beiden Kennwerte nicht gleichzeitig optimierbar sind, ist auch hier im Vorfeld eine rationale Entschei-

◻ Tab. 5.2 Einfluss von Normverschiebungen (»IQ-Gewinn«) auf Klassifikationsraten im oberen Intelligenzbereich: Prozentsatz der vermeintlich als hochbegabt Identifizierten (%ID) und Prozentsatz der tatsächlich Hochbegabten unter den Identifizierten (%HB/ID) (aus Hanses 2000, S. 104)

IQ-Level	% HB	IQ-Gewinn: 5 IQ-Punkte		IQ-Gewinn: 10 IQ-Punkte		IQ-Gewinn: 15 IQ-Punkte		IQ-Gewinn: 20 IQ-Punkte	
		% ID	% HB / ID	% ID	% HB / ID	% ID	% HB / ID	% ID	% HB / ID
IQ≥120	9,12	15,87	57,49	25,25	36,12	36,94	24,69	50,00	18,24
IQ≥125	4,78	9,12	52,40	15,87	30,12	25,25	18,93	36,94	12,94
IQ≥130	2,28	4,78	47,60	9,12	24,94	15,87	14,34	25,25	9,01
IQ≥140	0,38	0,98	39,03	2,28	16,84	4,78	8,02	9,12	4,20
IQ≥150	0,04	0,13	31,79	0,38	11,20	0,98	4,37	2,28	1,89

Ablesebeispiel: Wird als Hochbegabungskriterium IQ≥130 gewählt, so lassen sich bei zutreffenden Normen 2,28% einer unselegierten Stichprobe als »hochbegabt« klassifizieren. Bei Zugrundelegung veralteter Normen (IQ-Gewinn: 10 IQ-Punkte) würden jedoch 9,12% - nämlich all diejenigen, die einen tatsächlichen IQ≥120 aufweisen - als vermeintlich »hochbegabt« identifiziert. Die so gewonnene Hochbegabtengruppe würde nur zu 24,94% aus *tatsächlich* Hochbegabten bestehen.

dung für das jeweilige Vorgehen erforderlich (ausführlicher: Wild 1991).

Selbstredend sollten zumindest die Hauptgütekriterien Objektivität, Reliabilität und Validität der eingesetzten Instrumente, aber auch die Nebengütekriterien – insbesondere eine zeitnahe Normierung (um z. B. dem sogenannten Flynn-Effekt und der resultierenden »Normverschiebung« Rechnung zu tragen; vgl. ◻ Tab. 5.2) – möglichst optimal ausfallen. Außerdem sind für die (Beurteilung der) Güte einer Identifikation die Grundquote (Anteil Hochbegabter in der Population; im Falle der »IQ≥130«-Konzeption also ca. 2%) und die setzbare Selektionsquote entscheidend (Anteil der aus der Population Ausgewählten).

5.3.1 Mehrphasiges Vorgehen der Hochbegabtenidentifikation

Bei der (pädagogisch orientierten) Identifikation Hochbegabter empfiehlt sich ein mehrphasiges Vor-

Stabilität von Hochbegabung

Im Rahmen des Marburger Hochbegabtenprojekts ging Hanses (2000) auch der Frage der Stabilität von intellektueller Hochbegabung nach. Allein aufgrund einer Regression zur Mitte (vgl. z. B. Rost 2005, S. 79–84) ist bei einer derart extremen Gruppe wie den Hochbegabten bei einer Retestung von einem deutlichen Abfall des Intelligenzwerts auszugehen. In der 3. Grundschulklasse wurden 151 intellektuell hochbegabte Kinder aus einer nicht-vorselegierten Gruppe von über 7000 Kindern mit einer Intelligenztestbatterie nach der allgemeinen Intelligenz ausgewählt. Sechs Jahre später – also in der 9. Klasse – wurden die Jugendlichen erneut mit einer strukturell vergleichbaren (und zeitlich parallel an einer unabhängigen Stich-

probe normierten) Intelligenztestbatterie untersucht. Von den im Grundschulalter identifizierten Hochbegabten erreichten im Jugendalter 50% (also 75 Personen) bzw. 71% (entspricht 107 Personen) ein Intelligenzergebnis von IQ≥130 (entspricht ungefähr PR=98) bzw. IQ≥125 (entspricht ungefähr PR=95). Diese prozentualen Anteile entsprechen im Wesentlichen denen, die bei einer Retest-Stabilität von r=0,85 zu erwarten wären (50% bzw. 72%). Dieser Befund spricht – so interpretiert Hanses (2000, S. 120) – »sowohl für die Adäquatheit der im Grundschulalter vorgenommenen Auswahl der Gruppen, für die psychometrische Brauchbarkeit und vergleichbare Validität der eingesetzten Verfahren als auch für die Angemessenheit der … verwendeten Normen«.

gehen (Rost 1991a, S. 206–210). Wie erwähnt, sollen im Falle der auf der allgemeinen Intelligenz *g* basierten Definition die Ergebnisse im quantitativen Merkmal Intelligenz in zwei distinkte Gruppen (»Hochbegabte«, »nicht Hochbegabte«) überführt werden. Am Ende des *Screenings* (häufig Lehrerurteil, besser: Gruppenintelligenztests) ergeben sich zunächst drei Gruppen:

- (wahrscheinlich) Hochbegabte: (Gruppen-)Intelligenztestergebnis und Schulleistungen sind beide sehr gut,
- (wahrscheinlich) nicht Hochbegabte: (Gruppen-)Intelligenztestergebnis und Schulleistungen sind beide mäßig bis schlecht,
- Zweifelsfälle: Personen, bei denen aufgrund der bis dahin vorliegenden Information noch keine relativ eindeutige Vermutung angestellt werden kann, d. h. es liegt eine stärkere Diskrepanz zwischen (Gruppen-)Intelligenztestresultat und Schulleistungen vor.

In der anschließenden *Verifikationsphase* soll die Diagnose abgesichert werden (günstigerweise: Individualtest), um dann in der dritten Phase eine Zuweisung zu Fördermaßnahmen (*Platzierung*) vornehmen zu können (wobei hier auch Variablen wie Vorlieben und Interessen für Aspekte einzelner Programme bei der Auswahl zu beachten sind). In der Praxis lassen sich die drei Phasen nicht immer trennen, es handelt sich eher um eine konzeptuelle Abgrenzung.

Auf einige Besonderheiten wollen wir noch hinweisen: Ist nur ein einziges, für alle »besonders begabten« Schüler identisches Förderangebot vorgesehen, stellt sich die Frage der Platzierung nicht. Werden jedoch, was immer anzustreben ist, unterschiedliche Themen, Schwierigkeitsstufen und Arbeitsweisen angeboten, ist zu klären, welche Förderangebote für welche Schüler geeignet oder wünschenswert sind (differenzielle Förderindikation im Sinne einer »Aptitude-Treatment«-Interaktion). Hierfür sind die Unterschiede zwischen den Schülern relevant – die im intellektuellen Bereich, aber insbesondere auch die Unterschiede in Persönlichkeitseigenschaften, Vorlieben und Abneigungen für bestimmte Themen, Freizeitverhalten und Interessen usw. Diese Personeigenschaften streuen nämlich auch in der Gruppe der Hochbegabten über eine weite Bandbreite. Weiterhin differieren vorausgegangene Lernerfahrungen, angesammeltes Wissen und Arbeitsverhalten deutlich.

Bei älteren Schülern können die Schulleistungen sowie differenzielle Intelligenztests oder sog. Strukturtests erste Entscheidungsgrundlagen bereitstellen (z. B. Leistungs- bzw. Begabungsschwerpunkte mehr im sprachlichen, numerischen oder figuralen Bereich). Genauso wichtig oder noch wichtiger sind aber die aufgrund der »weichen« Verfahren (z. B. Lehrerbefragung, Elterninterview, Schülerexploration) einzuholenden Informationen, die in der Platzierungsphase ihren eigentlichen, sinnvollen Stellenwert haben. Ihre Integration zu einer alle Seiten befriedigenden Entscheidung ist keine einfache Aufgabe, da sehr unterschiedliche diagnostische Daten (Testurteil, Elternurteil, Lehrerbefragung, Schulleistungen, Interessenschwerpunkte usw.) gegeneinander abzuwägen und auf die organisatorischen Rahmenbedingungen abzustimmen sind. Nicht immer kann deshalb die Platzierung für alle Beteiligten zufriedenstellend gelöst werden. Außerdem ist im Einzelfall die psychologisch nur eingeschränkt zu beantwortende Frage zu klären, ob eine Förderung eher auf Stärken, oder aber auf Schwächen abzielen sollte.

In Konflikt- oder Zweifelsfällen sollte bei der Entscheidung den Wünschen der betroffenen Schüler Priorität eingeräumt werden, denn die Förderung wird ja für sie angeboten (und nicht für die Eltern, Lehrer oder Fördereinrichtungen). Dabei sind auch nicht direkt programmbezogene Wünsche legitim (z. B. Zusammenarbeit mit einem Freund). Wie gut die Platzierungsfrage gelöst worden ist, zeigt sich im Verlauf der gemeinsamen Arbeit. Wichtiger jedoch als solche Vorinformationen ist die didaktisch-methodische Gestaltung der Förderangebote: Ein guter Unterricht sollte nicht nur an vorhandene Vorlieben, Interessen und Vorkenntnisse anknüpfen und sie ausbauen, sondern auch das Ziel haben, neue Interessen zu wecken.

Welche diagnostischen Verfahren in den drei Phasen letztendlich ausgewählt werden, hängt von der besonderen pädagogisch-psychologischen Fragestellung und von der zu treffenden Entscheidung ab. Ganz allgemein gilt, dass die ökonomischen Gruppenintelligenztests ihren Platz insbesondere in der Vorauswahl haben. Wiederholt wurde eingewendet,

Gruppenintelligenztests (und auch viele Einzeltests) eigneten sich nicht zur (Vor-)Auswahl »Hochbegabter«, da sie nicht für diesen Zweck konstruiert seien, sondern für den Einsatz im »Normalbereich« der Begabungen (z. B. IQ=70 bis IQ=130); folglich differenzierten sie innerhalb des oberen Extrembereichs nicht hinreichend, und es komme zum sogenannten Deckeneffekt (vgl. z. B. das Manual des verbreiteten HAWIK III; Tewes et al. 1999, S. 31). Obwohl der Sachverhalt richtig umschrieben ist, überzeugt dieses Argument nicht: Für die pädagogisch orientierte Identifikation, die ja auf eine nachfolgende Förderung zielt, kommt es vorrangig darauf an, die »Hochbegabten« von den »nicht besonders Begabten« zu unterscheiden. Genau dies leisten aber die gängigen Tests. Eine Differenzierung *innerhalb* der »Hochbegabten« hinsichtlich der Begabungshöhe ist im Allgemeinen nicht beabsichtigt, da daraus für die üblichen Fördermaßnahmen keine differenziellen Konsequenzen folgen.

Für groß angelegte Untersuchungen sind die im Allgemeinen genauer messenden Einzelintelligenztests zu aufwändig und deshalb eher zur Absicherung einer Diagnose vorzusehen. Sie erlauben zusätzlich die Beobachtung des Schülers beim Lösungsprozess: Qualität und Stil des Antwortverhaltens können dem erfahrenen Psychologen zusätzliche Aufschlüsse geben. (Insbesondere für jüngere Kinder sind Einzeltests ohnehin die Methode der Wahl.) Anzustreben ist, sowohl an Sprache gebundene als auch nicht sprachgebundene Aspekte der Begabung zu diagnostizieren: Kinder aus anregungsarmen sozialen Verhältnissen können in letzteren ihr Leistungspotenzial besser dokumentieren. Da auf der anderen Seite die Sprache ein hervorragendes »Werkzeug des Denkens« ist und ein differenziertes Medium zum Austausch von Ideen darstellt, darf auf die Erfassung verbaler Intelligenzaspekte nicht verzichtet werden.

5.3.2 Hochbegabtenidentifikation durch Eltern, Lehrer oder Peers?

Für die Validitätsbestimmung der verschiedenen Identifikationsinstrumente als Prädiktoren gilt es, ein »gültiges« Kriterium zu wählen. Üblicherweise wird die Übereinstimmung der Beurteilungen im Prädiktor mit einem Intelligenztestergebnis ermittelt. Besonders schwierig gestaltet sich die trennscharfe Unterscheidung von überdurchschnittlichen Personen (im Bereich 115<IQ<130) und hochbegabten Personen (IQ≥130).

Identifikationsquelle »Lehrkräfte«

Von Lehrkräften wird aufgrund ihrer vielfältigen Erfahrung und der breiten Vergleichsbasis erwartet, dass sie relativ gut die allgemeine Leistungsfähigkeit des Schülers einschätzen und über spezifische Fähigkeiten und Schwächen eines Kindes Auskunft geben können. Hinzu kommt die tägliche Beobachtung ihrer Schüler in unterschiedlichsten Situationen. Deshalb ist ein auf Lehrerurteil basierendes Screening weit verbreitet (z. B. Richert 1985; Heller 1992). Tatsächlich aber pflegen Lehrer ihre Schüler eher nach der gezeigten Leistung als nach dem, was ein Kind leisten könnte (»zugrundeliegendes Potenzial«), zu beurteilen (Rost u. Hanses 1997). Dies wäre zu vertreten, wenn der Lehrer über die anderen, die Leistungen seiner Schüler ebenfalls beeinflussenden Faktoren (z. B. Fleiß und Anstrengungsbereitschaft, Leistungsdruck von Seiten des Elternhauses, Interessen) hinreichend informiert ist und diese in Rechnung stellt.

Diagnostische Kompetenz von Lehrkräften

Eine aktuelle Studie von Spinath (2005) untersuchte differenziert verschiedene Aspekte der Akkuratheit von Lehrereinschätzungen. Dabei verglich Spinath u. a. die Intelligenztestergebnisse von Grundschülern mit entsprechenden Einschätzungen ihrer Lehrkräfte. Sie trennte eine Niveaukomponente (d. h. die Tendenz der Lehrkräfte, die »tatsächliche« Intelligenz zu über- oder unterschätzen) von einer Differenzierungskomponente (d. h. die Tendenz, die Variabilität zu über- oder unterschätzen) und von einer Rangkomponente (klassenweise berechnete Rangkorrelation). Das Niveau der mittleren Intelligenz der Schüler ihrer Klasse wurde von den Lehrkräften im Allgemeinen ganz gut eingeschätzt, die Variabilität hingegen leicht unterschätzt. Der Median der Korrelationen der Rangkomponente betrug r=0,40 – mit einer beträchtlichen Varianz der Einschätzungsgenauigkeit.

Bezogen auf die Genauigkeit wurden in vielen Studien – auch schon im Vor- und Grundschulbereich – jedoch nur mittelhohe oder geringe Übereinstimmungen zwischen Lehrernominierungen oder -einschätzungen einerseits und Intelligenztestergebnissen bzw. Leistungsentwicklung andererseits gefunden (z. B. Wild 1991; Schrader 2006). Dies liegt an mehreren Gründen (die nicht notwendigerweise alle gegen das Lehrerurteil sprechen):

- Das, was von Lehrern aufgrund ihrer pädagogischen Ausbildung und Erfahrung unter »Begabung« verstanden wird, ist ein umfassenderes Konzept als die »Intelligenz«, wie sie mit den üblichen Tests gemessen wird. Fragt man Lehrer undifferenziert nach »Begabung«, legen sie in aller Regel einen komplexen Begriff zugrunde, welcher neben der allgemeinen kognitiven Leistungsfähigkeit auch Einfallsreichtum, mündliche und schriftliche Schulleistungen sowie körperliche und seelische Stabilität umfasst. Lehrer beziehen also Aspekte ein, die in Intelligenz- und Leistungstests nicht vertreten sind; notwendigerweise muss die Korrelation zwischen Testleistung und Lehrerurteil sinken.
- Natürlich ist nicht nur das Lehrerurteil (deutlich) fehlerbehaftet, sondern auch der zum Vergleich herangezogene Intelligenz- oder Schulleistungstest (weniger stark). Im Gegensatz zum Lehrerurteil ist jedoch bei Tests die Güte der Messung bekannt.
- Weiterhin kann das Lehrerurteil als eine »intuitive Durchschnittsbildung« über unterschiedliche Situationen und über längere Zeiträume hinweg verstanden werden, während der Intelligenz- oder Schulleistungstest zunächst ein Abbild der aktuellen Leistungsfähigkeit darstellt. (Intelligenztests lassen jedoch ab einem Alter von 10–12 Jahren eine sehr gute Prognose über die Leistungen in unterschiedlichen Situationen zu – auch über längere Zeiträume hinweg.) Einschränkend muss jedoch betont werden, dass selbst erfahrene Fachlehrer für Mathematik bei der Vorhersage mathematischer Hochleistungen schlechter als Tests abschneiden (Stanley 1976).
- Die (nur) mittlere Übereinstimmung zwischen Lehrerurteil und Intelligenz- bzw. Schulleistungstestergebnis mag vielleicht auch darin liegen, dass manche Lehrer eher dazu neigen, gut angepasste Kinder als »besser begabt« zu bewerten und gute Begabungen von schwierigen Schülern zu unterschätzen, ebenso, wie andere dazu tendieren, bei Leistungsgleichheit Kinder mit höherer Leistungsmotivation besser einzuschätzen als solche mit geringerer Motivation (obwohl den letzteren ein höheres Begabungspotenzial zuzusprechen wäre, versteht man aktuelle Leistung als Zusammenspiel von Motivations- und Begabungsfaktoren).

Alle diese Gründe begrenzen die mögliche Übereinstimmung zwischen Lehrerurteil und Testergebnis. Deshalb wurde und wird versucht, Hilfsmittel (z. B. Checklisten; zur Problematik siehe den Kasten im Abschnitt: Identifikationsquelle Eltern) zu entwickeln, um die Beurteilungskompetenz von Pädagogen zu erhöhen. In den USA sind – zusätzlich zu Checklisten – zahlreiche Schätzskalen (»Ratings«) für Lehrkräfte entwickelt worden, um quantitativ abgestufte Informationen über verschiedene Fähigkeiten und Persönlichkeitseigenschaften von Schülern zu sammeln (z. B. »Scale for Rating Behavioral Characteristics of Superior Students«, SRBCSS; Renzulli et al. 1976). Hier muss nicht nur eine Entscheidung über das Vorhandensein oder den Mangel von Merkmalen getroffen werden, sondern es wird verlangt, den Ausprägungsgrad auf einer mehrstufigen Skala zu spezifizieren. »Cut-off«-Empfehlungen, ab wann ein Schüler als »hochbegabt« anzusehen ist, sind hierbei nicht üblich.

Auch hier liegen nur wenige empirische Daten zur Qualität vor. In einer aktuellen Arbeit berichtet Schulthess-Singeisen (2004) von Erfahrungen mit einer leicht modifizierten und übersetzten Version der SRBCSS, die im Rahmen eines Schulversuches in der Schweiz eingesetzt wurde, um Lehrkräften die Nomination »potenziell hochbegabter« Schüler zu erleichtern. Die Ergebnisse fielen sehr ernüchternd aus: Von 342 nominierten Schülern erzielten lediglich 156 (46%) einen IQ≥130 in einer anschließenden Intelligenztestung. (Die Autorin zitiert darüber hinaus eine zweite Untersuchung, die ergab, dass 29% der intellektuell Hochbegabten von den Lehrkräften nicht nominiert wurden.) Die Korrelationen zwischen IQ und den Subskalen der SRBCSS bzw. dem Summenwert »Hochbegabte Verhaltensmerkmale« erreichen in der Gruppe der Nominierten maximal r=0,25. Ferner scheint die von Renzulli et al. postulierte faktorielle Struktur nicht replizierbar zu sein. Schulthess-Singeisen (2004, S. 151) kommt daher zu dem Schluss, dass »die SRBCSS in der vorliegenden Form zur Selektion hochintelligenter Kinder nicht vorbehaltlos empfohlen werden« kann. Doch dies ist kein singulärer Befund. Im Allgemeinen mangelt es Lehrernominierungen oder »-ratings« zu unterschiedlichen psychologischen Konzepten an diskriminanter Validität. Dies gilt für eine Vielzahl verschiedener Variablen, wie z. B. Intelligenz, Kreativität, Schulnoten, Kompetenz, technische Fähigkeiten usw. Wenn überhaupt, ist der Einsatz solcher Verfahren nur in den Bereichen zu diskutieren, für die es noch keine bewährten Tests und Fragebogen gibt (z. B. »Hingabe an eine Aufgabe«, Planungsverhalten, Ausdauer etc.).

Spezifischer zur Frage der Kompetenzen von Lehrkräften, Hochbegabte zu identifizieren, bemerkt Wild (1991, S. 45) im Anschluss an seine Sichtung der relevanten Literatur: »Aufgrund der vorliegenden Untersuchungen kann es weder als belegt gelten,

daß Lehrer in der Diagnostik der intellektuellen Leistungen ihrer Schüler besonders schlecht noch besonders geeignet seien.« Ein wesentlicher Grund für diese Interpretationsschwierigkeiten dürfte in den teilweise schwer wiegenden methodischen Mängeln der Studien zur Identifikationsfähigkeit von Lehrkräften liegen. Beispielsweise fehlen häufiger Angaben zur Selektionsquote, oder in anderen Arbeiten wurde nur die Intelligenz der durch Lehrer nominierten Schüler (und nicht die der nicht-nominierten) erhoben, so dass dann die Grundquote nicht bekannt ist.

Darüber, ob Fachlehrer oder Lehrer an weiterführenden Schulen besser abschneiden würden, kann aufgrund dieser Ergebnisse nur gemutmaßt werden. Auch die Studie von Hany (1991) erlaubt – entgegen den Angaben des Autors – keine weiterreichenden Schlussfolgerungen. In seiner Untersuchung sollten die Lehrkräfte Schüler mit sieben Items beurteilen (z. B. »Der Schüler lernt schneller als andere Schüler seines Alters«). Hany betrachtet leider nur hoch- und durchschnittlich begabte

---

Lehrer als Diagnostiker intellektueller Hochbegabung

Wild (1991) setzte im Zuge des Marburger Hochbegabtenprojekts (vgl. z. B. Rost 1993a; 2000a) die diagnostische Kompetenz von Lehrkräften mit Intelligenztestergebnissen an einer nicht vorausgelesenen Grundschulstichprobe in Beziehung. Im Lehrerrating streuen die klasseninternen Validitätskoeffizienten – also Korrelationen – zwischen Klassen (und damit beurteilenden Lehrkräften) erheblich von beinahe perfekten Koeffizienten bis zu beinahe Nullkorrelationen. Bei einer Nominierungsquote (Anteil der Personen der Gesamtpopulation, die als »hochbegabt« nominiert werden dürfen) von rund 25% liegt die Effektivität bezüglich des Kriteriums »hochbegabt mit IQ≥130 bei 85,1%, also circa 15% der Hochbegabten bleiben unerkannt. Hingegen liegt die Effizienz nur noch bei 7%. Bei einer Nominierungsquote von 4,3% liegt die Effektivität hingegen nur noch bei 35% (Effizienz: 16,4%). Auch bei einer Lehrernomination begabungsrelevanter Verhaltensmerkmale sieht das Befundmuster nicht deutlich besser aus. Bei

einer Selektionsquote von 4,4% liegt die Effektivität bei 33% (Effizienz: 14,9%). Hinzu kommt, dass die Identifikationsleistung Hochbegabter von den Schulnoten abhängt (Rost u. Hanses 1997, S. 167): »Je schlechter der Notendurchschnitt, desto schlechter die Identifikationsleistung«. Bei einem Notenschnitt von 1,0 werden bei einer Nominierungsquote von 16% bereits alle Hochbegabten nominiert, betrachtet man jedoch eine Durchschnittsnote von »2«, ist eine Nominierungsquote von 32% erforderlich, damit 95% der Hochbegabten benannt werden (S. 173–174). Außerdem nehmen Lehrkräfte bei der Beurteilung von Leistungsprofilen (also individuellen Leistungsspitzen und -schwächen) eine Egalisierung von Unterschieden vor. Die durchschnittliche Interkorrelation der drei Intelligenztests (CFT 20, ZVT, Sprachliche Analogien) betrug nämlich r=0,42 (über alle Schüler) bzw. r=0,40 (klassenintern berechnet und dann über die Klassen ermittelt), während die analogen Lehrereinschätzungen im Durchschnitt mit r=0,76 bzw. r=0,80 außergewöhnlich hoch ausfallen (Wild 1991).

Schüler. Den für die hier zentrale Frage entscheidenden Verteilungsabschnitt der überdurchschnittlich Begabten lässt er aus. Als Konsequenz wird die diagnostische Leistungsfähigkeit der Lehrereinschätzung erheblich *überschätzt*. Außerdem waren in seiner Stichprobe 59% (!) hochbegabte Schüler vertreten. Die Gütekennwerte lagen – bei unterschiedlichen Verknüpfungsregeln der Lehrereinschätzungen – für die Effektivität zwischen 0,77 und 0,88. Die Effizienz erreichte Werte zwischen 0,65 und 0,77 (Hany 1991, S. 46).

Zum Schluss dieses Abschnitts ziehen wir einige Schlussfolgerungen zu Lehrerinformationen, seien es Nominierungen oder abgestufte Einschätzungen. Nominierungen und Einschätzungen können (und sollten) dann zusätzliche Informationen und erwünschte Hilfen darstellen – d h., dass sie keinesfalls als alleinige Entscheidungsgrundlage zu verwenden sind –, wenn folgende (teilweise in Anlehnung an Hoge u. Cudmore 1986, S. 412–413, aufgestellte) Punkte beachtet werden:

- Lehrernominierungen und Lehrer»ratings« sind keine Intelligenz- oder Leistungstests; sie sollten daher auch nicht als solche interpretiert werden.
- Lehrerbeurteilungen sind anhand adäquater und erprobter Instrumente vorzunehmen (die aber erst noch entwickelt werden müssten). Unscharfe Nominierungskategorien und ad hoc zusammengestellte Schätzskalen erfüllen selten die Erwartungen, die in sie gesetzt werden.
- Man sollte Lehrer nur nach solchen Verhaltensweisen, Leistungen und Fähigkeiten fragen, über die sie auch begründet Auskunft geben können, d. h. die sie aufgrund ihres schulalltäglichen Umgangs mit Kindern auch beurteilen können.
- Der einzuschätzende Begabungs- und Persönlichkeitsbereich muss – in Abhängigkeit von den auf die Identifikation folgenden Konsequenzen – genau definiert und an möglichst konkreten Beispielen spezifiziert werden. Bei Ratings sollen zumindest die Endstufen der Skalen treffend umschrieben und durch prägnante Beispiele verankert werden.
- Der Beurteilung sollte ein angemessenes und ausführliches Training vorausgehen, das u.a. die Lehrer mit möglichen Fehlerquellen vertraut macht (z. B. günstigere Beurteilung sozial angepasster, »pflegeleichter« Kinder und Benachteili-

gung schwieriger, kritischer Schüler), sie über den Zweck der Identifikation aufklärt sowie ein homogenes Konzeptverständnis bei allen am Identifikationsprozess Beteiligten zu erreichen versucht. Speziell für Schätzskalen könnte ein Diskriminationstraining für die einzelnen Skalenstufen hilfreich sein.

- Lehrerurteile sollten in der Screening- und Verifikationsphase keine dominante Rolle spielen. Sie haben ihren Platz vor allem bei der Zuweisung von schon identifizierten »Hochbegabten« zu speziellen Fördermaßnahmen.
- Lehrerurteile sollten – wenn überhaupt – nur dann eingeholt werden, wenn man an einem globalen Kennwert für die intellektuelle Leistungsfähigkeit von Schülern interessiert ist; eine differenzielle Begabungsdiagnostik bedarf erprobter Instrumente.

Identifikationsquelle »Eltern«

Einer verbreiteten Einsicht des »gesunden Menschenverstandes« zufolge kennen Eltern ihre Kinder am besten. Eltern sind viel mit ihren Kindern zusammen und können deren Verhalten in verschiedenen Situationen, insbesondere in Leistungssituationen, aufmerksam beobachten. Wenn sie die Entwicklung ihrer Kinder mit der notwendigen kritischen Distanz verfolgen, mögen sie Stärken und Schwächen vergleichsweise gut kennen. Elterninformationen werden trotzdem nur selten zur Identifikation »besonders begabter« Kinder eingeholt. Man befürchtet, Eltern seien befangen und voreingenommen (durch z. B. Übertreibungen, unrealistisches Wunschdenken, mangelnde Vergleichsmöglichkeiten, falsch verstandenen Ehrgeiz, überhöhte Bildungsaspirationen), weil es um ihre eigenen Kinder gehe. Elternangaben über die Begabung von sehr fleißigen Kindern sind mit besonderer Vorsicht zu genießen, da nicht selten erst das auf den hohen Leistungsdruck des Elternhauses zurückgehende »Streben« zu (sehr) guten Schulleistungen geführt hat und die Eltern diese auf »besondere Begabungen« attribuieren. Allerdings ist die empirische Basis zu schmal, um eine wissenschaftlich begründete Entscheidung zur Identifikationsfähigkeit von Eltern zu fällen.

Bei Elternchecklisten ergibt sich zusätzlich zu den im Kasten »Probleme von Checklisten« aufgeführten Kritikpunkten noch, dass die einzuschätzenden Charakteristika teilweise bis weit in die frü-heste Kindheit reichen. Welcher Vater oder welche Mutter eines Kindergarten- oder Grundschulkindes kann sich bei zeitlich so ungenauen und inhaltlich so unscharfen Umschreibungen einigermaßen präzise daran erinnern, ob das eigene Kind »schon als Baby auffallend lebhaft« war oder als Säugling »früh be-gann, Menschen und Dinge zu fixieren«? Eltern sind in der Regel völlig überfordert, solche Feststel-lungen wie »Es erreicht viele Entwicklungsstadien im Baby- und Kleinkindalter früher und durchläuft sie schneller« (Heinbokel 1988, S. 35) für ihr Kind als zutreffend oder nicht zu bewerten. Außerdem fehlt Eltern im Allgemeinen das entwicklungspsy-chologische Wissen, und es fehlt eine breitere Vergleichsbasis. Insofern verwundert es nicht, dass solche retrospektiven Elternberichte über die Ent-wicklung ihrer Kinder praktisch keine nennens-werten Korrelationen zu späteren Beobachtungen und Testergebnissen aufweisen.

Wegen der theoriearmen Konzeption, des großen Interpretationsspielraumes, der mangelhaften Er-fahrungsbasis von Eltern und Lehrern mit Hoch-begabten sowie der geringen Effektivität kann beim gegenwärtigen Stand des Wissens der Einsatz von Checklisten *nicht* empfohlen werden. Es gibt Hin-weise darauf, dass sich die Beurteilungskompetenz von Eltern und Lehrern nicht oder nur unwesent-

---

Probleme von Checklisten

In der Literatur – insbesondere in Ratgebern für Lehrer und Eltern, die Vereinigungen zur Förde-rung »hochbegabter« Kinder verbreiten, aber auch in Broschüren z. B. des Bundesministeriums für Bildung und Forschung (2003, S. 23–24, dort mit einem einschränkenden Hinweis) – werden regel-mäßig sog. Checklisten (Nominierungsbogen) abgedruckt und empfohlen, um Lehrkräften oder Eltern Richtlinien an die Hand zu geben, anhand derer sie einschätzen können sollen, ob ein Schüler »hochbegabt« ist oder nicht (oder die, in abgemilderter Form, hier hilfreich sein sollen). Ent-sprechend schrieb Heller 1987 (S. 167) in einem Themenheft der *Zeitschrift für Differentielle und Diagnostische Psychologie* zur Hochbegabungsdi-agnostik: »am verbreitetsten sind wohl Lehrer- und Elternchecklisten« – bezogen auf die Screening-phase. Diese Checklisten stellen in der Regel je-doch lediglich ad hoc zusammengestellte Eigen-schafts- und Verhaltenslisten dar, die die für »Hochbegabte« angeblich besonders typischen Attribute (»frühes Lesenlernen«, »geringes Schlaf-bedürfnis« etc.) umfassen. Je mehr davon einem Schüler zugeschrieben werden kann, um so wahr-scheinlicher soll er »hochbegabt« sein. Doch lassen sich einige Probleme anführen:

- Die in Checklisten thematisierten Charakteris-tika, seien sie für Lehrer oder Eltern zusam-mengestellt, sind häufig aufgrund unzuläng-licher und vorschneller Verallgemeinerungen von auffälligen Merkmalen und Verhaltens-weisen bei Einzelfällen zusammengestellt wor-den. Die Validität der Items ist nur selten unter-sucht: Ob und inwieweit die dort aufgeführten Verhaltensweisen besonders geeignet sind, »hochbegabte« Schüler zu identifizieren, ist (noch) nicht geklärt, empirische Untersuchun-gen dazu sind selten und widersprüchlich.
- Checklisten umfassen so unterschiedliche Be-reiche, Eigenschaften und Verhaltensweisen, dass viele Items auf fast jedes aufgeweckte (d. h. mindestens überdurchschnittlich, aber beileibe nicht »hochbegabte«) Kind zutreffen. Vermutete oder erwiesene Gruppenunter-schiede zwischen hoch- und durchschnittlich Begabten (oft auf sehr kleinen Fallzahlen basie-rend) werden vorschnell als »typisch« aufge-wertet, die diagnostische Trennschärfe dieser Gruppendifferenzen wird somit überschätzt.
- Die Itemformulierungen sind in der Regel viel zu allgemein und unscharf formuliert (z. B. »geht auf Fragen wertend ein«, »entwickelt ein tiefgreifendes Verständnis«, »kritisches, unab-hängiges und wertendes Denken«). Nicht sel-ten sind die angesprochenen Inhalte gar nicht direkt beobachtbar. Ihre Beantwortung erfor-dert also eine Interpretation von Verhaltens-weisen.
- Checklisten erfordern häufig retrospektive Angaben, die naturgemäß wenig zuverlässig sind.

lich verbessert, wenn diese Checklisten verwenden. Checklisten sollten also nur dort ihren Platz haben, wo sie nicht zur Identifikation, sondern als pädagogische Hilfsmittel eingesetzt werden, und wo sie somit als Leitfaden zur förderungsbegleitenden Beobachtung und Beschreibung der Entwicklung »besonders begabter« Kinder dienen. Dies gilt jedoch nur,

- wenn sie im Hinblick auf spezielle schulische oder außerschulische Förderprogramme formuliert sind,
- wenn sie sich nicht auf weit Zurückliegendes beziehen,
- wenn die dort angesprochenen Verhaltensweisen und Eigenschaften so konkret umschrieben sind, dass Eltern und Lehrkräften ihre Beobachtung möglich ist und nur wenig Interpretationen erfordert und zulässt,
- wenn die Beurteiler vorher entsprechend geschult worden sind.

Die Frage nach der Einbeziehung der Eltern in die Screening- und Verifikationsphase kann nicht vom Alter der Kinder losgelöst behandelt werden: Vor allem bei jüngeren Kindern im Vorschulalter ist an eine Elternbefragung zu denken, da andere Informationsquellen nur eingeschränkt genutzt werden können und es kaum geeignete Testverfahren für diesen Altersbereich gibt. (Allerdings stellt sich die Frage, ob in diesem Alter im Anschluss an eine Diagnostik in Abhängigkeit vom Ergebnis differenzielle Konsequenzen folgen können – mit Ausnahme einer eventuell zu erfolgenden vorzeitigen Einschulung. Ansonsten empfiehlt es sich – unabhängig vom Begabungsstatus – interessengeleitet unterschiedliche Förderangebote zu machen, wobei dem Kind auch ausreichend Raum und Zeit für nicht-geplante Aktivitäten gelassen werden sollte.) Dennoch ist es sinnvoll, in jedem Fall – also auch bei älteren Kindern – von Anfang an die Eltern aktiv einzubeziehen, und zwar aus folgendem Grund: Für die Platzierungsphase stellen Elterninformationen über kindliche Interessen und Beschäftigungen sowie Freizeitverhalten und Freundeskreis zusätzliche wertvolle Hilfen dar. Werden Eltern darüber hinaus – wie auch Lehrer – frühzeitig ausführlich informiert und ernst genommen, sind sie eher bereit, sich für den spezifischen Förderansatz, der die Identifikationsbemü-

hungen ausgelöst hat, zu engagieren und ihn aktiv zu unterstützen.

Bei der Beurteilung der diagnostischen Kompetenz von Eltern ist zu berücksichtigen, dass Eltern die intellektuelle Leistungsfähigkeit ihrer Kinder eher überschätzen – bei einer erheblichen Streubreite der Zusammenhänge zwischen Elterneinschätzung und Testergebnis von $r=0,20$ bis $r=0,85$ (vgl. Schrader 2006). Die Notwendigkeit einer soliden psychologischen Begabungsdiagnostik verdeutlicht auch folgendes Ergebnis der (Hoch-)Begabungsberatungsstelle *BRAIN* der Universität Marburg. Dort ist nämlich nur rund ein Drittel der vorgestellten Kinder und Jugendlichen hochbegabt (etwa ein weiteres Drittel höchstens durchschnittlich begabt und der Rest überdurchschnittlich begabt), obwohl relevante Bezugspersonen (häufig Lehrkräfte, aber auch z. B. Eltern) den – ihrer Meinung nach gut begründeten – Verdacht einer höheren Begabung oder Hochbegabung im Vorfeld bekundeten (vgl. Schilling et al. 2002).

Identifikationsquelle »Peers«

Immer wieder liest man, Peers könnten »besonders begabte« Kinder recht gut identifizieren. Aufgrund ihres tagtäglichen Umgangs miteinander in vielen unterschiedlichen Situationen könnten sie auf Informationen zurückgreifen, die Erwachsenen oftmals nicht zugänglich seien, könnten sie die »einzigartige und privilegierte Perspektive, die Schüler von ihren Peers haben«, nützen (Banbury u. Wellington 1989, S. 161). Dies soll insbesondere für die Identifizierung »besonders Begabter« aus Randgruppen und Minoritäten gelten. Leider ist auch hier festzuhalten, dass es für diese optimistische Einschätzung der Leistungsfähigkeit von Nominierungen durch Peers bislang keine stichhaltigen empirischen Belege gibt.

Wenn Peers die allgemeine kognitive Leistungsfähigkeit (»Wer in der Klasse lernt besonders schnell und weiß mehr als die anderen«) oder auch spezifische intellektuelle Begabungen (»Wer kann am besten rechnen?«, »Wer ist der beste Sportler?«) ihrer Klassenkameraden einschätzen sollen, orientieren sie sich hauptsächlich an den in der Vergangenheit gezeigten Leistungen, wie sie sich bspw. in den Zensuren oder in den Punkten bei den Bundesjugendspielen niederschlagen – was auch vernünftig ist. Von einem Gewinn an zusätzlichen Informationen kann aber nicht die Rede sein. Auch bei der Einschätzung spezifischer Talente können Peers nicht überzeugen. Bittet man Schüler, zu deutlich unterschiedlichen Fähigkeitsbereichen (allgemeine intellektuelle Befähigung, fachspezifische Begabung, Führungsqualitäten) die »besonders Begabten« zu nominieren, zeigt sich, dass sich diese Nominierungen bei bestimmten Kindern über verschiedene Fähigkeitsbereiche hinweg häufen. Die intendierte diskriminante Validität liegt nicht vor, da die Beurteilungen verschiedener Merkmale – unter Berücksichtigung der Unreliabilität der Einschätzungen – praktisch perfekt miteinander korrelieren (z. B. Gagné, 1989). Eine Ausnahme davon scheinen herausragende musikalische oder exzeptionelle gestalterische Talente zu machen. Aber hier entsteht wiederum keinerlei Bedarf nach Peernominierungen, da solche außergewöhnlichen Talente durch ihre Leistungen immer auch schon anderen Beteiligten aufgefallen sind.

Insbesondere jüngere Kinder (unter 12 Jahren) sind vergleichsweise unkritisch, wenn sie Klassenkameraden als »besonders begabt« nominieren sollen und sich auch selbst nennen dürfen. Einschätzungen der eigenen Kompetenz sind bekanntlich, vor allem in dieser Altersstufe, unrealistisch hoch. Wird ihnen freigestellt, wie viele Kinder sie benennen dürfen, werden nicht selten bis zu einem Drittel der Klassenkameraden aufgeschrieben. Die Selbstratings fallen im Niveau im Schnitt substanziell höher aus als die Peerurteile (Wild 1991), und die Einschätzung ihrer eigenen (absoluten) Leistungsfähigkeit wie auch die Vorhersage ihrer Schulleistung sind häufig übertrieben optimistisch. Der starke Einfluss des Geschlechts ist ein weiterer Faktor: Grundschüler z. B. tendieren dazu, gleichgeschlechtliche Kinder bevorzugt zu nominieren, auch wenn ein gegengeschlechtliches Kind bessere Leistungen zeigt. Hinzu kommt, dass Jungen – auch in höheren Altersstufen – in der Selbsteinschätzung intellektueller Fähigkeiten oft über der der Mädchen liegen.

Zusammenfassend ist beim jetzigen Forschungs- und Erprobungsstand von der Verwendung von Peerbeurteilungen (seien es Nominierungen oder graduelle Einschätzungen) nachdrücklich *abzuraten*. Nichts spricht bislang dafür, dass Peers »außergewöhnlich gut« (Davis u. Rimm 1985, S. 78) oder »erstaunlich realistisch« (Heinbokel 1988, S. 53) »hochbegabte« Kinder identifizieren können, und die leichtfertige Behauptung, »die entsprechende Literatur fällt positiv aus« (Hany 1987b, S. 137, sowie gleichlautend 1987a, S. 180), kann so nicht aufrecht-

---

Hochbegabtennomination durch Schüler

Im Grundschulalter wird die skeptische Einschätzung der Qualität der Hochbegabtenidentifikation durch Peers oder durch Selbstnomination durch die, anhand der Daten der Marburger Hochbegabtenstudie gewonnenen, empirischen Ergebnisse von Wild gestützt (1991, S. 182). Insgesamt nominierten 6970 Grundschulkinder aus 390 Klassen der 3. Jahrgangsstufe jeweils die drei besten Schüler ihrer Klasse (»Wer in der Klasse lernt besonders schnell und weiß mehr als die anderen?«).

Bei einem »Hochbegabungskriterium: IQ≥130« beträgt die Effektivität – fordert man eine Nominierung von mindestens 75% (50%) einer Klasse – 33,1% (60,4%) und die Effizienz 14,5% (11,2%). Die klassenübergreifende Korrelation zwischen dem globalen Intelligenzmaß und der Schülernomination beträgt r=0,43 (Median der klasseninternen Korrelationen: r=0,50).

Sollten die untersuchten Kinder angeben, wen aus ihrer Klasse sie für den Besten/Zweitbesten/Drittbesten halten, nannten sich knapp 12% auf Rangplatz 1 (Rangplatz 1 und 2: 22,5%, Rangplatz 1, 2, 3: 34,9%), wobei sich Jungen deutlich häufiger als Mädchen auf die ersten Rangplätze setzten – jeweils gemessen an der Gesamtzahl gleichgeschlechtlicher Kinder. Bei Berücksichtigung aller benannten Schüler (also derjenigen, die auf einen der drei Rangplätze nominiert werden, was ca. ein Drittel aller Schüler ist) würden rund ein Drittel der Personen mit einem »IQ≥130« übersehen werden (Effizienz: 4%). Werden diejenigen auf Platz 1 und 2 berücksichtigt, fällt die Effektivität auf rund 50% (Effizienz 4,4%). Bei einer Selektionsquote von 11,7% (Rangplatz 1) und diesem Hochbegabungskriterium liegen Effektivität und Effizienz bei 29,2% bzw. 5,0%.

erhalten werden (vgl. Miller er al. 1988; Gagné 1989). Peernominierungen und -einschätzungen sollten also nur im Rahmen umfassender Forschungsprojekte als zusätzliche Informationsquelle erhoben werden.

5.3.3 Fazit

Ein direkter Vergleich der Informationsquellen »Lehrerrating«, »Lehrer-« und »Peernomination« zeigt, dass auf der Grundlage der Effektivität und Effizienz – ermittelt an einer großen Stichprobe mit der von Wild (1991, S. 154) gewählten Operationalisierung – bei Grundschulkindern »substantielle Güteunterschiede … nicht festzustellen« sind. Selbstnominationen sind noch ungünstiger. Somit ist den folgenden Zitaten uneingeschränkt zuzustimmen: Intelligenztests »stellen also bis heute das nützlichste Meßinstrument dar, das wir zur Feststellung intellektueller Fähigkeiten besitzen« (Holling u. Kanning 1999, S. 42); »Intelligenztests stellen die exakteste Methode dar, intellektuelle Hochbegabung zu erfassen« (Preckel 2003, S. 40).

Allerdings sind noch einige Warnungen angebracht: Die aktuelle Inflation von Begabungsfacetten verleitet leicht zu quasi-diagnostischen Aussagen. Zunehmend verbreitet ist auch die unkritische Interpretation von Testprofilen; messfehlerbedingte Abweichungen der Subtests vom normativen oder ipsativen Mittel werden gern zu »klinisch relevanten« Phänomenen uminterpretiert. Eine mögliche Kontrolle, ob es sich hierbei um reine Zufallseffekte handelt, am besten durch eine Testwiederholung, ist leider die Ausnahme. Dass die für eine solide Profilinterpretation erforderlichen Voraussetzungen bei den einschlägigen Tests in der Regel nicht hinreichend erfüllt sind (wie hohe Reliabilität des Profils, geringe Subtestinterkorrelationen, differenzielle Profilvaliditäten), wird gern vergessen, obwohl die Problematik der Profilinterpretation in fast jedem Lehrbuch psychologischer Diagnostik thematisiert wird. Nicht bedacht wird auch, dass bei »Hochbegabten« weitaus größere Subtestunterschiede vorliegen müssen als im mittleren und unteren Intelligenzbereich (z. B. Hsu et al. 2000), um als »abnormal« zu gelten (d. h. statistisch selten und damit klinisch auffällig). In den meisten Fällen stehen des-

halb solche Interpretationen von Intelligenztestprofilen der »Kaffeesatzleserei« deutlich näher als einer wissenschaftlich begründeten (»Hoch«-)Begabungsdiagnostik (vgl. McCoach et al. 2001).

5.4   Eigenschaften

Weit verbreitet sind Mythen über Hochbegabte – häufig auf (unzulässigen) Generalisierungen von Einzelfällen fußend. Angepasste und unauffällige Hochbegabte erregen kaum öffentliche Aufmerksamkeit. Trivial sind die Unterschiede zwischen hoch und durchschnittlich Begabten in der intellektuellen Leistungsfähigkeit. Übereinstimmend werden in der (methodisch soliden) Literatur in manchen Variablen positivere Ausprägungen bei Hochbegabten als bei durchschnittlich Begabten berichtet, in vielen Variablen ließen sich keine systematischen Gruppenunterschiede nachweisen.

Hochbegabte Jugendliche hatten positivere akademische Selbstkonzepte als durchschnittlich begabte (Rost u. Hanses 2000), in sieben erhobenen nicht-akademischen Selbstkonzeptfacetten zeigten sich vergleichbare Werte. In der selbstbeurteilten Persönlichkeit dokumentierte Freund-Braier (2001) in sieben der zwölf betrachteten Skalen keine systematischen Gruppendifferenzen. Hochbegabte gaben einen höheren schulischen Ehrgeiz an, durchschnittlich Begabte mehr Prüfungsangst, eine geringere Kontaktbereitschaft, mehr Gehorsam gegenüber Erwachsenen und maskulinere Einstellungen. Sowohl Mütter als auch Väter schätzten die kognitive Leistungsfähigkeit ihrer hochbegabten Jugendlichen höher ein, als dies die Eltern durchschnittlich begabter taten. In der Beurteilung der emotionalen Unreife, der sozialen Kompetenz und der Ängstlichkeit (Müttereinschätzung) sowie der emotionalen Unreife und der sozialen Kompetenz (Vätereinschätzung) glichen sich die beiden Gruppen. Durchschnittlich begabte Jugendliche wurden von ihren Vätern außerdem als etwas ängstlicher beschrieben. Auch hatten hochbegabte Jugendliche, insgesamt gesehen, günstigere Kontrollüberzeugungen (Schütz 2004).

Die Peerbeziehungen hoch- und durchschnittlich Begabter sind sich sehr ähnlich – auch im gelegentlich für problematisch erachteten Jugendalter

(Schilling 2002). Im Marburger Projekt (vgl. Kasten in ▶ Kap. 5.1) konnten diese Befunde sowohl für das – hier differenzierter zusammengefasste – Jugendalter, als auch für das Grundschulalter objektiviert werden. Ebenfalls zu beiden Zeitpunkten ließen sich in den Familienbeziehungen kaum systematische Gruppenunterschiede nachweisen (Tettenborn 1996; Schilling et al. 2003). In den Interessen unterscheiden sich – so Pruisken (2005) – hoch- und durchschnittlich begabte Grundschulkinder ebenfalls wenig – lediglich im mathematischen Interesse und im Leseinteresse zeigten Hochbegabte höhere Ausprägungen (wobei in diversen Interessenaspekten die bekannten Geschlechtsunterschiede repliziert werden konnten, Interaktionen zwischen dem Geschlecht und der Begabung gab es jedoch nicht).

Eine Teilgruppe der Hochbegabten wird in der Literatur als besonders problembehaftet angesehen, nämlich hochbegabte »underachiever« (Sparfeldt u. Schilling 2006). Hanses u. Rost (1998b) verglichen Hochbegabte, deren schulische Leistungen in der Grundschule schlechter waren als die durchschnittlichen Leistungen der durchschnittlich begabten Vergleichskinder. Die »underachiever« stellten sich in verschiedensten Aspekten ungünstiger dar als sowohl Hochbegabte mit sehr guten Schulleistungen als auch als durchschnittlich Begabte mit durchschnittlichen Schulleistungen. Der Anteil hochbegabter »underachiever« ist jedoch gering – wie aufgrund der Korrelation zwischen Intelligenz und Schulleistungen zu erwarten.

Selbstverständlich gibt es – um keine Missverständnisse aufkommen zu lassen – auch Hochbegabte mit Problemen; genau so, wie es durchschnittlich Begabte mit Problemen gibt. Und diese Probleme sollten ernst genommen (und – wenn möglich – beseitigt oder gemindert werden). Doch gibt es *nicht mehr* hochbegabte Personen mit Problemen als durchschnittlich begabte mit Problemen. Einen nennenswerten Zusammenhang zwischen »Hochbegabung« und »Problemen« zu unterstellen, widerspricht der einschlägigen Literatur – weltweit.

5.5   Förderung

Spätestens bei der Frage, *ob* und *wie* Hochbegabte optimal gefördert werden sollten, scheiden sich die Geister. Auch heute stehen leider immer noch eher persönliche Meinungen, Einstellungen, Vorurteile und Werthaltungen – zumeist ohne solide wissenschaftliche Grundlage – im Zentrum kontrovers geführter Diskussionen um Sinn und Unsinn solcher Maßnahmen. Alle Fördermaßnahmen sind mit spezifischen Vorzügen und Nachteilen verbunden, auf nicht alle kann an dieser Stelle ausführlich eingegangen werden. Wie bereits angedeutet, sollten präskriptiv Hochbegabungskonzeption, Diagnostik bzw. Identifikation und die jeweilige spezifische Fördermaßnahme sinnvoll aufeinander bezogen sein.

Im Folgenden stellen wir kurz eine Klassifikation von Maßnahmen vor – jeweils ergänzt um Beispiele. Da die meisten Evaluationsstudien nicht im deutschen Sprachraum durchgeführt worden sind und eine Übertragung der Befunde (vorwiegend) US-amerikanischer Studien aufgrund der unterschiedlichen Bildungssysteme und Kulturen auf die Situation bei uns nicht oder nur eingeschränkt sinnvoll erscheint, ist die empirische Befundlage immer noch unzureichend. Bei der Entscheidung für und wider einzelne Maßnahmen kann nur selten auf wissenschaftlich begründete Erkenntnisse zurückgegriffen werden. (Einen aktuellen Überblick über Maßnahmen in den einzelnen Ländern Deutschlands geben Holling et al. 2004; vgl. auch Holling 2001.)

Die unterschiedlichsten Maßnahmen lassen sich mindestens nach folgenden Aspekten gliedern, die sich überlappen können, also nicht gegenseitig ausschließen (vgl. auch Rost u. Schilling 2006): Förderung innerhalb der Schule vs. außerschulische Maßnahmen, Förderung mit Schwerpunkt auf innere Differenzierung vs. Förderung durch äußere Differenzierung, Förderschwerpunkt auf Akzeleration vs. »enrichment«, direkte vs. indirekte Förderung (z. B. durch Verbesserung der Betreuung, Beratung oder Ausbildung von Lehrkräften).

Ausgewählte, national und international vorgeschlagene Fördermaßnahmen:

- Innere Differenzierung im Rahmen des regulären Klassenverbands (insbesondere Verbreiterung, Vertiefung, und Niveauanhebung des Unterrichtsstoffs).
- Stunden-, tage-, oder fachweise Gruppierung nach intellektueller Leistungsfähigkeit und/oder bereits gezeigter Leistungen.

- Äußere Differenzierung, z. B. Spezialschulen oder Sonderklassen innerhalb von Regelschulen, wie den G8-Zweigen (Durchlaufen der Gymnasialzeit in einer um ein Jahr verkürzten Zeit).
- Arbeitsgemeinschaften, die von der Schule angeboten und betreut werden, jedoch zumeist freiwillig sind (Ergänzung zum regulären Unterricht).
- Vorzeitige Einschulung und Überspringen einer Klassenstufe.
- Individuelle zusätzliche Betreuung durch Experten (z. B. Mentoren) oder Tutoren.
- Spezielle Ferienlager oder Sommercamps.
- Gasthörerstatus an Fachhochschulen, Hochschulen oder Universitäten (oder vorzeitige Aufnahme eines Studiums).
- Einsatz als Tutoren im regulären Unterricht.
- Besondere Wettbewerbe (z. B. Jugend forscht, Schülerwettbewerbe, -olympiaden in verschiedenen Schulfächern).
- Finanzielle Unterstützung von hochbegabten Schülern oder Studenten.
- Diverse Nachmittags- bzw. Freizeitangebote (Volkshochschulkurse, Kurse von Hochbegabtenvereinen etc.).
- Zusammenarbeit von Schulen mit Firmen, Universitäten, Museen etc.

Obwohl Akzeleration – also das schnellere Durchlaufen eines Curriculums – und »enrichment« – also die Anreicherung des regulären Unterrichtsstoffs durch Ergänzung, Erweiterung oder Vertiefung sowie die Behandlung neuer Themen – häufig als konzeptuell zu unterscheidende Prinzipien behandelt werden, bilden »beide Förderprinzipien oft zwei Seiten desselben Sachverhalts« (Heller u. Hany 1996, S. 493). Es wird nämlich häufig der »normale« Unterrichtsstoff zügiger behandelt (Akzeleration), um dann die »eingesparte« Zeit für eine Vertiefung oder Behandlung neuer Themen zu nutzen (»enrichment«).

In nahezu der gesamten einschlägigen Literatur werden spezifische Vorteile, aber auch spezifische Nachteile der jeweiligen Maßnahmen aufgezeigt. Daher empfiehlt sich im Einzelfall eine genaue Diagnostik und ein Abwägen der Alternativen – im günstigsten Fall unter Einbeziehung aller Beteiligten (z. B. Kind bzw. Jugendlicher, Eltern, Lehrer, Schulpsychologe).

5.5.1 Überspringen und vorzeitige Einschulung

Schulorganisatorisch sind eine vorzeitige Einschulung und ein Überspringen einer Klassenstufe relativ einfach zu handhaben. Deshalb verwundert die immer noch geringe Häufigkeit dieser Maßnahmen. Die Schulgesetzgeber einiger Bundesländer haben in den letzten Jahren das Überspringen und die vorzeitige Einschulung deutlich erleichtert, teilweise sind Schulen gar gehalten, ab einem bestimmten Notendurchschnitt bei einem Schüler über diese Maßnahme nachzudenken. Dies hat u. a. dazu geführt, dass die Häufigkeit des Springens in den letzten Jahren deutlich angestiegen ist (vgl. Heinbokel 2006). Ein Überspringen erscheint dann günstig, wenn die Unterforderung deutlich wird, grundsätzlich also nicht nur im Zuge der Klassenstufenwechsel nach den Sommerferien (auch wenn »natürliche« Einschnitte, wie Ferien, günstiger erscheinen). Ein Springen in eine anspruchsvolle Schulform (z. B. Überspringen der 4. Klasse ins Gymnasium) erfordert eine besonders sorgfältige Abklärung (zu allgemeinen Voraussetzungen vgl. Kasten). Zu warnen ist auf der einen Seite vor Empfehlungen, dass alle Hochbegabten mindestens eine Klassenstufe überspringen sollten (teilweise gar verknüpft mit der unrealistischen Prognose, dass dann alle eventuell vorhandenen Leistungs- und Persönlichkeitsprobleme verschwinden würden – Springen ist keine »psychotherapeutische« Maßnahme), auf der anderen Seite ist aber auch eine allzustarke Zurückhaltung unangebracht.

Die Ergebnisse nationaler Studien zeigen auf, dass ein Überspringen im Allgemeinen – gegeben die entsprechenden Voraussetzungen sind günstig – eine erfolgreiche Maßnahme darstellt. Der »verpasste« Stoff wird relativ schnell nachgeholt, selten treten Probleme im intellektuellen Bereich auf, gleiches gilt für den emotionalen und sozialen Bereich. Leistungsabfälle im Anschluss an ein Springen verschwinden im Allgemeinen nach kurzer Zeit (wenige Monate) wieder weitgehend. Daraus ergibt sich eine nicht geringe Wahrscheinlichkeit, dass ein Überspringer in der neuen Klasse nach einer gewissen Zeit wieder zur Leistungsspitze gehört – mit eventuell wieder einsetzender Unterforderung (vgl. im Detail auch Holling et al. 2004).

Voraussetzungen für Überspringen

Eine Reihe an Voraussetzungen sollten erfüllt sein, damit für das Überspringen eine gute Prognose gestellt werden kann (teilw. in Anlehnung an Heinbokel 2006):

- Schulleistungen im Spitzenbereich der Klasse, d. h. keine gravierenden Stofflücken.
- Gutes schulisches Lern- und Arbeitsverhalten, was ein erfolgreiches Nacharbeiten des Stoffs in einem akzeptablen Zeitfenster wahrscheinlich erscheinen lässt.
- Intellektuelle Begabung im oberen Bereich der aufnehmenden Klasse.
- Keine ernsthaften emotionalen oder sozialen Probleme (Lehrkräfte sind hier bei der Beurteilung teilweise sehr skeptisch).
- Der Schüler selbst sollte springen wollen.
- Eltern und Lehrer (insbesondere die Klassenlehrkraft der aufnehmenden Klasse) sollten der Maßnahme positiv gegenüber stehen und sie unterstützen.
- Vereinbarung einer Probezeit (um im ungünstigen Fall mit einem möglichst geringen »Gesichtsverlust« in die alte Klasse zurückgehen zu können).
- Verfügbarkeit eines Ansprechpartners (z. B. der Klassenlehrkraft der aufnehmenden Klasse), der das Springen begleitet und bei Problemen ggf. unterstützend eingreift (z. B. welche Stoffinhalte zunächst aufgeholt werden sollten, da aktuelle Unterrichtseinheiten daran anknüpfen).

Die körperliche Entwicklung (Reifestatus) stellt zwar ein weniger zentrales Kriterium dar, sollte aber betrachtet werden, d. h. der Schüler sollte diesbezüglich innerhalb der Variationsbreite der aufnehmenden Klasse liegen.

In den letzten Jahren haben einige Bundesländer eine »sanftere« Form des Überspringens eingeführt, nämlich eine Verkürzung der Gymnasialzeit um ein Schuljahr (sogenannte G8-Zweige oder D-Zug-Klassen) – teilweise auch verbunden mit einer weiteren Anreicherung des Unterrichts. Verschiedene Autoren vermuten, dass um die 25% aller Gymnasiasten hierfür in Frage kämen (z. B. Heller et al. 2002, S. 232). Der Vorteil dieser Maßnahme ist darin zu sehen, dass die gesamte Klassengemeinschaft über die Mittelstufe erhalten bleibt (je nach Schule und Bundesland von der 5. bzw. 7. Klasse an, wobei in der Regel in den letzten beiden Schuljahren der Sekundarstufe II eine gemeinsame Unterrichtung mit den übrigen Schülern erfolgt). Da eine Reihe an Bundesländern die Schulzeit von 13 auf 12 Jahren verkürzt haben, bleibt der Fortbestand bzw. die Modifikation dieser Maßnahme abzuwarten.

Für eine vorzeitige Einschulung gelten ähnliche Voraussetzungen wie für ein erfolgreiches Überspringen. Die Schulreife bzw. -fähigkeit (vgl. z. B. Tent 2006) muss gegeben sein. Das chronometrische Alter sollte nicht überbewertet werden. Innerhalb einer Klasse existiert in der Regel ohnehin eine recht hohe Altersvarianz.

5.5.2 Aspekte innerer Differenzierung

Für den individuellen Schüler beinhalten Maßnahmen der inneren Differenzierung einen geringeren Bruch, das soziale Umfeld bleibt erhalten. Für die Lehrkraft bedeutet dies ein etwas höheres Engagement, da nicht alle Schüler einer Klasse zu jedem Zeitpunkt das Gleiche tun. Strukturell ähnelt diese Differenzierungsform damit dem klassenübergreifenden Unterricht, der auf Zwergschulen lange Zeit üblich war. Der Stoff nachfolgender Klassenstufen sollte jedoch nicht vorgearbeitet werden; dies würde eine Unterforderung nur zeitlich hinauszögern, was insbesondere bei einem Wechsel der Schulform (z. B. von der Grundschule auf die weiterführende Schule) nicht unproblematisch ist. Ausnahme stellt ein anvisiertes Springen der entsprechenden Schüler dar.

Einzelaspekte innerer Differenzierung (vgl. z. B. Bönsch 1995; Graumann 2002) können beispielsweise im Bereitstellen weiterer Materialien zur Vertiefung oder Anreicherung des Unterrichts bestehen (mittlerweile haben viele Schulbuchverlage entsprechende Materialien – wie Bücher, Kopiervorlagen, Experimentierkästen, Computerprogramme – für unterschiedlichste Klassenstufen, Fächer, Unterrichtseinheiten und Methoden in ihrem Sortiment).

An einer bestimmten Stelle im Klassenzimmer kann dieses zusätzliche Material bereitliegen, das bearbeitet werden darf, wenn andere Aufgaben erledigt worden sind bzw. die Lehrkraft sichergestellt hat, dass der Schüler die jeweils im Unterricht behandelten Inhalte beherrscht. Projektbezogene Arbeit, die den Alltagsbezug von Unterrichtsinhalten stärker betont oder die unmittelbare Umwelt der Schüler deutlicher einbezieht, eignet sich ebenfalls gut. Weiterhin können anspruchsvollere Hausaufgaben gegeben werden.

5.5.3 Akzeptanz von Fördermaßnahmen

Erstaunlicherweise wurden in der existierenden Forschungsliteratur die potenziell Betroffenen – also hochbegabte Schüler, deren Eltern und Lehrer – nur selten zu ihren Einstellungen zu unterschiedlichen Fördermaßnahmen befragt. Dies erscheint wichtig, da der Erfolg einer Maßnahme deutlich mit der Akzeptanz zusammenhängt. Außerdem ist in den meisten Evaluationsstudien nur die Gruppe untersucht worden, die an einer Maßnahme teilgenommen hat. Die Teilnahmewahrscheinlichkeit dürfte neben der intellektuellen Leistungsfähigkeit auch erheblich von anderen Variablen (Leistungsmotivation, Interesse etc.) abhängig sein, was pädagogisch sinnvoll ist. Nicht zu vernachlässigen sind Einflüsse einer Selbst- und Fremdselektion. Auf die Gesamtgruppe der potenziell Geeigneten kann dann jedoch nicht generalisiert werden. Im Marburger Hochbegabtenprojekt wurden zunächst Eltern und Lehrkräfte hoch- und durchschnittlich begabter Grundschulkinder zu ausgewählten Fördermaßnahmen befragt. Maßnahmen der außerschulischen Anreicherung rangierten in der Einschätzung vor Maßnahmen der Akzeleration und innerer Differenzierung, welche wiederum positiver beurteilt wurden als Maßnahmen der Akzeleration und äußeren Differenzierung. Die Lehrkräfte hielten außerdem die in den Items thematisierten Förderaspekte für wünschenswerter, wenn sie sich auf hochbegabte Kinder im Allgemeinen bezogen, als wenn sie »ihren« hochbegabten Schüler betreffen würden (Rost 1993b).

Im Jugendalter (9. Klassenstufe) sieht das Gesamtmuster sehr ähnlich aus: Die Einstellungen hochbegabter Jugendlicher, ihrer Eltern und ihrer Lehrkräfte (in Mathematik und Deutsch) zu außerschulischen Förderangeboten und innerer Differenzierung im Unterricht sind besonders positiv. Segregierende Ansätze (äußere Differenzierung) stoßen im Vergleich dazu eher auf Skepsis (Sparfeldt et al. 2004). Hier ist zurzeit vieles im Fluss. Bedingt durch die in den letzten Jahren intensivierte Hochbegabungsdiskussion werden heute vermutlich alle Fördermaßnahmen positiver gesehen. Ob sich dadurch auch die Akzeptanzrangfolge verschoben hat, müsste empirisch geklärt werden.

Literatur

Asendorpf, J. (1996). *Psychologie der Persönlichkeit. Grundlagen*. Berlin: Springer.

Ausubel, D. P. (1974). *Psychologie des Unterrichts* (Bd. 2). Weinheim: Beltz.

Banbury, M. M. & Wellington, B. (1989). Designing and using peer nomination forms. *Gifted Child Quarterly, 33*, 161–164.

Barrett, G. V., Kramen, A. J. & Luecke, S. B. (2003). New concepts of intelligence: Their practical and legal implications for employee selection. In: H. Nyborg (ed) *The scientific study of general intelligence: Tribute to Arthur R. Jensen*, 411–439. Amsterdam: Pergamon.

Billhardt, J. (1996). *Hochbegabte: Die verkannte Minderheit*. München: Lexika.

Birx, E. (1988). *Mathematik und Begabung. Evaluation eines Förderprogramms für mathematisch besonders befähigte Schüler*. Hamburg: Krämer.

Bönsch, M. (1995). *Differenzierung in Schule und Unterricht: Ansprüche, Formen, Strategien*. München: Ehrenwirth.

Braden, J. P. (1995). Intelligence and personality in school and educational psychology. In: D. H. Saklofske & M. Zeidner (eds) *International handbook of personality and intelligence*, 621–650. New York, NY: Plenum Press.

Brody, N. (1992). *Intelligence* (2nd ed.). New York, NY: Academic Press.

Brown, R. T. (1989). Creativity: What are we to measure? In: J. A. Glover, R. R. Ronning & C. R. Reynolds (eds) *Handbook of creativity* , 3–32. New York, NY: Plenum Press.

Bühner, M., Krumm, S. & Pick, M. (2005). Reasoning = working memory ≠ attention. *Intelligence, 33*, 251–272.

Bundesministerium für Bildung und Forschung (Hrsg.)(2003). *Begabte Kinder finden und fördern. Ein Ratgeber für Elternhaus und Schule*. Bonn: Bundesministerium für Bildung und Forschung.

Burks, B. S., Jensen, D. W. & Terman, L. M. (1930). *The promise of youth: Follow-up studies of a thousand gifted children* (Genetic study of genius, Vol. III). Stanford, CA: Stanford University Press.

Callahan, C. M. (2000). Intelligence and giftedness. In: R. J. Sternberg (ed) *Handbook of intelligence*, 159–175. Cambridge: Cambridge University Press.

Ceci, S. J. (1991). How much does schooling influence general intelligence and its cognitive components? A reassessment of the evidence. *Developmental Psychology, 27*, 703–722.

Cropley, A. (1995). Kreativität. In: M. Amelang (Hrsg.) *Verhaltens- und Leistungsunterschiede*, 329–373. Göttingen: Hogrefe.

Davis, G. A. & Rimm, S. B. (1985). *Education of the gifted and talented*. Englewood Cliffs, NJ: Prentice-Hall.

Eysenck. H. J. (1985). The nature and measurement of intelligence. In: J. Freeman (ed) *The psychology of gifted children. Perspectives on development and education*, 115–140. Chichester: Wiley & Sons.

Eysenck, H. J. (2004). *Die Intelligenz-Bibel. Intelligenz verstehen und messen*. Stuttgart: Klett Cotta.

Feger, B. & Prado, T. (1998). *Hochbegabung. Die normalste Sache der Welt*. Darmstadt: Primus.

Fischer, C. (2002). Hochbegabung als schulische Herausforderung: Definition, Identifikation und Förderung von besonderen Begabungen. In: C. Solzbacher & A. Heinbokel (Hrsg.) *Hochbegabte in der Schule – Identifikation und Förderung*, 26–39. Münster: Lit.

Fox, H. H. (1963). A critique on creativity in science. In: M. A. Coler (ed) *Essays on creativity in the sciences*,123–152. New York, NY: New York University Press.

Freund-Braier, I. (2001). *Hochbegabung, Hochleistung, Persönlichkeit*. Münster: Waxmann.

Gagné, F. (1989). Peer nomination as a psychometric instrument: Many questions asked but few answered. *Gifted Child Quarterly, 33*, 53–58.

Galton, F. (1869). *Hereditary genius: An inquiry into its laws and consequences*. London: Macmillan.

Gardner, H. (1983). *Frames of mind. The theory of multiple intelligences*. New York, NY: Basic Books.

Gardner, H. (2002). *Intelligenzen. Die Vielfalt des menschlichen Geistes*. Stuttgart: Klett Cotta.

Gardner, H. (2003). Three distinct meanings of intelligence. In: R. J. Sternberg, J. Lautrey & T. I. Lubart (eds) *Models of intelligence: International perspectives*, 43–54. Washington, DC: American Psychological Association.

Gottfredson, L. S. (2003). Dissecting practical intelligence theory: It claims and evidence. *Intelligence, 31*, 343–397.

Graumann, O. (2002). *Gemeinsamer Unterricht in heterogenen Gruppen: Von lernbehindert bis hochbegabt*. Bad Heilbrunn: Klinkhardt.

Hanses, P. (2000). Stabilität von Hochbegabung. In: D. H. Rost (Hrsg.) *Hochbegabte und hochleistende Jugendliche: Neue Ergebnisse aus dem Marburger Hochbegabtenprojekt*, 93–159. Münster: Waxmann.

Hanses, P. & Rost, D. H. (1998a). *Hochbegabungsforschung ohne Hochbegabte? – Zum Problem multidimensionaler Hochbegabungsdefinitionen*. Vortrag, 7. Tagung Pädagogische Psychologie in Fribourg (Schweiz), 25.9.1998.

Hanses, P. & Rost, D. H. (1998b). Das »Drama« der hochbegabten Underachiever – »Gewöhnliche« oder »außergewöhnliche« Underachiever? *Zeitschrift für Pädagogische Psychologie, 21*, 53–71.

Hany, E. A. (1987a). Psychometrische Probleme bei der Identifikation Hochbegabter. *Zeitschrift für Differentielle und Diagnostische Psychologie, 8*, 173–191.

Hany, E. A. (1987b). *Modelle und Strategien zur Identifikation hochbegabter Schüler*. Unver. Dissertation. Universität München.

Hany, E. A. (1991). Sind Lehrkräfte bei der Identifikation hochbegabter Schüler doch besser als Tests? *Psychologie in Erziehung und Unterricht, 38*, 37–50.

Hany, E. A. & Nickel, H. (1992). Positionen und Probleme der Begabungsforschung. In: E. A. Hany & H. Nickel (Hrsg.) *Begabung und Hochbegabung. Theoretische Konzepte – Empirische Befunde – Praktische Konsequenzen*, 1–14. Bern: Huber.

Helbig, P. (1988). *Begabung im pädagogischen Denken. Ein Kernstück anthropologischer Begründung von Erziehung*. Weinheim: Juventa.

Heilmann, K. (1999). *Begabung – Leistung – Karriere. Die Preisträger im Bundeswettbewerb Mathematik 1971–1995*. Göttingen: Hogrefe.

Heinbokel, A. (1988). *Hochbegabte*. Baden-Baden: Nomos.

Heinbokel, A. (1996). *Überspringen von Klassen*. Münster: Lit.

Heinbokel, A. (2006). Überspringen. In: D. H. Rost (Hrsg.) *Handwörterbuch Pädagogische Psychologie* (3. Aufl.). Weinheim: PVU (im Druck).

Heller, K. A. (1976). *Intelligenz und Begabung*. München: Reinhardt.

Heller, K. A. (1987). Perspektiven einer Hochbegabungsdiagnostik. *Zeitschrift für Differentielle und Diagnostische Psychologie, 8*, 159–172.

Heller, K. A. (Hrsg.)(1992). *Hochbegabung im Kindes- und Jugendalter*. Göttingen: Hogrefe.

Heller, K. A. (1995). Begabungsdefinition, Begabungserkennung und Begabungsförderung im Schulalter. In: H. Wagner (Hrsg.) *Begabung und Leistung in der Schule*, 6–36. Bad Honnef: Bock.

Heller, K. A. (2000). Begabungsdefinition, Begabungserkennung und Begabungsförderung im Schulalter. In: H. Wagner (Hrsg.) *Begabung und Leistung in der Schule* (2. Aufl.), 39–70. Bad Honnef: Bock.

Heller, K. A. (Hrsg.)(2001). Teil I: Projektziele, Untersuchungsergebnisse und praktische Konsequenzen. In: K. A. Heller (Hrsg.), *Hochbegabung im Kindes- und Jugendalter* (2. Aufl.), 21–42. Göttingen: Hogrefe.

Heller, K. A. (2004). Identification of gifted and talented students. *Psychology Science, 46*, 302–323.

Heller, K. A. & Hany, E. A. (1996). Psychologische Modelle der Hochbegabtenförderung. In: F. E. Weinert (Hrsg.) *Psychologie des Lernens und der Instruktion*, 477–513. Göttingen: Hogrefe.

Heller, K. A., Neber, H., Reimann, R. & Rindermann, H. (2002). Zusammenfassung der Untersuchungsergebnisse. In: K. A. Heller (Hrsg.), *Begabtenförderung im Gymnasium. Ergebnisse einer zehnjährigen Längsschnittstudie*, 217–234. Opladen: Leske & Budrich.

Heller, K. A., Reimann, R. & Rindermann, H. (2002). Theoretische und methodische Grundlagen der Evaluationsstudie. In: K. A. Heller (Hrsg.) *Begabtenförderung im Gymnasium. Ergebnisse einer zehnjährigen Längsschnittstudie*, 53–80. Opladen: Leske & Budrich.

Helmke, A. & Weinert, F. E. (1997). Bedingungsfaktoren schulischer Leistungen. In: F. E. Weinert (Hrsg.) *Psychologie des Unterrichts und der Schule*, 71–176. Göttingen: Hogrefe.

Herrnstein, R. J. & Murray, C. (1994). *The bell curve. Intelligence and class structure in American life*. New York, NY: Free Press.

Hessisches Kultusministerium (2001). *Amtsblatt des Hessischen Kultusministeriums* 8/01, 518. Wiesbaden: Hessisches Kultusministerium.

Hocevar, D. & Bachelor, P. (1989). A taxonomy and critique of measurements used in the study of creativity. In: J. A. Glover, R. R. Ronning & C. R. Reynolds (eds) *Handbook of creativity*, 53–75. New York, NY: Plenum Press.

Hoge, R. D. & Cudmore, L. (1986). Some considerations regarding the use of teacher judgement measures in the identification of gifted pupils. In: A. Cropley, K. K. Urban, H. Wagner & W. Wieczerkowski (eds) *Giftedness: A continuing worldwide challenge*, 402–419. New York, NY: Trillium Press.

Holahan, C. K. & Sears, R. R. (1995). *The gifted group in later maturity*. Stanford, CA: Stanford University Press.

Holling, H. (2001). Schulische Begabtenförderung in den Ländern. Bestandsaufnahme und Ausblick (Gutachten im Auftrag der Bund-Länder-Kommission für Bildungsplanung und Forschungsförderung BLK). In: Bund-Länder-Kommission für Bildungsplanung und Forschungsförderung (Hrsg.) *Begabtenförderung*, 27–270. Bonn: Bund-Länder-Kommission für Bildungsplanung und Forschungsförderung.

Holling, H. & Kanning, U. P. (1999). *Hochbegabung. Forschungsergebnisse und Fördermöglichkeiten*. Göttingen: Hogrefe.

Holling, H., Preckel, F., Vock, M. & Schulze Willbrenning, B. (2004). *Schulische Begabtenförderung in den Ländern – Maßnahmen und Tendenzen*. Bonn: Bund-Länder-Kommission für Bildungsplanung und Forschungsförderung.

Hsu, L. M., Hayman, J., Koch, J. & Mandell, D. (2000). Relation of statistically significant, abnormal, and typical WAIS–R VIQ–PIQ discrepancies to full scale IQs. *European Journal of Psychological Assessment, 16*, 107–114.

Jarrell, R. H. & Borland, J. H. (1990). The research base for Renzulli's three-ring conception of giftedness. *Journal for the Education of the Gifted, 13*, 288–308.

Jellen, H. (1985). Renzulli's enrichment scheme for the gifted: Educational accommodation of the gifted in the American context. *Gifted Education International, 3* (2), 12–17.

Jensen, A. R. (1998). *The g factor*. Westport, CT: Praeger.

Johnson, W., Bouchard, T. J., Krueger, R. F., McGue, M. & Gottesman, I. I. (2004). Just one g: Consistent results from three test batteries. *Intelligence, 32*, 95–107.

Kanning, U. P. (2003). *Diagnostik sozialer Kompetenzen*. Göttingen: Hogrefe

Karolyi, C. von, Ramos-Ford, V. & Gardner, H. (2003). Multiple intelligences: A perspective on giftedness. In: N. Colangelo & G. A. Davis (eds) *Handbook on gifted education* (3rd ed.), 100–112. Boston, MA: Pearson Education.

Kröner, S., Plass, J. L. & Leutner, D. (2005). Intelligence assessment with computer simulations. *Intelligence, 33*, 347–368.

Kuncel, N. R., Hezlett, S. A. & Ones, D. S. (2001). A comprehensive meta-analysis of the predictive validity of the graduate record examinations: Implications for graduate student selection and performance. *Psychological Bulletin, 127*, 162–181.

Kuncel, N. R., Hezlett, S. A. & Ones, D. S. (2004). Academic performance, career potential, creativity, and job performance: Can one construct predict them all? *Journal of Personality and Social Psychology, 86*, 148–161.

Kyllonen, P. C. & Christal, R, E. (1990). Reasoning ability is little more than working-memory capacity?! *Intelligence, 14*, 389–433.

Lubinski, D. (2000). Scientific and social significance of assessing individual differences: »Sinking shafts at a few critical points«. *Annual Review of Psychology, 51*, 405–444.

Lubinski, D. & Benbow, C. P. (1995). An opportunity for empirism. (Book review »Multiple intelligences: The theory in practice«.) *Contemporary Psychology*, 40, 935–938.

Lubinski, D. & Humphreys, L. G. (1990). A broadly based analysis of mathematical giftedness. *Intelligence, 14*, 327–355.

Lucito, L. J. (1964). Gifted children. In: L. M. Dunn (ed) *Exceptional children in the schools*, 179–238. New York, NY: Holt, Rinehart & Winston.

Marland, S. P. (1972). *Education of the gifted and talented. Report to the Congress of the United States by the U.S. Commissioner of Education*. Washington, DC: U.S. Government Printing Office.

McCoach, D. B., Kehle, T. J., Bray, M. A. & Siegle, D. (2001). Best practices in the identification of gifted students with learning disabilities. *Psychology in the Schools, 38*, 403–410.

Merz, F., Remer, H. & Ehlers, T. (1985). Der Einfluß des Schulbesuchs auf Intelligenztestleistungen im Grundschulalter. *Zeitschrift für Entwicklungspsychologie und Pädagogische Psychologie, 17*, 223–241.

Miller, S. A., Harris, H. & Blumberg, R. (1988). Children's judgement of peers abilities. *Merrill-Palmer-Quarterly, 34*, 421–436.

Ministerium für Bildung, Wissenschaft, Forschung und Kultur des Landes Schleswig-Holstein (Hrsg.)(2003). *Erster Leitfaden für die Lehrplanarbeit. Informationen für Lehrkräfte an allgemeinbildenden Schulen*. Kiel: Ministerium für Bildung, Wissenschaft, Forschung und Kultur.

Mönks, F. J. (1985). Hoogbegaafden: Een situatieschets. In: F. J. Mönks & P. Span (eds) *Hoogbegaafden in de samenleving* (S. 17–23). Nijmegen: Dekker & van de Vegt.

Mönks, F. J. (1987). Beratung und Förderung besonders begabter Schüler. *Psychologie in Erziehung und Unterricht, 34*, 214–222.

Mönks, F. J. (1990). Hochbegabtenförderung als Aufgabe der Pädagogischen Psychologie. *Psychologie in Erziehung und Unterricht, 37*, 243–250.

Mönks, F. J., van Boxtel, H., Roelofs, J. J. W. & Sanders, M. P. M. (1985). The identification of gifted children in secondary education and a description of their situation in Holland. In: K. A. Heller & J. F. Feldhusen (eds) *Identifying and nurturing the gifted: An international perspective*, 39–65. Toronto: Huber.

Oden, M. H. (1968). The fulfillment of promise: 40-years follow-up of the Terman gifted group. *Genetic Psychology Monographs, 77*, 3–93.

Perleth, C. (2001). Follow-up Untersuchungen zur Münchner Hochbegabungsstudie. In: K. A. Heller (Hrsg.) *Hochbegabung im Kindes- und Jugendalter* (2. Aufl.), 357–446. Göttingen: Hogrefe.

Perleth, C. & Schatz, T. (2003). Aus der Forschung: Zur Begabungsentwicklung und -förderung im Vorschulalter. In: H. Wagner (Hrsg.) *Frühzeitig fördern. Hochbegabte im Kindergarten und in der Grundschule. Tagungsbericht*, 17–39. Bonn: Bock.

Petrides, K. V., Chamorro-Premuzic, T., Frederickson, N. & Furnham, A. (2005). Explaining individual differences in scholastic behavior and achievement. *British Journal of Educational Psychology, 75*, 239–255.

Piechowski, M. M. (2003). Emotional and spiritual giftedness. In: N. Colangelo & G. A. Davis (eds) *Handbook on gifted education* (3rd ed.), 403–416. Boston, MA: Pearson Education.

Pollmer, K. (1992). Intellektuelle Hochbegabung und mathematische Spezialbegabung – Theoretische Auffassungen, empirische Befunde, Konsequenzen für die Förderung. In: K. K. Urban (Hrsg.) *Begabungen entwickeln, erkennen, fördern*, 273–286. Hannover: Fachbereich Erziehungswissenschaften I, Universität Hannover.

Preckel, F. (2003). *Diagnostik intellektueller Hochbegabung. Testentwicklung zur Erfassung der fluiden Intelligenz.* Göttingen: Hogrefe.

Pruisken, C. (2005). *Interessen und Hobbys hochbegabter Grundschulkinder.* Münster: Waxmann.

Ree, M. J., Carretta, T. R. & Green, M. T. (2003). The ubiquitous role of g in training. In: H. Nyborg (ed) *The scientific study of general intelligence: Tribute to Arthur R. Jensen*, 261–274. Amsterdam: Pergamon.

Renzulli, J. S. (1978). What makes giftedness? Reexaming a definition. *Phi Delta Kappa, 60*, 180–184.

Renzulli, J. S. (1986). The three-ring conception of giftedness: A developmental model for creative productivity. In: R. J. Sternberg & J. E. Davidson (eds) *Conceptions of giftedness*, 53–92. Cambridge: Cambridge University Press.

Renzulli, J. S. (2000). What is the thing called giftedness, and how do we develop it? A twenty-five year perspective. *Journal for the Education of the Gifted, 23*, 3–54.

Renzulli, J. S., Smith, L. H., White, A., Callahan, C. & Hartmann, R. (1976). *Scales for rating the behavioral characteristics of superior students.* Mansfield Center, CT: Creative Learning Press.

Richert, S. E. (1985). The state of the art of identification of gifted students in the United States. *Gifted Education International, 3*, 47–51.

Rost, D. H. (1991a). Identifizierung von »Hochbegabung«. *Zeitschrift für Entwicklungspsychologie und Pädagogische Psychologie, 23*, 197–231.

Rost, D. H. (1991b). »Belege«, »Modelle«, Meinungen, Allgemeinplätze. Anmerkungen zu den Repliken von E. A. Hany & K. A. Heller und F. Mönks. *Zeitschrift für Entwicklungspsychologie und Pädagogische Psychologie, 23*, 250–262.

Rost, D. H. (Hrsg.)(1993a). *Lebensumweltanalyse hochbegabter Kinder. Das Marburger Hochbegabtenprojekt.* Göttingen: Hogrefe.

Rost, D. H. (1993b). Fördermaßnahmen für hochbegabte Kinder. In: D. H. Rost (Hrsg.) *Lebensumweltanalyse hochbegabter Kinder*, 197–213. Göttingen: Hogrefe.

Rost, D. H. (Hrsg.)(2000a). *Hochbegabte und hochleistende Jugendliche. Neue Ergebnisse aus dem Marburger Hochbegabtenprojekt.* Münster: Waxmann.

Rost, D. H. (2000b). Grundlagen und Methode. In: D. H. Rost (Hrsg.) *Hochbegabte und hochleistende Jugendliche. Neue Ergebnisse aus dem Marburger Hochbegabtenprojekt*, 1–91. Münster: Waxmann.

Rost, D. H. (2001). Hochbegabte Schüler und Schülerinnen. In: L. Roth (Hrsg.) *Pädagogik. Handbuch für Studium und Praxis* (2. Aufl.), 941–979. München: Oldenbourg.

Rost, D. H. (2004). Über »Hochbegabung« und »hochbegabte« Jugendliche: Mythen, Fakten, Forschungsstandards. In: J. Abel, R. Möller & C. Palentien (Hrsg.) *Jugend im Fokus empirischer Forschung*, 39–85. Münster: Waxmann.

Rost, D. H. (2005). *Interpretation und Bewertung pädagogisch-psychologischer Studien. Eine Einführung.* Weinheim: UTB Beltz.

Rost, D. H. & Hanses, P. (1997). Wer nichts leistet, ist nicht begabt? Zur Identifikation hochbegabter Underachiever durch Lehrkräfte. *Zeitschrift für Entwicklungspsychologie und Pädagogische Psychologie, 29*, 167–177.

Rost, D. H. & Hanses, P. (2000). Selbstkonzept. In: D. H. Rost (Hrsg.) *Hochbegabte und hochleistende Jugendliche. Neue Ergebnisse aus dem Marburger Hochbegabtenprojekt*, 211–278. Münster: Waxmann.

Rost, D. H. & Schilling, S. R. (2006). Hochbegabung. In: D. H. Rost (Hrsg.) *Handwörterbuch Pädagogische Psychologie* (3. Aufl.). Weinheim: PVU (im Druck).

Rustemeyer, R. (2004). *Einführung in die Unterrichtspsychologie.* Darmstadt: Wissenschaftliche Buchgesellschaft.

Schilling, S. R. (2002). *Hochbegabte Jugendliche und ihre Peers.* Münster: Waxmann.

Schilling, S. R., Graf, S., Hanses, P., Pruisken, C., Rost, D. H., Sparfeldt, J. R. & Steinheider, P. (2002). Klare Informationen für Betroffene. Erfahrungen aus der begabungsdiagnostischen Beratungsstelle BRAIN. *report psychologie, 27*, 642–647.

Schilling, S. R., Sparfeldt, J. R. & Rost, D. H. (2003). Familien mit hochbegabten Jugendlichen. *Zeitschrift für Pädagogische Psychologie, 17*, 115–124.

Schmidt, F. L. (2002). The role of general cognitive ability and job performance: Why there cannot be a debate. *Human Performance, 15*, 187-210.

Schrader, F.-W. (2006). Diagnostische Kompetenz von Eltern und Lehrern. In: D. H. Rost (Hrsg.) *Handwörterbuch Pädagogische Psychologie* (3. Aufl.). Weinheim: PVU (im Druck).

Schulthess-Singeisen, L. C. (2004). *Die Selbstkonzeptentwicklung unterschiedlich begabter Kinder im Kontext eines Förderprogramms.* Unver. Dissertation. Universität Bern.

Schuler, H. (2002). Emotionale Intelligenz – ein irreführender und unnötiger Begriff. *Zeitschrift für Personalpsychologie, 3*, 138–140.

Schütz, C. (2004). *Leistungsbezogenes Denken hochbegabter Jugendlicher.* Münster: Waxmann.

Shurkin, J. N. (1992). *Terman's Kids.* Boston, MA: Little.

Spahn, C. (1997). *Wenn die Schule versagt. Vom Leidensweg hochbegabter Schüler.* Asendorf: MUT.

Sparfeldt, J. R. (2005). *Berufsinteressen hochbegabter und hochleistender Jugendlicher.* Unveröff. Dissertation. Marburg: Philipps-Universität.

Sparfeldt, J. R., Schilling, S. R. & Rost, D. H. (2004). Segregation oder Integration? Einstellungen potentiell Betroffener zu Fördermaßnahmen für hochbegabte Jugendliche. *report psychologie, 29,* 170–176.

Sparfeldt, J. R. & Schilling, S. R. (2006). Underachievement. In: D. H. Rost (Hrsg.) *Handwörterbuch Pädagogische Psychologie* (3. Aufl.). Weinheim: PVU (im Druck).

Spearman, C. (1904). General intelligence, objectively determined and measured. *American Journal of Psychology, 15,* 201–293.

Spearman, C. (1927). *The abilities of men.* New York, NY: Macmillan.

Spinath, B. (2005). Akkuratheit der Einschätzung von Schülermerkmalen durch Lehrer und das Konstrukt der diagnostischen Kompetenz. *Zeitschrift für Pädagogische Psychologie, 19,* 85–95.

Stanley, J. C. (1976). Tests better finder of great math talent than teachers are. *American Psychologist, 31,* 313–314.

Stedtnitz, U. (1999). Unkonventionelle Möglichkeiten zur Förderung von Schulkindern mit überdurchschnittlichen Fähigkeiten – Konkrete Erfahrungen aus der Praxis. In: T. Fitzner, W. Stark, H.-P. Kagelmacher & T. Müller (Hrsg.) *Erkennen, Anerkennen und Fördern von Hochbegabten. Vom Potential zur Leistung. Eine Fachtagung der Evangelischen Akademie Bad Boll,* 138–153. Stuttgart: Klett.

Stern, W. (1916). Psychologische Begabungsforschung und Begabungsdiagnose. In: P. Petersen (Hrsg.) *Der Aufstieg der Begabten,* 105–120. Leipzig: Teubner.

Sternberg, R. J. & Davidson, J. E. (eds)(1986). *Conceptions of giftedness.* Cambridge: Cambridge University Press.

Sternberg, R. J., Grigorenko, E. L. & Bundy, D. A. (2001). The predictive value of IQ. *Merrill–Palmer Quarterly, 47,* 1–41.

Stöger, H. (2004). Interview with Francoys Gagné. *High Ability Studies, 15,* 167–172.

Süllwold, F. (1976). Einführung. In: F. Süllwold (Hrsg.) *Begabung und Leistung,* 7–12. Hamburg: Hofmann & Campe.

Süß, H.-M. (1998). Diagnostik der operativen Intelligenz oder: Brauchen wir ein neues Fähigkeitskonstrukt? *Zeitschrift für Differentielle und Diagnostische Psychologie, 19,* 65–66.

Süß, H.-M. (1999). Intelligenz und komplexes Problemlösen. *Psychologische Rundschau, 50,* 220–228.

Süß, H.-M. (2001). Intelligenz, Begabung und Umwelt. In: L. Roth (Hrsg.) *Pädagogik,* 148–165. München: Oldenbourg.

Süß, H.-M., Oberauer, K., Wittmann, W. W., Wilhelm, O. & Schulze, R. (2002). Working-memory capacity explains reasoning ability – and a little bit more. *Intelligence, 30,* 261–288.

Tent, L. (1998). Hochbegabungsdiagnostik. In: H.-P. Langfeldt & L. Tent (Hrsg.), *Pädagogisch-psychologische Diagnostik. Band 2, Anwendungsbereiche und Praxisfelder, S.* 189–198. Göttingen: Hogrefe.

Tent, L. (2006). Schulreife. In: D. H. Rost (Hrsg.) *Handwörterbuch Pädagogische Psychologie* (3. Aufl.). Weinheim: PVU (im Druck).

Terman, L. M. (1925). *Mental and physical traits of a thousand gifted children (Genetic study of genius, Vol. I).* Stanford, CA: Stanford University Press.

Terman, L. M. & Oden, M. H., et al. (1947). *The gifted child grows up: Twenty-five years' follow-up of a superior group (Genetic study of genius, Vol. IV).* Stanford, CA: Stanford University Press.

Terman, L. M. & Oden, M. H. (1959). *The gifted group at mid-life: Thirty-five years' follow-up of the superior child (Genetic study of Genius, Vol. V).* Stanford, CA: Stanford University Press.

Tettenborn, A. (1996). *Familien mit hochbegabten Kindern.* Münster: Waxmann.

Tewes, U., Rossmann, P. & Schallberger, U. (1999). *Hawik-III Hamburg-Wechsler-Intelligenztest für Kinder* (3. Aufl.). Bern: Huber.

Thurstone, L. L. (1938). Primary mental abilities. *Psychometric Monographs,* 1.

Urban, K. K. (1999). Kreativität: Vom Störfaktor zum Unterrichtsziel. In: H. Wagner (Hrsg.) *Begabung und Leistung in der Schule. Modelle der Begabtenförderung in Theorie und Praxis* (2. Aufl.), 114–138. Bad Honnef: Bock.

Urban, K. K. (2002). Der World Council for Gifted and Talented Children und Hochbegabtenförderung als Erziehung zu verantwortlicher Kreatelligenz. In: H. Wagner (Hrsg.) *Begabtenförderung und Lehrerbildung. Beiträge zur Tagung des ABB e.V. in Königswinter 26.-28.10.2001,* 197–206. Bad Honnef: Bock.

Vernon, P. E. (1989). The nature-nurture problem in creativity. In: J. A. Glover, R. R. Ronning & C. R. Reynolds (eds) *Handbook of creativity,* 93–110. New York, NY: Plenum Press.

Waldmann, M. & Weinert, F. E. (1990). *Intelligenz und Denken. Perspektiven der Hochbegabungsforschung.* Göttingen: Hogrefe.

Wagner, H. (Hrsg.)(2000). *Begabung und Leistung in der Schule. Modelle der Begabtenförderung in Theorie und Praxis.* Bad Honnef: Bock.

Wagner, H., Zimmermann, B. & Stüven, N. (1986). Identifizierung und Förderung mathematisch besonders befähigter Schüler. Bericht über einen Modellversuch. In: Bundesminister für Bildung und Wissenschaft (Hrsg.) *Hochbegabung – Gesellschaft – Schule. Ausgewählte Beiträge aus der 6. Weltkonferenz über hochbegabte und talentierte Kinder in Hamburg vom 5.–9. August 1985,* 239–251. Bonn: Bundesminister für Bildung und Wissenschaft.

Weber, H. & Westmeyer, H. (2001). Die Inflation der Intelligenzen. In: E. Stern & J. Guthke (Hrsg.) *Perspektiven der Intelligenzforschung,* 251–266. Lengerich: Pabst.

Weinert, F. E. (1990). Der aktuelle Stand der psychologischen Kreativitätsforschung und einige daraus ableitbare Schlußfolgerungen für die Praxis. In: H. P. Hofschneider & K. U. Mayer (Hrsg.) *Gruppendynamik und Innovation in der Grundlagenforschung,* 21–44. München: Max-Planck-Gesellschaft.

Weinert, F. E. (2000). Begabung und Lernen: Zur Entwicklung geistiger Leistungsunterschiede. In: H. Wagner (Hrsg.) *Begabung und Leistung in der Schule. Modelle der Begabtenförderung in Theorie und Praxis* (2. Aufl.), 7–24. Bad Honnef: Bock.

Weisberg, R. W. (1993). *Creativity: Beyond the myth of genius* (2nd. ed.). New York, NY: Freeman.

Wieczerkowski, W., Wagner, H. & Birx, E. (1987). Die Erfassung mathematischer Begabung über Talentsuchen. *Zeitschrift für Differentielle und Diagnostische Psychologie, 8*, 217–226.

Wild, K.-P. (1991). *Identifikation hochbegabter Schüler. Lehrer und Schüler als Datenquellen*. Heidelberg: Asanger.

5

6 Leistungsrelevante Rahmenbedingungen/Leistungsmotivation

Lothar Schmidt-Atzert

6.1   Einleitung

Leistungen, die Menschen erbringen, hängen nicht nur von ihren Fähigkeiten und Fertigkeiten ab, sondern auch von der *Anstrengung*, die sie bei der Tätigkeit aufbringen. Das Können allein reicht nicht aus, es kommt auch auf das Wollen an. Ein Schüler schreibt z. B. eine Klausur im Fach Mathematik und löst 25 von 40 Aufgaben; eine durchschnittliche Leistung im Vergleich zu seinen Mitschülern. Es wäre voreilig zu behaupten, dass dieser Schüler über durchschnittliche Kenntnisse im geprüften Bereich verfügt. Vielleicht hätte er auch 30 oder gar 35 Aufgaben richtig lösen können, wenn er sich kräftig angestrengt hätte. Wie viele Tore ein Fußballspieler in einer Saison schießt, wie viele Arbeiten eine Lehrerin an einem Nachmittag zu Hause korrigiert, wie viele Items ein Proband in einem Intelligenztest löst, wird auch durch die Anstrengung determiniert, welche die Person in diese Tätigkeit investiert.

Wenn Leistungen von der Anstrengung abhängen, hat dies drei sehr bedeutsame praktische Konsequenzen für die Diagnostik: *Erstens* kann die Anstrengungsbereitschaft zur *Erklärung von Leistungen* und insbesondere von Leistungsversagen herangezogen werden. Liegt die Ursache für schlechte Prüfungsergebnisse in einer Berufsausbildung oder im Studium in einer mangelnden Anstrengungsbereitschaft? *Zweitens* ist eine *Vorhersage von Leistungsverhalten* in verschiedenen Lebensbereichen möglich. Wird ein Schüler voraussichtlich den angestrebten Schulabschluss erreichen? Wird der Bewerber gute Leistungen in seinem Beruf erbringen? Werden die Umschulungs- oder die Rehabilitationsnahmen, die eine aktive Beteiligung des Klienten verlangen, den gewünschten Erfolg zeigen? *Drittens* müssen auch die *Leistungen in einer diagnostischen Untersuchung* vor dem Hintergrund der individuellen Anstrengung gesehen werden.

Die Überlegungen zu Leistungen im Alltag lassen sich auch auf die diagnostische Situation übertragen. Aus verschiedenen Gründen kann sich ein Proband bei der Bearbeitung von Leistungstests mehr oder weniger anstrengen als andere Probanden. Die Testleistungen geben in diesem Fall keine korrekte Auskunft über die bei dem Probanden gemessene Fähigkeit. Die wahre Fähigkeit kann durch das Testergebnis unter- oder überschätzt werden.

Beispielsweise kann es passieren, dass sich einzelne Teilnehmer in einer Leistungstestuntersuchung zu Forschungszwecken wenig anstrengen, da sie nur widerwillig teilnehmen, weil sie eine Versuchspersonenbescheinigung benötigen. Je weniger sie sich anstrengen, desto schlechter werden ihre Testergebnisse ausfallen. Wenn die individuelle Anstrengung über alle Tests weitgehend konstant bleibt und zugleich interindividuelle Unterschiede bestehen, wird sich die Korrelation der Leistungstestwerte künstlich erhöhen, was wiederum zu Fehlinterpretationen verleiten kann.

6.1.1   Was ist Leistungsmotivation?

In Lehrbüchern finden sich viele Definitionen, die sich zum Teil durch Unverständlichkeit auszeichnen. Die Terminologie ist so komplex, dass sich Murphy und Alexander (2000) veranlasst sahen, einen Beitrag darüber zu verfassen. Im Thesaurus der Datenbank PsychInfo zur Literatursuche finden wir die schlichte und nach meiner Ansicht völlig ausreichende Definition für Leistungsmotivation (»achievement motivation«): »need that drives an individual to improve, succeed, or excel« (frei übersetzt: das Bedürfnis, das ein Individuum antreibt, seine Leistung zu steigern, erfolgreich zu sein oder sich/andere zu übertreffen). In dieser Definition stecken zwei Aussagen über die Ursachen von Verhalten:

Die Ursache für das Verhalten liegt *in der Person*, der Antrieb kommt von innen. Das wird durch den Begriff Bedürfnis (»need«) zum Ausdruck gebracht. In der Motivationsforschung wird zwischen intrinsischer und extrinsischer Motivation unterschieden. Die Leistungsmotivation wird damit eindeutig der intrinsischen Motivation zugeordnet. Weiterhin wird der Grund spezifiziert. Was genau treibt Menschen dazu an, ihre Leistungen zu steigern? Warum tun sie das? Die Definition nennt drei solcher Gründe: Leistungsmotivierte versuchen erstens, ihre eigenen (bisherigen) Leistungen zu übertreffen, sie streben zweitens nach Erfolg (d. h. sie versuchen, Leistungsziele zu erreichen, eine Aufgabe zu bewältigen) und sie versuchen drittens, andere zu übertreffen. Diese Systematik lässt sich am Beispiel eines Marathonläufers verdeutlichen, der an einem Wettkampf teilnimmt: Er will schneller laufen als sonst

(d. h. seine »alte« Laufzeit unter vergleichbaren Bedingungen übertreffen), er strebt einen Erfolg an (z. B. will er eine Medaille bekommen, unter den ersten Zehn sein oder auch nur ans Ziel kommen – je nach seinen Fähigkeiten) und er will schneller laufen als andere (als eine bestimmte Person oder auch als alle anderen).

Solche Annahmen über die genauen Gründe sind notwendig, um die Leistungsmotivation von anderen Motivationsformen abzugrenzen und um sie zu messen. Um beim Beispiel Laufen zu bleiben: Wenn jemand so schnell wie möglich läuft, um als erster an einer Nahrungsquelle zu sein (Hunger), um einem Verfolger zu entkommen (Angst) oder etwa um einen Gegner zu erreichen, den er bezwingen will (Macht oder Aggression), so ist diese Anstrengung kein Ausdruck von Leistungsmotivation. Eine notwendige Bedingung für Leistungsmotivation ist Anstrengung plus das Motiv, sich selbst oder andere übertreffen zu wollen oder einen Erfolg damit zu erzielen.

Die beschriebene komplexe Motivlage bei der Entstehung von Leistungsverhalten wird im nächsten Abschnitt ausführlicher analysiert.

6.1.2 Leistungsmotivation und -verhalten

Motive liegen per Definition in der Person. Wissenschaftstheoretisch betrachtet sind sie Konstrukte und als solche nicht der Beobachtung zugänglich. Diesbezüglich gleichen sie Persönlichkeitseigenschaften oder der Intelligenz. Konstrukte sollten sich als nützlich zur Erklärung und Vorhersage von Verhalten erweisen. Deshalb stellt sich die Frage, ob und wie gut man mit Hilfe der Leistungsmotivation konkretes Leistungsverhalten erklären und vorhersagen kann. Bevor empirische Befunde zur Beziehung zwischen Leistungsmotivation und -verhalten betrachtet werden, ist es hilfreich, die Zusammenhänge genauer zu analysieren.

Es gilt zu verstehen, welche Bedeutung die Leistungsmotivation zur Erklärung von Leistungen in der Schule, im Beruf etc. hat. Welcher Wirkungsmechanismus steht hinter der Beziehung zwischen Leistungsmotivation und Leistung? Im Folgenden wird der Versuch unternommen, den Einfluss der Leistungsmotivation auf Leistungsverhalten im Kontext von anderen motivationalen Bedingungen zu betrachten. Dazu wird ein einfaches Modell entworfen. Damit wird verdeutlicht, dass das Leistungsmotiv zwar leistungsfördernd ist, aber im Zusammenhang eines umfassenden motivationalen Bedingungsgefüges steht. Es stellt nur eines von mehreren Motiven dar, die sich über den gleichen Wirkungsmechanismus auf das Leistungsverhalten auswirken.

6.1.3 Leistungen sind multifaktoriell bedingt

Das nun zu skizzierende Modell setzt am beobachtbaren Leistungsverhalten an, also am Endergebnis. Es dient dazu, die Gründe für Leistungsunterschiede unter besonderer Berücksichtigung der Leistungsmotivation zu verstehen. Die Leistungsmotivation wird nur soweit behandelt, wie sie zur Erklärung von beobachtbaren Leistungen beiträgt. Es ist unbestritten, dass sie auch mit kognitiven (z. B. Attributionen), affektiven (z. B. Stolz, Furcht) und anderen behavioralen Phänomenen (z. B. Aufsuchen und Meiden von Leistungssituationen) verbunden ist. Diese Aspekte werden hier nicht thematisiert, um das Modell einfach zu halten. Ziel ist es zu zeigen, dass Leistungsunterschiede nur zu einem kleinen Teil durch die Leistungsmotivation erklärt werden können.

Zunächst ist zu beachten, dass jede Leistung von den Fähigkeiten und Fertigkeiten der Person abhängt. Berufserfolg z. B. lässt sich zu über 25% durch die kognitive Leistungsfähigkeit (allgemeine Intelligenz) vorhersagen (Schmidt u. Hunter 1998). Je nach Leistungsbereich kann auch die körperliche Konstitution für die Leistung relevant sein. Betrachtet man nur die Motive, gilt es zu erklären, warum Menschen bei gleichen Fähigkeiten und Fertigkeiten unterschiedlich viel leisten. Dazu nehmen wir an, dass Menschen ihre Fähigkeiten und ihre Fertigkeiten unterschiedlich stark einsetzen oder »investieren«, wenn sie eine Tätigkeit ausführen. In ◘ Abb. 6.1 ist dies durch einen Pfeil symbolisiert, der auf die Verbindung von Fähigkeiten/Fertigkeiten und Tätigkeit trifft.

Motive haben eine energetisierende Wirkung, steigern also die Leistung. Konkret bedeutet das, dass

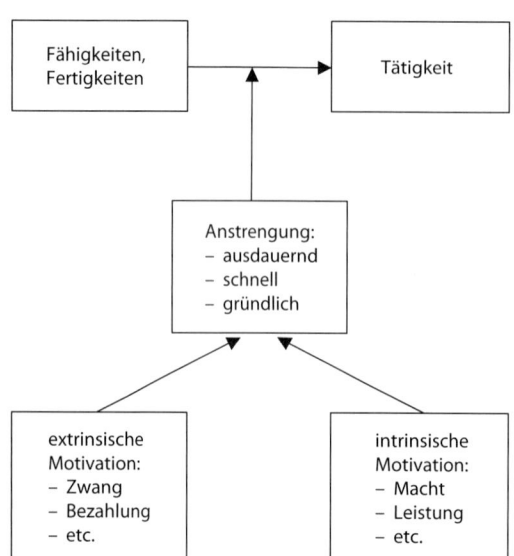

◘ Abb. 6.1. Motivlage bei Leistungsverhalten. Das Leistungsmotiv ist nur eine von mehreren Ursachen von Leistungsverhalten

Menschen sich anstrengen, wenn sie etwas tun. In der *Anstrengung* wird die gemeinsame Endstrecke oder der gemeinsame Wirkungsmechanismus aller Motive gesehen, die sich auf die Leistung auswirken. Anstrengung ist kein tautologisches Konzept, erklärt sich also nicht durch sich selbst. Das wäre der Fall, wenn man Anstrengung zur Erklärung für gute Leistungen verwenden und Anstrengung zugleich über gute Leistungen operationalisieren würde. Anstrengung ist ein vorübergehender Zustand, der subjektiv erlebbar ist und auch durch physiologische Indikatoren festgestellt werden kann. Menschen berichten, dass sie sich anstrengen. Bei körperlichen Tätigkeiten geht eine erhöhte Anstrengung mit einer erhöhten Herzfrequenz etc. einher. Auch bei mentaler Anstrengung sind körperliche Veränderungen messbar.

Wie kann sich die Anstrengung auf die Leistung auswirken? Die Antwort auf diese Frage hängt davon ab, um welche Tätigkeit es sich handelt und in welcher Hinsicht sie optimiert werden soll. Grundsätzlich können die Quantität und die Qualität gesteigert werden. Beide können durch *Ausdauer* beeinflusst werden. Ausdauer bedeutet, mehr Zeit zu investieren, länger an der Aufgabe zu bleiben. Eine mengenmäßig größere Leistung kann aber auch durch *Schnelligkeit* erzielt werden. Eine Qualitätssteigerung

ist oft nur durch mehr *Gründlichkeit* zu erreichen. Dies soll an einigen Beispielen verdeutlicht werden. Wenn ein Schüler 50 Vokabeln auswendig lernen will, hilft nur Ausdauer. Je länger er seine Lernfähigkeit einsetzt, desto besser wird der Erfolg sein, desto mehr Vokabeln wird er am Ende beherrschen. Wer ein schwieriges Kreuzworträtsel löst, kann ebenfalls durch Ausdauer oder Hartnäckigkeit die Lösung finden. Wer vorschnell aufgibt, vergibt die Chance, doch noch die Lösung zu finden. Bei einem Autorennen ist Schnelligkeit für den Erfolg ausschlaggebend. Allerdings ist auch ein gewisses Maß an Gründlichkeit erforderlich, weil Fehler zu einem Unfall führen können.

Wenn ein Schüler in einem Test eine Stunde Zeit hat, um 50 Rechenaufgaben zu bearbeiten, so kann er durch schnelles Arbeiten eine höhere Leistung (mehr Lösungen) erzielen. Er wird sich zwischen den Aufgaben keine Pausen gönnen, wird schneller schreiben und vielleicht auch schneller nachdenken. Dass ein hohes Arbeitstempo möglicherweise mit einem Mehr an Fehlern bezahlt wird, ist die andere Seite; Fehler können sogar ein Indikator dafür sein, dass sich jemand besonders stark angestrengt hat. Gründlichkeit wird verlangt, wenn Fehler zu suchen sind oder eine besonders exakte Ausführung wichtig ist. Zu schnelles Arbeiten kann dabei kontraproduktiv sein. Die Sekretärin, die einen Text korrigiert, der Chirurg, der eine Wunde vernäht und der Goldschmied, der ein Schmuckstück herstellt, werden gute Ergebnisse erzielen, wenn sie sehr gründlich und genau arbeiten. Bei vielen Arbeiten können Ausdauer, Schnelligkeit und Gründlichkeit beteiligt sein, wenn auch in unterschiedlichen Anteilen.

Mit diesen Überlegungen zur Anstrengung rücken Motivation und *Konzentration* nahe zusammen. Auch konzentriertes Arbeiten ist durch Anstrengung gekennzeichnet (Westhoff 1995). Bei Konzentrationstestaufgaben bestimmen Schnelligkeit und Genauigkeit, bei langen Tests auch Ausdauer das Testergebnis. Der wesentliche Unterschied zwischen beiden Konstrukten liegt darin, dass Konzentration als eine Fähigkeit verstanden wird, als Fähigkeit, schnell und zugleich sorgfältig zu arbeiten. Wenn viele Testpersonen einen Konzentrationstest bearbeiten würden und bei allen die Motivation gleich wäre (z. B. maximale Anstrengung), so würden sie sich dennoch in ihren Testergebnissen unterscheiden. In der Praxis kann es vorkommen, dass bei der Messung der Konzentrationsfähigkeit die Motivation der Probanden in das Testergebnis mit einfließt (vgl. Schmidt-Atzert, Büttner u. Bühner 2004).

Es wäre voreilig, Anstrengung mit Leistungsmotivation gleichzusetzen. Richtig ist, dass sich hoch leistungsmotivierte Menschen besonders anstrengen, um gute Leistungen zu erzielen. Es gibt aber auch andere Gründe dafür, dass sich jemand für gute Leistungen anstrengt. Im Modell (◘ Abb. 6.1) werden die motivationalen Ursprünge der Anstrengung unterteilt. Anstrengung kann *extrinsisch* motiviert sein, bspw. durch Bezahlung, Prämien, Zwang oder Strafandrohung. Es gibt ausgeklügelte Belohnungssysteme, die nur dazu dienen, gute Leistungen hervorzubringen. In Betrieben wird die Arbeitsleistung manchmal nicht nach Stunden, sondern leistungsbezogen nach dem Ergebnis bezahlt (z. B. Akkordarbeit). Daneben gibt es spezielle Belohnungssysteme, nach denen für gute Leistungen Extragratifikationen gewährt werden (z. B. Extraurlaub in Verbindung mit einer attraktiven bezahlten Reise – »Incentives«). Manche Menschen zeigen gute Leistungen, um sich vor einer drohenden Entlassung zu schützen oder um den Betrieb vor einer Insolvenz zu bewahren.

Betrachtet man die Motive »in der Person« (*intrinsische* Motivation), so kommen neben dem Leistungsmotiv auch andere Motive für eine erhöhte Anstrengung und damit bessere Leistungen in Frage. Menschen leisten manchmal viel, weil sie dadurch über andere dominieren können (Machtmotiv), weil sie die Anerkennung ihrer Vorgesetzten oder ihrer Kollegen suchen wollen (Anschlussmotiv) oder auch, um an Nahrung zu gelangen (Hunger). Das Leistungsmotiv stellt somit nur eine unter mehreren internalen motivationalen Bedingungen von Leistungen dar.

Die Dichotomie extrinsisch–intrinsisch ist künstlich. Im konkreten Fall ist es sinnvoll, von einem Kontinuum von *völlig intrinsisch* bis *völlig extrinsisch motiviert* auszugehen (vgl. Ryan u. Deci 2000). Die Annahme eines Kontinuums impliziert, dass die Gesamtmotivation für ein Verhalten in der Regel nur zu einem Teil auf innere Faktoren (die Leistungsmotivation) zurückgeführt werden kann. Nehmen wir als Beispiel eine Verkäuferin, die sich um einen Job an der Kasse bewirbt. Der Marktleiter verlangt eine Arbeitsprobe: Sie soll eine halbe Stunde lang an der Kasse arbeiten und er registriert die Anzahl der Artikel, die sie abrechnet. In diesem Fall ist die extrinsische Motivation sehr groß, denn sie will den Job unbedingt bekommen. Der Anteil der intrinsischen Leistungsmotivation am Zustandekommen der Leistung kann hier klein sein. Später im Berufsalltag wird die Leistung dagegen viel stärker von der intrinsischen Leistungsmotivation der Kassiererin abhängen.

Damit sind alle Erklärungsmöglichkeiten innerhalb des Modells (◘ Abb. 6.1) ausgeschöpft. Fasst man den Bedingungskontext für Leistungen noch weiter, sind auch folgende situative Faktoren zu berücksichtigen: Erstens kann die Leistung erheblich durch die externen Arbeitsbedingungen beeinflusst werden. Wie viel Umsatz ein Taxifahrer macht, hängt auch vom Wetter, von der Konkurrenz durch andere Taxifahrer, von der Existenz von Großveranstaltungen, der Verfügbarkeit von Parkplätzen in der Stadt etc. ab. Analoge Überlegungen können für viele andere Leistungen angestellt werden, die außerhalb des Labors meist unter uneinheitlichen Bedingungen zustande kommen. Zweitens bedarf die Leistungsmotivation der »Anregung«. Leistungsmotivierte Menschen strengen sich nicht immer an, sondern nur wenn bestimmte, das Leistungsmotiv anregende situative Randbedingungen gegeben sind (Koestner u. McClelland 1990): Wichtig sind *Eigenverantwortung* (man ist für das Ergebnis selbst verantwortlich), *Herausforderung* (die Aufgabe ist nicht so leicht, dass sie jeder gut lösen kann, aber auch nicht unlösbar schwer) und *Feed-back* (man bekommt eine Rückmeldung darüber, wie gut man die Aufgabe bewältigt hat – in der Schule und im Studium erfüllen Noten diese Funktion). Fehlen diese Situationsmerkmale, wird auch ein habituell hoch leistungsmotivierter Mensch keine besondere Anstrengung entwickeln.

Fazit

Zusammenfassend lässt sich festhalten, dass Leistungen primär von den Fähigkeiten und Fertigkeiten der Person abhängen und dass das motivationale Bedingungsgefüge komplex ist. Externale Faktoren wie Bezahlung oder Zwang können die Anstrengung ebenso beeinflussen wie andere intrinsische Motive. Wenn Leistungen nicht

▼

unter standardisierten Bedingungen gemessen werden, sind ferner die Arbeitsbedingungen sowie die Anregungen des Leistungsmotivs zu beachten. Vor diesem Hintergrund sind die empirischen Befunde zur Beziehung zwischen Leistungsmotivation und Leistungen in verschiedenen Lebensbereichen zu sehen. Es ist zu erwarten, dass individuelle Unterschiede in konkreten Leistungen nicht sehr eng mit der Leistungsmotivation zusammenhängen.

6.1.4   Empirische Befunde

Die Frage nach der Beziehung zwischen Leistungsmotivation und Leistung lässt sich empirisch im Prinzip sehr einfach untersuchen: Man misst bei einer größeren Anzahl von Menschen die Leistungsmotivation sowie die Leistungen, die sie erbringen, und ermittelt die Korrelation zwischen beiden Variablen. Die Leistungsmotivation kann dabei auf unterschiedliche Weise gemessen werden (▶ dazu Kap. 6.1.6) und die Leistungen können in sehr unterschiedlichen Lebensbereichen (z. B. Studium, Beruf) und anhand verschiedener Kriterien (z. B. Umsatz, Testwerte, Vorgesetztenbeurteilung) ermittelt werden.

Allerdings hat man bei diesem Vorgehen mit den Unzulänglichkeiten einer jeden Messung zu kämpfen. Es ist nicht möglich, die Leistungsmotivation an sich zu untersuchen, sondern nur den Teil, der einer Messung zugänglich ist. Verfahren zur Messung der Leistungsmotivation weisen erhebliche Validitätsprobleme auf (▶ Kap. 6.1.6). Gut umgehen kann man nur mit der beschränkten Messgenauigkeit. Durch die Anwendung von Korrekturformeln lässt sich eine Reliabilität von 1 simulieren. Die Messprobleme kommen übrigens auch bei der Messung der Leistung zum Tragen. Noten in der Schule oder im Studium etwa sind weder völlig reliable Maße noch sind sie reine Indikatoren der Leistung.

Die Leistungsmotivationsforschung hat eine lange Tradition. Sie reicht bis in die 1940er Jahre zurück, als Murray über 40 Motive beschrieb. Das Leistungsmotiv wurde mit Abstand am intensivsten erforscht, und eine Vielzahl von Untersuchungen galt der Frage, wie eng Leistungsmotivation und

Leistungsverhalten zusammenhängen. Glücklicherweise ist es nicht nötig, die einzelnen Untersuchungen zusammenzustellen und auszuwerten. Das haben andere bereits getan. Die erste große Metaanalyse stammt von Spangler (1992). Er wertete insgesamt 105 empirische Untersuchungen zum Zusammenhang zwischen Leistungsmotivation und verschiedenen Leistungsmaßen aus. Die Leistungsmotivation wurde in diesen Untersuchungen entweder durch Fragebogen (193 Korrelationen, n=15328) oder durch einen projektiven Test, den TAT (190 Korrelationen; n=12961) gemessen (zu den Messmethoden ▶ Kap. 6.1.6). Spangler unterschied drei Arten von Leistungsmaßen: Das härteste Kriterium waren reale Leistungen im Leben, z. B. Einkommen oder Verkaufserfolge. Die mittleren Korrelationen variierten zwischen r=0,13 und 0,15 (reale Leistungen: 0,13) bei den Fragebögen und r=0,19 und 0,22 (reale Leistungen: 0,22) bei dem projektiven Verfahren TAT (▶ Kap. 6.1.6). Das bedeutet, dass selbst im günstigsten Fall weniger als fünf Prozent ($0,22^2$ =0,048) der Leistungsvarianz durch Leistungsmotivationsmaße erklärt werden können.

Während Spangler (1992) sich für alle möglichen Leistungen interessierte, konzentrierten sich Robbins et al. (2004) auf den Studienerfolg. Mit ihrer Metaanalyse wollten sie die psychosozialen Bedingungen des Studienerfolgs zu verstehen helfen. Ein solcher psychosozialer Faktor ist die Leistungsmotivation, die in den ausgewerteten Studien mit Hilfe von Fragebogen erfasst wurde. Die Autoren trafen eine wichtige Unterscheidung bei den Kriterien für Studienerfolg, indem sie die Leistungsgüte (Noten) und die Studiendauer separat betrachteten. Robbins et al. (2004) fanden heraus, dass die mittlere (unkorrigierte) Korrelation zwischen Studienleistungen in Form von Noten und Leistungsmotivation bei r=0,26 liegt (17 Korrelationen, n=9330). Die Studiendauer korreliert vergleichsweise niedrig mit Leistungsmotivation (r=0,10; 7 Korrelationen, n=3208).

Fazit dieser beiden Metaanalysen ist, dass ein eher kleiner Teil der Leistungen, die Menschen erbringen, möglicherweise auf Unterschiede in der Leistungsmotivation zurückzuführen ist. Bei den berichteten Korrelationen wurden keine Korrekturen für Varianzeinschränkung, Reliabilität des Tests oder des Kriteriums etc. vorgenommen. Auf der Konstruktebene sind die Zusammenhänge etwas höher; bei Robbins et al. (2004) erhöhte sich die beobachtete Korrelation von 0,26 auf 0,30, wenn eine perfekte Messgenauigkeit bei Prädiktor und Kriterium unterstellt wurde. Diese Zahl bedeutet, dass Studienleistungen (Noten) etwa zu 9% durch die Leistungsmotivation »erklärt« werden.

Bei der Interpretation dieser Korrelationen ist zu beachten, dass Korrelationen nichts über kausale Zusammenhänge aussagen können. Es wäre auch denkbar, dass sich die Leistungsmotivation als Folge von erbrachten Leistungen verändert oder, was näher liegend ist, dass die Motivationsmaße mit anderen Eigenschaften konfundiert sind. Beispielsweise können TAT-Maße der Leistungsmotivation durch verbale Produktivität der Probanden erhöht sein; wer längere Geschichten zu den Bildern erzählt, bekommt höhere Werte (Entwisle 1972). Die verbale Produktivität hängt vermutlich mit der Intelligenz zusammen. Deshalb ist es möglich, dass die von Spangler (1992) ermittelte Korrelation zwischen TAT-Maßen der Leistungsmotivation und Leistungen ganz oder zum Teil durch die Intelligenz vermittelt wird: Je intelligenter ein Proband ist, desto längere Geschichten erzählt er im TAT und desto höhere Leistungsmotivationswerte erhält er in der Folge. Dass Intelligenz und Leistungen zusammenhängen, ist bekannt.

6.1.5 Messung der Leistungsmotivation

Zur standardisierten Messung der Leistungsmotivation stehen drei Gruppen von Verfahren zur Verfügung, die sich in vielerlei Hinsicht voneinander unterscheiden. Ich beschränke mich hier auf publizierte Verfahren für den deutschen Sprachraum. Es handelt sich um *projektive bzw. semiprojektive Verfahren*, *Fragebogen* und *objektive Tests*. Die drei Verfahrenstypen werden nun anhand von Beispielen vorgestellt. Im Anschluss wird eine vergleichende Bewertung versucht.

Darüber hinaus stehen grundsätzlich auch andere diagnostische Verfahren zur Verfügung, deren Einsatz in bestimmten Fällen sinnvoll ist. Hier sind vor allem die *Verhaltensbeobachtung und -beurteilung* sowie das *Interview* zu nennen. Die Verhaltensbeobachtung (s. dazu Westhoff et al. 2004, Kap. 2)

kann keinen direkten Einblick in die Motive liefern, sie ist aber geeignet, um die Anstrengung und die genauen Umstände, unter denen sich jemand anstrengt, zu erfassen. Im Interview können dagegen auch die Beweggründe (Motive) für große oder kleine Anstrengung erfragt werden. Für ein komplexes Schema zur Diagnostik der Motivation sei auf Rheinberg (2004) verwiesen.

6.1.5.1 Fragebogen

Die Messung der Leistungsmotivation durch Fragebogen unterscheidet sich grundsätzlich nicht von der anderer Persönlichkeitsmerkmale. Am Anfang stehen Annahmen über die Struktur oder zumindest über den Inhaltsbereich des Konstrukts. Sodann werden Items formuliert oder aus anderen Fragebögen »übernommen«. Sie beziehen sich im Idealfall auf alle Teilbereiche des Konstrukts. Instruktion und Antwortformat werden festgelegt. Nach Datenerhebungen wird in der Regel zunächst durch Faktorenanalysen geprüft, ob Eindimensionalität vorliegt bzw. die Items Dimensionen bilden, die der erwarteten Struktur entsprechen. Schließlich werden die Items nach den üblichen Kennwerten, d. h. Trennschärfen und Schwierigkeiten, ausgewählt und es werden die Gütekriterien des Fragebogens bzw. der Skalen bestimmt.

Das Leistungsmotivationsinventar LMI

Ein Fragebogen neueren Datums, der eng an die vorliegende Forschung zur Messung der Leistungsmotivation durch Fragebögen anknüpft, ist das Leistungsmotivationsinventar LMI von Schuler und Prochaska (2001). Dem Verfahren liegt kein explizites Strukturmodell der Leistungsmotivation zu Grunde. Die Autoren kamen nach Durchsicht der bisherigen Forschung zu dem Schluss, dass sich die Leistungsmotivation eher als ein breites Konstrukt mit unscharfen Grenzen darstellt. Einige Aspekte wie etwa Beharrlichkeit schienen zentral zu sein, andere eher peripher (z. B. Statusorientierung oder Selbstständigkeit). Schließlich fanden sie Merkmale wie etwa Selbstvertrauen oder Gewissenhaftigkeit, die zumindest einen Bezug zur Leistungsmotivation erkennen lassen. Die Autoren beschreiben die von ihnen vorgefundene Situation durch den Vergleich mit einer Zwiebel, bei der um das Zentrum herum mehrere Schichten angelegt sind (»Zwiebelmodell«).

Je charakteristischer ein Merkmal für die Leistungsmotivation ist, desto näher am Zentrum liegt es.

Angesichts dieser Vorannahmen ist es verständlich, dass die Autoren sehr viele (insgesamt 728) und zudem recht unterschiedliche Items in eine Vorauswahl nahmen. Schließlich galt es, alle Aspekte der Leistungsmotivation, auch die eher randständigen, zu berücksichtigen. Zu erwarten war eine komplexe Struktur. Die Autoren extrahierten faktorenanalytisch 17 (!) Dimensionen. Der endgültige Fragebogen besteht daher aus 17 Skalen mit je 10 Items (◘ Tab. 6.1). Zusätzlich kann ein Gesamtwert über alle Skalen berechnet werden. Für viele Anwender, die nicht daran interessiert sind, ein differenziertes Persönlichkeitsbild von ihren Probanden zu zeichnen, sondern die nur »die« Leistungsmotivation erfassen wollen, steht eine Kurzskala mit 30 Items zur Verfügung, die lediglich einen einzigen Kennwert der Leistungsmotivation liefert. Die Items entstammen der Langversion und wurden nach den Trennschärfen für den Gesamtwert ausgewählt.

Die interne Konsistenz (α) der Skalen liegt, von wenigen Ausnahmen abgesehen, im Bereich von 0,80. Ein solcher Wert ist für eng umschriebene Merkmale und 10 Items pro Skala völlig angemessen. Die Retest-Reliabilität wurde nach einem Intervall von etwa drei Monaten bestimmt und liegt zwischen 0,66 (»Flow«) und 0,82 (*Furchtlosigkeit* und *Statusorientierung*). Diese Werte sprechen dafür, dass hier relativ stabile Merkmale erfasst werden. Für die Kurzversion werden eine interne Konsistenz von 0,94 und eine Retest-Reliabilität von 0,78 berichtet.

Ein Aspekt der Validität ist die Struktur des Fragebogens. Einige Skalen korrelieren hoch miteinander (am höchsten *Erfolgszuversicht* und *Flexibilität*: r=0,63). In einer Faktorenanalyse lassen sie sich (mit Ausnahme von *Lernbereitschaft*) relativ gut je einem von drei Faktoren zuordnen, die als Ehrgeiz (*Leistungsstolz* hat hier die höchste Ladung), Unabhängigkeit (höchste Ladung: *Selbstständigkeit*) und Aufgabenbezogene Motivation (markiert durch *Selbst-*

◘ Tab. 6.1. Skalen des Leistungsmotivationsinventars LMI

Skala	Itembeispiel
Beharrlichkeit	Es fällt mir schwer, mich lange zu konzentrieren, ohne müde zu werden.
Dominanz	Wenn ich mit anderen zusammenarbeite, übernehme ich gewöhnlich die Initiative.
Engagement	Ich arbeite mehr als die meisten anderen Leute, die ich kenne.
Erfolgszuversicht	Auch wenn ich vor schwierigen Aufgaben stehe, bin ich immer guten Mutes.
Flexibilität	Um etwas Neues auszuprobieren, gehe ich schon einmal ein Risiko ein.
Flow	Es bereitet mir Freude, mich ganz in eine Aufgabe zu vertiefen.
Furchtlosigkeit	Wenn ich vor anderen etwas vorführen soll, habe ich Angst, mich zu blamieren.
Internalität	Wie weit man es beruflich bringt, ist zu einem guten Teil Glückssache. (–)
Kompensatorische Anstrengung	Wenn ich fürchte, Fehler zu machen, strenge ich mich besonders an.
Leistungsstolz	Für meine Selbstachtung ist es sehr wichtig, was ich geleistet habe.
Lernbereitschaft	Einen großen Teil meiner Zeit verbringe ich damit, neues zu lernen.
Schwierigkeitspräferenz	Schwierige Probleme reizen mich mehr als einfache.
Selbstständigkeit	Manchmal ist es mir lieber, anderen die Entscheidung zu überlassen. (–)
Selbstkontrolle	Häufig verschiebe ich Dinge auf morgen, die ich besser heute erledigen sollte. (–)
Statusorientierung	Es ist mir sehr wichtig, eine verantwortungsvolle Position zu erreichen.
Wettbewerbsorientierung	Der Wunsch, besser zu sein als andere, ist ein großer Ansporn für mich.
Zielsetzung	Im Allgemeinen bin ich stark auf die Zukunft ausgerichtet.

Jede Skala besteht aus 10 Items (eine zusätzliche Kurzskala aus 30). Die Antwortskala reicht von 1 (*trifft gar nicht zu*) bis 7 (*trifft vollständig zu*). Items, die invertiert werden, sind durch (–) gekennzeichnet.

kontrolle) interpretiert werden. Die Frage nach der Konstruktvalidität lässt sich in Bezug auf das Fünf-Faktoren-Modell der Persönlichkeit beantworten. Die Autoren berichten die Korrelationen zu den fünf Skalen des NEO-FFI (Borkenau u. Ostendorf 1993). Ein Teil der Skalen erfasst offenbar Facetten von Neurotizismus (oder emotionaler Stabilität; z. B.: *Furchtlosigkeit*; r=0,66) bzw. von Gewissenhaftigkeit (z. B.: *Beharrlichkeit*; r=0,59). Weitere Skalen scheinen Konglomerate von Teilaspekten mehrerer großer Persönlichkeitsdimensionen zu sein (z. B.: *Flexibilität*; korreliert -0,57 mit Neurotizismus und 0,41 mit Extraversion). Lediglich die Skalen »*Flow*«, *Lernbereitschaft* und *Statusorientierung* weisen niedrige Korrelationen mit allen großen fünf Persönlichkeitsdimensionen auf (r<0,30). Zur Kriteriumsvalidität berichten die Autoren zahlreiche Korrelationen mit diversen Leistungsindikatoren (Abiturnoten, Note des Ausbildungsabschlusses, Jahresgehalt etc.). Viele sind insignifikant, einige liegen im Bereich von 0,3 sehr wenige darüber. Ein konsistentes Muster ist nicht zu erkennen. Es sind eher einzelne Korrelationen, die nachträglich sehr plausibel erscheinen (z. B. *Dominanz* und Stellung in der Hierarchie, r=0,43 oder Bildungsniveau und *Lernbereitschaft*, r=0,35).

Es liegen (z. T. geschlechtsspezifische) Normen für Wirtschaftsstudenten (n=259), Berufsschüler in kaufmännischen Ausbildungsberufen (n=1008), Schüler eines Wirtschaftsgymnasiums (n=160), Berufstätige in Finanzdienstleistungsunternehmen (n=166) und Hochleistungssportler (n=78) vor. Das Haupteinsatzgebiet ist sicher die Berufseignungsdiagnostik (Personalauswahl und -entwicklung). Die Autoren sehen neben der Forschung aber auch Verwendungsmöglichkeiten in der Schul-, Studien- und Berufsberatung und in der Sportpsychologie.

Andere Fragebogenverfahren

Im deutschen Sprachraum liegen lediglich zwei weitere normierte Fragebögen zur Leistungsmotivation vor. Bei dem *Leistungs Motivations Test LMT* von Hermans et al. (1978) handelt es sich um die deutsche Bearbeitung eines niederländischen Fragebogens des Erstautors. Die Items wurden nach Faktorenanalysen vier Skalen (im Originalfragebogen waren es drei Skalen) zugeordnet: *Leistungsstreben* (15 Items: »Beim Arbeiten sind die Anforderungen, die ich an mich selbst stelle, *hoch/ sehr hoch*.«), *Aus-*

dauer und Fleiß (13 Items, »In der Schule hielten mich die Leute für *fleißig*.«), *Leistungsfördernde Prüfungsangst* (18 Items, »Ein bisschen Angst ist für meine Leistungen *oft günstig*.«) und *Leistungshemmende Prüfungsangst* (10 Items, »Wenn ich vor der Klasse aufgerufen wurde, hatte ich *oft Herzklopfen*.«). Bei jedem Item gibt es zwei bis vier Antwortmöglichkeiten (in den Itembeispielen sind die »richtigen« kursiv gedruckt), von denen entweder eines oder zwei im Sinne des Merkmals zählen, also zu einem Rohpunkt führen. Die internen Konsistenzen der beiden Leistungsskalen sind relativ niedrig (α=0,67 bzw. 0,62), die der Angstskalen hoch (α=0,81 bzw. 0,84). Normen liegen für Schüler im Alter von 15–20 Jahren vor (n=587), wobei nicht zwischen verschiedenen Altersstufen und dem Geschlecht unterschieden wird.

Von Hermans (1976) liegt mit dem *Leistungsmotivationstest für Jugendliche LMT-J* ein weiterer Fragebogen zur Leistungsmotivation vor, der mit leichten Modifikationen vom Niederländischen ins Deutsche übersetzt worden ist. Die Skalen lauten *Leistungs- und Erfolgsstreben* (28 Items; Itembeispiel: Ich finde, dass in der Schule die Zeit *schnell vergeht*), *Positive Erfolgsbesorgtheit* (17 Items; »Vor einer Klassenarbeit ein bisschen Angst haben, *wirkt sich bei mir gut [vorteilhaft] aus*.«), *Negative Erfolgsbesorgtheit* (17 Items; »Bei Klassenarbeiten *habe ich öfters Dinge vergessen, die ich sonst weiß*.«), *Soziale Erwünschtheit* (Streben nach sozial erwünschter Erscheinungsweise des Verhaltens; 19 Items; »Ich bin zu anderen *immer freundlich*.«). Die Reliabilitäten (»split-half«) liegen im Bereich von 0,80 (*Soziale Erwünschtheit* etwas niedriger). Zwischen *Leistungs- und Erfolgsstreben* und *Sozialer Erwünschtheit* wurde mit r=0,52 eine relativ hohe Korrelation ermittelt, die bedeuten kann, dass beide Skalen angepasstes Verhalten erfassen. Alters- und geschlechtsspezifische Normen liegen für Schüler von 12–16 Jahren vor (n=2838).

Einige mehrdimensionale Persönlichkeitsinventare enthalten Skalen zur Leistungsmotivation. An erster Stelle ist das *Bochumer Inventar zur berufsbezogenen Persönlichkeitsbeschreibung BIP* von Hossiep und Paschen (1998) zu nennen, da es neben einer Skala *Leistungsmotivation* α=0,81, Retest-Reliabilität nach 8–10 Wochen: r=0,79; 14 Items, höchste Trennschärfe: »Ich bin mit mir erst dann zufrieden, wenn ich außergewöhnliche Leistungen vollbringe.«) auch weitere Skalen enthält, die einen Bezug zur Leistungsthematik aufweisen. Wenn man den Bereich der Leistungsmotivation so breit versteht wie Schuler und Prochaska (2001), so sind hier mindestens weitere 3 der insgesamt 14 Skalen zu nennen, die beträchtlich mit *Leistungsmotivation* korrelieren : *Gestaltungsmotivation* (r=0,58), *Führungsmotivation* (r=0,50) und *Belastbarkeit* (r=0,52). Die Autoren berichten zahlreiche Befunde zur Kriteriumsvalidität, die ähnlich zu bewerten sind wie die zum LMI. Alters- und Geschlechtsnormen liegen für die (nicht repräsentative) Gesamtstichprobe (n=5354) vor sowie für spezielle Populationen (Hochschulabsolventen verschiedener Studienbereiche, Berufstätige in verschiedenen Positionen). Zusätzlich steht ein Fremdbeurteilungsbogen zur Verfügung, für den je 3 Items pro Skala ausgewählt und sprachlich entsprechend umformuliert wurden. Der Einsatzbereich des BIP liegt, wie bereits der Name sagt, im beruflichen Bereich; es kann z. B. für Potenzialanalysen genutzt werden.

Mit der deutschen *Personality Research Form PRF* (Stumpf et al. 1985) liegt ein Persönlichkeitsfragebogen vor, der auf Murrays Persönlichkeitstheorie basiert und damit auch grundlegende Bedürfnisse (Motive) erfasst. Jede der 20 Inhaltsskalen besteht aus 16 Items. Eine davon ist das *Leistungsstreben* (α=0,70 bzw. 0,78 für die parallelen Versionen A und B; »Ich arbeite an Problemen weiter, bei denen andere schon aufgegeben haben.«). Die Skala korreliert hoch (r=0,71 bzw. 0,73 für Form A und B) mit einer weiteren Skala aus dem »Kernbereich« der Leistungsmotivation, nämlich *Ausdauer* (α=0,77; »Ich bin bereit, länger an einem Vorhaben zu arbeiten als die meisten anderen Leute.«). Für alle Inhaltsskalen werden hohe Retest-Reliabilitäten berichtet. Die umfangreichen Angaben zur Validität der Skalen beschränken sich auf Korrelationen mit Selbst- und Fremdeinschätzungen sowie mit diversen anderen Persönlichkeitsfragebögen. Die differenziertesten Normen liegen für die Form A vor. Sie decken den Altersbereich von 17 bis 50 Jahre und älter, getrennt für Männer und Frauen, ab (n=135 bis 824). Die PRF stellt speziell zur »breiten« Diagnostik der Motivation ein sehr nützliches Instrument dar, da sie neben der Leistungsmotivation auch andere Motive wie etwa Dominanzstreben, Bedürfnis nach Beachtung,

soziales Anerkennungsbedürfnis oder Hilfsbereitschaft erfasst, die fördernde oder auch hemmende Bedingungen für Leistungen darstellen können (vgl. ► Kap. 6.1.3).

Abschließend sei das *Freiburger Persönlichkeitsinventar FPI-R* (Fahrenberg et al. 2001) genannt, das mit *Leistungsorientierung* eine Skala (»Ich habe gern mit Aufgaben zu tun, die schnelles Handeln verlangen.«) enthält, die zumindest einen engen Bezug zur Leistungsmotivation ausweist. Das FPI-R wird in der Praxis häufig als »Breitbandverfahren« eingesetzt. Es liefert dabei quasi nebenbei Informationen über einen für die Leistungsthematik wichtigen Aspekt der Persönlichkeit.

Für Forschungszwecke braucht ein Verfahren nicht normiert zu sein. Einige Fragebögen, die in der internationalen Forschung Verwendung finden, liegen auch in deutscher Übersetzung und Bearbeitung vor. Besonders zu erwähnen ist die *Mehrabian Achievement Risk Preference Scale,* die in der deutschen Bearbeitung von Mikula et al. (1976) 7 Füllitems und 13 Items zur Leistungsmotivation enthält (»Wenn ich etwas nicht gut kann, a) strenge ich mich an, um es doch zu schaffen, oder b) lasse ich es sein und mache etwas anderes.«). Nähere Angaben zu diesem Fragebogen und anderen finden sich bei Rheinberg (2004, S. 81 ff.).

Daneben existieren weitere Fragebögen, die einen Bezug zur Leistungsmotivation haben und bei bestimmten Fragestellungen zur Individualdiagnostik (sofern geeignete Normen vorliegen) und ansonsten zur Leistungsmotivationsforschung eingesetzt werden können. Sie erfassen Lebensziele (u. a. das Ziel Leistung), diverse Aspekte des Selbstkonzepts (z. B. Selbstwirksamkeitserwartungen, Selbstkonzept der eigenen Begabung) und Selbstregulation (z. B. Handlungs- und Lageorientierung, Anstrengungsvermeidung). Auch hier sei für Details auf Rheinberg (2004) verwiesen.

6.1.5.2 Projektive und semiprojektive Verfahren

Thematischer Apperzeptions-Test TAT

Die längste Tradition in der Leistungsmotivationsmessung haben die projektiven Verfahren, wobei der Thematische Apperzeptions-Test TAT (s. Murray 1991) eine herausragende Rolle einnimmt. Die erste Auflage erschien 1943. Der TAT ist zur Messung verschiedener Motive ausgelegt. Die Auswertung kann sich aber bei unveränderter Testdurchführung auf ein Motiv beschränken. Es wurden auch Testvarianten für bestimmte Altersgruppen und für bestimmte Fragestellungen entwickelt. Dazu gehört auch der Leistungsmotivations-TAT von Heckhausen (1963). Weil das Verfahren von großer historischer Bedeutung ist und viele (meist ältere) Forschungsergebnisse dazu vorliegen, wird es zusätzlich zu einem modernen semiprojektiven Verfahren, dem MMG (Schmalt et al. 2000), vorgestellt.

Der TAT besteht im Original aus 31 schwarz-weißen Bildtafeln. Davon sind 20 Tafeln nur für ein Geschlecht und Alter vorgesehen (z. B. für Jungen oder für erwachsene Frauen). Zur Motivmessung werden dem Probanden, meist verteilt auf zwei Einzelsitzungen, insgesamt 20 Tafeln, einschließlich einer leeren weißen, in fester Reihenfolge vorgelegt. Allerdings gibt es auch zahlreiche Vorschläge zur Zusammenstellung von kürzeren TAT-Serien für diverse Untersuchungszwecke (s. Rauchfleisch 1989, S. 10 ff.). Die Begründung für eine Auswahl von Tafeln ist einfach: Motive bedürfen der Anregung, sie müssen sozusagen erst geweckt werden. Jedes Bild hat einen bestimmten Anregungscharakter, regt also bestimmte Motive stärker an als andere. Welche Motive das sind, kann leicht an den über viele Probanden gemittelten Antworten abgelesen werden.

Bei der Testdurchführung lautet die Anweisung, zu jeder Tafel eine möglichst dramatische Geschichte zu erzählen. Dabei wird der Eindruck erweckt, dass der Test der Untersuchung der Fantasie dient. Die Geschichten werden protokolliert und anschließend inhaltsanalytisch ausgewertet. Stark vereinfacht ausgedrückt sollen Motive daran zu erkennen sein, wie oft sie vom Probanden thematisiert werden. Ein einheitliches Vorgehen hat sich nicht etabliert und so bleibt es zum Teil auch der Fantasie des Auswerters überlassen, welche Konflikte, Motive und Einflüsse auf den Probanden er sieht.

Die Angaben zu den Gütekriterien des TAT schwanken je nach Quelle. Rauchfleisch (1989) etwa gibt an, dass die Beurteilerübereinstimmungen zwischen 0,80 und 0,95 liegen. Die interne Konsistenz, bestimmt mit der Halbierungsmethode, liege (der einzigen zitierten Quelle von 1955 zufolge) zwischen 0,41 und 0,80. Entwisle (1972) kommt nach Analyse von veröffentlichten sowie unveröffentlichten Ergeb-

nissen zu dem Schluss, dass zumindest für die Leistungsmotivation gilt, dass sowohl die interne Konsistenz als auch die Retest-Reliabilität bei einer großen Streubreite überwiegend im Bereich zwischen 0,30 und 0,40 liegt.

Für die Bewertung von Validitätsuntersuchungen ist ein weiteres Forschungsergebnis relevant: Die mit dem TAT geschätzte Ausprägung des Leistungsmotivs korreliert deutlich mit der Produktivität; je längere Geschichten jemand produziert, desto höher fällt der Testwert aus ($r=0,29$ bis $0,74$ in vier Probandengruppen). Bei einer längeren Geschichte hat der Proband einfach mehr Gelegenheiten, etwas Leistungsthematisches zu sagen und erhält somit höhere Motivwerte. Die Produktivität korreliert zugleich mit Schulnoten und mit Intelligenz. Folglich ist es möglich, dass die ohnehin nur niedrigen Korrelationen zwischen TAT und Leistungskriterien wie Schulnoten über die Produktivität zustande kommen.

Zur Messung der Leistungsmotivation wurden spezielle TAT-Varianten (Beschränkung auf besonders ergiebige Bilder) und eigene Auswertungsschlüssel (inhaltsanalytische Kategorien) entwickelt (s. Langens u. Schüler 2003). In Deutschland hat Heckhausen (1963) ein TAT-Verfahren entwickelt, das sich von seinen Vorbildern in einem wichtigen Punkt unterscheidet. Er verwendete weiterhin drei bewährte Bilder, die das Leistungsmotiv im klassischen Sinne (Erfolg anstreben) anregen. Die »Erfolgsbilder« ergänzte er um drei eigens angefertigte »Misserfolgsbilder« (◘ Abb. 6.2). Damit verfolgte er das

◘ **Abb. 6.2.** Bildtafel aus dem TAT von Heckhausen (1963, S. 55) zur Messung des Leistungsmotivs. (Mit frdl. Genehmigung von J. Heckhausen)

◼ Tab. 6.2.

Übergeordnete Kategorie	Spezielle Kategorie	
	Hoffnung auf Erfolg	Furcht vor Misserfolg
Bedürfnis nach …	**B** Leistung und Erfolg	**Bm** Misserfolgsmeidung
Instrument. Tätigkeit um …	**I** ein Ziel zu erreichen	**Im** Misserfolg zu meiden
Erwartung	**E** Erfolg	**Em** Misserfolg
Reaktion auf Leistung	**L** Lob	**T** Tadel
Gefühlszustand	**G+** positiv	**G-** negativ
Thema[a]	**Th** Erfolg	**Thm** Misserfolg

Leicht modifiziert nach Heckhausen (1963, S. 67).
[a] dient der Gewichtung und wird vergeben, wenn bestimmte Signierungen vorliegen (z. B. Th, wenn an Erfolgskategorien mindestens B und E vorliegen und außer G- und Em keine Mißerfolgskategorien signiert wurden).

Ziel, einen Kennwert für Hoffnung auf Erfolg und einen für Furcht vor Misserfolg zu gewinnen. Die inhaltsanalytische Auswertung musste anders als bei den Vorgängern, die sich mit dem Erkennen einer Leistungsthematik begnügten, aufsuchende und meidende Tendenzen unterscheiden. Der Auswertungsschlüssel ist in ◼ Tab. 6.2 wiedergegeben. Anhand von einigen Beispielen lässt sich erläutern, wie die Auswertung der erzählten Geschichten funktioniert. Auf die genauen Instruktionen für die Auswerter (z. B. Zeitform spielt keine Rolle, Aussage muss leistungsbezogen sein etc.) kann hier nicht eingegangen werden (s. dazu Heckhausen 1963, Anhang).

Multi-Motiv-Gitter MMG

Angesichts der aufwändigen Durchführung und Auswertung des TAT sowie der unbefriedigenden Auswertungsobjektivität und Reliabilität sind stärker standardisierte Verfahren wünschenswert. Diese werden gerne »semiprojektiv« genannt – vielleicht weil die Projektionsmöglichkeiten durch die Standardisierung eingeschränkt sind. Schmalt et al. (2000) haben mit dem *Multi-Motiv-Gitter MMG* ein Verfahren entwickelt, das als semiprojektiv gilt und den Anforderungen an eine hoch standardisierte Durchführung, Auswertung und Interpretation genügt. Das MMG soll drei Motive erfassen: Anschluss, Macht und Leistung. Bei jedem der drei Motive wird noch einmal zwischen aufsuchenden und meidenden Tendenzen unterschieden. Damit wird das Leistungsmotiv wie beim Leistungsmotivations-TAT (Heckhausen 1963) über die Hoffnung auf Erfolg und die Furcht vor Misserfolg erfasst. Der Begriff »Gitter« rührt daher, dass jedes der 14 Bilder mit jeder der 12 Aussagen kombiniert werden kann.

Bei den Bildern handelt es sich um zeichnerische Darstellungen von Alltagssituationen, z. B. eine Testdurchführung, eine Szene aus einem Tennisspiel, eine Arbeitsgruppe (◼ Abb. 6.3). Die Personen sind relativ abstrakt gehalten, insbesondere sind keine Gesichtszüge zu erkennen. Der Proband soll bei jeder Aussage ankreuzen, ob sie auf das Bild zutrifft oder nicht. Die Items zum Leistungsmotiv fallen in

---

Beispiele für die Signierung von Aussagen.

Er will seine Schulaufgaben machen (B), der Junge schreibt die Sätze richtig an (I), er denkt, dass er die Aufgaben lösen wird (E), der Lehrer gibt dem Schüler für diese Antwort eine wohlverdiente »2« (L), der Vater freut sich, dass sein Sohn das Abitur bestanden hat (G+, obwohl der Sohn die Hauptfigur ist), er will nicht sitzenbleiben (Bm), er überlegt, ob er Fehler gemacht hat (Im), er glaubt nicht, dass er die Lösung noch finden wird (Em), sollte er einen Fehler gemacht haben, wird er bestraft (T), er ärgert sich, dass er einen Fehler gemacht hat (G-).

(Die Beispiele sind Heckhausen 1963, S. 287 ff. entnommen.)

Im Anschluss an die Signierung der Geschichten werden die Anzeichen für Hoffnung auf Erfolg (HE; also B, I, E, L, G+ sowie das evtl. zusätzlich vergebene Th) über alle sechs Bilder addiert. Bei Furcht vor Misserfolg (FM) wird analog verfahren. Die beiden Kennwerte können zusätzlich noch miteinander verrechnet werden. So ergibt sich die Gesamtmotivation durch die Summe von HE und FM.

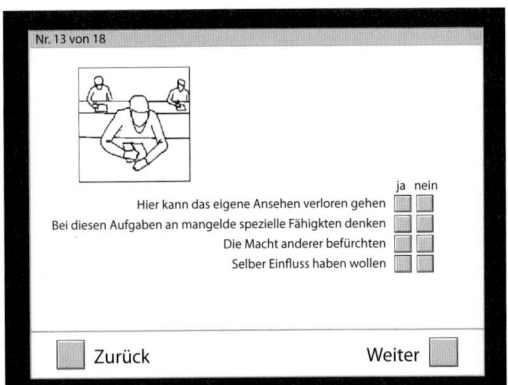

☐ Abb. 6.3. Aufgabe aus dem MMG (hier in der computer-basierten Form)

zwei Kategorien; ein Teil bezieht sich auf Hoffung auf Erfolg und ein Teil auf Furcht vor Misserfolg. Durch die Kombination der 14 Bilder mit je 2 Aussagen für Hoffnung auf Erfolg und Furcht vor Misserfolg entstehen zwei Skalen mit je 28 Items.

Die internen Konsistenzen (α) werden von Sokolowski et al. (2000) mit 0,84 (Hoffnung auf Erfolg) und 0,80 (Furcht vor Misserfolg) angegeben. Im Manual werden für andere Stichproben jedoch auch niedrigere Werte berichtet. Zur Validität liegen insgesamt nicht sehr überzeugende Belege vor. Die Korrelation zwischen Hoffnung auf Erfolg und Furcht vor Misserfolg ist niedrig (r=0,17). Damit ist gewährleistet, dass die beiden Skalen unterschiedliche Merkmale erfassen. Allerdings finden sich sehr hohe Korrelationen von Hoffnung auf Erfolg mit Hoffnung auf Macht (r=0,75) sowie zwischen Furcht vor Misserfolg und den beiden anderen Furchtskalen (r=0,65 bzw. 0,66). Es ist also zweifelhaft, ob die Skalen tatsächlich *spezifische* Hoffnungen und Befürchtungen erfassen. Mit Fragebogenskalen (*Personality Research Form* von Stumpf et al, 1985; ▶ Kap. 6.1.6.1) fanden sich nur sehr niedrige Korrelationen. »Harte« Daten zur Kriteriumsvalidität (Korrelationen mit Leistungsmaßen) fehlen für die beiden Leistungsmotivationsskalen (Sokolowski et al. 2000). Das Verfahren ist normiert (n=1919), wobei zwischen Männern und Frauen unterschieden wird. Die Eichstichprobe ist nicht als repräsentativ anzusehen. Ergänzend ist zu erwähnen, dass auch eine computerbasierte Version des MMG im *Wiener Testsystem* der Firma Schuhfried zur Verfügung steht.

Vergleicht man das MMG mit dem TAT, so weist das MMG in der Objektivität und Reliabilität sowie der Ökonomie klare Vorteile auf. Bezüglich der Validität ist noch keine abschließende Bewertung möglich; Befunde, die eine Überlegenheit des MMG signalisieren könnten, stehen noch aus.

Weitere Verfahren

Für Kinder und Jugendliche im Alter von 9–16 Jahren liegt mit dem *LM-Gitter* von Schmalt (1976) ein sehr ähnlich konzipiertes semiprojektives Verfahren ausschließlich zur Erfassung des Leistungsmotivs vor (s. auch Schmalt 1999). Die Entwicklung dieses Verfahrens ging der des MMG zeitlich voraus. Schmalt lehnt sich mit der Differenzierung von Hoffnung auf Erfolg und Furcht vor Misserfolg konzeptuell eng an Heckhausen (1963) an.

6.1.5.3 Objektive Tests

Das Konzept der objektiven Tests geht auf Cattell zurück, der den Begriff nach 20-jährigem Gebrauch 1958 präzisiert hat (Cattell 1958). Die Grundidee besteht darin, Persönlichkeitsmerkmale über unverfälschbare Verhaltensindikatoren zu erfassen, die in standardisierten Testsituationen erhoben werden. Cattell (1958) betonte, dass bei einem objektiven Persönlichkeitstest das Messergebnis frei von Selbstbewertungen des Probanden sein muss. Der Proband kann daher das Ergebnis auch nicht verfälschen oder im Sinne einer sozial erwünschten Präsentation beschönigen. Eine Maßnahme, die vor dem Einfluss von Selbstbewertungen schützen soll, ist die Undurchschaubarkeit des Tests. Im Idealfall weiß der Proband nicht, was er mit einer Antwort im Test über sich verrät. Dieser Anspruch kommt in der folgenden Definition klar zum Ausdruck: »A test in which the subjects behavior is measured, for inferring personality, without his being aware in what ways his behavior is likely to affect the interpretation« (Cattell 1958, S. 288).

Darüber hinaus verlangte Cattell (1958), dass objektive Tests auch auswertungsobjektiv sein müssen; eine Forderung, die auch von den meisten Persönlichkeitsfragebögen erfüllt wird. Um dieser Forderung gerecht zu werden, dürfen erstens nur Antworten zugelassen werden, die nach einer eindeutigen Regel auswertbar sind und es müssen zweitens klare Auswertungsregeln vorhanden sein, deren Anwendung unabhängig von der Person des Auswerters immer zum gleichen Messergebnis führt. Übrigens können auch projektive Verfahren u. U. alle Anforderungen an einen objektiven Test erfüllen.

Cattell et al. entwarfen sehr viele Tests, von denen sie sich erhofften, dass sie Persönlichkeitsmerkmale erfassten. Insgesamt waren die Validitätsbelege jedoch enttäuschend. Häcker et al. (1975) haben insgesamt 75 solcher Tests im deutschen Sprachraum bekannt gemacht. Eine Testbatterie namens *Arbeitshaltungen* von Kubinger und Ebenhöh (1996) baut zum Teil auf der Objektiven Testbatterie OA-TB75 (Häcker et al. 1975) auf. Sie enthält mit »*Figuren Unterscheiden*« einen zusätzlichen Test, der explizit die Leistungsmotivation messen soll. Dies ist zumindest im deutschen Sprachraum der erste objektive Test zur Erfassung der Leistungsmotivation.

Auf dem Bildschirm sind immer sechs Figuren zu sehen, von denen sich eine (relativ gut erkennbar) von den anderen unterscheidet. Diese Figur ist per Mausklick zu markieren. Theoretisch besteht der Test aus unendlich vielen Aufgaben. Der Proband kann den Test jederzeit abbrechen. Ein Abbruch wird indirekt durch die Instruktion nahegelegt, dass man aufhören soll, wenn man nicht mehr konzentriert arbeiten kann. Nach 425 Items wird daran erinnert, dass der Test bei nachlassender Konzentration abgebrochen werden sollte. Falls der Proband weiter arbeitet, wird er beim Nachlassen seiner Leistungen immer wieder indirekt zum Abbruch aufgefordert. Als Indikator der Leistungsmotivation dient die Anzahl (richtig) bearbeiteter Aufgaben, also ein Ausdauermaß.

Objektiver Leistungsmotivations Test OLMT

Inzwischen steht mit dem *Objektiven Leistungsmotivations Test* OLMT (Schmidt-Atzert 2004) ein weiterer objektiver Test zur Verfügung. Wie beim Test »*Figuren Unterscheiden*« bearbeiten die Probanden eine kognitiv wenig anspruchsvolle Aufgabe – der Test soll schließlich nicht die kognitive Leistungsfähigkeit messen. Beim OLMT besteht die Aufgabe darin, durch Drücken von zwei Tasten eine »Straße« auf dem Bildschirm abzufahren (◘ Abb. 6.4). Die 100 Felder lange Straße führt abwechselnd nach rechts und links. Beim Drücken der richtigen Taste (rot für links und grün für rechts) wird immer ein weiteres Feld zurückgelegt. Die Bearbeitungszeit ist

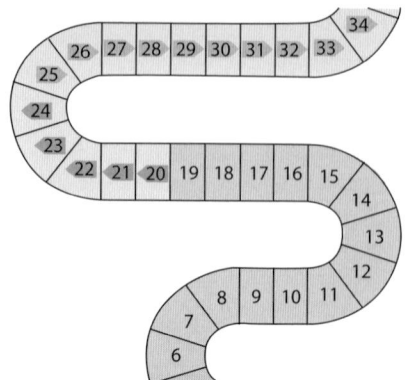

◘ **Abb. 6.4.** Beispiel für eine Phase der Testdurchführung. Der Proband hat hier bereits 19 Felder zurückgelegt; er muss noch 5 Mal die linke, rote Taste drücken, dann die rechte, grüne etc.

im Gegensatz zum *Figuren Unterscheiden* fixiert; sie beträgt für jeden der insgesamt 30 Durchgänge genau 10 s. Nicht die Ausdauer wird erfasst, sondern die Schnelligkeit bzw. die Anzahl der zurückgelegten Felder, die exakt der Schnelligkeit des Tastendrückens entspricht, wenn keine Fehler gemacht werden. Wird die falsche Taste gedrückt, erfolgt eine akustische und optische Warnung und es wird kein Feld vorgerückt. Je mehr man sich anstrengt, desto mehr Felder kann man in den 10 s zurücklegen.

Drei wichtige Befunde der Leistungsmotivationsforschung finden bei der Aufgabe Beachtung: Die Motivation wird besonders dann verhaltenswirksam, wenn der Proband (a) eine klare Zielsetzung hat, (b) alleine für das Ergebnis verantwortlich ist und (c) Feed-back über die erzielte Leistung erhält. Beim OLMT ist das Ziel klar: so viele Felder wie möglich zurücklegen. Das Ergebnis hängt sichtbar vom Verhalten des Probanden ab. Immer wenn er die richtige Taste betätigt, geschieht etwas: Ein weiteres Feld färbt sich grau und die zurückgelegte Strecke wird damit ein Stück länger. Der Proband erhält ständig Feed-back über seine Leistung. Die Felder sind nummeriert, so dass sich der Fortschritt auch an Zahlen ablesen lässt. Zudem erfolgt nach jedem Durchgang ein schriftliches Feed-back (z. B. »Sie haben 67 Felder zurückgelegt«).

Die Aufgabe, wie sie bis jetzt beschrieben wurde, dient der Erfassung der Anstrengung, die alleine durch die Aufgabe selbst angeregt wird (daher auch die Subtestbezeichnung *Aufgabenbezogene Anstrengung*). Die zurückgelegten Felder zeigen an, wie stark sich der Proband, angeregt durch die Aufgabe und das Feed-back, angestrengt hat. Für den Kennwert *Aufgabenbezogene Anstrengung* wird allerdings nur der 8.–10. Durchgang ausgewertet, weil sich die Leistung in den ersten Durchgängen normalerweise steigert, was vermutlich Ausdruck von Übung ist.

Im zweiten Block wird der Proband vor jedem der 10 Durchgänge aufgefordert, sein Ziel festzulegen. Dazu erhält er eine Rückmeldung, wie viele Felder er zuletzt geschafft hat. Er soll nun über die Tastatur eingeben, wie viele Felder er jetzt zurücklegen will. In den 10 Durchgängen von Subtest 2 werden zwei Aspekte der Leistungsmotivation erfasst, das *Anspruchsniveau* und die *Motivation durch Ziele*. Das *Anspruchsniveau* errechnet sich aus der Abweichung der Ziele von den tatsächlichen Leistungen. Unter *Motivation durch Ziele* wird verstanden, wie stark der Proband dadurch motiviert wird, dass er sich selbst Ziele für seine Arbeitsergebnisse setzt. Dazu wird die Leistung im zweiten Subtest mit der in Subtest 1 (Durchgang 8–10) verglichen.

Im dritten Subtest, *Motivation durch Konkurrenz*, der ebenfalls aus 10 Durchgängen besteht, wird der Proband mit einem Konkurrenten konfrontiert, der eine Straße parallel zu seiner eigenen durchläuft. Der Konkurrent wurde angeblich vom Computer passend zum Probanden ausgewählt. Seine Leistung richtet sich exakt nach der des Probanden; er ist aber immer 10% schneller als der Proband in den letzten 3 Durchgängen. Auch hier wird die Leistungsveränderung gegenüber der ersten Bedingung erfasst. Der Kennwert gibt an, inwieweit der Proband seine Leistung dadurch verändert, dass er sich direkt mit einem ihm leicht überlegenen Konkurrenten vergleichen kann. In ❑ Tab. 6.3 sind die Subtests mit ihren Kennwerten sowie Angaben zur Reliabilität aufgeführt.

Zusätzlich zu diesen vier Kennwerten werden für jeden Subtest Fehlerquoten sowie die intraindividuelle Streuung (SD) der Leistungen berechnet. Diese Hilfskennwerte können zur Interpretation der Hauptkennwerte herangezogen werden. Der Leistungsverlauf in den drei Subtests wird außerdem grafisch dargestellt. Eine große Leistungsschwankung kann auf Störungen oder Probleme während der Durchführung hinweisen. Eine hohe Fehlerrate (Fehler in Prozent der zurückgelegten Felder) passt normalerweise zu einer großen Anstrengung; je mehr sich die Probanden anstrengen, möglichst viele Felder zurückzulegen, desto mehr Fehler unterlaufen ihnen. Obwohl jeder falsche Tastendruck Zeit kostet und nicht weiter führt, korrelierte die Fehlerrate in verschiedenen Untersuchungen in der Größenordnung von 0,30 mit der Anzahl zurückgelegter Felder.

Der OLMT genügt dem Testgütekriterium der *Objektivität*. Die Durchführungsobjektivität ist durch die standardisierte Instruktion und Testvorgabe gegeben. Die Auswertungsobjektivität wird durch die automatische Berechnung der Testergebnisse gewährleistet. Die Interpretationsobjektivität ist gegeben, weil es sich um ein normiertes Testverfahren handelt und das Manual präzise Hinweise zur Interpretation der Kennwerte enthält. Die *interne Konsistenz* (❑ Tab. 6.3) kann als hoch bezeichnet werden.

❑ Tab. 6.3. Subtests und Hauptkennwerte des OLMT

Nummer Subtest und Kennwert	Motivat. Anreiz	Operationalisierung	α
1. Aufgabenbezogene Anstrengung	Aufgabe selbst	Anzahl zurückgelegter Felder in Subtest 1, Durchgang 8–10	0,95–0,96
2a. Motivation durch Ziele	Eigenes Ziel	Anzahl zurückgelegter Felder in Subtest 2 im Vergleich zu Subtest 1	0,88–0,92
2b. Anspruchsniveau	Eigenes Ziel	Zielsetzung im Vergleich zur Anzahl tatsächlich zurückgelegter Felder in Subtest 2	0,83–0,94
3. Motivation durch Konkurrenz	Leistung des Gegners	Anzahl zurückgelegter Felder in Subtest 3 im Vergleich zu Subtest 1	0,88–0,92

Jeder Subtest besteht aus 10 Durchgängen von je 10 s. Angaben zu α für die drei Altersgruppen der Normierungsstichprobe (n=170, 72 und 124).

Sie liegt in einem Bereich, der eher für Leistungstests typisch ist. Zur *Konstruktvalidität* liegen mehrere Befunde vor. Die vier Kennwerte korrelieren mit Ausnahme der *Motivation durch Ziele* und *Motivation durch Konkurrenz* (r=0,62 bis 0,69) niedrig miteinander und liefern damit unabhängige Informationen zur Leistungsmotivation. Schwache positive Zusammenhänge finden sich zwischen den Kennwerten des OLMT und den Leistungen in verschiedenen kognitiven Leistungstests sowie dem Notendurchschnitt im Abitur. In einer studentischen Stichprobe wurden zwischen der *Aufgabenbezogenen Anstrengung* bzw. dem *Anspruchsniveau* und einem sprachfreien Intelligenztest (SPM plus) hoch signifikante Korrelationen von 0,35 bzw. 0,34 ermittelt. In der gleichen Stichprobe korrelierten diese Kennwerte r=-0,23 bzw. -0,33 mit der Abiturnote. Mit Skalen zur Leistungsmotivation (*Bochumer Inventar zur Berufsbezogenen Persönlichkeit* BIP) konnte nur ein schwacher Zusammenhang festgestellt werden (*Anspruchsniveau* und Skala Leistungsmotivation bzw. Wettbewerbsorientierung: r=-0,29 bzw. -0,21). In einer Studie zur Vorhersage des Studienerfolgs korrelierte die *Aufgabenbezogene Anstrengung* r=-0,24 mit der Durchschnittsnote im Psychologie-Vordiplom. Der Kennwert wies sogar eine inkrementelle Validität zur Abiturnote auf.

In einer noch unveröffentlichten Untersuchung zur *Verfälschbarkeit* des Tests wurden die Probanden explizit zum Verfälschen nach oben bzw. nach unten aufgefordert. Eine Verfälschung nach oben gelang nicht, wie der Vergleich mit einer neutralen Kontrollgruppe ergab. Nach unten war eine Verfälschung möglich, etwa durch bewusstes Langsamarbeiten.

Allerdings konnten diese Verfälschungen in den meisten Fällen sicher an auffälligen Kennwerten festgestellt werden.

Der OLMT wurde an einer nach Alter und Bildungsniveau repräsentativen Stichprobe normiert. Da die Testleistungen altersabhängig sind, wurden drei Altersgruppen gebildet: 18–49;11 (n=170), 50–64;11 (n=72) und 65–80 Jahre (n=124); für die Seniorenstichprobe besteht kein Anspruch auf Repräsentativität.

6.1.6 Vergleichende Bewertung der Verfahrensgruppen

Die Verfahren zur Messung der Leistungsmotivation fallen in drei Kategorien, nämlich Fragebogen, projektive bzw. semiprojektive Verfahren und objektive Tests. Die Unterschiedlichkeit der drei Messmethoden wird eindrucksvoll durch zum Teil extrem niedrige Interkorrelationen belegt. Spangler (1992) fand in seiner Metaanalyse eine Korrelation zwischen TAT und Fragebogenmaßen von r=0,09 (Mittelwert von 36 Korrelationen). Einige Jahre zuvor hatte Fineman (1977) einen mittleren Zusammenhang von r=0,15 ermittelt. In Untersuchungen zum *Objektiven Leistungsmotivationstest* OLMT lagen die Korrelationen mit Fragebogen unter r=0,30 (vgl. ▶ Kap. 6.1.6). Bei derart niedrigen Korrelationen sind sogar Zweifel erlaubt, ob die Verfahren überhaupt das gleiche Merkmal erfassen. Auf jeden Fall sollte nach Erklärungen für dieses Phänomen gesucht werden. In ❑ Tab. 6.4 sind dazu zentrale Merkmale der drei Verfahrenstypen aufgeführt.

❑ **Tab. 6.4.** Merkmale unterschiedlicher Verfahren

Annahme, Merkmal	(Semi-)projektive Verfahren	Fragebogen	Objektive Tests
LM manifestiert sich in:	Wahrnehmung, Fantasie	Kognition über Verhalten	Verhalten im Test
Voraussetzungen beim PB in der Testsituation:	Leistungsmotiv wird durch Bild angeregt, Fantasie	Pb ist einsichtsfähig und ehrlich	Leistungsmotiv wird durch Aufgabe angeregt
Testmaterial:	Bilder (evtl. mit Textelementen)	Aussagen über Verhalten, auch Ziele, Emotionen	Leistungsaufgaben
Reaktion des Pb:	Freie Schilderung (oder Ankreuzen von Aussagen)	Ankreuzen von Aussagen	Bearbeiten von Leistungsaufgaben
Auswertung:	Inhaltsanalytisch (oder zutreffende Antworten zählen)	Auszählen von zutreffenden Antworten	Auszählen von (richtigen) Reaktionen

Die Auflistung zeigt, dass sich die Verfahren in praktisch allen aufgeführten Aspekten voneinander unterscheiden. Allerdings lässt sich aus dieser Verschiedenheit nicht zwingend herleiten, dass die Verfahren unterschiedliche Facetten der Leistungsmotivation erfassen. Zur Unterscheidung zwischen projektiven Verfahren und Fragebogen liegen konzeptuelle Überlegungen vor, die nun diskutiert werden. Anschließend werden einige methodische Überlegungen angestellt.

Verfechter des TAT haben die mangelnde Korrelation zwischen TAT und Fragebogen zum Anlass genommen, das Leistungsmotiv konzeptuell aufzuspalten (s. Brunstein 2003; Koestner u. McClelland 1990; McClelland et al. 1989). Die grundlegende Annahme lautet, dass mit Fragebögen explizite Motive und mit dem TAT implizite Motive erfasst werden. *Explizite Motive* sind Motive, die sich die Menschen selbst zuschreiben, die auch als »motivationale Selbstbilder« bezeichnet werden. Sie beinhalten, wie jemand sich selbst sieht oder selbst beurteilt. *Implizite Motive* sind dagegen dem Individuum selbst verborgen; man könnte sie auch die wahren, inneren Bedürfnisse nennen. Diese Motive sollen sich auf das Verhalten auswirken können, ohne dass das Individuum sich dessen bewusst wird.

Eine Beurteilung dieser Grundannahmen ist schwierig; es kommt darauf an, die richtigen Fragen zu stellen. Relativ unstrittig dürften die Aussagen über explizite Motive sein. Dass Fragebögen erfassen, was die Menschen über sich selbst berichten und dass sich diese Angaben primär nicht auf objektive, sondern auf subjektiv wahrgenommene und beurteilte Fakten beziehen, wird vermutlich von den meisten Konstrukteuren von Fragebogen anerkannt. Allerdings werden sie betonen, dass die Selbstbilder nicht völlig losgelöst von objektiven Realitäten existieren. Dafür sprechen die meist moderaten Korrelationen zwischen Fragebogenmaßen und Fremdbeurteilungen. Als Nachweis für die Existenz impliziter Motive ist zu verlangen, dass die entsprechenden Maße eine relativ hohe zeitliche Stabilität aufweisen, dass verschiedene Maße zur Erfassung impliziter Motive mindestens moderat miteinander korrelieren und dass Validitätsbelege in Form von Korrelationen mit Leistungsverhalten vorliegen.

Die zeitliche Stabilität von TAT-Maßen zur Leistungsmotivation ist, anders als die von Fragebogen,

ausgesprochen niedrig; Fineman (1977) hat einen Median von r=0,32 berechnet. Die Konstruktvalidität im Sinne von Interkorrelationen von Verfahren mit gleichem Messanspruch ist ebenfalls niedrig. Fineman (1977) fand eine mittlere Korrelation zwischen TAT und anderen projektiven Maßen von r=0,17 vor. Bei den Korrelationen mit Leistungsmaßen sind zunächst die zusammenfassenden Darstellungen von Fineman (1977) und Spangler (1992) maßgebend, in denen eine sehr geringe Validität des TAT festgestellt wurde. Die ohnehin niedrigen Korrelationen sind vermutlich artifiziell erhöht, weil die TAT-Werte über die verbale Produktivität der Probanden mit der Intelligenz zusammenhängen (Entwisle 1972). Unter den Untersuchungen zur Validität lassen sich auch einige Studien finden, in denen der TAT mit bestimmten Validitätskriterien korreliert und Fragebögen eher mit anderen. McClelland et al. (1989; s. auch Brunstein 2003) wollen in diesen Befunden bestimmte Regelmäßigkeiten erkannt haben, die letztlich die Unterscheidung von impliziten und expliziten Motiven stützen und für die Existenz von impliziten Motiven sprechen. Die Autoren spekulieren zudem über die Natur der beiden Motive.

Die Frage, welcher Typ von Verfahren am besten zur Messung der Leistungsmotivation geeignet ist, kann nur vor dem Hintergrund der Fragestellung beantwortet werden. Wenn ein bestimmtes Kriterium wie etwa Schulerfolg vorhergesagt werden soll, ist die prädiktive Validität der Verfahren ausschlaggebend. Für Prognosen sind generell zeitstabile Indikatoren zu wählen. Diesen Anspruch erfüllt etwa der TAT mit seiner niedrigen Retest-Reliabilität nicht. Darüber hinaus ist zu beachten, welche Merkmale neben der Leistungsmotivation gemessen werden. Beim Schulerfolg können bspw. die Intelligenz und das Vorwissen als Prädiktoren berücksichtigt werden. Ein Verfahren zur Leistungsmotivation muss hier eine *inkrementelle Validität* aufweisen, also Varianz der späteren Schulleistungen erklären, die nicht bereits durch die anderen Verfahren aufgeklärt worden ist. Bei der Beschreibung des TAT (▶ Kap. 6.1.6) wurde erwähnt, dass das Motivmaß vermutlich mit Intelligenz konfundiert ist. Wenn dies zutrifft, kann die inkrementelle Validität trotz einer positiven Korrelation zwischen Leistungsmotivation und Schulerfolg bei 0 liegen, weil der Test über die miterfasste Intelligenz hinaus keinen Beitrag leistet. Weiterhin ist die Motivation der Probanden zur *Verfälschung* ihrer Testergebnisse zu beachten. Erfolgt die Messung zu Forschungs- oder Beratungszwecken, ist die Gefahr der Verfälschung gering. Dient ein Test aber der Selektion (z. B. Studierendenauswahl, Auswahl von Bewerbern), so haben die Probanden ein Interesse daran, sich vorteilhaft zu präsentieren.

Dass Fragebögen leicht verfälschbar sind, braucht nicht weiter thematisiert zu werden. Weniger bekannt ist, dass auch projektive Verfahren verfälschbar sind. Dies kann anhand einer Untersuchung von Holmes (1974) belegt werden. Versuchspersonen waren Studenten ohne Kenntnisse über projektive Verfahren. Sie schrieben zu zwei TAT-Tafeln Geschichten, die anschließend auf die übliche Weise inhaltsanalytisch ausgewertet wurden. In einer Bedingung wurden die Probanden angewiesen, sich leistungsmotiviert darzustellen. Natürlich bekamen sie keine Hinweise, wie man das machen kann. In der Kontrollbedingung wurde eine ehrliche Darstellung angemahnt. Die Falschdarsteller erhielten durchschnittlich 17,9 Punkte, während die ehrlichen Probanden nur 12,5 Punkte für ihre Leistungsmotivation bekamen. Legt man die Standardabweichung der Kontrollgruppe zugrunde, entspricht dies einer Effektstärke von 1,17. Überträgt man diesen Wert auf die IQ-Skala, hätte ein Proband seine Leistungsmotivation durch Verfälschung durchschnittlich um 18 IQ-Punkte gesteigert! Objektive Tests, die in der Durchführung Leistungstests gleichen, sind dagegen nicht nach oben verfälschbar. Eine Simulation mangelnder Motivation ist allerdings möglich; die Probanden brauchen dazu nur langsamer zu arbeiten. Allerdings gibt es nur wenige diagnostische Fragestellungen, bei denen mit dem Vortäuschen von Minderleistungen zu rechnen ist.

Für die Diagnostik im Einzelfall ist zu überlegen, ob sich die Informationen aus verschiedenen Verfahren ergänzen können und wie sich eventuell vorliegende Widersprüche erklären lassen. Jemand kann nach seinem Selbstkonzept z. B. hoch leistungsmotiviert sein und dennoch wenig Anstrengungsbereitschaft in einem objektiven Test zeigen. Ein Grund dafür kann sein, dass sich die Person überwiegend mit wenig leistungsmotivierten Mitmenschen vergleicht. Die Ursache für diskrepante Ergebnisse kann auch in den Messungen liegen. Denkbar ist etwa, dass die notwendigen Voraussetzungen für die An-

wendung eines Verfahrens beim Probanden gefehlt haben (z. B. zu geringe Einsichtsfähigkeit für einen Fragebogen) oder dass der Proband bei der Ausführung der geforderten Reaktionen beeinträchtigt war (z. B. schlechtes sprachliches Ausdrucksvermögen beim projektiven Test, motorische Beeinträchtigung beim objektiven Test). Speziell bei Fragebögen ist zu beachten, dass eine Skala gemäß ihrer Messintention eventuell nur einen sehr speziellen Aspekt der Leistungsmotivation erfasst oder aber auch einen sehr breiten Bereich abdeckt.

Literatur

Borkenau P., & Ostendorf, F. (1993). *NEO-Fünf-Faktoren-Inventar.* Göttingen: Hogrefe.

Brunstein, J. C. (2003). Implizite Motive und motivationale Selbstbilder: Zwei Prädiktoren mit unterschiedlichen Gültigkeitsbereichen. In: J. Stiensmeier-Pelster & F. Rheinberg (Hrsg.) *Diagnostik von Motivation und Selbstkonzept,* 59-88. Göttingen: Hogrefe.

Cattell, R. B. (1958). What is »objective« in »objective personality tests«? *Journal of Consulting Psychology, 5,* 285-289.

Entwisle, D. R. (1972). To dispel fantasies about fantasy-based measures of achievement motivation. *Psychological Bulletin, 77,* 377-391.

Fahrenberg, J., Hampel, R., & Selg, H. (2001). *FPI-R: Das Freiburger Persönlichkeitsinventar (7., überarb.und neu norm. Aufl.).* Göttingen: Hogrefe.

Fineman, S. (1977). The achievement motive construct and its measurement: Where are we now? *British Journal of Psychology, 68,* 1-22.

Häcker, H., Schmidt, L. R. & Schwenkmezger, P. (1975). *Objektive Testbatterie OA-TB75.* Göttingen: Hogrefe.

Heckhausen, H. (1963). *Hoffnung und Furcht in der Leistungsmotivation.* Meisenheim am Glan: Anton Hain.

Hermans, H. (1976). *Leistungsmotivationstest für Jugendliche LMT-J (dt-Fassung von U. Undeutsch).* Amsterdam: Swets.

Hermans, H., Petermann, F. & Zielinski, W. (1978). Leistungs Motivations Test LMT. Amsterdam: Swets.

Holmes, D. S. (1974). The conscious control of thematic projection. *Journal of Consulting and Clinical Psychology, 42,* 323-329.

Hossiep, R. & Paschen, M. (1998). *Bochumer Inventar zur berufsbezogenen Persönlichkeitsbeschreibung.* Göttingen: Hogrefe.

Koestner, R. & McClelland, D. C. (1990). Perspectives on competence motivation. In: L. A. Pervin (ed) (1990). *Handbook of personality: Theory and research,* 527 548. New York, NY: Guilford Press.

Kubinger, K. D. & Ebenhöh, J. (1996). *Arbeitshaltungen - Kurze Testbatterie: Anspruchsniveau, Frustrationstoleranz, Leistungsmotivation, Impulsivität/Reflexivität.* Frankfurt: Swets.

Langens, T. A. & Schüler, J. (2003). Die Messung des Leistungsmotivs mittels des Thematischen Auffassungstests. In:
J. Stiensmeier-Pelster & F. Rheinberg (Hrsg.), *Diagnostik
von Motivation und Selbstkonzept*, 89-104. Göttingen:
Hogrefe

McClelland, D. C., Koestner, R. & Weinberger, J. (1989). How do
self-attributed and implicit motives differ? *Psychological
Review, 96*, 690-702.

Mikula, G., Uray, H., & Schwinger, T. (1976). Die Entwicklung
einer deutschen Fassung der Mehrabian Achievement Risk
Preference Scale. *Diagnostica, 22*, 87-97.

Murphy, P. K. & Alexander, P. A. (2000). A motivated exploration
of motivation terminology. *Contemporary Educational
Psychology, 25*, 3-53.

Murray, H. A. (1991). *Thematic Apperception Test (TAT).(3.*, überarb. Aufl.). Göttingen: Hogrefe.

Rauchfleisch, U. (1989). *Der Thematische Apperzeptionstest (TAT)
in Diagnostik und Therapie: Eine psychoanalytische Interpre-
tationsmethode*. Stuttgart: Enke.

Rheinberg, F. (2004). *Motivationsdiagnostik*. Göttingen: Hogrefe.

Robbins, S. B., Lauver, K., Le, H., Davis, D., Langley, R. & Carlstrom,
A. (2004). Do psychosocial and study skill factors predict
college outcomes? A meta-analysis. *Psychological Bulletin,
130*, 261-288.

Ryan, R. M. & Deci, E. L. (2000). Intrinsic and extrinsic motivations: Classic definitions and new directions. *Contemporary
Educational Psychology, 25*, 54-67.

Schmalt, H. D. (1976). *Das LM-Gitter*. Göttingen: Hogrefe.

Schmalt, H. D. (1999). Assessing the achievement motive using
the grid technique. *Journal of Research in Personality, 33*,
109-130.

Schmalt, H. D., Sokolowski, K. & Langens, T. A. (2000). *Das Multi-
Motiv-Gitter für Anschluss, Leistung und Macht MMG*. Frankfurt: Swets.

Schmidt, F. L. & Hunter, J. E. (1998). The validity and utility of
selection methods in personnel psychology. *Psychological
Bulletin, 124*, 262-274.

Schmidt-Atzert, L. (2004). *Objektiver Leistungsmotivations
Test OLMT (unter Mitarb. von M. Sommer, M. Bühner und
A. Jurecka)*. Mödling: Schuhfried.

Schmidt-Atzert, L., Büttner, G. & Bühner, M. (2004). Theoretische
Aspekte von Aufmerksamkeits-/Konzentrationsdiagnos-
tik. In: G. Büttner & L. Schmidt Atzert (Hrsg.) *Diagnostik
von Aufmerksamkeit und Konzentration*, 3-22. Göttingen:
Hogrefe.

Schuler, H. & Prochaska, M. (2001). *LMI Leistungsmotivationsinventar*. Göttingen: Hogrefe.

Sokolowski, K., Schmalt, H. D., Langens, T. A. & Puca, R. M. (2000).
Assessing achievement, affiliation, and power motives
all at once: The Multi-Motive Grid (MMG). *Journal of Personality Assessment, 74*, 126-145.

Spangler, W. D. (1992). Validity of questionnaire and TAT measures of need for achievement: Two meta-analyses. *Psychological Bulletin, 112*, 140-154.

Stumpf, H., Angleitner, A., Wieck, T., Jackson, D. N. & Beloch-Till,
H. (Hrsg.) (1985). *Deutsche Personality Research Form (PRF)*.
Göttingen: Hogrefe.

Westhoff, K. (1995). Aufmerksamkeit und Konzentration. In: M.
Amelang (Hrsg.) *Enzyklopädie der Psychologie: Bd. C VIII 2,
Verhaltens- und Leistungsunterschiede*, 375-402. Göttingen:
Hogrefe.

Westhoff, K., Hellfritsch, L., Hornke, L. F., Kubinger, K., Lang, F.,
Moosbrugger, H., Püschel, A. & Reimann, G. (2004). *Grund-
wissen für die berufsbezogene Eignungsbeurteilung nach
DIN 33430*. Lengerich: Pabst.

6.2 Schülerleistungen im Kultur- vergleich, bei Migration und aus sozioökonomischer Perspektive

Hermann-Günter Hesse

6.2.1 Bedeutung der Untersuchung von Lernleistungen unter kultureller und sozioöko- nomischer Perspektive

❯ In Wissensgesellschaften wie der unseren werden den Schulleistungen eine große Bedeutung zuge- messen. Leistungen in der Schule sind nicht nur für das berufliche und alltägliche Leben entscheidend wichtig, auch persönliches Selbstbild und soziale Akzeptanz hängen von ihnen ab. Die Leistungen der Schüler mit Migrationshintergrund, von Schü- lern aus Ländern des Südens und Schülern aus Fa- milien mit niedrigem sozioökonomischem Status liegen zumeist deutlich unter denen anderer Schü- ler, wie nationale und internationale Vergleichsstu- dien immer wieder zeigen. Dieses Phänomen ist seit langem beobachtet und entsprechende Ergebnisse sind vielfach repliziert worden.

Es hat immer wieder Erklärungsversuche gegeben, die von einer durchschnittlichen Minderbegabung der Schüler aus solchen Kontexten ausgegangen sind. In einem solchen Fall würde sich die Frage stel- len, ob Forschungen hierzu eigentlich noch not- wendig sind, wenn sich doch immer wieder dasselbe Ergebnis herausstellt. Allenfalls wäre zu überlegen, welche gesellschaftlichen und schulischen Konse- quenzen angesichts einer immer wieder gleichen Gruppe von Minderleistern zu ziehen wären. Sollte es sich aber zeigen, dass andere Faktoren als die generelle Minderbegabung für das Zustandekommen unzulänglicher Schulleistungen verantwortlich zu machen sind, dann käme der Untersuchung der Wirkungsweise dieser Faktoren eine große Bedeutung zu. In der Tat haben die Diskussionen im Anschluss an die These von der Minderbegabung ein wesentlich differenzierteres Bild ergeben.

Das Aufspüren der Bedingungen unterdurchschnittlicher Lernleistungen hat zweifellos eine unmittelbare Bedeutung für die Verbesserung der Lernumgebungen der Schüler mit Migrationshintergrund, aus ärmeren sozioökonomischen Schichten und in Entwicklungsländern. Lassen sich wirklichkeitsgetreue Erklärungsmodelle unterdurchschnittlicher Schulleistungen empirisch etablieren, dann ist damit aber auch gleichzeitig ein Rückschluss auf die allgemeinen, die Qualität fördernden Bedingungen des Unterrichts möglich. In diesem Artikel werden einige dieser Diskussionen nachgezeichnet, die sich auf die Wirksamkeit kultureller und sozioökonomischer Faktoren beziehen.

Wie es häufig in der Psychologie geschieht, wird auch diese Fragestellung auf den Folien verschiedener methodischer Ansätze verfolgt, die nicht immer Kenntnis voneinander nehmen. Man kann sich sogar gelegentlich des Eindrucks nicht erwehren, als ob andere Ansätze und die, auf deren Basis erzeugten, Ergebnisse nicht besonders geschätzt würden. Das ist natürlich dem Erkenntnisgewinn nicht besonders zuträglich.

Es sind 3 methodische Ansätze, die den Untersuchungen von Lernleistungen unter kultureller bzw. interkultureller Perspektive zu Grunde liegen:

- groß angelegte internationale Untersuchungen auf der Basis von Regressions- oder Pfadanalysen,
- Untersuchungen, die auf introspektiven Verfahren beruhen,
- quasi-experimentell angelegte Untersuchungen.

6.2.2 Groß angelegte internationale Untersuchungen

Bei den groß angelegten Untersuchungen (»large scale analyses«) handelt es sich in der Regel um stratifiziert repräsentative Untersuchungen zur Ermittlung und vergleichenden Beschreibung des Leistungs-

standes der Schüler eines Landes. Je nachdem, welche Variablen erhoben worden sind, lassen sich für den jeweiligen Datensatz Modelle zur A-posteriori-Darstellung der Leistungsvariationen nach der Logik von Regressionsmodellen formulieren und diejenigen Dimensionen ausmachen, auf die große Anteile der Leistungsvarianz zurückgeführt werden können. Den multiplen Regressions- bzw. Pfadmodellen liegt der Anspruch zu Grunde, die Untersuchung sehr komplexer Fragen zu gestatten, ohne dafür experimentelle Studien zu benötigen (Kerlinger u. Pedhazur 1973). Die Fragen sind komplex, weil kaum anzunehmen ist, dass nur sehr wenige Faktoren für den Lernerfolg verantwortlich sind. Demzufolge versucht man, möglichst viele potenziell auf das Lernen einwirkende Faktoren zusammen mit den Lernleistungen zu erheben, um anschließend die relative Lernwirksamkeit der Faktoren zu untersuchen.

Um nun die relative Wirkung einer einzelnen als verursachend gedachten »unabhängigen« Variablen auf eine von ihr abhängigen Lernleistungsvariablen zu untersuchen, stelle man sich vor, man könne die »Wirkungen« aller anderen ebenfalls potenziell wirksamen Variablen auf die abhängige Variable ausschalten. In einem solchen Falle sollte die dann noch verbleibende Kovariation den »kausalen Effekt« der als verursachend gedachten Variablen mit der abhängigen Variablen abbilden. Es ist in der Realität aber nicht möglich, alle auf eine abhängige Variable potenziell »kausal wirkenden« oder »exogenen« Variablen unter Kontrolle zu halten, sondern allenfalls eine Auswahl davon. Da die Auswahl von Variablen und ihre regressionsanalytische Behandlung also immer eingegrenzt ist, implizieren das Untersuchungs-Design und die regressionsanalytische Auswertung Modellvorstellungen, auch wenn dies nicht immer eigens ausgeführt wird. Die ermittelten partiellen Regressionskoeffizienten zeigen die Veränderung einer abhängigen Variablen an, wenn sich zum einen die als verursachend modellierte exogene Variable ändert und zum anderen alle anderen exogenen Variablen »konstant gehalten« werden. Je größer die Kovariation zwischen einem solchermaßen bestimmten Variablenpaar ist, desto größer wird die Wirkung einer unabhängigen Variablen auf eine abhängige Variable postuliert. Dabei wird oft außer Acht gelassen, dass dies nur auf dem Hintergrund des gesamten Modells interpretiert werden darf. Die partiellen Regressionskoeffizienten können durchaus unterschiedlich ausfallen, je nachdem welche anderen Variablen sonst noch in das Modell aufgenommen worden sind.

Neben den bekannten internationalen Schülerleistungsstudien der IEA und der OECD wie TIMSS, PISA, IGLU, IALS, ALL, CES gibt es eine Reihe von Organisationen, die sich auf regionaler Ebene mit der Unterrichtsqualität beschäftigen: So die Conférence des Ministres de l'Éducation des Pays ayant le Français en Partage (CONFEMEN) mit dem »Programme d'Analyse des Systèmes Éducatifs« (PASEC), das Southern African Consortium for the Measurement of Education Quality (SACMEQ), die Economic Commission for Latin America and the Carribean (ECLAC) und die Asian Development Banc (ADB).

Alle diese Organisationen und ihre Tätigkeiten können im Internet recherchiert werden. Sie beschäftigen sich mit den verschiedenen Kompetenzen zur Grundbildung (»literacy«), Arithmetik, Problemlösen, Informations- und Kommunikationstechnologien, kooperative Kompetenzen, selbstreguliertem Lernen, Lerneinstellungen und soziopolitischen Kompetenzen. Zunehmend fanden in die Untersuchungen Variablen Eingang, denen eine gewisse Erklärungskraft zugeschrieben werden. Dazu gehören Variablen zum familiären sozioökonomischen Hintergrund. Durch die Einbeziehung mehrerer Länder sind kulturelle Faktoren, zumindest implizit angesprochen. Alle diese Untersuchungen arbeiten auf der Basis korrelativer oder regressiver Modelle. Damit sind sie in der Lage, Schwachstellen von Bildungssystemen aufzuweisen und in Bezug auf bestimmte Hintergrundvariablen zu lokalisieren. Erklärungen, welche Leistungen aufgrund welcher Bedingungen auf welche Art zustande kommen, sind mit Hilfe solcher Modelle jedoch kaum möglich.

Einflüsse des familiären sozioökonomischen Hintergrundes auf das Leistungsniveau

Die Disparitäten der Bildungsbeteiligung, des Bildungserfolgs und des Kompetenzerwerbs haben in Bezug auf die Verteilung von Lebenschancen eine große Bedeutung. Zu den wichtigsten bildungspolitischen Zielen demokratischer Gesellschaften gehört es, allen Menschen gleiche Bildungschancen zu geben und die sozial und ethnisch bedingten Unterschiede auszugleichen. Die Ergebnisse aus den internationalen Vergleichsstudien zeigen jedoch, dass viele Länder von diesen Zielen weit entfernt sind.

In der PISA-2000-Untersuchung (Baumert u. Schümer 2001; OECD 2003) zeigten sich sowohl auf Individual- als auch auf Länderebene Zusammenhänge zwischen sozioökonomischen Variablen mit dem Leistungsniveau der Schüler.

Nationale Ebene

In Ländern mit größerem Wohlstand werden im Durchschnitt bessere Leistungen erzielt. Die meisten Niedrig- und Mittellohnländer weisen im Schnitt niedrigere Leistungen auf. Die folgende Abbildung zeigt die in PISA 2000 ermittelten Verteilungen der Schülerleistungen auf einzelne Kompetenzstufen des Lesens über eine Auswahl von Ländern hinweg. Die horizontale Linie, die mit 0% auf der Ordinate bezeichnet ist, stellt den Gesamtmittelwert aller einbezogenen Länder dar. Die jeweiligen Unterteilungen der vertikalen Balken geben die Prozentzahl der Schüler an, die die jeweilige Kompetenzstufe erreicht haben. Die Minuszeichen in den unteren Teilungen bezeichnen die Prozentzahlen unterhalb des Gesamtmittelwertes.

Es ist klar erkennbar, dass die Schulsysteme in den Entwicklungsländern offensichtlich nur sehr geringe Kompetenzen vermitteln können. Mit der Kompetenzstufe I wird die Fähigkeit bezeichnet, eine im Text explizit angegebene Textinformation zu lokalisieren: Dies ist die einfachste Form der Informationsentnahme aus Texten. Besonders kritisch ist die Situation in Indonesien und Peru: In Indonesien erreichen 69% der 15-Jährigen maximal die Kompetenzstufe I im Lesen bzw. bleiben darunter. In Peru sind es 80% der Schüler. In Deutschland erreichten 23% der Schüler maximal das Kompetenzniveau I. Ein im Vergleich zu Finnland oder Korea (7% bzw. 6%) noch sehr großer Anteil. Auffällig ist auch, dass der Anteil der Schüler, die Spitzenleistungen erbringen, in Entwicklungsländern deutlich unterdurchschnittlich ausfällt. In Indonesien befinden sich 0% der Jugendlichen in Kompetenzstufen IV und V der Lesekompetenz, in Peru 1%. In Deutschland sind dies 28%. In Finnland immerhin 50%! Ähnlich sehen die Ergebnisse bei den mathematischen und naturwissenschaftlichen Kompetenzen aus.

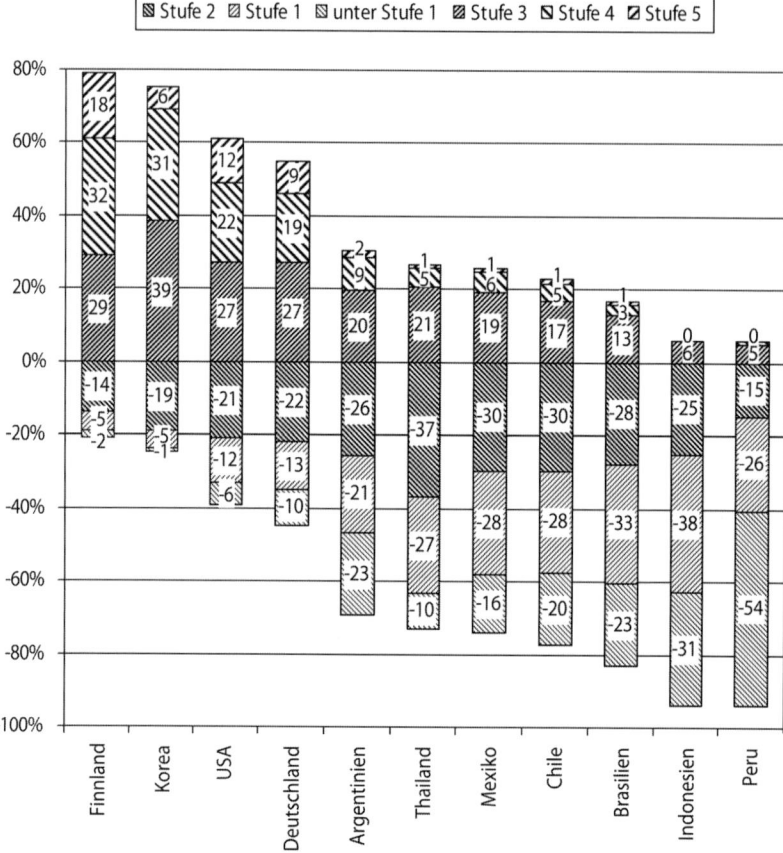

☐ Abb. 6.5. Prozentualer Anteil der Schüler auf den jeweiligen Kompetenzstufen der kombinierten Leseleistungsskala. (Mod. nach OECD 2003, Tab. 2.1a, S. 274)

Ist die durchschnittliche Leistungshöhe eines Landes einfach eine Funktion des nationalen Wohlstands?

☐ Abb. 6.6 zeigt die kombinierten Länderleistungen aus den Bereichen Lesekompetenz, Mathematik und Naturwissenschaften in Abhängigkeit vom nationalen Pro-Kopf-Einkommen. Auf der Ordinate sind die Testwerte mit dem Gesamt-Durchschnitt von 500 dargestellt, die Abszisse repräsentiert das nationale Pro-Kopf-Einkommen. Die Trendlinie zeigt, dass die Leistungen in Ländern mit höherem Pro-Kopf-Einkommen besser sind als in Ländern mit niedrigem Einkommen. So liegen Griechenland, Island, Portugal, die Schweiz und Thailand genau auf dieser Linie. Das Bruttosozialprodukt und die Einkommensverteilung eines Landes kann tatsächlich die Schülerleistungen zu einem gewissen Teil aufklären: 43% der Varianz in der PISA-2000 Studie kann

durch das Pro-Kopf-Einkommen zwischen den Ländern aufgeklärt werden – ein erheblicher Teil.

Es gibt jedoch auch deutliche Abweichungen. Niedrigere Leistungen als aufgrund des nationalen Einkommens erwartet erbringen die lateinamerikanischen Länder und Indonesien. Unter den erwartungswidrig gut abschneidenden Länder fallen die Länder Ostasiens und Skandinaviens auf. So erbringen die Schüler Koreas wesentlich bessere Leistungen als die deutschen Schüler trotz eines niedrigeren sozioökonomischen Niveaus.

Sind die Abweichungen dadurch zu erklären, dass in manchen Ländern die Bildungsausgaben höher sind als in anderen?

Berechnet man die pro Schüler von der Einschulung bis zum 15. Lebensjahr eingesetzten Ressourcen in

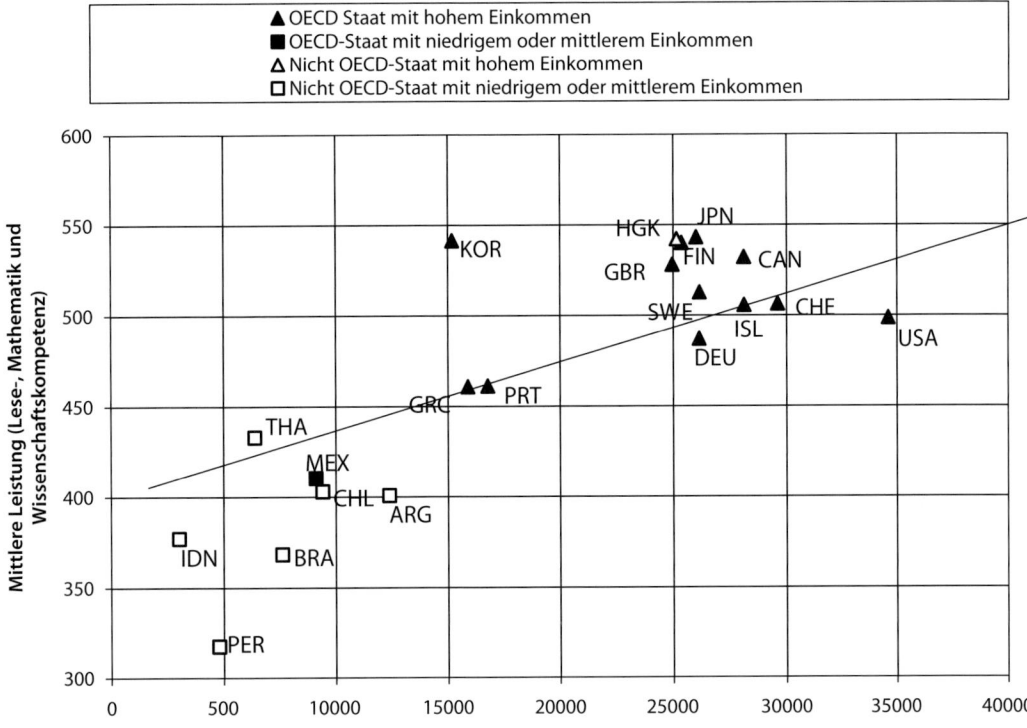

■ **Abb. 6.6.** Schülerleistung und Nationaleinkommen. Beziehung zwischen mittlerer Lese-, Mathematik und naturwissenschaftlicher Kompetenz und Bruttoinlandsprodukt einiger Länder pro Kopf in US-$, berechnet mit Hilfe von Kaufkraftparitäten. *ARG:* Argentinien, *BRA:* Brasilien, *CAN:* Kanada, *CHE:* Schweiz, *CHL:* Chile, *DEU:* Deutschland, *FIN:* Finnland, *GBR:* Großbritannien, *GRC:* Griechenland, *HGK:* Hong Kong China, *IDN:* Indonesien, *ISL:* Island, *JPN:* Japan, *KOR:* Korea, *MEX:* Mexiko, *PER:* Peru, *PRT:* Portugal, *SWE:* Schweden, *THA:* Thailand, *USA:* Vereinigte Staaten. (Mod. nach OECD 2003, Tab. 3.3, S. 287)

Kaufkraft bereinigt und setzt sie in Beziehung mit den Leistungen, so wird sichtbar, dass die Finanzmittel alleine noch keine hinreichenden Hinweise auf die Qualität der Bildungsergebnisse ermöglichen.

Auch hier ist wieder ein linearer Trend zu beobachten. Deutschland liegt genau auf der Trendlinie, d h. seine Ausgaben pro Schüler entsprechen genau dem Gesamtdurchschnitt in Bezug auf die erzielten Leistungen. Aber es gibt auch wieder deutliche Abweichungen. Auch mit bescheideneren Mitteln können gute Ergebnisse erzielt werden. Während die ostasiatischen Länder Korea und Japan ihre Mittel vergleichsweise effizient einsetzen, wird für die lateinamerikanischen Staaten ersichtlich, dass die niedrigen Bildungsausgaben alleine noch nicht das schlechte Lernergebnis erklären können. Hier könn-

ten die vorhandenen – wenigen – Mittel evtl. effektiver eingesetzt werden (Scheunpflug 2004).

Die korrelative Beziehung bedeutet keinen Kausalzusammenhang, vielmehr muss man davon ausgehen, dass der Zusammenhang durch eine Vielzahl von Faktoren bedingt wird. Man kann aber davon ausgehen, dass »reichere« Länder in Bezug auf die Schülerleistungen im Vorteil sind.

Individualebene

Es ist zu vermuten, dass die gute finanzielle Ausstattung eines Haushaltes genügend viele und gute Lernangebote zu Hause gewährleistet. Wohlhabende Eltern achten vermutlich bei der Auswahl der Schule auf hohe Leistungsstandards und Erfolgsquoten und unterstützen ggf. die Schule zusammen mit anderen begüterten Eltern bei der Anschaffung und Bereit-

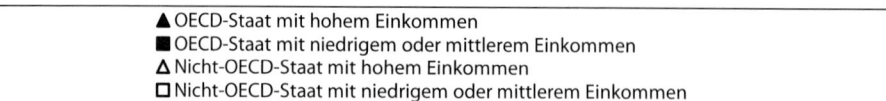

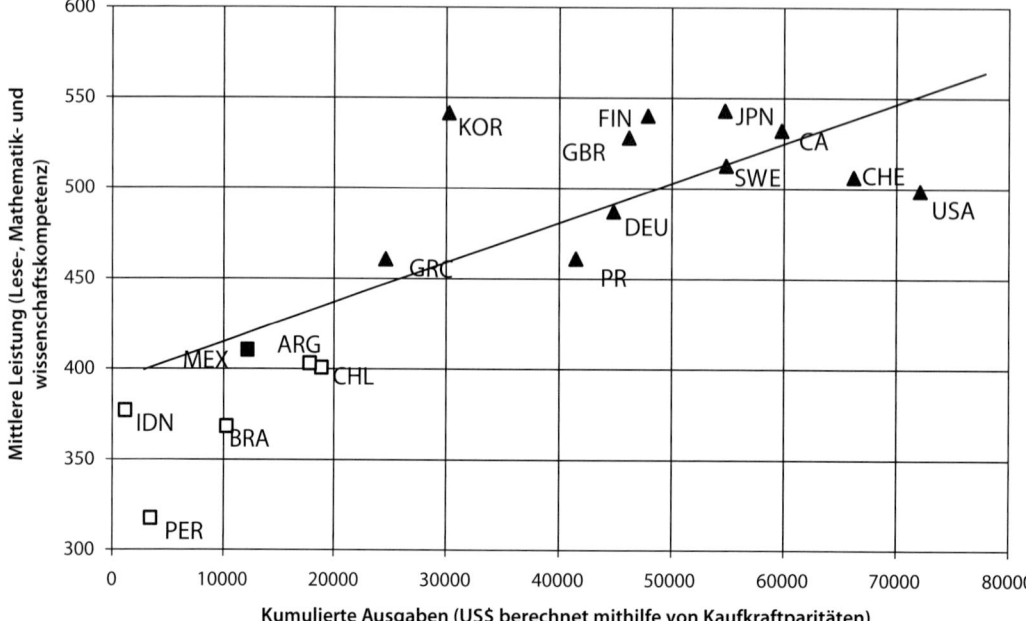

6

☐ Abb. 6.7. Schülerleistungen und Ausgaben für Bildung. Beziehung zwischen durchschnittlicher Lese-, Mathematik- und naturwissenschaftlichen Kompetenz und Ausgaben für Bildungseinrichtungen bis zum Alter von 15 Jahren in US-$, berechnet mit Hilfe von Kaufkraftparitäten (vgl. ☐ Abb. 6.6 zur Bedeutung der Länderkürzel. (Mod. nach OECD 2003, Abb. 3.7b, S. 113 und Tab. 3.3, S. 287)

stellung lernwirksamer Lernmöglichkeiten. Gut ausgebildete Eltern können das Lernen ihrer Kinder in täglichen Interaktionen und bei den Hausaufgaben fördern; sie verfügen oft selbst über bildungsbezogene soziale Netzwerke, sie kennen die schulrelevanten sozialen Normen und können Bildungs- und Berufsoptionen offen halten, was sich wiederum auf die Lernmotivation der Kinder positiv auswirken wird. Solche Eltern erwarten zumeist auch eine hohe Leistungsbereitschaft mit der Erwartung eines hohen Engagements beim Lernen.

Ein genauer Blick auf einzelne Länder lässt jedoch die Allgemeingültigkeit dieser so plausibel wirkenden Argumentation ins Wanken geraten. Zwar besteht ein konsistenter Zusammenhang zwischen sozioökonomischen Bedingungen und Schülerleistung in allen Ländern, die Stärke dieses Zusammenhangs, d. h. die Steigungen der Regressionsgeraden

variieren beträchtlich. Es gelingt offenbar einigen Ländern besser als anderen, die Leistungsunterschiede aufgrund unterschiedlicher sozioökonomischer familiärer Herkunft zu reduzieren. Hier kommen kulturelle Aspekte ins Spiel.

Besonders eng ist der Zusammenhang zwischen dem beruflichen Hintergrund der Eltern und den Kompetenzen der Schüler in mittel- und osteuropäischen Ländern, verhältnismäßig gering hingegen in Ost-Asien. Besonders in asiatischen Ländern ist der Bildungsunterschied zwischen Kindern mit hohem und mit niedrigem sozioökonomischen Status ge-

☐ Abb. 6.8. Zusammenhang zwischen Schülerleistung und ▶ sozioökonomischem Hintergrund in Ländern mit hohem und Ländern mit niedrigem oder mittlerem Einkommen. (Mod. nach OECD 2003, ☐ Abb. 6.6, S. 176 und ☐ Tab. 6.10, S. 355)

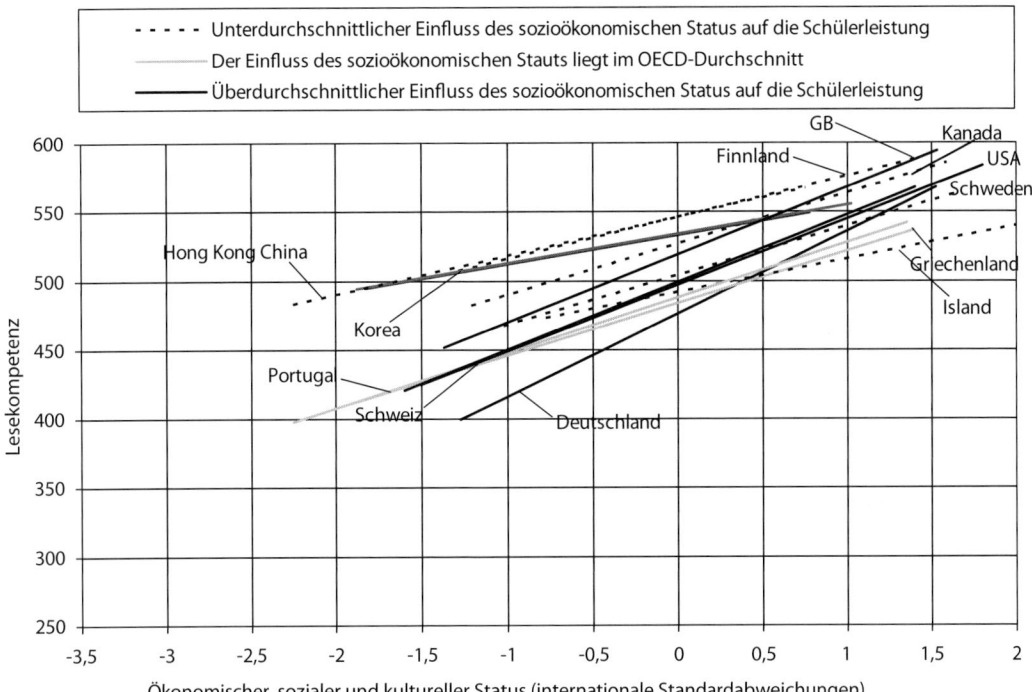

A: Länder mit hohem Einkommen

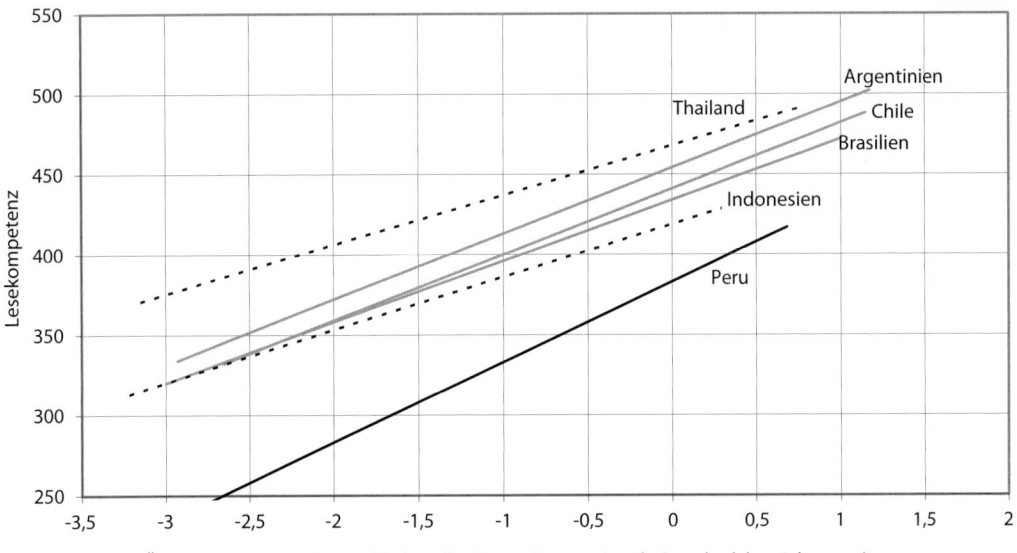

B: Länder mit niedrigem oder mittlerem Einkommen

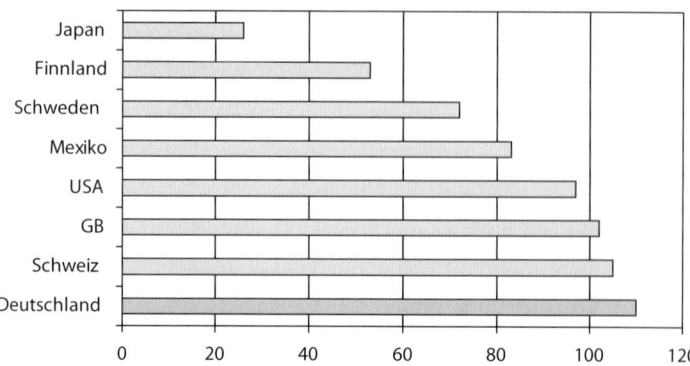

⬛ Abb. 6.9. Unterschiede in der mittleren Lesekompetenz von 15-Jährigen aus Familien des oberen und unteren Viertels der Sozialstruktur (modifiziert nach Baumert u. Schümer 2001)

ringer als im OECD-Durchschnitt. In lateinamerikanischen Ländern findet sich hingegen, trotz des eher geringeren Wohlstandes, ein vergleichsweise großer Einfluss des familiären Hintergrundes. In Ländern mit hohem Pro-Kopf-Einkommen ist der Zusammenhang zwischen dem beruflichen Hintergrund der Eltern und den Kompetenzen der Schüler in der Schweiz, Großbritannien und die USA besonders groß.

Deutschland ist mit Abstand die Nation, in der die Schülerleistungen stark von häuslichen sozioökonomischen Variablen abhängen. Bei den Ländern mit mittlerem und niedrigem Pro-Kopf-Einkommen fällt Peru durch eine hohe Korrelation der Schülerleistungen mit dem sozioökonomischen Hintergrund des Elternhauses auf. Auffallend niedrig stellt sich der Zusammenhang zwischen Schülerleistungen und sozioökonomischen Hintergrundvariablen in den asiatischen Ländern Japan, Korea, Hong-Kong sowie in Island, Finnland, Schweden und Kanada dar, dabei scheint der vergleichsweise geringe Besitzstand an häuslichen kulturellen Gütern in asiatischen Ländern kaum zu nachteiligen Wirkungen auf die Schülerleistungen zu führen Noch deutlicher lassen sich diese Unterschiede zeigen, wenn man die Leistungsdifferenzen zwischen den oberen und unteren Vierteln der Sozialstruktur abbildet.

Länder wie Indonesien, Portugal und Thailand weisen eine große Streubreite des sozioökonomischen Status' auf. Den Lernbedürfnissen der Schüler mit so unterschiedlichem Hintergrund gerecht zu werden, gestaltet sich für sie folglich als verhältnismäßig schwierig. Einigen Ländern – wie z. B. Hongkong-China, Japan und Korea – gelingt es andererseits, sowohl hohe Leistungen zu erzielen als auch den Einfluss des sozioökonomischen Hintergrundes gering zu halten. Es besteht folglich kein fester Zusammenhang zwischen dem durchschnittlichen sozioökonomischen Niveau und der Chancengleichheit in einem Land. Auch bei individueller Betrachtungsweise gibt es kein deterministisches Verhältnis von sozialer Herkunft und Schulerfolg. Es gibt – auch in Deutschland – genügend Jugendliche aus den unteren Sozialschichten mit hervorragenden Leistungen und umgekehrt. International betrachtet, lässt sich eine größere Leistungsheterogenität bei Schülern mit niedrigem sozioökonomischen Status feststellen.

Individuelle Zusammenhänge auf nationaler Ebene

Betrachtet man die Ergebnisse zur Lesekompetenz bei PISA, indem man vier Szenarien auf der Basis der Stärke des Zusammenhangs zwischen dem familiären sozioökonomischen Hintergrund und den Schülerleistungen einerseits und den Leseleistungen andererseits herstellt, dann zeigen sich sehr große Unterschiede zwischen den teilnehmenden Staaten.

Der rechte obere Quadrant in ⬛ Abb. 6.10 stellt den Idealfall dar: das Leistungsniveau ist hoch und die Leistungsunterschiede zwischen den Schülern verschiedener sozioökonomischer Herkunft ist gering. Dieser Idealfall wird von den Ländern Ostasiens: Japan, Korea, Hongkong-China, den skandinavischen Ländern: Island, Finnland und Schweden sowie Kanada erreicht. Der linke untere Quadrant umfasst die Länder, die das Gegenteil des Idealfalls repräsentieren: niedriges Leistungsniveau bei gleichzeitig hohen Leistungsdisparitäten. Hier befindet sich

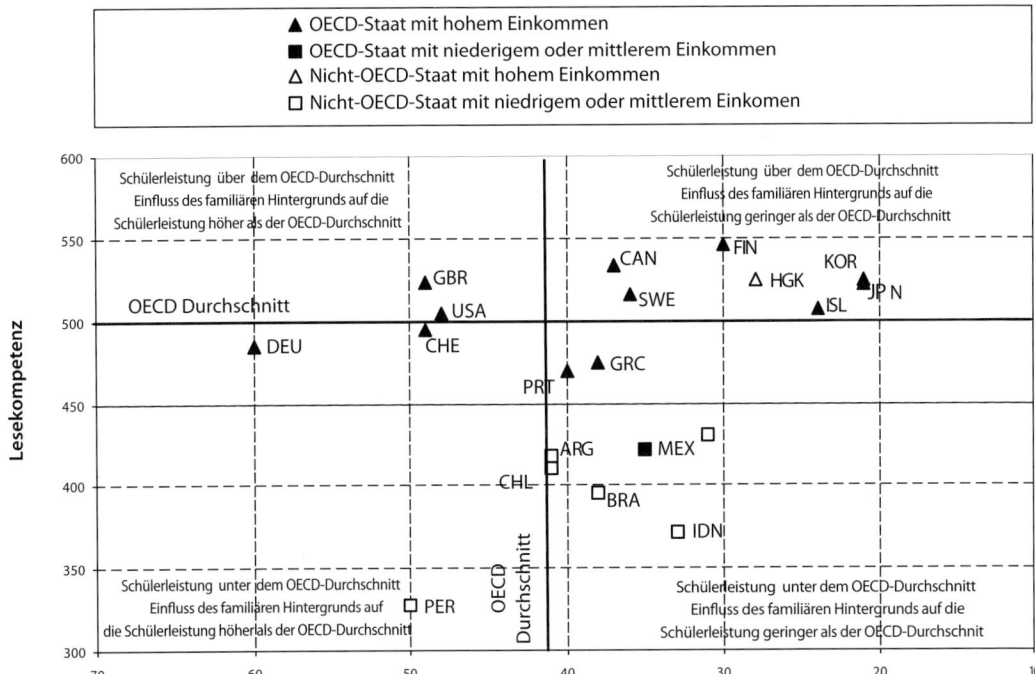

▲ OECD-Staat mit hohem Einkommen
■ OECD-Staat mit niederigem oder mittlerem Einkommen
△ Nicht-OECD-Staat mit hohem Einkommen
□ Nicht-OECD-Staat mit niedrigem oder mittlerem Einkomen

◨ Abb. 6.10. Der Einfluss des familiären Hintergrunds auf die Leseleistung. Zusammenhang zwischen der durchschnittlichen Lesekompetenz und der sozioökonomischen Verteilung der Schülerleistungen. (Mod. nach OECD 2003, ◨ Abb. 6.7, S. 178 und ◨ Tab. 2.3a, 6.10 S. 281,S. 355)

Deutschland als Land mit dem stärksten Zusammenhang zwischen familiären Hintergrund und Schülerleistung bei unterdurchschnittlicher Gesamtleistung in einer sehr unvorteilhaften Extremposition.

Insgesamt zeigen die internationalen Studien, dass ein substanzieller Zusammenhang zwischen sozialer Herkunft und Lesekompetenz besteht, der jedoch nicht deterministisch interpretiert werden darf. Im internationalen Vergleich variiert die Enge dieses Zusammenhangs jedoch beträchtlich. Deutschland nimmt hier eine Extremposition ein, da die Koppelung des sozioökonomischen Status der Familie mit den Leistungen vergleichsweise eng ist. Anderen Ländern gelingt es durchaus, die Auswirkungen der sozialen Herkunft auf die Schülerleistungen zu begrenzen. Dabei deutet sich die Tendenz an, dass mit geringeren sozioökonomisch bezogenen Unterschieden das Gesamtleistungsniveau steigt (Baumert u. Schümer 2001, S. 393).

Auch wenn man die sozioökonomischen Variationen zwischen den Ländern auspartialisiert, bleiben immer noch große Varianzanteile an Leistungsunterschieden übrig, die nicht mit potenziell erklärenden Variablen in Zusammenhang stehen. Es sind also nicht nur – in manchen Ländern sogar kaum – die sozioökonomischen Bedingungen, die für die großen Leistungsunterschiede verantwortlich zu machen sind.

Einen Teil der Varianz der Lesefähigkeit zwischen den verschiedenen sozioökonomischen Schichten lässt sich auf das Interesse am Lesen zurückführen. Schüler, die viel lesen, zeigen tendenziell bessere Leseleistungen, unabhängig von ihrem sozioökonomischen Hintergrund. Dieser Einfluss scheint für die Industrienationen größer zu sein, als für Entwicklungs- und Schwellenländer. Auch auf Länderebene kann zudem das Interesse am Lesen teilweise den Effekt der geringeren Schulqualität verringern. Trotzdem zeigte sich, dass die Leseleistungen eines großen Teils der Schüler aus Niedrig- oder Mittellohnländern auch dann noch unter dem OECD-Durchschnitt liegen, wenn die Variable »Interesse am Lesen« sowie der sozioökonomischen Status kontrolliert werden. Dieser Unterschied zwischen reichen und armen Ländern lässt vermuten, dass die ärmeren Länder deutlich von gesteigerten Investitionen im Bildungsbereich und von einer höheren Schulqualität profitieren würden.

Die Auswirkungen des Besitzes kultureller Güter auf die Leseleistung scheint ebenfalls in den asiatischen Ländern relativ schwach zu sein. In lateinamerikanischen Ländern dagegen beeinflusst der Wohlstand der Familie die Leistungen der Jugendlichen stärker als in den meisten anderen. Des Weiteren ist der Unterschied in der Lesekompetenz zwischen Schülern, deren Mütter sekundäre Schulen besucht haben, und Jugendlichen, deren Mütter über eine geringere Bildung verfügen in den Nicht-OECD-Ländern – außer den asiatischen – höher als in den OECD-Ländern.

In vielen Entwicklungs- und Schwellenländern steigt die Bedeutung der Bildung für den ökonomischen und sozialen Erfolg. Damit die ökonomische Entwicklung aufrechterhalten werden kann, sollten hier sozioökonomisch Benachteiligte besonders gefördert werden, damit sie den Teufelskreis aus Armut und geringen Bildungschancen durchbrechen können. Schulen stehen vor der Herausforderung, die

Defizite im ökonomischen, sozialen und kulturellen Kapital einiger Familien zu kompensieren. Anhaltspunkte für geeignete Maßnahmen könnten Länder liefern, die im Durchschnitt – trotz großer Chancengleichheit – verhältnismäßige gute Leistungen erzielen. Hilfreich könnte in diesem Zusammenhang sein, das Wissen der Schüler über das Thema »Berufswahl« zu erhöhen und ihren beruflichen Ehrgeiz zu steigern. Wichtig scheint aber auch, allen Zugang zu Literatur und anderen kulturellen Gütern zu ermöglichen und ihr Interesse am Lesen zu fördern.

In den Ländern mit niedrigem oder mittlerem Pro-Kopf-Einkommen ist es eine große Herausforderung, das allgemeine Bildungsniveau der Bevölkerung anzuheben und gleichzeitig die Unterschiede der Bildungschancen für verschiedene Bevölkerungsteile zu reduzieren. In einigen Ländern verfolgt man unter den Bedingungen der knappen Geldmittel eine Politik, eine Minderheit von Schülern mit dem Ziel sehr guter Leistungen zu fördern. In anderen Ländern versucht man möglichst vielen zumindest eine Grundbildung zu vermitteln.

Für die lateinamerikanischen Länder Kolumbien und Belize sind es die sozioökonomischen Aspekte verbunden mit geringem bildungsrelevantem Besitz, die in besonderem Maße die geringen Leseleis-

---

Beispiel

Kuwait

Bei den Ländern, die sich an IGLU (Bos et al. 2003) (Durchschnittsalter etwa 10 Jahre) beteiligt haben, gab es kein Land außerhalb der OECD bzw. außerhalb Europas, dessen Schüler über Leseleistungen verfügen, die den internationalen Durchschnitt erreichen. Das heißt, Kinder in den Ländern Argentinien, Belize, Iran, Kolumbien, Kuwait und Marokko erreichen im Durchschnitt lediglich die Kompetenzstufe I und sind damit nicht in der Lage, die in einem Text enthaltene Information zu erschließen. Das den Testaufgaben von IGLU zu Grunde liegende Verständnis der Lesekompetenz zielt auf die Lesefähigkeit in Anwendungssituationen. Dabei geht es weniger um das Wiedererkennen von Wörtern, sondern um die reflektive und evaluatorische Kompetenz im Umgang von Texten.

In einer Sekundäranalyse der IGLU-Daten untersuchten Asbrand et al. (2004) die Wirkungen der unterstützenden Lesekultur, der Lesepraxis im häuslichen Umfeld, der Mehrsprachigkeit, der sozialen und ökonomischen Disparitäten und des Schulklimas unter Berücksichtigung von Gewalt und Abwesenheit von der Schule.

Interessant sind die Ergebnisse der Analysen für Kuwait, dessen Schüler erwartungswidrig schlecht abgeschnitten hatten. Die Kinder am Ende der 4. Jahrgangsstufe dieses reichen Landes erzielen nur sehr schwache Leseleistungen. Die ökonomische Situation sollte also für deren Erklärung irrelevant sein. Die Befunde zeigen vielmehr eine deutlich geringere Begegnung mit der geschriebenen Sprache (Arabisch) im Vorschul- und Grundschulbereich und das Fehlen einer Lesekultur im häuslichen Umfeld. Eltern lesen ihrem Kind kaum

▼

vor oder erzählen selten Geschichten; sie spielen keine Buchstaben- oder Wortspiele. Das Lesen zusammenhängender Texte und das Sinn entnehmende Lesen wird in Kuwait erst spät im Unterricht eingeführt. Zu Hause gibt es nur wenige Bücher und noch weniger Kinderbücher. Die relativ häufige Abwesenheit von der Schule, insbesondere für Jungen, trägt ebenfalls zu den schwachen Leseleistungen bei. Ähnliches gilt für die Erklärung der schwachen Leseleistungen in Marokko, obwohl dieses Land im Vergleich zu Kuwait große Bevölkerungsgruppen aufweist, die in armen Verhältnissen leben. Die sozial ungünstigen Bedingungen gehen mit geringem bildungsrelevanten Besitz einher; dieser Sachverhalt hat eine hohe Erklärungskraft für die schwachen Leseleistungen der marokkanischen Schüler. Für viele Kinder ist die arabische Sprache nicht die Muttersprache. Der geringere Prozentsatz der Schüler, die die Testsprache »immer oder fast immer« auch zu Hause sprechen erklärt einen weiteren Teil des Leistungsdefizits.

Offenbar ist das Fehlen einer Lesekultur eine leistungsbeeinträchtigende Bedingung in arabischen Ländern. Der Arab Human Development Report 2003 *Building a Knowledge Society* (UNDP u. Arab Fund for Economic and Social Development 2003) geht von der These aus, dass in der arabischen Welt keine mit der in Europa vergleichbare Lesekultur existiert. Die mangelnde Verbreitung von Büchern, der geringe Anteil an Belletristik und Sachbüchern, und der verschwindend kleine Prozentsatz von Büchern, die aus Fremdsprachen übersetzt werden, mag zu einer geringen Motivation der Schüler führen, sich durch Lesen selbständig Informationen zu verschaffen.

Aber auch die fehlende linguistische Weiterentwicklung der arabischen Schriftsprache führt nach dem Arab Human Development Report zu einer zunehmenden Kluft zur Alltagssprache. Die arabische Hochsprache sei eine Sprache der Religion und der Gelehrten, zur Beschreibung alltäglicher Situationen sei sie nur wenig geeignet. Dass auf dieser Grundlage kaum Kinderliteratur entstehen konnte und »Lesen zum Vergnügen« nur schwer realisierbar ist, liegt auf der Hand.

Die Curricula betonen den Erwerb der formalen Sprache, weniger den funktionalen Aspekt des alltäglichen Sprachgebrauchs. Das Lesen von zusammenhängenden Texten und des Sinn entnehmenden Lesens wird erst spät durch das Curriculum erwartet (Mullis et al. 2003, S. 138). Dies stellt ein Problem für die ökologische und die curriculare Validität der eingesetzten Testverfahren dar. Denn die in der Schule geübten Kompetenzen sind in arabischen Ländern nicht diejenigen, die durch die internationalen Schülerleistungsstudien erfasst worden sind. Auch haben die Inhalte mancher Testaufgaben (wie z. B. das Ausleihen eines Fahrrads) nicht immer einen Bezug zur Lebenswelt der Kinder in den Ländern des Südens. Die Testaufgaben besitzen damit einen kulturellen Bias (Artelt u. Baumert 2004).

tungen bei IGLU erklären (OECD 2003). Während in Kuwait und Marokko die Abwesenheitsraten der Schüler eine Leistung mindernde Größe darstellen, trifft dies für Kolumbien und Belize nicht zu. Ebenso scheint die Stadt-Land-Diskrepanz keine besondere Rolle zu spielen.So zeigt auch diese Sekundäranalyse kein einheitliches Bild der Erklärungsfaktoren; die Erklärungskraft einzelner Dimensionen scheint von Land zu Land zu variieren.

Leistungen von Migranten

Migration ist inzwischen für viele Länder ein Faktum geworden. Der andere kulturelle Hintergrund der Kinder von Zuwanderern stellt die Schulsysteme vor neue Aufgaben, die oft nur zum Teil bewusst wahrgenommen und nicht immer mit Erfolg gemeistert worden sind. Die multiethnisch zusammengesetzte Klasse ist in vielen Schulen die Regel.

Die internationalen Schulleistungsvergleiche sind nicht in erster Linie unternommen worden, um Informationen über die Lernleistungen von Migranten und den Ursachen ihres Zustandekommens zu gewinnen. Vielmehr sind in den jeweiligen nationalen Stichproben Personen enthalten, die einen Migrationshintergrund besitzen. Sie können in den Analysen ausgesondert und eigens untersucht werden.

Die in Deutschland lebenden Menschen mit Migrationshintergrund werden in den verschiedenen

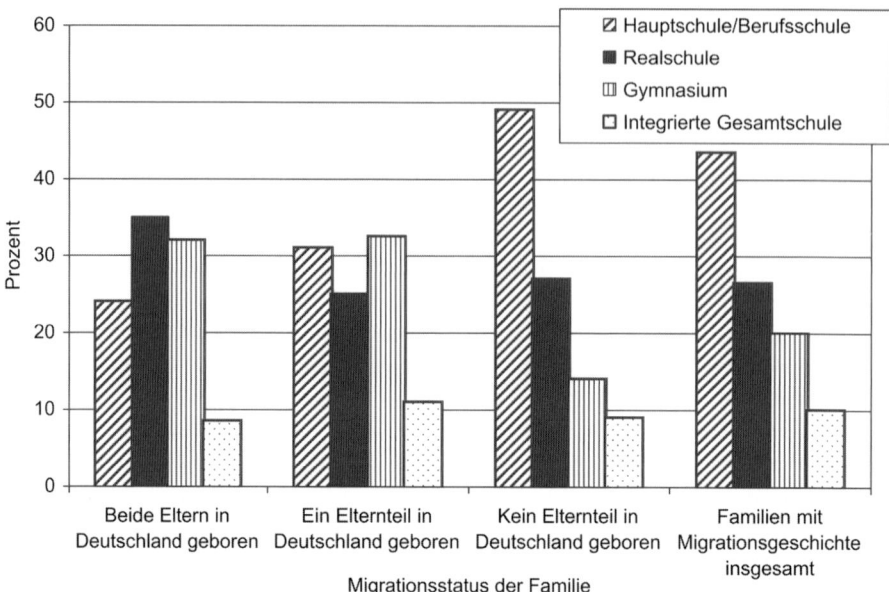

☐ **Abb. 6.11.** 15-Jährige nach Migrationshintergrund der Familie und Bildungsgang ohne Sonderschüler. (Angaben in %, mod. nach Baumert u. Schümer 2001, ☐ Abb. 8.7, S. 373)

schulleistungsbezogenen Untersuchungen auf unterschiedliche Weise gruppiert; die Ergebnisse sind damit nicht immer ohne weiteres miteinander vergleichbar. Die Zuwanderer nach Deutschland lassen sich unterteilen in Arbeitsmigranten und deren Familien, mit oder ohne deutsche Staatsbürgerschaft, deutschstämmige Aussiedler aus Ost- und Südosteuropa, Asylbewerber und Bürgerkriegsflüchtlinge sowie Personen aus Ländern der Europäischen Union und solche, die im Rahmen der internationalen Arbeitsmobilität zugewandert sind. Ein Anteil von 27% der Jugendlichen, die an der PISA-2000 Studie teilgenommen haben, stammen aus Familien, in denen mindestens ein Elternteil nicht in Deutschland geboren wurde. Die relativ geringen Fallzahlen und die Heterogenität der Zuwandererfamilien schmälern jedoch die Aussagekraft der Analysen.

Betrachtet man die prozentualen Häufigkeiten der Schüler der PISA-2000 Studie in Bezug auf die Studiengänge differenziert nach dem Migrationsstatus der Familie, so fallen die starken Unterschiede der Bildungsbeteiligung auf.

Die Bildungsbeteiligung der Jugendlichen aus deutschen Familien und Familien, bei denen ein Elternteil in Deutschland geboren ist, erscheint weitgehend ähnlich zu sein, lediglich Haupt- und Real-

schulbesuch unterscheiden sich prozentual. Die Kinder aus Zuwandererfamilien, bei denen beide Eltern nicht in Deutschland geboren sind, gehen im Vergleich zu fast 50% in die Hauptschule und nur ein kleiner Teil von ihnen – 15% im Vergleich zu etwas mehr als 30% der beiden anderen Familientypen – besucht das Gymnasium.

Die regressionsanalytische Behandlung der Frage, welche Faktoren entscheidend für die Unterschiede der Bildungsbeteiligung sind, ergab, dass weder der sozioökonomische Hintergrund, noch der Migrationsstatus, sondern die Lesekompetenz in der deutschen Sprache von entscheidender Bedeutung sind (Baumert u. Schümer 2001, S. 374; so auch Lehmann et al. 1997).

☐ Tab. 6.5 weist getrennt für Familien mit unterschiedlichem Migrationsstatus die in PISA 2000 ermittelten Testwerte aus. Während sich die Werte für die Schüler aus Familien ohne Migrationshintergrund und den Familien, in denen ein Elternteil nicht in Deutschland geboren ist, kaum unterscheiden, ist der Abfall der Schülerleistungen aus einem Elternhaus, in dem beide Eltern zugewandert sind beträchtlich. Die Ergebnisse sind nicht domänenspezifisch, sondern wiederholen sich strukturell im Lesen, in Mathematik und in den Naturwissenschaften.

◘ Tab. 6.5. Kompetenzen von 15-Jährigen aus Familien mit Migrationsgeschichte. (Mod. nach Baumert u. Schümer 2001, ◘ Tab. 8.19, S. 378)

Mirgrationsmerkmale	Kompetenzen (Mittelwerte, Standardfehler in Klammern)		
	Lesen	Mathematik	Naturwissenschaften
Referenz: Familien ohne Migrationsgeschichte	495 (2,6)	503 (2,6)	501 (2,5)
Ein Elternteil in Deutschland geboren	492 (6,3)	480 (8,9)	486 (9,6)
Beide Elternteile nicht in Deutschland geboren	421 (6,1)	426 (7,2)	414 (6,8)

Versucht man, Faktoren zu finden, die für die Kompetenzunterschiede zwischen Jugendlichen aus Familien mit unterschiedlichem Migrationshintergrund verantwortlich sein könnten, dann ergibt sich das in ◘ Tab. 6.6 dargestellte Ergebnis.

Während sich die unkorrigierten Mittelwerte der beiden Extremgruppen um 73 Punkte unterscheiden, verringert sich dieser Abstand um 53 Punkte, wenn die Zugehörigkeit zur sozioökonomischen Schicht statistisch kontrolliert wird. Wird zusätzlich die Verweildauer in Deutschland statistisch kontrolliert, verringert sich diese Distanz auf 29 Punkte. Nimmt man schließlich noch die Sprache, die zu Hause gesprochen wird, hinzu, verschwinden die Unterschiede nahezu, d. h. sie sind nicht mehr signifikant.

Der internationale Vergleich wird durch unterschiedliche historische, kulturelle und geografische Migrationsprozesse erschwert. Baumert und Schümer (2001) stellen einige Länder mit Zuwanderungen gegenüber, die einigermaßen vergleichbar sind, wenn die Vergleiche auch nur explorativen Charakter haben können.

Unter internationaler Perspektive erzielen die Schüler der ersten Generation niedrigere Testwerte als die einheimischen Schüler, die im Ausland geborenen, nicht-einheimischen Schüler haben die niedrigsten Testwerte.

Der Einfluss der Migration auf die Lernleistungen der Schüler ist sehr komplex. Die für die jeweiligen nationalen Kontexte sehr unterschiedlichen Zusammenhänge zwischen Migrationsstatus und Schülerleistung ist vermutlich teilweise auf die Migrationspolitik der Staaten zurückzuführen. Es gelingt dabei einigen Ländern, die Schulleistungen von Migrantenkindern zu ähnlichen Testwerten wie die der einheimischen Kinder zu bringen, während in anderen – zu ihnen gehört Deutschland – die durchschnittlichen Schulleistungen von Schülern mit und ohne Migrationshintergrund weit auseinander klaffen.

In Deutschland ist der Zugang zu höherwertigen Bildungsabschlüssen für die Kinder aus Familien mit

◘ Tab. 6.6. Lesekompetenz von 15-Jährigen nach Migrationshintergrund der Familie vor und nach Kontrolle von Sozialschichtzugehörigkeit der Eltern, Verweildauer in Deutschland und Umgangssprache der Familie (Mittelwerte, mod. nach Baumert u. Schürmer 2001, ◘ Tab. 8.20, S. 378)

Migrationsstatus	Lesekompetenz			
	Unkorrigierte Werte	Unter Kontrolle von Sozialschichtzugehörigkeit (EGP)	Unter Kontrolle von Sozialschichtzugehörigkeit und Verweildauer in Deutschland	Unter Kontrolle von Sozialschichtzugehörigkeit, Verweildauer und Umgangssprache in der Familie
Beide Eltern in Deutschland geboren	495 (2,6)	492	488	484 (n.s.)
Ein Elternteil in Deutschland geboren	492 (6,3)	489	492	490 (n.s.)
Kein Elternteil in Deutschland geboren	422 (6,1)	439	459	479 (n.s.)

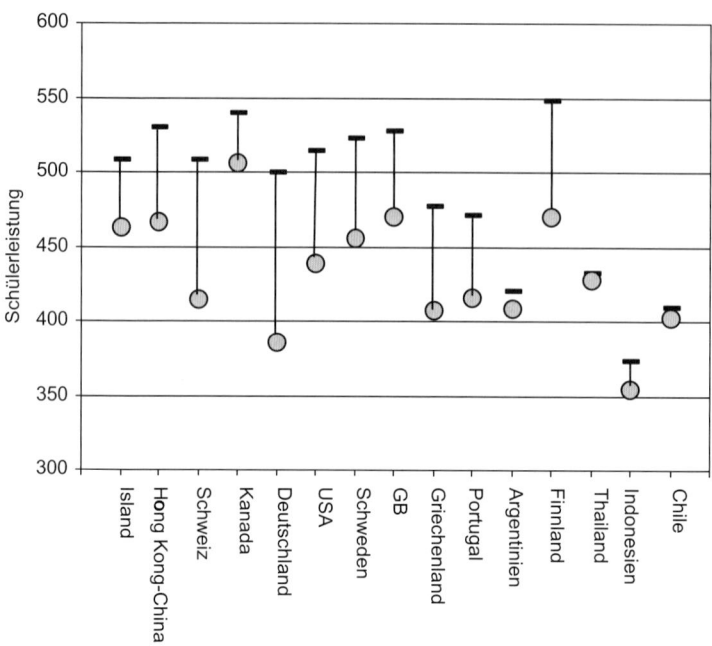

◘ Abb. 6.12. Kompetenz der Schüler und sprachlicher Hintergrund (modifiziert nach OECD 2003, ◘ Abb. 6.5, S. 174,
◘ Tab. 6.8, 6.9, S. 351 ff.)

Migrationshintergrund erschwert. Ihnen vermittelt das deutsche Bildungssystem geringere Lese-, Mathematik- und naturwissenschaftliche Kompetenzen als andere europäische Bildungssysteme und dies auch bei statistischer Kontrolle der nationalen Herkunft und des sozioökonomischen Status. Auch außereuropäischen Ländern, sogar solchen mit wesentlich niedrigerem Pro-Kopf-Einkommen gelingt es besser, die Kluft zwischen einheimischen Schülern und Schülern mit Migrations- bzw. Minoritätenhintergrund gering zu halten.

Der seltenere Zugang zu höheren Bildungsgängen von Kindern aus Migrationsfamilien in Deutschland hängt offenbar mit deren geringerer Sprachkompetenz im Deutschen zusammen. Niedrige Leseleistungen von Kindern aus Migrationsfamilien können statistisch auf einen niedrigen sozioökomischen Status, eine kurze Verweildauer in Deutschland und die Verwendung einer nicht deutschen Umgangssprache in der Familie zurückgeführt werden.

Diesen Untersuchungen zufolge werden die Kinder von Migranten im deutschen Bildungssystem unzureichend gefördert. Die Förderung in der Sprache des Aufenthaltslandes stellt sich als ein Kernproblem

für schulische Leistungen heraus. Die Ergebnisse von PISA legen nahe, dass der seltenere Zugang zu höheren Bildungsabschlüssen der Schüler mit Migrationshintergrund ein Sekundäreffekt von sozialen Disparitäten im gegliederten Schulsystem ist.

Internationale Schulleistungsvergleiche dienen dem Zweck, Informationen über die Erträge eines Schulsystems zu liefern; es handelt sich also um deskriptive Bestandsaufnahmen mit dem Ziel »Benchmarkings« vornehmen zu können. Auf Grund der Erfassung von Variablen, von denen vermutet wird, dass sie in einem Zusammenhang mit Schülerleistungen stehen, lassen sich aber auch in groß angelegten Studien Hinweise auf mögliche explanatorische Beziehungen finden.

So können Zusammenhangsanalysen auf der Basis der groß angelegten Leistungsstudien zwar Hinweise auf die mögliche Wirksamkeit kultureller Faktoren geben, aber eine Erklärungsbasis ist damit immer noch nicht gegeben, es kann nicht über Alternativerklärungen entschieden werden. Zusammenhänge dieser Art sind ihrerseits eher als Ergebnis, denn als Erklärung zu verstehen. Vergleiche zum Zweck des Benchmarking können zwar Problembereiche aufzeigen, sie sind aber kaum in der Lage zu erklären, worauf diese Ergebnisse zurückzuführen sind und wie Veränderungen erzielt werden können. Um Veränderungswissen bereitzustellen, bedarf es theoretischer Grundlagen und Modelle, die nicht nur taxonomisch, sondern auch funktional, d. h. prozessorientiert sind. Es muss geprüft werden können, wie kulturelle Besonderheiten Lehren und Lernen in der Schule formen. Hier ist die interkulturelle Lehr-Lern-Forschung gefragt.

6.2.3   Untersuchungen, die auf introspektiven Verfahren beruhen

❯ Im Bereich der interkulturellen Lehr-Lern-Forschung gibt es eine Tradition, sich mit den Phänomenen unterschiedlicher Lernstrategien im Zusammenhang mit Lernleistungen zu beschäftigen. Die Datenbasis wurde vor allem durch Befragungen der Lernenden hergestellt.

Die internationalen Schulleistungsvergleichsstudien zeigen, dass durchwegs Nationen aus dem konfuzianischen Kulturkreis an der Leistungsspitze zu finden waren: Japan, Korea, Hongkong, Singapur und Taiwan. Die Wiederholung von TIMSS und die PISA-Studie bestätigten die ostasiatischen Spitzenleistungen in Mathematik und den Naturwissenschaften. Diese Ergebnisse lassen sich offensichtlich auch in weniger wohlhabenden Ländern wie Vietnam replizieren (Helmke et al. 2003).

Die Versuche, die konsistenten Leistungserfolge der ostasiatischen Länder zu erklären, mündeten in eine Kontroverse, deren weiterer Verlauf noch nicht abzusehen ist (Biggs 1996).

Gute Schulleistungen, schlechter Unterricht?

In konfuzianisch geprägten Ländern besitzt Leistung einerseits einen hohen Stellenwert, das Leistungsniveau ist international gesehen hoch, andererseits jedoch ist der traditionelle Schulunterricht durch schwerwiegende Mängel gekennzeichnet, so lautet die Analyse von Ho (1994, 2001). Er bezeichnet dies als das »Paradox der Bildung in Ländern mit konfuzianischer Tradition« (»paradox of Confucian heritage education«). Große Schulklassen bis zu 60 Schülern, einfache Ausstattung, Frontalunterricht,

autoritär unterrichtende Lehrer, strenges Klassenklima und auf externe Prüfungen hin orientierter, psychische Störungen in Kauf nehmender, Drill sind die Merkmale, die für das ostasiatische Schulleben berichtet werden. In der chinesischen Erziehungspraxis dominiert nach wie vor die »Entenmast« – das Auswendiglernen – über das »Am-Knochen-Herumnagen« – das Analysieren (Weggel 1994a) . Die Schüler werden kaum dazu ermuntert, Fragen zu stellen. Kritische Fragen sind unüblich, Diskussionen über Lerngegenstände sind selten. Bei Unterrichtsgesprächen übernimmt der Lehrer die führende Rolle. Vernachlässigt werden Selbstständigkeit, Problemlösen, Kreativität und Kritikfähigkeit, passives Auswendiglernen stehen im Vordergrund.

Aber vieles spricht für ein umgekehrtes Paradoxon (Helmke u. Hesse 2002). Warum erzielen westliche Schulen mit kleineren Klassen, besserer Ausstattung, hoch entwickeltem pädagogischem Forschungsstand und großen Budgets nur mittelmäßige Ergebnisse?

Die Gestaltung des Unterrichts ist eine Folge der hohen Wertschätzung, die dem Lernen in den vom Konfuzianismus beeinflussten Kulturen Ostasiens entgegengebracht wird. Lernen und Auslese werden von der Vorstellung geleitet, dass der Weg zum Erfolg mühevoll und langwierig ist. Weitgehend unabhängig von Begabungen oder Interessen kann er von jedem bewältigt werden, der sich genügend anstrengt. Auch die Eltern erwarten, dass ihre Kinder ihren Respekt und ihre Ehrfurcht ihnen gegenüber in Lernanstrengungen umsetzen. Dies geht soweit, dass das Ansehen der Familie von der Anstrengungsbereitschaft der Kinder abhängt. Misserfolg wird auf mangelnde Anstrengungsbereitschaft zurückgeführt und hat häufig eine Bestrafung durch Eltern und Lehrer sowie Missachtung und Respektlosigkeit durch Gleichaltrige zur Folge (Hesse 2003).

Aus »westlicher« Sicht wird eine solche Lernkultur ambivalent bewertet. Lernen um des Lernens willen gilt hier nicht als originell, sondern als langweilig. Lernen einer solchen Art wird als Behinderung von Eigenständigkeit, Flexibilität und Erfindergeist verstanden. Das konfuzianische Ideal des ausdauernden, vorbehaltlosen Lernens ist nicht das, was sich im Westen als Ideal der Bildung im Sinne einer sich entwickelnden autonomen Individualität herauskristallisiert hat.

Aber es gibt auch andere Stimmen: Stigler und Stevenson (1991) bezeichnen es als ein Stereotyp des Westens, dass der asiatische Lehrer ein autoritärer Informationslieferant sei, der von den Schülern nur erwartet, dass sie zuhören und richtige Antworten und Routinen auswendig lernen, anstatt Wissen selbst zu konstruieren. Vielmehr sei der Unterricht als »konstruktivistisch« zu bezeichnen. Die als Ergänzung zur TIMSS durchgeführten Videoanalysen zum Mathematikunterricht zeigen, dass im japanischen Mathematikunterricht eher problemlöseorientiert gelehrt und gelernt wird; der Unterricht in den USA und Deutschland dagegen primär auf den Erwerb von Wissen und die Beherrschung von Verfahren abzielt.

So sieht sich der Rezipient der einschlägigen Literatur in der verwirrenden Situation, dass die Kritiker und Befürworter der konfuzianisch geformten Bildung die Wirklichkeit auf unterschiedliche Weise konstruieren.

- Es lässt sich bei aller Heterogenität der Literaturlage dennoch festhalten:In Ostasien wird Lernen in besonderem Maße wertgeschätzt.
- Die Qualitätsmerkmale des Unterrichts lassen sich nicht über Kulturen hinweg generalisieren.
- Die Wirksamkeit des Unterrichts stellt sich je nach kulturellem Kontext unterschiedlich dar.

Wenn dem so ist, dann verbieten sich Erklärungsentwürfe für das Zustandekommen von Lernleistungen, die den kulturellen Kontext nicht berücksichtigen.

Ich habe mich bisher auf der Makroebene aufgehalten. Es sei mir noch ein Blick auf die Mikroebene gestattet:

Mangelndes Verstehen wegen Memorierens oder tiefes Verstehen durch beständiges Memorieren? Entwistle in England und Biggs in Australien entwickelten parallel und in Abstimmung miteinander eine Lerntypologie von »student approaches to learning and studying« [Lern- und Arbeitszugänge von Lernenden] unter Bezug auf die Untersuchungen von Marton und Säljö in Schweden (1976, 1984). Durch die Parallelentwicklung der Instrumente in England, Australien und Hongkong ist damit eine gewisse interkulturelle Konstruktvalidierung erfolgt. Ein Lernzugang ist die Art und Weise, wie eine Aufgabe angegangen wird sowie die Art und Weise, wie ein Lernender mit der Lehrumwelt zurecht kommt und die Lernangebote nutzt. Vor allem zwei Typen von Lernzugängen ließen sich als Faktoren zweiter Ordnung in beiden Ländern auffinden:

1. »surface-level approach« [Oberflächenzugang]: Lernform, die sich auf das Auswendiglernen spezifischer Fakten und unzusammen-hängender Informationsteile bezieht. Das Lernmotiv ist die Wiedergabe der gelernten Inhalte bei einer späteren Befragung,
2. »deep-level approach« [Tiefenzugang]: Lernform, bei der sich die Lernenden bemühen, die »Botschaft« des Textes zu verstehen, indem sie Zusammenhänge zwischen den Elementen innerhalb des Textes und Verbindungen zwischen Textteilen und Umweltbezügen suchen.

Personen, die tiefenorientierte Lernstrategien einsetzen, organisieren den Lernstoff, nehmen Elaborationen vor und überwachen ihr Verständnis, z. B., indem sie Fragen an den Text stellen, versuchen, den Textinhalt auf andere Situationen zu übertragen, oder ihn kritisch bewerten.

Nach all dem, was Ho und andere über den Unterricht in Ostasien gesagt haben, müssten sich ostasiatische Lernende durch einen Oberflächenzugang auszeichnen. Überraschenderweise haben umfangreiche Studien auf der Grundlage von Ergebnissen mit Hilfe von Lernstrategie-Fragebögen gezeigt, dass ostasiatische Schüler und Studenten im Vergleich zu anderen Lernenden nicht nur weniger, sondern im Gegenteil sogar häufiger »Tiefenstrategien« einsetzen. Personen aus Kulturen mit konfuzianischem Hintergrund bevorzugen offenbar Lernzugänge mit ausgeprägter Verarbeitungstiefe, und zwar sowohl in ihren eigenen kulturellen Lernumgebungen (Hongkong und Singapur) als auch im »westlichen« (Australien, USA) (Watkins 2001; Watkins u. Biggs 2001). Auch die Ergebnisse eines Forschungsprojekts zum Lernverhalten und zu lernbezogenen Einstellungen bei Studienanfängern in Deutschland und Vietnam (Helmke u. Schrader 1999) entsprechen dieser Interpretation. Die vietnamesischen Studenten gaben an, tiefenorientierte und anspruchsvolle Lernstrategien zu bevorzugen.

Es ist diesen Analysen zufolge offenbar möglich, mit Hilfe des repetitiven Lernens zu einem tiefen Verständnis der Lerninhalte zu gelangen. Die phänotypische Feststellung, in Ostasien herrsche die wiederholende Übung als typische Lernstrategie vor, impliziert also nicht, dass die auf diese Weise erzielten Lernergebnisse lediglich oberflächliches Wissen darstellen müssten. Die Lernstrategie des Memorierens kann vielmehr zweierlei Lernzugänge beinhalten: mechanisches Auswendiglernen im Sinne des »surface-level approach« oder die Erschließung eines sich allmählich vertiefenden Verständnisses des Lerninhaltes im Sinne des »deep-level approach« mit Hilfe von Wiederholungen.

Das heißt, der Unterricht, der die Schüler zum wiederholenden Üben anhält, führt bei ostasiatischen Schülern zu Lernergebnissen, die sich durch Verarbeitungstiefe auszeichnen. Die ostasiatischen Schüler bringen offenbar Erwartungen in den Unterricht mit, dass die Lehrer direktiv und autoritativ unterrichten sowie zum repetitiven Lernen anhalten. Die Schüler verfügen über die Lernstrategie des »deep level approach«, der sie das Angebot des Unterrichts erfolgreich nutzen lässt. Beides, Unterrichtsangebot sowie Erwartungen und Lerngewohnheiten sind kulturell verankert.

Außerhalb der Schule ist repetitives Üben in volkstümlichen konfuzianischen Weisheiten verankert: »Lies das Buch 100 Mal und der Sinn wird sich Dir erschließen«. Das heißt, die »Entenmast« muss nicht zwangsläufig zu trägem, unreflektiertem Wissen führen. Damit dies gelingt, bedarf es aber eines bestimmten kulturellen Hintergrunds, ohne den – und das wäre zu zeigen – solche Erfolge nicht erzielbar wären.

Stellen wir uns ein Gedankenexperiment vor, in dem

- ein chinesischer Lehrer in einer deutschen Klasse unterrichten würde, oder
- in dem deutsche Schüler in einer chinesischen Klasse unterrichtet werden.

Die Lernergebnisse würden vermutlich suboptimal ausfallen.

Es gibt einige wenige Untersuchungen im Hochschulbereich über ostasiatische Studenten in Australien (Volet 1999). Sie zeigen in der Tat, dass die Veränderung des kulturellen Lern-Ambientes zu massiven Schwierigkeiten im Lernverhalten und bei den Ergebnissen führt, begleitet von Missverständnissen auf beiden Seiten (Volet 1999).

Es scheint also gar nicht der »gute« oder »schlechte« Unterricht zu sein, der Lernergebnisse vorhersagt, sondern vorrangig die kulturspezifischen Lernangebote und die kulturspezifische Nutzung der Lernangebote. Was »guter« oder »schlechter« Unterricht ist, lässt sich generalisiert nicht sagen, solange nicht der kulturelle Kontext mit genannt wird. Wenn dem so ist, dann muss man bei Überlegungen vorsichtig sein, ob und was man von »erfolgreichen« Ländern – etwa bei PISA – im Sinne von »best practice« übernehmen kann.

Helmke (2001) berichtet von hohen Korrelationen zwischen repetitiven und bedeutungshaltigen Lernstrategien in Vietnam im Vergleich zu niedrigen in Deutschland. Westliche Schüler benutzen die Wiederholung als Lernstrategie nur dann, wenn sie sicher sein wollen, etwas im Gedächtnis zu behalten. Westliche Schüler meinen, Verstehen entstünde eher durch plötzliche Einsicht, für chinesische Schüler dagegen ist das Verstehen das Ergebnis eines langwierigen Prozesses, der einer beträchtlichen Anstrengung bedarf.

Die Typen der Lernzugänge sind mit den Lernergebnissen verknüpft. Ein tiefenorientierter Zugang korreliert konsistent positiv mit Lernleistungen, wenn auch der mittlere Korrelationskoeffizient bei 60 Studien lediglich 0,16 beträgt (Watkins 2001). Der niedrige Wert wird damit erklärt, dass zwar ein qualitativ hochwertiges Lernergebnis einen tiefenorientierten Lernzugang voraussetzt, für viele Examina aber ein Oberflächenzugang ausreicht.

Die Meinung, Lernende aus konfuzianischen Kulturen würden nur oberflächlich lernen, weil sie vor allem repetitive Lernstrategien einsetzten, beruht offenbar auf einem Missverständnis. Anders als für westliche Schüler stellt die Wiederholung für Lernende aus konfuzianischen Ländern ein bewusst eingesetztes Mittel dar, um bedeutungshaltiges Wissen und Verstehen zu erzeugen. Aus vermeintlich aussagekräftigen äußeren Indikatoren des Lerngeschehens lassen sich keine Aussagen über das Lernen und den Lernerfolg ableiten. Diese müssen vielmehr mit Hilfe von Prozessanalysen untersucht werden.

Trotz der beachtenswerten Argumente und empirischen Daten ist das »Paradox des chinesischen Lerners« noch weit von einer Klärung entfernt. Ein Schwachpunkt ist sicher der, dass zur Erfassung von

Lernstilen und -strategien ausschließlich Fragebögen, d. h. Selbstauskünfte darüber, ob man bestimmte Strategien einsetzt, angewendet wurden, dass jedoch nicht bekannt ist, ob, wie oft und wie intensiv diese Strategien auch tatsächlich beherrscht und eingesetzt werden. Hier eröffnet sich ein lohnendes Feld für weitere empirische Forschung

So zeigt diese Überlegung, dass erst die integrative Behandlung von Unterrichtsbeobachtung, Lehrer- und Schülerverhalten, Befragung und Prozessanalyse Aufschluss darüber geben kann, unter welchen Bedingungen in welcher Kultur mit Hilfe welcher Lernzugänge verstehendes Lernen erfolgt und unter welchen nicht. Das Zusammenhangsgefüge kann sich dabei in verschiedenen Kulturen unterscheiden. Dies zeigt die Notwendigkeit der Untersuchung der interkulturellen Konstruktäquivalenz auf.

6.2.4   Quasi-experimentell angelegte Untersuchungen

»Unter einem Experiment versteht man eine planmäßig ausgelöste Beobachtung unter kontrollierten Bedingungen« (Edwards 1954). Man stelle die Bedingung X her und beobachte, ob das Ereignis Y eintritt oder nicht. Folgt Y auf X, so kann man mit einem gewissen Plausibilitätsgrad davon ausgehen, dass X eine hinreichende Bedingung für Y ist.

Zwar unterscheiden sich experimentelle und korrelative Untersuchungsansätze, sie lassen sich aber in der Forschungspraxis miteinander verknüpfen. Wenn es um die Untersuchung der Wirkungen von kulturellen oder sozioökonomischen Faktoren geht, lässt sich das strenge experimentelle Verfahren nicht anwenden: Die Versuchsteilnehmer können zu den experimentellen Bedingungen (das wären eben jene kulturellen oder sozioökonomischen Faktoren) nicht mehr nach dem Zufall zugeordnet werden bzw. die kulturellen Bedingungen sind experimentell nicht manipulierbar. Es bleiben nur Ex-post-facto-Versuchsanordnungen, d. h. im Nachhinein wird aus den vorgefundenen Fakten auf früher erfolgte mutmaßliche Einwirkungen geschlossen. Man geht davon aus, dass die Zugehörigkeit zu einer kulturellen Gruppe »quasi« der Zugehörigkeit zu einer oder mehreren Experimentalgruppen bzw. einer zu spezifizierenden Kontrollgruppe entspricht. Der quasi-

experimentelle Untersuchungsansatz kann nicht denselben kausaltheoretischen Anspruch erheben wie der des strengen experimentellen Ansatzes.

Im Gegensatz zu den groß angelegten »large scale analyses« sind die auf Experimenten beruhenden Studien hypothesenorientiert und aus Verfahrensgründen notgedrungen weitaus kleiner geplant (Cole u. Means 1981). Den Nachteil, nicht repräsentativ für die Bevölkerung eines Landes oder einer Kultur zu sein, wiegen sie mit dem Vorteil auf, sehr detailliert Auskunft geben zu können über die Wirksamkeit einzelner Faktoren in Bezug auf das Zustandekommen von Leistungen.

Die normative Logik experimenteller Designs, um Fragestellungen zu bearbeiten, die das Zustandekommen von Leistungen unter Berücksichtigung verschiedener kultureller Kontexte psychologisch erklären, besteht darin,

- ein psychologisches Phänomen zu spezifizieren, dessen Auftreten beim Bearbeiten einer Aufgabe zu erwarten ist,
- die Wirkungen zu erfassen, die einzelne Variablen auf das Phänomen haben,
- die Wirkungen zu interpretieren,
- im Anschluss daran Hypothesen über die psychologischen Prozesse zu entwickeln und zu testen, die vermutlich während der Bearbeitung der Aufgabe eine Rolle spielen. Hierzu wird eine Untersuchungssituation konstruiert, bei der der hypothetisch formulierte psychologische Prozess vermutlich aktiviert wird, wenn eine Person eine Aufgabe bearbeitet. Wenn die Ergebnisse mit der Prozesshypothese übereinstimmen und gleichzeitig rivalisierende Erklärungen ausgeschlossen werden können, dann kann die Arbeitshypothese beibehalten werden;
- ein psychologisches Modell über die zur Bearbeitung einer Aufgabe relevanten Prozesskomponenten zu entwickeln und zu prüfen.

Mit dem Ziel, kulturell relevante Beziehungen herauszuarbeiten, setzt man die so analysierten Aufgaben ein und variiert Gruppen von Personen aufgrund der angenommenen Bedingungen, um zu untersuchen, inwieweit die Unterschiede zwischen Personen die Leistungen beim Bearbeiten der Aufgaben beeinflussen. Das heißt, Versuche, die Leistungsunterschiede zwischen Personen zu erklären, beruhen auf einem Vorgehen, das Modelle über Aufgaben mit Modellen über Personen verbindet. Es ist nicht möglich, die Unterschiede zwischen Personen, die unterschiedliche Leistungen erbringen, zu verstehen, ohne die einzelnen Prozesse der Aufgabenbearbeitung zu verstehen, die solche Leistungen hervorrufen (Cole u. Means 1981).

Vergleichende Studien allein können keine Schlussfolgerungen über Wirkungszusammenhänge rechtfertigen. Wenn es unklar bleibt, welche Unterschiede kognitiver Prozesse Leistungsunterschiede bewirken, dann können die Beschreibungen leicht zu Fehlinterpretationen führen. Wenn die Unterschiede des kognitiven Funktionierens mit der falschen Personen-Variablen verknüpft werden, kann dies zu schwerwiegenden Fehlschlüssen führen.

Dies wiederum hat Konsequenzen für die daraus abzuleitenden Bemühungen zur Verbesserung der Unterrichtsqualität. Sollen die augenscheinlichen Defizite einer Personengruppe im Vergleich zu einer anderen reduziert werden, dann muss die Didaktik auf mehr als nur den deskriptiven Aussagen, die auf beobachteten Leitungsdifferenzen beruhen, begründet werden. Hierfür müssen die genauen Umstände bekannt sein, unter denen die Leistungsdefizite entstehen, d. h. die Prozesse, die bei der Aufgabenbearbeitung eingesetzt werden können abgeleitet werden und Informationen darüber vorhanden sein, wie sich Menschen bei der Anwendung von Prozessen in verschiedenen Umgebungen voneinander unterscheiden.

Geht man vom Postulat der »psychic unity of mankind« (psychische Einheitlichkeit der Menschheit, Boas 1911) aus, dann sollte jede menschliche Gruppe kompetent genug sein, um die Aufgaben, die sich ihr stellen, ausführen zu können. Kulturelle Unterschiede sind dann nicht darin zu suchen, dass bestimmte kognitive Prozesse in der einen Kultur vorhanden sind und der anderen nicht, sondern vielmehr, dass sich die Situationen voneinander unterscheiden, in der bestimmte Prozesse ausgelöst werden. Die Anpassungsfunktion der Lernprozesse ist Gegenstand vielfältiger Untersuchungen zum »traditionellen Lernen«. Sie haben zum Ziel, diejenigen Lernprozesse herauszuarbeiten, die für die Bewältigung alltäglicher Aufgaben eingesetzt werden, um sie mit den Lernprozessen zu vergleichen, wie sie vorzugsweise in der Schule eingesetzt werden.

Lernprozesse traditionellen Lernens
Erlernen des Webens

An der Feldstation der Harvard University in Zinacantan in Mexiko ist eine Reihe von Untersuchungen zum traditionellen Lernen mit dem Ziel, grundlegende Lernformen, so wie sie sich außerhalb der Schule entwickelt haben, durchgeführt worden (Greenfield u. Lave 1982). Gegenstand war die Vermittlung von Techniken zum Weben komplexer Muster, wie sie von den Müttern an die Töchter weitergegeben werden. Greenfield und Lave vertraten aufgrund der von ihnen erhobenen Daten die These, dass das traditionelle Lernen hochgradig strukturierte, wenn auch implizite Instruktionsmethoden beinhalten kann, wenn es um die Vermittlung von Fertigkeiten geht, die für eine Gemeinschaft nützlich sind. Unterschiedliche Unterweisungsmethoden können möglicherweise für die mehr oder weniger stark ausgeprägte Übertragbarkeit des Gelernten verantwortlich sein. Sie arbeiteten drei in traditionellen Lehrsituationen beobachtbare Formen der Vermittlung von Fertigkeiten heraus:

- »Versuch und Irrtum«
- »shaping« (Formung) und
- »scaffolding« (Bereitstellen eines Lerngerüsts).

Bei der Lernform »Versuch und Irrtum« werden die Lernenden mit neuartigen Situationen konfrontiert, deren Bewältigung Prozeduren erfordert, die zu dem bisher Bekannten im Konflikt stehen. Die individuelle Auseinandersetzung mit kognitiven Konflikten und Fehlern sowie die zunehmende Vermeidung von Fehlern kennzeichnen diese Lernform.

»Shaping« wird durch eine Lehrperson gesteuert. Die Aufgaben werden in Unteraufgaben aufgeteilt. Richtige Antworten werden extern belohnt. Dies ist ein häufig in der Schule angewandtes Verfahren.

»Scaffolding« beruht auf einer Idee von Vygotskij, die von Bruner aufgegriffen wurde (Wood et al. 1976) und bedeutet die abnehmende steuernde Kontrolle der Lernprozesse. »Scaffolding« wird wie »shaping« von einer Lehrperson gestaltet. Beiden Verfahren ist der Versuch gemeinsam, Fehler zu vermeiden. Im Gegensatz zum »shaping« präsentiert die Lehrperson beim »scaffolding« die Gesamtaufgabe gleich zu Anfang.

Da die Gesamtaufgabe noch zu schwierig ist, um vom Neuling allein bewältigt werden zu können, unterstützt die Lehrperson den Lernenden durch

6

das Bereitstellen von Informationen und durch Interventionen – teilweise durch Rollentausch –, indem sie die Rolle des Lernenden übernimmt, falls sich ein Zwischenschritt als noch zu schwierig herausstellt. Deshalb benötigt »scaffolding« die kontinuierliche Diagnose der Lernfortschritte. Im weiteren Lernverlauf nehmen die Interventionen der Lehrperson ab, bis sie überflüssig werden. Schließlich ist der Lernende in der Lage, Aufgaben, die am Anfang nur mit Hilfe des Experten möglich waren, selbstständig durchzuführen. Die verbalen Unterweisungen durch den Experten sind integrale Bestandteile des Lehrprozesses, zunächst als Anweisungen, später unter Rückgriff auf Konfrontationen und Fragen. Im Gegensatz zu den Lehrpersonen sprechen die Lernenden wenig und fragen nicht. »Scaffolding« ist eine Unterrichtsform, die immer auf sozialen Interaktionen beruht. Sie korrespondiert mit Vygotskijs Konzept der »Zone der proximalen Entwicklung« (Vygotskij 1992, 2002).

War »scaffolding« noch die typische Form der Unterweisung in den Zeiten der relativen Abgeschiedenheit des Ortes Zinacantan, so stellte Greenfield nach 21 Jahren eine neue Gewichtung der Lernformen fest (Greenfield 1999). In Verbindung mit den inzwischen breiter streuenden Kontakten richtete sich die Produktion von Weberzeugnissen an den kommerziellen Erfordernissen des touristischen Marktes aus. Besonders in den Familien, für die das Weben zur Basis eines bedeutenden Teils ihres Einkommens geworden war, überwog jetzt das individuelle »Versuch und Irrtum«-Lernen (Greenfield et al. 2000). Die Prozesse des Lernens und der Weitergabe des Wissens verändern sich demzufolge im Verlaufe des sozialen Wandels. Bestimmte Lernprozesse werden bevorzugt, je nachdem, ob sich eine Kultur in einem eher stabilen oder in einem eher dynamischen Zustand befindet (Greenfield 1996). Das traditionelle Lernen ist an das lokale kulturelle System gut angepasst und besitzt eine die traditionelle Lebensweise aufrechterhaltende und konservierende Funktion (Trommsdorff u. Dasen 2002). »Scaffolding« ist die bevorzugte Methode des traditionellen Lehrens. Lernen mit Hilfe von »Versuch und Irrtum« ist eher typisch für moderne Gesellschaften oder Gesellschaften im soziokulturellen Wandel.

Als Greenfield und Lave den Webern Geometrieaufgaben vorlegten, die zwar eng auf die Webmuster bezogen, aber in einen schulüblichen Kontext eingebettet waren, erwiesen sich die im alltäglichen Kontext erworbenen Fertigkeiten kaum auf schulbezogene Geometrieaufgaben übertragbar. Sie sahen darin einen Beleg für die Begrenztheit traditionell erworbener Fertigkeiten.

Während Greenfield (1996) und Gauvain (1995) aus den Ergebnissen zur begrenzten Lernübertragung den Schluss zogen, dass der Transfer in Bezug auf alltägliche als auch auf schulbezogene Aufgaben sehr eingeschränkt ist, kommt Tanon (1994) in ihrer quasi-experimentellen Studie mit jungen Männern aufgrund eines 2×2-Untersuchungsplans (Schulbesuch vs. kein Schulbesuch; Weber vs. Nicht-Weber) bei den Dioula der Elfenbeinküste zu einer differenzierteren Aussage: In Abhängigkeit von der Kombination bestimmter Lehrformen erfolgt Lerntransfer in unterschiedlichem Ausmaß, wobei unabhängig vom Schulbesuch planerische Aktivitäten offenbar eine breite Transferierbarkeit zeigen.

Arithmetik und Geometrie

Arithmetik und Geometrie spielen nicht nur innerhalb der Schule eine Rolle, sie werden auch außerhalb der Schule gelehrt und erworben. Dieser Umstand kann benutzt werden, um die kognitiven Wirkungen des Schulbesuchs und des außerschulischen Lernens im Sinne »natürlich vorkommender Experimente« zu analysieren (Reed u. Lave 1979). Vergleicht man die Resultate auf der Grundlage analoger Untersuchungsanordnungen über verschiedene Kulturen hinweg, dann lassen sich Aussagen über die differenzierenden Wirkungen kultureller Bedingungen machen. Daneben bestehen praktische Absichten: Wenn es möglich ist, Fertigkeiten außerhalb der Schule zu erwerben, warum sollten diese Fertigkeiten dann nicht im Schulunterricht nutzbringend eingesetzt und mit schulspezifischen Inhalten verknüpft werden? Die Anpassung der schulischen Lehrpläne an die Lernstrategien und das Wissen der Angehörigen autochthoner Kulturen ist ein Thema, das bei der Erforschung von Lernprozessen zunehmend Beachtung findet (Barton et al. 1995; Harris 1991; Teasdale 1994).

Ginsburg untersuchte das Erlernen der Arithmetik in Afrika und den USA. Nach seinen Analysen kann sich elementares arithmetisches Wissen auch ohne Schulbesuch entwickeln, wenn die Kinder die

Gelegenheit haben, fundamentale mathematische Begriffe in ihre Alltagsaktivitäten einzusetzen (Ginsburg 1982). Untersuchungen bei den Dioula an der Elfenbeinküste zeigten, dass Personen, welche die Schule nicht besucht hatten, die mathematischen Operationen der analytischen Zerlegung, der Assoziativität und der Kommutation beherrschten. Bei einfachen Aufgaben war ihre Fehlerquote nicht größer als die von Personen mit schulischer Bildung. Beschränkungen zeigten sich erst, wenn Rechnungen über den normalerweise aktualisierten Zahlenraum hinaus verlangt wurden: Mit großen Zahlen funktionierte das traditionelle Rechnen nicht mehr optimal (Petitto u. Ginsburg 1982).

Lave erforschte den Erwerb von arithmetischen und Problemlösefertigkeiten bei Schneidern aus den Völkern der Vai und Gola in Liberia (Lave 1982; Reed u. Lave 1979). Die alltägliche Arithmetik arbeitet mit heuristischen, an Gegenständen orientierten Prozeduren, während in der Schule die an Symbolen orientierten Algorithmen gelernt werden. In Abhängigkeit von der Aufgabensituation führen die beiden Strategien zu unterschiedlich erfolgreichen Ergebnissen. Dabei kann das Denken in konkreten Mengen durchaus häufiger zu richtigen Antworten führen als das Operieren mit Symbolen. In der schulischen Umwelt wird die konkrete Strategie jedoch nicht immer geschätzt, so dass es zu Fehlern bei denjenigen kommt, welche die konkrete Strategie der auf Symbole bezogenen Strategie bevorzugen. Traditionelle Strategien können sehr erfolgreich sein, wenn sich die Aufgabenstellungen innerhalb des vertrauten Rahmens bewegen. Gehen sie darüber hinaus, scheinen die schulischen Strategien vorteilhafter zu sein, was den Aussagen von Ginsburg entspricht.

Nunes et al. (1993) sowie v. Schliemann et al. (1997) untersuchten jugendliche Straßenhändler in Brasilien, die nur kurze Zeit die Schule besucht hatten. Es zeigte sich, dass sie in der Lage waren, Aufgabenlösungen, die kombinatorische und proportionale Fertigkeiten verlangen, auf einen breiten Bereich von Aufgaben anzuwenden, soweit diese Fähigkeiten bei der Ausübung ihrer Tätigkeit unmittelbar relevant waren. Damit sie komplizierte Rechnungen korrekt ausführen können, zerlegen sie die Ausgangswerte und gruppieren die relevanten Größen um, so dass sie mit möglichst elementaren arithmetischen Größen weiterrechnen können. Sie lösen die Aufgabe in einem anschließenden iterativen Verfahren mit Hilfe aufeinander folgenden Additionen oder Divisionen. Als die Autoren für dieselben Aufgaben die schriftliche Durchführung verlangt hatten, wie in der Schulsituation üblich, gelang es den jugendlichen Straßenhändlern nicht mehr, die auf dem Markt so vorteilhaften Strategien ebenso erfolgreich in einem schulähnlichen Kontext einzusetzen.

Bei der Untersuchung von arithmetischen und geometrischen Fähigkeiten scheint sich die Dauer des Schulbesuchs nicht auf die Leistungen auszuwirken, soweit die Fähigkeiten integraler Bestandteil der Berufsausübung sind. Brasilianische Vorarbeiter auf dem Bau zeigen erfolgreiche Leistungen bei Proportionalrechnungen, die sie auf der Grundlage der Maßstäbe ihrer Baupläne durchführen und zwar unabhängig davon, wie lange sie die Schule besucht hatten; die Dauer des Schulbesuchs variierte von 0 bis 11 Jahre. Legte man ihnen Aufgaben vor, die sich auf für sie unübliche Maßstäbe bezogen, führten sie die Rechnungen dennoch korrekt aus – eine Bestätigung dafür, dass sie innerhalb des für sie relevanten Kontexts auch Transferleistungen erbringen konnten.

Ähnliche Lernübertragungsleistungen konnten auch bei brasilianischen Fischern beobachtet werden. Auch hier spielen Proportionalrechnungen eine Rolle. Bei der Kalkulation von Preisen und beim Abschätzen der Anteile verarbeiteter und unverarbeiteter Fischmengen sind entsprechende arithmetische Fertigkeiten nötig. Um ihre Transferfähigkeit zu ermitteln, wurden ihnen Aufgaben gestellt, welche die Umkehrung der gewohnten Prozeduren verlangten. Sie sollten die Menge an Fischen bestimmen, die gefangen werden müssen, um eine bestimmte Anzahl von Fischfilets herzustellen. Auch hier waren die Leistungen nicht mit der Dauer des Schulbesuchs (1 bis 9 Jahre) korreliert.

Weitere Untersuchungen mit jungen Straßenhändlern führte Saxe (1991, 1994) durch. Die Kinder verkauften Süßigkeiten und besuchten entweder die Schule überhaupt nicht oder die Dauer ihrer Schulbesuche war unterschiedlich und konnte sich bis zur 7. Klassenstufe erstrecken. Was die von ihnen zu bewältigenden Rechenaufgaben ziemlich knifflig machte war der Umstand, dass während der Untersuchung die jährliche Inflation in Brasilien sehr groß war. Sie mussten wegen der sich ständig ändernden

Preis- und Marktsituation laufend Preisanpassungen leisten. Die Unterschiede zwischen den Straßenhändlern und den Kindern und Jugendlichen, die nicht verkauften, zeigten sich am deutlichsten in der 2. Jahrgangsstufe der Kinder, die die Schule besuchten. Die Kinder, die Süßigkeiten verkauften, lösten weit mehr Aufgaben richtig, als die Kinder, denen diese Erfahrung fehlte. Ab der 3. Jahrgangsstufe aber schienen die Kinder, die zur Schule gingen und nicht als Straßenhändler tätig waren, angemessenere Algorithmen zu erwerben, die für eine breite Palette von arithmetischen Aufgaben eingesetzt werden konnten.

Personen, welche die Schule nicht oder kaum besucht haben, können also im Rahmen ihrer beruflichen Tätigkeiten über hoch komplexes proportionales Denken verfügen. Während aber Kinder als Markthändler komplizierte Rechnungen schnell und korrekt ausführen können, lösen sie nur noch die Hälfte derselben Rechenaufgaben in der Schule erfolgreich.

Fazit

Aus diesen Untersuchungen lässt sich der Schluss ziehen, dass die alltägliche Arithmetik häufiger zu richtigen Lösungen als die Schularithmetik führt, solange die Aufgaben im gewohnten Feld bleiben. Alltägliche mathematische Strategien beruhen meist auf Zerlegungs- und Umgruppierungsoperationen, die auf den Regeln der Assoziativität und Kommutation beruhen. Die vier Grundrechenarten werden oft auf sukzessives Addieren reduziert, eine Verfahrensweise, welche die breite Anwendbarkeit sehr stark einschränkt. Die Merkmale der alltäglichen Arithmetik sind:

- Manipulation von Mengen statt von Symbolen,
- Aufgabenstellungen werden so umgestaltet, dass sich einfachere Teilaufgaben ergeben, und
- Lösungswege sind idiosynkratisch; sie können von Person zu Person und von Aufgabe zu Aufgabe variieren (Segall et al. 1999, S. 184).

Diese Untersuchungen legen den Schluss nahe, dass die Unterschiede in den Rechenleistungen auf die je nach Situation unterschiedlich eingesetzten Strategien zurückzuführen sind und nicht auf ein Defizit an mathematischer Kompetenz.

Kognitive Wirkungen von »Literacy«

Nach einer These von Goody stellen die Kenntnisse des Lesens und Schreibens die Beziehung zwischen dem gesprochenen Wort und dem Bezeichneten auf eine neue Grundlage. Die bloße mündliche Kommunikation sei mit den Besonderheiten der Person, des Ortes und der Zeit sehr eng verbunden. Erst die Kenntnis der Schrift würde es ermöglichen, das Denken abstrakt zu organisieren (Goody 1977). Logik, geschichtliches Bewusstsein und Wissenschaften setzten den Gebrauch der Schrift voraus. Damit befähige die Beherrschung der Schrift zu neuartigen Erkenntnissen und Leistungen. Dem stehe allerdings der Nachteil gegenüber, das Denken zu kanalisieren und zu Konformität zu domestizieren (Gardner 1991).

»Alphabeten« und »Analphabeten« unterscheiden sich nach dieser Sicht auf grundsätzliche Weise durch ihre kognitive Organisation. Menschen, denen es an der in diesem Sinne verstandenen »literacy« mangelt, können an der modernen Gesellschaft nicht teilhaben, werden zu einem gesellschaftlichen Problem und als unterentwickelt stigmatisiert (Serpell 1993). Entsprechend bedeutet schulische Bildung für diese Personen eine Befreiung. Erst mit der schulischen Bildung eröffnet sich die Teilnahme am modernen gesellschaftlichen Leben.

Diese weit reichende These veranlasste Untersuchungen über die Auswirkungen des Schrifterwerbs auf kognitive Leistungen. Allerdings stehen dem einige methodische Schwierigkeiten im Wege. Lesen und schreiben pflegt man in der Schule zu lernen. Es ist aber außerordentlich schwierig, die Wirksamkeit des Schrifterwerbs unabhängig von den Wirkungen, die der Schulbesuch auf die kognitive Entwicklung hat, zu untersuchen.

Nun gibt es Gesellschaften, die des Lesens und Schreibens kundig sind, ohne dass ihre Angehörigen je in die Schule gegangen sind. Eine solche Gesellschaft sind die Vai in Liberia. Die Vai haben eine eigene Schrift entwickelt, die von vielen außerhalb der Schule erlernt wird, indem sie unter Verwandten und Freunden informell weitergegeben wird. Da auch bei den Vai der Schulbesuch zugenommen hat, können die Fähigkeiten von Schriftkundigen und Schriftunkundigen sowie von Schulabsolventen und schulfernen Personen in Form eines natürlichen Experiments untersucht werden.

Das Schriftsystem der Vai umfasst etwa 210 Zeichen, die, ohne dass Wörter oder Sätze voneinander abgesetzt werden, zu Texten zusammengestellt werden. Deshalb muss der Leser über Strategien verfügen, Zeichen zu sinnvollen linguistischen Einheiten zu gruppieren. Scribner und Cole (1978, 1981) nutzten die Situation und legten den an der Untersuchung teilnehmenden Personen eine Reihe kognitiver Aufgaben vor. Während ein durchgehend förderlicher Schuleffekt in Hinblick auf kognitive Fähigkeiten beobachtet werden konnte, gab es in Bezug auf die Schriftbeherrschung variable Ergebnisse. Erwartungsgemäß schneiden Vai-Leser bei Aufgaben, die das Gruppieren von Sinneinheiten verlangen, besonders gut ab. Wird diese Fähigkeit nicht verlangt, besteht kein Unterschied zu Personen, welche die Vai-Schrift nicht beherrschen, aber zur Schule gegangen sind.

Scribner und Cole (1978) werten diese Ergebnisse als einen Beleg für die hohe Spezifität der kognitiven Fähigkeiten, die durch den Erwerb des Lesens und Schreibens gefördert werden. Insofern bestätigen sie die These von Goody nicht, Lesen und Schreiben schafften grundlegend neue kognitive Prozesse. Vielmehr scheinen bestimmte Formen der Schriftbeherrschung sehr spezifische sprachliche und kognitive Fertigkeiten zu unterstützen. Andererseits weisen diese Untersuchungen auf die breite Wirksamkeit des Schulbesuchs auf kognitive Fertigkeiten hin.

Ein weiteres Phänomen ist die Schnelligkeit, mit der die Vai-Schrift von den Lernenden außerhalb der Schule erworben werden kann. Ein Phänomen, das auch für das Erlernen der japanischen Kana-Silben von über 70 Zeichen zutrifft. Es ist üblich, dass Kinder diese Schrift vor Eintritt in die Schule erlernen (Serpell u. Hatano 1997).

Berry und Bennett (1991) verfolgten ein ähnliches Untersuchungsdesign wie Scribner und Cole bei den kanadischen Cree-Indianern in Nordontario, die eine auf Silben beruhende Schrift entwickelt haben. Auch diese Befunde sind parallel: Eine allgemeine kognitive Besserstellung durch die Beherrschung der Schrift allein konnte nicht gefunden werden, wohl aber spezifische Vorteile bei kognitiven Operationen, die offenbar durch die Schrift der Cree trainiert wird.

Die Untersuchungen zu traditionellen außerschulischen Schriften legen die Schlussfolgerung nahe, dass (1) das informelle Erlernen der Schrift offenbar leichter fällt als das Lernen von Lesen und Schreiben in der Schule. Zumindest was die Wirksamkeit der Schrift auf individuellem Niveau betrifft, ist (2) der These von Goody mit Skepsis zu begegnen: »Heute wissen wir, dass die verschiedenen Gemeinschaften der gegenwärtigen Welt so unterschiedlich sind, dass einfache Dichotomien, wie etwa alphabetisiert und nicht alphabetisiert, die kulturellen Praktiken nicht erfassen können, die Individuen, seien sie schulerfahren oder schulfern, ausüben« (Wagner 1993, S. 6 [Übersetzung durch den Autor]). Der fähige Umgang mit der Schrift in industrialisierten Ländern ist zwar eine notwendige Voraussetzung für den Zugang zu wichtigen beruflichen und privaten Bereichen, aber es ist nicht davon auszugehen, dass das Beherrschen der Schrift allein bereits eine förderliche kognitive Auswirkung auf andere Bereiche besitzt (Griffin u. Cole 1987).

Eine der Thesen im Zusammenhang mit der Modellbildung zur Erklärung individueller kultureller Unterschiede lautet: »Kulturelle Unterschiede beim Wissen ergeben sich eher aus den Situationen, auf die einzelne kognitive Prozesse angewandt werden, als aus dem Vorhandensein eines Prozesses in einer kulturellen Gruppe und seinem Fehlen in einer anderen« (Cole et al. 1971, S. 233 [Übersetzung durch den Autor]). Diese These wurde als Ansatz der »specific abilities« (Berry et al. 1992) oder der »specific skills« (Mishra 1997) bezeichnet. Kognitives Handeln erscheint kontextgebunden, nur schwer über Situationen hinweg generalisierbar. Das Problem dabei besteht darin, dass es keine Theorie der Situationen gibt, welche eine Grundlage für die Erforschung der Frage, unter welchen situativen Bedingungen Generalisierungen ermöglicht werden und unter welchen sie behindert werden, darstellen würde (Jahoda 1980).

6.2.5 Konfigurationen von schulischen Systemen und kulturellen Bedingungen, die für Schülerleistungen relevant sind

Die beträchtlichen Unterschiede in den Schülerleistungen verschiedener Länder provozieren die Frage nach den Ursachen. Was machen die »guten« Länder richtig? Was die »schlechten« Länder falsch?

Es ist inzwischen deutlich, dass einzelne Faktoren für sich genommen kaum etwas erklären können. Wir gehen davon aus, das Bildungswesen als eine Handlungseinheit zu sehen. Es sind dann ganze Konfigurationen zu betrachten, die ein Bildungsangebot ausmachen. Nun zeigt es sich, dass es hier keine einfachen Ursache-Wirkungs-Verhältnisse gibt, vielmehr können unterschiedliche Angebotskonfiguration gleiche Ergebnisse produzieren: Der internationale Vergleich zeigt, dass bestimmte Konfigurationen zu einer herausragenden Produktivität des Bildungswesens führen können. Skandinavische, angelsächsische und ostasiatische Bildungssysteme sind sehr verschieden; die Leistungen der Schüler sind aber vergleichsweise sehr gut. Hieraus ergibt sich, dass die Suche nach einer, richtigen und besten Konfiguration ein Irrweg wäre (Fend 2003). Fend hat versucht, aus den vorliegenden Ergebnissen Konfigurationen aufgrund schulischer Systeme und kultureller Bedingungen auszuarbeiten.

Ostasiatische Konfiguration
Im internationalen Vergleich repräsentiert Ostasien eine hoch effiziente Konfiguration:
- Lebenslanges Lernen hat einen hohen kulturellen Stellenwert
- Gesamtschulähnliche Organisation
- Streng regulierte Instruktion
- Unterrichtsstunden werden kollektiv von Lehrerkollegen vorbereitet
- Autoritative Unterrichtsführung
- Äußerst diszipliniertes Schülerverhalten
- Hohe Lernmotivation
- Hohe Motivation, Lernziele gemeinsam zu erreichen
- Strenges, extern administriertes Prüfungssystem
- Zusatzschulen
- Auf der Schülerseite hoher Leistungsdruck und hoher außerschulischer Lernaufwand, emotional sehr belastendes Hinarbeiten auf die lebensentscheidenden Abschlussprüfungen Intensive, kulturell getragene familiäre Unterstützung

Afrikanische Konfiguration südlich der Sahara
- Unangepasstheit der pädagogisch-didaktischen Konzeption an die lokalen Aufgaben
- Ausrichtung auf Diplome, weniger auf Kompetenzentwicklung

- Frontalunterricht, »Memorierschule«, Betonung von Erinnerungsleistungen,
- Rezeptive Lernhaltung der Schüler
- Vertikale zentralistische soziale Schulorganisation, dadurch innovationsträge
- Sehr große Klassen
- Hohe Wiederholungsraten
- Hohe Abwesenheitsraten von Schülern und Lehrkräften
- Geringe Motivation und niedrige Qualifikation der Lehrkräfte
- Schlechte Ausstattung mit Schulbüchern (CONFEMEN 1995)

Lateinamerikanische Konfiguration
- Große Unterschiede in Schulausstattung und Lehrerausbildung zwischen Schulen ruraler und urbaner Provenienz
- Problem des Absentismus
- Mangelnde Akzeptanz der Schule durch die Eltern, vor allem in ruralen Gebieten
- Hohe funktionale Analphabetismusrate
- Hohes Ansehen akademischer Berufe zu Lasten handwerklicher Berufe
- Lehrerausbildung in städtischen Gebieten überwiegend »post-secondary« Training

Skandinavische Konfiguration
- Gesamtschulähnliche Organisation
- Späte Leistungsdifferenzierung
- Erreichen der Grundkompetenzen steht über viele Jahre im Vordergrund
- Schulen sind förderungsorientiert und kommunal verankert
- Enge Zusammenarbeit zwischen Elternhaus und Schule
- Bestreben, möglichst viele Schüler möglichst lange gemeinsam zu unterrichten
- Die große Freiheit der einzelnen Schule wird durch vergleichende Tests abgesichert und durch Aufnahmeverfahren der anschließenden Bildungswege

Commonwealth Konfiguration
- Kombination von externem Monitoring über schulübergreifende Tests und intensiven Förderprogrammen (insbesondere im Bereich der Frühförderung und der Grundstufe)

- Tests dienen zur Qualitätssicherung und der Standardbildung innerhalb einzelner Schulen
- Hohe Investitionen in die Betreuung von Kindern am Anfang des Schulbesuchs durch kleine Gruppen, besonders geschulte Lehrer und intensive Elternarbeit

Konfigurationen deutschsprachiger Länder

- Auf allen Schulstufen selektive Leistungsbewertung
- Ausbildungswege sind von der Grundschule bis zur Universität aufeinander abgestimmt
- Zentrale Steuerung der Schulausstattung mit Personal- und Sachressourcen
- Stringente Lehrplanvorgaben mit darauf abgestimmten Prüfungssystemen

6.2.6 Fazit

Der Versuch, kultur- und schulsystembezogene Konfigurationen auszuarbeiten, zeigt, wie wichtig es ist, für die Erklärung von Lernleistungen die Komplexität des Lernens zu berücksichtigen. Von zentraler Bedeutung ist dabei die Prüfung der transkulturellen Validität des funktionalen Wertes von Grundkompetenzen – Für welche Länder und Regionen sind welche schulischen Inhalte wofür funktional? – sowie die Berücksichtigung des Zusammenwirkens inner- und außerschulischen Lernens. Das Ziel der Verbindung der interkulturellen Lehr-Lern-Forschung mit den international vergleichenden Schulleistungsstudien ist es, aufgrund der Ergebnisse der interkulturellen Psychologie A-priori-Hypothesen über kulturelle Unterschiede in Bezug auf das Zustandekommen von Lernleistungen aufzustellen, die dann gezielt Gegenstand von internationalen Vergleichsuntersuchungen sein könnten.

Literatur

Artelt, C., & Baumert, J. (2004). Zur Vergleichbarkeit von Schülerleistungen bei Aufgaben unterschiedlichen sprachlichen Ursprungs. *Zeitschrift für Pädagogische Psychologie, 18*, 171-185.

Asbrand, B., Lang-Wojtasik, G., & Köller, O. (im Druck). Lesekompetenzen in sehr leistungsschwachen Ländern - eine interkulturelle Sekundäranalyse der Leseleistungen in IGLU. In: W. Bos, E.-M. Lankes, M. Prenzel, K. Schwippert, R. Valtin, &

G. Walther (Hrsg.) *IGLU: Vertiefende Analysen zu Leseverständnis, Rahmenbedingungen und Zusatzstudien.* Münster: Waxmann.

Barton, B., Fairhall, U. & Trinick, T. (1995). Whakatupu reo tatai: History of the development of Maori mathematics vocabulary. In: A. Jones, A. Begg, B. Bell, F. Biddulph, M. Carr, J. McChesney, E. McKinley & J. Young (eds) *Science and mathematics education papers*, 144-160. Hamilton: University of Waikato, Centre for Science, Mathematics and Technology Education Research.

Baumert, J. & Schümer, G. (2001). Familiäre Lebensverhältnisse, Bildungsbeteiligung und Kompetenzerwerb. In: Deutsches PISA-Konsortium (Hrsg.), *PISA 2000: Basiskompetenzen von Schülerinnen und Schülern im internationalen Vergleich*, 323-407. Opladen: Leske & Budrich.

Berry, J. W. & J. A. Bennett (1991). Cree syllabic literacy. Cultural context and psychological consequences. *Cross-Cultural Psychology Monographs, 1.*

Berry, J. W., Poortinga, Y. H., Segall, M. H. & Dasen, P. R. (1992). *Cross-cultural psychology: Research and applications.* Cambridge: Cambridge University Press.

Biggs, J. B. (1996). Western misperceptions of the Confucian-heritage learning culture. In: D. Watkins & J. Biggs (eds) *The Chinese learner: Cultural, psychological, and contextual influences*, 45-67. Hong Kong: The Central Printing Press.

Boas, F. (1911). *The mind of primitive man.* New York, NY: MacMillan.

Bos, W., Lankes, E.-M., Prenzel, M., Schwippert, K., Walther, G. & Valtin, R. (Hrsg.) (2003). *Erste Ergebnisse aus IGLU. Schülerleistungen am Ende der vierten Jahrgangstufe im internationalen Vergleich.* Münster: Waxmann

Cole, M., Gay, J., Glick, J. A. & Sharp, D. W. (1971). *The cultural context of learning and thinking: An exploration in experimental anthropology.* New York, NY: Basic Books.

Cole, M. & Means, B. (1981). *Comparative studies of how people think. An introduction.* Cambridge, MA: Harvard University Press.

CONFEMEN. (1995). *L'éducation de base: Vers une nouvelle école.* Document de réflexion et d'orientation. Dakar : CONFEMEN

Edwards, A.L. (1954). Experiments. Their planning and execution. In: Lindzey, G. (ed) *Handbook of social psychology (vol 1).* Reading, MA: Addison-Wesley. (Aus Sarris, V. (2000). Experiment. In: R. Asanger & G. Wenninger (Hrsg.) *Handwörterbuch Psychologie 2000*).

Fend, H. (2003). Beste Bildungspolitik oder bester Kontext für Lernen? Über die Verantwortung von Bildungspolitik für pädagogische Wirkungen. *Trends in Bildung International, 6.*

Gardner, H. (1991). The *unschooled mind: How children think and how schools should teach.* New York, NY: Basic Books.

Gauvain, M. (1995) Thinking in niches: Sociocultural influences on cognitive development. *Human Development, 38*, 25-45.

Ginsburg, H. P. (1982). *The development of mathematical thinking.* New York, NY: Academic Press.

Goody, J. (1977). *The domestication of the savage mind.* Cambridge: Cambridge University Press.

Greenfield, P. M. (1998). Cultural change and human development. In: E. Turiel (ed.) *New directions in child development*, 2nd. San Francisco, CA: Jossey-Bass.

Greenfield, P. M. & J. Lave (1982). Cognitive aspects of informal education. In: H. W. Stevenson & D. A. Wagner (eds) *Child development in cross-cultural perspective*, 181-207. San Francisco, CA: Freeman.

Greenfield, P. M., Maynard, A. E. & Childs, C. P. (2000). History, culture, learning, and development. *Cross-Cultural Research, 34*, 351-374.

Griffin, P. & Cole, M. (1987). New technologies, basic skills, and the underside of education: What's to be done? In: J. Langer (ed) *Language, literacy, and culture: Issues of society and schooling*, 199-231. Norwood, NJ: Ablex.

Harris, P. (1991). *Mathematics in a cultural context: Aboriginal perspectives on space, time and money*. Geelong: Deakin University.

Helmke, A. (2001). Research on classroom instruction and its effects – shortcomings, dead ends, and future perspectives. In: F. Salili, C. Y. Chiu & Y. Y. Hong (eds) *Student motivation. The culture and context of learning*, 335-346. New York, NY: Kluwer.

Helmke, A. & Hesse, H.-G. (2002). Kindheit und Jugend in Asien. In: H.-H. Krüger & C. Grunert (Hrsg.) *Handbuch der Kindheits- und Jugendforschung*, 439-471. Opladen: Leske & Budrich.

Helmke, A. & Schrader, F.-W. (1999). Lernt man in Asien anders? Empirische Untersuchungen zum studentischen Lernverhalten in Deutschland und Vietnam. *Zeitschrift für Pädagogik, 45*, 81-102.

Helmke, A., Schrader, F.-W., Vo, T. A. T., Le, D. P. & Tran, T. B. T. (2003). Selbstkonzept und schulische Leistungen im Kulturvergleich: Ergebnisse der Grundschulstudie SCHOLASTIK in München und Hanoi. In: W. Schneider & M. Knopf (Hrsg.) *Entwicklung, Lehren und Lernen: Zum Gedenken an Franz Emanuel Weinert*, 187-206. Göttingen: Hogrefe.

Hesse, H.-G. (2003). Jugend in Asien: gegenwärtige Situation und Perspektiven. In: H. Merkens & J. Zinnecker (Hrsg.) *Jahrbuch Jugendforschung* (Band 3, 259-282). Opladen: Leske & Budrich.

Hesse, H.-G. (im Druck). Lernen innerhalb und außerhalb der Schule aus interkultureller Perspektive. In: G. Trommsdorff & H.-J. Kornadt (Hrsg.) *Enzyklopädie der Psychologie. C/VII/2 Kulturvergleichende Psychologie*. Göttingen: Hogrefe.

Ho, D. Y.-F. (1994). Cognitive socialization in Confucian heritage cultures. In: P. M. Greenfield & R. R. Cocking (eds) *Cross-cultural roots of minority child development*, 284-312. Hillsdale, NJ: Erlbaum.

Ho, D. Y. F., Peng, S. Q. & Chan, S. F. F. (2001). An investigative research in teaching and learning. In: C. Y. Chiu & F. Salili & Y. Y. Hong (eds) *Multiple competencies and self-regulated learning: Implications for multicultural education*, 215-244. Greenwich, CT: Informaion Age.

Ho, D. Y.-F., Peng, S.-Q. & Chan, S.-f. F. (2001). Authority and learning in Confucian-heritage education: A relational methodological analysis. In: C.-y. Chiu & F. Salili & Y.-Y. Hong (eds) *Multiple competencies and self-regulated learning: Implica-*

tions for multicultural education, 29-48. Greenwich, CT: Information Age.

Jahoda, G. (1980). Theoretical and systematic approaches in cross-cultural psychology. In: H. C. Triandis & W. W. Lambert (eds) *Handbook of cross-cultural psychology*, vol. 1., 69-142. Boston, MA: Allyn & Bacon.

Kerlinger, F. N., & Pedhazur, E. J. (1973). *Multiple regression in behavioral research*. New York, NY: Holt, Rinehart & Winston.

Lave, J. (1982). A comparative approach to educational forms and learning processes. *Anthropology and Education Quarterly, 13*, 181-187.

Lehmann, R. H., Peek, R. & Gänßfuß, R. (1997). *Aspekte der Lernausgangslage von Schülerinnen und Schülern der fünften Klassen an Hamburger Schulen*. Hamburg: Behörde für Schule, Jugend und Berufsbildung.

Marton, F. & Säljö, R. (1976). On qualitative differences in learning - I: Outcome and process. *British Journal of Educational Psychology 46*, 4-11.

Marton, F. & Säljö, R. (1984). Approaches to learning. In: F. Marton & D. Hounsell & N. J. Entwistle (eds) *The experience of learning*, 36-55. Edinburgh: Scottish Academic Press.

Mishra, R. C. (1997). Cognition and cognitive development. In: J. W. Berry, P. R. Dasen & T. S. Saraswathi (eds) *Handbook of cross-cultural psycholgy*, vol. 2, 143-175. Boston, MA: Allyn & Bacon.

Mullis, I. V. S., Martin, M. O., Gonzalez, E. J. & Kennedy, A. M. (eds) (2003). *PIRLS 2001 International Report. IEA's study of reading literacy achievement in primary school in 35 countries*. Chestnut Hill, MA: Boston College.

OECD (2003). *Literacy skills for the world of tomorrow - Further results from PISA 2000*. Paris: OECD.

Petitto, A. L. & Ginsburg, H. P. (1982). Mental arithmetic in Africa and America: Strategies, principles and explanations. *International Journal of Psychology, 17*, 81-102.

Reed, H. J. & Lave, J. (1979). Arithmetic as a tool for investigating relations between culture and cognition. *American Ethnologist, 6*, 568-582.

Saxe, G. B. (1991). *Culture and cognitive development: Studies in mathematical understanding*. Hillsdale, NJ, Erlbaum.

Saxe, G. B. (1994). Studying cognitive development in sociocultural context: The development of a practice based approach. *Mind, Culture, and Activity, 1*, 135-157.

Scheunpflug, A. (2004). Die PISA-Erhebung in Ländern des Südens. *Zeitschrift für internationale Bildungsforschung und Entwicklungspädagogik 27(1)*, 9-12.

Schliemann, A. D., Carraher, D. W. & Ceci, S. J. (1997). Everyday cognition. In: J. W. Berry, P. R. Dasen & T. S. Saraswathi (eds) *Handbook of cross-cultural psychology*, vol. 2, 177-216. Boston, MA: Allyn & Bacon.

Scribner, S., & Cole, M. (1978). Unpacking literacy. *Social Science Information, 17*, 19-40.

Scribner, S., & Cole, M. (1978). Literacy without schooling: Testing for intellectual effects. *Harvard Educational Review, 48*, 448-460.

Scribner, S., & Cole, M. (1981). *The psychology of literacy*. Cambridge, MA: Harvard University Press.

Segall, M. H., P. R. Dasen et al. (1999). *Human behavior in global perspective: An introduction to cross-cultural psychology.* Boston, MA: Allyn & Bacon.

Serpell, R. (1993). *The significance of schooling: Life-journeys in an African society.* Cambridge: Cambridge University Press.

Serpell, R. & Hatano, G. (1997). Education, schooling, and literacy. In: J. W. Berry & P. R. Dasen & T. S. Saraswathi (eds) *Handbook of cross-cultural psychology*, vol. 2, 339-376. Boston, MA: Allyn & Bacon.

Stigler, J. W. & Stevenson, H. W. (1991). How Asian teachers polish each other to perfection. *American Educator, 15(1),* 12-21;43-47.

Tanon, F. (1994). A cultural view on planning: The case of weaving in Ivory Coast. *Cross-Cultural Psychology Monographs, 4.*

Teasdale, G. R. (1994). Education and the survival of small indigenous cultures. In: L. F. B. Dubbeldam (ed) *International yearbook of education* (vol. 44, Development, culture and education, 197-224). Paris: UNESCO.

Trommsdorff, G. & Dasen, P. R. (2002). Cross-cultural study of education. In: N. J. Smelser & P. B. Baltes (eds) *International Encyclopedia of the social and behavioral sciences.* Oxford: Elsevier.

UNDP & Arab Fund for Economic and Social Development. (ed) (2003). *Arab Human Development Report 2003. Building a Knowledge Society.*

Volet, S. (1999). Learning across cultures: appropriateness of knowledge transfer. *International Journal of Educational Research, 31,* 625-643.

Vygotskij, L. S. (1992). *Geschichte der höheren psychischen Funktionen.* Münster: Lit.

Vygotskij, L. S. (2002). *Denken und Sprechen: psychologische Untersuchungen.* Weinheim: Beltz.

Wagner, D. A. (1993). *Literacy, culture & development: Becoming literate in Morocco.* Cambridge: Cambridge University Press.

Watkins, D. A. (2001). Correlates of approaches to learning: A cross-cultural meta-analysis. In: R. J. Sternberg & L.-F. Zhang (eds) *Perspectives on thinking, learning, and cognitive styles,* 165-196. London: Erlbaum.

Watkins, D. A. & Biggs, J. B. (2001). The paradox of the Chinese learner and beyond. In: D. A. Watkins & J. B. Biggs (eds) *Teaching the Chinese learner: Psychological and pedagogical perspectives,* 3-23. Hong Kong: Comparative Education Centre & The Australian Council for Educational Research.

Weggel, O. (1994a). Alltag in China (Folge 4) Jung und Alt: Stationen der Lebensreise. *China aktuell, 23,* 162-206.

Weggel, O. (1994b). *Die Asiaten.* München: Deutscher Taschenbuch-Verlag.

Wood, D. J., Bruner, J. S. & Ross, G. (1976). The role of tutoring in problem solving. *Journal of Child Psychology and Psychiatry, 17,* 89-100.

Anhang

Beispiele für PISA-Aufgaben

Wissenschaftliche Waffen der Polizei

Ein Mord wurde begangen, aber der Verdächtige streitet alles ab. Er behauptet, das Opfer nicht zu kennen. Er sagt, er habe ihn nie gekannt, sei nie in seiner Nähe gewesen, hätte ihn nie angerührt ... Polizei und Justiz sind überzeugt, dass er nicht die Wahrheit sagt. Aber wie ist es zu beweisen?

Am Tatort haben die Ermittlungsbeamten jede noch so kleine denkbare Spur und mögliche Beweisstücke zusammengetragen: Gewebefasern, Haare, Fingerabdrücke, Zigarettenstummel ... Die wenigen auf dem Jackett des Opfers gefundenen Haare sind rot. Und sie sehen denen des Verdächtigen merkwürdig ähnlich. Wenn es bewiesen werden könnte, dass diese Haare tatsächlich von ihm stammen, wäre das ein Beweis, dass er dem Opfer doch begegnet war.

Jedes Individuum ist einzigartig

Die Spezialisten gehen an die Arbeit. Sie untersuchen einige Zellen an der Haarwurzel und ein paar Blutzellen des Verdächtigen. Im Kern jeder Zelle unseres Körpers befindet sich DNS. Was ist das? Die DNS ist wie eine Kette aus zwei umeinander gedrehten Perlenreihen. Stelle dir vor, dass

diese Perlen in vier verschiedenen Farben vorkommen und tausende von Perlen (aus denen ein Gen besteht) in einer ganz bestimmten Reihenfolge aufgezogen sind. Bei jedem einzelnen Individuum ist diese Reihenfolge in allen Zellen des Körpers gleich: die von den Haarwurzeln genauso wie die vom großen Zeh, von der Leber sowie des Magens oder des Blutes. Aber die Reihenfolge der Perlen ist bei jedem Menschen anders. Die Wahrscheinlichkeit, dass zwei Menschen die gleiche DNS haben, ist angesichts der Anzahl aufgezogener Perlen sehr gering, mit Ausnahme von eineiigen Zwillingen. Einzigartig für jedes Individuum, ist die DNS damit eine Art genetischer Personalausweis.

Die Genetiker können deshalb den (in seinem Blut festgelegten) genetischen Personalausweis des Verdächtigen mit dem der rothaarigen Person vergleichen.

Wenn der genetische Personalausweis derselbe ist, wissen sie, dass der Verdächtige doch in der Nähe des Opfers war, dem er angeblich nie begegnet ist.

Nur ein Beweisstück

Immer häufiger lässt die Polizei bei sexuellen Vergehen, Mord, Diebstahl oder anderen Verbrechen genetische Analysen durchführen. Warum? Um zu versuchen, Beweise dafür zu finden, dass zwei Menschen, zwei Gegenstände oder ein Mensch und ein Gegenstand miteinander in Berührung gekommen sind. Der Nachweis eines solchen Kontakts ist für die Ermittlungen oft sehr nützlich. Er liefert aber nicht unbedingt den Beweis für ein Verbrechen. Er ist nur ein Beweisstück unter vielen anderen.

Anne Versailles

Genetischer WAS?

Die DNS besteht aus mehreren Genen, von denen jedes aus Tausenden von „Perlen" gebildet wird. Zusammen bilden diese Gene den genetischen Personalausweis eines Menschen.

Wie findet man den genetischen Personalausweis?

Der Genetiker nimmt die wenigen Zellen von den Wurzeln der Haare, die bei dem Opfer gefunden wurden, oder aus dem Speichel, der an einem Zigarettenstummel haftet. Er taucht sie in eine Substanz, die alles zerstört, was sich um die DNS dieser Zellen herum befindet. Dasselbe macht er dann mit einigen Zellen aus dem Blut des Verdächtigen. Die DNS wird dann speziell für die Analyse vorbereitet. Danach kommt sie in ein spezielles Gel, und durch das Gel wird elektrischer Strom geleitet. Nach ein paar Stunden entstehen dadurch Streifen, ähnlich wie bei einem Strichcode (wie auf Waren, die wir kaufen), die unter einer speziellen Lampe sichtbar werden. Den Strichcode der DNS des Verdächtigen vergleicht man dann mit dem der Haare, die bei dem Opfer gefunden wurden.

Wir bestehen aus Milliarden von Zellen

Jedes Lebewesen besteht aus sehr vielen Zellen. Eine Zelle ist unendlich klein. Man kann sogar sagen „mikroskopisch klein", da man sie nur mit Hilfe eines Mikroskops sehen kann, das sie um ein Vielfaches vergrößert. Jede Zelle hat eine äußere Hülle und einen Kern, in dem sich die DNS befindet.

Mikroskop in einem Polizeilabor

Beziehe dich auf den Zeitschriftenartikel auf der gegenüberliegenden Seite, um die unten stehenden Fragen zu beantworten.

Frage 23: POLIZEI

Um die Struktur der DNS zu erklären, spricht der Autor von einer Perlenkette. Wodurch unterscheiden sich diese Perlenketten bei verschiedenen Menschen?

A   Sie sind von unterschiedlicher Länge.
B   Die Reihenfolge der Perlen ist unterschiedlich.
C   Die Anzahl der Ketten ist unterschiedlich.
D   Die Farbe der Perlen ist unterschiedlich.

Frage 24: POLIZEI

Welchen Zweck hat der Kasten mit der Überschrift: „Wie findet man den genetischen Personalausweis?"

Er soll erklären,

A   was die DNS ist.
B   was ein Strichcode ist.
C   wie Zellen analysiert werden, um das Muster der DNS zu finden.
D   wie bewiesen werden kann, dass ein Verbrechen begangen worden ist.

Frage 25: POLIZEI

Was ist das Hauptziel des Autors?

A   Zu warnen.
B   Zu unterhalten.
C   Zu informieren.
D   Zu überzeugen.

Frage 26: POLIZEI

Am Schluss der Einführung (erster grau unterlegter Kasten) heißt es: „Aber wie ist es zu beweisen?"

Im Text steht, dass die Ermittlungsbeamten eine Antwort auf diese Frage zu finden suchen, indem sie

A   Zeugen befragen.
B   Gentests durchführen.
C   den Verdächtigen gründlich verhören.
D   sämtliche Ermittlungsergebnisse noch einmal durchgehen.

Frage 23: POLIZEI

Um die Struktur der DNS zu erklären, spricht der Autor von einer Perlenkette. Wodurch unterscheiden sich diese Perlenketten bei verschiedenen Menschen?

A   Sie sind von unterschiedlicher Länge.
B   Die Reihenfolge der Perlen ist unterschiedlich.
C   Die Anzahl der Ketten ist unterschiedlich.
D   Die Farbe der Perlen ist unterschiedlich.

Gelöst
Code 1:   Antwort B - Die Reihenfolge der Perlen ist unterschiedlich.

Nicht gelöst
Code 0:   Andere Antworten.

Frage 24: POLIZEI

Welchen Zweck hat der Kasten mit der Überschrift: „Wie findet man den genetischen Personalausweis?"

Er soll erklären,

A   was die DNS ist.
B   was ein Strichcode ist.
C   wie Zellen analysiert werden, um das Muster der DNS zu finden.
D   wie bewiesen werden kann, dass ein Verbrechen begangen worden ist.

Gelöst
Code 1:   Antwort C - wie Zellen analysiert werden, um das Muster der DNS zu finden.

Nicht gelöst
Code 0:   Andere Antworten.

Frage 25: POLIZEI

Was ist das Hauptziel des Autors?

A   Zu warnen.
B   Zu unterhalten.
C   Zu informieren.
D   Zu überzeugen.

Gelöst
Code 1:   Antwort C - Zu informieren.

Nicht gelöst
Code 0:   Andere Antworten.

Frage 26: POLIZEI

Am Schluss der Einführung (erster grau unterlegter Kasten) heißt es: „Aber wie ist es zu beweisen?"

Im Text steht, dass die Ermittlungsbeamten eine Antwort auf diese Frage zu finden suchen, indem sie

A   Zeugen befragen.
B   Gentests durchführen.
C   den Verdächtigen gründlich verhören.
D   sämtliche Ermittlungsergebnisse noch einmal durchgehen.

Gelöst
Code 1:   Antwort B - Gentests durchführen.

Nicht gelöst
Code 0:   Andere Antworten.

DAS BESTE AUTO

Ein Auto-Magazin verwendet ein Bewertungssystem, um neue Autos zu beurteilen und vergibt den Preis für das „Auto des Jahres" an das Auto mit der höchsten Gesamtpunktzahl. Fünf neue Autos werden bewertet und ihre Bewertungen werden in der Tabelle aufgelistet.

Auto	Sicherheits-merkmale (S)	Sparsamkeit beim Benzin-verbrauch (B)	Äußere Erscheinung (Ä)	Innenaus-stattung (I)
Ca	3	1	2	3
M2	2	2	2	2
Sp	3	1	3	2
N1	1	3	3	3
KK	3	2	3	2

Die Bewertungen werden folgendermaßen interpretiert:

3 Punkte = Ausgezeichnet
2 Punkte = Gut
1 Punkt = Mittelmäßig

Frage 1: DAS BESTE AUTO

Um die Gesamtpunktzahl für ein Auto zu berechnen, verwendet das Auto-Magazin folgende Formel, die eine gewichtete Summe der einzelnen Bewertungspunkte ist:

$$\text{Gesamtpunktzahl} = (3 \cdot S) + B + Ä + I$$

Berechne die Gesamtpunktzahl für das Auto „Ca". Schreib deine Antwort auf den Platz unterhalb.

Gesamtpunktzahl für „Ca": ....

Frage 2: DAS BESTE AUTO

Der Hersteller von Auto „Ca" fand, dass die Formel für die Gesamtpunktzahl nicht fair sei.

Schreib eine Formel zur Berechnung der Gesamtpunktzahl auf, so dass das Auto „Ca" der Gewinner sein wird.

Deine Formel sollte jede der vier Variablen enthalten und du solltest deine Formel durch Einsetzen von positiven Zahlen in die vier Zwischenräume bei der folgenden Gleichung aufschreiben.

Gesamtpunktzahl = ...· S + ...· B + ...· Ä + ...· I.

Frage 1: DAS BESTE AUTO

Um die Gesamtpunktzahl für ein Auto zu berechnen, verwendet das Auto-Magazin folgende Formel, die eine gewichtete Summe der einzelnen Bewertungspunkte ist:

$$\text{Gesamtpunktzahl} = (3 \cdot S) + B + Ä + I$$

Berechne die Gesamtpunktzahl für das Auto „Ca". Schreib deine Antwort auf den Platz unterhalb.

Gesamtpunktzahl für „Ca": ....

BEWERTUNG DAS BESTE AUTO 1

Vollständig gelöst

Code 1:   15.

Nicht gelöst

Code 0:   Andere Antworten.

Code 9:   ....Missing.

Frage 2: DAS BESTE AUTO

Der Hersteller von Auto „Ca" fand, dass die Formel für die Gesamtpunktzahl nicht fair sei.

Schreib eine Formel zur Berechnung der Gesamtpunktzahl auf, so dass das Auto „Ca" der Gewinner sein wird.

Deine Formel sollte jede der vier Variablen enthalten und du solltest deine Formel durch Einsetzen von positiven Zahlen in die vier Zwischenräume bei der folgenden Gleichung aufschreiben.

Gesamtpunktzahl = ... · S + ... · B + ... · Ä + ... · I.

BEWERTUNG DAS BESTE AUTO 2

Vollständig gelöst

Code 1:   Lösung erfüllt die beiden Ungleichungen

$$2a > 2b + c \quad \text{und} \quad d > b + c.$$

Nicht gelöst

Code 0:   Andere Antworten.
Code 9:   Missing.

Sachverzeichnis

Druck- und Bindearbeiten: Stürtz GmbH, Würzburg